抗日战争时期中国人口伤亡和财产损失调研丛书

主　编　李忠杰

副主编　李　蓉　姚金果

霍海丹　蒋建农

贵州省抗日战争时期人口伤亡和财产损失

贵州省委党史研究室　编

中共党史出版社

图书在版编目(CIP)数据

贵州省抗日战争时期人口伤亡和财产损失/贵州省委党史研究室编．—北京:中共党史出版社,2016.1

(抗日战争时期中国人口伤亡和财产损失调研丛书/李忠杰主编)

ISBN 978-7-5098-3238-7

Ⅰ.①贵… Ⅱ.①贵… Ⅲ.①抗日战争—损失—史料—贵州省 Ⅳ.①K265.06

中国版本图书馆CIP数据核字(2015)第197513号

出版发行:中共党史出版社
责任编辑:安胡刚
复　　审:陈海平
终　　审:汪晓军
责任校对:龚秀华
责任印制:谷智宇
责任监制:贺冬英
社　　址:北京市海淀区芙蓉里南街6号院1号楼
邮　　编:100080
网　　址:www.dscbs.com
经　　销:新华书店
印　　刷:北京君升印刷有限公司
开　　本:170mm×240mm　1/16
字　　数:870千字
印　　张:46.25　15面前插
印　　数:1—3050册
版　　次:2016年1月第1版
印　　次:2016年1月第1次印刷

ISBN 978-7-5098-3238-7

定　　价:92.00元

此书如有印制质量问题,请与中共党史出版社出版业务部联系
电话:010—82517197

《抗日战争时期中国人口伤亡和财产损失调研丛书》

本课题在中共中央党史研究室室委会领导下进行。先后三位时任主任孙英、李景田、欧阳淞对本课题给予了重要指导。

主　编　李忠杰

副主编　李　蓉　姚金果　霍海丹　蒋建农

参加审稿的领导和专家：

一、中共中央党史研究室领导和专家

曲青山　孙　英　龙新民　陈　威　石仲泉
谷安林　张树军　黄小同　黄如军　李向前
陈　夕　任贵祥　郑　谦　王　淇　黄修荣
刘益涛　韩泰华

二、有关部门和单位的专家

李景田（第十二届全国人大常委、民族委员会主任委员；中共中央党史研究室原主任；中共中央党校原常务副校长）

何　理（中国人民解放军国防大学少将、教授、中国抗日战争史学会会长）

支绍曾（中国人民解放军军事科学院少将、原军事历史研究部副部长、研究员）

罗焕章（中国人民解放军军事科学院研究员）

刘庭华（中国人民解放军军事科学院原军事历史研究部研究室主任、研究员、博士生导师、首席军史专家）

阮家新（中国人民革命军事博物馆原副馆长、研究员）

步　平（中国社会科学院近代史研究所原所长、研究员）

汤重南（中国社会科学院世界历史研究所研究员、中国日本史学会名誉会长）

姜　涛（中国社会科学院近代史研究所研究员）

荣维木（《抗日战争研究》原主编）

郭德宏（中共中央党校党史教研部原主任、教授、博士生导师）

肖一平（中共中央党校党史教研部教授）

杨圣清（中共中央党校党史教研部教授）

李东朗（中共中央党校党史教研部教授、博士生导师）

徐　勇（北京大学历史系教授、博士生导师）

李良志（中国人民大学中共党史系教授）

王桧林（北京师范大学教授、博士生导师）

谢忠厚（河北省社会科学院原现代史研究所所长、历史研究所顾问、研究员）

中共中央党史研究室课题组成员

李忠杰　霍海丹　李　蓉　姚金果　李　颖

王志刚　王树林　杨　凯

《抗日战争时期中国人口伤亡和财产损失调研丛书》

总　　序

中共中央党史研究室副主任　李忠杰

发生在20世纪三四十年代的中国人民抗日战争，是中华民族抵抗日本帝国主义侵略的一场规模巨大的战争，是世界反法西斯战争的重要组成部分和东方主战场，是近代以来中国反对外敌入侵第一次取得完全胜利的民族解放战争。中国人民抗日战争的胜利，成为中华民族由衰败走向振兴的重大转折点，也对世界各国人民取得反法西斯战争的胜利、争取世界和平的伟大事业产生了巨大影响。

这场战争，作为世界反法西斯战争的一部分，从根本上来说，是反法西斯正义力量与法西斯侵略势力之间的一场大决战，是文明与野蛮的一场大搏斗。日本侵略者，站在法西斯阵营一边，不仅与中国人民为敌，而且与世界人民为敌，肆意践踏人类的公理和正义，企图以残暴杀戮的手段，将中华民族置于自己的铁蹄之下。日本侵略者先后占领了中国、东南亚、南亚、大洋洲许多国家的领土，杀害居民，掠夺物资，强征劳工，施放毒气，蹂躏妇女和儿童，毁坏和窃取文物，造成了大量人员和财产的损失，给中国人民和亚洲其他许多国家人民留下了巨大的创伤，给世界文明造成了空前的破坏。

中国是受战争摧残最为严重的国家。从1931年到1945年的14年间，日本侵略者先后占领了东北、华北、华中、华南等大片中国最重要的经济政治文化战略地区。在整个战争进程中，日军到处屠杀、焚烧、抢掠、奸淫，使中国人民的生命财产惨遭蹂躏；大量使用生化武器，进行残酷的细菌战和化学战；把大批中国平民和俘虏当作细菌和毒气的试验品；对无辜的中国平民施放毒气，或在河流、湖泊、水井中投毒；掠走大批中国劳工，强迫他们筑路、开矿、拓荒，从事大型军事工程，使其大批冻、饿、病、累而死；强征中国妇女作为“慰安妇”，严重残害妇女的身心健康；对抗日根据地实行“烧光、杀光、抢光”政策，企图摧毁抗战军民起码的生存条件；在许多地方还制造了一系列触目惊心的大惨案。直至今天，日本侵略所造成的后果还难以完全消除，日军遗留的毒气弹还不时地威胁着中国人民的生命安全。

日本侵略者的罪行，违背了起码的人类良知和国际公法，不仅是对人权和人道主义的践踏，而且是对人类文明的挑战。它决不是如某些日本右翼分子所说是解放亚洲和太平洋地区人民的行动，而是亚洲和太平洋地区历史上最黑暗的一幕，是人类文明史上的一场浩劫。第二次世界大战结束后，根据《波茨坦公告》的规定，远东国际军事法庭在东京对日本首要战犯进行了国际审判，确认侵略战争为国际法上的犯罪，策划、准备、发动或进行侵略战争者为甲级战犯。此外，盟军还在马尼拉、新加坡、仰光、西贡、伯力等地，对日本的乙、丙级战犯进行了审判。中国也先后对日本的有关战犯进行了审判。这些审判，与欧洲的纽伦堡审判一起，使发动侵略战争的罪犯受到了应有的惩处，代表了全世界一切爱好和平人民的共同愿望。这是正义的审判，历史的审判！这一审判的结果是不容挑战的！

策划和制造当年这场战争的，是一小撮日本军国主义和法西斯分子。而日本人民，从根本上来说，也是受害者。所以，日本人民也用不同方式对这场战争进行了抵制和反抗。不少参加侵华战争的士兵认识到战争的性质，幡然悔悟，积极参加了国际和日本国内的反战活动。战后，很多人勇敢面对历史事实，以见证人的身份揭露了日本军国主义的罪行。还有很多当年的士兵，真诚忏悔战争的罪行，以实际行动推动世界和平和中日友好，做了很多有益的工作。他们的良知和勇气，应该得到充分的肯定和赞赏。

相反，日本国内一些右翼势力，直到今天仍然否认侵略战争的性质和罪行，竭力推卸侵略战争的责任。对早已由当年远东国际军事法庭作出严正判决的南京大屠杀一案，始终企图翻案。历史不容改变，事实岂能抹杀！企图歪曲历史，掩盖罪行，这是中国人民绝对不能同意的！

中国人民在当年那场战争中的胜利，是正义战胜邪恶、光明战胜黑暗、进步战胜反动的伟大胜利！是正义的胜利、人民的胜利、和平的胜利！既是中华民族永远值得纪念的胜利，也是世界人民永远值得纪念的胜利！但是，在纪念胜利的同时，我们不要忘记，这一胜利是用极为惨重的代价换来的。在这一伟大胜利的背后，是中华民族遭受的巨大人员伤亡和财产损失！中华民族，既为这场战争的胜利作出了巨大的贡献，也在这场战争中付出了巨大的民族牺牲。

1995 年，江泽民同志在首都各界纪念抗日战争暨世界反法西斯战争胜利 50 周年大会上，对当年日本侵略中国造成巨大人口伤亡和财产损失的基本数据作出了重要表述。2005 年，胡锦涛同志在纪念中国人民抗日战争暨世界反法西斯战争胜利 60 周年大会的讲话中，再次郑重宣布，据不完全统计，在抗日战争期间，中国军民死伤 3500 多万人；按 1937 年的比值折算，中国直接经济损失 1000 多亿美元，间接经济损失 5000 多亿美元。中国领导人公开宣布的基本数据，从整体上揭示了中国人口伤亡和财产损失的规模，有力地揭露了日本军国主义侵略的罪行。

数据，是历史的抽象。数据的背后，是大量的事实、确凿的证据，是无数人们的惨痛记忆和血泪控诉。为了更直接、更具体、更全面、更系统、更立体地还原当年的历史，展示中国人民遭受的灾难和损失，揭露日本军国主义的罪行，驳斥日本右翼势力否认侵略罪行的种种言论，我们必须通过更多档案资料的展示、历史文书的挖掘、具体事实的考查、当事人的证词证言、各种各样的物证书证，等等，将侵略者的罪行昭告天下。因此，作为炎黄子孙，作为郑重的历史工作者，有必要、有责任、有义务、也有权利对战争期间中国的人口伤亡和财产损失进行更加系统、详尽、具体的调查研究，将当年中国人民的巨大牺牲和惨重损失永远地记载下来。

这项调查研究工作，本来在抗日战争结束之后，或者在新中国成立时，就应该进行。但由于种种历史原因，未能系统、全面地进行。由于年代久远，资料散失，在世的证人越来越少，现在进行这方面的调查和研究已经有很大困难。但是，无论早晚，这项工作总得有人来做。现在才做，已经晚了几十年。但如果现在再不做，将来就更晚，也更困难了。所以，无论再困难，做，都是必要的。做好这项调研，是对历史负责、对人民负责、对当年的牺牲殉难者负责、对我们的子孙后代负责。根本上，是对整个中华民族负责，也是对国际社会和人类文明负责。

因此，2004年，中央党史研究室决定开展《抗日战争时期中国人口伤亡和财产损失》的课题调研。从2005年开始，组织全国党史部门围绕这一重大课题，开展了系统深入的调研工作。其基本任务，是按照实事求是的原则，调查更加详实、有力、具体、准确的档案、材料、事实，更加清楚准确地掌握日本军国主义的侵略罪行，更加清楚准确地掌握日本侵略在各个不同领域、地区和方面对中国造成的破坏和损失。其中包括：各个省、自治区、直辖市在抗战中的人口伤亡和财产损失情况；历次重大战役战斗中中国军队伤亡的情况；日本从中国掠走各种资源的情况；日本从中国掠走和破坏文物的情况；日军在中国制造的一系列重大惨案；中国劳工的损失情况；中国妇女遭受日军性侵犯的情况，包括“慰安妇”的情况；日军在中国使用细菌武器、化学武器及其造成伤害的情况；日本侵略在其他方面给中国造成破坏的情况；等等。

课题调研的整体布局，实行块块和条条的结合。每个省、自治区、直辖市党史研究室，主要负责把本区域内的情况调查清楚。也可根据实际情况，选择一些重点，进行专题性的调研，形成专题性的研究成果。一些重要专题，单靠某个省（自治区、直辖市）做不了，就采取条条的办法，组织专题性的调研。还有一些，则是条条与块块相结合。如毒气，日军在不同区域使用过，有关的省（自治区、直辖市）都调查。但作为一个专题，由相关的区域进行协调，配合开展调研工作，并形成专项的调研成果。如劳工、性侵犯等，就大致属于这种类型。

课题调研的方式方法，主要是查阅和搜集档案文献资料，包括不同历史时期的统计报表。同时查阅当时有关的报刊资料，查阅多年来涉及有关地方、有关课题的研究成果。对一些特殊的重大事件，特别是重大惨案等，也同时进行社会调查，对当事人、知情人、有关研究人员等进行走访，记录证词证言。对于特别重要的事件，有条件的，还进行必要的司法公证，如南京大屠杀、潘家峪惨案等，使这些调查都成为在法律上可以采信的证据。根据需要与可能，也到国外境外包括台湾地区查阅搜集档案资料。

中央党史研究室进行了大量组织和指导工作。在课题确定前，首先进行了必要的论证，得到了许多专家的支持。随后，制定了详细的工作方案，向各省、自治区、直辖市党史研究室发出正式通知和实施意见，明确了工作的指导思想、组织领导、调研项目、工作步骤、基本要求、注意事项等等。为了提高认识，振奋精神，交流经验，落实措施，专门召开了工作培训会议，就课题的总体规划、调研方法、需要把握的问题等，作了全面部署，特别是提出了把调研工作做成“基础工程、精品工程、警世工程、传世工程”的要求。多年来，一直分阶段、有步骤地把这项课题调研推向前进。有关领导和专家分别到各地参加会议，指导培训，提出要求，统一规格，解答疑难问题。在调研过程中，随时就有关问题进行具体指导。工作班子及时编发简报和简讯，交流情况和经验。

各级党委和政府高度重视。多数地方成立了由党史研究室领导负责的课题组。各地先后召开工作会议、电话会议等，培训人员，落实任务。许多地方形成了由党史研究室牵头，档案、民政、财政、司法、地方志、社科院以及高校等部门单位联合攻关的局面，保证了调研工作扎扎实实、有计划有步骤地向前推进。

《抗日战争时期中国人口伤亡和财产损失》课题调研先后经历了六个阶段。第一，酝酿启动。第二，全面调研。这是最重要的阶段。各地组织专门人员，查询档案，实地走访，搜集了大量资料。第三，起草报告。凡参加调研的县以上单位，都要在搜集整理、考证研究档案文献资料和进行实地调查的基础上，写出调研报告，全面、准确地反映调研成果。同时，将调研中搜集的档案文献资料进行分类整理，制作统计表、大事记和人员伤亡名录等。第四，分级验收。为保证调研成果的科学性、准确性、严肃性，各省、自治区、直辖市调研报告都要经过四级验收。首先由课题领导小组审查通过，然后聘请所在省份资深专家审读验收，合格后报送中央党史研究室课题组。中央党史研究室课题组审读各省、自治区、直辖市的调研报告及相关调研成果，认为合格后，再聘请有全国影响的专家审读，写出书面意见并亲笔署名。根据审读意见，各地都要反复认真进行修改，只有达到规定要求才能通过验收。第五，上报成果。完成调研工作的省、自治区、直辖市，都按统一要求，将调研中收集的档案文献资料等所有文件，精心整理，分类成册，向中央党史研究室提交调研成果。各市县也要逐级向省级报送。第六，反复审核。中央党史研究室召开审稿会，组织各省、自治区、直辖市按照标准自审，相互间互审，将各种材料进行比对，将有关数据核实，解决带有共性的问题，进一步统一标准、统一规范、统一格式。

这项课题调研，作为一项浩大的工程，到目前为止，进行了将近10年之久。前后共有60多万党史工作者、史学工作者和其他各类有关人员参加。将近10年来，各个地方都周密组织，采取有力措施推动工作开展，保证调研质量。如山东省，先在30个县（市、区）进行试点，然后在全省普遍推开，形成了纵向省市县乡村五级联动、步调一致，横向十几个部门优势互补、携手攻关的工作格局。课题调研期间，山东省参加工作的同志共查阅档案238742卷，复印档案资料406912页，查阅抗战期间及战后出版的书刊61301册（期），复制文献资料220177页。走访调查8万余个行政村、609万名70岁以上（即1937年全国性抗战爆发以前出生）老人中的507万余人，收集证言证词79万余份。拍摄照片资料7376幅、录像资料49678分钟，制作光盘2037张。全省1931个乡镇，每个乡镇都建立了包括证人证言证词、伤亡人员名录、财产损失清单、人员伤亡和财产损失数字统计、人员伤亡和财产损失大事记、重大惨案证据材料以及证人和知情人口述录音、录像、照片等内容的抗战时期人口伤亡和财产损失材料卷宗，共12892个。

这项课题调研，也得到了社会各界特别是档案图书部门、专家学者的普遍支持。许多档案馆、图书馆为这次调研提供各种方便。不少专家学者在教学科研任务繁重、经费困难的情况下，承担专题研究任务。有的外请专家利用学校假期全力以赴做课题，缺少交通工具，就以自行车代步或徒步，到档案馆和图书馆查阅文献资料。

为了扩大搜寻面，中央党史研究室还组织查档小组，分赴美国、俄罗斯、日本，搜集了许多抗战史料。很多地方的课题组都到台湾查档。在台北“国史馆”、中国国民党党史馆、“中央研究院”近代史研究所档案馆等，找到了数量巨大、整理比较细致的抗战档案。台北“国史馆”馆藏的国民党在大陆统治时期行政院赔偿委员会档案，涉及抗战时期中国人口伤亡和财产损失的有8924卷，内容十分翔实具体。既有中央机关、军队系统人口伤亡和财产损失情况，也有地方省、市，县、区和个人填报的资料，包括台湾地区和华侨的档案资料。新疆防空委员会也报送有财产损失材料，如修筑防空工事、疏散费等财产损失。重庆市报送有日机空袭慰恤重伤难胞姓名卡，上面有卡号、伤员姓名、性别、年龄、籍贯、受伤时间、受伤地点、犒金额、发犒金时期、所住医院名称、医院地址、入院时间等，受伤部位还配有图片加以说明。所有这些，为查明当时各方面的人口伤亡和财产损失，提供了重要证据。

这项重大课题调研的成果，均编成《抗日战争时期中国人口伤亡和财产损失调研丛书》公开出版，为国内外学者提供并为子孙后代留下一份关于抗战时期中国人口伤亡和财产损失的系统资料。经过验收、审核合格的调研报告和主要档案文献资料，都按统一体例，编辑成为丛书的A、B两个系列。A系列为各省、自治区、直辖市各一本调研成果，以及若干重要专题的调研成果，由中央党史研究室负责审核。B系列为各省、自治区、直辖市的其他大量调研成果，由各省、自治区、直辖市党史研究室负责审核。全部成果统一设计、统一规格、统一版式、统一编号，由中共党史出版社统一出版。全部出齐之后，将有300本左右。

为了集中反映日本侵略者在中国制造的各种重大惨案，我们专门编纂了一套《抗日战争时期全国重大惨案》，收录抗战时期死伤平民（或以平民为主）800人以上的重大惨案100多个，配以档案、文献、口述及照片等作为历史证据。日本一些右翼分子，常常攻击中国为什么不拿出伤亡人员名单。我们专门安排了一个省，即山东省，公布该省具体的伤亡人员名录（第一批先公布该省100个县<市、区>的死难人员名录），包括姓名、籍贯、年龄、性别、伤亡时间等多项要素。以此说明，中国的伤亡人员都是有根有据、铁证如山的。

历史的生命在于真实、客观、准确。《抗日战争时期中国人口伤亡和财产损失》这一课题调研的生命也在于真实、客观、准确。所以，在开展这一课题调研的过程中，我们始终把保证调研质量，保证所有材料、事实、成果的真实性、客观性和准确性放在第一位，并在五个重要环节上严格要求、严格把关。第一，严格要求。一开始就明确规定，课题调研工作坚持实事求是的原则和科学严谨的态度。整个调研工作必须尊重历史事实。档案怎么记录的，就怎么记载，不能随意改变。当事人、知情人怎么说的，就怎么记录，不能随意加工。所有的材料、事实都要经得起法律上和学术上的质证。在需要与可能的情况下，对当事人、知情人的证词证言要进行司法公证。各种数据，都要确有根据，不能随便编排、采信。不许追求任何高数字、高指标。第二，统一规范。对课题调研的项目、内容，都做了认真细致的研究，提出了统一要求和严格规范。对全部调研项目设计了统一的表格，对调研报告的内容和格式做了统一规定。每个数字的内涵外延，包括如何计算、如何换算等等，都有明确的规定。事前对调研人员进行了培训。调研过程中，对没有理解的问题、疑难的问题等，都由专家给予统一的解释、说明。第三，责任到人。对所有参与课题调研的人员，都实行责任制。查档的、笔录的、整理的、起草调研报告的、审读的……，每个环节的人员都要签名，以对这一环节自己的工作负责，对子孙后代负责。明确规定，今后凡遇到质疑，有关环节的调研人员都要能够站出来进行证明、解释和辩论。第四，客观撰写。在汇总情况、起草调研报告阶段，要求所有的数据统计都必须客观、真实、准确。一律用事实说话，材料要具体、实在。不允许像写文艺作品那样来写调研报告；不允许作任何想象、编造和煽情性的描写；不允许刻意追求语言的生动华美；不允许使用任何带有夸张性、主观推断性的文字；不允许用“不计其数”、“无恶不作”这类抽象的形容词来概括相关内容；经过调研，凡是能够说清的事实、数字都予采用，但仍然说不清的情况、数据，就客观地说明未查核清楚，在汇总和整理数据时充分考虑这些因素，绝对不得编造数字。第五，逐级验收。除了在调研过程中由特聘的专家随时给予指导外，对各地提交的调研报告和相关材料，都实行逐级验收制度。其中，对省级调研成果实行由地方到中央的四级验收，其他调研成果由有关省、自治区、直辖市党史研究室组织验收。每一验收环节都要有专家审读、签字。凡存在问题和不符合要求之处，都要退回重新核查和修改。

经过艰苦努力，到2010年底，我们在深入调研的基础上，初步编出了几十本成果，先行印制了少量样本作为内部工作用书，组织力量作进一步的研究、审读、复查、校核。从2014年初开始，我们又组织展开了新一轮较大规模的审核工作。第一，召开有关省、自治区、直辖市党史部门参加的审稿会，进一步提高认识，明确规范，听取相互评审以及从社会各方面听到的意见，对审核工作提出要求，进行部署。第二，开展自审、复核、修改，确保准确无误。同时在各省、自治区、直辖市党史部门之间交叉审读，相互间进行比较、核对、衔接。自审互审完成后，都要确认是否具备正式出版的质量水准，签署是否同意交付出版的意见。第三，由中央党史研究室组织专家，对所有拟第一批出版的成果（书稿）进行六个环节的审读、检查、修改、校对，不仅检查是否还有表述不够准确或不够清楚的地方，而且对各本书稿之间、每本书稿各个部分之间的内容、叙述、时间、数字等进行统筹检查，排除表述不一致的内容。第四，如实客观地说明我们工作尽最大努力后达到的程度。始终强调，凡是已经清楚的，就清楚表述。还没有搞清楚的，就如实说明还没有搞清楚。某些数据、结论与其他书籍资料不完全一致的，则说明我们是依据什么材料、从什么角度得出和叙述的，不强求一致。第五，组织各地党史部门继续参与审核。凡有疑问的，都与有关地方党史部门联系、查核。多数省、自治区、直辖市都派专人来京参与审核、修改、校对。审核完毕后，又组织各地党史部门对自己书稿的清样再次进行审核。然后再按出版流程交付印制。今年以来对这些成果再次进行如此繁密、细致的复核工作，都是为了进一步保证成果的质量，保证历史事实的真实性和准确性。

特别需要强调的是，开展这项调研，不是为了简单汇总、计算这样那样的数据，而是为了寻找、展示更多的档案、更多的材料、更多的人证物证、更多的历史事实，用具体的事实来反映当年中华民族遭受的巨大灾难，揭露日本侵略者反人类的罪行。时隔几十年，很多数据难以查清，很多数据可能不很吻合，而且数据的分类、统计、核算都极为复杂，远远不是简单做一做加法就能算出来的。所以，我们在数据上采取了十分谨慎的态度。能统计出来的就统计出来，难以统计的也不强求。统计的口径、结果相互有差别的，也注意说明。今后，我们将会对数据问题作进一步研究。因此，目前的研究还只是阶段性的，不能说已经包罗万象，更不是最终的结论。总体上，还是在为今后更加综合性的研究提供一个详尽、扎实的基础。

由于自始至终都高度重视和强调调研的质量，所以，对于这一项目的真实性、客观性、准确性，我们有充分的信心。当然，无论如何，历史已经过去了六七十年，很多当事人已经去世，很多档案资料已经散失。现在再对发生在六七十年前的灾难进行大规模的调查，其困难是可想而知的。所以，即使做了最大的努力，我们仍然充分预计在调研成果及有关材料中，还是会有不足和差错之处，出版之后，肯定会有不同意见。所以，我们真诚地欢迎所有看到这些调研成果的人们，对其中的内容、材料、数据等进行审查、讨论。如此，必将有更多的人们关心和参与对当年那场灾难的调查，必将会提供和发现更多的档案、更多的资料、更多的见证，必将对我们调研成果中的很多内容进行不断的推敲琢磨，从而使我们能够更加准确、系统地展示当年中国的人口伤亡和财产损失，使我们为子孙后代留下的资料更为完整、更为丰富。我们也欢迎日本和其他国家的人们对这些调研成果进行阅读、审查、讨论、质疑。如此，将会有更多的国家和人们关注中国当年所遭受的灾难，也将会有更多的存留于国外境外的档案资料出现在公众面前，也将会使对当年这段历史和灾难的记录、研究更加准确和科学。

《抗日战争时期中国人口伤亡和财产损失》课题调研，是一项学术性的工作。开展这项课题调研，是为了更加准确和详尽地记录这场战争和灾难的历史，更加充分和有力地揭露日本军国主义的侵略罪行、反击日本右翼势力否认侵略战争的言行，更加充分和有效地进行爱国主义教育，毋忘国耻、振兴中华，更加积极地促进两岸交流、推进祖国和平统一进程，同时，也是为了给全世界所有关注当年这场战争和灾难的国家、政府和人们一个更加负责任的交代，为子孙后代继续研究当年中国人民抗日战争和日本军国主义的侵略罪行留下一笔丰富翔实的历史遗产。因此，虽然是学术性调研，但具有重大的历史意义、现实意义、国际意义、政治意义。作为历史工作者，我们有责任、有义务，实事求是地把中华民族在那场战争中蒙受的巨大灾难和损失尽可能完整地记载下来。推动和开展这项课题调研，是良心所在，是责任所在！每每读到那些令人震颤的历史事实，每每想到那数千万死难者的冤魂亡灵，每每掂量我们今人特别是历史工作者的责任，我们都禁不住潸然泪下。将近10年来，所有调研人员本着对历史和民族负责的精神，殚精竭虑，无私奉献，千方百计寻找各种线索，逐字逐页翻阅档案资料。为了做好对当事人、知情人的调查取证工作，顶酷暑，冒严寒，深入村镇，一家一户进行走访。也许，随着时间的流逝，这样的调研工作，以后再也不可能如此全面深入大规模地进行了。所以，对于能够基本完成这一课题的调研，我们极为欣慰，对能够取得今天这样的成果，我们极为珍惜。将近10年来，调研工作遇到过重重困难，调研人员付出了巨大心血，但只要能够对国家、对民族、对人民有一个负责任的交代，我们所有的努力、辛劳甚至痛苦都是值得的！

现在，《抗日战争时期中国人口伤亡和财产损失调研丛书》A系列第一批成果就要正式出版了，随后我们还将根据工作进程陆续出版第二批、第三批……B系列丛书的编纂和出版工作也将同时推进。而且，这项课题调研工作远没有结束。截至目前课题调研取得的成果，都还是阶段性的、部分的、不完全的成果。很多专题性调研还要继续进行，对大量档案资料还要进行分析研究。所有这些，都还需要我们继续不懈地努力。我们将以对历史负责的精神，一如既往地将这项课题调研工作做好。

历史，是现实的基础，更是未来的起点。打开尘封的记忆，重温昔日的往事，我们可以得到很多的启示和教诲，增长很多的聪明和智慧。所以，研究历史，形式上是向后看，但根本目的是向前看。作为一种科学的研究，我们调查历史的真相，记录历史的灾难，不是为了延续旧时的仇恨，不是为了扩大中日之间的裂痕，不是为了煽动狭隘民族主义的情绪，而是为了以史为鉴，不让历史的悲剧重演；面向未来，书写更加友好合作的美好篇章。经历了太多的苦难和挫折之后，我们更加坚定地热爱和平，更加执着地追求正义，更加珍惜国家的主权与独立，也更加关注世界的文明发展和进步。我们真诚地希望，世界各国能够携手努力，平等协商，求同存异，友好相处，共同推进世界的发展，共享人类文明的成果；我们真诚地希望，中日两国人民能够更多地加强交流、理解和合作，共同开辟中日关系的新局面，使中日关系更加健康稳定地向前发展，使中日两国人民真正世世代代地友好下去；我们真诚地希望，中华民族能够始终以坚韧不拔的努力，坚定不移地走和平发展之路，在中国特色社会主义旗帜下全面建设小康社会，努力实现社会主义现代化，为推动建设一个和平发展、文明进步的世界作出自己的贡献！

2014 年 4 月 30 日

《抗日战争时期中国人口伤亡和财产损失》课题[①]调研工作规范和要求

2004年，中共中央党史研究室决定开展《抗日战争时期中国人口伤亡和财产损失》课题调研。2005年向全国各省、自治区、直辖市党史研究室发出开展此项工作的正式通知，进行相应部署，着重说明工作的指导思想、调查项目、实施步骤及规范和要求。以后又随着课题调研的深入开展，对规范和要求进行了补充和完善。

一、课题调研的基本任务

抗战损失课题调研的目的和任务是深化对抗日战争时期中国人口伤亡和财产损失的研究。1995年，在首都各界纪念抗日战争暨世界反法西斯战争胜利50周年之际，江泽民同志曾经对20世纪三四十年代日本侵略中国造成巨大人口伤亡和财产损失的基本数据做出了重要表述。2005年，在纪念中国人民抗日战争暨世界反法西斯战争胜利60周年大会的讲话中，胡锦涛同志再次郑重宣布，据不完全统计，在抗日战争期间，中国军民伤亡3500多万人；按1937年的比值折算，中国直接经济损失1000多亿美元、间接经济损失5000多亿美元。中共中央党史研究室组织开展的课题调研，旨在全面详尽调查有关抗日战争时期中国人口伤亡和财产损失的具体事实，为这组基本数据提供强有力的史实支撑，并不是简单地做数据统计。

---

① 本课题亦简称为抗战损失课题或抗损课题。因为抗日战争时期及抗战胜利后国民政府统计人口伤亡和财产损失多采用“抗战损失”等概括性提法，其中将人口伤亡也称作抗战损失之一种，与财产损失并提，故沿用这一表述。

课题调研的基本任务是：按照实事求是的原则，经过广泛、全面、深入细致的调查研究，包括查阅搜集档案资料、对统计数据进行分析等，获得更多的证据，以更加全面和准确地揭露日本帝国主义侵略中国的罪行及其对中国人民造成的伤害。

课题调研的主要内容包括：(1)各个省、自治区、直辖市在抗战中的人口伤亡和财产损失情况；(2)历次重大战役战斗中中国军队伤亡的情况；(3)日本从中国掠走各种资源的情况；(4)日本从中国掠走和破坏文物的情况；(5)日军在中国制造的一系列重大惨案；(6)中国劳工的损失情况；(7)中国妇女遭受日军性侵犯的情况，包括“慰安妇”的情况；(8)日军在中国使用细菌武器、化学武器及其造成伤害的情况；(9)日本侵略在其他方面给中国造成破坏的情况；等等。

二、课题调研的方式和方法

主要是组织有关人员查阅和搜集档案馆、图书馆和其他文博单位以及民间保存的有关中国抗战人口伤亡和财产损失的档案资料、报刊杂志、历年出版的专题资料集和发表的研究成果。对一些特殊、重大的事件如重大惨案，则走访当事人、知情人和有关研究人员，进行录音录像，整理和保存证人证言，有条件的还进行司法公证，努力使这些调查材料成为在法律上可以采信的证据。有些省份的课题组还到境外的有关机构查阅相关档案资料，作为对大陆保存的档案资料的丰富和补充。这次课题调研的整体布局，实行块块和条条相结合。每个省、自治区、直辖市党史研究室在负责开展地区性的广泛调研的同时，也从实际出发开展一些专题性调研。一些重要的、涉及多个地方的带有全局性的专题，则另组织专家进行调研。

三、对搜集档案资料的要求

1. 明确搜集档案资料的范围。搜集档案资料是本课题调研工作的基础，调研成果的质量也主要决定于档案资料是否翔实，是否尽可能完整和全面。所以，凡相关内容的档案资料，不论是直接反映人口伤亡和财产损失的，还是间接反映的（如关于人口状况、财产状况、生产能力、各类资源情况等资料），都尽量搜集，作为撰写调研报告的客观的历史依据。搜集的要件有：档案、报刊、史志、时人日记、专著专论、实地调查报告、图片、影像资料以及出版、发表的研究成果等。

2. 认真整理原始档案和资料。对于搜集到的档案资料，不论是来自原始的档案，还是来自报刊、史志、日记、图书、专题论文等，都认真整理，每份每件都注明保存的地点、单位，文件卷号、出版或发表处等，然后分类汇总，妥善保存。档案资料使用时一律保持原貌，必要时作注释说明，不允许对原件内容增改、涂抹。对搜集到的档案资料要在分门别类整理的基础上进行必要的考证、鉴别和研究。整理后的档案资料，不仅是有关课题承担者撰写课题调研报告的重要依据，其主要内容也作为附件收入有关的调研成果之中。

四、有关数据统计中的几个问题

1. 根据搜集、掌握资料的情况，抗日战争时期中国的人口伤亡分为直接伤亡和间接伤亡两大类。直接伤亡，一般是指日本侵略中国的战争直接导致的中国方面人员的死、伤、失踪等；间接伤亡，一般是指在日本侵略中国的战争包括特定战争环境中造成的中国方面被俘捕人员、灾民、难民、劳工等的伤亡。抗战期间，被俘捕人员、灾民、难民、劳工等伤亡很大，但由于其流动性大等复杂原因，很难形成具体数据资料，统计起来十分困难。因此，本课题调研中，将已确定属于死、伤或失踪的被俘捕人员、灾民、难民、劳工的数据归入有关地方间接伤亡统计数据；无法确定是否伤亡失踪的，可视情况单列相关数据并加以说明。需要补充说明的是，在战争中失踪者，按通常惯例归为死亡。

2. 抗日战争时期中国的财产损失分为直接损失和间接损失两大类。直接损失，一般是指在日军攻击、轰炸或掠夺中直接造成的社会财产损失。居民财产损失列为直接损失。间接损失，一般包括：(1) 政府机关等因抗战需要而增加的费用，如迁移费、防空设备费、疏散费、救济费、抚恤费等；(2) 各种营业活动可获利润额的减少及由于成本上升等增加的费用；(3) 有关伤亡人员的医药、埋葬等费用；(4) 为抗战捐献的物资和钱财；(5) 有关人力资源的损失。总之，一切因战争造成的间接财产损失均包括在内。

3. 在财产损失中所列的人力资源类损失，包括了被俘捕人员、劳工等在财产方面的损失。中国各级政府所组织的劳役，例如为战争修筑公路、机场、军事工事等抽调民工，都算作人力资源损失。但中国方面征用民工和日本侵略军强征劳工有所区别。日军强征劳工的伤亡率很高，和中国方面征用民工民夫的情况区别很大，因此要分别统计和说明，不能混淆。

4. 中国军队在重大战役战斗中的人员伤亡，分别情况加以统计处理。此次课题调研以统计平民伤亡为主。有关省（自治区、直辖市）如发现有本地发生过军队人员伤亡的重要资料，可以搜集整理并在调研报告中说明，但不计入本地人口伤亡总数。若是本地籍军人的伤亡，则计入本地人口伤亡总数。

5. 海外华侨拥有中国国籍，因此在计算抗日战争时期中国人口伤亡和财产损失时，华侨人口伤亡和财产损失均计算在内。各有关地方在计算本地人口伤亡和财产损失时，视情况可以将本地籍华侨的伤亡、损失计入统计数据总数，亦可单列数据并加以说明。

6. 工厂、学校、机关团体等由于战争原因搬迁造成的损失，算作间接损失，原则上由工厂、学校、机关团体等原所在地方统计。如果原所在地方缺少相关资料，新迁移处具备资料条件，也可由后者统计。为避免交叉和重复，遇到这类情况须特别加以说明。

7. 政党、政府机构的财产损失，归入公用事业的社会团体类财产损失一并计算。

8. 被日军、日本占领当局无偿征用、占用的中国耕地，按农作物的产量及其价值计算财产损失。

9. 伪军、伪政府的人员伤亡和财产损失，一般计入中国人口伤亡和财产损失。

10. 由战争原因导致的如黄河花园口决堤一类重大事件所造成的人口伤亡和财产损失，计算在间接人口伤亡和财产损失中。

11. 重大的财产损失，均以相应数额的货币反映价值。反映财产损失的货币一般要注明币种。

12. 通常用于抗日战争时期财产损失统计的货币（主要是法币），币值问题非常复杂。本课题调研中，涉及财产损失统计的货币数据，有条件进行折算的，一般按1937年即全国抗战爆发当年通用货币法币的币值进行折算，并说明折算的方式方法。因条件不具备，保留原始数据未作折算的，则注明有关数据中用以反映财产损失的货币系何种货币、何年币值。

五、关于撰写课题调研报告的要求

本次课题调研，有关课题组和承担专门课题的专家均按要求撰写出调研报告。

1. 各省、自治区、直辖市课题组撰写调研报告，内容大致分为概述、主体、结论三部分。

概述部分主要包括：介绍课题调研工作的基本情况，如：投入多少力量，到过什么地方查阅搜集档案资料，搜集了多少档案资料等。反映本地的自然地理概况，抗战爆发前的经济社会发展和人口状况，以及在抗战时期是重灾区还是大后方，是沦陷区还是根据地等。叙述日本侵略者在本地的主要罪行。还可简略回顾以往相关课题的资料和研究情况。

主体部分主要包括：分析说明本地人口伤亡和财产损失情

况。根据现掌握资料，将本地抗战时期人口伤亡分为直接伤亡和间接伤亡，将本地财产损失分为直接损失和间接损失，并分别说明主要的史料依据和分析结果。

结论部分，汇总本地人口伤亡数据、财产损失数据。据实说明迄今所掌握资料的局限性、本地遭受人口伤亡和财产损失的特点、影响等。

撰写调研报告依据的主要资料以及调研中同步完成的专题研究报告等，作为调研报告的附件，纳入课题调研成果中。

2. 由一批专家承担的全局性专门课题，如抗日战争时期重大惨案、劳工问题、“慰安妇”问题、细菌战、化学战、文化损失、海外华侨人口伤亡和财产损失、中国军队伤亡、重要战役战斗伤亡等，其调研报告的撰写和附件的收录，参照以上要求进行。

六、对调研成果的验收

在各省、自治区、直辖市课题调研工作结束后，完成的包括课题调研报告在内的省级调研成果和市、县等调研成果，要装订成册，通过审阅和验收，逐级上报，送交各省、自治区、直辖市党史研究室和中共中央党史研究室分别保存。

为确保质量，在调研过程中形成的各省、自治区、直辖市A、B两个系列书稿（省级调研成果为A系列书稿，市、县等调研成果为B系列书稿），要分别通过验收。其中，省级调研成果要通过由地方到中央的四级验收，市、县等调研成果则在有关省、自治区、直辖市内验收。

省级调研成果上报验收前，课题组先认真进行自审，以保证内容的完整准确，特别是调研报告和有关专题研究报告、资料、大事记的内容和数据要互相补充、印证，不能互相矛盾。课题组完成自审后，省级调研成果首先报送省级抗战损失课题领导小组验收。省级课题领导小组审查通过后，送省级专家验收组验收。省级专家验收组参加验收的专家一般为3—5人，人选来自党史系统、社会科学院和社科联系统、档案史志部门、高等院校等方面，为较有影响力、权威性的专家。省级专家验收组在本省（自治区、直辖市）课题领导小组的指导下，按照学术规范的严格要求和有关规定审读、验收本省（自治区、直辖市）拟提交中共中央党史研究室的省级调研成果。验收的主要标准和目的是确保调研成果的准确性、可靠性。对于验收中指出的问题、提出的意见和建议，各省（自治区、直辖市）课题组须采取有效措施解决和落实。对一次验收不合格的，修改、完善之后进行第二次以至多次验收，直到合格为止。省级专家验收组验收合格后，填写《A系列书稿验收报告表》。填写的报告表和书稿同时报送中共中央党史研究室课题组。

中共中央党史研究室课题组收到经省级专家验收组验收合格的省级调研成果后，先进行验收。认为合格后，再聘请国内知名专家进行验收，并填写《A系列书稿验收报告表》。验收中所提修改意见，由有关省、自治区、直辖市课题组予以逐条落实，对调研成果做出相应修改或者说明相关情况。

由一批专家承担的全局性专题研究成果，最后形成的书稿也纳入A系列，其验收也参照上述程序和要求，由中共中央党史研究室课题组组织有关专家进行。对于验收中提出的意见，承担课题的专家要逐条落实，对调研成果进行修改完善直至合格为止。

最后，中共中央党史研究室课题组对经过反复修改形成的省级调研成果和全局性专门课题调研成果进行复核。完成各项程序并符合要求的调研成果，包括通过四级验收的A系列书稿和由有关省、自治区、直辖市党史研究室组织验收并合格的B系列书稿，分批次送交中共党史出版社付印出版。

中共中央党史研究室课题组

《贵州省抗日战争时期人口伤亡和财产损失》编委会

顾　问　赵克志　陈敏尔

主　任　廖国勋

副主任　徐　静　曾　健　晏婉萍

委　员　（以姓氏笔画为序）

　　　　吕　进　李平远　李朝贵

　　　　杜　黔　欧阳锋

主　编　徐　静

副主编　杜　黔　吕　进　李朝贵

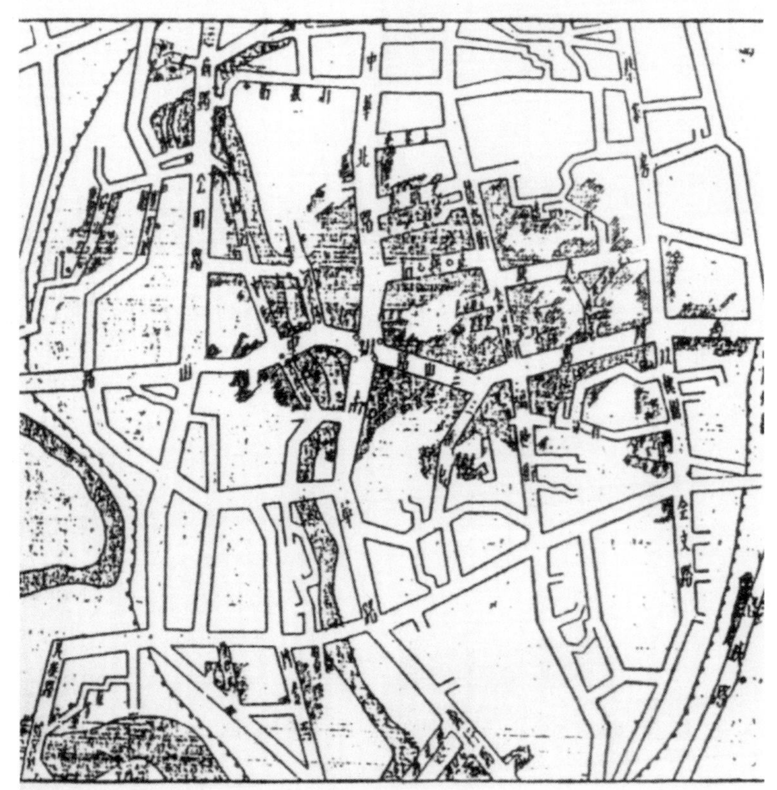

1939年2月4日，侵华日军飞机轰炸贵阳市，即“二四”轰炸。此为贵阳市城区被炸毁区域示意图。

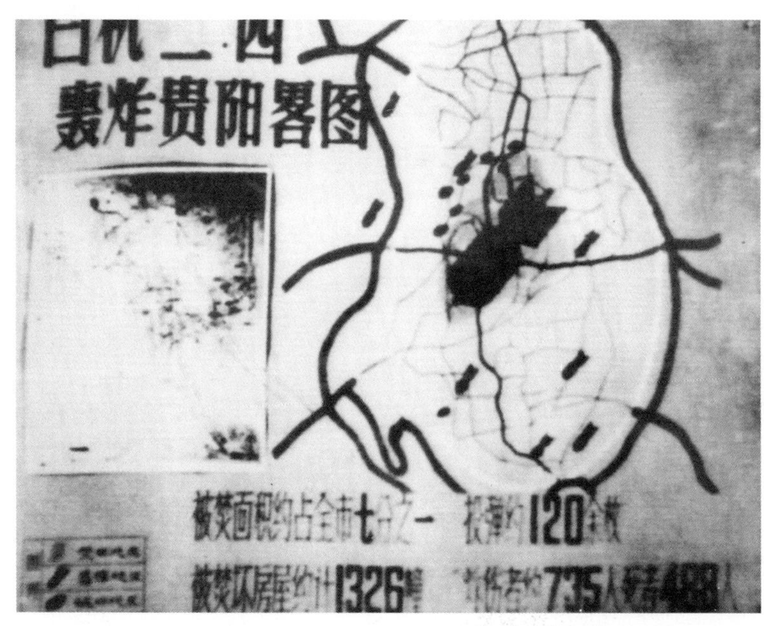

日军飞机“二四”轰炸贵阳略图

“二四”轰炸中，被炸的贵阳城浓烟滚滚

“二四”轰炸中，被炸的贵阳大十字一带发生大火

“二四”轰炸前的贵阳中华南路

“二四”轰炸后贵阳中华南路被夷为平地

“二四”轰炸中，贵阳的外国人住宅也遭到毁坏

“二四”轰炸中被炸断手臂的欧阳氏老人

“二四”轰炸后，贵阳灾民在清理残存物品

“二四”轰炸后，停放在贵阳老东门城外路旁的棺材

1939年3月，国民政府军事委员会拍摄的贵阳航测图。图顶端黑点为日军飞机轰炸后形成的弹坑。

抗战期间贵阳街头的难民

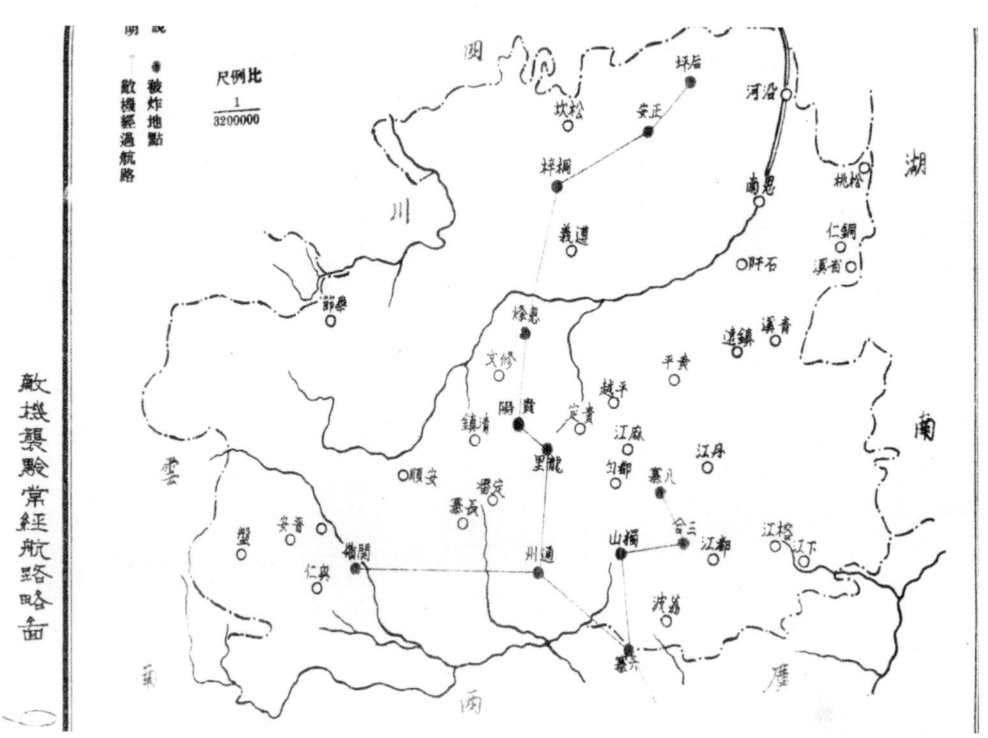

抗战中国民政府航空委员会防空总监部绘制的日军飞机入黔轰炸常经航路略图

抗战中屡遭日军飞机轰炸的晴隆县盘江桥

曾目睹日军飞机轰炸盘江桥的道班工人穆老

抗战时期在日军飞机轰炸之下幸存、如今尚可使用的黄果树大桥

抗战时期修建黄平县旧州飞机场留下的石碾子，碾身上“打倒日本”的字样仍清晰可见

抗战期间，为躲避战火，浙江省立图书馆将珍藏图书——文澜阁《四库全书》辗转迁到贵阳，藏于贵阳北郊地母洞

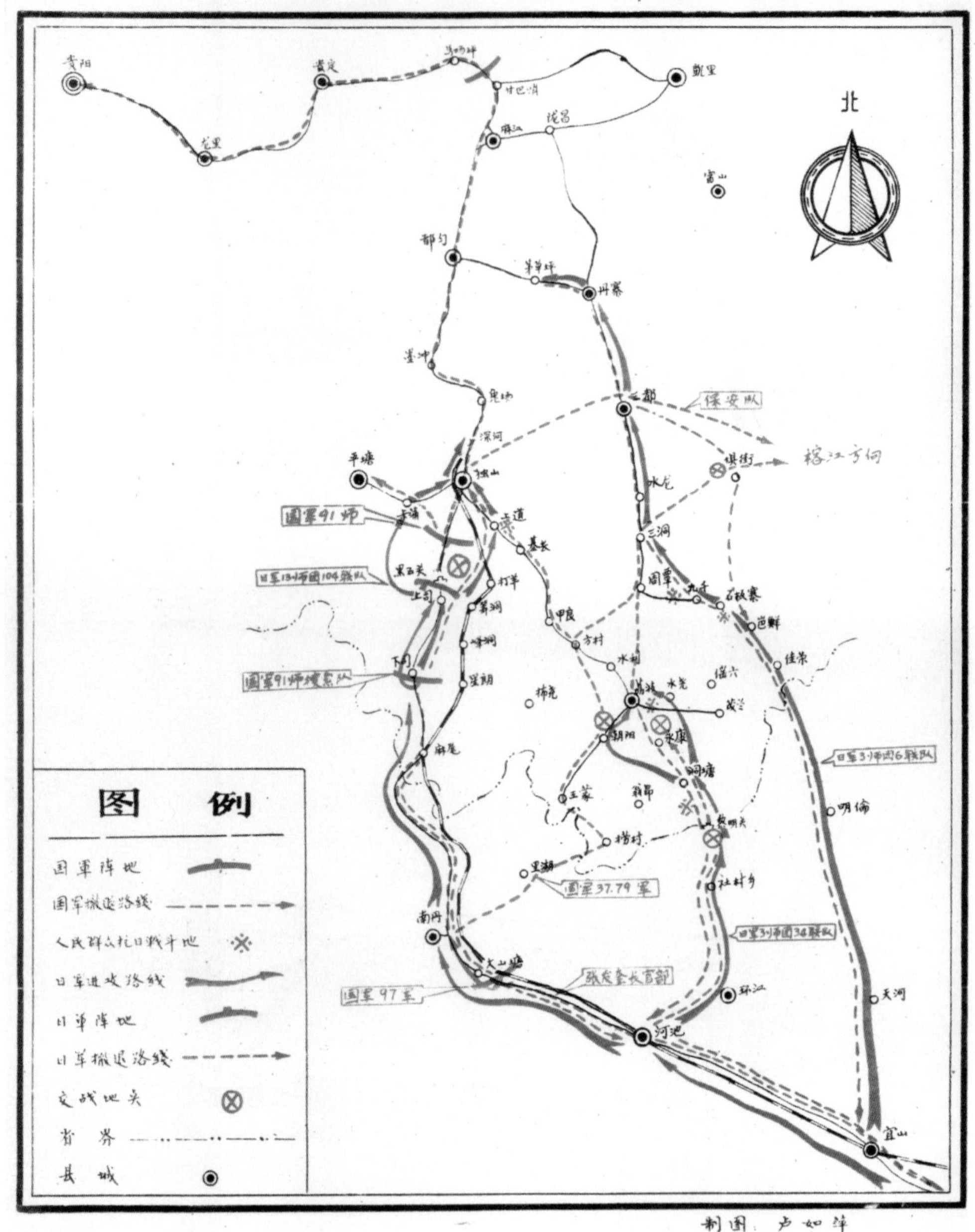

抗日战争中黔南事变战局形势略图

黔南事变时，中、日军队在黎明关展开激战。图为黎明关战斗遗址。

日军攻破黎明关后，于1944年12月2日到达永康穿洞（当时通往县城的必经之道），欲经此洞进犯荔波县城，遭到中国军队的有力阻击。双方激战两天多，日军被击毙上百人，中国军队也有相当伤亡。图为永康乡穿洞阻击战遗址。

1944年12月3日下午,一队日军进入独山里洞寨洞口搜抢物资，引起洞口军火爆炸，里洞寨洞房屋全被震毁，民众死伤百余人。图为洞口大爆炸遗址。

贵州省三都县石板寨寨口。当年石板寨人民曾经在此与日军交战。

晴隆二十四道拐抗战公路

现存的二十四道拐抗战公路遗址

美军墙简介

民国三十二年（1943）秋，援华美军司令部为适应每月运输15,000吨的战争物资需要，给国民政府国防部外事局的备忘录中，要求改善沾益一都匀路线，其中以24道拐工程最大，路线上下盘旋，密集于一个山坡上。为防止坍塌阻碍交通，修建挡土墙甚多，最高者达12米。该挡土墙是抗战历史的见证，历经半个多世纪，仍保存完好。

晴隆县人民政府

晴隆县在二十四道拐设立的介绍标牌

遵义各地招募的新兵开赴抗日前线

抗战期间参加湘北会战受伤的贵州将士，伤愈重返前线合影

目　　录

一、贵州省抗日战争时期人口伤亡和财产损失调研报告

贵州省抗战损失调研课题组

（一）调研工作概述

按中央党史研究室的统一部署，贵州省的抗战损失调研工作于 2005 年年底启动。本次调研时间范围为 1931 年九一八事变爆发到 1945 年抗战胜利（根据本省疏散全国各地难民及战后建设的实际情况，我们把贵州省调研的截止期延长到 1947 年），调研对象以人口伤亡和财产损失为主。鉴于贵州省是抗战大后方的具体情况，我们并未在全省铺开有关工作，只在贵州省委党史研究室内成立了调研课题工作组，形成了由省委党史研究室牵头，所涉及的市（州、地）、县党史、史志部门协助的近 50 人的调研队伍。

贵州省抗战损失课题调研领导小组和工作机构

顾　问	成　员	石宗源、林树森、张群山
领导小组	组　长	耿晓红
	副组长	曾健、王天恩、冯霞
	成　员	吕进、杜黔、覃爱华、欧阳峰、李平远、李朝贵
课题组	组　长	杜黔
	副组长	吕进、李朝贵
	成　员	覃爱华、李林、郑萍、钱晓云、王姣姣、萧强、刘毓麟、魏朝成、吴泽安、张黔生、李瑜、陆兴和、陆春凡、况再举、余波、邹廷生、潘圣群、乔亚莉、兰道宇、伍忠仕、桑维新、李泽文、陆永辉、潘广淑、龚正栋、潘毅娟、邓贤海、李超、文彰、王先华、王礼能、付文利、蔡定薄、李克相、潘世仁、黄贵武、黄天良、袁鑫、张瑞渊
专家验收组	成　员	王传福、范同寿、史继忠、熊宗仁、何长凤

贵州省抗战损失调研课题工作历时十年多，取得了重大调研成果。其间，2005年年底至2010年4月，课题组的同志分别到贵州省档案馆、贵阳市档案馆、贵州省博物馆、贵州省地方志办公室、贵州省人防战备办公室、贵州省图书馆及独山、龙里、安龙、丹寨、三都、荔波、晴隆、镇宁、桐梓、沿河、绥阳、正安、清镇、黄平、镇远等县（市）档案、党史、史志部门查阅了大量的档案文献、史志资料，拍摄了大量的相关图片。共查阅档案3000余卷，图书、报刊等文献资料600余册，征集复印抄写拍摄档案文献资料1000余卷、4000多页，搜集回忆文章80余份近3万字，搜集图片120幅。同时还调查走访了一些历史见证人和知情人，挖掘了大量第一手资料，在一定程度上充实、完善了许多重要史实。

对抗日战争时期贵州省人口伤亡和财产损失情况的系统调查统计，抗战胜利后国民政府曾经进行过，但没有形成一个完整的、全面性的、有说服力的结果，最终不了了之，这从本次调研我们在档案馆里查阅到大量空白的“敌人罪行调查表”即可看出。中华人民共和国成立后，也没有专门进行过此项工作，直到这次中央党史研究室牵头在全国范围内开展“抗日战争时期人口伤亡和财产损失”课题调查。至于相关的研究，长期以来也没有系统的专著问世，仅仅在部分书籍包括各地编纂出版的文史资料中有零星半点的涉及，如熊宗仁等主编的《贵州通史》(第四卷)、熊宗仁著的《贵州抗日救亡运动史》等粗略地介绍了日军飞机对贵州的轰炸情况，对贵州人口伤亡和财产损失仅仅提出了估计数字，梁茂林著的《贵州草鞋兵》一书则专注于贵州士兵在正面战场的作战情况，对本省人口伤亡和财产损失则未提及。

通过本次调研，我们在广泛征集资料、深入分析统计的基础上，形成了抗日战争时期贵州省人口伤亡和财产损失基本数据。同时，将档案材料进行电子化录存及其校对、考证工作，共完成25万多字，并根据档案文献史志资料，编写大事记2.5万余字，完成黔南事变惨案、二四轰炸惨案及附件材料共4万多字，收集、形成各种表格（人口伤亡、财产损失单份统计表、间接损失表、预算表等）180份，完成人员伤亡名录。按照中央党史研究室报送调研成果的要求，将贵州省调研报告、黔南事变惨案、二四轰炸惨案、大事记、图片、统计表、档案文献资料等装订成12卷12册，一起上报中央党史研究室。

本次调研的覆盖范围为贵州省目前行政管辖区域。

(二)全国抗战前及战争中贵州省经济社会简况

贵州，简称黔或贵，位于中国西南部、云贵高原东侧，东接湖南省，北邻重庆市、四川省，西连云南省，南与广西壮族自治区交界，省会贵阳市（1941年7月设市）。

全国抗战期间贵州省属国民党统治地区（简称国统区），是陪都重庆的南大门，战略地位极为重要。1935年国民党中央政权直接掌控贵州后，为加强对贵州的统治，大力推行新县制及保甲制，调整行政区划，强化特务统治和军事统治。在实行新县制的1938年，全省各县共有区公所483个，1939年4月后减少为406个，到1943年新县制推行完成后，全省共辖1市78县。

全国抗战前及抗战时期，贵州全省土地总面积为17万多平方公里（1946年测量数据），总人口1931年为8221659人（188.7万户），1937年为10447330人（185.1万户），1945年达10602405人（191万户）（见下表），耕地总面积1934年时为2120.6万亩，1946年时为2317.3万亩（户均19.42亩，人均3.75亩，均低于当时全国的22.31亩/户和4.25亩/人的平均水平）。

1931—1945年间贵州户数及人口数量表

年　度	户　数（万户）	人口数（万人）
1931	188.7	822.1659
1932	158.3056	690.5551
1933	160.1	690.9361
1934	160.1	699.4
1935	171.9	919.5
1936	185.0497	1048.6618
1937	185.1678	1044.7330
1938	179.0067	1032.6322
1939	188.9872	1025.5909
1940	188.0829	1021.2661
1941	188.6243	1055.7497
1942	192.4447	1072.8565
1943	192.6913	1079.2535

续表

年　度	户　数（万户）	人口数（万人）
1944	191.9714	1082.7168
1945	191.0809	1060.2405

注：本表系本书编者根据《贵州省志·公安志》（贵州省地方志编纂委员会编，贵州人民出版社2002年版）、《贵州省志·地理志》（贵州省地方志编纂委员会编，贵州人民出版社1985年版）相关材料综合制作。

据1941年《贵州省概况统计》载，全省耕地中水田占20.9%，旱田占33.6%，旱地占45.5%。全省农业生产力低下，生产技术仍沿袭旧制，以人力为主，而且缺乏耕牛、农具、肥料和水利设施，因此粮食产量不高（见下表），其他如油菜、棉花、烟草、麻、桐油等经济作物产量虽有所增长，但幅度缓慢。

贵州省主要农作物种植面积及总产量①（1936年）

农作物	种植面积		总产量（市担）
	市　亩	占耕地面积百分比	
稻	9872772	31.62	28729767
罂　粟	711889	2.28	8454
大　豆	2856922	9.15	2828353
粟	630666	2.18	993772
烟　草	543283	1.74	619343
棉　花	93070	0.30	18734
小　麦	2594647	8.31	3736292
油　菜	1508080	4.83	965171
高　粱	1010998	3.27	1000573

贵州工业在辛亥革命后虽已初步发展，但规模都不大。全国抗日战争爆发后，大片国土沦陷，贵州成为抗战大后方，许多工矿企业（主要是兵工企业和民营企业）、资金、人才被迫向大后方转移，促进了贵州工矿业的发展。

（三）日军侵略贵州的主要罪行

1. 空袭轰炸

全国抗战爆发后，重庆成为中国的临时首都，也是国民党统治区的政治、

① 杨森：《黔政三年》，贵州省政府秘书处编，贵阳西南印刷所出版社1947年版，第16页。

经济、军事、文化中心。日本为了达到瓦解中国人民抗战意志、迅速占领中国的目的，长期对重庆及其周边地区进行大规模空袭轰炸。贵州省作为抗战大后方、陪都重庆的南大门，集中了大量的内迁机构、军事设施及大量逃亡来的难民。贵州的许多城镇，特别是军事重镇和交通枢纽，如贵阳市、晴隆县、盘江桥、独山县、桐梓县、三都县三合港、龙里县等地，成了日军飞机（简称日机）轰炸破坏的主要目标，经常遭到日军飞机的狂轰滥炸。

空袭轰炸贵州的日军飞机主要来自南、北两个方向：北面是从武汉、宜昌起飞，沿长江西上再南下轰炸贵州；南面从越南、海口、南宁等地北上进行轰炸。相比较而言，从南面来的日机比例略大。据档案材料及相关文献记载，抗战期间，贵阳、清镇、独山、龙里、后坪（今属沿河）、桐梓、晴隆、务川、习水、正安、三都、丹寨、安龙、玉屏、镇宁15个县市遭到日军飞机直接轰炸，其轰炸目标主要集中在这些城市的政府机关、商业区、军工厂矿、交通要道、军事基地和桥梁、港口以及平民住宅区、居民疏散区。日机甚至专门选择当地老百姓的赶集日进行集中轰炸。1938年9月25日，日军飞机9架轰炸贵阳、清镇平远哨飞机场（即清镇机场）两地，共投弹102枚。其中在清镇投弹94枚，炸死民众2人、伤5人，毁坏民房120幢（间），炸毁飞机场伪装飞机2架、伤2架，炸毁炸药库和军用物资仓库各1座；在贵阳投弹8枚，炸伤2人、死2人，毁坏民房100余幢（间）。这是目前档案文献材料记载的日军飞机第一次对贵州省的轰炸。1938年9月到1941年6月，是日军飞机大规模对贵州进行轰炸的主要时期，也是破坏最严重的时期。这一时期，日军凭借其空中力量的优势，对贵州进行了长达3年的轰炸，给贵州人民带来了巨大的人员伤亡和财产损失。1944年6月，日军飞机在务川县分水乡新场和马家湾各投弹1枚。这是目前文献记载日军飞机最后一次对贵州的轰炸。通过下面的统计表，可以看到整个抗战时期，日机轰炸贵州省的次数、投弹数及损害情况。日机轰炸贵州全省共38次，出动飞机405架次，投弹数达到630枚，造成死亡人数1051人，受伤人数1881人，共计2932人，造成灾民20550人。这样，仅轰炸一项，造成贵州人民的人口伤亡加上灾民就达到23482人，造成财产损失5802.7065万元①，其他损失14.36645万元，共计5817.07527万元（详见下表）。

---

① 如无特殊说明，本调研报告正文及表格（包括附表）中出现的统计数据中的“元”均指法币，当时亦称为国币。

抗日战争时期日军飞机轰炸贵州省次数、投弹数及造成损害情况表

地点	日机轰炸		投弹数			损害情况				备注
	次数	架次	爆炸弹数	燃烧弹数	共计	死亡人数	受伤人数	灾民人数	毁坏、损失公私财物价值	
贵阳	9	87	148	39	185	630	1571	20000	毁房屋1433栋(间),炸毁街道42条,价值3880.489万元,房屋100间。	另建疏散房200栋,发救济费14.21945万元。
独山	4	32	46	1	47	358	150	550	毁坏房屋390间,炸毁小汽车15辆。	
三都	2	20	11	2	13	1	1		毁房5间,港口大部建筑物,胡氏寿宁园一角。	
清镇	1	9	94		94	2	5		房120间,毁飞机2架,炸坏飞机2架,炸毁炸药库、军用仓库各1座。	
龙里	2	16	13	2	15	2	6		毁房11栋,连其他物品,共计价值2395元,城墙一角被毁。	发放医药费60元、埋葬费150元。
晴隆	6	69	253	2	255	1	1		盘江桥被炸毁,直接、间接损失价值1921.428万元。	伤马1匹。征用圆木500根修浮桥。
丹寨	2	18	11		11	32	67		毁房12栋。	
后坪	2	37	4		4	2	4			(今属沿河县)
安龙	1	7	1		1	20	3		炸毁房屋28栋,价值5000元。	另发恤金1160元。
镇宁	1	18	3		3	2	1			
玉屏	1		1							
习水	2	2	2		2					
务川	2	36	3		3					
正安	2	27	4		4				炸毁房屋12间。	
桐梓	1	27	2		2	1	2		毁物价值500元。	

续表

地点	日机轰炸		投弹数			损害情况				备注
	次数	架次	爆炸弹数	燃烧弹数	共计	死亡人数	受伤人数	灾民人数	毁坏、损失公私财物价值	
合计	38	405	584	46	630	1051	1881	20550	5802.7065 万元及其他。	14.36645 万元及其他。

注：1. 本表系本书编者依据所查档案文献史志资料，参考国民党贵州省保安司令部编制材料制作而成。

2. 在国民党贵州省保安司令部编制材料中，晴隆死亡749人、伤1442人，因未查出实据，故未纳入本表。

3. “其他”系指损失物品无法换算出价值者。

1939年2月4日，日机18架对贵阳市中心繁华地带的轰炸，共投弹129枚（其中爆炸弹90枚、燃烧弹39枚），人员死亡597人，1526人受伤，炸毁、炸坏街道42条，炸毁、烧毁、震坏房屋1345栋（1万余间），被炸面积约占贵阳市区总面积的1/7。7月29日，日军飞机7架轰炸独山县麻尾老街，由于正是赶集日，导致250人被炸死，75人受伤，大半条街道成为废墟。1940年5月1日，日军飞机投弹18枚（内燃烧弹2枚、爆炸弹16枚）轰炸贵州省会警察局第五分局及中央医院、中央实验小学及修械厂等地，毁坏房屋7间，炸死20人、伤27人。从1940年5月开始，为了彻底切断中国大陆后方运输线，日军飞机对史迪威公路在贵州境内的重要地段——盘江桥及周围军事设施进行大规模轰炸，到1941年6月（特别是1941年6月就连续进行了8次轰炸），日军出动飞机69架次进行轰炸，共投弹255枚，将桥炸毁①。

2. 日军制造“黔南事变”

1944年4月，日本侵略军向平汉、粤汉、湘桂铁路沿线的豫、湘、桂等地发起其称之为“一号作战”的新的战略性进攻，企图在中国战场上打通平汉、粤汉、湘桂铁路，以连接从中国东北经北平（今北京）、郑州、武汉、南宁通往东南亚的大陆交通线，摧毁中国南部的中美空军基地，挽救其在南洋的颓势。同年11月，占领广西的日军分出一部分兵力沿黔桂铁路直逼黔境，其中国派遣军第六方面军第十一军所属之第三师团下属部队7000余人，从11月25日分三路侵入贵州黔南地区的独山、三都、荔波、丹寨、都匀5县。到12月2日，荔波、三都、丹寨、独山相继沦陷，部分日军还窜到都匀县明英乡。12月4日晚，各路日军相继撤退，于12月10日全部退出黔境。在日军进入黔境的近半

① 见上页《抗日战争时期日军飞机轰炸贵州省次数、投弹数及造成损害情况表》。

个月时间内，烧杀掳掠，给黔南人民带来了空前的灾难：黔桂铁路全被破坏，许多的房屋被烧毁，造成无数的难民，共计人员伤亡 28093 人，损失财物计 49641029.64 元（1937 年价，笔者根据材料统计），若加上未能换算出价值的房屋、粮食和牲畜等，与国民政府统计数 15246173.308 万元（折 1937 年价为 8727.059707 万元，参见本书《日军侵略贵州造成人口伤亡、灾民和财产损失统计表》）大致吻合，这就是当时震惊全国的“黔南事变”。

（四）人口伤亡情况

通过广泛深入调研，根据已查阅到的档案文献史志资料进行统计和分析，抗战期间贵州省人口伤亡基本情况如下。

人口伤亡情况主要分为直接伤亡和间接伤亡两大类。直接伤亡是指因日军侵华战争（包括日机轰炸）直接造成的人员死亡、受伤和失踪。间接伤亡是指在日军侵华战争（包括日机轰炸）环境中造成的人员伤亡，包括伤残和死亡的被俘人员、难民和劳工以及失踪者。

贵州全省人口伤亡中，平民伤亡共计 43417 人。具体为：日军飞机轰炸伤亡 2932 人，日军侵略导致伤亡 24250 名，征用民工伤亡 16235 名。另外，贵州籍军人在对日作战战场中死亡 8209 人。

除以上人口伤亡数外，全省有灾民 45000 人，难民 76 万余人。由于资料缺乏，灾民、难民中的伤亡人数不详。

1. 直接人口伤亡

贵州省的直接人口伤亡，主要来自于日军侵略贵州辖境、日军飞机对贵州全省多县市的轰炸和抗日战场。

（1）因日机轰炸所造成的伤亡情况

根据全省档案文献史志资料调研统计，从 1938 年 9 月到 1944 年 6 月日军飞机对贵州省的轰炸导致 2932 人伤亡，其中死亡数 1051 名，受伤数 1881 名（参见本书《抗日战争时期日军飞机轰炸贵州省次数、投弹数及造成损害情况表》）。

（2）日军侵扰黔南地区所造成的伤亡情况

根据全省档案文献史志资料调研统计，1944 年底日军侵扰贵州省南部地区 5 县所造成的人口伤亡达 24250 名（参见下表）。

日军侵略贵州造成人口伤亡、灾民和财产损失统计表

县市	财产损失（直接、间接，元）								人口伤亡、灾民、失踪数							备注
	建筑物	农林牧业	文化教育	仪器	图书	医药用品	其他	小计	死亡		受伤		小计	人口减少	灾民	
									男	女	男	女				
独山	80017300	992684854	2300 万	997300				1096699454					20040	9100		亡 829
都匀	162.892 亿						器具 20.277 亿 3.441 亿	186.61 亿					2500		20000	亡 425
荔波	7000 多户房屋	220140989	1400 万	23300				234164289					5500	13151	25000	
三都	49524872	200069367	1300 万	20 万	42.06 万		99362500、 器具 300 万	365577339						4627		亡 80
丹寨	5970 万	43211670	235.5 万	358.83 万	217.689 万	586.7 万	器具 2749.7 万、 现款 3 万、 其他 879 万	153215860					93	5364		死 38 伤 55
麻江	房屋 20 间	47 万公斤		23300												亡 113
瓮安		粮食 30 万斤、油脂油类 5 万多斤					牛 350 头， 马 100 多匹， 猪 1000 多头， 鸡鸭 15000 多只									
龙里							疏散费 5000 万， 生产减少 270 万	5270 万								
福泉	42000	13038209			215779		器具 2029234， 现款 212279	15537501								

续表

	财产损失（直接、间接，元）								人口伤亡、灾民、失踪数							备注
县市	建筑物	农林牧业	文化教育	仪器	图书	医药用品	其他	小计	死亡		受伤		小计	人口减少	灾民	
									男	女	男	女				
三穗	500 万						1100 万	1600 万								
贵州企业公司	153.6 万						1084265951	1085801951								
小计	16485020172 + 房屋	1469145089 + 粮食	5235.5 万	483.22 万	281.3269 万	586.7 万	3660686964 + 牲畜	21680719694					28093	32242	45000	亡 1485 伤 55
折 1937 年价值	37744751.39 + 房屋	3363812.45 + 粮食	119874.07	11063.99	6441.37	13433.31	8381653.03 + 牲畜	49641029.64								
合计	49641029.64 + 房屋 + 粮食 + 牲畜								24250				28093	32242	45000	

注：1. 本表系本书编者根据所查档案及本书大事记综合制作。

2. 据史料记载，“黔南事变中，湘桂铁路、黔桂铁路全被日军破坏，计损毁铁路线长 1141 公里、车站 112 座、煤台 28 座、大桥 28 座、小桥 465 座、机车 217 辆、客车 634 辆、货车 2671 辆、特种车 40 辆、电报机 69 具、电话机 1297 部、电线长度 1185 公里、机厂 6 处、车房 14 处、仓库 23 处、办公房 400 处、员工宿舍 210 处”[见贵州社会科学编辑部、贵州省档案馆、贵州历史文献研究会、贵州省人口学会编：《贵州近代经济史资料选辑》（第二卷，上），四川省社会科学院出版社 1987 年版，第 1094 页]。对此，本表未作归纳。

3. 本表“人口伤亡、灾民、失踪数”栏内“人口减少”一栏数字，系根据贵州社会科学编辑部、贵州省档案馆、贵州历史文献研究会、贵州省人口学会编：《贵州近代经济史资料选辑》（第一卷，上）第 46—47 页（四川省社会科学院出版社 1987 年版）户籍人口变化得出。

4. 本表“财产损失”栏内“小计”、“折 1937 年价值”、“合计”三栏中“+”号后的文字，系指无法换算价值的物品。

（3）征兵及部队伤亡情况

抗日战争全面爆发后，许多黔籍官兵纷纷开赴前线英勇杀敌，从1937年起至1945年，贵州共征兵639631名，约占全省常年人口的6%，详见下表。

抗日战争时期贵州历年征兵一览表

年度	人　数	年度	人　数	年度	人　数
1937	47149	1938	64939	1939	91206
1940	97549	1941	68279	1942	69606
1943	59818	1944	69823	1945	71262

注：本表录自贵州省档案馆2005年9月主办的“抗日战争中的贵州——档案史料展”陈列材料。

先后奔赴前方战场的部队有第八十五师、第八十二师、第一〇二师、第一〇三师、第一二一师、第一四〇师、新二十八师等（其中大部分是黔籍官兵）。他们在前线与日军血肉相搏，先后参加了淞沪抗战、台儿庄战役、武汉会战、中条山战役、洛阳激战、长沙会战，等等，其中许多部队加入中国远征军赴缅甸作战，打通了滇缅公路，坚守怒江，为国际援华物资顺利运抵中国抗战前线立下了不朽的功勋。在抗日战场上，无数贵州健儿奋勇作战，英勇牺牲。他们中既有滕久寿（贵州省三都县人，国民革命军第十九路军上海吴淞要塞司令部参谋长，1932年2月牺牲于上海吴淞口）、刘眉生（贵州省遵义市人，国民革命军第八十五师五〇五团团长，1937年10月牺牲于山西忻口战役）、陈蕴瑜（贵州省平坝县人，国民革命第一〇二师第三〇四团团长，1938年5月牺牲于江苏砀山）等中高级将领，也有王懋长（贵州省安龙县人，1938年牺牲于河南）等无数士兵血洒疆场。

据赤水县档案馆馆藏资料《贵州省各县忠烈将士人数一览表》载：贵州省77个县（市）（当时行政区划，内缺天柱县伤亡数）在抗战中共有8164人阵亡（伤者数量情况不明），其中只有赤水市139名阵亡者有职级、番号、机关名称、年龄、阵亡时间及地点等详细记载，其余仅列出阵亡人数。在此次调研活动中，我们补入了缺失的天柱县伤亡人数55名。因此，抗日战争时期贵州省外出作战阵亡人数为8209名，其中194人记载详细，余8015名情况不详。

2. 间接人口伤亡

根据目前查阅的资料统计，贵州全省间接人口伤亡共16235人。

（1）因抗日战争需要而修建机场、公路、铁路、桥梁、防空洞等军事设施及搬运军用物资、修建疏散建筑等造成的人口伤亡。如1936年7月至1938年4

月，在修筑南（安南）龙（安龙）路工程中，共死亡242名工人；1936年7月至1938年8月，南龙公路（安南县沙子岭到安龙县城）修建完工通车，共征用7县民工35000名，有230名民工死亡；1938年2月25日，遵义县民工在搬运军械库迫击炮弹时，炮弹落地爆炸，致16人死亡、15人受伤；1938年3月21日，正在改造中的盘江桥断塌，40名工人坠落江中，死亡13人，27人受伤（其中17人重伤）；1938年6月至1940年6月，为修建川滇公路威宁至毕节中之钻天坡段，水城县共征用民工35501名，民工死亡107名；1939年8月至1942年，耗工10000多个修建遵义龙坪机场（位于遵义县龙坪镇九里坝），死亡民工449人；1944年10月，麻江县政府征派民工4500名赴黄平修旧州飞机场，在工程中民工死亡数十人，伤、病数百人。

据贵州省档案馆档案记载，全国抗战期间，全省征用大量民工，征工数达到12863438人次，民工伤亡数共计16235人，其中受伤者14175名，死亡者2060名（包括日军在侵扰黔南期间，征用的民工178名，导致11人受伤，10人死亡①）。

（2）难民伤亡情况。在调研中，只了解到难民总数和分类情况，而没有能够查到具体反映难民伤亡情况的材料。

据有关资料，全国抗战期间，贵州省有记载的难民共计767684人。主要为三大类：

第一类，在日军侵华战争环境下逃亡到贵州的难民。抗战期间尤其是全国抗战爆发后，东北、华北、华东、华中、华南地区沦陷，大量的难民涌入贵州省。1938年7月，国民政府就颁布了难民疏散办法，以贵州为收容难民的主要地区。10月，贵州省成立了贵州省救济难民委员会，下设事务处，各县设分处，建立收容所，安置难民，并指定48个县为收容县区。到12月时，即已安置陆续来黔难民3000人。贵州省还拟定了《各县救济难民事务分处建筑难民住宅办法》，要求指定收容或疏散难民的县份，如果原有房屋不敷容纳时，必须专为难民修建草房若干栋（定名为难民住宅），每栋3大间（每间宽1丈、深2丈），隔为6小间；每栋须居住有眷属之难民3户或单身难民40名以上（其建筑经费由救济准备金下开支）。平舟（今属平塘）、三穗、黄平等县都曾建难民草房。同时贵阳市先后在岩脚寨、舒家寨、二戈寨、青山坡、狮子山、罗汉营、打鱼寨、花果园、石板坡、市西路、金钟路等地建经济平民住宅200余栋，供

① 见本调研报告附表四《抗日战争期间贵州省征用民工及日军强征民工伤亡表》，贵州省档案馆馆藏档案，档案号M60—2769（1947年）。

疏散难民居住。1941年仍有少量难民来黔，一年中共运送过境难民发给遣送费者计58人，代为接洽免费乘车者共27人，介绍到机关当公务员者11人，到商号当店员者7人，雇佣17人。1942年4月，因香港、九龙、缅甸等侨胞陆续来黔，贵州省赈济会组织贵州省紧急救侨委员会，办理侨胞救济事宜，截至10月底止，共登记侨胞3.06万人，其中请领膳食救济费1.87万人，免费治疗882人，登记住宿1.49万人，运送回籍8397人，共支付130万元。“黔南事变”前后，由湖南、广西进入贵州的难民有几十万之多，贵州省在入黔沿线纷纷设立难民救济院（站、所）等，仅独山难民登记总站从1945年2月22日至3月15日共登记5967人，接待难民6856人，遣返4972人。到1945年底，滞留独山的难民共有1766人；1946年滞独难民超过10000人。1946年11月22日，中国善后总署贵阳难民疏送站决定平越县（今福泉市）马场坪为贵州全省东南路起运站，平越、麻江、瓮安等县难民共1010人，定于12月16日集中在马场坪遣送。1947年1月，独山县仍有难民3000余人，直到年底才完全离开县境。抗战期间，贵州共收容战区难童1000余人，救济过境难民122803人。战后仅贵阳市就动用车辆470车次、输送了18个省（苏、皖、湘、鄂、浙、粤、豫、赣、冀、鲁、闽、桂、晋、吉、察哈尔、黑、陕、辽）难民14940人，其中华侨761人。战后贵州全省共疏散难民42008人。这类难民总计抗战期间为702184人。

第二类，日军飞机轰炸、日军侵扰贵州所造成的难民。1939年2月4日，日机轰炸贵阳，造成惨案，难民人数有6200多人，4日晚即设立贵州省难民救济处，分别在文明舞台、志道学校、豫章小学、两湖会馆和文武庙，设立5个收容所，为难民提供临时食宿地点，到2月16日止，共登记难民8998人，20000人无家可归。1940年7月13日，日机投弹42枚轰炸独山县麻尾老街、南寨，炸死民众33人，炸毁房屋230间，造成难民500余人，在“黔南事变”中产生的难民达45000人。这类难民共达65500人。

第三类，抗战期间因自然灾害和瘟疫而造成的冻、饿、病死的难民。这类难民数量较小，仅“黔南事变”前后产生。我们在此次调研活动中也未发现这类难民伤亡的具体材料。对难民的收容与救济，因年代不一，救济标准也不一致，故未能汇总，涉及的有关情况在大事记相关条目中有反映。

在以上三类难民中，以侵华战争环境下逃亡到贵州的难民数量最大。

综上所述，据不完全统计，贵州省抗日战争时期平民直接人口伤亡27182人，间接伤亡16235人，共计43417人。另有贵州籍军人在对日作战中阵亡8209人。大量的灾民、难民伤亡情况不详。

（五）财产损失情况

通过广泛深入调研，根据查阅到的档案文献史志资料进行统计和分析，抗战期间贵州省财产损失基本情况如下。

财产损失分为社会财产损失和居民财产损失两大类。

1. 社会财产损失

社会财产损失又分为直接损失和间接损失两部分，主要涉及工业（包括国防军事）、农业、交通、商业、文化教育、公共事业、财政金融、邮电通讯、人力资源等领域。根据贵州省调研获得的档案文献史志材料统计，全省在抗战期间社会财产损失共计176109285.56元（1937年价，截至1945年）①。另有1946年损失价值121147250元和损失年代不明价值796342.87元，未归入总数中。兹分述于后：

（1）工业（包括国防军事）

抗战期间，贵州省的工业厂矿规模虽然不大，但仍有部分工业厂矿成为日军轰炸、破坏的目标，如1940年8月，日机轰炸贵州省公路局和尚坡修理厂，使该厂搬迁另建。1940—1944年，日本飞机先后投弹将位于贵州省独山县南寨脚岭的西南汽车修理厂和普上拉戈的兵工厂炸毁。1940年9月10日，日机轰炸三都县三合港，将港区大部分建筑物炸坏。同年9月30日，日机轰炸三合（今三都）炼锑厂，毁房屋数间。

在调研工作中，只查到中国机械制造厂、贵州印刷厂、贵州火柴股份有限公司、贵州企业股份有限公司等几个厂矿呈报的间接损失数分别是310560元、280300元、35000元、16367.91元②。由于未能查到更详尽的资料，故这部分工业损失情况不明。

---

① 见本调研报告附表二《抗日战争时期贵州省社会财产损失分类年度统计表》。关于价值折算，我们依据的是贵阳市档案馆馆藏档案材料（档案号0089，贵州省政府统计室编：《贵州省统计年鉴》（胜利特辑），1947年4月，第21页）。原文如下："折合价格，第1945年度之平均物价指数，除以损失年度之平均物价指数，以其商乘损失时之物价而得；因是1937年度之损失价应乘以1747，1938年度应乘以1646，1939年度应乘以892，1940年度应乘以406，1941年度应乘以168，1942年度应乘以49，1943年度应乘以17，1944年度应乘以4"。

②《官商合营事业财产间接损失报告表》，1947年4月，第136—139页，贵州省档案馆馆藏档案，档案号M1—2272。

据档案材料，这部分损失计13787337.53元和年代不明者2398.8元（何年价值不详）[①]。

据不完全统计，抗战期间，贵州省仅修建飞机场就耗资4202143.8元（1937年价）[②]。

（2）农业

反映农业直接损失情况的档案文献史志材料，只查到在“黔南事变”期间，日军侵扰荔波县，使当年种植的小麦、油菜7万余亩其中的5万多亩被践踏，颗粒无收（具体情况未作统计，也未见其他材料）。同时，因日机轰炸，机关、学校、团体等被迫向郊区疏散迁移，势必也要占用相当数量的农村土地。如1940年8月，日机轰炸贵州省公路局和尚坡修理厂，使该厂搬迁到大脚坡，在此地另建材料库、机器间及员工宿舍。“二四”轰炸惨案后，贵阳被列为甲等应行防范轰炸城市，贵阳第一监狱就呈请要求拨款10000元，在近郊适当地点拨地10—15亩建造新监狱，以利疏散。另外，修机场、公路、铁路及内迁贵州的企业院校等也一定会占用郊区土地（但在调研中我们未查到具体材料）。

据抗战胜利后统计，在“黔南事变”前后，独山县农业损失992684854元（折1937年价2272890.34元）；荔波县农业损失220140989元（折1937年价504043.48元）；三都县农业损失200069367元（折1937年价458086.7元）；丹寨县农业损失43211670元（折1937年价98939.14元）。以上农业损失共计1456106880元（折1937年价为3333959.66元）[③]。

（3）交通

交通要道、桥梁、港口等，是日军对贵州空袭、侵扰破坏的重要目标，因此对贵州交通造成的社会财产损失巨大。1938年9月25日，日军飞机9架轰炸贵阳、清镇平远哨飞机场（即清镇机场）两地，炸毁飞机场伪装飞机2架、伤2架，炸毁炸药库和军用物资仓库各1座。从1940年5月开始，为了彻底切断中国大陆后方运输线，日军飞机对史迪威公路在贵州境内的重要地段——盘江桥及周围军事设施进行大规模轰炸，到1941年6月（尤其是1941年6月连续进行了8次轰炸），日军共63次出动飞机进行轰炸，将盘江桥彻底炸毁，导致桥毁损失为1217.7万元，民房建筑及物资损失300万元，间接损失44428元。同时对位于镇宁县境内的黄果树大桥也进行了轰炸，但未达到目的。1940年9

---

① 参见本调研报告附表二《抗日战争时期贵州省社会财产损失分类年度统计表》。

② 参见本调研报告附表五《战时贵州修筑机场征工、耗资、伤亡情况表》。

③ 参见本调研报告中《日军侵略贵州造成人口伤亡、灾民和财产损失统计表》。

月10日，日机轰炸三都县三合港，将港区大部分建筑物炸坏。在日军制造的“黔南事变”期间，致使黔桂铁路（包括广西境内部分）全被破坏，计损毁铁路线长1141公里、车站112座、煤台28座、大桥28座、小桥465座、机车217辆、客车634辆、货车2671辆、特种车40辆、机厂6处、车房14处、仓库23处。此外，被炸、损毁的机场、桥梁、公路、铁路需要修复，耗费了大量的人力、物力、财力。就在日军飞机炸毁盘江桥的次日（1941年6月9日），晴隆县长张有年就向晴隆征集圆木500根，以抢修盘江桥。

抗战期间，贵州省交通损失共计91084587.17元（1937年价）①。

（4）商业

抗战时期贵州省的商业损失情况，我们查阅到的档案文献史志材料不多，仅有沿河县材料1份（见下表）及贵阳县商会在“二四”轰炸惨案中的损失材料及其他一些零星档案材料。1939年日军制造的“二四”轰炸惨案，以贵阳繁华中心大十字、正新街、中华路等地为目标，致使贵阳商业遭到巨大损失，经营绸缎生意的10号商户在轰炸中损失60余万元，其他受损失较大的商号有恒兴益百货店、同乐饭店、广聚源皮鞋店、朱铭泰瓷器店、张鹤麟笔墨庄、裕丰荣商号、同济堂中药店、德昌祥参茸店、亨德利钟表店、阿嘛照相馆等。

沿河县财产损失报告表②（沿河县政府填报，1941年7月4日）

损失项目	单　位	数　量	价　值	国币□（元）
花	每包□元	年约500包计重□□斤	值法币	500000
纱	每包60元	年约□□□□□□□□百斤	约共值洋	480000
布	每尺15元	年约3万尺共重4500斤	约共值洋	450000
杂　货	每担3万元	年约需120担	约共值洋	3600000
米	每斗60元	年约70万石	约值洋	4200000
杂　粮	每斗30元	年约需35万石	值洋	1050000
油	每箱160元	约需200箱	值洋	3200

注：“□”表示原件模糊不明。

（5）文化教育

抗战期间，贵州本省的大中小学校与内迁到贵州的学校、文化机构如浙江大学、大夏大学、唐山工程学院、湘雅医学院、中华民国海军学校等，在日军轰炸、侵略下蒙受了巨大的损失，再加上来到贵州的失学儿童的安置与学习工

① 参见本调研报告附表二《抗日战争时期贵州省社会财产损失分类年度统计表》。

② 贵州省档案馆馆藏档案，档案号M8—3622，第206—208页。

作也耗费许多。

日机轰炸与侵扰毁坏了许多建筑、器具、书画、文物，迫使大量的教育机关、文化机构进行疏散、迁移，修建新校舍，购置相关器具、用品。如“二四”轰炸惨案后，省教育厅、贵阳民众教育馆等均受到不同程度的损失，贵阳的学校纷纷外迁到郊区或邻县（其疏散迁移费由政府拨发，共发省立贵阳高中、达德中学、省立贵阳女中、省立师范学校、省立女子师范学校、时敏小学、志道小学等23所大中小学校疏散迁移费104979元①），并在贵阳中曹司、舒家寨、洛湾、竹林寨、打鱼寨等地建立疏散学校，提供相应的迁移费、疏散费、教师生活费及防空设备费等资金，并吸纳从沦陷区疏散到贵州的失学儿童就读。下面为1939年、1940年两年度的省会私立小学教员疏散所产生的生活费用预算书。

贵州省教育厅：省会私立小学疏散登记合格教员生活费预算书②（1939年度）

<table>
<tr><th>项　目</th><th></th><th>预算数（元）</th><th>备　考</th></tr>
<tr><td>第一款</td><td>私立小学教员生活费</td><td>1080</td><td rowspan="4">合格人员24名，每人月支生活费15元，共支360元，自1939年10月起发给至12月止，支如上数。</td></tr>
<tr><td>第一项</td><td>私立小学教员生活费</td><td>1080</td></tr>
<tr><td>第一目</td><td>私立小学教员生活费</td><td>1080</td></tr>
<tr><td>第一节</td><td>私立小学教员生活费</td><td>1080</td></tr>
</table>

贵州省教育厅：1940年度省会私立小学疏散登记合格教员生活费预算书③

<table>
<tr><th>项　目</th><th></th><th>预算数（元）</th><th>备　考</th></tr>
<tr><td>第一款</td><td>私立小学教员生活费</td><td>1080</td><td rowspan="4">合格教员24名，每人月支生活费15元，共支360元，分配在贵阳县服务，并发至本年3月份止，共支生活费如上数。</td></tr>
<tr><td>第一项</td><td>私立小学教员生活费</td><td>1080</td></tr>
<tr><td>第一目</td><td>私立小学教员生活费</td><td>1080</td></tr>
<tr><td>第一节</td><td>私立小学教员生活费</td><td>1080</td></tr>
</table>

“黔南事变”后，贵州省政府专门为受其影响的学校发放救济费800万元（1937年价）。抗战胜利后，各机关学校迁回原址又耗费了大量资金。仅故宫博物院的大量文物以及《四库全书》搬运、储藏贵州，其价值就不是简单的维护费、搬运费所能体现出来的。文物、书籍损毁所造成的价值损失有的是无法估量的。下表是由商务印书馆贵阳分馆事务主任罗捷三填报的“个人财产损失报告单”，虽然仅是个人财产，但也可从一个侧面反映出对文物的损坏，而且，有

① 参见本调研报告附表十《战时财产损失（间接损失）》。

② 贵州省档案馆馆藏档案，档案号M1—388，第114—116页。

③ 贵州省档案馆馆藏档案，档案号M1—388，第114—116页。

些文物的价值是不能用简单的数字来反映的。

个人财产损失报告单（填报人：罗捷三）①　1947 年 6 月 19 日

损失年月日	事件	地点	损失项目	购置年月	单位	数量	价值（国币元）		证件
							购置时价值	损失时价值	
1939 年 2 月 4 日	被炸烧房屋被毁	贵阳市飞山街	房屋	1922.3	间	2	360	1000	
			木器	1930.10	樘	2	98	196	
			铺笼帐被	1930.10	套	1	148	148	
			留音机	1936.10	架	1 架附片	98	120	
			座钟	1930.10	架	1	15	20	
			皮箱	1930.10	只	6	36	60	
			四史	1914	部	1	15	30	
			五色花古瓶	1914	只	1	30	70	
			古铜香炉	1914	只	1	10	80	
			刘石庵书联	1914	付	1	15	105	
			王文治书联	1914	付	1	10	70	
			袁思革毕书联	1918	付	1	6	15	
			永年业印泥盒	1925	只	1	5	15	
			博古康熙大盘	1926	只	1	7	20	
			博古清时百鹤盘	1925	只	1	7	15	
			博古清时寿桃盘	1925	只	1	10	35	
			博古树根（山形）	1914	只	1	35	100	
			博古柜	1914	付	1	8	50	
			西服中山装	1932	套	1	55	100	
			皮衣（狐皮羊皮）	1931	件	3	156	205	
			大玻镜	1932	面	1	30	40	
			何绍基书联	1914	付	1	20	150	
总计							1174	2644	

抗战期间，贵州文化教育共计损失 477724.25 元（1937 年价），再加上年代不明没有换算成 1937 年价值的 591995 元②。

（6）公共事业

贵州省的防空设施、街道的整修与维护、水电供应、公共卫生等公共事业遭

① 上海市档案馆馆藏档案，档案号 Q_1—17—1136—0390。

② 参见本调研报告附表二《抗日战争时期贵州省社会财产损失分类年度统计表》。

受日军轰炸、侵扰导致的严重破坏，蒙受了巨大的经济损失。“二四”轰炸惨案后，贵阳市政工程处就组织临时工程队整理市容，共耗资5757.41元（折1937年价2939.67元），随后对贵阳市的街道改造拓宽、增加防空警报钟、防空壕洞的挖凿、拆让火路（以防止大火蔓延）占用民房进行补偿（金额为33767.75元，折1937年价17241.46元）、蓄水池、给水及贯城河工程开工建设、疏散住宅与配套设施的修建，莫不耗费了大量的人力、物力、财力，仅贯城河工程的修建就耗资122886元（折1937年价62744.31元）。全省共修凿防空壕、洞计2万多个，耗资40152.77元（1937年价），仅防空司令部委托贵阳电厂自1939年7月开始司放汽笛警报费每月即需790.92元（月大增为816.76元，折1937年价分别为403.84元、417.03元）。“黔南事变”中被日军破坏的城镇、铁路、公路、桥梁等战争的创伤，在战后好几年内才逐渐抚平。直到1947年1月，贵州省政府才批准《独山县复兴建设大纲》，并成立独山市区复兴建设委员会。

抗战期间，贵州全省公共事业损失共计393229.08元（1937年价），另有年代不明没有换算成1937年价值的69403978.72元①。

（7）财政金融

包括中央、中国、交通、农业四大银行在内的大小银行及钱庄因日军轰炸、侵略，损失十分惨重。在“二四”轰炸惨案中，财政厅被炸房屋价值10500元（折1937年价5361.19元），后修理财政厅被炸房屋需工料费、建筑费共5736.5元（折1937年价2929元）。位于贵阳大十字、中华路等繁华闹市区的中央银行贵州分行、上海银行、广东银行、金城银行、中央信托局、邮政储金汇业局、老凤祥银楼、宋华丰金店等全被日机轰炸烧毁。1939年3月10日到年底，贵阳中国银行接收荷属东印度及南太平洋一带华侨为支援抗战，陆续汇交贵阳华中万国红十字会款项，计法币275.68万元（折1937年价1407593.36元）、港币4.06万元、1611英镑、荷币34000盾。

抗战期间贵州省财政金融行业损失共28918222.84元（1937年价），加上年代不明没有换算成1937年价值的1247295.87元②。

（8）邮电通讯

在抗战期间，为加强联络，防范日机空袭，贵州省设立了省无线电总台及省内各地的20多个分台，还有一些情报分所，这些都是日机轰炸、破坏的目标。在“二四”轰炸惨案中，省政府无线电总台（建筑物损失61000元、器具

---

① 参见本调研报告附表二《抗日战争时期贵州省社会财产损失分类年度统计表》。

② 参见本调研报告附表二《抗日战争时期贵州省社会财产损失分类年度统计表》。

损失 20900 元、其他损失 612 元，共计 82512 元，折 1937 年价 42129.77 元）、省政府情报处均遭受巨大损失。在“黔南事变”中，日军共毁坏电线长度 1185 公里、电报机 69 具、电话机 1297 部。无线电台、情报机构购置电话机、电报机、电线、收发报灯等，这些都是巨大的开支，情报人员训练班的开设、架设木杆、专线、电话网等都需要大量的人力、财力支持。

抗战期间，贵州全省邮电通讯共计损失 39092.97 元（1937 年价），加上年代不明没有换算成 1937 年价值的 580 元①。

（9）人力资源

抗战期间，成为大后方的贵州，在为前线提供了大量支援的同时，又成为国际援华物资运往中国的重要通道。机场、公路、铁路、桥梁、防空设施等的修建与维护、物资运送等都需要投入大量的人力资源。如 1938 年 3 月，贵州共征调民工 68820 人，动工修建川滇公路赤（水）杉（威宁县杉木箐）段。1938 年 6 月至 1940 年 6 月，贵州水城县共征用民工 35501 名，修建川滇公路威宁至毕节中之钻天坡段公路。1938 年 7 月，入湘滇军第五十八军 3 万人过晴隆，共征食米 65 石、柴禾 1600 挑、马料（包谷）10 石、马草 500 挑，征用力夫 800 名。1939 年 5 月，贵州省石阡县、岑巩县、印江县、思南县共投入民工 9 万人次，共用工 142.8 万个、耗资 1 万元（折 1937 年价 5105.89 元），动工修建贵州省思南县塘头飞机场。1940 年 11 月中旬，贵州省会组织“防空节构筑防空壕竞赛”，发动各界大量构筑防空壕、坑，共构筑五人装防空壕 6000 个，单人、双人防空壕各 10000 个，共计 26000 个。据贵州省档案馆档案载，抗战期间，全省民工征用数 12863260 人次（包括日军在侵略黔南期间，强行征用的 178 名民工②）。

征用民工所需的补助费、医疗费、埋葬费等和出征将士阵亡、受伤抚恤标准等方面的内容，由于年代不一，发放标准不一致，无法统计，详细材料见本书大事记中相关条目。

关于以钱粮等实物代缴以代替兵役、征工等情况，在调研工作中没有查到具体材料，但这样的现象是存在的。

2. 居民财产损失

居民财产损失本应包括房屋、土地、家禽家畜、粮食、服饰、生产工具、生活用品、存现款、古玩字画书籍以及募捐等项目。由于处在战争状态下，因

---

① 参见本调研报告附表二《抗日战争时期贵州省社会财产损失分类年度统计表》。

② 参见本调研报告附表四《抗日战争期间贵州省征用民工及日军强征民工伤亡表》。

为日军的空袭轰炸、侵略，绝大部分的民众为了生存，难以顾及财产损失情况的具体实际，因此具有档案记载的居民财产损失申报人，一般都是机关、政府工作部门、社会团体、事业单位等部门工作人员，如财政厅、教育厅、警察局、防空司令部等，一些个人财产损失情况也是通过这些单位、部门所提供的财产损失材料反映出来。因此，居民财产损失不仅比社会财产损失少，而且不能完整、如实地反映出来。通过我们的调研，也不能逐项明确统计居民财产损失的具体数据，只能大致概述。

（1）房屋损失

日军的飞机轰炸与侵略造成的最大宗的居民财产损失是房屋损失及房内器具等。贵阳“二四”轰炸惨案中，房屋共损毁1326栋（1万余间）。1940年4月30日，日机轰炸龙里县西关坡、老场坝、石头寨等地，被毁房屋11幢，价值1120元，器具510元，衣物价值485元。1940年6月，日机轰炸正安县，毁坏民房6间。1941年6月3日，日机炸安龙县，毁坏房屋23间。在“黔南事变”期间，被日军烧毁、破坏的房屋（公私房屋总计）及器具更多。

1944年12月2日，日军放火烧毁独山县和平路南街房屋9间，价值2000元，什物107件被毁，价值1200元，衣饰53件被毁，价值800元，毁米谷5石，价值100元；都匀县有5000户房屋被烧毁、破坏；荔波县7000多户房屋被烧、炸、毁；三都县被日军烧毁的房屋有1200余间（占全县1/3）。其他如丹寨、麻江、福泉、龙里、贵定等县都有房屋被破坏等财产损失的情况发生。因修路、建厂、军队过境造成损坏等征用、使用民房应属于居民财产间接损失的范畴之内。

下表是独山县政府社会科科长陆世枢填写的日军进攻该县羊凤乡猫寨村造成的财产损失报告单，折合成1944年损失价值为448万元。

财产损失报告单①（填送日期　1946年5月15日）

损失年月日	事件	地点	损失项目	购置年月	单位	数量	价值（国币元）		证件
							购置时价值	损失时价值	
1944年12月2日	日军进攻	独山县羊凤乡猫寨村	房屋	1930年8月		2间	350	60万	
			大米	1944年8月		3000斤	30万	60万	
			肥猪	1943年10月		14头	40万	210万	
			包谷酒	1944年9月		600斤	24万	48万	
			大木	1941年5月		2盒	8万	40万	
合计							1020350	4180000	

① 台北“国史馆”馆藏档案，档案号305—210。

下表是贵阳商务印书馆职员周云程填写的个人财产损失报告单：

个人财产损失报告单① 1947年5月30日

损失年月日	事件	地点	损失项目	购置年月	单位	数量	价值（国币元）		证件
							购置时价值	损失时价值	
1939年2月4日	日机轰炸	贵阳	棉被			1床	8.5	17.5	
			垫被			1床	5.5	11	
			蚊帐			1顶	6	9	
			白线毯			1条	2	5	
			金山毯			1张	12	21	
			黑泥长袍			1件	9.5	22	
			线春羊皮袍			1件	32	70	
			直贡元长衫			1件	11	23	
			湖□棉被			1件	10.5	18	
			驼绒便袍			1件	14	28	
			云纱短衫			2件	7.5	16	
			云衫裤子			2条	7.5	16	
			柳条衫裤			2套	5.5	11	
			灰布长衫			2件	9	15	
			白线汗衫			2件	4	7	
			雨衣			1件	12	25	
			线春夹袄			1件	7	11	
			线春夹裤			1条	7	11	
			灰布棉裤			1条	5	8	
			灰布棉袄			1件	5	8	
			皮箱			2只	24	42	
			枕头			1付	3	8	
总计							207.5	402.5	

据不完全统计，抗战期间贵州省居民财产损失共481569.64元（1937年价），其中器具17112.07元，衣物类46661.15元，古玩书籍类499.98元，其他76728.6元②。

① 上海市档案馆馆藏档案，档案号 Q_1—17—1136—0387。

② 参见本调研报告附表八《战时贵州省个人财产损失汇总表》。

（2）粮食及家禽家畜

在日军对贵州的轰炸、侵扰下，居民包括农村人民的粮食、家禽家畜等财产遭受了较大的损失。日军制造的“黔南事变”，使都匀县良田乡损失谷米150石、牲畜200头，河阳乡损失谷米1000石、牲畜80头，文明乡损失谷米1000石、牲畜76头，明英乡损失谷米1300石、牲畜102头，平浪乡损失谷米950石、牲畜60头，凯旋乡损失谷米700石、牲畜60头，山珍乡损失谷米850石、牲畜58头，忠灿乡损失谷米500石、牲畜50头，王司乡损失谷米220石、牲畜10头。荔波县共损失稻谷3000多万斤（大米600多万斤），当年种植的小麦、油菜7万余亩中的5万多亩被践踏，颗粒无收。耕牛7000多头，马300多匹，生猪15000多头，狗、羊、鸡、鸭、鹅等小家畜、家禽计数万只。三都县被日军掠烧粮食20万公斤，牛100头、猪50多头，牛、鸡、猪等无数。丹寨县损失牛、鸡、猪无数，掠夺粮食、家畜、家禽及杂物等折合法币233.11万元（折1937年价为5337.38元）。

由独山县国民党党部常务监察委员戴子才填报的财产损失报告单中，也可见有关损失情况：

财产损失报告单①　　　填送日期　1946年5月

<table>
<tr><th rowspan="2">损失年月日</th><th rowspan="2">事件</th><th rowspan="2">地点</th><th rowspan="2">损失项目</th><th rowspan="2">购置年月</th><th rowspan="2">单位</th><th rowspan="2">数量</th><th colspan="2">价值（国币元）</th><th rowspan="2">证件</th></tr>
<tr><th>购置时价值</th><th>损失时价值</th></tr>
<tr><td rowspan="3">1944年12月2日</td><td rowspan="7">日军焚□</td><td rowspan="3">独山县复兴镇</td><td>房屋</td><td></td><td>间</td><td>2大间</td><td>50万</td><td>120万</td><td rowspan="7">镇公所证明书一件</td></tr>
<tr><td>中西药品</td><td>1944</td><td>件</td><td>110</td><td>80万</td><td>350万</td></tr>
<tr><td>白银耳</td><td>1943</td><td>斤</td><td>20</td><td>20万</td><td>80万</td></tr>
<tr><td>12月5日</td><td>中奎乡第二保</td><td>谷米</td><td>1944</td><td>市石</td><td>20</td><td>21万</td><td>49万</td></tr>
<tr><td rowspan="3">12月2日</td><td rowspan="3">复兴镇</td><td>衣物</td><td>1944</td><td>件</td><td>45</td><td>25万</td><td>50万</td></tr>
<tr><td>木器</td><td></td><td>件</td><td>73</td><td>35万</td><td>150万</td></tr>
<tr><td>茶叶</td><td>1944</td><td>斤</td><td>50</td><td>15万</td><td>20万</td></tr>
</table>

（3）捐款捐物

抗战期间，全省各族人民纷纷开展捐款捐物、义卖等活动，支援抗战（参见下表）。如“黔南事变”发生后，遵义县商会动员各行业公会捐款购买大批

① 台北“国史馆”馆藏档案，档案号305—210。

物品，与各校师生于来薰门（今湘山宾馆附近）至狮子桥一带慰问开赴抗日前线的过境官兵，至1945年9月9日，县商会共募集捐款400余万元，购买物品（肥猪17头、猪肉50斤、牛肉150斤、豆腐乳101瓶、大饼3072.5公斤、馒头13003个、烧饼5003个、豆豉518包、豆瓣酱18瓶、盐皮蛋4002枚、盐茶蛋2003枚、水盐菜10包、盐大头菜3包、豆油306瓶、香烟494条、火柴8包、草鞋26037双、毛巾54打、白药3打、痧氧丸20盒、国室丹2打、二天油2打、如意油2打、万金油626打、米花糖11845包、芝麻糖4001根、鞭炮713团[①]）进行慰问活动。1945年初，晴隆县中营乡公所举办庆祝1945年元旦及黔南大捷游艺大会，乡绅许再新、秦振麟义卖梨膏糖所获收入7000元如数捐给前线抗日将士。

抗日战争时期贵州省民众捐募情况表

年度	募捐款物	折合1937年价值	备注
1937	400万元，900元大洋	400万元，大洋900元	
1938	212143.52元	199878.78元	
1939	275.68万元，4.06万港币，1611英镑，3.4万荷兰盾	140.75933万元，4.06万港币，1611英镑，3.4万荷兰盾	贵阳红十字会接收
1940	12650元	2939.84元	
1941	2907.5元，军鞋1000双，衣服1000套	279.6元，军鞋1000双，衣服1000套	
1943	225960元	2198.81元	
1944	1611.92万元，军鞋3000双	3.69万元，军鞋3000双	
1945	16732.948万元，军鞋10万双，毛巾等	9.578104万元，军鞋10万双，毛巾等	
合计		574.557137万元，其他	

注：本表系本书编者根据所查档案文献资料制作。

（六）结论

本次课题研究成果表明，抗日战争时期日军侵扰、空袭贵州，制造了“二

① 遵义市志编纂委员会编：《遵义市志》中卷，中华书局1998年版，第1389、1478页。

四”轰炸、“黔南事变”惨案等事件，给贵州人民带来了深重的灾难，造成了严重的人口伤亡和财产损失。据不完全统计，抗日战争期间贵州全省平民伤亡共43417人，贵州籍军人对日作战阵亡8209人；另有灾民45000人，难民767684人，征兵639631人，民工征用数12863438人次（包括日军在侵略黔南期间，强行征用的178名民工）。全省社会财产损失共计176109285.56元（1937年价）和1946年损失的121147250元以及损失年代不明的796342.87元，全省居民财产损失共481569.64元（1937年价）。

通过调研，我们认为：

1. 日军侵扰黔南地区是造成贵州省抗战时期人口伤亡和有关各种损失的主要原因（以人口伤亡程度划分），其次是黔籍军人对外作战伤亡，再次是日军飞机的轰炸及其所带来的破坏。

2. 对难民的救济与支出在间接财产损失中占较大比例。从1938年到1947年近10年间，逃亡、疏散到贵州的难民总计70多万人，政府为收容与救济难民花费了大量的资金。抗战期间，贵州共发放救济款151697694元（无法折算具体年份价值）。战后仅贵阳市就发放输送难民津贴516450242元（1946年价）。战后贵州省疏散难民一事历时两年多，耗费资金多达2888445214元（1946年价）。

3. 基础设施建设与维护支出占贵州省抗战时期社会财产损失的比例较大，政府投入大量资金到公路、铁路、机场、桥梁，防空壕、洞，疏散住宅等基础设施的修建与重建、修复之中。

4. 现存档案材料主要反映的是政府机关、学校、公营工业和城镇居民财产损失的情况，反映农村的材料较少；日军侵略进入贵州省辖境造成的损失大于日军飞机轰炸造成的损失，且时间集中在“黔南事变”前后；日军飞机轰炸集中在中心城镇及重要交通要道。

5. 由于年代久远、搜集资料困难等客观原因，本次调研中得出的贵州省抗日战争时期人口伤亡和财产损失基本数据，还是限于目前资料和研究水平的尚不完整的数据，并不是最终结果。今后，我们将继续推进本课题调研工作，以期在掌握更多资料和取得研究新成果的基础上对有关数据再做出修订和补充。

责任人：耿晓红、徐静

执笔人：李朝贵

贵州省抗战损失调研课题组　　修改人：杜黔、吕进、李朝贵

审定人：徐静、王天恩、冯霞

附表一　抗日战争时期贵州省社会财产损失总计表

（单位：元）

年　　度	直接损失	折合 1937 年价	间接损失	折合 1937 年价	总计	折合 1937 年价
1935			400000	400000	400000	400000
1936			3000	3000	3000	3000
1937			166757. 61	166757. 61	166757. 61	166757. 61
1938			9914728. 81	9341524. 68	9914782. 81	9341524. 68
1939	71836456	36678946. 05	7184529. 28	3668345. 8	79020985. 28	40347291. 85
1940	105880	24606. 34	8010710. 59	1861676. 3	8116590. 59	1886282. 64
1941	25000	2404. 12	323427. 15	31102. 32	348427. 15	33506. 44
1942			401889. 26	11272. 22	401889. 26	11272. 22
1943			4480459. 4	43599. 2	4480459. 4	43599. 2
1944			403219900	923228. 16	403219900	923228. 16
1945			151361782. 1	86640. 97	151361782. 1	86640. 97
1946			121912250		121912250	
年代不明	264289. 63		352491485. 2		352755774. 83	
总　　计		36705956. 51 + 264289. 63		16537147. 26 + 121912250 + 352491485. 2		53243103. 77 + 121912250 + 352755774. 83

统计人员：李林、王姣姣、萧强、李朝贵

附表二　抗日战争时期贵州省社会财产损失分类年度统计表

（单位：元）

类别/年度	工业	农业	国防军事	交通运输	邮政通讯	财政金融	文化教育	公共事业	医疗卫生	募捐	文卷	书籍古玩	其他	合计	折1937年价值
1931				510										510	510
1935						3000								3000	3000
1936				400000										400000	400000
1937			77908. 95	523104. 45		82640. 71		207. 66	5430. 2	4000000				4689291. 97	4689291. 97
1938			43548. 57	34014. 11	2536	48170. 34	160000	11007		9805663. 52			64349. 77	10169289. 31	9581367. 88
1939			783637. 27	58259167. 93	8780. 84	53974921. 26	332737. 84	745852	284049. 69	3320113. 47	600	755	552311. 15	118262926. 5	60383818. 22
1940	5929969. 91		776471. 49	46308. 65	124750	159961. 81	83071	990. 1	4834	5712650			60056. 46	12899333. 42	2997784. 41
1941			126561. 5	8500	8150	192918. 25	1132	16600. 77		2907. 5			192. 45	356962. 47	34327. 24
1942			25635. 21	2150782273	1625	123750	26500		1500	16119200				2167080483	60782452. 01
1943			3868396. 4	4488400		36500	58563		15000	167329480				175796339. 4	1710668. 44
1944	2700000	14691455089	1281393	163250	317392	195343352	54540260		200581000		318	393		15146382447	34679753. 74
1945			14100	2537824	730440	1260190418	20050000					2813662		1286336444	736311. 65
1946						1244100	500000	69403150	50000000					121147250	
年代不明	2398. 8	23473			580	3195. 87	91995	828. 72					763871. 48	796342. 87	
总计											918			121147250 + 796342. 87	176109285. 56 + 121147250 + 796342. 87

另：1932年，交通运输53648银元；1934年，国防军事2000银元；1937年，文化教育1000大洋、募捐900大洋；1938年，国防军事大米64500斤、柴禾1800挑、马料800挑、包谷10石；1939年，募捐港币40600元、1611英磅、34000荷兰盾、其他30美元；1941年，募捐军鞋1000双、衣服1000套；1944年，农业124万斤粮食、油脂油类5万多斤、募捐军鞋3000双；1945年，财政金融750080石大米、募捐军鞋10双、毛巾等物品。

统计人员：李林、王姣姣、萧强、李朝贵

附表三　战时贵州省人员伤亡汇总表（侵略、征工除外）

年度	直接伤亡						间接伤亡						备　　注
	死亡			受伤			死亡			受伤			
	男	女	小计	男	女	小计	男	女	小计	男	女	小计	
1938									29			42	
1939			848			1601	1		1				间接亡者系1苏联飞行员
1940	11	9	243	5	14	126							5童（2男3女）亡，7童（1女）伤，余不详
1941	14	6	20		3								4童亡
1942							1		1				
1944			23			14						2	内9人系美机误炸死亡，2间接死亡者系飞行员
1945													
合计	25	15	1134	5	17	2875	2		31			44	

注：本表系本书编者根据所查档案文献资料制作。

统计人员：李林、王姣姣、萧强、李朝贵

附表四　抗日战争期间贵州省征用民工及日军强征民工伤亡表

县市别	征用民工及伤亡数			备　注
	征用数（工）	受伤数（名）	死亡数（名）	
清　镇	2651360	438	438	扩修平远哨机场、鸭池河便桥……都筑段铁路段等。日军强征数 123。
龙　里	554615		25	历年修筑县乡道及清镇机场等。
都　匀	480000	705	281	为抗战时起至胜利止征用民工数。
平　越	1289700		14	
长　顺	700		2	为抗战时期筑路征工。
平　塘	9200	7	5	修筑都独段铁路及独山机场等。
黄　平	30000	3	18	修筑旧州机场。
丹　寨	4251	13	4	修筑都独段铁路及独山机场等。日军强征 35 人，伤 6，死 4。
余　庆	32000	254	31	修筑旧州机场。
瓮　安	443067	1	67	修筑遵义机场、旧州机场，各征工 2 次。
凤　冈	175980	3	4	遵思公路征工。
天　柱	6640		4	本县机场及运输军械征工。
桐　梓	110300	9730	116	修筑赤威段公路及遵义机场征工。
正　安	46106	46	5	运输军粮征工。
金　沙	500		5	修筑清镇机场征工。
盘　县	40000	122	3	修筑县乡道及本县小机场。
赫　章	895300	94	62	修筑川滇东路。
关　岭	1556000	1285	247	
惠　水	2000		3	
德　江	5000	7	8	修筑遵思路、遵松路德沿段。
开　阳	200000	77	9	修筑县乡道。

续表

县市别	征用民工及伤亡数			备注
	征用数（工）	受伤数（名）	死亡数（名）	
郎岱	3480000	78	17	修筑县乡道。
独山	63500	392	92	修筑县乡道及本县机场等。
岑巩	61000	54	27	修筑县乡道及本县机场等。
水城	83000	130	50	修筑腆乡道及运军粮等。
册亨	5370	410	280	
兴义	510600	25	29	整修罗安、兴兴等公路。
贞丰	60790	62	58	修筑县乡道。
仁怀	30301	20	35	修筑川滇东路赤威段及遵义机场。
石阡	6000	156	27	修筑老黄平机场。
三都	17500		23	征工伤亡系修黔桂路及独山机场。另日军征工20，伤5，亡6。
安龙	12480	27	61	改善沙八、兴兴公路等。
松桃				均无民工伤亡。
玉屏				
湄潭				
印江				
黎平				
剑河				
江口				
合计	12863260	14164	2050	日军征用178人工，伤11名，死亡10名。

注：本表系贵州省档案馆馆藏档案，档案号M60—2769（1947年）。

附表五　战时贵州修筑机场征工、耗资、伤亡情况表

机场名称	开工时间	竣工时间	征工数	民工伤亡数	耗资	备注
都匀机场		1933.3				M60—6241
独山机场		1933.5				
贵阳团坡机场	1933					M60—6318
铜仁机场	1934.5					M60—6326
毕节机场	1934.6.24					
榕江机场	1934.12.9					
贵阳易厂坝机场	1936					M60—6329
遵义机场	1936.2					M60—6331
安顺机场	1938.2.10					M60—6325
贵阳机场	1940					M60—6307
黄平再坝机场	1940.2—5 勘测					M60—6323
思南机场	1941.5	1942.4				M60—6344
遵义九里坝机场土方工程	1939.8.15		遵义5256人，桐梓6026人，绥阳6659人，息烽3708人，瓮安3329人，共24978人	死亡民工449名	2339510.26元（折1937年价1194529.57元）	M60—6255（以上均为贵州省档案馆馆藏档案编号）
扩修九里坝机场土方工程	1940.10.25		遵义1950人，桐梓1466人，绥阳1449人，息烽771人，瓮安945人，黔西298人，仁怀2671人，共9550人		1753050.96元（折1937年价407406.23元）	
扩修清镇空军108站飞行场	1941.4.15	1942.2.15	征贵筑、清镇、修文、龙里、织金、金沙、黔西、安顺、平坝民工1万人		2400万元（折1937年价2307956.5元）	
辟修黄平旧州机场	1941.3.10		征余庆、施秉、黄平、平越、炉山、瓮安民工5000人	死亡民工65名	3039067.73元（折1937年价292251.5元）	
合计			49528人	514名	4202143.8元	

附表六　战时贵州省救济难民耗资统计表

年度	人　数	发 放 救 济	折合 1937 年价	备　　注
1937	74	370 元	370 元	
1938	3268	20008 元	18851. 27	收容难民标准：48 个收容县均以收容 1 个月为限，每人每日发 01 元（平坝县为 015 元）。另修难民住房 200 栋
1939	104	4320 元	2205. 75	
1940	3000	7800 元	1812. 71	
1941	1385	1734 元	166. 75	
1942	33613	支出 130 万元，发放大米 1084 斗	36462. 51 + 大米	130 万元为 30600 名侨胞开支
1943	79000	发放 538. 1 万元、粮食 76500 公斤	52362. 34 + 粮食	菜金 244. 4 万元、旅费 293. 7 万元
1944	518725	443. 4795 万元	10154. 08	仅为查实数额
1945	61955	80720 元	46. 2	仅为查实数额，全省 25 个救济院下之 224 个救济所共收容 3. 2 万人
1946	1010			送回原籍
合　计	702134	1084 斗 +76500 公斤	122431. 61 + 粮食	

注：本表系本书编者根据所查档案文献资料汇编而成。

统计人员：李林、王姣姣、萧强、李朝贵

附表七　战时贵州省慰劳军队、军烈属款物汇总表

年　度	慰劳款物	折合1937年价值	备　　注
1939年	64700元，656石粮食	33035.15元+656石粮食	
1941年	8164元，140元大洋	785.09元+140元大洋	桐梓县发征、军、烈属每户盐1斤、糖2块
1942年	14660元	411.18元	
1943年	54340元	528.78元	
1944年	433.461万元，粮食800石	9924.69元+粮食800石	
1945年	186元，5元大洋，664斤盐	0元+5元大洋+664斤盐	遵义县发征属每户年1000元
合　计		44684.89元+1456石粮食+145元大洋+664斤盐	

注：本表系本书编者根据所查档案文献资料制作。

统计人员：李林、王姣姣、萧强、李朝贵

附表八　战时贵州省个人财产损失汇总表

年度	个人财产损失分类						
	房屋	家具	粮食	衣物等	书籍古玩	牲畜	其他
1939年	2间，价1000元	196元		1700.7元	755元		电器140元
折1937年价值	510.59元	100.07元		868.36元	385.5元		71.48元
1944年	275间（其中45间值2375万元，余不详）每间约52.8万元，275间共14520万元	743万元	12.76万斤+83石，部分粮食即价值98万元	414箱（件、床）等衣物，价值2000万元	100本，价值5万元	猪72头，牛13头，马8匹，部分价值234万元	禾仓18个，现款28万元，枪3支，木材200根（价50万元），药品410件（值3050万元），白银耳20斤（价80万元），茶叶20斤（值20万元），白酒600斤（值48万元），棺材2副（值40万元），牛皮800斤（值32万元）共3348万元
折1937年价值	33.245564万元	17012元	2243.85元	46661.15元	499.98元	5357.76元	76728.6元+禾仓18个
小计	332966.23元	17112.07元	2243.85元	46661.15元	499.98	5357.76元	76728.6元+禾仓18个
总计	481569.64元+禾仓18个+粮食+牲畜						

注：本表系本书编者根据所查档案文献资料制作。“其他”及“总计”栏中的“+”号后的数字系年代无法具体换算的数字。

统计人员：李林、王姣姣、萧强、李朝贵

附表九　战时财产损失（直接损失）

（单位：元）

机关名称	折合1945年价值	损失时价值																			损失日期
		共计	建筑物	器具	现款	图书	仪器	文卷	衣物	医药用品	制成品	原料	货物	修理机器及工具料	车辆	农产品	林产品	畜产品	农具	其他	
总计	181520848370	31488988600	1663001715	212814695	347948	3702966	5762191	36宗	269000	5868500	1011311460	16866253	8508	464892140	14500	10077520	22668000	25198321	2065430	11620755161	1939—1944
机关	146770754534	28687112596	1647788119	2103158931	344279	2768490	4942600	36宗		5867000										10092173177	
建设厅及所属机关	6088792	6826	2296	4380																150	1939
教育厅	10571092	11851	10103	1748																	1939
财政厅	9366000	10500	10500																		1939
地政局	1673800	418450				418450		16宗													1944
农田水利贷款委员会	2416908	604252	273600	330652																	1944
卫生教育委员会	509400	127350		112900		4050	10400														1944
卫生实验所	18224452	20431	17500	2931																	
省立医院	85632000	96000																		96000	1939
省府无线电台	73600704	82512	61000	20900																612	1939
平越县政府	7361556	1840389	42000	877910	212279	3500														704700	1944
龙里县政府	952070	2345	1120	510																715	1940
清镇县政府	63339000	637000	20000	204000	10200	20000	100000	20宗												11000	1938—1944
麻江县政府	93200	23300					23300														1944

续表

机关名称	折合 1945 年价值	损失时价值																			
		共计	建筑物	器具	现款	图书	仪器	文卷	衣物	医药用品	制成品	原料	货物	修理机器及工具料	车辆	农产品	林产品	畜产品	农具	其他	损失日期
三穗县政府	64000000	16000000	5000000																	11000000	1944
独山县政府	32077989200	79997300	79000000				997300														1944
都匀县政府	74824000000	18706000000	162892000	207270000																344100000	1944
荔波县政府	93200	23300					23300														1944
三都县政府	39157562400	9789390600	49520000	3000000		42060	200000													9736250000	1944
丹寨县政府	355280760	88820190	51700000	25903000	30000	1721890	3588300			5867000										10000	1944
晴隆县政府	12000000	3000000	3000000																		1944
学校	325947279	162697239	104567416	6349756		880476	819591													50080000	
贵阳市中等学校	2132056	2132056	2132056																		
贵阳市小学校	106385303	106385303	102334560	3197955		213197	639591														
平越中等学校	2566528	641632		511641		129991															1944
平越中心国民学校	4729792	1182448		1100160		82288															1944
安顺实用职业学校	713600	800	800																		1939
独山各文化教育机关	92000000	23000000																		23000000	1944
荔波各文化教育机关	56000000	14000000																		14000000	1944

续表

机关名称	折合1945年价值	损失时价值																			
		共计	建筑物	器具	现款	图书	仪器	文卷	衣物	医药用品	制成品	原料	货物	修理机器及工具料	车辆	农产品	林产品	畜产品	农具	其他	损失日期
丹寨中等学校	9100000	2275000	50000	1540000		42500	180000													80000	1944
丹寨中心学校	320000	80000	50000			3000															1944
三都各文化教育机关	52000000	13000000																		13000000	1944
农业	6089954736	1522488684	16328180	19092649												10077520	22668000	25198321	2065430	1427058584	
农业改进所及所属机关	213374380	53343595	8295700	19038649												16850	22668000	55550	2065430	551816	1944
平越	52152836	13038209																		13038209	1944
独山	3970739416	992684854	20000													5000		24295		992590559	1944
荔波	880563956	220140989	7608													12430		9081		220000000	1944
丹寨	172846680	43211670	8000000	54000												9675970		24603700		878000	1944
三都	800277468	200069367	4872													58750		5745		200000000	1944
公路	34932240	86040	47000	1359	3669								8508	356440	14500						
贵州公路管理局	34932240	86040	47000	1359	3669								8508	356440	14500						1940
公营工业	1085801941	1085801941	1536000								1011311460	16866253		4645428						51442800	
贵州企业公司	1085801941	1085801941	1536000								1011311460	16866253		4645428						51442800	1944
住户损失	27213457640	30802100	30465000	12000		5400			269000	1500										600	
贵阳市市民	27152480000	30440000	30440000																		1939
镇宁县县民	60977640	362100	25000	12000		5400			269000	1500										600	1941

注：本表系贵阳市档案馆馆藏档案，反映抗日战争时期贵州省直接财产损失部分情况，档案号0089。

附表十　战时财产损失（间接损失）

（单位：元）

机关学校及事业名称	折合1945年价值	损失时价值										
		共计	迁移费	防空设备费	疏散费	救济费	抚恤费	可能生产额减少	可能纯利额减少	医药埋葬费	其他	损失日期
总计	26206717222	7047822260	94975513	145321199	105540860	191061779	30343440	3661297835	1034565030	5990000	1778626604	1937—1945
机关	25856785285	6793312859	79950514	141889868	105468698	191034609	30443240	3508728960	1017315030	5990000	1717491940	1937—1945
保安司令部	131513844	243996	23996	220000								1940—1943
民政厅	42500	2500	2500									1943
财政厅	22454485	963365	299165	502245	161995							1942—1944①
建设厅	14132860	3481		3481								1940
教育厅	1045424	1172				972	200					1939
会计处	156816276	175803		15000	160803							1939
合管处及所属机关	12011070	437850		37850	400000							1940—1944②
地政局	5828000	1457000		7000	1450000							1944
省立医院	1225000	25000		25000								1942
贵州银行	58037207	344639		344639								1941
农业改进所	3562648	3994		3494	500							1939

续表

机关学校及事业名称	折合1945年价值	损失时价值										
		共计	迁移费	防空设备费	疏散费	救济费	抚恤费	可能生产额减少	可能纯利额减少	医药埋葬费	其他	损失日期
水利局所属四灌溉区	6234715680	6234715680						3508728960	1017315030		1708671690	1945
第一区专员公署	17000	10000		10000								1943
第三区专员公署	888646	5277	5000	277								1941
第四区防空指挥部	1752504	7584		7584								1940—1943③
龙里县政府	11907308	13349		2009		4860	6480					1939
开阳县政府	108000000	27000000		14000000	1000000	7000000	5000000					1944
瓮安县政府	200024758	298098		89068		199030	10000					1938—1944
安顺县政府	36782938	218426		218426								1941
息烽县政府	95520838	235273	152273			55000	28000					1937—1945

续表

机关学校及事业名称	折合1945年价值	损失时价值										
		共计	迁移费	防空设备费	疏散费	救济费	抚恤费	可能生产额减少	可能纯利额减少	医药埋葬费	其他	损失日期
镇远县政府	48000000	12000000		2500000		6000000	3500000					1944
岑巩县政府	35265680	8819420	6000000	468820		1492600	855000					1944
天柱县政府	115768200	28942300	6842800	8234500	41865000	5000000	4000000					1944
锦屏县政府	1244422000	12338500		2496000		5768000	1080000				2994500	1938—1945④
三穗县政府	1218389	1188223		10056		1178167						1944—1945⑤
榕江县政府	2754339000	134358000	63060000		71298000							1940—1944
黎平县政府	33903000	33903000	1253000	14500000	6550000	9100000	2500000					1945
都匀县政府	3317201	72265		32975		36890	2400					1941—1943⑥
三都县政府	23380000	5845000								5845000		1944
丹寨县政府	14260000	3565000	1300000		1280000	840000				145000		1944

续表

机关学校及事业名称	折合1945年价值	损失时价值										
		共计	迁移费	防空设备费	疏散费	救济费	抚恤费	可能生产额减少	可能纯利额减少	医药埋葬费	其他	损失日期
从江县政府	56278480	14069620				2250660	11818960					1944
盘县县政府	10611800000	25800000		20100000		5100000	600000					1938—1944
紫云县政府	1317332	71843		56943	1200	13700						1942—1944⑦
贞丰县政府	20131089	3684333		114333		3570000						1942—1945⑧
晴隆县政府	177712	44428		44428								1944
黔西县政府	14616260	859780				34030					825750	1943
织金县政府	772747860	193186965		63572965		129614000						1944
威宁县政府	822358	48374		48374								1941—1945
水城县政府	821096	66188		7918		45000	13200					1942—1944⑨
金沙县政府	19950458	771274		771274								1942—1945⑩

续表

机关学校及事业名称	折合1945年价值	损失时价值										
		共计	迁移费	防空设备费	疏散费	救济费	抚恤费	可能生产额减少	可能纯利额减少	医药埋葬费	其他	损失日期
道真县政府	9487630	948763		948763								1943—1945
赤水县政府	101518440	122940		100940		10000	12000					1938—1944
绥阳县政府	69700	4100		4100								1943
凤冈县政府	351829736	425944		425944								1938—1944
思南县政府	1916545692	43957470	986000	11160630	18025240	12925600	860000					1939—1945
沿河县政府	605053680	1490280	25780	673500	276000	358000	157000					1940
石阡县政府	2327412	525844		87744		438100						1942—1945⑪
印江县政府	45390	2670		2670								1943
德江县政府	939504	40848		40848								1942—1944

续表

机关学校及事业名称	折合1945年价值	损失时价值										损失日期
		共计	迁移费	防空设备费	疏散费	救济费	抚恤费	可能生产额减少	可能纯利额减少	医药埋葬费	其他	
学校	95529632	107096	24377	9387	72162							1940
省立贵阳高级中学	10195560	11430	3180		8250							1939
省立贵阳中学	8247432	9246	1975		7271							1939
贵阳私立达德中学	5561620	6235	1175		5060							1939
贵阳私立正谊中学	1990944	2232	872		1360							1939
贵阳私立导文中学	7740776	8678	667		8011							1939
贵阳私立清华中学	896440	1005	1005									1939
贵阳私立毅成初级中学	7608760	8530	2110	6420								1939
省立贵阳女子中学	12496920	14010	3410		10600							1939
省立贵阳师范学校	9147460	10255	2355		7900							1939

续表

机关学校及事业名称	折合1945年价值	损失时价值										
		共计	迁移费	防空设备费	疏散费	救济费	抚恤费	可能生产额减少	可能纯利额减少	医药埋葬费	其他	损失日期
省立贵阳女子师范学校	9641628	10809	1589		8100	1120						1939
省立贵阳职业学校	7312616	8198	1388		6810							1939
贵州县立初级职业学校	4416292	4951	851		4100							1939
贵阳省立都匀师范学校	86524	97		47		50						1939
贵阳私立复旦女子小学	535200	600			600							1939
贵阳私立化民女子小学	267600	300			300							1939
贵阳私立崇正女子小学	446000	500			500							1939

续表

机关学校及事业名称	折合1945年价值	损失时价值										
		共计	迁移费	防空设备费	疏散费	救济费	抚恤费	可能生产额减少	可能纯利额减少	医药埋葬费	其他	损失日期
贵阳私立时敏小学	535200	600			600							1939
贵阳私立达德小学	535200	600			600							1939
贵阳私立崇正小学	535200	600			600							1939
贵阳私立志道小学	535200	600			600							1939
贵阳私立正谊女子	535200	600			600							1939
贵阳私立光懿女子小学	267600	300			300							1939
省立贵阳师范附属小学	1917800	2150	950	1200								1939
省立贵阳女师附小	2274600	2550	950	1600								1939
省立中曹司小学	423700	475	475									1939

续表

机关学校及事业名称	折合1945年价值	损失时价值										损失日期
		共计	迁移费	防空设备费	疏散费	救济费	抚恤费	可能生产额减少	可能纯利额减少	医药埋葬费	其他	
省立舒家寨小学	423700	475	475									1939
省立洛湾小学	530740	595	475	120								1939
省立竹林寨小学	423700	475	475									1939
公营工业	254402305	254402305	15000622	3421944		26000	200	152568875	17250000		66134664	
贵州企业公司	254402305	254402305	15000622	3421944		26000	200	152568875	17250000		66134664	

原注：①1942 年损失数 502245 元，1944 年 461120 元；

②1940 年损失数 32450 元，1941 年 5400 元，1944 年 400000 元；

③1940 年损失数 4284 元，1943 年 3300 元；

④1938 年损失数 230000 元，1939 年 138500 元，1940 年 230000 元，1941 年 324000 元，1942 年 816000 元，1943 年 2930000 元，1944 年 1870000 元，1945 年 5800000 元；

⑤1944 年损失数 10056 元，1945 年 1178165 元；

⑥1941 年损失数 1000 元，1942 年 13178 元，1943 年 58087 元；

⑦1942 年损失数 22888 元，1944 年 48955 元；

⑧1942 年损失数 210000 元，1943 年 285305 元，1944 年 627292 元，1945 年 2561736 元；

⑨1942 年损失数 1500 元，1943 年 43988 元，1944 年 7200 元；

⑩1942 年损失数 384666 元，1943 年 14144 元，1944 年 163304 元，1945 年 209160 元；

⑪1942 年损失数 896 元，1943 年 14132 元，1944 年 510816 元。

注：本表系贵阳市档案馆馆藏档案，反映抗日战争时期贵州省间接财产损失部分情况，档案号 0089。

二、资　料

（一）档案资料[①]

（1）贵州防空处每月经常费支付预算书

（1937年8月17日）

支出经常门		
科目	每月预算数	备考
第一款　贵阳防空处经常费	500	
第一项　薪津（生活）费	300	
第一目　薪津（生活）费	300	
第一节　雇员薪资	220	本处职员虽系调用但各项防空专门人员及缮写人员不得不支给相当生活费
第二项　办公费	200	
第一目　办公费	200	
第一节　办公费	200	各科股纸张及一切办公有关物品之费用约如上数
第三项　宣传费		准随时专案呈请

（贵州省档案馆馆藏档案，档案号 M1—209，第 50—51 页）

① 以下档案资料中，涉及财产损失的货币统计数据，凡未标明币种者均为法币（亦称为国币），凡未标明货币单位者均以“元”为单位。特此说明。

（2）贵阳防空演习经费支付预算书

（1937年8月17日）

支出临时门		
科目	一次预算数	备考
第一款　防空演习经费	5300	
第一项　防空演习费	5300	
第一目　防空演习费	5300	
第一节　开办费	300	一切办公桌椅文具等之购置及开办时各项必要之费用约计如上数
第二节　购置费	1000	拟购防毒面具及各项防毒用品并一切伪装烟幕等项各若干
第三节　训练费	4000	抽调沿公路各县份学生训练之

（贵州省档案馆馆藏档案，档案号 M1—209，第 52 页）

(3) 贵州省防空协会购置防毒器具等预算表

(1937年8月17日)

签为签请事，窃敝会于5月19日呈复，遵令迄具防毒器具等件预算价目表，祈早日购到，以资演习、宣传之用一案，旋奉钧府省保二字第1231号指令开呈及预算表均悉，查防毒器具等项，本省尚不急需，著暂缓购买可也，仰即知照此令预算表暂存等因，奉此窃查现值暴日侵略，国际风云紧张之时，此基防毒器具不可暂缓，理合补造购置防毒器具及衣裤等件价目表一份，备文呈送伏乞钧座鉴核，准予早日购到，俾便演习、宣传，实为德便，谨呈

贵州省政府主席兼会长　薛

计送防毒器具价目预算表一份

防空协会总干事　傅永俅

贵州省防空协会购置防毒器具价目预算表				
器名	每件价目	若干件	合计价值	备考
防毒面具	10	28	280	
防毒衣	45	1	45	
防毒裤	30	1	30	
防毒手套	5	1	5	
防毒靴	10	1	10	
合计（件）	100	合计　320	总计　370	

(贵州省档案馆馆藏档案，档案号M1—209，第56—57页)

（4）议决省府捐款慰劳淞沪南口抗战将士的申请*①

（1937年8月20日）

查淞沪及南口，我国陆空军抗战奋勇，拟由府捐款慰劳，当否，请公决案。

议决　由省府捐款1万元慰劳淞沪南口抗战之陆空军将士，电请委员长转发，由财厅暂行垫付。

（贵州省档案馆馆藏档案，档案号M1—210，第11页）

① 本书中档案资料标题带“*”号者为编者据文档内容所拟。下同。

(5) 议决财政厅关于本省省内外各级公务员各公立学校教职员摊募救国公债办法及关于拨款援助上海慈联救灾会的申请*

（1937年9月14日）

据财政厅签呈，拟具本省省内外各机关各级公务员、各公立学校教职员摊募救国公债办法，是否可行，乞核示案。

议决　修正通过。

据财政厅签呈，准上海慈联救灾会电，为战区日广，收容难民常逾数万，给养医药需款至巨，请予援助一案。查本省地处后方，亟应加以协助，可否由存库未经动用收获本省公务员捐薪助赈1万余元内酌拨若干，汇沪救济之处，乞核示案。

议决　酌拨5000元。

（贵州省档案馆馆藏档案，档案号M1—229，第19页）

（6）贵州省政府委员会第375次会议议程（议决关于救国公债等事项的报告）*

（1937年10月19日）

贵州省政府委员会第375次会议议程

甲、宣读上次议决案（会议录附后）

乙、报告事项

（一）据财政厅签中称，查本省救国公债，一时难于收集成数，前经电向中、农两行各借50万元提前解缴，以募得债款担保，陆续归还在案。兹准中、农两总行电复，救国公债不能扯借款项，碍难照办，等由，理合签报，敬乞鉴核等情。特提会报告。（此处无（二）项）

丙、讨论事项

主席交议

一、据本府情报处签，为该处奉令紧缩，造呈新预算，附具编制情形及支报经费办法，并请免予扣缴5%节余经费及救国捐等，乞核示等情。究应如何办理，请公决案。

决议　仍准月支3000元，不得再请临时费，其余概照通案办理。

二、据秘书处签呈，奉令核复保安处签请收回公务员余存服料并主动发还垫款一案，除存余服料拟请仍由该处妥为保管外，所有垫款1597.71元，拟请由省库暂行垫发，俟明春各厅处会公务员添造制服时再行分别归还，省事□□□□□□□①。

（贵州省档案馆馆藏档案，档案号M1—240，第7—8页）

① “□”号系档案资料中模糊、辨认不清之处。下同。

(7) 议决建设厅保安处秘书处关于筹建防空壕及预设防空伪装工料费及动支方式的申请*

（1937年10月26日）

据建设厅、保安处、秘书处会签，奉谕筹建本府高级长官暨全体职员及民众防空壕，并于省府、民厅、保安处、宝莲寺等处预设防空伪装一案，遵经会同等计勘定地点，绘具图说，核计共需工料费 8433.94 元，拟恳准由本年度总预备费项下动支，等情，可否？请公决案。

议决：

一、如有防空建筑准拨款 2 万元，由国防准备金项下动支，其地点工程计划及预算由建厅另行详拟呈核。

二、宝莲寺先行伪装经费另案，请领委员兼建设厅长胡嘉诏提议。

（贵州省档案馆馆藏档案，档案号 M1—242，第 16 页）

（8）建设厅关于修建各处防空壕所需经费的申请*

（1937年10月26日）

签呈 10 月 25 日

奉谕

筹建本府高级长官暨全体职员及民众防空壕并于省府、民厅、保安处、宝莲寺等处酌设防空伪装一案，遵即会同缜密筹计，经勘得本府附近朱家塘地方堪筑规模较大之防空壕，以备紧急时各高级长官避难之用。又查有麒麟洞一处，用作防空壕，足容本府全体人员及避难民众。又本府后园隙地只能建筑简易之防空壕，以为值日及担任防空人员临时趋避之所。饬据技士沈毅详密设计、绘具图说，交由建华营造厂核估朱家塘防空壕需工料费 6500 元，麒麟洞只需酌加改建，施以伪装即可，应用需工料费 477. 6 元，本府后园防空壕，需工料费 736 元。至于本府、民厅、保安处、宝莲寺等处房屋墙壁屋顶之为白色者，拟均加涂黑灰色，其建筑物目标过于显露者，并拟酌理改造，亦经饬据估计共需工料费 720. 34 元，总计筑壕伪装改选房屋等项目共需工料费 8433. 94 元，复核尚属□□。拟恳准由 1937 年度总预备费项下动支。是否有当？谨检同图说、估单签请鉴核示遵

附呈图说二纸估单三份

建设厅厅长　胡嘉诏

保安处兼防空处处长　冯剑飞

秘书长　严昌武

（贵州省档案馆馆藏档案，档案号 M1—242，第 69—71 页）

(9) 贵州国民军事训练委员会关于核发新增人员经费的申请*

(1937年10月26日)

贵州国民军事训练委员会签呈　民国二十六年十月二十六日

事由

为本会经费无着，迫不获已暂停工作，以待后命，并恳核发本会新增人员7、8、9、10各月份公经费，以资结束由

拟办要旨

本月23日奉钧府委员会第376次常会议案通知，据本会签明、本年度经费不敷之数17616元，恳请准作临时费，列造预算一案议决。查所列各款均非临时性质，碍难照准等因，奉此，窃本会全年度行政计划，前奉钧府核准在案。实施此项行政计划所需经费，复于7月31日概委会第三次大会审定，本会经费表暂列11028元，于附表内说明增列数目，向中央请款补助等因，自应遵照顾，今四月中央既无款补助，而本会一再呈请钧府核发又未，蒙俞允是，本会如依据行政计划推行业务，则无米之炊巧妇难为，如就经费范围内勉力工作，则人员不敷，曷克毕举？万一遗误军机，罪尤非小，衡才微力薄，肆应无方，午夜思维，殊兹惶惧，迫不获已，惟有自11月份起，将社壮训工作暂行停止，以待后命，并恳俯准发给7、8、9、10各月新增部份公经费，以便结束而免亏累。际兹大敌当前，训练、补充攸关抗战。究应如何补救？并祈核示，俾有遵循。临签不胜迫切待命之至。谨呈

省主席　顾

主任委员　何　衡

(贵州省档案馆馆藏档案，档案号M1—232，第170—172页)

（10）议决秘书处关于省救护委员会经费的申请*

（1937年11月16日）

据秘书处签呈，估修宝莲寺伪装，需工料费65.56元，翻修本府大礼堂前过亭房屋需工料费142.1元，统请在二十六年度总预备费项下动支等情，可否，请公决案。

议决　照准

据财政厅签呈，据贵州省救护委员会呈，请自本年10月份起按月发给该会经费116元一案拟请核定为100元，仍照九五折实支，由总预备费项下动支，等情，可否照准，请公决案。

议决　仍照116元实支，在总预备费项下动支。

（贵州省档案馆馆藏档案，档案号M1—182，第7—8页）

(11) 议决支付抗敌后援会关于军事救护训练班经费的申请和建设厅关于建筑省府各厅处防空壕设计图及工料费的提案*

(1937年11月19日)

据财政厅签呈，据抗敌后援会呈送军事救护训练班简章及概算书，乞核发开办费及3个月经常费共2683.5元，以便办理等情，经厅审核属实，可否照数由本年度国防准备金项下支给之处乞核示案。

议决　照办。

据建设厅签呈，拟具建筑省府各厅、处防空壕设计图及工料费预算表乞核示案。

议决　照办，限年内完成。

(贵州省档案馆馆藏档案，档案号M1—183，第16—17页)

（12）郭思演关于设立警报专用电台所需经费及运费的申请*

（1938年2—5月）

拟请由会决定购用警报专用电台以何种为宜？并请派2辆到梧州接运电台案，附广州来电两件。提案人郭思演

说明：

一、查设立警报专用电台一案，前经本会第5次会议议决“电台交防空司令部从速定购，经费函省府拨”并准省府函知“关于警报专用电台□常开办购置各费业经省府常会议决通过，饬财厅照拨”各在案；

二、惟电台种类，迭经防空司令部电询绥署驻粤办事处方主任人矩，调查据复以购15瓦手摇机为最合用，因其故障既少，经常消耗不多，使用又较便利，15瓦电油机，价格较为便宜，且与原预算相差无几，惟平时消耗汽油较多；

三、电台每台价格计港币折合法币如下：

1. 15瓦手摇机全副总价港币折合法币1926元；

2. 15瓦电油机全副总价港币折合法币1552元；

3. 核与原预算比较，手摇电台每副超过426元，5副共超过2130元，电油电台每副超过52元，5副共超过260元；

四、原预算仅列运费200元，但以目前商车缺乏，包车价昂，拟请由建厅派车2辆交由防空司令部派员到梧州接运，原预算运费200元暂作为由港至梧运费，俟货到筑再行据实连同警报机、铜钟等提会补请核销。

（贵州省档案馆馆藏档案，档案号M5—580，第88页）

(13) 议决协济委员会关于成立镇远散兵游勇收容所及省会警察局关于增加救济慰劳捐月支经费的请示*

(1938年6月—1939年4月)

据协济委员会签呈，请准克日成立镇远散兵游勇收容所，并拟具贵州省各县民众义务输送伤病官兵办法、镇穗青屏四县民众义务输送伤病官兵补充办法及无正式后送凭证伤病官兵转送收容实施办法，抄同原件祈核示一案，是否可行，请公决案。

议决　1. 镇远散兵游勇收容所应准减缩成立。减缩办法交严秘书长商同曾参谋长、傅处长拟定呈核；2. 贵州省各县民众义务输送伤病官兵办法、镇穗青屏四县民众义务输送伤病官兵补充办法修正通过，无正式后送凭证伤病官兵转送收容实施办法毋庸订定。另令玉屏伤检所无凭证之已愈未愈伤兵勿庸收容并不准入境。

据贵州省会救济慰劳捐募处呈，以据省会警察局呈送增加救济慰劳捐月支经费预算表计列支法币 140 元，抄同原表转祈核示一案，应否照准，请公决案。

议决　准月增加经费 137. 5 元。

（贵州省档案馆馆藏档案，档案号 M5—584，无页码）

（14）抗敌后援会关于为过境之五十八军发放服装所需费用的申请*

（1938年6月—1939年4月）

据抗敌后援会呈，为借发五十八军棉军服180套，价款计936元及派车往都匀运载征存棉背心902件运费计40.15元，经该会56次常会决议在寒衣款项下拨给，请鉴核备案一案，特提会报告。

（贵州省档案馆馆藏档案，档案号M5—584，无页码）

（15）议决贵定县政府、军管区司令部、中央赈济委员会运送配置难民贵阳总站及伤兵检查所等关于征集民夫伙食费等事项的申请*

（1938年6月—1939年4月）

准主席兼司令函，为据贵定县政府呈送五十八军过境征集民夫伙食费354.3元之单据粘存簿乞核示一案，检同原簿请烦核复等由，应如何办理，请公决案。

议决　交捐募处照发。

准军管区司令部函请拨款添制棉衣5498套并拨付运费一案，应如何办理，请公决案。

议决　并入第一报告案照办。

据抗敌后援会呈，为准中央赈济委员会运送配置难民贵阳总站，请拨发衣被救济难民请核示一案，应如何办理，请公决案。

议决　于寒衣捐款留2万元作难民衣被之用，由救济难民事务处统筹办理。

据伤兵检查所呈，请筹拨棉被100条、棉衣100套以应急需乞核示一案，可否照准，请公决案。

议决　准发棉被200条，款由捐募处拨付。

（贵州省档案馆馆藏档案，档案号M5—584，无页码）

（16）战时儿童保育会贵州分会关于在定番等5处各设保育院1所及所需开办费与经常费解决办法的报告*

（1938年8月3日）

查本会第20次会议主任委员交议，准省府交来战时儿童保育会贵州分会函以该会理事会议决，在定番、清镇、遵义、安顺及贵阳属之青岩等5处各设保育院1所。其开办费及经常费，本年度计需法币80911元。加入该会开支，合计需法币82711元。检同工作计划书，请查照等由，究应如何办理，请公决案。当经议决，经费部份交捐募处核办办法通过，纪录在卷，并饬由秘书室函捐募处在案，兹据捐募处呈复，已签请省府拨借1万元，交该分会具领办理俟，捐款收有成数再行归垫，请鉴核备案等情，除指令准予备查外，特提会报告。

（贵州省档案馆馆藏档案，档案号M5—585，第7页）

（17）议决全省各界抗敌后援会因五十八军过境要求拨发慰劳费的报告*

（1938年8月7日）

据贵州全省各界抗敌后援会呈，为五十八军由滇过筑，拟请拨国币3000元交慰问团办理慰劳等情，是否可行，请公决案。

议决　通过。

（贵州省档案馆馆藏档案，档案号M5—585，第6页）

（18）捐募处和清镇县关于补发五十八军过黔慰劳费、派员赴盘招待旅杂各费及运送五十八军行李、病兵、汽车费的申请*

（1938年8月17日）

奉交省抗敌后援会，请饬捐募处补发五十八军过黔办理慰劳不敷费用，及派员赴盘招待旅杂各费两案原呈暨原附件，饬核签等因；遵经审核，两案共计支出4614.22元，散总各数，尚属相符。除前经本捐募处发给3000元外，不敷之1614.22元，拟仍照数由处在救济慰劳捐项下补给，是否有当？理合签请提会核议令饬遵办！谨呈

省动员委员会主任委员　吴

计缴还原呈二件，计算书支销册各一本，单据粘存簿二本共附单据164张。

财政厅厅长兼捐募处处长　王澂莹

贵州省政府保安处签呈：

事由

为奉办清镇县呈请发给运送五十八军行李、病兵、汽车费共315元，以资归垫一案。签请核发由。

办法，

案奉钧会先后交办据清镇政府呈：请发给运送五十八军行李、病兵、汽车费共315元，附具单领，祈核等情：查核尚无不合。理合检同各原案签请钧核发给，俾资归垫。谨呈贵州省动员委员会。

附呈各原案5件附件6件（内一件计单据5张）

委员　傅仲芳

（贵州省档案馆馆藏档案，档案号M5—585，第222—223页）

（19）贵州省会救济慰劳捐款处收支款项月报表（第一号）

（1938年10月7日）

签二十七年十月七日：

窃查本处经募各项捐款，一切收支均系委托中央银行办理，所有出纳账目，自应查照中行所送单据登记汇算，现本年 9 月份业经终了，总计共收入法币 2955. 47 元，惟支出项下因转账手续尚未办清，须移作 10 月份支账，故 9 月份结余法币，仍与收入数同为 2955. 47 元。除公布外；理合造具月报表，签乞钧会鉴核备案令遵！谨呈

贵州省动员委员会主任委员　吴

计呈 1938 年 9 月份捐款收支月报表一纸

贵州省会救济慰劳捐募处长　王瀓莹

贵州省会救济慰劳捐款处收支款项月报表（第一号）

中华民国二十七年九月一日起至三十日止

科目		数目	
收入	省会警察局缴本年 8 月份旅店捐	87. 2	
	省会警察局缴本年 8 月份娱乐捐	2441	
	省会各机关缴本年 8 月份公务员慰劳捐	405. 65	
	工程测量队缴本年 7、8 月份公务员慰劳捐	12. 92	
	贵阳县府缴本年 8、9 月份公务员慰劳捐	8. 7	
	合计	2955. 47	上款系由中央银行代收
支出	无	无	

（贵州省档案馆馆藏档案，档案号 M5—585，第 197—198 页）

（20）贵州省各县民众义务输送伤病官兵办法、壮丁义务担架队编制系统表、镇穗青屏四县民众义务输送补充办法

（1938年10月12日）

贵州省各县民众义务输送伤病官兵办法

一、本办法遵照军事委员会1938年元月支医代电附发各省民众义务输送伤病官兵办法规定要旨参照本省情况制定之。

二、本省各县关于民众义务输送伤病官兵事项除镇远以东4县另有补充规定外悉遵照本办法办理。

三、各县民众义务输送之组织均以壮丁150人配担架50付编成之壮丁义务担架队为输送单位各县应组织单位若干视经过伤兵之多寡由县府拟定呈核担架队之编制另定之。

四、各县民众壮丁义务担架队组成后县府应预定输送路线及交接地点并适宜配置其担架队其与邻县之递运交接办法尤应严密商定以期衔接。

五、县与县间及县与医院间交接伤病官兵务须确实并应填写证明单以为凭证证明单格式另定之。

六、输送伤病官兵时应自开始输送之县起各于输送前2日将输送人数患者情形递次通报接运之县俾便准备。

七、担任输送之壮丁由县府先行指定平日仍各自就地营其所业遇有伤病官兵待送时由县府召集服务。

八、经县府指定服务之壮丁如因应征及其他事故有缺额时应由县府照额补之。

九、高重伤病官兵利用担架输送轻伤病之能步行者应随队行走。

十、伤病官兵途中之看护医药由协济委员会接洽办理另行通知。

十一、所需担架及蔽雨器材由县府购办。

十二、交接伤病官兵地点由该管县府预为准备食宿宿舍以尽量利用公共房屋为原则但须略加设备给养依伤病官长每日0.4元士兵每日0.2元计算支给之。

十三、各输送单位人员在工作时之伙食茶水等费由县府酌予津贴于召集时计算往返日程发给其津贴数目官长每日以0.4元壮丁每日以0.2元为限。

十四、第十一条至第十四条需用各款统由各县府担负在各县总预备费项下作正开支按月列册取据专案报销但经费困难之县总预备费不敷开支者得呈请省动员委员会核发。

十五、应依照本办法实行组织民众义务输送担架队之县由省动员委员会鉴令通知。

十六、各输送单位人员由县府制发符号佩带以资认别。

十七、本办法如有未尽事宜随时由省动员委员会修正公布。

十八、本办法自省动员委员会公布起施行。

壮丁义务担架队编制系统表

队长　队副

第一分队　队长　队副　辖17组（每组三人指定1人为组长）

第二分队　队长　队副　辖17组（同第一分队）

第三分队　队长　队副　辖16组（同第一分队）

说明：一、每队配属已受训壮丁150人，以3人为一组，配足担架50件。

二、每县有担架2队以上时，其番号按第一队第二队等排列之。

镇穗青屏四县民众义务输送补充办法

一、镇穗青屏四县为黔东冲要入黔伤病官兵之预定收容地点及对于输送应依照本办法以求严密。

二、关于各该县输送事宜除本办法规定外仍照贵州省各县民众义务输送伤病官兵办法规定办理。

三、选适应当前需要各该县应各组织壮丁义务担架队三队以充实输送力量。

四、各县交接伤病官兵地点如次：

a. 晃县玉屏段　以玉屏县城为交接地点，计程25公里。

b. 玉屏青溪段　以青溪县城为交接地点，计程25公里。

c. 青溪镇远段　以焦溪为交接地点，由青溪至焦溪计程25公里，由焦溪至镇远计程20公里。

五、各县壮丁义务担架队配置原则如次：

a. 玉屏担架队配置于玉屏县城任县城至青溪县城之输送。

b. 青溪担架队配置于青溪县城任县城至焦溪之输送。

c. 镇远担架队配置于镇远县城临时召集之任焦溪至镇远县城之输送。

六、各县壮丁义务担架队应以两队配置于前项地点其余一队可由县府在规定交接地点之中途适宜配置以求便利输送节省疲劳。

七、如输送之伤官兵人数过多各县壮丁义务担架队不敷分配时□□□□□□□接地点暂时妥予安置随后继续补□输送。

八、本办法自省动员委员会公布日起施行。

（贵州省档案馆馆藏档案，档案号 M5—585，第 176—178 页）

(21) 救济慰劳捐募处、建设厅、防空司令部等关于补发五十八军过黔办理慰劳不敷费等事务的申请*

(1938年11月9日)

据救济慰劳捐募处呈，为奉交省抗敌后援会呈请，饬该处补发五十八军过黔办理慰劳不敷费用及绥署派员赴盘招待旅杂各费一案，所有不敷之1614.22元，拟仍照数由处在救济慰劳捐项下补给，等情，核尚可行，应准照办，除令饬抗敌会迳向该处具领并饬由秘书室函知该处外，特提会报告。

据建设厅呈，为奉令拟具储备粮食办法呈复备案一案，除指令准予备查外，特提会报告。

准防空司令部函，为请推派委员1人兼任该部基金保管委员会委员，附送该会组织规程一份请查照一案，除推曾代副主任兼任，并分别函知外，特提会报告。

（贵州省档案馆馆藏档案，档案号M5—585，第210—212页）

(22) 议决关于在锦屏、玉屏、铜仁3县设置贵州省救济难民事务处赈济委员会运送配置难民贵阳总站联合办事处及规定救济难民经费支用手续案的申请*

(1938年11月15日)

何委员玉书提议，武汉沦陷，长岳告警，难民不久即将由湘来黔，拟先在锦屏、玉屏、铜仁3县设置贵州省救济难民事务处赈济委员会运送配置难民贵阳总站联合办事处，以应急需，请公决案。

议决：

(一) 办事处名称，除照原提案所定外，应简称为"救济难民联合办事处"。

(二) 玉屏办事处应在鲇鱼铺设立，锦屏办事处应在瓮洞设立，铜仁办事处应在漾头司设立。

(三) "招待"事项，应改为"检查"事项。

(四) 办事处预算通过，并先拨2000元交刘副处长携往备用。

(五) 关于检查登记，运送，配置各项简要办法，由处速拟定呈核。

何委员玉书提议，请规定救济难民经费支用手续案。

议决：

救济难民经费，其预算已经核定者，即由救济难民委员会正副主任委员，照案签涉支票，交处具领。其预算尚未核定，而需用紧急者，可由处迳行签请主席批准，再由会开付支票。

(贵州省档案馆馆藏档案，档案号M1—335，第173—174页)

（23）议决协济委员会关于自前方迁黔机关所需房屋解决办法的申请*

（1938年11月22日）

据协济会委员会主任委员何辑五签呈：查近自前方迁黔之机关，来会请求拨用房屋者，日必数起，而市内郊外各公有房屋，早经拨用罄尽。拟请令饬教育厅将市内男女私立小学，分别合并或暂停，俾可让出多数房屋，以供各机关住用，当否，乞核示，等情，应否准予照办，请公决案。

议决：

（一）以一半私立小学并入其他一半上课为原则。交教育厅速拟办法呈核。

（二）由省库垫拨 4 万元，交协济委员会赶于 1 个月造茅屋 50 幢，以备移黔军政各机关购领应用。

（贵州省档案馆馆藏档案，档案号 M1—335，第 173—174 页）

（24）贵阳商务印书馆周云程个人财产损失报告单[*]

（1939年）

（填报）民国36年5月30日

损失年月日	事件	地点	损失项目	购置年月	单位	数量	价值（国币元）		证件
							购置时价值	损失时价值	
1939年2月4日	日机轰炸	贵阳	棉被			1床	8.5	17.5	
			垫被			1床	5.5	11	
			蚊帐			1顶	6	9	
			白线毯			1条	2	5	
			金山毯			1张	12	21	
			黑泥长袍			1件	9.5	22	
			线春羊皮袍			1件	32	70	
			直贡元长衫			1件	11	23	
			湖□棉被			1件	10.5	18	
			驼绒便袍			1件	14	28	
			云纱短衫			2件	7.5	16	
			云衫裤子			2条	7.5	16	
			柳条衫裤			2套	5.5	11	
			灰布长衫			2件	9	15	
			白线汗衫			2件	4	7	
			雨衣			1件	12	25	
			线春夹袄			1件	7	11	
			线春夹裤			1条	7	11	
			灰布棉裤			1条	5	8	
			灰布棉袄			1件	5	8	
			皮箱			2只	24	42	
			枕头			1付	3	8	
总计							207.5	402.5	

填报者姓名　周云程　　　　受损失者　　　　（盖章）

与受损失者之关系　　　　服务处所与所任职务　贵阳商务印书馆货栈

证明者　商务印书馆股份有限公司　通讯地址　贵阳商务印书馆

（上海市档案馆馆藏档案，档案号 Q_1—17—1136—0387）

(25) 贵阳商务印书馆王庆丰个人财产损失报告单*

(1939年)

(填报) 民国36年6月16日

损失年月日	事件	地点	损失项目	购置年月	单位	数量	价值(国币元)		证件
							购置时价值	损失时价值	
1939年2月4日	被炸烧馆产全毁	贵阳	皮箱	1936年		2只	2	6	
			绸面白皮衫	1937年		1件	30	40	
			黑呢中山装	1936年		1套	12	16	
			衬衫			2件	2.4	3	
			绸面被盖			1床	6	10	
			印花被单			1件	2.5	3.5	
			棉絮			1件	1	1.2	
			枕				2	2.5	
			绸长衫	1937年		1件	4	5	
			哔叽下装			1件	3.5	5	
			雨衣			1件	3.5	5	
			面盆			1只	1	1.2	
总计							69.9	98.4	

填报者姓名　　受损失者　王庆丰　　(盖章)

与受损失者之关系　　服务处所与所任职务　贵阳分馆营业主任

证明者　商务印书馆股份有限公司　通讯地址　贵阳商务印书馆

(上海市档案馆馆藏档案，档案号 Q_1—17—1136—0389)

(26) 贵阳商务印书馆罗捷三个人财产损失报告单*

(1939年)

(填报) 民国36年6月19日

损失年月日	事件	地点	损失项目	购置年月	单位	数量	价值(国币元)		证件
							购置时价值	损失时价值	
1939年2月4日	被炸烧房屋被毁	贵阳市飞山街	房屋	1922.3	间	2	360	1000	
			木器	1930.10	樘	2	98	196	
			铺笼帐被	1930.10	套	1	148	148	
			留音机	1936.10	架	1架附片	98	120	
			座钟	1930.10	架	1	15	20	
			皮箱	1930.10	只	6	36	60	
			四史	1914	部	1	15	30	
			五色花古瓶	1914	只	1	30	70	
			古铜香炉	1914	只	1	10	80	
			刘石庵书联	1914	付	1	15	105	
			王文治书联	1914	付	1	10	70	
			袁思革毕书联	1918	付	1	6	15	
			永年业印泥盒	1925	只	1	5	15	
			博古康熙大盘	1926	只	1	7	20	
			博古清时百鹤盘	1925	只	1	7	15	
			博古清时寿桃盘	1925	只	1	10	35	
			博古树根(山形)	1914	只	1	35	100	
			博古柜	1914	付	1	8	50	
			西服中山装	1932	套	1	55	100	
			皮衣(狐皮羊皮)	1931	件	3	156	205	
			大玻镜	1932	面	1	30	40	
			何绍基书联	1914	付	1	20	150	
总计							1174	2644	

填报者姓名　　　　　　　　　　受损失者　罗捷三　　　　　　(盖章)

与受损失者之关系　　　　　　　服务处所与所任职务　商务印书馆贵阳分馆事务主任

证明者　商务印书馆股份有限公司　　通讯地址　商务印书馆贵阳分馆

(上海市档案馆馆藏档案,档案号 Q_1—17—1136—0390)

（27）救济难民委员会关于为各县事务处拨发活动费的申请*

（1939年1月27日）

据救济难民委员会签呈，查近日难民入黔者益多，对于收容救济，需款急迫，兹已由本会发给救济难民事务处活动费2000元，将来由该处实报实销，又南路难民，拟在荔波、三合、平舟3县予以收容，并援照发给黔东各县救济准备金先例，每县各发2000元。惟荔波难民特多，拟加发2000元。以上各款，请一并在本会救济难民专款项下动支，交由救济难民事务处转发，等情，除准予备案外特提会报告。

（贵州省档案馆馆藏档案，档案号M1—360，第6页）

（28）二十八年二月四日动员委员会临时会议决定事项

（1939年2月4日）

一、本日遭受敌机空袭，为迅速办理救济事务起见，特设灾民救济处，由警备司令督同警察局长办理。

1. 凡一时无食宿之灾民，得酌予临时给养并分别指定适宜地点予以临时安息；

2. 凡贫民死者，酌予安埋费，伤者除由救护大队及医院尽量收容外，余得酌予医药费，分别查明核发；

3. 由捐募处先行拨款30000元，交灾民救济处克日办理；

4. 本处限本日晚即行成立。

二、城内外警戒由军警照常注意，城外由特务团派兵3连以上特别警戒。

三、由傅司令余司令会同督饬警察局于本晚彻夜清除本市被灾区域、街道，以维交通。

四、凡本日为防空及救护公务殉职或因公务受伤公务人员及防护人员，应由防空司令部查明从优抚恤，并查明本日办理情形，呈请慰劳。

（贵州档案馆馆藏档案，档案号M8—3809，第121、122页）

（29）□□省会防空设备经常费及临时费统计表

（1939年2月8日）

经常费之部		
项目	数额	备考
高射机枪队附通讯班	1793.5	
无线电总分台经费	1928	
监视人员训练班经常费	2145	
消防队经费	960	
警笛警铃经常费	130	
合计 6686.5 元		
临时费之部		
项目	数额	备考
增购高射机枪弹	39200	
机枪队开办费	5533.8	
通讯材料费	5778.8	
专用电话线材料费	46450	
情报分所电报材料费	3965	
设置警笛警灯警铃费	9230	
	2331	
	1600	
添购 100 瓦特无线电机	3630	
15 瓦特无线电机补充材料费	1946.8	
监视人员训练班开办费	680	
消防设备	51255	
合计 171600.4		

（贵州省档案馆馆藏档案，档案号 M5—585，第 50—51 页）

（30）抗敌后援会关于援照慰劳六十军办法拨款的报告*

（1939年2月8日）

案准

滇黔绥靖副主任公署转来孙军长密电开：“本军准于本月艳日（29日）由昆明出发，经由滇黔、黔湘公路赴湘，计官兵3万余人，每日开拨二千至三千人不等……”等由；准此。查该军长途跋涉卫国杀敌，本会应如何慰劳？籍资激励，经提交第44次常务会议决议：“援照慰劳六十军办法，每营肥猪3支、团部1只、师部2只、军部4只，约需款3000元，呈请动委会在慰劳捐项下拨交慰劳团，于该军过境时妥为慰劳外，并由宣传部拟订宣传办法，再予以精神上之慰劳，所有慰劳各费，实报实销。”理合录案备文，呈请

钧会府赐照准，实为公便！

谨呈

贵州省动员委员会

贵州全省各界抗敌后援会常务委员兼秘书长　俞家庸

（贵州省档案馆馆藏档案，档案号M5—585，第15—16页）

（31）省政府委员会第511次会议记录*

（1939年2月10日）

（一）奉行政院阳电开，敌机狂炸贵阳，灾情惨重，至深轸念，已饬振。委员会电拨10万元妥为抚恤，等因并准赈济委员长副委员长许世英等自香港来电开，报载贵阳昨遭空袭，精华尽付一炬，死伤达500人，待救累万，状极惨苦，至深系念，已电重庆本会即拨紧急救济费2万元，至希饬分会及总站妥为赈恤，并盼随时见示，等由，除分别电复外，特提会报告。

（二）本月4日敌机轰炸贵阳市房焚毁甚多，亟应设计在城外交通便利地带赶造草甚顶土墙平民住宅1000所，克日告成，以备平民疏散之用，除令派难民运配贵阳总站主任刘剑魂火速办理具报外，特提会报告。

（贵州省档案馆馆藏档案，档案号M1—364，第2—4页）

（32）灾民救济处关于二四轰炸死伤人数、财产损失情况及救护人员死伤人数的报告*

（1939年2月15日）

1939 年 2 月 15 日，动员委员会四十四次例会，灾民救济处正副处长余司令华沐、陈局长世贤报告：

1. 此次因灾死伤人数除伤者未到医院医治及死者未经发掘无从计算外，截至昨日止共计死伤 1223 人，内即时死者 488 人，伤后死者 33 人，现有伤者 702 人，房屋被毁者计 1326 幢，估计直接有形资产损失约为 2500 万元。

2. 因努力救火，奋不顾身，死伤军警团官长士兵人数：

九十九师伤官长 1 员、死士兵 12 名；保安队死士兵 1 名、伤士兵 3 名；宪兵营死士兵 1 名、伤士兵 6 名；绥署特务营伤士兵 4 名；警察死警官 1 员、死警士 16 名、伤警士 21 名；防护团死队长 1 员、死班长 2 员、死团员 34 名、伤团员 78 名。

（贵州省档案馆馆藏档案，档案号 M5—640，第 7—8 页）

（33）贵阳市收容灾民安置办法*

（1939年2月15日）

1939 年 2 月 15 日动员委员会四十四次例会主任委员交议：

收容灾民安置办法

一、灾民救济处，应自 2 月 17 日起截止登记，按照下开各项，分别办理疏散安置手续

（甲）凡愿回籍或赴他地者，得酌给旅费遣送，为另给生活费，详细办法由救济处拟订呈核。

（乙）凡无依靠之老□（60 岁以上 15 岁以下者）及残废得览适宜地点收容，分别委托救济院或热心救济之各团体及儿童保育会办理。有依靠者，得一次给生活费 2 个月，交其依靠者养之。

（丙）凡成年妇女得分别其职业或技能，交由妇女工作委员会、妇女运动委员会、妇女会予以缝纫、浆洗等劳动服务或介绍职业。不愿者得给一个半月遣散。

（丁）凡成年男子有农工技能者，分交农业改进所、模范工厂、贵阳建筑公司、贵阳电厂、筑东煤矿公司等分别录用，无一定技能者，概交市政工程处或贯城河工处予以劳动服务，确为小贩商人有信用者得取其妥保，由小本贷款处酌贷小本营业。

不愿受上列各项支配者，得给生活费一个月遣散。

（戊）凡受伤之灾民，经治愈后，亦按照上开各项分别办理。

（己）查明非灾民而冒滥登记者，应立时停止给养，以少报多者亦同。

（庚）查明有嗜好之灾民，应立送戒烟医院施戒，不愿者停止给养。

二、甲乙丙丁四项，责成灾民救济处于一星期内分别查考登记，并与各有关系机关团体，分别洽商办竣，戊项由该处随时查明办理。

三、己、庚两项事务，责成警察局于三日内切实查明办理具报。

四、凡因办理上开事务需用款项时，由灾民救济处随时请示主任委员核发，以期便捷，并应提会报告。

五、本办法自 2 月 16 日起实施。

（贵州省档案馆馆藏档案，档案号 M8—3809，第 125、126 页）

（34）贵州省会灾民救济处关于灾民调查等情况的报告（节录）

（1939年2月）

余华沐　陈世贤

谨将2月15日至21日一周间本处办理情形报告如次：

一、灾民之调查

本处奉钧会第44次会议之决议办理灾民安置事宜，即通告未登记之灾民限至16日下午6时止，到各分处登记，过期即不登记，并赶制调查册以便统计灾民，分别编造预□，计截至16日止已登记之灾民如下：第一分处87人，第二分处5094人，第三分处1666人，第四分处2092人，第五分处58人，总计已登记之灾民为8998人。

（略）

二、领款之灾民

各分处登记之灾民共为8998人，已如上述，但查灾民之中有隔数日领款一次者，亦有从未领款者，为求灾民之确切数目计，曾于本17日发出通告，限已登记未领款之灾民于20日下午6时以前到收容所□□□□□□□□□□□□□□止到所领款之灾民，第一收容所为87人，第二收容所为□□□□□□□□□□□□为1941人，第四收容所为2600人，第五收容所为626人，总计为8539人，即登记灾民中有459人已登记从未领款者。

三、各医院留医人数

截至2月20日止，各医院留人数如下：（一）中央医院51人；（二）省立医院41人；（三）若瑟医院39人。总计131人。

四、各方捐赠物品及处置（略）

（贵州省档案馆馆藏档案，档案号M8—3809，第130—131页）

（35）贵州省会灾民救济处慰恤伤亡办法

（1939年2月）

第一条　本办法所指之伤亡以 2 月 4 日敌机袭筑时，贵阳市民所受之伤亡为限。

第二条　凡受本办法抚恤之受伤灾民人仍得享受灾民安置办法之待遇。

第三条　死亡者每家之直系亲属愿领特别恤金者，按下列规定抚恤之：

一、直系亲属在 5 人以上者，每家发 30 元；

二、直系亲属 4 人者，每家发 25 元；

三、直系亲属 3 人者，每家发 20 元；

四、直系亲属 2 人者，每家发 15 元；

五、直系亲属仅有 1 人者，每家发 10 元。

（贵州省档案馆馆藏档案，档案号 M5—640，第 8 页）

（36）贵阳二十八年二月四日被敌机袭炸损害及发放振恤费报告表

（1939年2月）

贵州省动员委员会填报

损害情形					共发赈济款额		填报机关共领到空袭救济费	填报机关共存空袭救济费
死亡人数	重伤人数	轻伤人数	住所被炸户数	财产损失估计	本届共发振恤款	历届已发振恤费		
564 人	172 人	563 人	2568 户	18896310 元	16672152 元		17573700 元	901548 元
备考 上项振恤款由本会募集发交灾民救济处发放，余款缴存本另有由中央领得之 10 万元遵令生意生产事业，爰以 8 万元扩充模范工厂、2 万元扩充“二四”妇女工厂。								

（贵州省档案馆馆藏档案，档案号 M5—587，无页码）

（37）议决关于教育厅房屋被炸维修费的申请*

（1939年3月7日）

据财政、教育两厅会签，本年2月4日，本教育厅一部份房屋被敌机炸毁，经雇工修理，并已交付工料费2243.89元，谨造送预算，拟请准在1938年度中小学员生活暑期抗战建国宣传经费节余项下动支归垫，等情，应否照准，请公决案。

议决　照准。

（贵州省档案馆馆藏档案，档案号M1—438，第21页）

（38）云南省政府关于募捐和汇款振恤贵阳灾民事致贵州省政府电及贵州省政府回电*

（1939年3月7日）

云南龙主席来电

急

贵阳省政府主席吴达诠兄勋鉴：

此次贵阳被敌机轰炸，敝省地处邻居，闻之不胜惋悼。除已由敝省政府汇款振恤外，兹并由敝省党政各界人士自动发起捐募得国币 3 万元，交由中央银行汇，请吾兄查收后，转交分发，作补助振恤之用，一面由弟派马参谋长甬前往贵省慰问。区区之意，尚冀垂察为荷。

弟龙云江秘印

本省去电

昆明龙主席志舟兄勋鉴：

江秘电奉悉（密）筑市空袭灾害，前承赐款振恤，全省感荷已深，复蒙发起捐募□□钜款，并派员前来慰部，益拜嘉惠。于无既除报告本省动员委员会宣示全黔民众，俟款汇到时遵命妥为分俟。外特先电谢。

弟吴鼎昌叩鱼印。

（贵州省档案馆馆藏档案，档案号 M1—371，第 22—23 页）

(39) 省立图书馆关于修地母洞储藏四库全书等经费的报告*

(1939年3月14日)

贵州省政府教育厅签呈

事由

据省立图书馆造呈修理地母洞储藏四库全书及内政部寄存志书经费预算书单祈核示一案，查核尚合，共需经费2376.1元，拟请由本年度教育准备金项下拨支，会签请　示由。

办法

案据省立图书馆馆长蓝端禄造呈，修理地母硐储藏四库全书，及内政部寄存志书经费预算书单，祈核示一案。查，教部寄存之四库全书，及内政部寄存之志书，关系文化至钜！亟应妥为保藏，以垂永久。前次收买修建之张家祠堂书库，因距城太近，如遇空袭，仍难保安全，特饬该馆长，另觅岩洞储藏；兹核所送修建地母洞书列各项经（下无）。

(贵州省档案馆馆藏档案，档案号M1—373，第55页)

(40) 议决救济难民委员会关于拨发青溪、天柱两县难民救济费用的请示*

(1939年3月26日)

据救济难民委员会签呈，查青溪、天柱两县，前经呈奉核准各发给救济难民准备金2000元在案，嗣据救济难民事务处先后呈请将原发天柱准备金移发岑巩，并加发1000元共为3000元。因需用迫切，业经如数照发。兹又准第一区行政督察专员公署电，以岑巩所领3000元仍属不敷甚巨，恳续发3000元。青溪前领2000元亦将用罄，恳请发2000元等语，查所请□□□□□，拟请准予如数照拨，等情，应否照准，请公决案。

议决　照准。

（贵州省档案馆馆藏档案，档案号M1—377，第5页）

（41）捐募处关于另立防空基金保管委员会以专管防空经费事项的报告*

（1939年4—6月）

据捐募处签，以该处代管防空捐款，现防空基金保管委员会业已成立，应另立专户，结至2月25日止，计移入上月结存34291.05元，本月收入104916.27元，本月支付防空司令部领购消防器具费52910元，又拨入防空基金保管委员会专户86299.32元，收支两抵，并无余款，2月25日以后防空基金保管委员会经手收支各款，应由该会列报，造具月报表，请鉴核备案一案，除指令准予备查并函请防空基金保管委员会按月造报外，特提会报告。

（贵州省档案馆馆藏档案，档案号M5—587，第6—7页）

（42）警区出征抗敌军人家属优待委员会关于核发1939年1至3月份出征抗敌军人家属救济费的报告*

（1939年4—6月）

据警区出征抗敌军人家属优待委员会呈，请核发1939年元月至3月份出征抗敌军人家属曾耀先、黄英才等新旧共504户救济费9030元，以资救济，造具姓名册及预算表乞批示一案，除饬捐募处核发外，特提会报告。

（贵州省档案馆馆藏档案，档案号M5—587，第57页）

(43) 公路局关于空袭损害各员役救济棺、殓费的报告*

(1939年4月4日)

据财政厅签呈，奉交建设厅签，以据公路局呈报，发给遭受空袭损害各员役救济棺、殓各费1278.54元，又在事出力人员奖励金194.50元。请分别由本局营业外支出其他支出项下及总务费奖励金项下列报，特请鉴核备案一案，核无不合，拟请准予备案，等情，除准予照办外，特提会报告。

(贵州省档案馆馆藏档案，档案号M1—379，第98页)

（44）议决财政厅关于敌机炸房屋器具建筑费的请示*

（1939年4月4日）

据财政厅签呈，查本厅房屋器具，前遭敌机炸毁，经造具清册，签请鉴核备案在案，是项被炸房屋如厅长办公室等，拟酌加修理，核计最低工料费为1888元，又监印室等全部被毁，势非重建不可，核计最低建筑费为3848.5元，两项共需款5736.5元。所有此项临时支出，拟恳在1939年度省地方总预备费项下动支，附具概算书等件，乞核示等情，应否照准，请公决案。

议决　应俟汇案核办。

（贵州省档案馆馆藏档案，档案号M1—379，第20—21页）

(45) 建设厅关于贵阳县商会补助费的报告*

(1939年4月4日)

贵州省政府建设厅签呈

事由

奉钧座发下：据贵阳县商会呈明，敌机毁灭筑市中心市区，该会以前较为有力负担会费之各业，多无力缴纳会费，而该会在大道观自建之铺房，亦全部被毁，致会内经费无着，请援例按月补助经费200元，一俟各业恢复，该会事务费较为有着再行停发，以资维系一案，同时建设厅复据该会呈同前情，拟请俯如厅请准予按月补助该会经费贰200元，以6个月为限是否可行？签祈

核示由。

办法

查贵阳县商会所陈各节，尚属实情，值此抗战期间，既不能听该会暂停活动，而该会经费来源，又已断绝，势不能不酌予补助，以资维系，复查该会在周前主席时代，曾按月补助大洋50元，现本市既遭敌机摧毁，生活又复较前增高，远非昔日可比，拟请俯如所请，准予由本年度总预备费项下，按月补助该会经费200元，以6个月为限，俾该会得资维系，而便继续进行，是否有当，理合检同该会先后呈府厅原文共二件，会签呈祈　鉴核示遵。谨签呈

主　席　吴

附呈该会原呈共二件

财政厅厅长　王澄莹

建设厅厅长　叶纪元

（贵州省档案馆馆藏档案，档案号M1—475，第108—109页）

（46）议决财政厅关于二四敌机袭筑后所需救济费用及动支方式的请示*

（1939年4月4日）

据财政厅签呈，查二四敌机袭筑，本厅及土地呈报处暨本厅兼管之省会救济慰劳捐募处各员役被灾者，经派员组织审查会详密调查，计应予发给救济费者35人，共发款2071.3元，是项费用，拟请由本厅1938年度经常费节余项下开支，不敷之数，并拟由土地陈报处1938年度节余项下动支，附具被灾员役姓名及发给救济费数目表，请鉴核备案，等情，应否照准，请公决案。

议决　照准。

（贵州省档案馆馆藏档案，档案号M1—379，第24—26页）

（47）省救济难民委员会关于发给各县救济难民准备金等情况的请示*

（1939年4月4日）

贵州省救济难民委员会签呈

事由

为呈报发给各县救济难民准备金暨移用天柱准备金及续发岑巩、青溪准备金各情，签祈鉴核示遵由

办法

查本会发给青溪、天柱、镇远、三穗、玉屏、铜仁、独山、三合、平舟等9县救济难民准备金各2000元，荔波县救济准备金4000元，均经呈奉核准在案。嗣据救济难民事务处呈，以天柱准备金尚可缓发，当将该县准备金2000元移发岑巩备用。上月20日，又据该处呈请，续发岑巩准备金1000元，因需用紧急，先行由会签制支票，如数发给。兹复据该处呈，为准第一区行政督察专员华洗养电，以岑巩县仅领准备金3000元，不敷甚巨，青溪前领之准备金2000元，亦将用罄，请准予续发岑巩准备金3000元，青溪准备金2000元，以资接济等情，前来。查所请尚属切要，拟准如数发给。所有本会经发各县救济准备金、暨移用天柱县准备金，及请续发岑巩、青溪两县准备金各情、理合一并呈明，仰祈鉴核示遵。谨呈

主席　吴

贵州省救济难民委员会主任委员　孙希文

副主任委员　王澂莹

（贵州省档案馆馆藏档案，档案号M1—377，第25—26页）

（48）议决建设厅关于核发装置被炸地区路灯所需临时支出经费的请示*

（1939年4月4日）

据财政厅先后签呈，奉交建设厅签送贵阳电厂及贵阳市政工程处会呈，装置贵阳市路灯临时支出概算书，请核发经费13500元一案，核尚需要，原书所列各数，亦无不合，此项经费，拟请准予照数由1939年度概算所列市政建设费项下支给，当否，乞核示。又奉交建设厅签送贵阳电厂装置被炸区路灯临时支出概算书，请核发经费270.5元，至经常电费每月24元及以后换泡修理各费，拟请饬由省会警察局担负一案，拟请并入前案办理，各情形，应否准予照办，请公决案。

议决　准予照办。

（贵州省档案馆馆藏档案，档案号M1—377，第16页）

（49）财政厅关于防空学校运送防空器材费的报告*

（1939年4月6日）

贵州省政府财政厅签呈

事由

奉发协济委员会签呈，为防空学校函请拨车输送防空研究游教班职员及器材至成都开班等由，经决定以卡车2辆输送，计需车费1100元，请予发给，以便应用一案。签乞　鉴核示遵由。

办法

查协济委员会签请发给车费1100元，以便输送防空研究游教班赴成都开班等情。经核此项车费，需用甚急，拟请准由1939年度国防准备金内支给。如此项车费将来应由该班自行筹用时，仍由协济委员会函请拨还归垫，是否有当，理合签乞

鉴核示遵。谨呈

主　席　吴

附呈原签1件。

财政厅厅长　王澄莹

（贵州省档案馆馆藏档案，档案号M1—367，第57—60页）

(50) 议决关于发救济费、保安处购置费、救济难民委员会经费的请示*

(1939年4月7日)

据农田水利贷款委员会签呈，查本会副工程师吴琳，暨书记萧利培两员，前于二四敌机袭筑时，所有住房器物均遭损毁，经照各该员实支月薪数各发给救济费1个月，共计120元；请在本会1939年度经常费节余项下支报，等情，应否照准，请公决案。

议决　照准。

据财政厅签呈，奉交保安处签请购发保安第三团第一大队皮子弹带200根，计需价款180元，拟请准由本处1938年度经费节余项下支报，一案，核尚可行，拟请准予照办，等情，应否照准，请公决案。

议决　照准。

据救济难民委员会签呈，查救济难民事务处事务，前经钧府核准由民政厅职员兼办，以期节省经费。并经本会令饬改编预算呈核在案，兹据该处呈送改编1939年1月份经费预算书请签核前来，查改编预算所列科目，除增加视察员薪俸旅费400元外，其余俸给办公各费，仅列300元不及原预算三分之一，而月支总数为860元亦较原预算912.2元，减少52.2元，拟情准予核定，自1939年1月份起，照数发给，等情，应否准予照办，请公决案。

议决　准予照办。

(贵州省档案馆馆藏档案，档案号M1—380，第24—26页)

（51）农田水利贷款委员会关于空袭救济费的报告*

（1939年4月8日）

贵州省农田水利贷款委员会签呈

（事由）

为缮单签呈发给本会职员遭受二四空袭损害之救济费数目，仰祈

钧核备查由

（办法）

案准

秘书处本年2月13日省秘书字第9号函开：

“1939年2月7日本府委员会第510次会议　主席交议：查本府各机关员役遭受空袭损害者，拟准由节余经费项下酌给救济费用，由各主管长官核发后，随时呈报本府备查，可否？请公决案。当经议决‘通过’。记录在卷，除分函外，相应函达查照并转饬所属各机关知照。”

等由：准此，查本会员役遭受二四空袭损害者，计副工程师吴琳暨书记萧利培2员，经派员查实，按各该员实支薪数，在本会1939年度经常费节余项下各发给救济费1个月，合共国币120元，理合缮具清单，签请

钧核备查，谨呈

主　席　吴

附呈清单一纸。

贵州省农田水利贷款委员会主任委员　叶纪元

（贵州省档案馆馆藏档案，档案号M1—379，第76—90页）

（52）省救济难民委员会关于改编1939年1月份经费预算的请示*

（1939年4月8日）

贵州省救济难民委员会签呈

事由

据救济难民事务处呈送改编1939年1月份经费预算书，祈核示一案签呈鉴核由。

办法

查救济难民事务处前以该处处长由民政厅长兼任，所有处内事务，尽可能范围内由民政厅职员兼办，以期节省经费，外勤事务随时斟酌事实需要，遴员办理，薪给即在该处经费预算内支付，业经呈奉钧府批准，并经由本会令饬改编预算，呈核在案。兹据该处呈送改编1939年1月份经费预算前来，所列科目除增列视察员薪俸旅费400元外，其余俸给及办公费仅列300元，不及原预算三分之一，而月支总数为860元，亦较原预算列数912.2元减少52.2元。核尚可行，拟请准予核定自1939年1月份起，照数发给。是否有当？理合检同原呈件签祈鉴核示遵，谨呈

主席　吴

附呈原呈暨预算书单各一件。

主任委员　孙希文

副主任委员　王澄莹

（贵州省档案馆馆藏档案，档案号M1—379，第76—90页）

（53）省救济难民事务处关于经费支付预算改编原则的请示*

（1939年4月8日）

贵州省救济难民事务处呈

案奉

钧府1939年2月25日第38号指令：以据本处呈送1939年1月份经费支付预算书及请款凭单，请核发一案，饬即按照事实需要，另行改编呈会核发等因，遵经按照事实需要另行改编，计每月预算数为860元，并分项陈明如次：

（一）本处事务前经陈明

主席由民政厅职员兼办，系尽可能范围以内，旋因厅内法定员额原已不多，现值非常时期，厅务既称殷繁，而处务亦极繁重，除处内秘书组长书记及一部分组员（即股长）事务员书记各3人负责襄办，难资因应，爰已分别先行委用。

（二）本处外勤事务前经呈准遴员办理，查本省难民，系由湘桂两路入境，经按照本处组织规程第十一条之规定，参酌事实需要，每路各设专任视察员，常川在外视察，并督促各系办理救济难民事宜，此外另设兼任视察员1人，以借临时派往各县视察及办理特定或紧要事项，不支薪给，仅出差时支给旅费。

（三）本处原预算职员俸给及办公费月支912.5元，此次改编预算除增列视察员俸给160元，又旅费400元外，其余俸给办公费月仅300元，较之原预算不及三分之一。

理合检同改编预算书，并填具请款凭单呈请鉴核示遵。谨呈

贵州省救济难民委员会

计呈预算书一份、请款凭单一张。

贵州省救济难民事务处处长　孙希文

（贵州省档案馆馆藏档案，档案号M1—379，第76—90页）

（54）省救济难民事务处1939年1月份支付预算书*

（1939年4月8日）

支出经常门

科目		全年度预算数	本月份预算数
第一款	本处经费		
第一项	俸给费	4320	360
第一目	职员俸给	4080	340
第一节	秘书俸		

备考 秘书1人，由民政厅职员兼，不另支薪。

第二节	组长俸		

备考 组长2人，由民政厅职员兼，不另支薪。

第三节	组员俸	1080	90

备考 兼任组员2人，不另支薪，专任组员2人，月支50元1人，月支40元1人，共支如上数。

第四节	事务员俸	780	65

备考 兼任事务员2人，不支薪，专任事务员2人，月支35元1人，月支30元1人，共支如上数。

第五节	视察员俸	1920	160

备考 兼任视察员1人，不支薪，专任视察员2人，月各支80元，共支如上数。

第六节	书记薪	300	25

备考 兼任书记1人，不支薪，专任1人，月支25元。

第二目	公役工资	240	20
第二项	办公费	1200	100
第一目	文具	480	40
第一节	纸张	180	15
第二节	笔黑	96	8
第三节	簿册	60	5

第四节	杂品	144	12
第二目	邮电	240	20
第一节	邮费	120	10
第二节	电费	120	10
第三目	消耗	288	24
第一节	茶水	48	4
第二节	灯火	144	12
第三节	薪炭	96	8
第四目	杂支	192	16
第一节	书报	96	8
第二节	杂费	96	8
第三项	旅费	4800	400
第一目	旅费	4800	400
第一节	视察员旅费	4800	400

备考　视察员 3 人，旅费照省府规定出差旅费规则，实报实销。

（贵州省档案馆馆藏档案，档案号 M1—379，第 76—90 页）

（55）议决救济难民委员会关于续发三穗县收容难民救济金的请示*

（1939年4月8日）

据救济难民委员会签呈，准第一区行政督察专员公署世电，以三穗县收容难民计有923名，前领救济金行将支罄，转恳续费准备金2000元一案，查三穗县救济金前经拨发2000元在一案，兹准前由，拟请准再续发2000元。等情，应否照准，请公决案。

议决　照准。

（贵州省档案馆馆藏档案，档案号M1—383，第9页）

（56）议决战时儿童保育会贵州分会关于补助经费的请示*

（1939年4月9日）

据战时儿童保育会贵州分会呈请补助经费5万元，以作该分会所属青岩、桐梓两保育院儿童棉大衣、棉衣裤、里布、棉花、工资等之用一案。当饬会计处查明1942年度预算内保育儿童部分，有无未支配余款，核签后，再行办理在案。兹据该处签复，以本省1942年度预算内列有难童教养费98000元，除已分配支付保育院及二四托儿所暨实验托儿所7万元外，其已指定用途，未经动支之难童临时教养费，仅有28000元，可资拨付，至1942年度战时特别预备金，动支数目，业已超过法令规定，第一预备金又所余无几，惟查原呈所请难童棉衣工料补助费5万元，事属社会救济事业，确系实际需要，其不敷之数，可否饬由社会处在1942年度省单位预算经常门临时部分所列社会事业费50万元项下分拨22000元，共凑足5万元，以资救济之处，乞鉴核，等情，复以饬据社会处签注，以本处1942年度工作计划内列载关于指导并改进儿童福利事业项下，经拟定补助事业费23000元，原作补助本省儿童福利事业之用，兹查该分会以制购难童冬衣，请求补助，事属儿童福利事业，似可如会计处所拟，由事业费项下补助22000元，等情；前来。应否准如会计处，社会处签注办理，请公决案。

议决　准如会计处、社会处签注办理。

（贵州省档案馆馆藏档案，档案号M1—752，第6—8页）

（57）议决防空司令部关于将情报所通讯班扩充为通讯队所需经费的申请*

（1939年4月11日）

据财政、建设两厅会签，奉交防空司令部呈，请扩充情报所通讯班为通讯队，附具新编制表及预算书请签核一案，核尚可行，所送预算书计每月列支经费1073.2元，计较原核定预算增加333.6元，此项增加之数，拟请准自本年4月份起支给，并由本年度国防准备金项下动支，等情，应否照准，请公决案。

议决　照准。

（贵州省档案馆馆藏档案，档案号M1—381，第7—8页）

(58) 防空司令部关于情报所通讯队经费的报告*

(1939年4月11日)

奉□防空司令部呈：为呈请扩充情报所组织，造具预算书及编制表，乞鉴核一案，签乞　鉴核示遵由。

办法

查防空司令部呈请扩充情报所通讯班为通讯队以应非常各情，核尚需要，拟予照准。计扩充后所需经费，较原预算增加333.6元，此项增加之数，拟准自4月分起支给，本年度9个月，共增加3002.4元，并拟准由本年度国防准备金项下支给，是否有当？理合签乞

鉴核示遵。谨呈

主席　吴

附呈原呈一件，书表六份。

建设厅厅长　叶纪元

财政厅厅长　王澄莹

（贵州省档案馆馆藏档案，档案号M1—381，第28—29页）

（59）议决关于游民收容所修理费的申请*

（1939年4月14日）

据民财厅会签呈，据省会警察局呈以游民收容所于2月4日敌机狂炸时，墙垣被震倒塌，屋瓦破碎，兹特招工估修，需款43.6元，乞核发一案，核无不合，是项修理费用，拟请准由该所1938年度经费节余项下支报，等情，应否照准，请公决案。附原签

议决　照准。

（贵州省档案馆馆藏档案，档案号M1—382，第7—9页）

（60）议决关于国民精神总动员宣传经费的请示*

（1939年4月14日）

据财政厅签呈：准动员委员会秘书室函以急需印刷“国民精神总动员”单页十九万张及小册子六千份请拨发经费1748.5元一案，款请照数由本年度国防准备金项支给等情。应否准予照办，请公决案。附原签

议决　并入第十案办理

据财政厅签呈，奉交动员委员会函送解理国民精神总动员临时费岁出概算一案，谨概算意见六项请核示，等情应否如拟办理，请公决案。附原签概算

议决　照原概算数通过，款在本年度国防准备金项下动支。

（贵州省档案馆馆藏档案，档案号M1—382，第11—13页）

（61）教育厅关于各私立中学迁校补助费及预算表的报告*

（1939年4月14日）

贵州省政府教育厅签呈

事由

签复贵阳私立达德初级中学等校胪陈迁校困难情形，请求增加经常补助费一案，附呈增加补助费预算表，祈鉴核示遵由。

办法

案奉

钧府1939年2月20日财制支字第1411号指令，为据本厅1939年1月3日签呈，据私立贵阳达德初级中学等校，胪陈迁校困难情形，请求增加经常补助费，祈鉴核示遵一案。内开

“呈件均悉：据该厅签明该校等奉令疏散，经费困难，谅属实情。究竟该校等所请每班每年增加经常补助费2000元，有无不合，及每年共需补助费若干？未据叙明，无从核办，仰即查明拟具预算签呈来府，再行核夺。原附件发还，此令，”

等因；计发还各学校原呈三件，奉此，查所请每年每班增加经常补助费2000元一节，值此库帑支绌之际，似嫌过多。拟请

准予各校在迁移期间每班每年增加经常补助费400元，仍以本厅派员视察各校实有班数为发给标准，以本年度计算应补助之私立中学5校，共有30班，总计年需补助费12000元。是否可行？理合开具省会区各私立中学经常班补助费预算表，签请

鉴核示遵。谨呈

主席吴

附呈省会区各私立中学经常班补助费预算表一份。

委员兼教育厅厅长　张志韩

代行折秘书　黄俊昌

省会区各私立中学增加经常班补助费预算表

经常班补助费	12000	各校共有班数 30 班，每班每年补助 400 元，年支如上数
经常班补助费	12000	
第一目　经常班补助费	12000	
私立达德初级中学	2800	该校初中部男生 6 班，又职业科女生 1 班，共 7 班
私立正谊初级中学	1600	该校现有学生 4 班
私立遵文初级中学	2400	该校现有学生 6 班
私立毅成初级中学	2800	该校现有学生 7 班
私立清华中学	2400	该校现有学生 6 班
共　　计	12000	

（贵州省档案馆馆藏档案，档案号 M1—382，第 86—89 页）

(62) 议决财政厅关于拨发无线电总台修理购置费的申请*

(1939年4月18日)

据财政厅签呈奉交钧府所属无线电总台呈送二四被炸损失财产清册，并请拨发修理购置费200元一案，查本案既经钧府派员查勘属实，所需是项修理购置费用，拟请由本年度总预备费项下支给，并饬造预算呈核，等情，应否照准，请公决案。附各原签及册

议决 照准。

(贵州省档案馆馆藏档案，档案号M1—383，第19—23页)

(63) 议决财政厅关于镇远县卫生院修理费的请示*

(1939年4月18日)

据财政厅签呈，奉交卫生委员会呈以镇远县卫生院院舍不敷应用，经该院另觅院址，计需修理费422元，恳准由该院1938年7月至12月份节余经费项下移用一案，核尚可行，拟请准予照办，等情，应否照准，请公决案。附原签原呈

议决　照准。

(贵州省档案馆馆藏档案，档案号M1—383，第19—23页)

（64）议决救济难民事务处关于续发三穗县难民救济金的请示*

（1939年4月18日）

据救济难民事务处签呈，准第一区行政督察专员公署世电，以三穗县收容难民计有923名，前领救济金行将支罄，转恳续发准备金2000元一案，查三穗县救济金前经拨发2000元在案，兹准前由，拟请准再续发2000元，等情，应否照准，请公决案。

议决　照准。

（贵州省档案馆馆藏档案，档案号M1—383，第19—23页）

（65）议决拨款振济云南省蒙自县灾民*

（1939年4月18日）

准云南省政府龙主席4月盐秘电开“元日下午敌机分两批先后轰炸本省蒙自县，兹据该县县长电报，各机关、民房多被炸毁，民众及公务员被炸毙者不少，死伤既多，灾情惨重，详情正细查中等语，查此次敌机系由越南境窜入，故沿途无警报，而以一县地方遭狂敌两次毒啖，其损失之大自不待言，除分电呈报并饬属慰问抚恤外，知关锦注，特此奉闻”等由，应否拨款振济，请公决案。

议决　在1939年度总预备费项下拨汇5000元，请滇省府转发振济。

（贵州省档案馆馆藏档案，档案号M1—383，第19—23页）

（66）无线电总台关于敌机轰炸损失器物清册的报告*

（1939年4月18日）

贵州省政府财政厅签呈

事由

奉交无线电台签呈：为呈送被敌机轰炸损失器物清册，请拨款200元，以便修理购置一案，饬核签，等因，签祈

鉴核示遵由。

办法

查本府无线电台呈报“二四”被炸损失情形，既经曾办事员宪尧前往查勘属实，所请拨款200元，以便修理购置一节；拟予照准，由本年度总预备费项下支给，并饬造呈预算，以凭查核。是否有当，理合签祈

鉴核示遵，谨呈

主席吴

附呈原签二件，册一份

财政厅厅长　王澄莹

签呈3月13日

窃查2月4日，敌机袭筑，滥行轰炸，所有职台被炸情形。业经先行呈报，并奉指派宋视察员莅台勘查各在案，现将损失家具器皿等件，清理完竣，理合造具损失清册随签呈送，伏乞

鉴核！

再查职台报务股，早经迁移北郊外之永兴寺工作，故职台机件，幸得保全。“二四”被炸之后，即将总务股迁移永兴寺，与报务股同地工作，惟职台收发室，若亦迁移城外，则各机关送拍电报及收发公文，必感不便，拟将该室仍留飞山庙原址办公，以利工作。只以飞山庙房屋或遭炸毁或被震塌，虽尚存一部，亦岌岌将倒，危险殊甚，若不略予修理，居住实属堪虑（虞？），故拟暂行修整1间，以作收发室办公之用。至职台总务股家具器皿，损失一空，所有办公必需用具，亦须酌量添购，俾资补充，际兹时期，百物昂贵，且商场凋零，各物市价，早晚悬殊，该项修理及购置费用，实属难予估计，拟恳俯准先行发款200元，以便整修收发室及购置办公用具，专案取据□□□□是否有当？并乞

指令只遵。

谨呈

秘书长郑

省主席　吴

附呈损失财产清册一份

贵州省政府无线电总台台长　张树森因公出差

贵州省政府无线电总台总务股主任　罗晓珊　谨签

贵州省政府无线电总台“二四”被炸损失财产清册

类别	名称	数量	单价	合计	财产目录原编号数	损失情形	备考
器皿类	油印机	1架	3000	3000	皿字第1号	全部震坏不能使用	
	订书机	1架	280	280	皿字第4号	全部震坏不能使用	
	算盘	1架	150	150	皿字第5号	全部震坏不能使用	
	茶杯	3个	15	45	皿字第10—12号	震破	
	墨盒	2个	210	420	皿字第18—19号	震坏	
	双铃钟	1架	450	450	皿字第22号	震坏	
	印色盒	2个	40	80	皿字第23—24号	震坏	
	打印台	1个	80	80	皿字第28号	震坏	
	笔架	1个	90	90	皿字第29号	震坏	
	水盂	1个	80	80	皿字第31号	震坏	
家具类	餐桌	1张	700	700	具字第1号	全部震滥	
	长条桌	1张	200	200	具字第2号	全部震滥	
	条桌	2张	120	240	具字第3—4号	全部震滥	
	两抽办公桌	4张	250	1000	具字第7—10号	全部震滥	
	七抽办公桌	1张	500	500	具字第13号	全部震滥	
	小方桌	2张	280	560	具字第14—15号	全部震滥	
	半圆桌	1张	240	240	具字第16号	全部震滥	
	椅子	4张	180	720	具字第17—20号	全部震滥	
	张椅子	2张	200	400	具字第21—22号	全部震滥	
	方凳	4个	50	200	具字第25—28号	全部震滥	
	卷柜	2个	370	740	具字第33—34号	全部震滥	
	行床	4张	150	600	具字第36—39号	全部震滥	
合计			7635	10775			

（贵州省档案馆馆藏档案，档案号M1—383，第47—54页）

（67）议决省会警察局关于动用节余经费以补游民收容所不足办公费及救济难民事务处关于准发三穗县救济难民经费的请示*

（1939年4月21日）

据民政、财政两厅会签，奉交省会警察局呈，为游民收容所1938年11、12两月份办公费共不敷82.8元，拟请准由该所1938年度各月份节余经费项下开支一案，事关动用节余，是否可行，请核示，等情，应否准予动用，请公决案。附原签。

议决　准予动用。

据救济难民委员会签呈，奉交救济难民事务处呈请，发给三穗县救济难民分处搭盖茅棚经费300元一案，查三穗县救济难民分处预备收容难民之公共处所，既均已驻满军队，所请搭盖茅棚，以资收容，自属必要，原送预算，亦尚覆实，所需经费，拟请准予照发，等情，应否照准，请公决案。

议决　照准。

（贵州省档案馆馆藏档案，档案号M1—384，第8—9页）

（68）议决财政厅关于贵阳市二四轰炸被灾难民救济费的申请*

（1939年5月5日）

据财政厅签呈，查本市二四被灾难民救济费，前曾由省库垫发3万元，交由灾民救济处查收转发在案，现在上项救济事宜，早经办理完竣，所有由省库垫付之款，似未便久悬。兹拟请准在本年度概算所列救灾准备金项下照数动支，以便归垫而结悬案等情，应否照准，请公决案。

议决　照准。

（贵州省档案馆馆藏档案，档案号M1—388，第16—17页）

（69）防空司令部关于开凿公共防空石洞所需火药经费的报告*

（1939年5月5日）

据保安处签呈，查防空司令部前以开凿公共防空石洞，经向本处先后领用火药6桶，每桶50斤，共300斤，原定每斤缴价0.365元，应缴价109.5元，兹准防空司令部函以是项火药，系属公用，请免价发给1桶，余5桶共250斤，并请以每斤0.3元计算，共缴价75元，等由，原函所请，计与原价相差34.5元，拟请予以照准，乞鉴核备案等情，除准予备案外，特提会报告。

（贵州省档案馆馆藏档案，档案号M1—388，第10—11页）

（70）建设厅关于向公路局动支1938年度防空费的申请*

（1939年5月6日）

据财政厅签呈，奉交建设厅签送公路局 1938 年度防空用费表，计需款 636.9 元，请准由该局 1938 年度预备费项下动支一案，核尚可行，拟请准予照办，并饬以后关于开支临时费用，应事先将预算编定呈核，等情，应否如拟办理，请公决案。

（贵州省档案馆馆藏档案，档案号 M1—388，第 16—17 页）

（71）议决教育厅关于省立图书馆筹设特藏部所需经费的申请*

（1939年5月8日）

据教育厅签呈，查前据省立图书馆呈请发给筹设特藏部经费4500元一案。经签奉批示："本省1942年度岁出数额，极端支绌，实属无款拨付。暂从缓议。"等因在案，自应遵办。惟查该馆筹设特藏部，实属必要，且系奉部令增设，势不容缓，所有应需经费4500元，仍恳如数发给，俾资增设一案。经财政厅附注意见，以本案所需经费，拟请准予照数发给，即由1942年度第一预备金项下动支。等情，应否照准，请公决案。

议决　照准。

（贵州省档案馆馆藏档案，档案号M1—725，第4—5页）

（72）建设厅关于无线电台移设所需旅运费的申请*

（1939年5月8日）

据会计处签呈，奉交建设厅签，为本府无线电总台所属平越第十三分台奉准移设瓮安、郎岱第八分台奉准移设纳雍，惟该分台等应需旅运等费共计1625元，谨造具支付预算书，乞核发一案。查原呈预算书，内列数目，尚无不合，拟请准予照数发给，即由1942年度第一预备金项下动支。等情；应否照准。请公决案。

（贵州省档案馆馆藏档案，档案号M1—752，第3页）

（73）议决图书杂志审查委员会疏散建筑费的申请*

（1939年6月21日）

据协济委员会签，以奉交图书杂志审查委员会呈，为疏散城郊办公，商得省党部同意附建办公房屋2间，请核发建筑费300元一案，祈核示等情，应如何办理，请公决案。

议决　函省府照拨。

（贵州省档案馆馆藏档案，档案号M5—589，第10—11页）

(74) 军政部军医署驻黔办事处告示*

(1939年6月22日)

敬启者:

查受伤将士住院疗养期间物质上之供应固难求充分而必需之品自不可缺,尤以时值端节,夏服尚感无着,本处曾经提请绥副署本年5月2日第一次会报公决拟请贵会主持发动作广大之征募在案。良以夏季服装虽由军政部请省府代制,因价格相差过远往返磋商以及统筹制备尚未需时日,近因炎威靡逼,现在本省各医院伤病员兵约计1500人,尚挥汗挟纩,无单可易。最近将由湘西入黔者又约2000余人,目前约计仅4000人,均需夏季衣裤,群情谘嗟,迫不及待,本处虽多方筹措,能力有限,不得不借助他山。素念贵会领导群众增强抗敌,对于抗战负伤将士之爱护尤不遗余力,则登秘一呼,群山响应,惟所需甚繁,所费不赀,自不得不择其目前最切要而需值较廉者赶制,俾易举措,拟先发给每名衬衣裤一套,以资更换。关于衣料,可以白土布代之,价格约每套3元余,式样可用短裤衬衣而求简便为宜,务希极力筹助及征募以救眉急,如将来再有伤病继续入黔,则省府代制之服装,谅可赶制完竣供应有自矣。相应函请查照办理,并希见复为荷。

贵州省动员委员会

军政部军医署驻黔办事处启

六月二十二日

(贵州省档案馆馆藏档案,档案号M5—589,第22页)

（75）议决防空司令部关于情报分所通讯队开办费及办公费用的申请*

（1939年6月23日）

据财政厅签呈，奉交防空司令部呈，以本部所属之情报分所通讯队，前经呈奉核准，自本年4月份起设立，其开办费共需601.1元，又情报分所办公费，不敷开支，拟请每月增加20元，附其开办费预算书，请鉴核一案，查所开办费预算书，核无不合，请照数准由本年度国防准备金项下支给，至办公费用，拟饬就该情报分所原预算列数内开支，毋庸另案追加。等情，应否如拟办理，请公决案。

议决　准予如拟办理。

（贵州省档案馆馆藏档案，档案号M1—402，第13—15页）

（76）议决防空司令部关于增设无线电台所需经费的申请*

（1939年6月27日）

财政厅签呈，奉交防空司令部先后呈，为拟增设铜仁无线电第五分台1所，计月需经常费163.2元、开办费150元、员工旅费99.5元，附具各项书表，乞核发。又本部原有无线电总台1所，分台4所，现除拟增设铜仁分台1所外，更拟增设10所，并将总分台及情报分所组织一律加以扩充。附具本部新拟无线电总分台编制表，情报分所编制表及无线电总分台暨情报分所每月追加经费预算书，请并予核定各一案，查所送预算书，与前来核定数比较，计无线电总分台每月增加经费6464.64元，情报分所每月增加经费472.27元，照原呈所请，自6月份起至12月份止，本年度7个月共应追加48558.37元，实属增加过巨，不易筹拨，可否转饬，就必要地点酌量增设及紧缩开支之处，乞核示。又第五分台，据悉已自5月16日起增设，所有该分台5月份半个月经费及开办费旅费共331.1元，既自6月起至12月止经常费1142.4元。拟请先予核准，一并在本年度国防准备金项下动支，等情。又据防空司令部呈，为本部拟扩充无线电总分台一案，除已将追加经费及铜仁分台开办等费另呈，请予核发外，所有拟再加设之分台10所，其开办费拟每1分台援例支给150元，共1500元。又扩充总台购置费，计需286.5元，两共1786.5元，附具预算书，请签核，等情。应如何办理，并请公决案。

议决　防空司令部先后呈请发给各项经费，准照数在本年度国防准备金项下动支。

（贵州省档案馆馆藏档案，档案号M1—403，第16—18页）

（77）行政院致贵州省政府电：关于疏散、转移及防空事项*

（1939年7—8月）

照抄　行政院敬一电

特急：

贵阳

贵州省政府

△密

准军事委员会电开据秘密确悉，倭寇因空军得不偿失，及地上战不能速决之故，乃将空军变更应用，实施有计划的普遍轰炸我资源城市，亟应切实防范等由，该省各重要城市，努力为疏散、转移之处置；次要城市应力为疏散转移之准备与实施各大市近郊10公里外，利用官民合作，筹建简单疏散住屋、□棚厂，并划定郊外市集及郊外作业办公（如某某点为粮米市，某某点为布匹市，某某点为某行某帮作业地）务使供求两易；各县长并应自行筹划若干乡场，为该县经济与市集之重心；同时厉行保甲制度，注意保甲人员之训练与任用，推进乡村政治运动。关于普通城镇狙击低飞敌机事，并仰遵照军事委员会颁发办法，随时考核实施程度，并测验防空情报网之确实性。事关紧要，务须切实迅速办理具报。

行政院敬一印

（贵州省档案馆馆藏档案，档案号 M5—587，第 126 页）

（78）贵州省会非常时期紧急救济委员会救济办法、贵州全省各界抗敌后援会所拟定之贵州省二十七年度经募寒衣价款奖惩一览表*

（1939年7—8月）

贵州省会非常时期紧急救济委员会救济办法

第一条　本委员会办理敌机空袭时，被炸伤亡及房屋被毁一时无食宿之灾民救济事宜，悉依本办法之规定。

第二条　凡房屋被毁一时无食宿之灾民，由各灾民救济处分别予以收容安置，并按来处登记之先后发给灾民证（附灾民证式）。

前项登记应于敌机空袭后七日内为之，并应取具该管保甲长或其他可靠证明。

第三条　凡13岁以下，其父母均被炸死亡并无其他亲属，不知或不能自动登记之灾民，由各灾民救济处分别查明收容给养，每日每人给养费不得超过0.25元，按第五条第一项之规定办理。

第四条　灾民除前条规定外，不分男女老稚，凭灾民证每人发给一次生活费5元，但随同其母尚在哺乳之婴孩减半，其老稚不能自领者得由其亲属代领。

第五条　灾民登记截止后十日内除老稚（60岁以上、13岁以下）及残废无依靠者，由本委员会分别委托救济院、儿童保育会或其他热心救济之团体收养外，由各灾民救济处按左列各款之规定，分别安置遣散。

甲、老稚及残废之有依靠者，一次发给安置费20元交其依靠者收养之，其母尚在哺乳之婴孩减半发给。

乙、除前条规定外，妇女发验安置费15元，男子发给安置费10元遣散。

丙、前款妇女男子，除发给安置费外，得另为介绍职业，其确为小贩商人有信用者并得具取妥保留小本借贷处酌贷小本营业。

凡愿回籍或他往之灾民，得酌给旅费遣散，其详细办法另定之。

第六条　凡被炸身死或重伤致死之灾民因其死亡致其家属生活无着者，其家属除第三条已有规定外，得比照第二条、第四条及第五条之规定办理之。

第七条　凡佣工学徒因雇主商店被炸致其一时无法食宿者得比照第二条、

第四条之规定予以救济。

第八条　凡被炸受伤之灾民，除轻伤由就近裹伤所医治外，其重伤者由防护团救护大队尽量救护，送往本委员会各特约医院负责医治，其医治期内，住院伙食费得按人发交医院办理，不另发给生活费。

伤愈出院后，仍得向各该管救济处请领安置费，在住院期内，不得由其家属代领。

第九条　凡被炸死亡而其尸体在解除警报后 6 小时内尚无人收殓者，即同本委员会派人装殓，运送城郊，待死者亲属认领。经过 2 日无人认领时，即由本委员会埋葬。

第十条　被炸死亡者之亲属，愿将死尸领回自葬而无力举葬者，经各救济处查实，每尸得发给棺木费 5 元、埋葬费 5 元，但 13 岁以下者减半发给。

第十一条　凡吸食鸦片之灾民，由各救济处查明，将其应领安置费列册连款一并送交戒烟医院施戒，俟烟瘾戒绝时由医院发给，其不愿受戒者，停止发给。

第十二条　凡现在省会充任无给职之之公务人员（义勇警察、防护团员、保甲职员）在空袭时因服公务而其房屋被炸毁或被炸伤亡者，经查实后得照本办法之规定加一倍发给生活费、安置费与棺木埋葬费。

第十三条　本办法规定所应救济之灾民，以已向贵州省会警察局户口登记者为限，但过往客商不及办理户口登记者，虽未经登记仍得按照本办法办理。

第十四条　凡冒领生活费与安置费者，经查实后应全部退还，其无力缴还者，由原证明人负责缴还，作虚伪之证明者并应分别从重处罚。

第十五条　本办法如有未尽事宜，得随时呈准修改之。

第十六条　本办法自呈准后公布之日施行。

查本省 27 年度募集寒衣价款数额业经编制报告呈祈鉴核在案。复查劝募成绩，各经募人员能努力劝募者固多，其因循敷意图塞责者亦复不少，自应分别奖惩，以资鼓励。至民众个人捐输巨款者，应照章奖叙，以昭激劝，兹谨拟具 27 年度经募寒衣奖惩一览表，所有奖惩办法，除省会经募各团体及个人捐输应受奖励，系依《奖励民众捐输款物救国办法》拟订外，其各县分会应受奖惩，因无一定办法可循，特按原配募额计算增减，究应如何奖惩之处，理合具文呈祈鉴核办理，指令只遵。谨呈

贵州省动员委员会主任委员　吴

计呈《贵州省二十七年度经募寒衣价款奖惩一览表》1 份

贵州全省各界抗敌后援会常务委员兼秘书长　俞嘉庸

贵州省二十七年度经募寒衣价款奖惩一览表

甲、省会各团体及个人应受奖叙者

名　　称	经募人姓名	募解实数	奖叙	备考
贵州晨报社	杜伯勋	1035465	颁给银质奖章并题颁匾额	合于奖励民众捐输款物救国办法第三条丙款及第六七条之规定
贵州省政府秘书处	郑道儒	246700	颁给银质奖章	合于奖励民众捐输款物救国办法第三条甲款及第六七条之规定
贵州省财政厅	王征莹	214620	同上	同上
仁岸川盐销商		471400	题颁匾额	合于奖励民众捐输款物救国办法第三条乙款及第六七条之规定
綦岸川盐销商		385700	同上	同上
涪岸川盐销商		342900	同上	同上
永岸川盐销商		300000	同上	同上
贵阳县商会		3930750	颁给银质奖章并题颁匾额	合于奖励民众捐输款物救国办法第三条丙款及第六七两条之规定
军事委员会特务旅		193673	颁给银质奖章	合于奖励民众捐输款物救国办法第三条甲款及第六七条之规定
陆军驾驶兵教育第一团		171656	同上	同上
贵阳商务印书馆		50000	同上	同上
财政部盐务缉私总队		301546	题颁匾额	合于奖励民众捐输款物救国办法第三条乙款及第六七条之规定
庆裕号		200000	同上	同上
鼎新昌号		200000	同上	同上
安顺大东公司		100000	同上	同上
吴智农号		100000	同上	同上

续表

名　称	经募人姓名	募解实数	奖叙	备考
华新号		100000	同上	同上
恒丰裕号		100000	同上	同上
宏懋号		100000	同上	同上
熊盛祥号		100000	同上	同上
周恒泰号		100000	同上	同上
两广采办商联合办事处		100000	同上	同上
茂记		90000	颁给银质奖章	合于奖励民众捐输款物救国办法第三条丙款及第六七两条之规定
梁功乃号		80000	同上	同上
乾泰号		70000	同上	同上
赖兴隆		60000	同上	同上
新昌号		60000	同上	同上
萃记		60000	同上	同上
自新号		60000	同上	同上
怡新昌号		50000	同上	同上
全福兴号		50000	同上	同上
喻增记		50000	同上	同上
乾元号		50000	同上	同上
谦和号		50000	同上	同上
戴蕴珊		100000		已呈由中央颁发银质奖章

乙、各县分会应受奖叙者

县　别	原定募额	募解实数	比　较		备　考
			增解数	增募成数	
黔西	420000	756000	336000	八成以上	
金沙支会		86890	86890		该支会原无配额
清镇	200000	304653	104653	五成以上	
贵定	160000	193345	33345	二成以上	
织金	220000	347400	127400	五成以上	

续表

县别	原定募额	募解实数	比较		备考
			增解数	增募成数	
大定	420000	563850	143850	三成以上	
长岩联保		20000	20000		原无配额
开阳	160000	175200	15200	不及一成	
桐梓	350000	361500	11500	同上	
松坎支会		15000	15000	同上	
罗甸	40000	50000	10000	二成以上	
普定	80000	181400	101400	一倍以上	
仁怀	50000	60251	10251	二成以上	
绥阳	80000	100220	20220	二成以上	
习水	60000	108450	48450	八成以上	
镇宁	80000	121105	41105	五成以上	
兴仁	70000	106970	36970	同上	
安龙	320000	333000	13000	不及一成	
黎平	70000	83945	13945	一成以上	
榕江	40000	59450	19450	四成以上	
铜仁	80000	112474	32474	同上	
都匀	150000	184918	34918	二成以上	
岑巩	20000	40000	20000	增一倍	
郎岱	70000	149190	791790	一倍以上	
平坝	80000	110000	30000	三成以上	
普安	30000	63000	33000	增一成	
水城	24000	29680	5680	二成以上	
思南	40000	57100	17100	四成以上	
独山	80000	106546	26546	同上	
保甲训练所		12355	12355	同上	
德江	24000	29180	5180	二成以上	
沿河	20000	40000	20000	增一倍	
镇远	64000	76500	12500	一成以上	
永从	20000	65920	45920	二倍以上	

丙、各县分会应受惩戒者

县别	原定配额	募解实数	比较		备考
			增	减	
大塘	20000			20000	全数未解
后坪	20000			20000	同上
湄潭	200000	121400		78600	减三成以上
息烽	70000	22000		48000	减六成以上
赤水	250000	139835		110165	减四成以上
关岭	80000	36000		44000	减五成以上
麻江	40000	21170		18830	减四成以上
天柱	40000	30000		10000	减二成以上
三穗	40000	19500		20500	减五成以上
广顺	20000	6000		14000	减三成以上
安顺	1400000	1321280		78720	减不足一成
黄平	150000	61390		88610	减五成以上
瓮安	120000	103865		16135	减一成以上
松桃	40000	32930		7070	同上
平越	50000	33140		16860	减三成以上
省溪	20000	10000		10000	减五成
兴义	640000	559200		80800	减一成以上
务川	24000	21000		3000	同上
施秉	20000	10000		10000	减五成
玉屏	20000	16900		3100	减一成以上
台拱	20000	2558		17442	减八成以上
剑河	20000	10000		10000	减五成
下江	20000	4700		15300	减七成以上
遵义	900000	847316		52684	减不及一成
正安	160000	18340		141660	减八成以上

（贵州省档案馆馆藏档案，档案号 M5—589，无页码）

(79) 听取和议决拨发捐募处、防空司令部及军事参议院等关于“二四”工厂经费、经济住宅建设费、续征防空捐、临时抚恤委员会所需经费及黔阳舞台租金等项的请示*

（1939年7—8月）

据捐募处呈，为照案拨发“二四”工厂男工部经费8万元，连同女工部前领去2万元，共计10万元，全数拨用，已无存余，祈鉴核备案一案。除指令准予备查外，特提会报告。

据捐募处呈，为照案拨发建筑舒家寨、耳锅寨两处经济住宅建设费20905元，祈鉴核备案一案。除指令准予备查外，特提会报告。

据捐募处呈，为照案拨发贵阳平民住宅事务处建筑费2万元祈鉴核备案一案，除指令准予备查外，特提会报告。

查前准省府移送防空司令部呈请转函禁烟督察处贵州分处续征防空捐30万元一案，经提出第59次会议，议决交防空司令部将防空捐已用等用情况及扩充设备计划拟具详细报告送会再行核议等语记录在卷，并饬由秘书室函知防空司令部在案。兹据该部呈复到会应如何办理，特请公决。又据该部呈请商财部转饬贵州禁烟督察分处继续征收防空捐俾资充实防空设备等情，正核办间，复据呈催迅与财部商准施行到会应准照准，并请公决。

议决　按照急需数函财部请予续征，一面函督察处先行继续征收。

据防空司令部报告，为造具临时抚恤委员会8月至10月3个月内需用经费概算书请核示一案，应如何办理，请公决案。

议决　由捐募处先发1000元。

准军事参议院函复，前次过筑，协委会指定住用黔阳舞台经过情形，请查照一案。查此案前据协委会28年4月24日签呈请核示，发给黔阳舞台租金等费148.4元，应由何款请领等情，经提出本会第54次会议议决，函送省府拨付等语，并分别函令在案。嗣准省政府函复，以该项费用系军事参议院驻筑用款，应迳向该院领取归垫等由，复经令饬协济委员会知照并函军事参议院查照，去后兹准函复到会，究应由何款给领归垫，请公决案。

议决　仍函省政府照拨。

（贵州省档案馆馆藏档案，档案号M5—589，无页码）

（80）听取和议决省会警区出征抗敌军人家属优待委员会关于军人家属王姚氏家翁埋葬费和省会疏建委员会关于贵阳临时平民住宅用地租金的请示*

（1939年7—8月）

据省会警区出征抗敌军人家属优待委员会呈，为据本市出征抗敌军人家属王姚氏函呈以其翁病死无力埋葬请发给埋葬费等情，拟请发给埋葬费30元，祈核示一案。除指令照准并饬知捐募处处，特提会报告。

据省会疏建委员会签呈，为拟具管理贵阳临时平民住宅用地简章祈核示一案。经饬据秘书室签注意见，以每方丈每月给租金4角，则每亩（60方丈）月给租金24元，月给租金288元，未免过高，似应核减等语，应如何办理，请公决案。

议决　修正通过。

（贵州省档案馆馆藏档案，档案号M5—589，无页码）

（81）抗敌后援会关于拨发难民衣被费的请示*

（1939年7—8月）

据抗敌后援会呈，以奉令拨发难民衣被费1000元，无款可拨，呈复鉴核，另行指款迳拨一案，查原呈所称节余之款已经该会议决移作难民小本贷款之用一节，未按呈报有案。再该会经收寒衣捐款前经令饬结款，亦未按呈复所有难民衣被费应否改由救济慰劳捐款项下照拨，该会以节余之款办理难民小本贷款，应否照准经收寒衣捐款，应否续行令饬结款并请公决案。

（贵州省档案馆馆藏档案，档案号M5—589，第123—124页）

（82）防空司令部等关于贵阳市拆让火路所需经费筹措办法的报告*

（1939年7—8月）

查本市住宅过于稠密，而建筑材料多系竹木，最易燃烧，平时不戒于火尚酿大灾；际兹敌机随处肆虐之时，尤深顾虑。本部第三科科长廖宗泽鉴于“二四”空袭之惨状，因提议拆让火路，去少存众，拆旧留新，使全市住屋成为若干小集团，避免敌机空袭时，再受无谓之重大损失。本部因此种办法似甚切要，因于本月（4）11日召集本市党政军各有关机关开会商讨，经众决议，先由本部、局、处联名详呈钧会核准后，即以绥署省府……等机关法团，合组“贵阳市拆让火路委员会”负责统筹办理。每距离50公尺至100公尺之处，即拆出一火路，火路宽度自6公尺至8公尺，被拆之家，每方丈给价100元，加楼1层，递加50元，地价加一成发给，藉资补偿。以房屋面积计算，院落空地，不给地价，连同由公家拆除之费用在内，全市约需法币100万元，始能办理竣事。此项巨款筹措方法，拟先由本市房屋抽捐1次，商店建筑房主认捐1月租金，房客认捐1月租金，普通住宅房主认捐1月租金，房客认捐半月租金，计可一次收入廿余万元，不足之数，再由本市每月房捐加收1倍，按月征收（每月约可得2万余元）俟收支适合时，即行停征。至所拆除之旧料，可由委员会用于城外安全地带，修建疏散住宅区，每月租金亦当在万元以上。惟查此种款项，非需相当长久时间不能筹措完竣，而拆让火路，一旦举行，被拆之家即须发给补偿金，用是经众决议，拟请钧会以市房捐作抵，先向银行商借法币100万元，俾先行动工。除认捐房租金额可以陆续先还20万元外，以后按月由拆让火路委员会负责征收房捐及改建郊外住宅之租金给息还本，逐渐偿还。至还清之日，即行停止征收房捐，以免进行迟滞，致敌机临头，全盘计划又等无效。惟是否可行？理合捡同会议记录，据情呈报，敬祈　鉴核指示，俾便遵循！谨呈

贵州省动员委员会

附呈会议记录一份

贵州省防空司令　傅仲芳

贵州省会警察局局长　陈世贤

贵州省政府建设厅

贵阳市政工程处处长　陈品善

（贵州省档案馆馆藏档案，档案号M5—587，第63页）

(83) 防空司令部关于防空设置所需经费的报告*

(1939年7—8月)

钧会秘书室本年6月24日函开：

"28年6月21日本会第59次会议主任委员交议准省政府移送贵部呈请转函禁烟督察处贵州分处续征防空捐30万元一案，应否照准，请公议决案，当以议决'交防空司令部将防空捐已用待用情形及扩充设备计划拟具详细报告送会再行核议'纪录在卷，相应函达查照办理"等由，查特货防空捐50万元经于本年7月15日征足，惟此项捐款除由本部动支23万余元（详细数字见另表——秘书室谨注）及奉令由防空基金拨给贯城河消防蓄水工程费46000余元暨拨还省府前垫防空建设费7万余元（详细数字见另表——秘书室谨注）外，结存约仅10余万元，本部因鉴于此项防空捐余额不敷推行原定防空设施计划甚巨，经先就目前急需通讯器材部份所需价款呈请钧会恳准续征防空捐30万元，惟如欲完成本省防空建设，自非数十万元所能竣事，乃商请本市特商集议，佥以现有防空捐不敷支用，自应继续征收俾资完成防空设施等语，经由本部据情连同全部充实防空设备所需器材工程等费概算表报请钧会鉴核，恳商财政部准予继续征收各在案兹准钧会秘书室函除全部充实防空设置所需器材工程等费概算表已附前呈外，理合检具目前急需购置通讯器材估价表一份具文报请钧核备查谨呈

主任委员　吴

附本部亟需购置通讯器材估价表一份

贵州全省防空司令　余华沐

贵州全省防空司令部亟需购置通讯器材估价表

品名	单位	数量	单价	合计	备考
11号3公厘镀锌铁线	公斤	96320	180	17319600	架干线用
12号2.6公厘镀锌铁线	公斤	44046	160	7047360	架支线用
16号铝线	公斤	2555	140	355700	架线时扎缠用
3号钩碗	副	47478	100	4747800	

续表

品名	单位	数量	单价	合计	备考
10 门总机	部	17	100000	1700000	
5 门总机	部	21	70000	1470000	
单机	部	159	25000	3975000	
开关	个	100	200	20000	与各地通讯机关联络搭线用
16 号铝线	公斤	43600	140	6104200	与各地通讯机关联络线用，系以平均 40 公斤计算
变压器	只	360	2000	720000	总台及 15 分台 1 年用数
A 电池	只	5000	500	2500000	查无电需用 3600 只，电话需用 3400 只
45WB 电池	只	720	2000	1440000	
30 收报灯	只	120	900	108000	
34 收报灯	只	36	1500	54000	
10 发报灯	只	36	2400	86400	
听筒	付	36	3000	108000	
100W 无线电机	部	1	600000	600000	
15W 无线电收报机	部	5	240000	1200000	
总计				44062260	

贵州全省防空司令部 27 年 10 月份起至 28 年 7 月份止防空基金支出总数表

科目	支出	备考
建设费	3000000	建筑高射炮阵地房屋、修理储水池、建筑防空壕墩等计支如上数
设备费	270000	凡关于卫生药品之购办、宣传品之印刷费及各种防空设备事项以及防空机关之开办等费计支如上数
器材费	17990000	凡关于有无线电之通讯器材及消防工具等计支如上数
运输费	500000	通讯器材之运输及押运人员之旅费等计支如上数
杂支费	1140000	凡关于因防空事务而发生之案款如开防空洞之汽油费、火药及汇费、电话费及其他一切事项均在杂支费，开支如上数
合计	23800000	
说明：上列支付详细数目已造册附据送基金委员会		

贵州省政府垫付防空建设及购置各款清单

费　　别	数　　目	备　　考
示范防空壕建设费	30000	
无线电机及材料购置费	1063000	
城防团重机枪瞄准环购置费	12000	
高射机枪弹购置费	980000	
高射机枪弹运费	68757	
警钟架工料费	13200	
电话用户标识工料费	3000	
电话机望远镜购置费	1700000	
通讯器材购置费	300000	
贵阳情报分所开办费	164750	

案查本部前据贵阳特业同业公会呈请于27年9月15日起自愿于特货出关第担附加防空捐50元，以收足50万元为止，俾资充实防空设备一案，经据情转呈钧会商准财政部，令知禁烟督察处贵州分处照案施行，并由各有关机关会同组织本部基金保管委员会核实动支，并将动支情形由部报由该会审核公布各在案。查此项防空捐于27年9月15日开始征收后至本年7月15日止，计已征收40余万元。除已由本部动支23万余元及奉令由防空基金拨给贯城河消防蓄水工程费46000余元暨拨还省府前垫防空建设费7万余元个，现在约存10余万元，惟本省地方辽阔，现有各项建备核与原定计划相关甚巨，爰于7月14日召集贵阳特业同业公会负责人……等集议，佥以本省防空设备尚待充实，原定50万元之数确属不敷应用，且既有附加防空捐成案于前，自应继续征收以竟全功等语，查该特商等因懔于敌机空袭之惨，既均自愿仍照原案继续征收而本省防空亦得逐步予以充实，事实两得，拟恳钧会迅赐商请财政部转饬禁烟督察处贵州分处于收足50万元外，仍照原案继续征收，俾资设施而固空防，是否可行，理合连同本部充实防空设备所需器材工程等费概算表备文报请钧鉴示遵　谨呈

贵州省动员委员会

附本部充实防空设备所需器材工程等费概算表一份

贵州全省防空司令部司令　余华沐

贵州全省防空司令部充实防空设备所需器材工程等费概算表

名称	单位	数量	用途摘要	单价	合计	备考
50门总机	部	2	情报所1备份1	4000	8000	
20门总机	部	6	各情报分所用备份1	1600	9600	查本部拟设情报分所5，每处1部，共5部，另以1部作备份
10门总机	部	20	设备科及监视队哨	1000	20000	
5门总机	部	28	各监视队用	700	19600	
电话单机	部	410	补装各县防空监视队哨用	250	18250	
送话器	只	50	修配话机用	15	750	
受话器	只	50		15	750	
开关	个	100	电话用	2	200	
11号3公厘镀锌铝线	公斤	253000	装设长途电话		354200	
12号2.6公厘镀锌铝线	公斤	153000	同上	1.4	182000	
扎线用16号铝线	公斤	5000	同上	1.4	7000	
跳线	圈	20	装设电话	40	800	
被复线	圈	100	同上	120	12000	
花线	圈	100	同上	40	4000	
14号铅线	公斤	13000	架设短距离电话用	1.4	18200	
3号钩线	副	30000	装设电话用	1	30000	
磁碍子连钉	个	50000	同上		2500	每千个约50元
磁夹子	个	10000	同上		200	每千个约20元
扑落	个	100	装电话用	2	200	
插头	个	100	同上	2	200	
煤精屑	磅	20	修理送话器用	60	1200	
电杆	根	120000		5	600000	
100M无线电机	部	1		6000	6000	

续表

名称	单位	数量	用途摘要	单价	合计	备考
15M 无线电机	部	5	设备防空指挥部用	2400	12000	
听筒	付	36	消耗	30	1080	德律风根
变压器	只	360	同上	20	7200	1—5、1—35
30 收报灯	只	120	同上	9	1080	RCA
34 收报灯	只	36	同上	15	540	RCA
10 发报灯	只	36	同上	24	864	RCA
A 电池	只	6000	同上	5	30000	RPEKEAB5
45B 电池	只	720	同上	20	14400	同上
收音机	部	6		600	3600	
标准钟	个	5	情报分所用	70	350	
闹钟	个	400	发各县监视队哨用	12	4800	
绘图器	付	9	绘图用	100	900	本部及各指挥部用
指北针	个	1000	发各县监视队哨用	1.5	1500	
消防			消防器材费		99140	连本年下半年度经费在内
圆锹	把	500	构筑工事用	3	1500	
锄头	把	500	同上	3	1500	
十字镐	把	500	同上	4	2000	
救护车	辆	2	防护团用	17000	34000	
防毒衣	件	20	防毒救护大队用	200	4000	
防毒面具	个	100	救护人员用	10	1000	
救急药品	每人		救护队用	0.4	40000	每人以4角计算，预计1万人，故如上数
防毒口罩	每个	10000		150	15000	以1万人计算，每个1.5元，合计如上数
防毒药品					20000	每行政区红4000元，共计如上数
市内防空石洞	立方	4000	市民避难所	7	28000	计每处拟开200立方，拟开20处

续表

名称	单位	数量	用途摘要	单价	合计	备考
其他防空工程费					70000	所有一切防空壕坑、贮水池及其他关于工程之预备费
运输卡车	辆	2	运输防空通讯各种器材之用	15000	30000	
三轮自动车	辆	18	指挥视察员传达命令	5000	90000	
脚踏车	辆	40	传令用	140	5600	
手摇警报器	个	324	各县用	500	162000	每县4个，计81县，合计如上数
郊外石洞	立方	16000	市民避难所	10	160000	计每处拟开400立方，拟开40处
望远镜	架	400	发各县监视队哨用	400	160000	
照相机	架	7	本部及各指挥部用	400	2800	
通讯备份材料			有无线电备份零件及材料		20000	
教育宣传及设备费			凡关于防空方面教育宣传广告电话费及一切设备事项之需		24000	每月以2000元计算，2年如上数
汽油费			本部如购卡车人力车救护车□□□□□□□所需给油		36000	每月以3000元计算，1年如上数
建筑费			建筑高射炮阵地等预备费		20000	一次预备费舅上数
杂支费			关于防空方面一切不固完专用途属之		36000	每月约3000元，以1年计算
合计					2526504	合计2526504元

省会警察局消防警察队经费及防空司令部修理救火车辆拟购车辆器材费用表

项目	金额	备考
省会警察局消防警察队半年经常费用	14482.36	内半年度服装费2500元余款，月平均1997.06元，除该局每月原有消防经费551.3元外，实际月需增加1445.76元
省会警察局扩充消防队开办费用	4500	内建筑中山门外及六广门外停车草房10间，每间建筑费300元，计需3000元，购置双层木床50间，每间需费16元，计需800元，桌椅炊具装灯等费计需700元，合支如上数
防空司令部拨用汉口消防救火车2部费用	3860	内第1部交换条件，应付汽油费960元，修理费800元，第2部交换条件应付汽油费800元，修理费1000元，两部运费300元，合支如上数
防空司令部拟购消防车辆及器材费用	99140	内救火车1部，价26000元，运水车两部，价34000元，水喉1万尺，价35000元，运输费4140元，合支如上数
合计	121922.36	

（贵州省档案馆馆藏档案，档案号M5—589，无页码）

（84）防空基金保管委员会关于审核防空建设经费的报告*

（1939年7—8月）

案准防空司令部先后造报27年12月份支出防空建设经费6165.98元，28年1、2、3各月份支出防空建设经费26667.95元，又支出防空建设经费11528.25元等各案到会。查该部所报购置各项器材，当由会派会计股长赵冲会同财政厅科员董国祥、建设厅技士许彦儒、保安处副官丁谟前往验收，并据该员等签报，审核相符，前来。经提交本会第五次常会议决“由会转报省动员委员会核销”等语记录在卷，理合检同原案备文呈请钧会鉴核示遵。谨呈

贵州省动员委员会主任委员　吴

贵州省防空基金保管委员会主任委员　王澄莹

（贵州省档案馆馆藏档案，档案号M5—589，无页码）

（85）议决军政部军医署驻黔办事处关于拨发本省各医院伤兵衬衣裤费用的请示*

（1939年7—8月）

准军政部军医署驻黔办事处函，为拟先行发给本省各医院伤病员兵每名衬衣裤一套约4000套，以资更换，请极力筹助及征募以救眉急等由，经饬据秘书室签注意见，每套衬衣裤以3.5元计4000套仅需款14000元，为数实属无多，拟请提会先由捐募处垫付制发（仍交抗敌会会同军医署办事处办理），俟被服鞋袜药品捐款收有成数归还等语，可否如签办理，请公决案。

议决　在寒衣捐款项下照拨，由抗敌后援会会同军医署驻黔办事处办理。

（贵州省档案馆馆藏档案，档案号M5—589，无页码）

（86）贵阳拆让火路费用筹款办法（拟）*

（1939年7—8月）

贵阳拆让火路费用

秘书室签注

1. 按参议会决议案，拆让费用计需款1077300元，按防空司令部等三机关所拟计划需款737100元，相差340200元；

2. 按参议会决议案，每距离100公尺至150公尺拆让火路一条，约拆让30户至50户，按其所拟计划，约可得火路19条，每条约拆让40户左右，拆除材料仍需房主，每户拆除材料价值如以500元计，约（19×40×100）380000元，拆让费用无从弥补；

3. 故如按参议会决议案办理，则以上两项合计与防空司令部所拟计划经费相差在7万元以上；

4. 按照防空司令部所拟筹款办法为由本市房屋抽捐1次，商店建筑房主认捐1月租金，房客捐认1月租金，普通住宅房主认捐1月租金，房客认捐半月租金，计可一次收入廿余万元，不足之数，再由本市每月房捐加收一倍，按月征收（每月约可得2万余元），俟收支适合时，即行停征。

（贵州省档案馆馆藏档案，档案号M5—589，无页码）

（87）省会救济慰劳捐募处关于印制收据临时费的申请及预算书*

（1939年7—8月）

窃查本处成立之初，因印制各种收据需款，经编制临时费预算书呈送钧会核定，发给临时费1000元在案。现此款业已用罄，继续印制各种收据，需款开支。除前领之1000元支出计算书类另案造报外，理合编制临时费预算书，具文呈送，敬祈鉴核俯准发给临时费1500元，俾便支应，仍乞示遵。谨呈

贵州省动员委员会主任委员　吴

计呈临时费预算书一份

贵州省会救济慰劳捐募处处长　王澄莹

副处长　俞嘉庸

陈世贤

贵州省会救济慰劳捐募处印制收据临时费预算书

支出临时门

科目		预算数	备考
第一款　本处临时费		1500	
第一项　各种捐款收据印制费		1500	
第一目　各种捐款收据印制费		1500	
第一节　各种捐款收据印制费		1500	
说明	本处经办捐款，计有房捐、旅店捐、筵席捐、娱乐捐、公务员慰劳捐、特货募捐等项，均属经常性质，各种捐款收据，必须随时制备应用，所需印制、编号、用印（包括印油、朱票等在内）等费，照案系请领临时费开支，事后捡齐单据，实报实销，兹因前领之临时费1000元，业经用罄，而各种收据，即需继续制备应用，特再编制本预算请领，惟自“二四”被炸以后，物价飞涨，因时间之不同，相差甚巨，致本预算各项目，无法详细计列，拟仍请援照旧案办理，领用后实报实销。（下不详）		

（贵州省档案馆馆藏档案，档案号M5—589，无页码）

（88）贵州省会警区出征抗敌军人家属优待委员会关于贵阳市发给救济费之出征抗敌军人家属姓名清册及预算表的报告*

（1939年7—8月）

贵州省会警区出征抗敌军人家属优待委员会呈

兵

循字第三四七号

为造送本市出征抗敌军人家属应领28年4、5、6月份救济费姓名清册及预算表祈鉴核发给由，案查本市各出征抗敌军人家属应领本年1、2、3月份救济费前经奉发转给具领，现6月份已届终了，所有4、5、6三个月新增请求发给救济费之出征抗敌军人家属，经本会审查核准者，计238户，共应发给救济费2598元，原有504户共应发救济费9072元，合计4、5、6月份共应发给救济费11670元，理合造具姓名清册连同预算表一份备文呈送敬祈鉴核发给以便转发，实为公便，谨呈

动员委员会主任委员　吴

附清册一本、预算表一份

优委会主任委员　陈世贤

（贵州省档案馆馆藏档案，档案号M5—589，无页码）

（89）行政院致贵州省政府电：关于敌机轰炸应付方法*

（1939年7—8月）

特急：

贵阳

贵州省政府

密

近来敌人到处轰炸，酿成巨灾。据报各地主管人员事前多无准备，临时又复张皇，致人民遭受惨祸，思之心痛。兹特指示应付方法：凡重要城市之老弱妇孺应积极疏散，有关抗战及民生日用必需品应存放附近乡间，房屋稠密区域应开辟太平巷，拆除不必要之建筑物，并酌给迁移费，住户门前及马路两旁应多备沙土，遇燃烧弹坠地起火，即用沙土扑灭，不必待至解除警报，如不能扑灭，即将房屋拆卸，并将屋内人民抢救出险，主管防护机关应派员指导人民并责成保甲长分区、分段组成救护队、消防队、交通队、治安队，预先演习纯熟，并分别制定臂章，遇空袭时，除劝导人民避入防空洞外，并令向田野空旷地方隐避，同时须派定负责人员在街巷指挥，以便各队分别工作，互相策应，对于救护人员赏罚必须严明，其特别出力或因而伤亡者，应从优奖恤，事关紧要，仰即迅速遵办具报。

行政院效一印。

（贵州省档案馆馆藏档案，档案号M5—589，无页码）

（90）贵州省会非常时期紧急救济委员会救济办法

（1939年7—8月）

第一条　本委员会办理敌机空袭时，被炸伤亡及房屋被毁一时无食宿之灾民救济事宜，悉依本办法之规定。

第二条　凡房屋被毁一时无食宿之灾民，由各灾民救济处分别予以收容安置，并按来处登记之先后发给灾民证（附灾民证式）。

前项登记应于敌机空袭后七日内为之，并应取具该管保甲长或其他可靠证明。

第三条　凡13岁以下，其父母均被炸死亡并无其他亲属，不知或不能自动登记之灾民，由各灾民救济处分别查明收容给养，每日每人给养费不得超过0.25元，按第五条第一项之规定办理。

第四条　灾民除前条规定外，不分男女老稚，凭灾民证每人发给一次生活费5元，但随同其母尚在哺乳之婴孩减半，其老稚不能自领者得由其亲属代领。

第五条　灾民登记截止后十日内除老稚（60岁以上、13岁以下）及残废无依靠者，由本委员会分别委托救济院、儿童保育会或其他热心救济之团体收养外，由各灾民救济处按左列各款之规定，分别安置遣散。

甲、老稚及残废之有依靠者，一次发给安置费20元交其依靠者收养之，其母尚在哺乳之婴孩减半发给。

乙、除前条规定外，妇女发验安置费15元，男子发给安置费10元遣散。

丙、前款妇女男子，除发给安置费外，得另为介绍职业，其确为小贩商人有信用者并得具取妥保留小本借贷处酌贷小本营业。

凡愿回籍或他往之灾民，得酌给旅费遣散，其详细办法另定之。

第六条　凡被炸身死或重伤致死之灾民因其死亡致其家属生活无着者，其家属除第三条已有规定外，得比照第二条、第四条及第五条之规定办理之。

第七条　凡佣工学徒因雇主商店被炸致其一时无法食宿者得比照第二条、第四条之规定予以救济。

第八条　凡被炸受伤之灾民，除轻伤由就近裹伤所医治外，其重伤者由防护团救护大队尽量救护，送往本委员会各特约医院负责医治，其医治期内，住院伙食费得按人发交医院办理，不另发给生活费。

伤愈出院后，仍得向各该管救济处请领安置费，在住院期内，不得由其家属代领。

第九条　凡被炸死亡而其尸体在解除警报后6小时内尚无人收殓者，即同本委员会派人装殓，运送城郊，待死者亲属认领。经过2日无人认领时，即由本委员会埋葬。

第十条　被炸死亡者之亲属，愿将死尸领回自葬而无力举葬者，经各救济处查实，每尸得发给棺木费5元、埋葬费5元，但13岁以下者减半发给。

第十一条　凡吸食鸦片之灾民，由各救济处查明，将其应领安置费列册连款一并送交戒烟医院施戒，俟烟瘾戒绝时由医院发给，其不愿受戒者，停止发给。

第十二条　凡现在省会充任无给职之之公务人员（义勇警察、防护团员、保甲职员）在空袭时因服公务而其房屋被炸毁或被炸伤亡者，经查实后得照本办法之规定加一倍发给生活费、安置费与棺木埋葬费。

第十三条　本办法规定所应救济之灾民，以已向贵州省会警察局户口登记者为限，但过往客商不及办理户口登记者，虽未经登记仍得按照本办法办理。

第十四条　凡冒领生活费与安置费者，经查实后应全部退还，其无力缴还者，由原证明人负责缴还，作虚伪之证明者并应分别从重处罚。

第十五条　本办法如有未尽事宜，得随时呈准修改之。

第十六条　本办法自呈准后公布之日施行。

（贵州省档案馆馆藏档案，档案号M5—589，无页码）

（91）贵州省二十七年度经募寒衣价款奖惩一览表

（1939年7—8月）

查本省27年度募集寒衣价款数额业经编制报告呈祈鉴核在案。复查劝募成绩，各经募人员能努力劝募者固多，其因循敷意图塞责者亦复不少，自应分别奖惩，以资鼓励。至民众个人捐输巨款者，应照章奖叙，以昭激劝，兹谨拟具27年度经募寒衣奖惩一览表，所有奖惩办法，除省会经募各团体及个人捐输应受奖励，系依《奖励民众捐输款物救国办法》拟订外，其各县分会应受奖惩，因无一定办法可循，特按原配募额计算增减，究应如何奖惩之处，理合具文呈祈鉴核办理，指令只遵。谨呈

贵州省动员委员会主任委员　吴

计呈《贵州省二十七年度经募寒衣价款奖惩一览表》1份

贵州全省各界抗敌后援会常务委员兼秘书长　俞嘉庸

贵州省二十七年度经募寒衣价款奖惩一览表

甲、省会各团体及个人应受奖叙者

名称	经募人姓名	募解实数	奖叙	备考
贵州晨报社	杜伯勋	1035465	颁给银质奖章并题颁匾额	合于奖励民众捐输款物救国办法第三条丙款及第六七条之规定
贵州省政府秘书处	郑道儒	246700	颁给银质奖章	合于奖励民众捐输款物救国办法第三条甲款及第六七条之规定
贵州省财政厅	王征莹	214620	同上	同上
仁岸川盐销商		471400	题颁匾额	合于奖励民众捐输款物救国办法第三条乙款及第六七条之规定
綦岸川盐销商		385700	同上	同上
涪岸川盐销商		342900	同上	同上
永岸川盐销商		300000	同上	同上
贵阳县商会		3930750	颁给银质奖章并题颁匾额	合于奖励民众捐输款物救国办法第三条丙款及第六七两条之规定
军事委员会特务旅		193673	颁给银质奖章	合于奖励民众捐输款物救国办法第三条甲款及第六七条之规定

续表

名称	经募人姓名	募解实数	奖叙	备考
陆军驾驶兵教育第一团		171656	同上	同上
贵阳商务印书馆		50000	同上	同上
财政部盐务缉私总队		301546	题颁匾额	合于奖励民众捐输款物救国办法第三条乙款及第六七条之规定
庆裕号		200000	同上	同上
鼎新昌号		200000	同上	同上
安顺大东公司		100000	同上	同上
吴智农号		100000	同上	同上
华新号		100000	同上	同上
恒丰裕号		100000	同上	同上
宏懋号		100000	同上	同上
熊盛祥号		100000	同上	同上
周恒泰号		100000	同上	同上
两广采办商联合办事处		100000	同上	同上
茂记		90000	颁给银质奖章	合于奖励民众捐输款物救国办法第三条丙款及第六七两条之规定
梁功乃号		80000	同上	同上
乾泰号		70000	同上	同上
赖兴隆		60000	同上	同上
新昌号		60000	同上	同上
萃记		60000	同上	同上
自新号		60000	同上	同上
怡新昌号		50000	同上	同上
全福兴号		50000	同上	同上
喻增记		50000	同上	同上
乾元号		50000	同上	同上
谦和号		50000	同上	同上
戴蕴珊		100000		已呈由中央颁发银质奖章

乙、各县分会应受奖叙者

县别	原定募额	募解实数	比较		备考
			增解数	增募成数	
黔西	420000	756000	336000	八成以上	
金沙支会		86890	86890		该支会原无配额
清镇	200000	304653	104653	五成以上	
贵定	160000	193345	33345	二成以上	
织金	220000	347400	127400	五成以上	
大定	420000	563850	143850	三成以上	
长岩联保		20000	20000		原无配额
开阳	160000	175200	15200	不及一成	
桐梓	350000	361500	11500	同上	
松坎支会		15000	15000	同上	
罗甸	40000	50000	10000	二成以上	
普定	80000	181400	101400	一倍以上	
仁怀	50000	60251	10251	二成以上	
绥阳	80000	100220	20220	二成以上	
习水	60000	108450	48450	八成以上	
镇宁	80000	121105	41105	五成以上	
兴仁	70000	106970	36970	同上	
安龙	320000	333000	13000	不及一成	
黎平	70000	83945	13945	一成以上	
榕江	40000	59450	19450	四成以上	
铜仁	80000	112474	32474	同上	
都匀	150000	184918	34918	二成以上	
岑巩	20000	40000	20000	增一倍	
郎岱	70000	149190	791790	一倍以上	
平坝	80000	110000	30000	三成以上	
普安	30000	63000	33000	增一成	
水城	24000	29680	5680	二成以上	
思南	40000	57100	17100	四成以上	
独山	80000	106546	26546	同上	
保甲训练所		12355	12355	同上	
德江	24000	29180	5180	二成以上	
沿河	20000	40000	20000	增一倍	
镇远	64000	76500	12500	一成以上	
永从	20000	65920	45920	二倍以上	

丙、各县分会应受惩戒者

县别	原定配额	募解实数	比较		备考
			增	减	
大塘	20000			20000	全数未解
后坪	20000			20000	同上
湄潭	200000	121400		78600	减三成以上
息烽	70000	22000		48000	减六成以上
赤水	250000	139835		110165	减四成以上
关岭	80000	36000		44000	减五成以上
麻江	40000	21170		18830	减四成以上
天柱	40000	30000		10000	减二成以上
三穗	40000	19500		20500	减五成以上
广顺	20000	6000		14000	减三成以上
安顺	1400000	1321280		78720	减不足一成
黄平	150000	61390		88610	减五成以上
瓮安	120000	103865		16135	减一成以上
松桃	40000	32930		7070	同上
平越	50000	33140		16860	减三成以上
省溪	20000	10000		10000	减五成
兴义	640000	559200		80800	减一成以上
务川	24000	21000		3000	同上
施秉	20000	10000		10000	减五成
玉屏	20000	16900		3100	减一成以上
台拱	20000	2558		17442	减八成以上
剑河	20000	10000		10000	减五成
下江	20000	4700		15300	减七成以上
遵义	900000	847316		52684	减不及一成
正安	160000	18340		141660	减八成以上

（贵州省档案馆馆藏档案，档案号 M5—589，无页码）

（92）贵阳市设置伤兵招待所办法及伤兵招待所编制表*

（1939年7—8月）

案查本年6月21日奉钧会秘书室动新字第16号函开“28年6月14日，本会第58次会议主任委员交议，贵处傅处长呈副处长建议，请筹设贵阳伤兵招待所专事照料经过本市之已愈伤兵案，当经议决‘应由伤兵管理处拟具详细办法兼办’记录在卷。相应函达查照办理，报会查考为荷”等由，遵经拟具贵阳市设置伤兵招待所办法一份，理合备文呈送鉴核示遵；谨呈

贵州省动员委员会主任委员　吴

附贵阳市设置伤兵招待所办法一份（附编制表预算书日月报表门标样式）

兼贵州伤兵管理处处长　韩文焕

副处长　吴云庵

贵阳市设置伤兵招待所办法

一、为专事照料经过本市伤病官兵食宿治疗起见，特于公路局车站附近设立伤兵招待所，以资招待；

二、伤兵招待所（以下简称本所）应与车站人员切取联络或派员常川驻站随时照料；

三、伤病官兵（已愈或未愈）过境，如有负责人员率领者，本所只供住宿或介绍住宿地方；

四、伤病官兵（已愈或未愈）过境，如无负责人员率领者，本所应分别将未愈者送交本市各卫生机关收容治疗，已愈有队可归者当为设法介绍便车搭乘归队，至无队可归者均送交师管区编队，其收容未及转出或候车者得暂留住宿；

五、本所组织编制如附表；

六、本所经常各费概由主管机关发给；

七、本所开办费以200元为限，报请主管机关核发，准予实报实销，每月经常费按照预算数报销，主管机关核实发给，月终报销；

八、本所所需房屋应借用车站附近之公屋，以期便利，桌椅用具可向地方社团借用，如无可资用时，得酌量采购，所需费用由开办费开支；

九、本所须于驻地树立标识，并于通衢路侧立显明路标，以便认识，标识样式附后；

十、本所应将招待人数办理情形每日列表报告主管机关，每月终并须将每月招待人数办理情形汇表报告主管机关备查，表式附后；

十一、本办法自布日施行。

贵阳市伤兵招待所编制表（略，共计 11 人）。

收容量：暂定 30 人；以官佐 1/10、士兵 9/10 计算，官佐每员每天 0.35 元，士兵每天 0.2 元，按 30 天计算，合计为 164.40 元。草鞋费每名 0.4 元。

（贵州省档案馆馆藏档案，档案号 M5—589，无页码）

(93) 省会疏建委员会关于因疏散人品印制各项表册簿证所需经费的预算报告*

(1939年7月3日)

签查本会成立以来，对于有关疏散人口之一切章则业经分别似订呈请钧会核示在案，现在本会决定在7月31日以前开始办理第一批疏散事宜并即设置贵阳疏散总站，负责办理市民疏散事务所有关于疏散市民之调查、登记、配置等事项立待实施，对于以上各事所需之中项表册簿证自应克速分别印制，以应目下迫切需要，此项表证共计12种，所需印刷费估计共约法币2851.5元，若照变通请拨临时费程序先由商店估价并造概算然后具文请款，诚恐阅折既多，缓不济急，将有贻误事机之虞，爰拟将需要紧急者提前印制（如疏散市民调查表业已赶印完竣，分发各警察分局勒办限结此外登记簿居住证等亦在陆续赶印中）经免延误用特检同务项表册估计价值清单及已印之疏散市民调查表一并签呈，敬乞钧长俯赐鉴核准予转函省政府饬由财政厅暂行拨垫法币1500元，以资办理而济急需，本会一面仍当赶办估价及另造概算等请款手续。

贵州省会疏建委员会应行印制各项表册簿证价值估计表

名称	印刷用纸	每张开数	印刷数目	每百张价值	总价	备考
疏散市民调查表	都匀纸	四开	30000张	100	30000	
志愿疏散登记簿	都匀纸	二开	100本×100张	250	25000	
强迫疏散登记簿	都匀纸	二开	10本×100张	300	3000	
登记证	新闻纸	九十开	8000	50	4000	
填发居住证考核簿	都匀纸	二开	200本50张	250	25000	
不定期居住证	薄磅纸	四十八开	50000	90	45000	
定期居住证	同上	同上	150000	90	135000	
指定疏散县份房屋调查表	都匀纸	八开	1000	65	650	
租用土地登记簿	同上	二开	5本×100张	250	1250	
疏散建筑使用土地租借证	薄磅纸	十二开	1000	400	4000	

（贵州省档案馆馆藏档案，档案号M5—589，第43—44页）

（94）议决疏建委员会关于垫借购置建筑费的申请*

（1939年7月5日）

据疏建委员会签，请准于本省救济款项下暂予垫拨数万元以作目前购料及建筑上必要之开支一案，应如何办理，请公决案。

议决　准由捐募处垫借5万元。

（贵州省档案馆馆藏档案，档案号M5—589，第9页）

（95）捐募处关于为儿童保育会续发补助费的申请*

（1939年7月12日）

据捐募处呈，为准儿童保育会函请续发补助费5000元，业经如数填印支付证书通知连同前发之15000元，共发足2万元，祈鉴核备案等情，特提会报告。

无附件

（贵州省档案馆馆藏档案，档案号M5—589，无页码）

(96) 教育厅关于拨发各校筹建防空设备费及卫生委员会关于建设储物及办公所需瓦房的申请*

(1939年7月18日)

据财政厅签呈，奉交教育厅签，以遵照教育部令饬，筹建各校防空设备，兹拟就各重要地区学校，先行拨款办理，计共需10000元，请准予核发一案。核尚可行，是项经费，拟请准由本年度国防准备金项下动支，等情，应否照准，请公决案。

议决　原表所列各校除赤水初级中学、贵阳实验小学、贵阳师范附小、贵阳女师附小4校，毋庸拨发外，其余安顺初级中学等9校准予酌给补助费，俾充疏散防空之用，由教育厅在7000元范围内再行统筹支配呈核。

据财政厅签呈，奉交卫生委员会呈，为本会拟在大西门外修建瓦房8间，作为储藏物品及办公之用，计需工料费2295.4元，请准予核发一案，核属可行，上项费用，拟请准由本年度（下未查明）。

（贵州省档案馆馆藏档案，档案号M1—409，第6—7页）

(97) 议决财政厅关于贵阳师范学校附属小学空袭损坏费用开支的申请*

(1939年7月20日)

据财政厅签呈，奉交教育厅签，为省立贵阳师范学校附属小学，于二四敌机空袭时，校舍校具，损坏甚多，并遗失电话机一部，兹具该校呈送预算书，请核发修缮、赔偿等费700元前来，查该项修缮费，应核减为463元，连同赔偿电话机价款82元，共545元，请准由本年度教育准备金项下动支一案，核尚可行。拟请准予照办，等情，应否照准，请公决案。

议决　照准。

（贵州省档案馆馆藏档案，档案号M1—409，第7页）

（98）防空司令部关于开办防空干部训练班所需经费的申请*

（1939年7月30日）

据财政厅、保安处、会计处会签，奉交防空司令部先后呈开办防空干部训练班计划，前经签奉批示："准予备查"在案。兹据该部呈送该班经费预算书表，乞鉴核前来。经核原书表，内列数目，计为49344.6元，尚无不合，拟请准予核定。复查该部1943年度事业费20万元内列有情报人员训练费8万元，尚未动用，本案所需经费拟饬在此8万元项下先行动支，将来该部举办情报人员训练时，如有不敷，再行另筹财源，所拟当否，乞核示。等情，应否准如所拟办理，请公决案。

（贵州省档案馆馆藏档案，档案号M1—866，第3—4页）

（99）贵州省政府民政厅财产间接损失报告表

（1939年8月）

填送日期　1939 年 8 月　日

分类	数（单位：国币元）
共计	376900
迁移费	14600
防空设备费	198900
疏散费	
救济费	163400
抚恤费	

（贵州省档案馆馆藏档案，档案号 M8—3809，第 81 页）

（100）疏建委员会关于疏散区域省立联合小学校舍建筑费的报告*

（1939年8—10月）

疏建会签

案奉查发核议教育厅签送疏散区域省立联合小学建筑标准，请发交疏建委员会建筑一案，经即签奉钧座核准，所请建筑之省立联合小学校舍，先建筑舒家寨、中曹司两所，其竹林寨一所，俟第二期住宅开建时，再为同时招标承建在案。现在各小学业已遵令停止上课，自应赶速准备，招商承包，以应事实需要，惟查省立联合小学校舍之建筑，前经与教育厅商洽，决定于指定之疏散区中心乡镇后，曾于本年8月计划各疏散区住宅设计图案时，即将学校校舍设计草图绘制呈经钧座鉴阅。该项校舍，以当时工料估计，每所工料费约需国币18000元至2万元，兹以工料各费增高，依照本会此次疏散住宅招标标准，增加三成计算，每所约需国币24000元至26000元，为节省经费，另行设计，从简修筑，自无不可。第念现行建筑之舒家寨及中曹司两处校舍，以地理户口种种情形考察，非同避远乡村。以舒家寨言：地近市区，邻接油榨街，将来黔桂铁路不仅在其侧面通过，且贵阳车站亦与之相近，自必随之日形繁荣，且新建住宅300间，其住民多系妇孺，即以每间平均住1学龄儿童计算，至少亦有300人，连同附近原有各村寨住户学童计，当不止此数。以中曹司言：为南乡重镇，风景幽美，且距市区仅8公里，附近村寨户口不少，学童较多，加以新建住宅住户学童，至少总在500人以上，交通方面，与文萃花溪之公路均已沟通，未来繁荣，亦未可限量。该两处乡村，暂虽划作疏散区域，实可作未来建设新村之基础，纵抗战结束以后，不惟现时疏散之住民，随环境之改善，安居其间而户口且有日增之可能。此时于该两处筑建联合小学校舍，应作较为永久之计，工程规模，似宜妥洽，用是拟于该两处小学校舍工程费之预算，请定为每所以不超过2万元为限，期于撙节经费之中，允符发展教育之旨。如蒙俯准，当即饬承于指定范围妥慎设计，绘制图说，呈请核定，即行招商承建，克限完成，以利应用。所拟是否有当？理合缕晰签呈敬祈鉴

核示遵，谨呈

贵州政府主席　吴

贵州会疏建委员会秘书室秘书长　何玉书

（贵州省档案馆馆藏档案，档案号M5—590，无页码）

（101）遵义县动员委员会关于贷款供疏建基金的请示*

（1939年8—10月）

查遵义县城人口奉令自8月份起，3个月内疏散完成自应遵照赶速办理，经召开疏建委员会第1次会议，决定各项疏建办法，除调查附城20里内外民房、祠庙并发动人民建造房屋，以供疏散外，惟因城内烟户万余，附近20里房屋供不应求，须再由公家经手建筑大批房屋，以济需用，当经决议，暂向钧会贷款5万元供疏建基金以利进行，是否可行，理合备文呈请

贵州省动员委员会主任委员　吴

遵义县动员委员会主任委员　刘慕曾

（贵州省档案馆馆藏档案，档案号M5—590，第53页）

（102）动员委员会第二组关于战时儿童保育会贵州分会补助费等三项事宜向主任委员的报告*

（1939年8—10月）

事由

奉交战时儿童保育会贵州分会呈报1939年度预算收支不敷情形恳请准予补助以利进行一案饬签等因签乞　鉴核示遵由

办法

查该分会及儿童保育各分院本年度经常费暨儿童服装费原概算书，共列112872元，据呈称上项经费除由总会发给儿童生活费，三院俸给费共59484元及卫生医药费5724元，另向卫生机关请领外，尚不敷47664元，恳请准予补助各情形，经核原书所列各数，尚无不合，惟查本省款项支绌，省会救济慰劳捐募处存款无多，实难照数补助款，请援上年度例，准予补助2万元，仍由救济慰劳捐募处经管之救济慰劳专款内动支，是否有当，理合签乞

鉴核示遵，谨呈

主任委员　吴

事由

奉交中央伤兵管理处第十一检查所1939年度购置夹被、棉被临时费支出计算书类审核相符，签祈核增由

办法

查中央伤兵管理处第十一检查所1939年度购置夹被、棉被各100床，前经令饬玉屏县府派员验收，相符在案，所有二项临时费支出计算书类业经依法审核，内列预算数及计算数各1330元，均属相符，拟请准予核销，是否有当，理合签祈核示只遵，谨呈

主任委员　吴

贵州省动员委员会第二组组长　周诒春

事由

奉交省会警区出征抗敌军人家属优待委员会呈缴剔除救济费4元及呈复查询各点祈核示一案，签祈核示由

办法

查省会出征抗敌军人家属优待委员会前送1938年9月至12月份出征军人家属救济费支出计算书类内列预算数8869元，计算数7712元，节余数1148元，当经依法审核，内有应行剔除等事项，并经令饬遵办去后，兹据声复各节各节及呈缴剔除数4元前来，经检卷复核，尚属相符，所有本案除原审剔除数外之其余计算数7708元，拟请准予核销，是否有当，理合签祈核示只遵，谨呈主任委员 吴

贵州省动员委员会第二组组长 周诒春

（贵州省档案馆馆藏档案，档案号M5—590，第56—59页）

(103) 全国各地分担征募数目一览表*

(1939年8—10月)

地名	征募数（件）	地名	代金数目
湖北	10 万	南洋及海外各地	100 万
湖南	20 万	上海	20 万
贵州	20 万	香港	10 万
云南	20 万		
广东	20 万		
广西	20 万		
福建	15 万		
浙江	5 万		
江西	10 万		
重庆	20 万		
自贡市	20 万		
四川	20 万		
西康	10 万		
河南	10 万		

（贵州省档案馆馆藏档案，档案号 M5—590，第 113 页）

（104）省会疏建委员会关于赶办登记簿证文具津贴的估算书和修建图云关下岩脚寨甲式仓库的估价单*

（1939年8—10月）

贵州省会疏建委员会 1939 年 9 月份赶办登记簿证文具津贴概算书

支出临时门

科目	概算数	备考
第一款　赶办登记簿证文具津贴临时费	757	
第一项　文具	157	
第一目　赶办强迫疏散登记簿文具	87	
第一节　铅笔	24	约需 10 打，照现时市价每打 2.4 元，计算如上数
第二节　复写纸	63	强迫疏散登记簿须造两份，用复写纸缮，约需 15 盒，照现时市价每盒 4.2 元，计算如上数
第二目　赶办居住证文具	70	
第一节　毛笔	40	长期居住证及短期居住证按名填注须用毛笔，约 100 支，照现时市价每支 0.4 元计算如上数
第二节　墨汁	30	约面 100 瓶，照现时市价每瓶 0.3 元计算如上数
第二项　津贴	600	
第一目　赶办强迫疏散登记簿及市民居住证津贴	600	赶办上项工作，均系漏夜办理，以字数计，每千字给以津贴 0.5 元以作晚餐费用
第一节　赶办强迫疏散登记簿人员津贴	400	约 80 万字，每千字 0.5 元计算如上数
第二节　赶办居住证人员津贴	200	约 40 万字，每千字 0.5 元计算如上数

查本会 1939 年 8 月 3 日第 11 次常务会议讨论事项第三案："查贵阳各商店存积货物亟须疏散岢否由会于公路便利地区建筑仓库，以应急需，请公决案。"

当经决议："先行计划，建筑仓库1所。"等语记录在卷。兹已绘就甲式、乙式、丙式草图三种，惟查乙、丙两种，对于防火设备，均属过差，拟即采用甲式设计草图，在图云关下岩脚寨先行建筑1所，以资示范，并拟于招商承建疏散房屋时，并同招标建筑，是否有当，理合签请鉴核示遵，谨签呈

贵州省动员委员会主任委员　吴

附呈甲种仓库草图3张

贵州省会疏建委员会秘书室秘书长　何玉书

代拟贵州省动员委员会修建图云关下岩脚寨甲式仓库估价单

建筑平方面积192平方公尺即17.28市方丈

工料名称	数量	单位	价值		备考
			单计	合计	
毛石地基	59.2	公方	8.1	479.52	外周地基长64公尺，内面地基长14公尺，共长74公尺，宽0.8公尺，深1公尺，共59.20立方公尺
8寸厚眠砖墙	252.8	平公	6.5	1264	外转8寸厚眠砖墙长64公尺，内面砖墙长15公尺，共长79公尺，高3.2公尺，共252.8平方公尺，内面糊灰，外面清水，砖柱在内，门窗空域不除，每平方公尺用165砖
8寸厚眠砖山墙	32	平公	6.5	208	4幅每幅长8公尺，高2公尺（平均高1公尺）厚8寸眠砖，共32平方公尺，内面糊灰，外面清水
12寸厚眠砖脊墙	16.8	平公	9	151.2	4幅每幅伸长10.5公尺，高0.4公尺，厚12寸眠砖，共16.8平方公尺，每平方公尺用250砖
长9公尺金字架	3	件	80	240	构造及尺寸如图
桁挑	60	根	2.4	144	每间用10根，6间共用60根
地枕	84	根	2.4	201.6	每间用14根，6间共用84根
普通椽皮	768	块	0.2	153.6	每平方公尺地面计算用椽皮4块，192平方公尺，共用768块

续表

工料名称	数量	单位	价值		备考
			单计	合计	
青瓦屋面	192	平公	6	1152	每平方公尺地面计算，用青瓦220块，□□□□□□□□□□□□□□
门前及后面□板	48	公尺	0.5	24	前后面□板长48公尺，油黑色工料在内
松木地板	192	平公	2.5	480	每平方公尺地板，用松楼板宽1□9市尺
门前石砌车道	3	处	30	90	每处长宽各2公尺
屋外周水沟	72	公尺	1.5	108	
杉木大门	3	副	30	90	每副宽1.6公尺，高2.8公尺，门锁及油漆工料在内
杉木窗子	9	副	12	108	每副宽1公尺，高1.6公尺，油漆工料在内
预备费监工费等				750元	预备费10%即500元，监工费5%即250元
统计				5797.52	预算修建经费为5797.52元

第四组签

查奉交审核疏建委员会秘书室呈拟在图云关下岩脚寨修建甲式仓库图样及附记经费预算一案，审核意见如左：

（一）该图屋面斜度，仅30度，排水殊嫌不足，拟改为35度；

（二）该库预算建筑材料，核较时价高昂，拟改为每所建筑经费5797.52元，谨签呈

主任委员　吴

附呈估价单一纸及原件

第四组主管长官　叶纪元

1939年9月5日

（贵州省档案馆馆藏档案，档案号M5—590，第116—124页）

（105）省会非常时期紧急救济委员会关于制棺备用的请示*

（1939年8—10月）

窃查本委员会之设立，原系办理空袭后临时救济事宜，关于空袭后被炸死亡之灾民掩埋事项，自应事先准备以免临事周章。当查棺木一项，在本市原有救济院与华洋义赈会两处制备施送，贫民本可前往取用，惟因近日霍乱流行，死亡之民众甚多，所有两处棺木施送殆竣，设一旦遭遇空袭，不幸被炸死亡之尸则无棺装殓，本会为未雨绸缪计，拟由会自制棺木500付存储城郊备用，照华洋义赈会所制每棺需国币4.5元计，共需国币2250元，经提本会第5次委员会议议决呈请钧会核示等语记录在卷，理合具文呈请鉴核示遵，谨呈

贵州省动员委员会主任委员　吴

贵州省会非常时期紧急救济委员会主任委员　余华沐

副主任委员　陈世贤

（贵州省档案馆馆藏档案，档案号M5—590，第23页）

（106）省会非常时期紧急救济委员会关于开办费和空袭后临时办公费预算的请示和预算书*

（1939年8—10月）

奉交贵州省会非常时期紧急救济委员会呈送开办费预算书暨空袭后临时办公费预算书，祈核示各一案，饬核签等因，签祈　鉴核示遵由

办法

查该会原呈预算书列数似觉稍浮，其开办费预算书所列各项设备费拟减为50元，灾民证费拟减为200元，各种表册费拟减为150元，合计开办费总数拟改为400元。又空袭后临时办公费预算书所列委员会临时办公费拟减为50元，灾民救济处临时办公费每处30元，5处共减为150元，职员伙食费拟照10日计算，减为400元，合计空袭后临时办公费总数改为600元，经上两项经费如蒙核定，拟请由省会救济慰劳损募处经这之“二四”救济专款项下动支，对于空袭后临时费并饬需用时再行请领，是否有当，理合签乞鉴核示遵，谨呈

主任委员　吴

附呈原呈两件

原呈一：

查本委员会经于1939年7月19日组织成立，惟开始成立之时，应需刊刻关防钤记、图记、门标以及应事先预制灾民证印刷费各项表册等经费，当编列开办费预算书提出本委员会7月25日第3次常会议决呈请贵州省动员委员会核示等语记录在卷，理合检具是项预算书一份备文呈请鉴核示遵，谨呈

贵州省动员委员会主任委员　吴

计呈开办费预算书一份

贵州省会非常时期紧急救济委员会主任委员　余华沐

副主任委员　陈世贤

贵州省会非常时期紧急救济委员会开办费支付预算书

支出临时门

款别	科目	金额	备考
第一款	开办费	600	
第一项	开办费	600	
第一目	开办费	100	
第一节	各项设备费	100	刊刻关防钤记图记木标等支如上
第二目	印刷费	500	
第一节	灾民证费	250	印布质灾民证 1 万枚计支如上
第二节	各种表册费	250	印灾民登记册各项发款册等支如上

原呈二：

查本委员会因要空袭后办理临时救济事务，需用临时费以及各职员办公时伙食费用，经拟就空袭后临时办公费支付预算书，提出本会 7 月 25 日第 3 次委员会议决呈请贵州省动员委员会核示记录在卷，理合检具是项预算书一份备文呈祈鉴核示遵，谨呈

贵州省动员委员会主任委员　吴

计呈空袭后临时办公费预算书一份

贵州省会非常时期紧急救济委员会主任委员　余华沐

副主任委员　陈世贤

贵州省会非常时期紧急救济委员会空袭后临时办公费支付预算书

支出临时门

款别	科目	金额	备考
第一款	空袭后临时办公费	1550	
第一项	临时办公费	350	
第一目	办公费	350	
第一节	委员会临时办公费	100	空袭后办理各项事务共需款如上
第二节	灾民救济处临时办公费	250	灾民救济处 5 处，每处 50 元，共支如上
第二项	职员伙食费	1200	
第一目	伙食费	1200	
第一节	伙食费	1200	本处职员以 100 员计算，每月每日 0.4 元，1 个月计共支如上

（贵州省档案馆馆藏档案，档案号 M5—590，第 28—32 页）

（107）财政厅关于向省会防空司令部追发第三次演习费的申请及预算书*

（1939年8月11日）

贵州省政府财政厅签呈　二八年八月十一日

事由

奉　发防空司令部呈：为呈送第三次演习费预算书，请追认发给一案。签祈　鉴核示遵由。

办法

案查防空司令部前于本年元月30日报告，为举行第三次防空演习，时间迫近，不及造呈预算，请准先在该部经费内垫支，事后捡据，实报实销，等情。经以财制支字第1305号指令，饬仍专案造送预算，以凭查核，在案。兹据该部补送预算，请予追认发给，前来。经核原数所列演习费计828元，尚无不合。拟请准予核定，由本年度国防准备金项下支给。是否有当？理合签祈鉴核示遵。谨呈

主席　吴

附呈原呈一件，书二份。

财政厅厅长　周诒春

贵州省会防空司令部二十八年二月份支付预算书

支出临时门

科目	本月份预算数	备考
第一款　贵州全省防空司令部贵阳市第三次防空演习费	828	计共需演习费828元正。
第一项　宣传费	688	
第一目　标语费	505	
第一节　标语费	435	印发告市民书及制布标语悬挂各重要区域约需如上数。
第二节　绘图费	70	绘宣传图画4幅，约需如上数。
第二目　灯火费	136	

续表

科目	本月份预算数	备考
第一节　租灯费	96	租汽灯在大街及各娱乐场演讲防空常识，计需如上数。
第二节　孔明灯	40	夜间演习指示敌机目标用。
第三目　笔墨费	47	
第一节　笔墨费	20	写标语用。
第二节　纸张	27	写标语用。
第二项　杂支费	140	
第一目　杂费	140	
第一节　杂支	140	播音、汽油消耗及其他一切车马费、杂支等费，约需如上数。

（贵州省档案馆馆藏档案，档案号 M1—419，第 36—39 页）

（108）财政厅关于向县行政人员训练所拨发1939年度招考兵役学员津贴的申请及津贴概算书*

（1939年8月12日）

贵州省政府财政厅签呈　二八年八月十二日

事由

奉发县行政人员训练所呈：为呈送1939年度招考兵役学员津贴概算书、请款书及分配表，乞准予拨发一案。签乞　鉴核示遵由

办法

查县行政人员训练所所造本年度招考兵役学员津贴概算书，内列数5608元，此项津贴，并未列入本年度本省总概算之内，拟请准予照数由本年度国防准备金项下支给，以资应用，并饬将津贴字样改为伙食以符法令，是否有当？理合签乞　鉴核示遵。谨呈

主席　吴

附呈原呈一件，概算书、分配表各三份，请款书一纸

财政厅厅长　周诒春

案查各县兵役人员调所受训事宜，前经与军管区司令部韩参谋长商拟办法，签请核准在案。关于增加考选学员人数而增加之学员津贴，仍照以前核定概算数额，每人每月津贴20元，兹查兵役人员之训练分三期举行，拟共考选160人，内除94人，每人每月20元，2个月计洋3760元外，其余66人系自本年11月20日起至12月底止计1个月另12天，每人月应领津贴28元，两共需洋5608元，现第一期兵役科员业已入所，上项津贴，亟待给领应用，理合造具概算书、分配表连同请款凭单，一并备文呈送，仰祈鉴核准予拨发，实为公便。谨呈

贵州省政府主席　吴

附呈兵役学员津贴概算书三份　分配表三份　请款凭单一纸

贵州省行政人员训练所二十八年度招考兵役学员津贴概算书

<table>
<tr><td colspan="7">支出经常门</td></tr>
<tr><td rowspan="2">科目</td><td colspan="2" rowspan="2">本年度
概算数</td><td rowspan="2">上年度
概算数</td><td colspan="2">比较</td><td rowspan="2">备考</td></tr>
<tr><td>增</td><td>减</td></tr>
<tr><td>第一款　兵役学员津贴</td><td>5,608</td><td>00</td><td>无</td><td></td><td></td><td></td></tr>
<tr><td>第一项　兵役学员津贴</td><td>5,608</td><td>00</td><td></td><td></td><td></td><td></td></tr>
<tr><td>第一目　兵役学员津贴</td><td>5,608</td><td>00</td><td></td><td></td><td></td><td></td></tr>
<tr><td>第一节　兵役主任科长津贴</td><td>1,600</td><td>00</td><td></td><td></td><td></td><td>本年度招考兵役科长及主任四十名受训两个月每名每月津贴二十元计支如工数</td></tr>
<tr><td>第二节　兵役科员津贴</td><td>4,008</td><td>00</td><td></td><td></td><td></td><td>本年度招考兵役科员□□□□□分两期举行,第一期两个月每名津贴四十元,第二期(系自本年上月二十日至二十九年一月十九日)本年度共一个月另十二天每名津贴二十八元计共支如上数</td></tr>
</table>

（贵州省档案馆馆藏档案，档案号 M1—419，第 107—111 页）

（109）财政厅关于贵阳市政工程处组织临时工程队整理市容所需经费的报告*

（1939年8月15日）

据财政厅签呈，奉交建设厅签，以本年2月4日敌机袭筑，市区被炸，经钧府令饬贵阳市政工程处组织临时工程队整理市容，兹据该处呈送预算书，请核发经费5757.41元，转乞核示一案，查本案所需经费，前经多府核定（下无）。

（贵州省档案馆馆藏档案，档案号M1—417，第19页）

（110）议决财政厅关于防空游动教育班设备费的请示*

（1939年8月15日）

据财政厅签呈，奉交防空司令部呈请发给航空委员会防空游动教育班设备费147.1元，及电饬各县保送学员，所需电报费59.6<元>一案，核尚可行，拟请准予一并发给，在防空司令部本年度临时费项下动支，等情，应否照准，请公决案。附原签原呈

议决　照准。

（贵州省档案馆馆藏档案，档案号M1—417，第14页）

（111）省会防空司令部关于增设警报组的报告及经费预算书[*]（节录）

（1939年8月18日）

奉发防空司令部呈：

为呈请增设警报组，检同编制表及开办费、经常费预算书，祈鉴核一案。签祈鉴核示遵由。

办法

查防空司令部为警报发放准确、敏捷及普遍起见，呈请增设警报组，各情，核属必要，拟准照办。所呈经常费预算书内编列经常费每月508.1元，尚无不合，并拟准照数列支。惟开办费预算内所列各数，除购置费项下之床铺144元、桌椅84元及车辆180元，三共408元，系属于开办费性质，拟准照相数支给外，其余各目节所列文具及什件，系属于经常开支，拟饬由经常费内开支，勿庸另行请款。以上经常费计每月508.1元，拟准自核定之日起，由本年度国防准备金项下支给，至开办费408元，拟准由本年度概算所列防空司令部临时费项下支给。是否有当？理合签祈鉴核示遵。

再所呈预算书，将项与目节，分作两栏编列，致□总数不符，略有未合。拟俟核准后发还重编，合并陈明。谨呈

主席　吴

附呈原呈一件，书二份，表一纸

财政厅厅长　周诒春

本部鉴于敌机空袭日趋严重，为使警报发放准确、敏捷及普遍起见，拟恭照各省市办法组织警报组，专办警报事宜，以期慎密，理合拟具本部警报组编制开办费预算经常费预算各一份备文报请鉴核，迅赐批准，实为公便。谨呈

主席　吴

附本部警报组编制表开办费预算经常费各一份

贵州全省防空司令　余华沐

（编制表略）

贵州省会防空司令部1939年支付预算书

支出经常门

科目	每月预算数	备考
第一款　本部警报组经常费	508.1	
第一项　俸给费	449	
第一目　俸薪	218	
第一节　俸薪	218	本组除组长、副组长、视察员系兼任外，中尉视察员1员，月支38元，准尉警报员6员，月各支30元，合如上数。
第二目　饷项	231	
第一节　饷项	231	上士警报士9名，月支15元，中士警报士8名，月各支12元，合如上数。
第二项　办公费	59.1	
第一目　文具	40	
第一节　文具	40	本组月用文具，约需如上数。
第二目　杂费	19.1	
第一节　草鞋费	9.1	警报士17名，每名月支0.3元，合如上数。
第二节　什支	10	茶水、灯油等什用，约月需如上数。

贵州省会防空司令部1939年支付预算书

支出临时门

科目	每月预算数	备考
第一款　本部警报组开办费	468	
第一项　办公费	30	
第一目　文具	30	
第一节　文具	30	购置文房用器如墨盒、笔架、水盂、印色、图章等，约需如上数
第二项　购置费	438	
第一目　家具	228	
第一节　床铺	144	床铺24具，每具6元，算计如上数。
第二节　桌椅	84	桌椅7套，每套12元，算计如上数。
第二目　器皿	210	
第一节　车辆	180	视察员需用自行车1部，价款如上数。
第二节　什件	30	面盆、盆架、痰盂、油灯、茶具等，约需如上数。

（贵州省档案馆馆藏档案，档案号M1—418，第109—117页）

（112）贵州省会“二四”空袭因公伤亡人员调查统计表

（1939年8月19日）

报告　8月19日　于本部

查二四空袭因公伤亡人员之抚恤实施办法因公伤亡人员中有防护团员、保甲人员、警察人员、教育人员、医务人员、保安团队人员、军属人员等，其抚恤办法自有不同，兹经本会第一次联席会议议决“除省防护团员及保甲人员按照行政院公布之人民守土伤亡抚恤实施办法办理外，其余军警及其他公务人员由会通知各该伤亡人员请领恤金人自行向其原属机关请恤，但原属机关所发恤金不足上项实施办法规定数额时，由本会补足之”纪录在卷，是否有当，理合检同本会翻印之是项抚恤条例及二四空袭各机关因公伤亡人员调查统计表各一份报请鉴核示遵，谨呈

主任委员　吴

附人民守土伤亡实施办法（注：实施办法收入综合资料类）及二四空袭因公伤亡人员调查统计表

贵州省会二四空袭因公伤亡人员临时抚恤委员会主任委员　余华沐

贵州省会二四空袭因公伤亡人员调查统计表

单位：人

机关名称	负伤	殒命	附记
滇黔绥靖副主任公署特务营学兵连	1		
滇黔绥靖副主任公署军乐队	5		
贵州全省保安处		1	
贵州全省保安处特务中队	6	5	
陆军第九十九师政治部		1	
贵州省政府教育厅	1		
贵州省会警察局	20	18	
贵州国医馆		1	
贵州省会防护团	83	26	
贵州省会保甲职员	10	6	
贵定县政府	1		
合计	127	58	

（贵州省档案馆馆藏档案，档案号M5—590，第78—79页）

（113）贵州省会“二四”空袭因公伤亡人员临时抚恤委员会关于因公伤亡人员界定范围的报告及人民守土伤亡实施办法*

（1939年8月19日）

报告　8月19日　于本部

查二四空袭因公伤亡人员之抚恤实施办法因公伤亡人员中有防护团员、保甲人员、警察人员、教育人员、医务人员、保安团队人员、军属人员等，其抚恤办法自有不同，兹经本会第一次联席会议议决“除省防护团员及保甲人员按照行政院公布之人民守土伤亡抚恤实施办法办理外，其余军警及其他公务人员由会通知各该伤亡人员请领恤金人自行向其原属机关请恤，但原属机关所发恤金不足上项实施办法规定数额时，由本会补足之”纪录在卷，是否有当，理合检同本会翻印之是项抚恤条例及二四空袭各机关因公伤亡人员调查统计表各一份报请鉴核示遵，谨呈

主任委员　吴

附：人民守土伤亡实施办法及二四空袭因公伤亡人员调查统计表（编者注：统计表收入人口伤亡资料类）

贵州省会二四空袭因公伤亡人员临时抚恤委员会主任委员　余华沐

人民守土伤亡实施办法

第一条　本办法依战地守土奖励条例制定之。

第二条　凡人民及一切人民武装抗敌组织（包括壮丁队、义勇壮丁常务队、别动队、便衣队、义勇军防护团、人民自卫军）及其他一切人民武装抗敌组织之分子因守土而伤亡者，其抚恤依本办法之规定办理。

第三条　凡合于战地守土奖励条例第一条第三、第六两项之规定而有左列情形之一者，应予以抚恤：（一）参加抗敌战斗临阵伤亡者；（二）扰乱敌人后方及侦察敌人行动因而伤亡者；（三）协助军队工作或执行军队命令因而伤亡者；（四）保卫村镇抗拒敌人因而伤亡者；（五）因其他抗敌行动而伤亡。

第四条　因前条各款原因受伤或亡故者，依照左列规定抚恤之：

（一）亡故者除给与其遗族80元之一次恤金外，并给与每年50元之年抚

金；（二）受一等伤者，除给与70元之一次恤金外，并给与其每年40元之年抚金；（三）受二等伤者，除给与60元之一次恤金外，并给与每年35元之年抚金；（四）受三等伤者，除给与40元之一次恤金外，并给与每年30元之年抚金。前项（二）（三）（四）各款所称伤等，按照陆军平战时抚恤暂行条例第十三条之规定检定之，凡领导民众守土抗敌具有特殊勋劳因而伤亡者，得专案呈请从优议恤。

第五条　依前条第一款、第二款、第三款、第四款规定领受一次恤金后，3个月以内发现其伤势加至较重伤势者，得依同条同项第二款或第三款之规定加给年抚金。

第六条　依第四条第一项第二款至第四款规定领受恤金及年抚金后，发现其伤势减轻或痊愈者，自发现之日起，其年抚金得改依同条第三款或第四款之规定给与或停止之。

第七条　依第四条第一项第三款规定给与恤金，核定后未愈，4个月因伤发而死亡或依同条同项第二款规定给与恤金，核定后未愈6个月因伤发而死亡者，自死亡之日起改依同条同项第一款之规定给与遗族年恤金。

第八条　年恤金之给与期限如左：（一）第四条第一项第一款之情形，其遗族年抚金给与以10年为止；（二）第四条第一项第二款至第四款之情形，以5年为一期，期满后得呈请继续给与，未逾5年而亡故，其子女未成年者，得续给遗族5年年抚金。

第九条　应受年抚金之遗族，其顺序如左：（一）死亡者之妻及子女（再醮或出嫁者不在此内，下仿此）；（二）妻及子女俱无者，给其父母；（三）父母俱无者，给其祖父母及孙；（四）上列遗族俱无者，给其未成年之胞弟妹同一顺序，有2人以上时，应按人数丘行平均分配之。

第十条　人民守土伤亡抚恤由当地自治人员及受抚恤之人亲属或同事4人以上或当地人民10人以上之联署填具请恤事实表，声请该管县市政府详查确实后，呈请省政府审核转咨内政部核定，转呈行政院核准行之，在院辖市则呈请市政府转咨内政部核定转呈。

第十一条　省政府根据前条决定填发抚恤令，经由原呈请机关送达恤金受领人，恤金受领人应呈验抚恤令，取具保结，向该管县市政府填发抚恤令，其抚恤金则向市财政局请领之。

第十二条　抚恤令分为存根、备查、通知书及抚恤令4联，省政府于填发抚恤令时，应将存根留查，备查一联送达审计机关，查核通知书一联发交财政厅转发恤金受领人所在地之县市政府，俟恤金受领人请领时，与抚恤令核对无讹即行发给，除通知书存县留查外，应册报省政府核转审计机关查核，在院辖市则由市政府填发通知书于市财政局。

第十三条　人民守土伤亡抚恤金由省库给一次恤金，财政厅于转发恤金通知书之同时，即将应发金额一并附发，其发给年抚金者，财政厅应于每一年1月至3月、7月至9月两期汇发县市政府转发，在院辖抚恤金由市库支给，即由市财政局直接发给之。

第十四条　本办法所未规定者，得参照陆军平暂时抚恤暂行条例办理。

第十五条　本办法自公布之日施行。

（贵州省档案馆馆藏档案，档案号M5—590，第76—79页）

（114）教育厅关于省会小学疏散办法、迁移修建费预算书、省立贵阳师范各附小及联合小学月支经费预算书、省会省立小学及幼稚园1939年度核定经费预算书的请示、省立贵阳师范学校附属小学迁移善后办法的请示*

（1939年8月19日）

贵州省政府教育厅签呈　二八年八月十九日

事由

签送省会小学疏散办法及预算书等件祈核发疏建费由

办法

案查本教厅前于本年6月2日会同建设厅签复，据省督学王守论等签复会勘省会小学联合上课地点情形一案。奉钧府发下疏建委员会签注意见："本省动员委员会所拟疏散计划大纲，疏散人口须在5华里以外，本会计划，凡年龄在15岁以下者，均须强迫疏散，王督学等勘定小学联合上课地址，已属事过境迁，拟俟疏散中心乡镇，呈经核定后，另选适宜地址，计划办理"，饬照办等因；正遵办间，复奉　教育部第13708号寨密代电，饬遵照桂林白主任佳午电，疏散教育机关于各乡村，免曹敌机摧毁等因，奉此，查迩来敌机不断滥炸后方重要城市，省会小学疏散工作，实属刻不容缓。兹奉前因；遵即由本教厅查照疏散中心乡镇地点，及省会小学设置情形，拟具省会小学疏散办法及各项预算书等件，经商得本财厅及本疏建委员会同意。此项迁移、修建费计共72242元，拟请准由本年度国防准备金项下动支，是否有当，理合检同原件及部电，一并签送敬祈鉴核示遵，至疏散后各小学经费，即就省会省立各小学幼稚园原有经费，分配支级，不另筹增。合并签明谨呈

主席　吴

计呈省会小学疏散办法一份，附疏散设置表。迁移修建费预算书一份。经费预算书一份。附省会省立小学幼稚园核定1939年度经费预算书。教育部寒密代电一件。

委员兼疏建委员会秘书长　何玉书

委员兼财政厅厅长　周诒春

委员兼教育厅厅长　张志韩

省会小学疏散办法

一、省立贵阳师范学校附属小学及省立贵阳女师附属小学，为便利原校师范学生实习起见，分别迁移至镇西卫及青岩两地办理并各减为6班。其余省立实验小学及幼稚园改办为联合小学。

二、就疏建委员会拟定之中心乡镇地点中曹司、舒家寨、文萃乡、竹林寨、甘荫棠等5处，各设立联合小学1所（但文萃乡1所暂缓设置），经费由省款开支，中心乡镇地点将来如有增加，联合小学校所数亦得增加之。

三、联合小学分别收容疏散当地之省会公私立小学儿童，每所收容学生6班并得视人口疏散情形，增加幼稚班1班。

四、私立小学均须疏散距省会5华里以外之适当地点，每班（以25个至40人为度）由省政府发给疏建补助费100元。

五、私立小学如因迁移经费困难、不能维持上课者，得加入联合小学上课，并保存各该生原校学籍，惟各校原领政府各项补助费，应停止发给。

六、联合小学教职员，就省会省立小学幼稚园及加入联合上课之省会私立小学职教员登记分配任用之。

七、联合小学校具，就前条所列各小学校具拨用，其搬运费以规定每校容纳教职员数及学生数计算，教职员1人，每站支法币3元，学生1人，每站支法币1.5元（男女师附小同）。

八、省立男女师附属小学及联合小学经费标准，应遵照本省公布小学经费分配及职教员俸给等级标准规定，并参酌省立小学原规定教职员待遇情形，另编预算实施。

九、各小学迁移设立后，如不能招足规定班次时，得就附近儿童较多村寨设立独班次，分配教员前往教学。

附：

疏散设置表

校名	设置地点	设置班数	备考
省立贵师附属小学	镇西卫	6班	原有10班
省立女师附属小学	青岩	6班	原有13班
省立第一联合小学	中曹司	小学班次6班，幼稚班1班	该地疏散人口较多，且在各疏区之中心，故增设幼稚班1班。
省立第二联合小学	舒家寨	6班	
省立第三联合小学	竹林寨	6班	
省立第四联合小学	甘荫棠	6班	
说明：文萃乡有正谊小学疏散该处，暂缓设置。			

省会小学迁移修建费预算书

项目	预算数	备考
第一款　省会小学迁移修建费	72242	
第一项　省会小学迁移修建费	72242	
第一目　省会小学迁移费	2442	
第一节　贵师附小	960	该校应设置教职员10人，收容学生6班300人，照办法规定迁移街上，以2站计发给搬运费如上数。
第二节　女师附小	480	迁移青岩以1站计，照疏散办法规定，支如上数。
第三节　第一联小	282	设置7班，教职员13人、学生350人，搬运省小校具至该校所在地中曹司，以半站计，支如上数。
第四节　第二联小	240	设置6班，搬运省小校具至该校所在地舒家寨，以半站计，支如上数。
第五节　第三联小	240	设置6班，搬运省小校具至该校所在地竹林寨，以半站计，支如上数。
第六节　第四联小	240	设置6班，搬运省小校具至该校所在地甘荫棠，以半站计，支如上数。
第二目　省会小学修建费	69800	
第一节　贵师附小建筑费	9200	建筑礼堂1间，教室6间及办公室职教员寝室、成绩室、体育劳作器械室门房、厨房、厕所、围墙、门房及体育场、农场并征收地价等，估计需如上数。
第二节　女师附小建筑费	9200	同上。
第三节　第一联小建筑费	9800	增加教室1间，余同上。
第四节　第二联小建筑费	9200	同第一节。
第五节　第三联小建筑费	9200	同第一节。
第六节　第四联小建筑费	9200	同第一节。
第七节　补助省会私小疏建费	14000	省会私小约计140班，每班补助疏建费100元，共支如上数。

省立贵阳师范各附小及联合小学月支经费预算书

项目	预算数	备考
第一款　省立贵师附小经费	542. 66	该校设置6班，预算数如上。办公设备各费详细项目应由学校另拟分配表呈核。
第一项　俸给	478	
第一目　俸薪	478	
第一节　职教员薪资	458	校长1人，月支60元（兼1班组任），级任教员5人，月各支48元，专科教员3人，月各支44元，事务员1人，月支26元，月共支458元。
第二节　工友工资	20	工友2人，月各支工资10元，共支如上数。
第二项　办公费	27. 66	照本省公布标准列入（增30%）。
第三项　设备费	37	照本省公布标准列入。
第二款　省立女师附小经常费	542. 66	核校设置6班，预算数与贵师附小同。
第三款　省立第一联小经常费	692. 66	该校设置7班，内幼稚班1班。
第一项　俸给	618	
第一目　俸薪	618	
第一节　教职员俸	598	校长1人，月支60元，级任教员7人，月各支48元，专科教员4人，月各支44元，事务员1人，月支26元，共支如上数。
第二节　工友工资	20	工友2人，月各支10元，共支如上数。
第二项　办公费	31. 66	照本省公布标准列入（酌增30%）。
第三项　设备费	43	照本省公布标准列入。
第四款　省立第二联小经常费	542. 66	该校设置6班，预算与贵师附小同。
第五款　省立第三联小经常费	542. 66	同上。
第六款　省立第四联小经常费	542. 66	同上。

省会省立小学及幼稚园1939年度核定经费预算书

科目	核定预算数	备考
第一款　省立贵师附小经费	10644	
第二款　省立女师附小经费	13800	
第三款　省立实小经费	11214	
第四款　省立幼稚园经费	5214	
总计	40872	
说明：疏散后省立小学及省立联合小学每月共支经费3405. 96元，年共支经费40871. 52元（概算限于元位，应为40872元），查省会省立小学幼稚园1939年度核定经费总数为40872元，并无增减。上项新预算，应俟疏散后，始就原预算核定数字分配动支，合并说明。		

事由

据清镇县政府呈请迁移贵州师范附小即利用镇西卫小学办理一案，签请核准由

办法

案据清镇县政府呈，请将省立贵阳师范学校附属小学迁设镇西卫，就县立镇西卫小学原有校舍、校具及学生改办，所有镇西卫县立小学原有经费移作添设新校之用，恳乞迅赐，明令施行，俾便于暑期内分别筹划办理等情，据此，查省会小学疏散一事，本厅经已统筹办法及预算，拟将该校迁往镇西卫办理，藉办师范生实习，并经会同财政厅及疏建委员会签请　核示在案，迄今未奉指复，据呈前情，核与原案意旨相符，事属可行，拟准提前迁移，以资安全，是否有当，理合检同原呈，并拟具该校迁移善后办法，签请鉴核示遵，谨呈

主席　吴

附原呈一件　迁移善后办法一份

委员兼教育厅厅长　张志韩

省立贵阳师范学校附属小学迁移善后办法

一、迁移日期　拟饬于本年9月15日到达镇西卫接收办理。

二、办理班数　迁移后照前拟计划减办为6班，月支经费亦照前拟疏散后该校预算发给。

三、疏散经费　校舍、校具就镇西卫小学拨用，不支建筑费及校具迁移费，惟应支少数图书教具迁移费（本年9月份经费仍请照原预算发给9月下半个月，减办为6班，节余经费估计约140元，拟准动支作迁移费）。

四、学生处置　二四被炸后，省会各小学学生人数锐减，该校上学期经督学调查仅有182人，除志愿随校迁移者外，其余学生拟由校发给转学证书，指定省立实小及女师附小暂予收容。

五、校具处置　该校现有校具拟令移交省立实小暂为保管，俟联合小学成立后，即移交联合小学接收办理。

六、编余教员处置　该校1939年度预算有学生10班，教职员17人，本年9月15日迁往镇西卫办理后，预算为6班，有教职员11人，剩余教员6人拟予登记，俟联合小学成立时，尽先委派服务或介绍其他工作。

（贵州省档案馆馆藏档案，档案号M1—424，第76—92页）

（115）贵州省政府建设厅模范工厂二四敌机轰炸损失表

（1939年8月22日）

1. 房屋损失

品名	数量	单价	总价	备注
青瓦	15000 块	200（10000 块）	300	
薄板	30 丈	4	120	
松枋	200 块	35	75	
土墙	2 方丈	8	16	
石脚	40 立方尺	0.3	12	
木（泥）工	200 天	1.2	240	
合计			763	

2. 木器损失

品名	数量	单价	总价	备注
双人床	4 张	12	48	内 1 张榫头已断，其余碎烂，不堪修理。
单人床	5 张	9	45	内 2 张榫头破断，其余均破断，无法修理。
三抽桌	4 个	9	36	内 1 张榫头打断，其余破烂不堪修理。
茶几	4 个	2	8	破烂，不堪修理。
靠椅	6 个	2.5	15	同上。
沙发弹簧	5 打	9	45	福德街 148 张志达沙发工人包制，致被焚烧。
竹绒	200 斤	16	32	同上。
合计			229	

3. 工具及原料损失

品名	数量	单价	总价	备注
大锤	5 件	4	20	锻工间工具
小锤	4 件	2	8	同上
夹钳	6 件	1.6	9.6	同上
抬□子铁棍	4 根	5	20	翻沙间工具
炉杆	2 根	4	8	同上
炉钩	2 根	4	8	同上
21 磅榔锤	8 个	4	32	钳工间工具
10 寸锉	2 支	2	4	同上
3 寸锉	3 支	1.6	4.8	同上
1 寸锉	3 支	1.2	3.6	同上
蓝牌钢条	40 磅	1.2	48	原料放置在锻工间，正持打汽车配件
圆条铁	1 根 30 斤	1	30	同上
合计			196	以上工具原料均在工厂内，被救火者掳去

以上总计 1188 元。

（贵州省档案馆馆藏档案，档案号 M1—419，第 78—81 页）

（116）贵阳城区小学疏散办法

（1939年8月23日—1939年10月11日）

一、贵阳城区（包括环城马路一带，依疏建委员会公布之应行疏散区域为准）公私立小学，在抗战期间，自本年10月1日起一律停课惊疏散。

二、各校学生应转入疏散地点之学校肄业，并得保留其原校学籍。疏散地点之学校见附表及分配表。

三、疏散地点原有学校因增加人数班次，所必需增加之经费，由省政府补助之。

四、省立贵阳男女师范附属小学，为便利原校学生实习起见，分别移设镇西卫及表岩，各减为6班，其余班次经费及省立实小经费及幼稚园一部份经费，改办省立联合小学4所。

五、省立联合小学4所拟分设洛湾、舒家寨、中槽司、竹林寨（大水沟竹林寨之间）4处。

六、私立小学于距省会5里外觅定疏散地址，经呈报后于实行疏散时，由省政府每班发给补助费100元。

七、私立小学于疏散地点开始上课后，省政府仍照章给予补助费。

八、未照第六条办理之私立小学，于抗战结束后恢复原状时，省政府仍照章给予补助费。

九、未照第六条办理之私立小学教师，由教育厅登记，分配教育工作，其一时无工作可派者，本学年内自本年10月起至明年6月底为止，每人每月给予生活费15元。

凡派定工作到职后，不得兼领生活费。

凡派定工作应即前往到职，如籍故不往或逾限不报到，或已另就他项工作者，其应领生活费即予停发。

凡派定工作，地点在贵阳县境外行程在一日以上者，由教育厅酌给旅费。

十、本办法经省动员委员会通过后施行。

疏散后学生分配表

（一）省立中槽司、洛湾、竹林寨、舒家寨、青岩5处联合小学，共可成立

31 班，将来可容纳学生 1550 人至 1860 人。

(二) 贵阳县立小学能增 23 班 (见附表 1)，可容学生 1150 人至 1380 人。

(三) 贵阳县各小学，经调查，现有 149 班，应容纳学生 7450 人，现仅 5955 人，尚可增加容纳学生 1495 人 (现有班次见附表 2)

(四) 私立小学能疏散至市区以外者，估计 59 班可容纳学生 2950 人至 3540 人。

以上四项，总计可容纳小学学生约 8275 人 (省会现有小学学生约 6000 余人之数)。

(贵州省档案馆馆藏档案，档案号 M5—590，第 127—128 页)

（117）省会疏建委员会关于疏散人口所需临时印刷费的申请及概算书*

（1939年8月23日—10月11日）

贵州省会疏建委员会呈

查本会办理省会人口疏散事宜，对于疏散市民、调查登记、运输配置等事，亟须印制各项表册簿证，以资应用，所有应行提前印制之表册12种，前经查酌市价，开具估计清单，签奉钧会1939年7月14日动新字第93号指令，准由捐募处先垫1500元，等因，遵经照数领取，赶印应用各在案，惟按照定章，除前印表册12种外，尚须印制旅客出入证、疏运符号、宣传标语小册等，为数甚多，迭经先后交由各印刷商复实估计，按照估计最最低价格计算，共需法币3230元，理合造具临时印刷费概算书，并检具各商店估价单，一并具文呈送，敬祈钧会鉴核，准予如数发给，以资归垫而利进行，谨呈

贵州省动员委员会主任委员　吴

附呈临时印刷费概算书2份、印刷店估价单16件

贵州省会疏建委员会主任委员　吴鼎昌

贵州省会疏建委员会各项表册簿证印刷费概算书

支出临时门

科目	数量	概算数	备考
第一款　临时印刷费		3230	
第一项　表册簿证印刷费		3230	
第一目　表册簿证		1870	
第一节　人口调查表	3万张	270	都匀纸4K，印每百张0.9元，共计如上数，调查省会人口之用
第二节　县属可供疏散房屋调查表	1000张	1800	都匀纸2K，印每张1.8元，共计如上数
第三节　土地租用登记簿	5本	9	都匀纸2K，印每本1.8元，共计如上数，登记租用土地事项

续表

科目	数量	概算数	备考
第四节　居住证考核簿	100 本	158	都匀纸 2K，印每本 1.58 元，共计如上数，登记关于编发居住证事项
第五节　自愿疏散登记簿	100 本	158	都匀纸 2K，印每本 1.58 元，共计如上数，登记关于自愿疏散事项
第六节　强迫疏散登记簿	10 本	18	都匀纸 2K，印每本 1.8 元，共计如上数，登记关于强迫疏散事宜
第七节　登记证	8000 张	16.8	新闻纸 64K，印每百张 0.21 元，共计如上数，发给自愿疏散登记人
第八节　疏散证	1 万张	21	新闻纸 64K，印每百张 0.21 元，共计如上数，实施配置特发给疏散市民以为购买车票、租赁房屋之凭证
第九节　长期居住证	5 万张	105	新闻纸 64K，印每百张 0.21 元，共计如上数

（贵州省档案馆馆藏档案，档案号 M5—590，无页码）

（118）财政厅关于省保安处军官团因轰炸受损财物备案的说明及清单*

（1939年8月30日）

贵州省政府财政厅签呈

事由

奉交，据保安处签呈，该处军官团于2月4日遭敌机轰炸，损坏木器等物，祈鉴核备案一案，饬即派员调查，报候核办等因，签祈鉴核示遵由

办法

案奉钧府交下：据保安处签呈，该处军官团于2月4日遭敌机轰炸，损坏木器等物，附具清册，祈鉴核备案一案，饬即派员调查，报候核办等因，遵即派本厅科员钱文龙前往调查，去后，兹据签复称：该处军官教育团原设于贵山街之贵山书院，二四空袭，该团教室、办公室、宿舍等处，适中炸弹2枚，房屋、器具均已毁损，原送损失清单，核尚相符，理合将查得情形签祈鉴核，转呈等情，据此，查所称各节尚属实情，拟请准予证明，并通知审计处备案，是否有当，理合检同原案签祈鉴核示遵，谨呈

主席　吴

附呈原案一件

委员兼财政厅厅长　周诒春谨将本处军官教育团损失木器清单开呈鉴核

名称	损失数目	名称	损失数目	名称	损失数目
二抽办公桌	6	方凳	13	痰盂	12
木椅子	5	火盆	20	箕盘	5
木茶几	2	板凳	24	讲台	1
睡床	1	石砚	38	讲桌	1
藤靠椅	2	印色	14	小木凳	180
方大桌	6	水盂	34	三抽办公桌	4
元桌	1	布门帘	10	小板凳	40
讲桌	20	茶壶	28		

（贵州省档案馆馆藏档案，档案号M1—424，第21—25页）

(119) 议决省会警区出征抗敌军人家属优待委员会等关于埋葬费、救济费、疏建基金及补助费等的请示*

(1939年8月30日)

据贵州省会警区出征抗敌军人家属优待委员会呈，为据本市出征抗敌军人家属包尹氏函呈，以其夫病亡，无力葬埋，拟请发给葬埋费30元一案，除指令照准并饬省会救济慰劳捐募处照发外，特提会报告。

据贵州省会救济慰劳捐募处签呈，以奉交省会警区出征抗敌军人家属优待委员会呈送1939年4、5、6等月应领救济费出征抗敌军人家属姓名清册，计共需11670元，已照数制印支付通知书祈提会报告等情，特提会报告。

据疏建委员会签呈，以奉交遵义县动员委员会主任委员刘慕曾呈请贷5万元作疏散基金一案，饬即核签等因，以提出第13次常务会议议决“签得请核转省政府先于复兴灾区借款项下拨借”等语，请鉴核示遵等情，应如何办理，请公决案。

议决 在中央核定之100万疏散借款项下拨借。

据第二组签呈，以奉交战时儿童保育会贵州分会呈报1939年度预算收支不敷情形，恳请准予补助以利进行一案，饬签等因，签祈鉴核示遵等情，应如何办理，请公决案。

议决 照准补助□万元，本年内先拨1万元，余1万元明年度内拨付。

(贵州省档案馆馆藏档案，档案号M5—590，第42—45页)

（120）贵州省救济难民事务处1938年8月至12月实支岁出临时经费概算书*

（1939年8月30日）

查贵州省救济难民事务处组织规程，第十一条载：本处经费预算另定之。现据民政厅拟具该处1938年度5个月岁出经费概算书，计列按月实支3482元，俸给费一项，计2366元，办公费计1116元，应否切实核减或予照案核定之处。请提会讨论。

贵州省救济难民事务处1938年度自1938年8月起至12月止5个月

实支岁出临时经费概算书

支出临时门

科目		1938年度5个月实支概算数	每月实支数	备考
第一款	救济难民事务处经费	17410	24820	
第一项	俸给费	11830	2366	
第一目	俸给	11280	2256	
第一节	处长俸给	1200	240	

荐任处长1员，月额支400元，六成实支240元，5个月共支上数。

第二节	副处长俸给	900	180	

荐任副处长1员，月额支300元，六成实支180元，5个月共交如上数。

第三节	秘书俸给	600	120	

委任秘书2员，内兼任1人不支俸，专任1人，月额支200元，六成实支120元，5个月共支如上数。

第四节	组长俸给	1200	240	

委任组长4员，内兼任2人不支俸，专任2人，月各额支200元，六成各实支120元，五个月共支如上数。

第五节	副组长俸给	840	168	

委任副组长4员，内兼任2人不支俸，专任2人，月各额支140元，六成各实支84元，5个月共支如上数。

第六节	股长俸给	2160	432

委任股长12员，内兼任6人不支俸，专任6人，月各额支120元，六成各实支72元，5个月共支如上数。

第七节	事务员俸给	2460	492

事务员20员，兼任10人不支俸，专任10人，内4人月各额支100元，六成各实支60元，又3人月各实支80元，六成各实支48元，又3人月各额支60元，六成各实支36元，5个月共支如上数。

第八节	书记薪金	1920	384

书记16人，月各支40元，六成各实支24元，5个月共支如上数。

第二目	工资	550	110
第一节	工资	550	110

公役10名，内第一线月实支14元者1人，实支12元者1人，实支10元者7人，又油印工人1名，月实支14元，5个月共支如上数。

第二项	办公费	5580	1116
第一目	文具	950	190
第一节	纸张	600	120

各种纸张卷夹封套等每月每只支120元，5个月共支如上数。

第二节	笔墨	125	25

各种笔墨费支25元，5个月共支如上数。

第三节	簿册	125	25

各种普通簿籍及特用账簿月支25元，5个月共支如上数。

第四节	杂品	100	20

铜钉、浆糊、橡皮、木戳、丝棉、胶水、图钉、油印、朱票等月支25元，5个月共支如上数。

第二目	邮电	230	46
第一节	邮费	180	36

邮票月支36元，5个月共实支如上数。

第二节	电话费	50	10

电话月支10元，5个月共实支如上数。

第三目	消耗	450	90
第一节	灯火	300	60

电灯、洋油、洋烛等月支60元，5个月共实支如上数。

第二节　茶水　薪炭	150	30

茶叶、饮料、水夫、用水及柴薪、煤炭等月支30元，共实支如上数。

第四目　印刷	150	30
第一节　刊物杂志	150	30

印刷刊物、布告、规章、图表、单据、执照等月支30元，5个月共实支如上数。

第五目　旅费	3500	700
第一节　旅费	3500	700

派员赴各县调查及指导办理难民救济事项，月支旅费700元，5个月共支如上数。

第六目　杂支	300	60
第一节　广告　报纸	150	30

刊登广告、杂志及订阅报纸，月支30元，5个月共支如上数。

第二节　杂费	150	30

各种零星杂件，月支30元，5个月共支如上数。

说明：（一）本概算系按实支数列计，不再折扣；

（二）本概算假定自1938年度第二月（即1938年8月）起支，故编列5个月数目；

（三）本处职员拟先就筹办事务上必要者设置之，俟事务增加逐渐增设；

（四）本概算俸给费暂按本处职员专任、兼任各半计算列支，将来设置人员不及定额，余款仍节存缴库。

（贵州省档案馆馆藏档案，档案号M1—310，第122—126页）

（121）教育财政两厅关于教育厅“二四”空袭受损员工救济费的请示及预算书*

（1939年9月4日）

贵州省政府财政教育两厅签呈

事由

呈送补具发给“二四”空袭被敌机轰炸遭受损害各职员工役救济费预算请鉴核，提会核定，由

办法

案查本教育厅各职员，因“二四”空袭，敌机轰炸，遭受损害，内有被炸亡故者，亦有因施救带伤以及全家或一部份遭毁者，业经分别受害轻重，发给临时救济费，共972元，此项费用遵照钧府本年2月7日第510次委员会议议决，案应由本教育厅各项经费节余项下动支，并遵照原议决案，由本教育厅长核准发给，后复经商得本财政厅同意，拟由本教育厅前领1926年招待云南军学两界球队经费500元暨1937年度历月旅费节余497.99元共计997.95元项下动支，惟嗣后又奉钧府训令，以1939年以前节余款项在1939年度内动支者，仍应补具法案，理合补具是项救济费预算会签，呈请鉴核，俯予提会核定，以便办理计算，谨呈

主席　吴

附呈预算书一份

贵州省政府财政厅厅长　周诒春

教育厅厅长　张志韩

贵州省政府教育厅"二四"空袭被敌机轰炸遭受损害

各职员工役救济费预算书支出临时门

科目	预算数	备考
第一款　救济费	972	
第一项　救济费	972	
第一目　职员救济费	940	被炸死亡科员龚念勋发200，全家遭毁科员刘藜青、萧开玉各发100，施救带伤及一部分遭毁科员刘□椿发60，一部分遭毁科员张凯、段崧基、事务员罗来纪、赵叔勋、科员李家溱、督学周世万、马镇国、主任科员蒋宗仁、视导员陶杰、李道明、教师服务团派本厅服务祁振亚、雇员段继彬各发40，共支如上数。
第一节　职员救济费	940	
第二目　工友救济费	32	施救带伤及被炸工友钟文彬发20，一部分遭毁工友徐义忠发12，共支如上数。
第一节　工友救济费	32	

（贵州省档案馆馆藏档案，档案号M1—426，第29—32页）

（122）移送行政院所电之防范敌机轰炸办法及贵州省会警区出征抗敌军人家属优待委员会等关于埋葬费用等项的请示*

（1939年9月6日）

准省政府移送　行政院东一电开特急贵阳贵州省政府　密防范敌机轰炸办法，前经电饬依照城镇等次分别办理，兹查各省资源城镇每遇空袭，仍不免损害惨重，是防范尚有未周，疏散办法并未实行，仰即遵照迭次电令迅办，并责成该省防空部派干员巡视实地，督促进行，限文到1月内照前定办法疏散完毕具报，中央主管机关于1个月后派员至各城镇抽查，务期彻底实施为要等因，除分函党政军各高级机关暨分会各直属机关各县政府及防空司令部外，特提会报告。

据贵州省会警区出征抗敌军人家属优待委员会呈请核发出征抗敌军人家属吴张氏埋葬费30元，祈鉴核示遵一案，除指令照准并饬捐募处照发外，特提会报告。

据省会警区出征抗敌军人家属优待委员会呈请转咨省政府转饬各学校及医院豁免出征抗敌军人子女及家属学费、医药费，并请发给未领救济费出征抗敌军人家属一次救济费30元，祈鉴核示遵一案，经交第七组签注意见，应如何办理，请公决案。

议决　豁免学费部分准令饬教育厅照办；豁免医药费部分准令饬卫生委员会拟具施医办法呈核；发给救济费部分，仍照规定办理。

据省会二四空袭因公伤亡人员临时抚恤委员会报告，以第一次联席会议议决"除省会防护团员及保甲人员按照行政院公布之人民守土伤亡抚恤实施办法办理外，其余军警及其他公务人员由会通知各该伤亡人员，请领恤金人自行向其原属机关请恤，但得由本会酌发一次恤金，以示体恤"等语，理合检同人民守土伤亡抚恤实施办法及二四空袭因公伤亡人员调查统计表，请鉴核示遵一案，应如何办理，请公决案。

议决　原议决案修正通过。

（贵州省档案馆馆藏档案，档案号M5—590，第66—69页）

(123) 省政府秘书处关于追加汽车巡查队预算的请示*

(1939年9月7日)

查“二四”本市被灾后，为谋城郊安谧起见，经本府第512次委员会议决，由特务团组织汽车巡查队，“自2月9日开始试办1个月。”期满后因城郊尚未安谧，继续巡查至4月底饬令停止。所有该队2、3、4月份消耗汽油费4641.2元，机杂油费454.5元，又灯油及杂费51.6元，合共5147.3元，据公路局及特务团开单请予核发前来；兹特造具追加预算，拟请提会照案，准予在1939年度国防准备金项下动支列报，是否有当？理合签祈鉴核！

附呈追加预算一份，原卷一宗。

秘书处谨签

二八年九月七日

贵州省政府1939年度追加预算书

支出临时门

科目	本年度追加预算数	备考
第一款　省会城郊临时汽车巡查队油脂、杂费	5147.3	
第一项　汽车巡查队油脂及什费	5147.3	
第一目　油脂及什费	5147.3	
第一节　汽油费	4641.2	2、3、4月份共消耗汽油1132加仑，每加仑4.1元，合计如上数。
第二节　机油费	454.5	2、3、4月份共消耗机油48.7加仑，每加仑7元，计340.9元，又黑油3加仑，每加仑14元，计42元，又黄油2加仑，每加仑7元，计14元，又刹车油0.9加仑，每加仑64元，计57.6元，合计如上数。
第三节　灯油什费	51.6	2、3、4月份夜晚巡查所用□灯油及零星什费，合计如上数。

(贵州省档案馆馆藏档案，档案号M1—426，第69—70页)

（124）协济委员会关于另建新监从事疏散事宜的报告*

（1939年9月8日）

照抄协济委员会原签

查贵阳已奉令列为甲等应行防范轰炸城市，第一监狱以人犯众多，呈请另建新监从事疏散，实属切要之图。所需郊外地亩，查有中正门外土地关贵阳县桑园旧址，似可指拨领用，应俟原案核定后，再行会县勘办。相应签请查照。

此致

省政府秘书处

照抄财政厅原函

查原函所请拨款1万元，以7000元作为搬运及本年度下半年常月经费之用，一节语意既嫌含混，数目亦觉笼统。本案应需款项，拟俟原则决定后，再行转函详拟经临费预算，以凭核办。兹将原件附送，即希查照签注后，送还秘书处办理为荷。

此致

协济委员会

照抄建设厅原函

原函称监狱内人犯逾额，拟于近郊适当地点划拨荒地10亩至15亩，建造新监，以10亩作农场，以策安全，等语。查属可行，盖不惟可策人犯之安全，禆盖人犯之健康，更可养成其劳动习惯与耕作技能也。惟详细办法，应请补拟，再凭洽办。相应送请签注后，转送协济委员会为荷。

此致

财政厅

（贵州省档案馆馆藏档案，档案号M1—425，第38—39页）

（125）议决财政、教育两厅及疏散建委员会关于省会小学迁移、修建费的请示*

（1939年9月8日）

据财政、教育两厅、疏散建委员会会签，为拟具省会小学疏散办法及疏散后设置地点一览表，暨省会小学迁移、修建费预算书等件，所需迁移、修建等费共72242元，拟请准由本年度国防准备金项下动支，至疏散后各小学经费，即就原有省会省立各小学幼稚园经费项下支配，不再增加，等情，并据教育厅另案签拟“省立贵阳师范学校附属小学迁移善后办法”请核示前来，应否如拟办理，请公决案。附各原件

议决　省会小学疏散办法，交教育厅重行整理后提下星期三动员委员会。

（贵州省档案馆馆藏档案，档案号M1—424，第10页）

（126）议决财政厅关于防空司令部第二次防空演习经费、购置修理临时费及无线电总台“二四”被灾员役救济费的请示*

（1939年9月8日）

据财政厅签呈，奉交防空司令部呈，以该部上年举行第二次防空演习经费，前奉核准在1938年度国防准备金项下先行发给1000元，事后实报实销，迨演习完毕，综计支用经费，除领到之1000元外，尚超出244.93元，经造送支出计算书类呈，奉指令，饬将超过之数剔除，自应遵办，惟是项超过之款，实属必需，且早经垫支，拟恳准在该部1938年度经常费节余项下坐支，以免赔累一案，核属可行，拟请准予照办，等情，应否照准，请公决案。

议决　照准。

据财政厅签呈，奉交防空司令部呈送本年6、7两月份购置修理临时费预算书，请核示一案，查原送预算书，列支经费345.8元，尚无不合，拟恳准由本年度临时费项下支给，并请饬知嗣后支付临时经费，须于事先呈准方能动用，又原送预算书所列科目，查有未符，拟并饬更正，等情，应否准予照办，请公决案。

议决　准予照办。

据财政厅签呈，准秘书处函送钧府无线电总台二四被灾员役救济费计算书类，请核办一案，查无线电总台员工被灾救济费，前经钧府核准发给63.6元，在该台1938年度经费内预备费项下动支在案，是项费用，虽系动支上年度款项，但支付日期则属于本年度，自应作为本年度支出法案，以符实际，拟恳准予提会核定，等情，应否如拟办理，请公决案。

议决　准予如拟办理。

（贵州省档案馆馆藏档案，档案号M1—424，第16—18页）

（127）议决保安处关于修订《贵州省办理残废官兵收容暂行办法》第四条内容的请示*

（1939年9月12日）

据财政厅签呈，奉交保安处签，以贵州省残废官兵收容暂行办法第四条规定："凡已收容之官兵员丁，官员每月各给薪7元，兵丁每月各给饷6元，每年各发单衣、棉衣各1套"，兹拟改订为"官员每月各给薪12元，兵丁每月各给饷9元，每年各发单衣2套、棉衣1套"一案，查原签所请增加之薪饷数目，实已超过原定概算，且每兵月饷9元，较国难饷章为高，亦有未合，拟请准将官佐月薪定为9元，士兵月饷定为7元，其服装部分，仍照向章办理，并自9月份起实行，等情，复饬据秘书处签注，以本案似可照财政厅意见，将原办法第四条文予以修正，应否如拟办理，请公决案。附原签

议决　准予如拟办理。

（贵州省档案馆馆藏档案，档案号M1—425，第11—12页）

（128）财政厅关于向省立医院拨还治疗“二四”受伤灾民垫款的请示*

（1939年9月13日）

贵州省政府财政厅签呈　　二十八年九月十三日

事由

奉　发动员委员会函：为送还省立医院治疗“二四”受伤灾民购用棉花、纱布垫款单据，请查照办理，一案。签祈　核示由

办法

查省立医院治疗“二四”受伤灾民购用棉花、纱布等垫款601.23元，前据卫生委员会呈转单据，请予核发归垫前来。当以上项垫款，系为治疗“二四”受伤灾民支用，应由捐募处经收之“二四灾捐”项下拨还，即经将原呈单据函送动员委员会，请查照办理各在案。兹准该会函为中央医院及省立医院“二四”所用药品费用，前据灾民救济处呈请核示，经提会议决：“事关救济，由两院分别各向上级机关请领。”记录在卷。函还单据请查照，等由。查上项垫款，动委会既经议决，应向上级机关请领，拟请准予由本年度国防准备金项下动支归垫，以结悬案。是否有当？理合签祈

鉴核示遵。谨呈

主席　吴

附呈原函一件，单据二十三纸

财政厅厅长　周诒春

（贵州省档案馆馆藏档案，档案号M1—428，第21—22页）

(129) 提交关于续征特货防空捐的报告及议决各界抗敌后援会和协济委员会关于拨付捐款费和救济费的请示*

(1939年9月20日)

准省政府移送财政部艳渝秘特代电，为准本省函请准予转饬继续征收特货防空捐一案，经令饬禁烟督察处转令贵州分处续征30万元，由该分处照案征拨请查照等由，除饬知防空司令部及防空基金保管委员会并函督察分处续征捐款陆续解缴交保管委员会以资支应外，特提会报告。

据贵州全省各界抗敌后援会呈，为经费支绌，请将垫付办理结果寒衣捐款及伤兵新兵被服鞋袜药品捐款费用358元，俯赐补助或由各该专款项下支付，俾资结束，祈鉴核示遵一案，应如何办理，请公决案。

议决　在救济慰劳捐款项下拨付。

据协济委员会签呈，为奉发难民廖成氏报告以被“二四”惨炸以后，生活无依，请予救济一案，拟请准在本省救济费项下一次发给50元，敬祈鉴核示遵等情，应否照准，请公决案。

议决　该氏年已96岁，特准一次发给救济费50元整。

(贵州省档案馆馆藏档案，档案号M5—590，第135—136页)

（130）议决财政厅关于修筑高等法院防空壕临时费及临时防疫医院部分月份经费的申请*

（1939年9月21日）

据财政厅签呈，奉交高等法院函送该院第一分院修筑防空壕临时费预算书，计需款640元，请准在该分院本年经费节余项下动支一案，核尚可行，拟请准予照办，等情，应否照准，请公决案。

议决　照准。

据财政厅签呈，奉交卫生委员会呈送临时防疫医院本年8月至12月4个月经费概算书，计列支20000元，请核示一案，查无不合，拟请准予核定，等情，应否照准，请公决案。附原签原呈及概算

议决　照准。

（贵州省档案馆馆藏档案，档案号M1—431，第6—7页）

（131）建设厅、财政厅关于向贵阳电厂增加施行警报所需经费的请示及费用计算表*

（1939年9月21日）

贵州省政府建设厅呈

案奉

钧府1939年8月26日财制支字第3155号训令，以据财政厅先后签呈，奉交贵阳电厂呈，请增加司放警报煤火人工等费，暨防空司令部报告贵阳电厂施行警报，在每晚延长升火时间，所需经费，请准发给各一案，经提出委员会议决，交本厅查明实际情形，签拟呈核检发各件，饬即遵收办理等因，奉此，查贵阳电厂负责司放警报，每日自上午7时起至下午4时止，所需煤火人工膳食等费，照核定预算，月小列支644.29元，月大列支655.39元，现在各物价值昂贵，自属不敷应用，所请自本年7月份起增加为，月小列支790.92元，月大列支816.76元，就原表所列分别审查，尚属切实。又每晚自12时起延长至翌晨7时升火时间，共计7小时，所需煤火、人工、膳食等费，据造送防空司令部开列清单，拟订月小需用595.21元，月大需用604.33元，比照原拟昼间追加经费预算，亦属切要，以上两案所需经费，拟即照财政厅签拟一并准由本年度国防准备金项下支给，理合检同奉发各件，一并具文呈复

鉴核施行。

谨呈

贵州省政府主席吴

计缴呈财政厅签呈二件，防空司令部原报告一件，附清单一份，贵阳电厂原呈一件，附表二份。

贵州省政府建设厅厅长　叶纪元

贵州省政府建设、财政厅签呈（二八年九月二十一日）

事由

奉　发贵阳电厂呈：为呈复遵令与防空司令部会商拟具供给日电办法，以便函试用电气警报，祈鉴核，一案。签祈　核示由。

办法

查前据防空司令部呈报，电动警报器已装设完竣，请设法接济电厂煤料，各情，到府。当经本建厅拟具府令，饬由贵阳电厂日夜供电，并饬一面会商防空司令部拟具供电办法呈核，在案。兹据呈复该厂因购煤困难，尚未供给日电，经与防空司令部会商，在燃煤未解决以前，如有警报，仍用汽笛发放，同时试用电气警报，藉观其音响，是否适合。惟准备试用此项警报器，须随时将锅炉汽压保持，防空司令部于发放空袭警报前30分钟，须通知该厂立即开机送电，等情。经核所称试用电气警报器办法，仅在觇该器之是否适用，而每月需费在1000元以上（见原呈所附计算表），实属不甚经济。复查前据防空司令部及贵阳电厂先后呈请延长发放警报时间，及追加警报费用，各情一案。经本财政厅签奉钧府发交本建厅审查，计延长警报时间，月小需585.21元，月大需费604.33元。又追加警报费用，计月大列支816.76元，月小列支790.92元。如连同前项试放电气警报费用计算，每月须支用二千四、五百元之巨，所需似觉过大。兹为节省糜费及觇电气警报器之音响如何起见，拟饬由防空司令部择日通告市民，于夜间电厂发电时办理。如电气警报器音响高昂清晰，则以后发放警报，可专用警报器，无庸由电厂放汽笛，以资节省。至发放电气警报费用，即照原呈所附计算表内列数支领。是否有当？理合签祈

鉴核示遵，谨呈

主席　吴

附呈原呈一件，计算表一份。

建设厅厅长　叶纪元

财政厅厅长　周诒春

贵阳电厂新发电所司放电气警报费用计算表

Ⅰ、每日基本费用

煤27.6元　全日保磅用煤600公斤，每公吨46元，合如上数

工资5.8元（此处是工资总数）司电壁1人，工资1.2元；司汽机1人，工资1.4元；管锅炉1人，工资1.6元；烧火1人，工资0.88元；助烧火1人，工资0.72元，合如上数

每日共计基本费用33.4元

此项费用拟由电厂每月呈请钧府拨发至电厂燃料供给充足正式开放日电时为止

每月大月（卅日）合计1035.4元

每月小月（卅一日）合计1002元

Ⅱ、开机费用以每小时计算

煤 18. 4 元，每小时运转发电用煤 400 公斤，每公吨 46 元，合如上数

汽缸油 2. 14 元，每小时运转用汽缸油 0. 8 磅，每磅 2. 67 元，合如上数

润滑油 1. 4 元，每小时运转用润滑油 0. 7 磅，每磅 2 元，合如上数

每小时开机费 21. 94 元，此项费用拟由电厂登记实开时间，请防空司令部证明，每月呈请钧府拨发至电厂正式开放日电时为止

（贵州省档案馆馆藏档案，档案号 M1—430，第 46—51 页）

（132）建设厅、地质调查所、接管陆地测量局及化验室“二四”被炸损失统计*

（1939年9月22日）

房屋

房屋	间数	损毁情形	备考
厅大门及卫兵室、号房	3	门窗户壁屋瓦全毁，号房砖墙炸毁，卫兵室砖墙炸毁	
大礼堂	1	屋瓦多被炸毁，左侧砖墙全部炸毁，玻窗震毁	
厅长办公室	2	门窗户壁屋瓦多被震坏，玻窗震毁	
秘书室	1	同上	
会议室	1	同上	
第一科及缮校室	5	1间全部炸毁，其余门窗户壁屋瓦多被炸坏，玻窗震毁	
第三科及收发室	4	门窗户壁全炸毁，屋瓦多被炸坏，玻窗炸毁	
技术室	4	门窗户壁多被炸坏，玻窗炸毁	
化验室	7	门窗多被震坏，玻窗震毁	
制图室、暗室及仪器室	6	门窗户壁全炸毁屋瓦多被炸坏，玻窗炸毁	
市政工程处	4	同上	
庶务处	2	墙壁炸毁，门窗震坏，玻窗震毁	
档案室	4	1间全部炸毁，地下室、地基脚炸崩，其余门窗户壁屋瓦震坏，玻窗全毁	
会计室	2	门窗户壁屋瓦震坏，玻窗全毁	
书报室	2	同上	
职员宿室	3	同上	
公役宿室	3	同上	
储藏室	5	三科楼上储藏大部炸毁，后厅储藏室门窗户壁震塌	
后厅房屋	14	门窗户壁屋瓦多被震塌玻窗多被震毁	
厨房	1	门窗屋瓦多被震坏	
烧水房	1	同上	

器具

甲、本厅损毁器具

种类	件数	损毁情形	备考	种类	件数	损毁情形	备考
玻璃标本柜	4	玻璃完全破碎		旧挂钟	1	全毁	
玻璃书柜	3	同上		图板	5	同上	
新卷柜	5	全毁2个，破坏3个		布信套	1	同上	
四门卷柜	1	全毁		电灯	27	同上	
大图柜	1	同上		窗玻璃	471	同上	
旧文卷柜	10	同上		土痰盂	17	同上	
玻璃书柜	2	同上		茶壶	9	同上	
黑漆文件柜	1	同上		茶杯	37	同上	
黄漆木柜	2	同上		热水瓶	3	同上	
长餐桌	1	同上		四柱脸架	3	同上	
三抽办公桌	5	同上		洋磁脸盆	6	同上	
二抽办公桌	12	同上		磁杯盘	9	同上	
旧方桌	1	同上		印泥	11	同上	
大长方桌	1	同上		水盂	15	同上	
小条桌	2	同上		叫人铃	3	同上	
黑漆方桌	1	同上		铜墨盒	4	同上	
黑漆坐椅	4	同上		铜笔架	2	同上	
黑漆茶几	2	同上		石砚	6	同上	
旧木椅	2	同上		吸水器	1	同上	
旧茶几	1	同上		铜锁	4	同上	
长方坐凳	20	同上		马灯	3	同上	
小条凳	8	同上		大小木盆	4	同上	
行床	4	同上		厅街长木牌	1	同上	
白木椅	3	同上		黄色车	1	同上	
银色单人床	2	同上		太平沙桶	15	同上	
相架	3	同上		洋灯	5	同上	
大挂钟	1	同上		洋锁	17	同上	

乙、地质调查所损失器具

种类	件数	损毁情形	备考	种类	件数	损毁情形	备考
花漆大柜	1	全毁		藤太师椅	2	全毁	
花漆文书大柜	1	同上		台灯	7	同上	
花漆文件柜	1	同上		洋磁痰盂	1	同上	
花漆方圆桌	1	同上		大磁盆	1	同上	
花漆骨排凳	6	同上		所名牌	1	同上	
花漆靠椅	4	同上		温水瓶	1	同上	
黑漆小床	2	同上		磁茶壶	4	同上	
黑漆衣架	2	同上		磁茶杯	11	同上	
高六柱洗脸架	4	同上		黑漆茶几	3	同上	

丙、接管陆地测量局器具损毁部分

种类	件数	损毁情形	备考	种类	件数	损毁情形	备考
大图柜	4	全毁		行床	4	全毁	
大方桌	4	同上		茶几	6	同上	
双抽桌	6	同上		椅子	10	同上	
单抽桌	4	同上		躺椅	3	同上	
图架	1	同上		条板凳	9	同上	
四抽桌	3	同上		洋铁火盆	5	同上	

2月4日敌机肆虐后化验室损失各物清册

品名	大小	数量	备考	品名	大小	数量	备考
门		4扇		量筒	200CC	2个	
沙炉		1座		同上	100CC	2个	
窗玻璃	10×6.5	166块		同上	20CC	3个	
同上	9×9	4块		移液管	10CC	1个	
同上	9.5×5	3块		同上	5CC	1个	
同上	16×12	3块		分液漏斗	径15CM	1个	
同上	8.5×14.5	2块		同上	径90CM	1个	
同上	9×12.5	8块		克氏气体发生器	500CC	1个	

续表

品名	大小	数量	备考	品名	大小	数量	备考
药品柜玻璃	9×12.5	34块		漏斗	径9CM	1个	
同上	8×12.5	18块		漏斗	径9CM	2个	
玻璃瓶	10升	1个		玻璃酒精灯		2个	
同上	3升	1个		水蒸汽干燥箱	大型	1个	
试药瓶	500CC	1个		试管		25个	
同上	250CC	1个		三球安全漏斗		1个	
蒸馏玻瓶附侧管	1升	1个		加里球	5球	1个	
蒸馏烧瓶	半升	1个		温度计	100度	1个	
三角瓶	250CC	1个		玻璃钟面皿	径12CM	1个	
同上	300CC	1个		同上	径9CM	1个	
同上	500CC	2个		同上	径8CM	1个	
玻璃烧杯	400CC	3个		同上	径6CM	1个	
同上	600CC	3个		熵定管	50CC	1只	
磁蒸发器	径12.5CM	1个		量瓶	100CC	1个	

（贵州省档案馆馆藏档案，档案号M1—428，第34—50页）

（133）财政厅关于凿修高等法院地下室及防空壕所需经费的申请及法院公函、临时支付预算书*

（1939年9月23日）

贵州省政府财政厅签呈

事由

准高等法院函：以据第一分院呈拟凿修地下室及防空壕，附具书单，祈核等情，转请核办见覆，等由一案

签乞　核示由。

办法

查第一分院呈为驻地镇远，毗连湘省，尤以接近前方战区，时有遭受敌机空袭之可能，拟就院内掘修地下室，及开凿石硐各一个，以备贮藏案卷及各职员避难处所，计需修缮费为640元，附具预算书及估价单，呈请在该院1939年度经费节余项下动支，等由，查此项修缮费用，既经高院核属可行，拟请

准予照办，是否有当？理合检具原函书单，签乞

鉴核示遵。谨呈

主席　吴

附呈高法院原函一件。

财政厅厅长　周诒春

贵州高等法院公函

案据本院第一分院院长傅启奎呈称：窃本院驻在地与湘省毗连，现值第二期抗战时期，局势颇形紧张，此间接近前方，时有空袭之可能，拟于院内修地下室1个，以备贮藏案卷及文件之用，又拟修石硐1个，以便职员避难，俾策安全，计需费600余元，本院每月办公费无可挪支，所有此项修建费用，拟请在本院1939年度经费节余项下动支，可否之处，理合造具预算书及估价单呈送伏　祈钧院鉴核示遵，再本院经费截至本年6月份止，计节存690余元，合并呈明，等情，计呈送估价单一纸、临时支付预算书二份，据此，查该院所请，尚属实在，必要相应检同原书单函送

贵府请烦

查核办理，并希
见覆，以便饬遵为荷，此致
贵州省政府主席吴

附送临时支付预算书二份估价单一纸

刘含章

贵州高等法院第一分院1939年度临时支付预算书

支付临时门

科目	支付预算数	备考
第一款　高一分院临时经费	640	合计实支640元
第一项　临时防空费	640	临时防空费计实支640元
第一目　修缮	640	修缮一目计实支640元
第一节　材料	320	木料约实支如上数
第二节　工程	320	木石工程约实支如上数
说明　按本书实支640元系由1939年度节余项下动支，合并声明		

（贵州省档案馆馆藏档案，档案号M1—431，第37—41页）

（134）贵州省会及各县二十八年度征募寒衣捐款办法

（1939年10—12月）

一、省会及各县本年度征募寒衣捐款除妇女界仍由妇女工作委员会办理外，仍统归全省抗敌后援会负责主办。

二、寒衣捐款之分配：

甲、妇女界5万元；

乙、本省上次伤兵新兵被服鞋袜（药品捐款3万元除外）捐款12万元（由妇女界募集部分划归妇女工作委员会并计）并入计算，其未足额者仍继续征募，但征募逾额者，得在此次寒衣捐配额内照数减除；

丙、省会及各县13万元；

约计共为30万元。

三、照上次伤兵新兵被服鞋袜药品捐款配额比例分配。

四、征募期限，除妇女界外，省会及各县一律自本年11月1日起至12月底止。

五、关于本年度本省征募寒衣事宜，除依本办法办理外，准照去年贵州全省抗敌后援会征募寒衣办法办理之。

贵州省会及各县1939年度征募寒衣捐款配额表

一、省会

机关团体类别	原配额（15万元）	新配额（13万元）
特业	20000	8000
盐业	15000	10000
商会	10000	8000
公务员职教员	7000	6000
小计	52000	32000

二、各县

贵阳	1700	1700	平舟	300	400
遵义	8400	8400	八寨	300	400
黔西	6400	6200	丹江	200	200
清镇	2100	2100	三合	400	600

续表

安顺	10000	10000	都江	200	250
贵定	1800	1800	黄平	500	800
织金	2500	2500	印江	400	500
湄潭	800	1900	铜仁	800	1000
大定	4500	4500	凤冈	250	500
修文	500	700	都匀	1400	1400
龙里	800	850	岑巩	300	600
息烽	200	400	石阡	300	600
开阳	1600	1600	江口	200	500
定番	2400	2400	余庆	300	600
正安	1100	1100	瓮安	800	1000
桐梓	2500	2500	炉山	400	500
罗甸	400	400	松桃	300	600
赤水	1400	2000	平越	300	550
普定	1200	1200	荔波	500	800
仁怀	500	800	郎岱	500	800
绥阳	900	900	平坝	800	800
习水	800	800	紫云	500	600
镇宁	600	600	威宁	200	300
关岭	400	600	盘县	5400	4500
兴仁	700	750	水城	200	300
安龙	2500	2500	毕节	1500	1500
黎平	500	1000	贞丰	1500	2500
麻江	200	400	兴义	4800	4800
榕江	400	800	思南	400	800
锦屏	400	400	独山	700	1000
天柱	300	400	务川	200	300
三穗	200	300	德江	200	300
广顺	200	300	沿河	300	300
大塘	200	300	施秉	100	200
长寨	200	200			

（贵州省档案馆馆藏档案，档案号 M5—583，第 14—17 页）

（135）省会疏建委员会关于接收贵阳县政府所承建之贵阳耳锅寨第一批经济住宅的报告及清册*

（1939年10—12月）

疏建会签

案查接收贵阳县政府承建耳锅寨第一批经济住宅一案，业经本会暨监盘员于10月14日会同该县府职员前往文萃乡（耳锅寨）办理，当经按照移交清册逐一点验，计茅屋20幢，建筑材料及式样与原图说合同之规定，尚属相符，惟墙壁因土质欠佳，微有开裂，墙表糊灰过薄，颇多剥落，且一部分墙壁有倾斜之势，屋外排水沟及过道亦欠适宜，又查该工程既未据依照贵州省县机关财产管理规程第7条及第11条之规定招商投标，其订约时，亦未呈请主管机关派员参加审定，并通知审计机关派员监视，且建筑材料一部分系由该县政府自办，又与同规程第8条之规定不符，似有未合，据言因“二四”轰炸后，奉令从速赶建以便市民早日疏散，俾免无谓牺牲，致急忙中未及办理上项手续。等语，经核尚属实情，且以该项房屋配置在即，势难迁延，为顾念事实计，除已面告县府于1星期内将欠妥工程，责由原承包厂商切实修正及饬由疏散总站尽先分配，登记各户承租，并即派员驻区管理外，拟请姑准验收。再查该项住宅，厕所设备，尚付缺如，亟需补建，以切实用，除拟另案

呈请　省政府仍饬由该县政府就原包厂商酌议添建外，理合将会同接收文萃乡经济住宅情形签报，并造具接收清册，随签呈乞

鉴核示遵，谨签呈

省动员委员会主任委员吴

附呈接收文萃乡（耳锅寨）经济住宅清册1本

贵州省动员委员会监盘员　张百能

贵州省会疏建委员会秘书长　何玉书

贵州省会疏建委员会接收贵阳县政府交收文萃乡经济住宅清册（表略）

住户门牌号数：第5、8、9、10、11、12、13、14号，住宅地址：耳锅寨马路旁；

第15、16、17、18、19、20号在耳锅寨马路口；

第22、23、25、26号在耳锅寨前面；

第27、30号在耳锅寨右面。

（贵州省档案馆馆藏档案，档案号M5—583，第61—62页）

（136）贵州全省防空司令部动用防空基金月报表（第5号）

（1939年10月）

民国二十八十月份造报

科目	摘要	收入金额	支出金额
周转金	收上月份结存动用金	26703. 62	
周转金	收回预付制标语牌信号灯笼警钟木架及开石洞工资购火药共 6 单	1684. 75	
建设费	支新建防校草房及修理机枪中队营房警报室各 1 单		442. 20
设备费	支开凿本部市区东山石洞工资共 11 单		3255. 30
器材费	支制防空标语牌箭形牌特别通行证及购通信器材防空器材等共 26 单		6667. 08
旅运费	支留部马匹经费 2 单		60. 00
杂支费	支购火药印刷邮电租金津贴费等共 16 单		1135. 60
收入合计		28388. 37	
支出合计			2560. 18
比对结存			16828. 19

备考　以上支出数系实付与预付合计

（贵州省档案馆馆藏档案，档案号 M5—583，第 129 页）

（137）申请拨付慰问出征抗战军人家属代表团经费*

（1939年10—12月）

据1939年度双十节贵州省会各界慰问出征抗战军人家属代表团呈报组织情形并请指拨法币1000元，以便分发各征属作荣誉奖金及制送出征抗战军人家属荣誉帖之用一案，除指令照准并令饬贵州全省抗敌后援会遵照在慰劳捐款项下如数拨付外，特提会报告。

（贵州省档案馆馆藏档案，档案号M5—583，第6页）

（138）议决征募寒衣经费、宣传费及拨发边远农村工作团服装费、慰问费报告*

（1939年10—12月）

查本会前准全国征募寒衣运动委员会总会公函为拟定二十八年度征募计划，请查照发动征募等由，提经本会第70次会议议决“俟伤兵新兵被服鞋袜药品捐款办理结束后再办，上项捐款被服鞋袜部分并入计算先行函复”等语，兹据具贵州省会及各县1939年度征募寒衣捐款办法及该项捐款配额表，是否可行，请公决案。

议决准予通过，即日先汇6万元。

据第二组签呈，以奉交贵州全省各界抗敌后援会呈送员工编制月支生活费一览表，乞鉴核并请补助宣传事业费570元一案，请准予由救济慰劳捐款项下按月发给500元，签祈鉴核示遵等情，应否照准，请公决案。

议决　再交第二组审核。

据贵州全省各界抗敌后援会呈报，奉令拨发边远农村工作团服装费2672元，已由寒衣捐款项下拨给祈鉴核备案一案，除指令准予备查外，特提会报告团。

查本省祝捷大会决定拨款1万元慰劳湘北前线将士，已由省府先行电汇并提74次会议报告有案，兹准湖南省政府来省秘公元电“贵州省政府真秘一电敬悉，已转达第九战区司令长官部知照，并转前线将士知照，先代致谢忱”等由，特提会报告。

（贵州省档案馆馆藏档案，档案号M5—583，第6—7页）

（139）贵州全省各界抗敌后援会第三届月支经费预算书

（1939年10—12月）

月支经常费预算数计法币 1635 元

科目	月支经费预算数	备考
第一款　经常费	1610	
第一项　生活费	910	
第一目　职员生活费	845	
第一节　秘书	165	主任秘书1人，月支90元，秘书1人，月支75元，共支如上数
第二节　副总干事	280	月各支60元者3人，月各支50元者2人（专□主任干事）共支如上数
第三节　干事	200	月支50元者1人，月各支40元者2人，月各支35元者2人，共支如上数
第四节　助理干事	200	月支30元者1人，月各支25元者6人，月各支20元者1人，共支如上数
第二目　工友工资	65	
第一节　工友	65	油印工友1名，月支16元，杂务工友2名，月支共32元，传达1名月支17元，共支如上数
第二项　公宜费	700	
第一目　文具费	115	
第一节　纸张	30	每月约需无林纸7刀，合法币26.2元，杂色纸2.8元，共支如上数
第二节　笔墨	70	职员21人，每月需大小笔42支，每支0.4元，共16.8元，墨汁每人2筒，共42筒，价0.4元，共16.8元，油墨5筒，价6.5元，共32.5元，铅笔1元，共支如上数
第三节　簿册	5	

续表

科目	月支经费预算数	备考
第四节　杂品	10	
第二目　邮电费	45	
第一节　邮票	40	
第二节　电报	5	
第三目　购置费	18	
第一节　书报	8	
第二节　器具	10	
第四目　消耗费	32	
第一节　薪炭	20	冬季设火炉2个于办公室内，计每个月需煤10元，共支如上数
第二节　茶水	8	
第三节　灯油	4	
第五目　宣传费	510	
第一节　抗敌半月刊	250	每半月编发1次，计2000册，需印刷费如上数
第二节　抗敌画刊	100	每月编发1次，计1000册，需印刷费如上数
第三节　印刷费	100	各种抗敌宣传小册之编印，计每月分发各县分会1次需印刷费如上数
第六目　宣传预备费	60	
第一节　宣传预备费	60	发动各种运动或举行纪念庆祝大会所需标语、传单□置费及各项有关宣传杂支

（贵州省档案馆馆藏档案，档案号M5—583，第22—23页）

（140）建筑平民住宅收支概数

（1939年10—12月）

已领数

一、已领洋10万元正

应支数

（一）第一批共243间，每间149元（筑盖费137元、糊墙费12元），计共支36207元；

（二）第二批共268间，每间169元，应共支45292元。因工料渐涨，每间增洋20元，尚有30余间未成；

（三）厕所应共筑115所，每所包价100元，应共支洋11500元，已成2/3；

（四）道路每丈包价3元，约3800余丈，应共支洋11400余元，已成9/10；

（五）特工（开屋基及凿沟之石工）计共支洋1565元；

（六）青苗费已发527.9元，尚有半数用地未发；

（七）办公费（如标桩、门牌、图表、册告、文具等）约400余元；

（八）薪资事务员2人、监工4人，每人月支20元，已共支洋960元。

以上八桩均应共支107851.9元。

所有详细结算俟全部落成即粘同单据切实报销。

（贵州省档案馆馆藏档案，档案号M5—583，第42页）

（141）省会疏建委员会关于乡村经济住宅厕所修建费的报告及估价单*

（1939年10—12月）

疏建会签

案准贵阳县县长李大光建总字第452号江代电称：

“贵州省会疏建委员会钧鉴：查本府奉令修建耳锅寨及舒家寨乡村经济住宅50幢，当时未有厕所计划，亦未拟具修建厕所预算，现经各住户要求加建厕所，经查明确属需要，谨给具修建略图并估计每座单价为124元，拟每5幢加建厕所1座，50幢共建10座，计需修建厕所经费1240元，敬恳钧会在租金项下准予发给，以便修筑。附呈略图及估价单各一张贵阳县县长李大光叩江印”

等语，查所附略图暨估价单经发交调会服务工程员虞舜审查，尚无不合，厕所修建费用，该县府因于设计时漏水未列入预算。兹拟添修厕所，计算修建经费需洋1240元，请在租金项下准予发给，似属可行，拟请照准，以便克速兴工而济急用，□□□□□□□□□□□□□□□□□□

鉴核示遵，谨签呈

省动员委员会主任委员　吴

附呈贵阳县府添修文萃乡经济住宅厕所略图及估价单各一纸

贵州省会疏建委员会秘书室秘书长　何玉书

贵阳乡村经济住宅区厕所价值估价单

一、屋架　45元

二、竹壁及糊灰　40元

三、石磴　14元

四、挖坑　6元

五、茅草　16元

六、楼板　3元

共洋124元

（贵州省档案馆馆藏档案，档案号M5—583，第148—149页）

（142）防空基金保管委员会关于运费、旅费核销的报告[*]

（1939年10—12月）

防空基金保委会签

案准防空司令部函，以本部前委托运输铅丝，所有汽油、旅费等项共计支国币309.6元，单据、粘存簿一本，核无不合，相应函请核销转帐，以清案款等由，附单据、粘存簿一本准此，业经函请防空司令部、动员委员会第二组、财政厅、建设厅，并派本会会计股股长赵冲于11月1日下午3时，会同审核。兹据签呈意见书，以本案计算数309.6元核尚相符，拟请转呈核销等情，理合签呈

钧会，准予核销，谨呈

贵州省动员委员会主任委员吴

贵州全省防空基金保管委员会主任委员　周诒春

（贵州省档案馆馆藏档案，档案号M5—583，第175页）

（143）议决八寨动员委员会关于该县9月被炸后所需救济费用及动支办法的请示*

（1939年10—12月）

据八寨县动员委员会呈报，救济本年9月该县被炸灾民情形，并祈从优救济一案，查本年7月独山麻尾两次被炸（死32人、伤20人，焚毁房屋百余户，难民500余）曾由本会拨款2000元救济。本案死伤数目不详，无家可归者计79人，拟请援例拨1000元，在救济慰劳捐项下开支，由本会汇交该县政府统筹发给并将办理情形具报，是否可行，请公决案。

议决　通过。

（贵州省档案馆馆藏档案，档案号M5—583，无页码）

（144）省各界抗敌后援会关于办理征募寒衣捐款事项所需日常经费的申请及支付清册*

（1939年10月11日）

查本会岁奉令办理征募寒衣捐款，曾支付印刷收据、表册、纸张邮票等费，经本会在每月经常费中勉力支付，现为从事该项捐款结束事宜，又拔付油印收支征信录、油墨、纸张、邮票等费 114.20 元，正无着落间旋奉钧会饬办征募伤兵新兵被服鞋袜药品捐款，又拔付印刷收据、表册、纸张、邮票等费法币 243.8 元，连前垫结束寒衣捐什项用费 114.2 元，合计法币 358 元正，查本会按月经费收入有限，收付已欠平衡，似此一项用费委实无法支印，特缮呈支付清册，拟恳钧会俯允补助，抑或令指各该专款项下支付，俾资结束，理合呈祈签核示遵。谨呈

贵州省动员委员会

附呈征募寒衣捐款及伤兵新兵被服鞋袜药品捐款什项用费支付清册各一份

贵州全省各界抗敌后援会常务委员兼秘书长　俞嘉庸

贵州全省各界抗敌后援会办理寒衣捐款结束事宜什项用费支付清册

计开

一支油印捐款收支征信录等件纸张费 70.20 元正

一支邮票 10 元正

一支牛皮纸信 25 元正

一支油墨 9 元正

以上共支法币 114.20 元正

右数系由本会借垫

贵州全省各界抗敌后援会办理伤兵新兵被服鞋袜药品捐款什项用费支付清册

计开

一支捐款收据印刷费 124.50 元正

一支登报征求捐款启示费 30 元正

一支油印纸张费 45.60 元正

一支回针、朱砂、印油 7.7 元正

一支记帐用洋簿 1 元正

一支邮票费 15 元正

一支新闻纸信封 14 元正

一支油墨 6 元正

以上共支法币 243.80 元

右数系由本会借垫

（贵州省档案馆馆藏档案，档案号 M5—590，第 143—145 页）

（145）省政府情报处民国28年2月份临时费概算书

（1939年10月13日）

科目	概算书	备考
第一款　情报处临时费	100	
第一项　救济费	50	"二四"敌机轰炸本处，职员周劭庆全家被焚，呈请省府予以救济。业奉省府特字121号指令，照准在本处上年积余项下支付。
第一目　救济费	50	
第一节　救济费	50	
第二项　医药费	50	"二四"敌机轰炸本处，职员陈学猷在民教馆受伤甚剧，当经呈请省府予以救济。业奉陪省府省字3号指令，照准在本处上年积余项下支付。
第一目　医药费	50	
第一节　医药费	50	

贵州省政府情报处处长　严慎予

会计员　周劭庆

中华民国28年3月

（贵州省档案馆馆藏档案，档案号M1—433，第109—110页）

(146) 财政厅、教育厅关于省立贵阳民众教育馆修理费、省疏建委员会补助费的报告*

(1939年10月13日)

贵州省政府财政厅、教育厅会呈

事由

据省立贵阳民众教育馆呈送暂行修理馆舍临时费预算书单一案，计需经费479.9元，拟请准由本年度教育准备金项下支给，会签请示由。

办法

案据省立贵阳民众教育馆呈称："窃查职馆内各处房屋，自被炸后，倒塌零落，业经呈请照前呈图样拨款改建在案。惟□□□□前，所有阅览办公各室及大门牌坊墙垣，拟暂行修饰整理，以整馆容而免危险，兹特招工切实估计，共需法币479.9元，理合编造预算书具文呈请，伏祈鉴核，准予拨款修理，实为公便"等情。查该馆被炸后，即未修理，房屋损坏破漏，随时有发生危险之可能，现既一时未能改建新馆，应即迅速修理，以免危险。查核所请各项，尚属切要，计需经费479.9元，拟请准由本年度教育准备金项下支给，商得本财厅同意，理合检同原呈预算书单，会签呈请

鉴核示遵，谨呈

主席　吴

附呈预算书二份，估价单三纸。

委员兼财政厅厅长　周诒春

委员兼教育厅厅长　张志韩

省立贵阳民众教育馆修缮房屋墙垣预算书

支出临时门

科目	预算数	备考
第一款　全馆临时修缮费	479.9	
第一项　修缮	479.9	
第一目　阅览室	78.5	
第一节　木料	16	三分板子2丈合法币11元，6尺枋10块合法币5元，共需如上数

续表

科目	预算数	备考
第二节　洋钉	4	洋钉2斤，每斤价2元，共需如上数
第三节　瓦	18	除用撤下儿童阅览室旧瓦使用外，另须添置1000块，共需如上数
第四节　木工工资	25.5	建正及修补窗壁约需木工17个，每个工需1.5元，共需如上数
第五节　泥水工资	15	建正及翻盖约需泥水工10个，每个工需1.5元，共需如上数
第二目　办公室	234.5	
第一节　木料	38.5	三分板7丈，共需如上数
第二节　洋钉	6	洋钉3斤，共需如上数
第三节　瓦	54	添瓦3000块，共需如上数
第四节　木工工资	30	修理窗壁需木工20个，共需如上数
第五节　泥水工资	36	翻盖房屋16间，平地4间，约需泥水工24个，共需如上数
第六节　表糊	70	表糊办公室、会客室、礼堂计8间，所需草纸、皮纸工资共支如上数
第三目　墙垣	70.5	
第一节　石灰	22.5	大门牌坊及各地墙垣多已倾坏，约需石灰1500斤，每百斤价1.5元，共需如上数
第二节　纸筋	3	纸筋6斤，每斤价0.5元，共需如上数
第三节　泥水工资	45	泥水工30个，共需如上数
第四目　放映电影室	96.4	
第一节　木料	75.4	楼板5丈，价9元，行挑8根，每根价3.8元，共需如上数
第二节　洋钉	6	洋钉3斤，共需如上数
第三节　木工工资	15	木工10个，共需如上数

事由

奉　发动员委员会函：为据省会疏建委员会呈送赶办登记簿证应需文具及津贴等预算书，乞核转发给，等情，附送原书，请查照办理一案，签乞　鉴

核由，

办法

查省会疏建委员会前因赶办疏散事件，增雇临时人员应需酬金，及加班夜工应需伙食费，前经核准在该会经常费内增列科目支报在案，兹准动员委员会函转疏建会呈，为前项赶办事件未能及时完毕，经商由省警局加派职员填写登记证簿，计应需伙食津贴 600 元，及文具费 157 元，两共 757 元，该会经费有限，难再挹注，请予查照办理，等由，经核上项费用 757 元，暨据疏建会呈明经常费内无款挹注，拟请准予照数由本年度国防准备金项下支给，交函请动委会将津贴改为伙食补助费，以免与法令抵触，是否有当。理合签乞

鉴核示遵！谨呈

主席　吴

附呈原函一件、书一份（无）

财政厅厅长　周诒春

代行折主任秘书　金保康

（贵州省档案馆馆藏档案，档案号 M1—433，第 98—103 页）

（147）建设厅关于贵阳“二四”灾区路线详图的报告*

（1939年10月18日）

贵州省政府建设厅签呈：

事由

为贵阳二四灾区新辟及拓宽各街巷使用人民房基，经市政工程处分户测丈计算完竣，绘具图表，祈核，并拟每市方丈给补偿金 25 元，等情，所拟单价，是否可行，及是项补偿经费由何处动支，谨检原呈图表签乞　鉴核示遵由

办法

窃查贵阳“二四”灾区道路整理计划，前据贵阳市政工程处遵照贵阳灾区房屋建筑办法内第二条之规定，就地勘测，绘具贵阳“二四”灾区路线详图，呈送，经检具原呈计划图，签请备案。嗣准

钧府秘书处省秘字第 358 号函，案经呈奉

钧座批：“准予备案。”等因；函达查照，等由；各在案。查原计划拓宽市街，计有：金井街、后新街、正新街、中街、福德街、六座碑、贯珠桥、河东路、铁局巷、竹筒井、桂花巷、黑羊井、白沙井、三板桥、孟家巷、周家巷等大小街巷 16 条，及拓宽大十字广场。又计划新辟道路，计有：光明西路、光正路、正二路、黑羊井东面一段、东新街、局后街、陈家坝等街巷 7 条。使用沿线人民房基面积，为数不少。虽为谋嗣后便于防空消防，及改善市区而有此计划，但使用民地，似宜酌予补偿，以示政府优恤灾区业主之至意。当饬贵阳市政工程处，办理灾区分户测量，嗣据该处签，为灾区分户测量，保甲长及业主无法传集到场眼同测丈，拟请先行布告登记，等情：旋于本年 5 月 20 日以建市字第 42 号签奉

钧座批准由职厅登报公告各业主，限期到场眼同市政工程处人员测丈亦在案。兹据该市政工程处呈略称：“灾区计划路线，除房屋未毁部分不能测丈外，其余均已测算完竣。共计占用民地面积为 1350. 71 市方丈，拟每市方丈给补偿金 25 元，共需补偿金 33767. 75 元，是项经费未列入职处市政建设临时费概算及二四灾区整理经费概算内，应请指拨专款动支。理合绘具贵阳二四灾区整理计划及分户详图暨计算表各二份，呈祈鉴核。”等情，附图表各二份。据此，核尚无讹。惟查经费，究由何处动支？理合检具原呈图表各一份，随签呈祈

鉴核示遵。

谨呈　主席　吴

附原呈贵阳二四灾区整理计划及分户详图暨计算表各一份

建设厅厅长　叶纪元

（贵州省档案馆馆藏档案，档案号 M1—448，第 48—50 页）

（148）防空基金保管委员会关于添设警钟木架经费的请示及验收报告、警钟数目位置表*

（1939年10月18日）

防空基金保管会呈

案准防空司令部函，以添设警钟木架32个，所需工料，共计法币481.9元业经制备，竖立请派员验收等由，准此，业于10月18日函请财、建两厅、动员委员会第二组派员会同本会会计股前往验收，会具验收报告，前来，理合备文呈送，敬乞

鉴核示遵，谨呈

动员委员会主任委员　吴

附呈送照抄验收报告一纸　警钟木架数目位置表一纸

贵州全省防空基金保管委员会主任委员　周诒春

贵州省政府财政厅第三科稽核股验收报告

1939年10月18日

<table>
<tr><td>工程名称</td><td>购置警钟架32个</td><td rowspan="2">承造厂商</td><td>名称</td><td></td><td>批　示</td></tr>
<tr><td>主办机关</td><td>防空司令部</td><td>住址</td><td>河西路78号</td><td>厅　长</td></tr>
<tr><td rowspan="4">验收机关</td><td rowspan="4">贵州省动员委员会第二组
贵州省政府财政厅
建设厅
防空基金保管委员会</td><td>开工日期</td><td colspan="2">年　月　日</td><td rowspan="3"></td></tr>
<tr><td>竣工日期</td><td colspan="2">年　月　日</td></tr>
<tr><td>造　价</td><td colspan="2">481.90元（法币）</td></tr>
<tr><td>加　账</td><td colspan="2"></td><td>秘　　书</td></tr>
<tr><td>验收人员</td><td colspan="4">钱文龙、许彦儒、赵冲、顾光觐</td><td></td></tr>
<tr><td>工程概况</td><td colspan="4">购置双脚警钟架29个（单价15.50元）
单脚警钟架3个（单价10.80元）</td><td>科　　长</td></tr>
<tr><td>验收结果</td><td colspan="4">经照列地点会同勘验尚属相符</td><td>主　　任</td></tr>
<tr><td>验收意见</td><td colspan="4">勘验尚属相符拟请准予验收</td><td></td></tr>
</table>

附件：警钟数目位置表　　　　　　　　　　验收员

贵州省会防护团1939年8月份代制警钟木架数目位置表

第一分团

地名　毓秀里水沟口威西门乐群门六安门红边门该分团木架6个

第二分团

地名　水关上面光明路大十字口省党部侧六座碑口双槐路口老东门外马路边湖北义园石牌东山垭口该分团木架10个

第三分团

地名　河西路桥头飞山路绥署该分团木架3个

第四分团

地名　湖北路院前街大井坎双槐树该分团木架4个

第五分团

地名　次南门外文华路太平寨太平寨南头木市路口甲秀楼新住宅侧观风台新电厂该分团木架9个

附记　此次奉令设置警钟木架共32个，计双脚式29个，每个价洋15.5元，单脚式3个，每个价洋10.8元，合计共需洋481.9元

（贵州省档案馆馆藏档案，档案号M5—583，第91—96页）

（149）防空基金保管会关于制办防空墩、木盖等所需经费的请示及验收报告、说明书

（1939年10月18日）

防空基金保管会呈

案准防空司令部函，以前饬由省会防护团建筑之防空墩及翻修附城防空壕暨制办防空墩、木盖等所需各项经费，共计3568.50元，业已先后完工，请派员验收等由，准此，业于10月18日函请财、建两厅、动员委员会第二组派员会同本会会计股前往验收，会具验收报告，前来理合备文呈送敬祈

鉴核示遵，谨呈

动员委员会主任委员　吴

附呈照抄验收报告一纸　原说明书一份

贵州全省防空基金保管委员会主任委员　周诒春

贵州省财政厅第三科稽核股验收报告

1939年10月18日

<table>
<tr><td>工程名称</td><td>建筑防空墩翻修防空壕</td><td rowspan="2">承造厂商</td><td>名称</td><td>防空墩西南建筑工程社
防空壕　李金山等</td><td>批示</td></tr>
<tr><td>主办机关</td><td>防空司令部</td><td>住址</td><td>沿城路59号</td><td>厅长</td></tr>
<tr><td rowspan="4">验收机关</td><td rowspan="4">贵州省动员委员会第二组
贵州省政府财政厅
建设厅
防空基金保管委员会</td><td>开工日期</td><td colspan="2">年　月　日</td><td rowspan="5">秘书</td></tr>
<tr><td>竣工日期</td><td colspan="2">年　月　日</td></tr>
<tr><td>造　价</td><td colspan="2">3568.50元</td></tr>
<tr><td>加　账</td><td colspan="2"></td></tr>
<tr><td>验收人员</td><td colspan="4">钱文龙、许彦儒、赵冲、顾光覲</td></tr>
<tr><td>工程概况</td><td colspan="4">建筑双人防空墩83个单人防空墩13个及翻修老东门等处防空壕工程</td><td>科长</td></tr>
<tr><td>验收结果</td><td colspan="4">经会同勘验尚属相符</td><td rowspan="2">主任</td></tr>
<tr><td>验收意见</td><td colspan="4">经验尚属相符拟请准予验收</td></tr>
</table>

附件原说明书一份　　　　　　　　验收员

承办防空壕、墩、木盖情形及单据说明书

1. 防空墩经费900元（前后领据4张）

查此项建筑系于上年10月奉司令官面谕交办当于10月17日估定价值并造送预算书呈送核准并先发1000元赶制半分单、双人式两种，单人式每个价值7元，双人式每个价值11.3元，定筑单人式50个、双人式93个，合计需费1400.9元，立有合同，全数承包并呈　司令部备案，嗣因建筑格式略有变动，展转迁延至本年元月份，始由　司令部贺科员会同防护团代理总干事杨怀瑾逐个检验，计仅筑成单人式30个、双人式83个，检验后亦曾列表呈司令部核办，惟此项已成之墩一部份在尺寸上稍有出入，一部份则因盖子不坚，每个愿再津贴洋3元，责令再改，讵知承包人以贴本过钜，竟尔逃匿，当于本年3月20日以团字第192号呈报在案，嗣奉防三字第178号指令逃者不究，仍饬继续雇工重修，嗣复奉　司令部办会字0394号指令，着由防护团尽可能力量修理，盖"二四"空袭后被炸毁者、践踏者、汽车撞难者比比皆是，工作既不续进，理应报账核销此建筑防空墩情形也，墩之地址在警区管段内，各分局均有底册。

2. 翻修防空壕经费1352.85元正（收据9张）本年4月10日

（贵州省档案馆馆藏档案，档案号M5—583，第91—96页）

（150）议决贵阳县商会关于每月补助费的请示*

（1939年10月23日）

据财政、建设两厅会签，奉交贵阳县商会呈，以敌机轰炸筑市，会产被毁，原有负担会费之各业，均已无力缴纳，请援照十九年以前钧府补助成例，每月拨给补助费200元，以免停顿一案，拟请俯准按月补助该会经费200元，以6个月为限，等情，应否照准，请公决案。附原签原呈

议决　照准，在本年度总预借费项下动支。

（贵州省档案馆馆藏档案，档案号M1—438，第10页）

（151）议决建设厅关于向其所属科员发放救济费的请示*

（1939年10月23日）

据建设厅签呈，查二四敌机袭筑，本厅被灾各员役计有科员艾和琴等13名，经遵照钧府委员会第510次会义议决案，分别发给救济费共1318.65元，是项费用，拟即由本厅1939年度节余经费项下开支，除各附属机关各员役被灾情形，另案查报外，检同清册，请准备案，并转饬财政厅知照，等情，应否准予照办，请公决案。

议决　姑准照办。

（贵州省档案馆馆藏档案，档案号M1—438，第11页）

（152）财政厅关于省立医院追加防空壕建筑经费的请示*

（1939年10月23日）

贵州省政府财政厅签呈

事由

奉　发卫生委员会呈，据省立医院呈送追加防空壕建筑费预算书，乞签核一案。签乞核示由。

办法

查省立医院建筑防空壕经费，前经核定为1023.6元。嗣据该院呈请追加876.4元，复经核准照辩，即由该院1937年度经费节余项下支报，各在案，兹据卫生委员会呈转该院呈报1937年度节余，除奉准动支遣移费280元外，实余421.19元，不敷支付前项追加建筑费之用。请准专案补发，其1937年度节余，即由该院照数缴库等情。经核前项追加建筑费，既据呈明节余经费不敷支用，拟准照数由本年度总预备费项下支给。所有未开节余，即饬照数缴库，是否有当！理合签乞

鉴核示遵。谨呈

主席　吴

附呈原呈一件，书一份。

财政厅厅长　周诒春

（贵州省档案馆馆藏档案，档案号M1—438，第74—75页）

（153）议决财政厅关于省立医院追加建筑防空壕经费的请示*

（1939年10月29日）

据财政厅签呈，奉交卫生委员会呈，以省立医院建筑防空壕经费前奉核定为1023.6元，嗣后呈准追加876.4元，即由该院1937年度经费节余项下支报。惟现据该院呈报，1937年度节余经费，为数无多，不敷支付。拟请准予缴库。至是项追加建筑经费，并请专案发给，转祈核示一案，核尚可行，追加之数，拟准在本年度总预备费项下支给，所有该院1937年度节余，并饬即行缴库，等请，应否照准，请公决案。

议决　照准。

（贵州省档案馆馆藏档案，档案号M1—438，第10—11页）

（154）省伤兵之友社向动员委员会就请按月补助经费的申请*

（1939年11—12月）

省政府公函案

据贵州省伤兵之友社呈请，按月补助经费100元造具预算祈核示等情到府，除以“呈件均悉，仰候函请动员委员会自本年11月份起按月核给补助可也”等语批示饬遵外，相应检同原表函请查照核办为荷

此致

贵州省动员委员会

计检送原概算书一份预算分配表一份

贵州省伤兵之友社概算书

科　　目	本年度概算数
第一款　贵州省伤兵之友社经常费	400
第一项　俸给费	172
第一目　俸薪	112
第二目　工资	60
第二项　办公费	228
第一目　文具	120
第二目　宣传费	80
第三目　杂支	28

说明：1.“俸给费”除专任干事一人系兼任，暂不支薪外，书记支20元者2人，支8元者1人，计共支俸薪112，又工役1人月支15元，合计共支俸给费172元，4个月如上数；

2.“办公费”月支文具30元，宣传费20元，杂支7元，共支办公费127元，计4个月如上数。

科目	全年预算数	各月分配数			
		9月份	10月份	11月份	12月份
第一款　贵州省伤兵之友社经常费	400	100	100	100	100
第一项　俸给费	172	43	43	43	43
第一目　俸薪	172	43	43	43	43
第一节　雇员俸	112	28	28	28	28
第三节　工资	60	15	15	15	15
第二项　办公费	228	57	57	57	57
第一目　文具	120	30	30	30	30
第一节　文具	120	30	30	30	30
第二目　宣传费	80	20	20	20	20
第一节　宣传费	80	20	20	20	20
第三目　杂支	28	7	7	7	7
第一节　杂支	28	7	7	7	7

说明："俸给费"除专任干事一人系兼任不另支薪外，书记二人月支20元者1人，月支8元者1人共28元，工役1人月支15元；

"文具"每月需用毛笔、铅笔、墨汁、油墨、公文纸、信笺、封套、纸张、浆糊、木戳、印泥等约30元；

"宣传费"印刷宣传标语及各项费用约支20元；

"杂支"邮费及一切零星用费约月支7元。

（贵州省档案馆馆藏档案，档案号M5—583，第187—189页）

（155）战时民众补习教育章则办法及经费预算报告*

（1939年11月3日）

前据教育厅签拟，战时民众补习教育各项章则办法及经费预算请鉴核一案，关于预算部分，经饬据财政厅签注意见五项：（一）查原拟计划大纲拟在1939年度内于省会及贵阳等25县，开设战时民众补习学校4000班，衡以本省情形，师资与学生均感缺乏，复查所拟经费预算，每班灯油费月仅6元，似觉过少，恐灯光不足，反伤学生目力，似应兼顾事实，重质不重量，在本年度内先办2000班，俾期开办1班，能收1班之效。（二）教育厅所拟1939年度战时民众补习教育经费预算说明内称："本预算总数为16万元，除由教育部补助8万元外，由本省省政府拨给8万元"等语。查本省库帑奇窘，上款既未列入预算，一时难筹8万元之数，拟请除中央补助8万元外，本省暂行筹拨2万元，其余6万元，候省库充裕再为补足。（三）此项战时民众补习学校，拟请俟中央补助款到省后，再行开学，以免经费无着。（四）所有本省筹拨之2万元，如蒙核准，并请由本年度国防准备金项下动支。（五）所拟民众补习学校经费预算，拟请饬教育厅另行编造呈核。关于章则，并饬据秘书处签注意见，拟请加以修正。当经提出本府委员会第575次会议议决："照财政厅意见通过，本省前拟印制民校课本费（4万余元），应并入预算内计算"，嗣据教育厅遵照议决案，签送改编预算暨本年度贵阳等25县应办战时民校班数及省补助经费简明表前来，查核尚无不合，且以部款业已汇到5万元。本案亟应予以核定。俾资办理。除将各项章则公布通饬施行，并将原表表令发贵阳等25县县政府遵照办理外，特提会报告。

（贵州省档案馆馆藏档案，档案号M1—439，第38—39页）

（156）省会疏建委员会关于支销赴各疏散住宅工场视察督导费用的报告*

（1939年11月14日）

疏建会签

查本会承建各疏散住宅，业经次第兴工，职及会中高级职员暨疏散总站主任，随时艾须分赴工场视察督导，用策进行。兹为行动捷便并节省旅费起见，特商准贵州省农业改进所借用4座轻便马车1辆，海骝马1匹，并配马夫赵超1名，以资驾驶。所有饲料工食，并准农业改进所函知每日马匹饲料支0.7元，马夫工资及伙食支0.8元，每日共支1.5元，嘱由本会开支等语，查此项马车，业经于10月21日接收使用，兹拟请自是日起，每日应支饲料工食及必需钉掌价款，准于本会经常费旅费项下支销。理合

具签呈祈

核准，转函

贵州省政府备案，转知贵州省审计处备查，以便报销，实为公便！谨呈

贵州省动员委员会主任委员　吴

贵州省会疏建委员会秘书室秘书长　何玉书

（贵州省档案馆馆藏档案，档案号M5—583，第104页）

（157）抗敌后援会关于军人棉衣费的报告*

（1939年11月14日）

据抗敌后援会呈复，遵令拨赠一一八师棉衣费1万元，自行制备及招商承办保安处士兵棉背心8000件费用21600元祈鉴核一案，除指令准予备查外，特提会报告。

（贵州省档案馆馆藏档案，档案号M5—583，第205—207页）

（158）议决关于全国慰劳抗战将士总会、九十九师特别党部及贵兴师管区司令部关于慰劳前方将士药品、寒衣等费的申请*

（1939年11月14日）

准全国慰劳抗战将士总会代电，以据慰劳团报告前方将士急需大量药品接济，请鼎力推动征募代金一案复准省政府移送该会代电同前由应如何办理，请公决案。

议决　由伤兵新兵被服鞋袜药品捐款项下应划药品捐款部份拨汇2万元。

准九十九师特别党部函，以该师出征在即，请惠赐棉衣、棉背心及鞋袜药品等以振士气一案，应如何办理，请公决案。

议决　由寒衣捐款项下拨赠1万元自行制备。

准贵兴师管区司令部代电，为所属各团士兵棉衣单薄恳请惠赐棉背心1万件以资御寒，敬请示复一案，复准该司令部特别党部代电同前由，应如何办理，请公决案。

议决　由寒衣捐款项下拨赠1万元自行制备。

（贵州省档案馆馆藏档案，档案号M5—583，第121页）

（159）听取防空司令部关于情报人员训练班经费的报告及议决妇女会筹备委员会、省会非常时期紧急救济委员会等关于补助费、掩埋队津贴的申请*

（1939年11月15日）

准省政府函以据防空司令部报告情报人员训练班经费拟减为3204元，连同开办费300元共为3504元一案请查照等由令知防空基金保管委员会外，特提会报告。

据第二组签以奉交妇女会筹备委员会呈请补助经费200元一案，应否照准签乞鉴核提会核议等情，应如何办理，请公决案。

议决　本会经收各种捐款，专为救济之用，未便补助。惟该筹委会召集全省妇女代表举行会议、从事组织与动员民众不无裨益，特准在本省精神总动员经费节余项下连同请求省府补助部分一次补助400元整。

据捐募处签，为奉交省会非常时期紧急救济委员会呈，为掩埋队员掩埋死尸一具，拟请发给伙食津贴1元一案，拟请照准签乞鉴核示遵等情，应否照准，请公决案。

议决　照准。

据疏建委员会签送疏建经费100万元分配概算书请鉴核备

（贵州省档案馆馆藏档案，档案号M5—583，第82—85页）

（160）贵州省会非常时期紧急救济委员会关于向掩埋队员发放伙食津贴标准的报告*

（1939年11月22日）

捐募处签

案奉钧会发下贵州省会非常时期紧急救济委员会拟请发给掩埋队队员在工作时间掩埋死尸一具发给伙食津贴 1 元原呈一件，奉批“交捐募处核签”等因奉此，查该会所组掩埋队于工作时间掩埋死尸一具拟津贴伙食 1 元一节，为数无多，拟请予以照准，是否之处敬祈鉴核令遵，谨呈

贵州省动员委员会

缴还原呈一件

贵州省会救济慰劳捐募处处长　周诒春

贵州省会非常时期紧急救济委员会呈

窃本会办理非常时期紧急救济事务，关于被难死亡灾民，除有亲属自行收殓者外，其余无亲属或有亲属而无力举葬者，收殓掩埋之任务，本会责无旁贷，事前应有妥慎计划，现棺木一项，已有相当准备，惟对掩埋队队员，如果临时雇佣，诸多不便，爰就本市白龙会会员组织成立，拟于工作时期掩埋死尸一具，发给伙食津贴法币 1 元，经提交本会第 12 次常会议决“呈请贵州省动员委员会核示”等语，纪录在卷，是否有当，理合备文呈祈鉴核示遵！谨呈

贵州省动员委员会主任　吴

主任委员　余华沐

副主任委员　陈世贤

（贵州省档案馆馆藏档案，档案号 M5—583，第 106—107 页）

（161）贵州动员委员会第80次会议议程*

（1939年12月6日）

准省政府函，以据伤兵之友社呈请，自11月起，按月助经费100元一案函达查照核办等由，应如何办理，请公决案。

议决　由救济慰劳捐款项下照拨。

据保安处移呈，据中央军校第16期13总队黔籍学生黄菁华等19人呈，为行将分发援山西等省，补助各该省在队学生之例，请破格补助服装费一案，应否照准，请公决案。

议决　每名准补助赴前方制装费50元，由救济慰劳捐款项下拨付送学校转发学校，仍请照常补助。

据抗敌后援会呈，为准凤冈志愿兵团函请拨赠士兵"贵州省志愿兵"绣字衬衣、粮袋、水壶、军服等请核示，并准镇遵师管区司令部电请捐助该区各续成团及凤冈志愿兵团学兵队棉背心13000件各一案，应如何办理并请公决案。

议决　1. 志愿兵团服装仍由该管师管区司令部照章配发；

2. 凡志愿兵团或营，概由会赠旗交各该管师管区司令部转发；

3. 续成团补助13000元自行制备。

（贵州省档案馆馆藏档案，档案号M5—583，第181—183页）

（162）征募处关于拟定《贵州省非常时期过境军队疾病落伍及死亡官兵夫救济办法》的报告及具体条文

（1939年12月20日）

准军管司令部移送，据征募处签呈，为非常时期过境军队疾病落伍及死亡官兵夫函应分别予以救济，拟具“非常时期贵州省对军队落伍病亡官兵夫救济办法”，经交第一组签注意见，复饬据秘书室参酌修正为“贵州省非常时期过境军队疾病落伍及死亡官兵夫救济办法”，是否可行，请公决案。

议决

附：

贵州省非常时期过境军队疾病落伍及死亡官兵夫救济办法

第一条　贵州省为救济非常时期过境军队疾病落伍及死亡官兵夫起见特订定本办法

第二条　凡过境军队疾病落伍及死亡官兵夫应受下列两项规定之救济

一、各县（省警局）区联保甲长或民众如发现过境军队有疾病落伍官兵夫应依照贵州省各县民众义务输送伤病官兵办法之规定派由壮丁义务担架队运送医院或区公所或联保办公处或代为延医诊治俟其病愈并得酌给旅费使其归回原部队或送附近师团管区所属部队编训但是项药费及旅费每员名均不得超过10元

二、各县（省警局）区联保甲长或民众如发现过境军队有落伍死亡官兵夫应即备棺殓埋但是项殓埋费每员名不得超过10元

第三条　各县（省警局）区联保甲长或民众办理前条一二两项规定之救济所需费用得由各该地方公款或私款先行垫支事后应由地方公正绅者三人以上之书面证明并检同单据报县（省警局）在总预备费项下如数拨还

第四条　本办法规定救济事项由省动员委员会会同省政府指导各县动员委员会及县府（省警局）督饬各区联保甲长办理不另设机关

第五条　各县（省警局）区联保甲长如有发现过境军队疾病落伍及死亡官兵夫故违不予救济者应受惩罚

第六条　本办法经省动员委员会通过后施行

（贵州省档案馆馆藏档案，档案号M5—591，第30—31页）

（163）贵州省会疏建委员会验收第二批舒家寨疏散住宅幢数及应补工程费数目一览表

（1939年12月27日）

承建厂商名称	种类及幢数			间数	应领第1、2、3期全数工程费	已领数	应发数
	甲	乙	丙				
新记营造厂		5	2	35	28924	21920	7004
三民营造厂		1		5	36356	35263	1093
荣森营造厂	5	6		50	36356	24238	12118
清山营造厂			1	5	28924	28152	772
裕民营造厂	3	1		17	36356	31924	4432
日新营造厂		5	2	35	28924	21920	7004
合计	8	18	5	147	195840	163417	32423

（贵州省档案馆馆藏档案，档案号M5—591，第114页）

（164）防空司令部关于在邻省设置防空联络员所需经费预算的申请*

（1939年12月□日）

贵州省政府财政厅签呈　　二十八年十二月□日

事由

奉　发防空司令部呈：为在邻省设置防空联络员造具预算，并检同驻地计划表，乞核示一案，签乞　鉴核由

办法

查防空司令部呈，拟在邻省设置防空联络员一节；尚属需要。惟现时年度行将终了，上项联络员，拟俟1940年度开始后再行设置，所需经费，每月630元，即在该部防空监视队哨经费内统筹开支，是否有当，理合签乞

鉴核示遵。谨呈

主席　吴

附呈原呈一件，预算书二份，计划表一纸。

财政厅厅长　周诒春

贵州全省防空司令部呈

查本部原设防空监视队部及哨所，其驻地多在本省境内，对于邻省情报联络，殊嫌未周，于此敌机肆虐变本加厉之秋，在邻省设置防空情报联络人员一举实为刻不容缓之图，兹为健全本省防空业务，以期周密起见，拟在各邻省设置情报联络主任5员、联络员12员，共17员，上尉联络主任月支50元，中尉联络员月支40元，计联络主任5员，共月支250元，联络主任2员不支薪外，实月支630元，是项经费，拟恳由本部监视队哨节余费项下支给，是否可行？理合造具预算书二份，连同设置情报联络人员驻地及联络计划表一纸，备文呈请

鉴核！恳迅予　示遵！

谨呈

主席　吴

附呈预算书二份，情报联络人员驻地联络计划表一纸。

贵州全省防空司令　余华沐

贵州全省防空司令部于各邻省设置情报联络人员驻地及计划表

省别	地点	联络主任或联络员	专任或兼任	级别	月薪	联络办法	备考
四川	綦江	联络主任	专任	上尉	50	指挥酉阳、叙永联络员；应与东西北方面随时通话，取得情报，应适时报告本部及应必要迳告遵义、松坎、桐梓。	
	酉阳	联络员	同上	中尉	40	与各方面应切取联络，如有情报，应即报綦江并利用无线电同时报告本部及应必要时并即分电道真、后坪、沿河、松坎、正安、务川、德江等电台。	
	叙永	联络员	同上	中尉	40	应随时与泸县、赤水、毕节联络并应即时报告綦江。	
湖南	芷江	联络主任	同上	中尉	50	指挥乾城、靖县、晃县联络员；所得情报应即时报告本部及应必要迳告镇远、铜仁。	
	乾城	联络员	同上	中尉	40	除切实与其东北方面及芷江联络外，尤应与酉阳特别联络。	
	靖县	联络员	同上	中尉	40	切实与其东南、东北方面及芷江联络，如有情报应即报芷江转本部及应必要迳告晃县有关各方。	
	晃县	联络员	同上	中尉	40	切实与芷江、靖县联络，尤特应与铜仁、镇远联络，专任铜仁、镇远间情报之转达。	
广西	百色	联络主任	兼任			指挥凌云、西林联络员；应与凌云、乐业、田西、西林、西隆、万冈及百色东西南一带有通信线路之各地。联络方面所得情报利用有线及无线电即报本部，且应必要即分电罗甸、安龙、兴仁、盘县等电台，并应与万冈电台互相为用，彼此协助。	由本部无线电十三分台台长兼任，不另支薪。

续表

省别	地点	联络主任或联络员	专任或兼任	级别	月薪	联络办法	备考
广西	凌云	联络员	专	中尉	40	与有通信设备各处联络，尤其黔桂边境一带，切取联络，所得情报应即报百色。	
	西林	联络员	专	中尉	40	同上。	
	万冈	联络主任	兼			指挥东兰联络员；应与天峨、凤山、东兰、南丹、河池、百色及万冈东南一带联络，所得情报即利用无线及有线电报告本部，且应必要即分发罗甸电台、万冈电台与百色电台，应互相为用，彼此切实协助，并须应宜山联络主任之请求，况要特为其拍发情报、电报。	由本部无线电十二分台台长兼任，不另支薪。
	东兰	联络员	专	中尉	40	应切实与凤山、天峨联络，所得情报即报万冈及依必要通报南丹、河池、天峨并专任万冈、河池、南丹间之情报转达。	
	宜山	联络主任	专	上尉	50	指挥三江、南丹、河池等联络员；任桂境内一般情报之传达尤以恩思、宜北、天河、罗城、融县、长安、三江、龙胜一带之情报，应特加注意各联络员应负责之区域，由该联络主任适当分配并随时指示之。	
	南丹	联络员	专	中尉	40	与有通信设备各处联络，尤特应与东兰联络并受万冈情报主任之指挥。	
	河池	联络员	专	中尉	40	同上。	
	三江	联络员	专	中尉	40		

续表

省别	地点	联络主任或联络员	专任或兼任	级别	月薪	联络办法	备考
云南	平彝	联络员	专	中尉	40	□□利用当地有线无线通信设备与本省以西各方面联络。	
合计					630		除兼任者外，计上尉3员、中尉12员，月薪合支如上数。

（贵州省档案馆馆藏档案，档案号M1—458，第36—40页）

（165）交通机关抗战损失统计（1939）（节录）

（1939年）

路线损失　国营铁路路线损失

路别	原有营业里程			现有营业里程			沦陷及拆除营业里程		
	共计	干线	支线	共计	干线	支线	共计	干线	支线
陇海	1265	1227	38	602	602		663	625	38
粤汉	1147	1096	51	456	456		691	640	51
湘黔	175	175	—	—	—		175	175	
平汉	1549	1213	336	—	—	—	1549	1213	336

资产损失　国营铁路资产损失

路别	原有资产总数	沦陷及拆卸资产总数	现有资产总数	附注
粤汉北段	60734364	99276700	65803549	
粤汉南段	104345885			
湘黔	6639548	6639548		
平汉				

战时邮政损失统计（四）邮件及包裹

（自民国廿六年七月至民国廿八年六月底止）

邮区	邮件		包裹	
	数量（件）	估计（元）	数量（件）	估价（元）
广西	438	—	39	195
云南	422	—	342	1210
贵州	305	—	116	580
新疆	16	—	5	25

战时邮政损失统计（六）员工

（自民国廿六年七月至民国廿八年六月底止）

战［邮］区	总计		职员				工役			
	死亡［伤］人数	医药抚恤金（元）	死	伤	医药费（元）	抚恤金（元）	死	伤	医药费（元）	抚恤金（元）
广东	—	—	—	—	—	—	—	—	—	—
广西	—	—	—	—	—	—	—	—	—	—
云南	—	—	—	—	—	—	—	—	—	—
贵州	10	—	—	—	—	—	10	—	—	—
新疆	—	—	—	—	—	—	—	—	—	—

附注：此表系据邮政总局呈报交通部之各邮区寄到损失者编列，余俟汇齐编补充报告表。

［国民政府经济部档案，转录自中央党史研究室第一研究部、中国第二历史档案馆编：《国民政府档案中有关抗日战争时期人口伤亡和财产损失资料选编》（2），中共党史出版社2014年版，第761、765、780、782页］

（166）贵州省会警察第五分局辖区5月1日被炸伤亡姓名调查表

（1940年）

姓名	性别	年龄	籍贯	职业	住址	被炸地点	伤亡情形	家属姓名	备考
蒋坤山	男	62	贵阳	苦力	芳渡舟35	芳渡舟35	炸死	无	
王万氏	女	28	贵阳	家政	芳渡舟58	芳渡舟35	炸死	夫王世平	由王世平收葬
次华	女	3	同上	无	同上	同上	同上	父王世平	同上
领男	女	2	同上	同上	同上	同上	同上	同上	同上
万润贞	女	32	同上	家政	同上	同上	同上	弟万国辉	万国辉收葬
罗安廷	男	65	同上	苦力	芳渡舟36	芳渡舟36	同上	戚杨李氏	
谭多生	男	2	同上	无	南明路46	同上	同上	父谭荣先	
王新生	男	1	同上	无	芳渡舟58	同上	同上	父王世平	王世平收葬
□志纯	女	24	湖南	家政	南明路134	同上	同上	夫张裕禄	
□绍仪	男		同上		同上	同上	同上	叔张裕禄	
□克舞	男	25	同上	测量	同上	同上	同上	戚张裕初	
□本潞	男	24	同上	同上	同上	同上	同上	妻秦慧余	
□安贞	女			护士长	中央医院	中央医院	同上	辛居万	
□爱华	女			学生	同上	同上	同上	朱学非	
□翼贞	女			同上	同上	同上	同上	祝皋入	
□松秀	女			同上	同上	同上	同上	王特华	
□宝山	男	42	四川	苦力	芳渡舟58	芳渡舟	同上		
□国文	男	22	黔西	雇工	同上	同上	同上	无	安埋队收葬
何海清	男	50	贵阳	工	西湖路55	芳渡舟	同上	妻曾氏	
张国福	男	15	黔西	学生	芳渡舟58	芳渡舟	同上		安埋队收葬
孔应祥	男	21	贵阳	司机	芳渡舟34	芳渡舟	伤	叔孔静臣	
孔王氏	女	45	贵阳	家政	同上	芳渡舟	重伤	弟孔静臣	

续表

姓名	性别	年龄	籍贯	职业	住址	被炸地点	伤亡情形	家属姓名	备考
彭陈氏	女	60	贵阳	闲	南明路55号	同上	同上	夫彭树清	
谭袁氏	女	25	贵阳	闲	南明路46号	同上	同上	夫谭荣先	
张丽芬	女		湖南		南明路134号	同上	同上	父张裕禄	
徐荫堂	男				中央医院	中央医院	同上		
周曹氏	女	61	贵阳		南明路55号	芳渡舟	轻伤	子周重王（玉）	
马么妹	女	8			南明路64号	同上	同上	母马孙氏	
戴梁氏	女	41	贵定		芳渡舟53号	同上	同上	子戴恩长	
钟小翠	女	15	贵阳		南明路8号	同上	同上	父钟有三	
黄陈氏	女	30	贵阳		同上	同上	同上	夫黄荣先	
冯剑豪	男	29	湖北	巡官	警察第五分局	警察第五分局	同上		
王陈氏	女	41	贵阳		芳渡舟52号	芳渡舟	重伤	夫王素卿	
谢淘涌	男	30	长沙	医生	中央医院	中央医院	骨折		
林秀贞	女	18	上海	护士	同上	同上	同上		
郑伟如	男	29	同上	同上	同上	同上	同上		
1. 驿马路泰和庄背后炸伤3人，姓名未详（因2军人1平民解除警报后已走）；2. 太平街口受轻伤1人姓名未详（因系乡下人解除警报后已走）；3. 中央医院尚有轻伤7人未列姓名；4. 芳渡舟中央医院共炸死20人，受伤共27人。									

（贵州省档案馆馆藏档案，档案号M1—2272，无页码）

（167）贵州省二十九年度遭受空袭区域伤亡人民统计表

（1940年）

类别 区域	性别	死亡人数	重伤人数	轻伤人数	备注
省会	男	22	15	18	
	女	26	24	25	
八寨	男	16	14	2	
	女	4		4	
合计		68	53	49	
附记					

（贵州档案馆馆藏档案，档案号M5—587，无页码）

（168）议决防空司令部关于在各邻省设置情报联络人员所需经费预算的申请*

（1940年1月16日）

据财政厅签呈，奉交防空司令部呈，为拟在各邻省设置情报联络主任5员，联络员12员，除联络主任2人由该部无线电分台台长兼任，不另支薪外，其余15人，每月共需薪俸630元，请准在该部防空监视队哨节余经费项下动支一案，核尚可行，是项人员，拟请准自1940年度起设置，所需经费，即在该部防空监视队哨经费内统筹开支，等情，应否准予照办，请公决案。附原签原呈及表

议决　准予照办。

（贵州省档案馆馆藏档案，档案号M1—458，第13页）

（169）贵州省会二四空袭因公伤亡人员临时抚恤委员会关于保甲人员袁履冰恤金发放标准的报告*

（1940年2—3月）

据贵州省会二四空袭因公伤亡人员临时抚恤委员会报告，为据二四因公死亡甲长袁履冰之妻袁罗绍芳呈，为故夫袁履冰生前系任甲长兼防护团员，于二四空袭执行职务被炸身死，政府发放恤金通告系列保甲栏内恤金数额仅有70元，与死亡防护团员恤金数额300元相差230元，请准予更正，列入死亡防护团员部份给恤一案，查该袁履冰生前确系甲长兼任防护团员，其执行防护团职务殉职亦属实在，似应准予更正给恤，祈鉴核饬令捐募处补发该故员袁履冰不足恤金230元，以资转发等情，除指令照准并饬捐募处由二四灾捐项下补发外，特提会报告。

（贵州省档案馆馆藏档案，档案号M5—588，第231页）

（170）省会警区出征抗敌军人家属优待委员会关于征属李凤祥临时救济费的申请*

（1940年2—3月）

……

据省会警区出征抗敌军人家属优待委员会呈复办理征属李凤祥请求救济情形，仍祈准予先发临时救济费30元，祈核示一案，除指令照准并令饬捐募处发给外，特提会报告。

（贵州省档案馆馆藏档案，档案号M5—588，第26页）

（171）建设厅修理高家园木桥经费预算的请示*

（1940年2月□日）

贵州省政府财政厅签呈

事由

奉　交建设厅签呈，据市政工程处呈报奉谕修理高家园木桥经费，拟由1938年度整理疏散郊外道路经费内移用，造具收支追加预算，请鉴核一案。饬即核签等因。签祈　核示由。

办法

查市政工程处修理高家圆木桥，所需经费402.65元，据请由1938年度整理疏散郊外道路未用经费内移用各情。核属可行。所呈1939年度追加收支预算，拟请准予核定，成立法案，以便函知审计处查照。理合签祈

鉴核示遵。谨呈

主席　吴

附呈原签呈暨附件

财政厅厅长　周诒春

（贵州省档案馆馆藏档案，档案号M1—474，第118页）

（172）贵州省农村合作委员会民国二十八年度发给空袭救济金清册*

（1940年2月2日）

计　开

姓名	职别	月支薪额	救济金额	备考
李流俊	主任指导员	39	117	住贵阳正新街门牌28号
吴行尧	指导员	30	90	住贵阳中华北路门牌54号
陈颐雍	指导员	30	90	住贵阳金井街门牌98号
王绍谦	主任指导员	30	90	住贵阳飞山街门牌28号
丁照琳	指导员	28	84	住贵阳三山路门牌9号
萧国璋	助理员	12	36	住贵阳珠市巷门牌30号
合计			507	

贵州农村合作委员会民国28年度临时费支出预算书（表，略）

（贵州省档案馆馆藏档案，档案号M1—466，第89—90页）

（173）财政厅关于在各邻省设置情报联络员所需经费预算的申请*

（1940年2月12日）

贵州省政府财政厅签呈

事由

奉　发防空司令部呈，为该部1940年度在各邻省设置情报联络员经费，请准由1939年度监视队哨及该部经费节余项下开支一案，签乞核示由。

办法

查防空司令部前请在各邻省设置情报联络员，所需经费由1939年度监视队哨经费节余项下开支一案，经本厅签奉

钧府委员会第605次会议议决："准自1940年度起设置。所需经费，即在该部防空监视队哨经费内统筹开支"。并经令饬遵照办理，去后。兹据呈复：以监视队哨在1940年度内均已组织成立。并无剩余经费，可支统筹，所有设置情报联络员应需1940年度全年经费7560元，拟请由1939年度监视队哨节余经费5900余元内开支，不足之数，再由该部1939年度节余经费项下补足等情。经核所称监视队哨在1940年度内完全成立，无胜余经费可资统筹一节，尚属实情，所请将情报联络员经费由1939年度监视队哨及该部节余经费项下开支，各节，拟请准予照办。是否有当？理合签乞

鉴核示遵，谨呈

主席　吴

附呈原呈一件，书五份。

财政厅厅长　周诒春

贵州全省防空司令部支出概算书

支出经常门常时部份

科目		第一款　追加防空情报联络员经费	第一项俸经费	第一目情报联络员俸薪
本年度概算数		756	756	756
上年度预算数				
	增	756		
	减			

说明：本概算所列经费在本部及防空监视队哨二十八年度经费节余项下动支。

本部在各邻省设置情报联络员 15 员，月支 630 元，年计如上数。

上尉联络主任 3 月各 50 元，中尉联络员 12 月各支 40 元，共月支 630 元，年支如上数。

（贵州省档案馆馆藏档案，档案号 M1—474，第 108—110 页）

(174) 议决保安处关于增发士兵月饷的申请*

(1940年2月20日)

据保安处签呈，为近来米价飞涨，士兵伙食无法维持，拟恳遵照上年12月军事委员会渝需丙粮字第10号训令，士兵月饷，准予每名增发3元，计全部士兵7480名，每月共增22440元。除另电军政部请求按月补助外，恳由钧府准自本年1月份起，先在预备费项下按月垫发，并即实行主食供给，得以每兵每月6元价格，交由驻地各县县政府供给食粮，按米七成包谷三成之数发给（如驻地非产米区，准多搭杂粮），至以前所领米津即于同月停止请领，等情，应否准予照办，请公决案。

议决　准予照办，1、2两月份照6680名计算发款。在军政部补助款未到前，由本年度概算第二预备金项下垫发6个月。

（贵州省档案馆馆藏档案，档案号M1—471，第31—32页）

（175）游民收容所敌机轰炸震塌房屋修缮费*

（1940年2月21日）

贵州省政府财政厅签呈

事由

奉　交省会警察局1940年2月12日总会字第106号呈，为转呈游民收容所“二四”敌机轰炸震塌房屋修缮费追加预算书，祈鉴核一案，签请核示由。

办法

查游民收容所，为上年“二四”敌机轰炸被震倒塌房屋，招工修理，计需43.6元，经准由该所1938年度经费节余内支报在案。兹据造具追加预算书呈核，理合检附原件，呈请

提会核定。谨呈

主席　吴

计呈原预算书一份。

财政厅厅长　周诒春

民政厅厅长　孙希文

（贵州省档案馆馆藏档案，档案号M1—377，第45—46页）

（176）建设厅关于增开城孔及疏散道路工程经费预算的申请*

（1940年2月22日）

贵州省政府财政厅签呈

事由

奉　交建设厅签呈，据市政工程处呈报1938年度增开城孔及疏散道路工程经费一部份在1939年度继续支用，造具追加收支预算，请准移转年度等情，祈核示一案。饬即核签。等因，签请鉴核由。

办法

查市政工程处1938年度增开城孔及疏散道路工程，共支出经费6110.52元，据称其中工程之一部系在1939年度办理，请将1939年度支用经费2000元，移转年度，造具追加1939年度收支预算，请核示等情，核属可行。拟请准予核定，成立法案，以便函知审计处

查照，谨呈

主席　吴

附呈原签呈暨附件

财政厅厅长　周诒春

贵州省政府建设厅贵阳市政工程处1939年度市政建设费追加收入预算书

岁入临时门

科目	追加收入预算数	备考
第一款　收入1938年度增开城孔及疏散道路经费	2000	1938年度市政建设费项下增开城孔及疏散道路经费，原分配数为8594.85元，嗣于施工时极力节省，预算数减为6110.52元，余款借作其他紧要工程之用，唯本工程于1938年施工部份仅支4110.52元，其余2000元，因工程尚未完竣，于1939年度尚须继续支用，照章应行呈请移转年度，以符规定，理合编具追加收入预算书如上。
第一项　增开城孔及疏散道路经费	2000	
第一目　同上	2000	
第一节　同上	2000	

贵州政府建设厅贵阳市政工程处1939年度增开城孔及疏散道路工程经费追加支付预算书

岁出临时门

科目	追加收入预算数	备考
第一款　收入二十七年度增开城孔及疏散道路经费	2000	1938年度增开城孔及疏散道路工程经费预算6110.52元，除于1938年施工支付4110.52元外，其余2000元，因工程尚未完竣于1939年须继续支用，理合呈请移转年度并补具追加支付预算书如上。
第一项　增开城孔及疏散道路经费	2000	
第一目　同　上	2000	
第一节　同　上	2000	

（贵州省档案馆馆藏档案，档案号M1—474，第114—117页）

（177）贵州省会各疏散区设置守护队暂行办法

（1940年3—5月）

一、为谋省会各疏散区治安之安全，保障疏散市民安居起见，特设置各疏散区守护队，暂隶属于贵州动员委员会；

二、守护队设队长、队附各1员、书记1员、特务长1员、正、副班长各3人、队兵24名、号兵1名、传达兵3名、炊事夫3名，编制如附表一；

三、守护队队部设青山坡居中策应，驻兵一班，中曹司、舒家寨各驻兵一班；

四、守护队应用步枪30枝、手枪2枝，各配子弹100发，请由全省保安司令部发用，必要时得向当地住民借用；

五、守护队薪饷及开办费、被服装具费分别拟具预算，呈准后再行依照规定领支报销；

六、守护队官兵服务规则及训练计划另订之；

七、本办法呈奉核定后施行，修改时亦同。

（贵州省档案馆馆藏档案，档案号M5—592，无页码）

（178）贵州省会二四空袭因公伤亡人员临时抚恤委员会关于刘义顺等保甲人员恤金发放标准的报告*

（1940年3—5月）

贵州省会二四空袭因公伤亡人员临时抚恤委员会报，□□□□□□□（经审定为三等伤），兹奉恤令，列入保甲人员部份给恤，与负伤防护团员恤金数额相差70元，请准予更正给恤一案，经查所呈各节系属实情，请准予更正，列入负伤防护团员抚恤部份给恤，并转令捐募处补发该员恤金70元，以资转发祈示遵等情，除指令照准并令饬捐募处遵照由“二四”灾捐项下补发外，特提会报告。

据贵州省会“二四”空袭因公伤亡人员临时抚恤委员会报告，为据“二四”空袭因公死亡保长刘义顺之妻刘秦氏报告，以故夫刘义顺生前曾任防护团消防队附兼第三保保长，于“二四”空袭执行职务被炸身死，蒙政府发给恤金，系列入保甲人员部份，与死亡防护团员恤金数额相差230元，请准予更正给恤一案，查所呈系属实在，拟请准予更正，列入死亡防护团员抚恤部份给恤，并转令捐募处补发恤金230元，以资转发等情，除指令照准并令饬捐募处遵照由“二四”灾捐项下补发外，特提会报告。

（贵州省档案馆馆藏档案，档案号M5—592，无页码）

（179）出征抗敌军人家属优待委员会发放埋葬费及非常时期救济委员会要求追加卫生材料购置费的申请*

（1940年3—5月）

据贵州省会警区出征抗敌军人家属优待委员会呈，为据征属李杨氏呈请发给其母埋葬费一案，经派员调查属实，拟请援例发给埋葬费30元，等情，除指令照准并令饬捐募处发给外，特提会报告。

查前据省会非常时期紧急救济委员会呈，为救济伤民需用棉花、纱布、绷带布，缮具预算，请发款购备一案，经交捐募处并令卫生委员会审核，所需价7000元，尚无不合，并提出第84次会议议决照办，指令知照并令捐募处由“二四”灾捐项下拨发在案，兹据该会呈报，因价值日涨，照前送预算超出1650元，为急需置备拟尽先购置若干存贮，不敷之数仍恳签核补发，等情，应如何办理，请公决案。

（贵州省档案馆馆藏档案，档案号M5—592，无页码）

（180）省会非常时期紧急救济委员会关于追加棉花、纱布、绷带布购置费用预算的请示*

（1940年3—5月）

案查本会前以救济伤民需用大量棉花、纱布、绷带布，亟应事先购储，以备不虞，当经拟具预算呈请

鉴核准发在案，惟查本市近来棉、布、纱等价值日涨，与前所估价值，高低悬殊，如前棉花每磅3元，现每磅3.4元，500磅需洋1700元，前纱布每磅5元，现每磅5.5元，500磅需洋2750元，前绷带布每匹30元，现每匹约重6斤，每斤7元，每匹需洋42元，100匹需洋4200元，以上三种共需洋8650元，按照前具预算超出洋1650元，但为急需置备，以防万一起见，拟照市价尽量先行购置若干存贮，不敷之1650元，仍恳

鉴核府赐补发，又日前防空司令部召集本城各医事机关长官小组谈话会，讨论关于上次已核准购存之棉花，纱布，绷带等数量，仍不敷用，须再添购，当另案呈请，理合将最近市价与前估价不同情形，备文呈请

鉴核示遵谨呈（下无）

（贵州省档案馆馆藏档案，档案号M5—592，无页码）

（181）贵州省会警察局游民收容所1939年修缮费追加预算书*

（1940年3月□日）

支出临时门

第一款　本所修缮费	追加预算数	说明
第一项　修缮费	43.6	
第一目　修缮费	43.6	
第一节　修缮费	43.6	泥工 15 元，每工 1.5 元；青砖 400，每百 2.8 元；青瓦 400，每百 2 元；石灰 1 担，每担 1.9 元，合计如上数。

（贵州省档案馆馆藏档案，档案号 M1—474，第 113 页）

(182) 议决建设厅关于汽车修理厂迁移费用预算的申请*

(1940年3月1日)

据财政厅签呈，奉交建设厅签，以贵州省公路管理局前为避免空袭损害，业于上年将汽车修理厂迁设和尚坡，所需建筑等费83970.98元，附具1939年度追加收支概算，拟请准在该局上年度溢收商车季捐照费项下动支一案，查原概算书内所列预备费307.89元，应予剔除，其余建筑费80893.47元，及购买厂基地亩费2769.62元，共计83663.09元，拟请准予核定，兹由厅另编1939年度普通岁入岁出追加概算书，及该局上年度追加营业概算拨补表，并请鉴核，等情，应否准予照办，请公决案。

议决　准予照办。

(贵州省档案馆馆藏档案，档案号M1—474，第32—33页)

（183）议决教育厅关于贵阳实验小学二名教员救济费的申请*

（1940年3月1日）

据财政厅签呈，奉交教育厅签，以上年2月4日，敌机袭筑，省立贵阳实验小学职员安惠章、史伯鹏遭受损失，兹据该校呈请，发给安惠章救济费300元，史伯鹏救济费183.58元，所需款项483.58元，并请准在该校1937年度节余经费项下开支，可否照准，转请核示一案，查本案该校校长事先未经呈准，即行支给救济费，致所发数目，超过规定，殊有未合，惟念该员等，被灾惨重，拟请姑予照准，并饬补编1939年度追加收支预算呈核，等情，应否照准，请公决案。

议决　照准。

（贵州省档案馆馆藏档案，档案号M1—474，第58页）

（184）教育厅关于贵阳私立小学失业教员生活费预算的申请*

（1940年3月5日）

窃查贵阳城区小学疏散办法第七条规定："私立小学于疏散地点开始上课后，省政府仍照章给予补助费"。第九条规定："未照第六条办理之私立小学教师，由教育厅登记，分配教育工作，其一时无工作可派者，本学年内（自本年10月起至明年6月底为止）每人每月给予生活费15元"。查自疏散办法公布后，本厅即布告登记，登记日期，业于去年10月1日起至10月31日止。登记期满，各私立小学教员，因学校疏散班次变更，或不能疏散，暂失服务机会，申请登记者，共计45人。复经本厅抄报名单，令各校复查，经复查结果，确具有登记资格者，有颜树芳等24名，前据贵阳县政府呈请委派教员，拟予发交该县服务，在未变工作前，每人应月给生活费15元，1939年度发3个月，应发1080元，1940年度已发至3月份止，亦应发1080元，3月以后学校已上课，应停发生活费，共发2160元，是项经费即由1939年度省会私小补助费内扣付。理合拟具令发登记教师审查表府稿，并附呈预算书二份，敬祈

鉴核判行，并准发给，实为公便！谨呈

主席　吴

附呈府稿一份，预算二份。

委员兼教育厅厅长　张志韩

省会私立小学疏散登记合格教员生活费预算书（1939年度）

项目		预算数（元）	备考
第一款	私立小学教员生活费	1080	
第一项	私立小学教员生活费	1080	
第一目	私立小学教员生活费	1080	
第一节	私立小学教员生活费	1080	

备考　合格人员24名，每人月支生活费15元，共支360元，自1939年10月起发给至12月止，支如上数。

1940 年度省会私立小学疏散登记合格教员生活费预算书*

项目		预算数（元）	备考
第一款	私立小学教员生活费	1080	
第一项	私立小学教员生活费	1080	
第一目	私立小学教员生活费	1080	
第一节	私立小学教员生活费	1080	

备考　合格教员 24 名，每人月支生活费 15 元，共支 360 元，分配在贵阳县服务，并发至本年 3 月份止，共支生活费如上数。

（贵州省档案馆馆藏档案，档案号 M1—475，第 114—115 页）

（185）议决教育厅关于向私立小学教师一时无工作可派者支付生活费的请示*

（1940年3月5日）

据教育厅签呈，查贵阳城区小学疏散办法第九条规定，私立小学教师，由教育厅登记分配教育工作，其一时无工作可派者，自1939年10月起，至1940年6月底为止，每人月给生活费15元。遵由本厅布告登记，计有合格之私立小学教师共24名，每月共应支生活费360元，1939年度3个月计1080元。又在本年度内，预计3月份以后，各校均应开课，生活费自无须发给，故本年度内以3个月计，亦应支1080元，两共2160元，是项费用，拟请准在1939年度省会私立小学补助费内扣付。是否可行，乞核示，等情，应否准予照办，请公决案。

议决　准予照办。

（贵州省档案馆馆藏档案，档案号M1—475，第28页）

（186）议决教育厅关于追加1939年度战时民众补习教育经费预算的请示*

（1940年3月5日）

据财政厅签呈，奉交教育厅签，以1939年度战时民众补习教育经费，计需126430.29元，兹谨编具支出预算及追加收入概算，请鉴核一案。查所送追加收入概算，内列本省拨发课本印刷费21800元，及教育部补助款8万元，共为101800元，核无不合，拟请予以核定。至支出预算，应就上项追加收入及前经府会核准拨给之2万元，共121800元编列。原送预算列数126430.29元，实有未合。现1939年度收支，已限期结束，拟请准照121800元之数，先行核定，再饬改编预算呈核，等情，应否准予照办，请公决案。

议决　准予照办。

（贵州省档案馆馆藏档案，档案号M1—475，第31页）

（187）议决防空司令部关于在各行政督察区设立防空指挥部所需经费预算的申请*

（1940年3月5日）

据财政厅签呈，奉交防空司令部呈，以该部前经呈准在各行政督察区设立防空指挥部，所需经常费，并准自1939年8月份起，在航空委员会所补助之情报费每月2000元内支用，现各指挥部于上年11月份始行成立，在11月份以前，计支用开办费及旅费452.45元，请准在前项1939年8、9、10月份补助费项下动支一案，核尚可行，拟请准予照办，并饬补编预算呈核，等情，应否照准，请公决案。附原签原呈。

议决 照准。

（贵州省档案馆馆藏档案，档案号M1—475，第55页）

（188）议决建设厅关于增辟城孔及疏散道路工程所需经费的申请*

（1940年3月11日）

据财政厅签呈，奉交建设厅签，以贵阳市政工程处承办增辟城孔及疏散道路工程，所需经费8594.85元，经奉准在1938年度市政建设费项下动支，嗣于施工时极力节省，将原定经费，缩减为6110.52元。惟在1938年度内仅支用4110.52元，其余2000元，系于1939年度内继续支出，拟请将1939年度内支出之款移转年度，以符规定，附具1939年度追加收支预算，请鉴核一案，核尚可行，拟请准予照办，等情，应否照准，请公决案。

议决　照准。

（贵州省档案馆馆藏档案，档案号M1—474，第28页）

（189）议决建设厅关于修理高家园木桥经费预算的请示*

（1940年3月11日）

据财政厅签呈，奉交建设厅签，以上年贵阳市政工程处承修高家园木桥计需经费402.65元，请准以1938年度市政建设费内整理郊外疏散道路未用经费项下移支，附具1939年度追加收支预算，请鉴核一案，核尚可行，拟请准予照办，等情，应否照准，请公决案。

议决　照准。

（贵州省档案馆馆藏档案，档案号M1—474，第29页）

（190）议决防空司令部关于增设无线电台第16、17、18分台所需经费预算的请示*

（1940年4月2日）

据财政厅签呈，奉交防空司令部梗代电陈，拟自本年3月份起，增设该部无线电台第16、第17、第18等分台3处，请拨给开办费450元，及每月经常费1097.4元，附具预算，请核示一案，核尚可行，拟请准予照办，所需开办费及本年度10个月经常费共11424元，请准在1940年度第二预备金项下动支，等情，应否照准，请公决案。

议决 照准。

（贵州省档案馆馆藏档案，档案号M1—481，第23—24页）

（191）议决省会警察局拘留所关于空袭后所需修复费预算的请示*（节录）

（1940年4月20日）

……

据民政、财政、建设三厅会签，查本省会警察局拘留所，于上年2月4日被敌机炸毁，亟待修复，经钧府饬由本民政、建设两厅分别派员切实估勘，兹遵派本建设厅技士刘鸿图、本民政厅科员王树桐前往估勘，拟具估价单，计需款13048.07元。核尚切实，拟请令饬省会警察局照单开数目，编具预算呈核，当否，乞批示，等情，应否准予照办，请公决案。

议决　准予照办。

（贵州省档案馆馆藏档案，档案号M1—471，第26—27页）

（192）龙里县人口伤亡汇报表

（1940年5月5日）

事件　日机轰炸

日期　1940 年 4 月 30 日

地点　龙里县西门外西关坡

填送日期：1940 年 5 月 5 日

伤亡人数 性别	重伤	轻伤	死亡
男	2	3	2

报告者：龙里县县长杨伯明（印）

（贵州省档案馆馆藏档案，档案号 M1—2272，第 38 页）

（193）省会非常时期紧急救济委员会安埋组关于发放津贴的申请*

（1940年6—7月）

据省会非常时期紧急救济委员会呈，为据该会安埋组报告“五一”南门外被炸，派队掩埋死尸6人，请照规定发给津贴伙食费6元一案，经查属实，附具请款凭单，祈鉴核发给，以便转饬具领等情，除指令照准并令饬捐募处核发外，特提会报告。

（贵州省档案馆馆藏档案，档案号M5—593，第96页）

（194）议决关于疏建委员会人员遣散费的预算*

（1940年7月16日）

据财政厅签呈，奉交动员委员会函，为据疏建委员会呈，以本会奉令结束，恳请发给专任职雇员及公设遣散费，附具遣散费预算表，请查照办理一案。查原送预算表，计列支遣散费790元，其分配标准，职雇员系每人发给50元，公役每名发给20元，核无不合，拟请准予照办。所需是项经费，即由疏建委员会本年度经常费节余项下动支。仍饬补编追加收支预算，以凭存转。等情，应否准照所拟办理，请公决案。附原签原函原呈及预算表

议决　准如所拟办理。

（贵州省档案馆馆藏档案，档案号M1—513，第6—8页）

（195）贵州省动员委员会第107次会议记录*（节录）

（1940年7月31日）

地址：省政府会议室

时间：二十九年七月三十一日下午四时

出席：吴鼎昌、欧元怀、孙希文、胡启儒、叶纪元（卢钊代）、徐国桢、韩文焕、周诒春

列席：周达时、何辑五、夏松、赵志熹、何玉书、严慎予

主席：吴鼎昌

记录：吕金吾

开会如仪

甲、宣读上次议决案

乙、报告事项

一、据省会警区出征抗敌军人家属优待委员会呈，为本年元二三月份救济费，前经奉发转给具领。现查六月份早经终了，所有四五六月份新增请求救济征属。经本会审查核准者有182户，应领救济费2238元，原有登记征属计1378户，应领救济费24804元，合计本年四五六月份新增及原有征属共计1560户，共应领救济费27042元。附呈征属姓名册及预算表请款凭单（此未查实）……

二、据协济委员会签呈，为据舒家寨疏散区管理员陈绍齐本12日午后3时来会报告：是日午正12时余，有敌机6架经过舒家寨，投下炸弹6枚，震坏疏散房屋多栋，报请勘验等情。当派第二组组长夏朝桢驰赴勘察并慰问受灾住户。旋据该员签复该处共计落弹6枚，均已爆炸，所有公共机关及甲式8、9、10号及乙式17号至29号丙式5至8号房屋暨厕所3所、守望所2所均被破片炸坏，其余各屋亦有损坏，尚待详查。至消费合作社货物及甲式9、10两号住户暨陈管理员等家具损失较多，所幸区内人口无一伤亡。又受灾各户均逐一前往慰问，其房屋损坏过大不能居住者，亦已指定他屋迁移，惟损坏之屋各住户要求立即派工修复以蔽风雨，拟一面先行动工……（下略）

三、据省会非常时期紧急救济委员会呈报，本月12日敌机9架窜筑轰炸，在西南方投弹10余枚，死男女11人、伤男女16人，经令饬救护大队及掩埋队分别救济收殓……（下略）

四、准省政府抄送。据独山县长许用权巧电称：（1）职于条日自麻尾回县；（2）麻尾先后被炸3次，投炸弹9枚、燃烧弹1枚，并用机枪扫射，计死乡民、镇民32人、焚毁炸毁87户，共计141家，焚毁军粮1仓约80余石，炸毁防空学校汽车4辆；（3）靠近麻尾之南寨先后被炸2次，共投弹14枚，炸毁西南运输处修车厂汽车17辆，伤员工4人，毁民房14户；（4）两处人民财产损失近10万元，难民500余嗷嗷待哺，除以2000元急救外……麻尾先后被炸，经本部派员调查，计投约100磅爆炸弹15枚、500磅1枚、燃烧弹6枚，炸焚民房约230间，死32人、伤16人，被难流离者154户、人口491人，财产损失约7万余元。……当即与该地莫区长募得捐款870元，并许县长暂垫1000元，计1870元……作临时救济……（下略）

议决　拨2000元（前已发513元应扣除），在救济慰劳捐项下开支……

丙、讨论事项

一、略

二、据省会非常时期紧急救济委员会呈，为空袭灾害发生，死伤人民不在省会区域以内应如何救济，未有明文规定……查贵阳县第一区辖区，东至永乐堡，西至阳关，南至耳锅寨，北至乌洛。本会疏散住宅均在此区域以内……

议决　准设立市郊灾民救济处，由该区区长兼任处长。

（下略）

（贵州省档案馆馆藏档案，档案号M5—593，第19—24页）

（196）议决协济委员会、省会非常时期紧急救济委员会、独山县政府关于日机轰炸后所需维修及救济事项及所需费用的请示*

（1940年7月31日）

据协济委员会签呈，为据舒家寨疏散区管理员陈绍齐本月（1940年7月）12日午后3时来会报告，是日午正12时余，有敌机6架经过舒家寨，投下炸弹6枚，震坏疏散房屋多栋，报请勘验等情，当派第二组组长夏朝桢驰赴勘察并慰问受伤住户，旋据该员签复，该处共计落弹6枚，均已爆炸，所有公共机关及甲式8、9、10号、乙式17号至29号、丙式5至8号房屋暨厕所3所、守望所2所均被破片炸坏，其余各屋亦有损坏，尚待详查，至消费合作社货物及甲式9、10两号住户暨陈管理员等家具损失较多，所幸区内人口无一伤亡，又受灾各户均逐一前往慰问，其房屋损坏过大不能居住者，亦已指定他屋迁移，惟损坏之屋，各住户要求立即派工修复，以蔽风雨，拟一面先行动工再为呈报祈鉴核施行等情，查该区住宅既因敌机投弹震坏，实非人力所能抵抗，依照合约规定，承修厂商自不能负责，应由本会修理，如照普通程序呈准再办，时间尤为不许，除即由会先行派工前往赶修，一面详细估工再为呈报外，理合签祈核示等情，除指令准予照办外，特提会报告。

据省会非常时期紧急救济委员会呈报，本月（1940年7月）12日敌机9架窜筑轰炸，在西南方投弹10余枚，死男女11人，伤男女16人，经令饬救护大队及掩埋队分别救济、收殓详细情形，正饬各灾民救济处调查中，理合先行报祈鉴核等情，特提会报告。

准省政府抄送，据独山县长许用权巧电称：⑴职于条日自麻尾回县；⑵麻尾先后被炸3次，投弹9枚，燃烧弹1枚并用机枪扫射，计死乡民镇民32人、伤16人，焚毁、炸毁87户共141家，焚毁军粮1仓约80余石，炸毁防空学校汽车4辆；⑶靠近麻尾之南寨先后被炸2次，共投弹14枚，炸毁西南运输处修车厂汽车17辆，伤员工4人，毁民房14户；⑷两处人民财产损失近10万元，难民500余嗷嗷待哺，除以2000元急救外，敬祈拨款赈救等情，并准省政府移送据防空司令部本年7月防参向电称，案据独山防空指挥张策安皓防参电称急筑防空司令官余露密元寒麻尾先后被炸，经本部派员调查，计投约100磅爆弹

15 枚、500 磅 1 枚、燃烧弹 6 枚，炸焚民房 230 间，死 32 人，伤 16 人，被难流离者 154 户、人口 491 人，财产损失约 7 万余元，经本部派员会同许县长及财委会主任委员蔡乾伯慰问灾民，当即与该地莫区长募得捐款 870 元，并许县长暂垫 1000 元，计 1870 元，饬该区长照人口摊派，以作临时救济，本部除以电话口述及寒电呈报外，现数百灾民嗷嗷待食，请速拨款救济以慰民心等情据此，查该县麻尾被炸，业蒙钧座派员携款驰往慰恤，惟以灾情重大，赈济难周，拟恳另拨巨款补助，该县政府办理善后如何，电乞示遵等情，特提会报告。

议决　拨 2000 元（前已发 513 元应扣除），在救济慰劳捐项下开支，由本会汇交该县县政府统筹发

（贵州省档案馆馆藏档案，档案号 M5—594，第 80—82 页）

（197）议决通过非常时期紧急救济委员会关于“五一”空袭死伤灾民救济费的申请*

（1940年8—10月）

据省会非常时期紧急救济委员会呈，为呈送“五一”灾民领款清册共需救济费595元，祈鉴核发款以便函请有关机关派员会同发放一案，拟予照准并饬由救济慰劳捐募处在“二四”灾捐项下如数发给，可否，请公决案。

议决　通过。

（贵州省档案馆馆藏档案，档案号M5—594，第27页）

（198）非常时期紧急救济委员会关于“五一”空袭死伤灾民救济费的申请*

（1940年8—10月）

省会非常时期紧急救济委员会呈

查本年“五一”空袭死伤灾民救济费，前编具预算呈请核发于本年7月3日奉

钧会动新字第182号指令饬再登报公告期限截止于登记毕后，将被炸人姓名、伤亡情形及应发救济费数目详细列册，呈请核发等因，奉此，当经登载中央、贵州两日报，限7月底截止，并令饬第五灾民救济处遵照办理在案，兹据该处呈送登记册到会，计共需救济费595元，理合缮具清册，备文呈报，敬祈

鉴核发给，以合函请有关机关派员会同发放，实为公便，谨呈

贵州省动员委员会主任委员　吴

（贵州省档案馆馆藏档案，档案号M5—594，第137页）

（199）防空司令部关于为防毒救护大队添置担架床和省会非常时期紧急救济委员会关于伤亡公告费的经费预算*

（1940年8—10月）

防空司令部代电

贵州省动员委员会主任委员吴钧鉴，据本部防毒救护大队1940年7月16日报告称，本队原有救护担架床57副，空袭后恐不敷用，亟需添制50副备用，经招商估价，每副最低价为27元，制50副计价款1350元，可否准予照制，理合报祈核示等情，附估价单四纸。据查此尚属需要，理合抄同原件连同预算书，电请鉴核迅赐示遵。职余华沐叩梗防会印附预算书一份估价单四份。

附预算书于后

科目	全年度预算数	备考
第一款　贵州全省防空司令部临时费	1350	本预算书系照实际需要情形编列
第一项　救护担架床购置费	1350	
第一目　救护担架床购置费	1350	
第一节　救护担架床购置费	1350	每床全副工料费27元，制50副合计如上数

省会非常时期紧急救济委员会呈

查本年5月1日空袭伤亡灾民，经本会两次登报公告期限截止登记，共计用去公告费51.2元正，本会经常办公费仅40元，当此物价高涨未有节余，而原有预算又无此项费用，经提交本委员会议决："呈请核发"等语记录在卷，理合填具请款凭单，敬祈

鉴核发给，谨呈

贵州省动员委员会主任委员　吴

（贵州省档案馆馆藏档案，档案号M5—594，第95—96页）

(200) 议决省会非常时期紧急救济委员会关于紧急救济所需费用动支办法的请示*

（1940年8—10月）

据省会非常时期紧急救济委员会呈，为请发给准备金1万元祈核示一案，经交书记长办公处审核室签复“经核原则尚属需要，惟关于紧急救济需用之纱布、棉花及棺木等均已有相当准备（纱布棉花已核发8000余元，棺木已制备300余具）为适应紧急救济事机起见，拟准暂发准备金5000元，并乞提会核定，款由‘二四’灾捐项下动支，并指复饬以遭遇空袭后依照规定必要临时救济费用之支出为限，倘有其他需费之处，仍应依法照法定程序呈侯核办”等语，可否准予核定余并如签办理之处，请公决案。

议决　准予核定，由捐募处就“二四”灾捐项下划拨5000元，另立专户存行，准救济会随时取用。

（贵州省档案馆馆藏档案，档案号M5—594，第122页）

（201）议决防空司令部关于在凤冈等5县增设无线电分台经费的预算*

（1940年9月17日）

据财政厅签呈，奉交防空司令部代电，陈为拟于凤冈、丹江、紫云、贞丰、兴义等5县，各增设分台1所，附具开办费及经常费预算书乞核示一案。查该部无线电台业经设置分台18个在案。经核已成立之各无线电分台，刚经核定为每台开办费150元，经常费月各支365.8元，所有拟增设之凤岗等5分台，拟请准予自本年9月份起设置，其应需开办费共750元，每月经常费共1829元，本年度4个月，计共应需经费7316元，并拟准予由本年度第二预备金项下动支，仍饬将设置日期查报后，再行发给。等情，应否准如所拟办理，请公决案。

议决　准如所拟办理。

……

（贵州省档案馆馆藏档案，档案号M1—530，第9页）

（202）防空司令部关于增设东山等5所警报哨与另设2所预备哨经费的预算*

（1940年10月8日）

事由

奉　发防空司令部呈，为奉谕增设本市近郊警报哨，拟具经常费开办费预算书表，乞鉴核一案，签乞　核示由

办法

查防空司令部呈，为奉　谕饬于本市近郊增设补助警报哨若干等因，拟于东山、照壁山、八角岩、罗汉营、南岳山5处，各设警报哨1所，另设预备哨2所，为各哨员兵下山食宿之替换，造具经常费开办费预算书表，乞鉴核，等情，经核原呈书表，计列支经常费每所每月85元，7所共595元，又开办费每所50元，5所共350元，尚无不合，拟准自本年10月份设立，本年度3个月共需1785元，连同开办费350元共计2135元，拟准由本年度第二预备金项下动支，是否有当，理合签乞

鉴核示遵。谨呈

主席　吴

附呈原呈一件，书表共九份

财政厅厅长　周诒春

（贵州省档案馆馆藏档案，档案号M1—535，第41页）

（203）“二四”期间金井街周家巷李贞卿房屋被毁*（节录）

（1940年10月18日）

据建设厅签呈，据贵阳市政工程处呈，为据市民李贞卿呈，以“二四”敌机袭筑，炸毁市区，贞卿所有金井街周家巷17号至21号房屋，悉被波及，延烧罄尽，……

（贵州省档案馆馆藏档案，档案号M1—539，第2页）

(204) 议决八寨县县府关于轰炸后所需修理费的申请*

(1940年10月18日)

据财政厅签呈，奉交八寨县县长梅少逵代电，陈为本年 9 月 13 日，敌机轰炸该县，两弹落于县府，房屋炸毁三分之二，余屋概行震塌，经召集全县行政会议议决，在财委会学谷款内暂借 1000 元，赶工先修震塌余屋，以作办公之用，恳请准予发给专款，以资归垫兴建，而利工作一案。查核所陈，尚属实情，拟请准予由省地方本年度第二预备金项下拨发 1000 元，以作补助修理费用，并拟饬就必要部份计划修建，编造预算呈核，如有不敷之数，着由该县地方经费项下设法筹措。等情，应否准如所拟办理，请公决案。附原签及代电

议决照准

(贵州省档案馆馆藏档案，档案号 M1—539，第 47 页)

（205）议决防空司令部关于郊外防空石洞工程费的申请*

（1940年11月）

据防空司令部呈，为呈送续开郊外防空石洞工程费预算祈核示一案，经交书记长办公处审核室核复“经依法审核，查原送预算书16件所列约开石方4114方及工程费预算数共139023.5元，均尚复实，拟请准予提会核定，款由防空基金项下陆续动支，俟将来工程完竣，按照验收实得方数实支实报”等情，可否准予核定，余并如签办理之处，请公决案。

议决　准予核定，余并如签办理。

（贵州省档案馆馆藏档案，档案号M5—595，第7页）

（206）议决防空司令部关于修理市区路线疏散指示箭头牌费用的申请*

（1940年11月）

据防空司令部呈，为呈送修理市区路线疏散指示箭头牌价款支付预算书祈核示一案，经交书记长办公处审核室核复“查核原书所列预算数425.6元，尚无不合，拟请准予提会核定”等情，可否准予核定，请公决案。

议决　照准。

（贵州省档案馆馆藏档案，档案号M5—595，第15页）

（207）防空司令部关于重油疏散路线标牌费用的申请*

（1940年11月）

据防空司令部呈，为请重油疏散路线标牌检呈估价单暨预算祈核示一案，经交书记长办公处审核室核复“查核尚属需要，所有预算412元拟请准予提会核定并准交由最低价之武麟洲油漆号承做”等情，应准照办，除指令遵照并令知防空基金保管委员会外，特提会报告。

（贵州省档案馆馆藏档案，档案号M5—595，第12页）

（208）议决中央银行贵州分行等单位关于建筑许可等各种费用的申请*

（1940年11月）

准中央银行贵阳分行函，为该行行址自二四遭炸后，迄未兴修，近因营业日繁、人员增多，现有房屋不敷办公，拟在地库上层及车库前余地增筑行屋，附送图样请核发许可证，以便兴工等由，可否准予建筑，请公决案。

议决　特许建筑。

据协济委员会签呈，为据承修舒家寨被炸震坏房屋，工头何名山请追加工料，核尚属实，据请照加，并据呈请修复舒家寨疏散区被炸震坏房屋点工验料簿及工料凭单粘存簿祈鉴核各一案，经交书记长办公处审核室派员勘验，签复"尚属核实所有本案原预算数1645.99元，追加预算数309.4元，合共1955.39元，拟请准予一并提会核定，并为节省人力起见，免予复验姑准验收"等情，可否准予核定，余并如签办理之处，请公决案。

议决　准予核定余并如签办理。

据防空司令部呈，为准交通部西南西北长途电话网工程第三总队电请补发铜线价款429元等由祈鉴一案，经交书记长办公处审核室核复"查原呈所请补发铜线价款半数214.5元，尚无不合，拟请准予提会核定，由防空基金项下动支"等情，可否准予核定，请公决案。

议决　准予核定。

据防空司令部呈送AB电池费3450元支付预算书祈鉴核一案，经交书记长办公处审核室核复"查核尚无不合，拟请准予提会核定，在防空基金项下动支"等情，可否准予核定，请公决案。

议决　准予核定。

据防空司令部呈，为据河池联络主任报告，以办公室被炸恳请按月拨给房租金20元，另行租屋办公等情祈鉴核一案，经交书记长办公处审核室核复"查原呈所称派驻广西河池联络站原有办公房于8月21日被敌机炸毁，自9月份起另行租屋办公，每月租金20元，拟请由防空基金项下动支等语，经核尚无不合，拟请准予提会核定并分令防空司令部及防空基金保管委员会知照"等情，可否准予核定，余并如签办理之处，请公决案。

议决　准予核定，余并如签办理。

据协济委员会签呈，为准托儿所函请添制儿童卧室窗板等由，核尚需要，经雇工承包需费，拟由疏建款项下开支祈核示一案，经交书记长办公处审核室核复“查原呈所称准实验托儿所函请添建窗板20扇，以免晚间儿童受凉等语，经核尚属需要，所有预算数372元，拟请准予提会核定，由疏建款预备及监理费项下动支”等情，可否准予核定余并如签办理之处，请公决案。

议决　准予核定，余并如签办理。

据书记长办公处审核室签，为准防空基金保管委员会移转防空司令部函送购置水龙水鼻顶预算书一案签祈鉴核等情，可否准予核定余并如签办理之处，请公决案。

议决　准予核定，余并如签办理。

（贵州省档案馆馆藏档案，档案号M5—595，第5—8页）

(209) 议决贵阳拆让火巷道路广告费及贵兴师管区司令部关于购买药品费的申请*

(1940年11月)

据书记长办公处签"查本会29年11月1日公告拆让贵阳市区火巷道路广告应付广告费246元，又同年12月1日公告拆让火巷拆迁费广告应付广告费132.48元，共378.48元，除已由会先行垫付外，上项费用拟请提会核定，指由二四空灾捐项下开支"等情，可否准予核定，余并如签办理之处，请公决案。

议决　准予核定，余并如签办理。

贵兴师管区司令部提议，贵兴师管区各补充团之新兵因营养不良，病患甚多，拟请饬省抗敌后援会于伤兵新兵被服鞋袜药品捐款项下提款2万元购买药品，以资补助一案，是否可行，请公决案。

议决　拨5000元交卫生委员会，由贵兴师管区司令部将应需药品开单送请卫生委员会代办。

(贵州省档案馆馆藏档案，档案号M5—595，第79—80页)

（210）议决防空司令部关于购置费和运费的申请*

（1940年11月）

据防空司令部呈，为呈送购买3号弯隔电子预算祈核示一案，经交书记长办公处审核室核复“查本案事前未据呈奉核准即自行擅自支用，于法殊有未合，兹据送预算前来所有预算数390元，核尚复实，此次拟请，姑准从宽提会核定，在防空基金项下动支，并饬嗣后不得援以为例”等情，可否姑准核定，余并如签办理之处，请公决案。

议决　姑准核定，余并如签办理。

据防空司令部呈，为呈送铅线由柳州运筑运费预算祈核示一案，经交书记长办公处审核室核复“查核原书，所列铅线运费预算数7811.52元，尚属复实，拟请准予提会核定，在防空基金项下动支”等情，可否准予核定，请公决案。

议决　准予核定，余并如签办理。

（贵州省档案馆馆藏档案，档案号M5—595，第76—77页）

（211）防空司令部及协济委员会关于弹药库修建等诸项费用的申请*

（1940年11月）

防空司令部呈

案查本部前据防空学校训练第一连连长报告，以该连由桂运筑高射炮弹1000余发，置放困难，拟请于观音洞阵地附近建筑弹药库3间，计需工料费490.5元一案，业经防空基金保管委员会第10次会议议决准予追认在案，理合补编是项支付预算书具文报请

钧会鉴核示遵，谨呈

主任委员　吴

附支付预算书于后

科目	预算数	备考
第一款　防空司令部临时费	490.5	本书系按照实际支需情形编列
第一项　临时费	490.5	
第一目　建设费	490.5	
第一节　建筑弹药库工料费	490.5	建筑弹药库草房3间，工料费合计如上数
合　　计	490.5	

防空司令部呈

查本部1940年度电话线路抢修队器材费，业经函准防空基金保管委员会第12次会议议决“通过”在案，理合补编预算一份，备文呈请

鉴核示遵，谨呈

主任委员吴

附支付预算书于后

科目	预算数	备考
第一款　贵州全省防空司令部临时费	1244.44	本预算系经防空基金保管委员会第12次会议议决，按实支数编列
第一项　抢修电话路线器材临时费	1244.44	
第一目　抢修电话路线器材临时费	1244.44	
第一节　抢修电话路线器材临时费	1244.44	
合　　计	1244.44	

防空司令部呈

窃查本部架设情报所电杆时所用3号弯隔电子市面无处购就曾向电政管理局借用260只，当经函请建设厅照原价让给归还在案，兹奉

省政府本年10月22日省建三字第1637号训令开

"建设厅案呈准该司令部1940年10月11日防二字第1212号公函，为需用3号弯隔电子，拟请照原价让给260只等由准予照数价让，合行令仰遵照备具价款390元，迳向该厅领取为要"等因，除备价款390元迳向建设厅领取外，拟请准由本部防空基金周转金项下支付，理合编具是项经费预算，备文呈请

鉴核示遵，谨呈

主任委员吴

附支付预算书于后

科目	预算数	备考
第一款　防空司令部临时费	390	
第一项　购买3号弯隔电子临时费	390	
第一目　购买3号弯隔电子临时费	390	
第一节　购买3号弯隔电子临时费	390	
合　计	390	

防空司令部呈

查本部前为中国运输公司代运铅线费，自9月1日起增加运费一案，业经呈奉

钧会本年10月18日动新字第1271号指令开：

"呈悉，查核所称当系实情，准予备案，仰即补编追加预算书呈候核定"等因，奉此，理合编具是项铅线运费预算备文呈请

鉴核示遵，谨呈

主任委员吴

附支付预算书于后

科目	预算数	备考
第一款　贵州全省防空司令部临时费	7811.52	本预算奉动员委员会本年9月23日动新字第1165号及本年10月18日动新字第1271号指令批准

续表

科目	预算数	备考
第一项　铅线由柳州运筑临时费	7811.52	
第一目　铅线由柳州运筑临时费	7811.52	
第一节　铅线由柳州运筑临时费	7811.52	
合　　计	7811.52	

协济委员会签

案查防空学校练习队第一连代修所租狮子山第9、第10两号住宅一案，前准防空司令部函，预算需工料费500元，当经前疏建委员会签奉
钧会本年6月12日动新字第562号指令核准，由慰劳捐募处拨发，当经具领转发在案。兹准该连函开："查本连代修理特式9、10号平民住宅2幢，计用去法币580元正，前经贵会准予500元内支用，后因物价增高，不敷支配，加以厨房被风吹倒，临时添补，所以超过预算，兹附上支单一纸，相应函请查照补发为荷。"等由，附送支单一纸，准此。查所称因物价高涨，且添修厨房以致超过预算80元一节，尚属实在，可否照准补发，仍由慰劳捐募处拨支之处，理合检同原送支单，签乞
鉴核示遵，谨呈
贵州省动员委员会主任委员　吴

附支单于后

支　　单

稻草	160挑	法币	415.2元
竹子	14挑	法币	72.8元
中桁梁	1根	法币	5元
石灰	700斤	法币	21元
木工	2个	法币	6元
盖工	20个	法币	60元
总共		法币	580元正

经手人：管理员陈筑生（印）

司务长舒保林（印）

证明人练一连连长陈卓夫（印）

民国二十九年11月二十日

（贵州省档案馆馆藏档案，档案号M5—595，第89—96页）

（212）贵阳市政府关于修理市内各种防空标牌费用的申请*

（1940年11月）

贵阳市政府呈

案奉

钧会本年3月25日动世字第221号指令，以本年度防空基金收入无多，所有修理本市各种防空标牌费5000元未便准照拨发，发还原呈预算书二份，饬即知照等因。查本市本年度总概算未奉核定，一切收入均已配合市政需要支配无余，是项修整标语牌需款5000元，一时实无款可筹，惟事关指示防空要点，又未便任其残破，不予修复，奉信前因，理合呈明缘由，复乞

鉴核准照拨发，实为公便，谨呈

主任委员　吴

附呈预算书二份

市政府工务局工程预算书

工程名称　修理各种防空标牌

计划原委　查该牌已损坏颇多，准防空司令部防三字第776号公函请修理，经详勘估，需用修理工料费用如下：

工料名称	摘　要	单位	数量	单价	银　额		备　考
					小计	合计	
修理费						4502	
料　　费						4202	
疏散指标牌	5×5×40	根	220	1.5	330		牌下支撑
疏散指标牌	6×6×50	根	360	2	720		柱脚十字撑
疏散指标牌柱	7×10×200	根	4	15	60		
疏散指标牌板	5×50×125	块	2	15	32		
油　　漆		块	188	15	2820		连做字在内

（贵州省档案馆馆藏档案，档案号M5—595，第131—132页）

（213）协济委员会和防空司令部关于舒家寨疏散区被炸房屋修复等费用的申请*

（1940年11月）

协济委员会签

查舒家寨疏散区被敌机投弹炸坏房屋及道路，当经派员率同泥水工人，估计工料，先行动工修理具报在案。兹据具修泥水工头何名山报告：

> "窃工头承包翻修舒家寨被炸房屋21幢、厕所3幢、守望所3幢、公共机关1所，甲式10号石板房换盖青瓦，全部改修，共估青瓦3万匹，殊估计之时，只见表面破损瓦片而底瓦之受损者藏在上面，一经翻盖，损拆尤多，至甲式1幢，换盖青瓦估15000匹，今免强翻盖，瓦片稀疏，遇雨仍漏，诚以炸损屋瓦，初次估计尚无经验，只求节省，未免估计太低，应恳派员视察酌加瓦片2万匹，工30个，俾修缮以后一劳永逸，如照原估计瓦片翻盖，瓦路稀疏，遇雨浸漏，工头不先陈明，以后难辞其责，特此报告。"

等情；当派组员赵令忠前往复勘。据签称，该工头估计工料时，仅就表面之破损处所计算，其藏在下面者之震损底瓦，未据看出，一经翻盖，始发现底瓦大多均被震损，亟须更换，不能留用，兹逐幢检查，计有公共机关1所、甲式房屋1幢、乙式房屋5幢，共应增瓦10800匹，补糊石板房2幢，增石灰600斤，两共加泥工28个，方可完全修复，附呈追加工料表，请鉴核转呈追加等情。查该员复勘估计追加工料费共309.4元，尚属必要，拟请照表追加，俾竟全功俟修复后，仍饬并案实支实销，以昭复实。是否有当，理合检具追加工料表1张，签祈

鉴核示遵！谨呈

贵州省动员委员会主任委员　吴

附呈追加修复舒家寨被炸震坏房屋工料表一张。

追加修复舒家寨被炸震坏房屋工料表

<table>
<tr><th>房屋种类</th><th>式别号数</th><th>工料名称</th><th>原估数目</th><th>追加数目</th><th>备考</th></tr>
<tr><td rowspan="2">公共机关</td><td rowspan="2"></td><td>青瓦</td><td>5000</td><td>3000</td><td rowspan="2">因炸弹适落该屋前后各 1 枚，故表里瓦片大多震损</td></tr>
<tr><td>泥工</td><td>15</td><td>6</td></tr>
<tr><td rowspan="12">住宅</td><td rowspan="2">甲式 10 号</td><td>青瓦</td><td>15000</td><td>5000</td><td>原为这石板房，现换盖青瓦，全幢共需 20000 匹</td></tr>
<tr><td>泥工</td><td>60</td><td>10</td><td>此项泥工仅指翻盖工程言</td></tr>
<tr><td rowspan="2">乙式 23 号</td><td>青瓦</td><td>1000</td><td>400</td><td rowspan="2"></td></tr>
<tr><td>泥工</td><td>4</td><td>1</td></tr>
<tr><td rowspan="2">乙式 24 号</td><td>青瓦</td><td>600</td><td>400</td><td rowspan="2"></td></tr>
<tr><td>泥工</td><td>8</td><td>1</td></tr>
<tr><td rowspan="2">乙式 25 号</td><td>青瓦</td><td>600</td><td>400</td><td rowspan="2"></td></tr>
<tr><td>泥工</td><td>8</td><td>1</td></tr>
<tr><td rowspan="2">乙式 26 号</td><td>青瓦</td><td>700</td><td>800</td><td rowspan="2"></td></tr>
<tr><td>泥工</td><td>10</td><td>2</td></tr>
<tr><td rowspan="2">乙式 28 号</td><td>青瓦</td><td>600</td><td>800</td><td rowspan="2"></td></tr>
<tr><td>泥工</td><td>3</td><td>2</td></tr>
<tr><td rowspan="2">石板房
2 幢</td><td rowspan="2">甲式 8、9 号</td><td>石灰</td><td>300</td><td>600</td><td rowspan="2">原撤第 10 号石板加盖原估石灰 2 幢扣糊仍属浸漏应加石灰□□</td></tr>
<tr><td>泥工</td><td>9</td><td>5</td></tr>
<tr><td colspan="6">说明：以上共计加瓦 10800 匹，每千市价合洋 216 元，泥工 28 个，每个每日工食 2.8 元，合洋 78.4 元，石灰 600 斤，每百斤 2.5 元，合洋 15 元，三桩共 309.4 元，又泥水工程照估工程除编糊墙壁不计外，只计翻盖工程，合并陈明。</td></tr>
</table>

协济委员会签

案查本会呈请派员验收修复舒家寨疏散区被炸震坏房屋一案，奉
钧会动新字第 1225 号指令开：

“呈悉。案经派员验收兹据报称：‘验收结果，经会同勘查落弹处所略如附图，惟验修复各处因未据协委会检送监工人员点工验料证明文件　致实际所用工料无从确计。验收意见：查本案支出法案既未成立而实用工料又无从确计，经与审计处监验员会商结果，拟先令饬该会检送监工人员点工验料证明文件及俟支出法案成立后再行报请复验，

当否乞示’等情，附呈被炸略图一份，据此，经核尚无不合，应准如验收意见办理，合行令仰遵照，此令。”

等因；遵查8月22日蒙

钧会派员前往验收，经由本会职员会同勘查修复各幢被震坏房屋及炸坏道路，勘查完毕，时已黄昏，未及检阅监工人员点工验料证明文件，兹奉前因，理合检齐驻区管理员陈绍斋点工验料登记簿，暨木泥两工材料购物凭单粘存簿，随签补送，敬乞

核示，再查本案修复工料，总计共支款1948.2元，比原预算数尚少支出7.19元，照章支出之款未及3000元者，尽由主管机关派员验收，本会并未函打审计处派员参加，合并陈明，谨呈

贵州省动员委员会主任委员　吴

附工料登记簿1本、工料凭单粘存簿1本。

……

防空司令部呈

查本部本年6月份动支防空经费，除300元以上者专案报请

钧会鉴核备案外，所有300元以下者计共1618.12元，理合编造是项支付预算书备文报请

鉴核示遵，谨呈

主任委员　吴

附预算书于后

科目	预算数	备考
第一款　贵州全省防空司令部临时费	1618.12	本书系按实际支需情形编列
第一项　临时费	1618.12	
第一目　设备费	193.5	制禁止驮马入城标牌标识布旗及石洞木门等合支如上数
第一节　设备费	193.5	
第二目　宣传费	362.8	利用牛马宣传费、汽车疏散宣传费及通告费，合支如上数
第一节　宣传费	362.8	
第三目　消耗费	312	购汽油20加仑，干电池4筒，合如上数
第一节　消耗费	312	

续表

科目	预算数	备考
第四目　什支费	749.82	电话费、租金、士兵米津办公费、擦枪费（以上均有案）、马干费、伙食费、电报费等，合支如上数
第一节　什支费	749.82	

防空司令部呈

窃查本部前向中央电工厂贵阳办事处购买日月牌A电池150只、B电池50只，共洋3450元，已于本月17日呈报在案，此项费用，除在防空基金周转金项下支付外，理合造具支付预算书备文呈请

鉴核准予备案，谨呈

贵州省动员委员会主任委员吴

附预算书于后

科目	预算数	备考
第一款　防空司令部临时费	3450	本预算系照实际价款编列
第一项　电池费	3450	
第一目　电池费	3450	
第一节　电池费	3450	A电池150只，每只9元，共1350元，B电池50只，每只42元，2100元，合计需如上数

防空司令部呈

案据本部派驻广西河池联络主任谢泽生本年10月2日报告略称：

> "查职站原驻街市办公房8月21日寇机炸毁后，于9月1日河池县政府通融腾让拉垒村办公房一大间与职等迁入办公，惟此房系县府租获，每月定租金28元，业经呈报在案，此款未蒙发给，无从支付，兹检同单据一纸一并具文呈请钧长鉴核，准予补发，俾便支付，实为公便"

等情；据此，查尚属实情，拟恳准予由本年9月份起，由基金项下动支，是否有当？理合备文呈请

鉴核示遵。谨呈

主任委员吴

……

（贵州省档案馆馆藏档案，档案号M5—595，第19—26页）

（214）防空司令部关于成立民众防空训练处经费预算的申请*

（1940年11月）

防空司令部呈

本部以增强民众防空常识积极推进消极防空业务起见，拟将原防护干部训练班改组为民众防空训练处，业经拟具编制表及经费预算暨训练计划大纲实施细则等先后呈请

核示在案，惟查此项预算需款较巨，一时恐不易筹措，兹特重行拟具该处编制表及经费预算表各一份呈祈

鉴核并恳准自11月1日成立，是否有当？理合附具是项编制表预算表各一份备文

报请

鉴核示遵。谨呈

主任委员吴

附编制表经费预算表各一份

民众防空训练处预算书（1940年□月□日）

民众防空训练处编制表（略）

科目	每月预算数	备考
第一款　防空司令部民众防空训练处经费	1496	
第一项　俸给	753	
第一目　俸薪	658	
第一节　校官薪	520	上校副主任1，月支120元，少校教官5，月各支80元，合计如上数
第二节　尉官薪	138	上尉副官1，月支50元，中尉书记1，月支40元，准尉司书2，月各支24元，合计如上数
第二目　饷项	95	
第一节　军士饷	27	军需上士1，月支15元，中士班长1，月支12元，合计如上数

续表

科目	每月预算数	备考
第二节　兵役饷	68	上等传令兵2，勤务兵4，炊事兵2，各月支8.5元，合计如上数
第二项　办公费	400	
第一目　办公费	400	
第一节　办公费	400	油印文具笔墨纸张簿籍茶水灯火□支等费月需如上数
第三项　特别费	343	
第一目　特别办公费	100	
第一节　特别办公费	100	主任兼职不兼薪，月支特别办公费100元
第二目　官佐生活补助费	120	
第一节　官佐生活补助费	120	副主任1，月支30元，少校教官5，上尉副官1，中尉书记1，准尉司书2，月各支20元，合计如上数
第三目　士兵加给费	30	
第一节　士兵加给费	30	军士2，兵役8，月各支3元，合计如上数
第四目　士兵草鞋费	3	
第一节　士兵草鞋费	3	军士2，兵役8，月各支0.3元，合计如上数

（贵州省档案馆馆藏档案，档案号M5—595，第61—63页）

(215) 议决卫生用品经理委员会关于增加员工俸给费的申请*

(1940年11月22日)

据财政厅签呈：查前据卫生用品经理委员会呈送员工增加俸给费追加预算表，乞核示一案，当经钧府以该会追加员书薪俸数目，尚无不合，惟工役每人只能月加5元，业将原表发还，令饬遵照另编收支追加概算书，呈府核办。去后，兹据该会另编收支追加概算书，乞鉴核前来，经核该会每月增加员工俸给费100元，自9月份起至12月份止，本年度计4个月，共应增加400元，由药械品收入项下动支，尚无不合，拟请准予核定，等情，应否准予核定，请公决案。

议决　准予核定。

（贵州省档案馆馆藏档案，档案号M1—548，第44—45页）

（216）议决建设厅关于修复防空壕预算的申请*

（1940年11月22日）

据财政厅签呈，奉交建设厅签，为该厅前呈准修复防空壕案，因办理各项手续，延时过久，致壕身继续崩塌，拟一并修复，以策安全，经估计需修理费1484.4元，又前次呈准修复防空壕预算为2600元，其中工程费一项，为2494元，实际包价为1983.2元，尚余510.8元，即以之移作此项修理费用，其不敷之973.6元，请仍准由1940年度该厅经费节余项下动支，附具收支追加预算书，乞核示一案。查该厅前次呈请修理防空壕案，系奉钧府委员会第675次会议核定，兹据前情，核尚可行，拟请准予照办，其修理费预算书，即饬将前后两次数目合并计算，另行编造，以便一并修理完工时，并案报销，再本案修理费前后两次合计已超过3000元，并拟饬依照规定，招商投标，等情，应否准如所拟办理，请公决案。

议决　准如所拟办理。

（贵州省档案馆馆藏档案，档案号M1—548，第44—45页）

(217) 议决教育厅关于省会疏散区临时小学迁移费的请示*

(1940年11月22日)

据财政厅签呈，奉交教育厅签，为省会疏散区临时小学由中曹司迁移至次南门外观音寺，计需迁移费730元、修理费393.6元，10至12月份房租150元，三共1273.6元，恳请准予由中曹司小学未付房屋租金项下移支，附具追加收入预算书及支付预算书。乞核示一案。查核所请，尚属可行，拟请准予照办，等情，应否照准，请公决案。

议决　照准。

(贵州省档案馆馆藏档案，档案号M1—548，第92页)

（218）补助赴前方学生制装费的申请*

（1940年12月11日）

准省政府移送成都中央陆军军官学校第十六期第一总队黔籍学生徐化民等30名呈为行将出校服务，请援例拨款补助一案，应准由会每名补助赴前方制装费50元，共计1500元，除饬捐募处由救济慰劳捐项下迳行拨汇具报并函该校查照转发取据见复外，特提会报告。

（贵州省档案馆馆藏档案，档案号M5—283，无页码）

（219）协济委员会关于开凿花溪碧云窝防空洞经费的申请*

（1940年12月27日）

协济委员会签

查花溪碧云窝地方，原有浅石洞1个，位于主席吴官邸附近，当经会同叶厅长纪元、何委员辑五洽商，将该洞加以开凿，以便空袭时得以暂避，并估工勘估，开凿1公方给工料费30元，许由石工唐树成承揽开凿，所有此项开支，在未请获专款以前，暂由本会垫付，惟此项工程在初以为稍事开凿，需费不多，即未招商比价，嗣因工程上必须改动，以开成3洞为宜，兹据石工唐树成报告称：

> “窃成自承包花溪碧云窝防空洞当即加工开凿，已于前日完成，共计168公方，照与钧会所订价单每公方30元计算，共合法币5040元，外加砌洞口石方2个，计4公方，又踏步约2公方，每公方价法币15元，共合工料洋90元，除已领钧会3300元外，余款业经由成借垫，刻因借主追还甚急，特具文呈请钧会速派员前来验收以便付还借垫”

等情；到会。查此项工程费5100余元，拟请

钧会核发，以资归垫而补尾款，至于应行补办手续，祈

示遵办。除通知石工唐树成定于本月12日前往验收，并签请

省主席派员参加验收外，理合签请

钧会派员会同验收，以昭郑重，是否有当，敬祈

鉴核示遵。谨签呈

贵州省动员委员会主任委员　吴

（贵州省档案馆馆藏档案，档案号M5—283，无页码）

（220）议决协济委员会关于开凿花溪碧云窝防空洞经费的申请*

（1940年12月27日）

据协济委员会签呈，为请核发开凿花溪碧云窝防空洞经费5100余元，并请派员先行验收祈核示一案，以交书记长办公处审核室派员验收签复，拟照实做石方准予验收，至该洞经费应由何处开支，拟请提会核定等情，可否准予由防空基金项下开支，请公决案。

议决　准由防空基金项下动支。

（贵州省档案馆馆藏档案，档案号M5—283，无页码）

（221）贵州省会1940年空袭伤亡人民统计表

（1941年）

类别 人数	死亡	重伤	轻伤	备考
男	22	15	18	
女	26	24	25	
说明：本表数字以向本会登记为限。				

（贵州档案馆馆藏档案，档案号 M5—587，无页码）

（222）国民政府主计处编《抗战中人口与财产所受损失统计》（1941. 1）（节录）

（1941年1月）

总表四　损失地域别　　　　单位：国币元

地域别	人口伤亡数（1）（人）	财产直接损失（2）（元）	财产间接损失（元）
广西	799	3587449. 39	1811215. 84
云南	69	32210. 00	924. 00
贵州	7	38919. 50	126814. 09
察哈尔	—	114664. 10	—
绥远	—	77215. 90	—

材料来源：根据主计处截至民国二十九年十二月底收到行政院查报表及交通部统计室造送之材料汇编。

总表六　财产直接损失

②损失主体与损失地域对照　　　　单位：国币元

地域别	各项主体财产直接损失							
	共计	机关	学校	农业	矿业	工业	公用事业	商业
广西	3587449. 39	335991. 52	673649. 17	608982. 95	—	299683. 73	25496. 77	348920. 80
云南	32210. 00	—	—	—	—	—	—	—
贵州	38919. 50	30455. 47	2642. 44	—	—	690. 93	4550. 66	—
察哈尔	114664. 10	114664. 10	—	—	—	—	—	—
绥远	77215. 90	77215. 90	—	—	—	—	—	—

材料来源：根据主计处截至民国二十九年十二月底收到行政院查报表及交通部统计室造送之材料汇编。

［国民政府经济部档案，转录自中央党史研究室第一研究部、中国第二历史档案馆编：《国民政府档案中有关抗日战争时期人口伤亡和财产损失资料选编》（1），中共党史出版社2014年版，第248、251页］

（223）议决省抗敌后援会关于慰问费用和防空司令部关于购置物品费用的预算*

（1941年1—2月）

据省抗敌后援会先后呈报拨用慰劳捐款数及用途与民族扫墓节发给慰问金慰问阵亡将士家属暨慰劳陆军第一集团军志愿兵大队各情形祈鉴核一案，经汇交书记长办公处审核室核复“查原呈所列支出各数事，前均未据核呈奉核准，惟核尚具有紧急性质，所有欢迎边远农村工作团第一、二两队经费98.4元、慰劳184师补充大队慰劳金1000元、朝鲜义勇队慰劳金300元、补助民教馆出征军人子弟学校经费200元、追祭钟故军长天任礼品费33.5元、民族扫墓节发给阵亡将士家属慰问金66元、慰劳陆军第一集团军志愿兵大队经费1394.95元，依照本会审核收支办法第三、第四两条之规定，拟请准予提会追认并饬依照同办法第五条之规定，分别编制支出计算书类连同原始凭证呈会审核”等情，可否准予追认，余并如签办理之处，请公决案。

议决　准予追认，余并如签办理。

据防空司令部呈，为呈送购置磁碍子支付预算书祈核示一案，经交书记长办公处审核室核复“查核所书所列购置磁碍子预算数310元，尚属复实，拟请提会核定”等情，可否准予核定之处，请公决案。

议决　准予核定。

（贵州省档案馆馆藏档案，档案号M5—283，无页码）

（224）贵州省会各界1941年元旦扩大慰劳荣誉军人及抗战军人家属经费预算书*

（1941年1—2月）

总计共需经费国币 6508 元正

科目	实支数	备考
第一款　慰劳费	5658	
第一目　慰劳金	2500	经各界第一次筹备会决议：凡伤官赠洋 10 元，病官赠洋 5 元，伤兵 4 元，病兵 2 元。第 167 后方医院现住有伤病官兵 500 余人，预计约需如上数。
第二目　招待费	2000	决定招待征属之茶食，现省会征属已经登记者约为 1800 家，每一以 1 元计，约需招待费如上数。
第三目　信纸费	70	决定代荣誉军人写信，预计信封 600 个，信笺 1200 张，约需如上数。
第四目　邮寄费	48	预计代荣誉军人寄发平信 600 封，约需邮费如上数。
第五目　乡村征属慰劳金	1000	据贵阳县党部县政府及三民主义青年团贵阳分团之函请拨给该三机关所组之寒假乡村工作团以为慰问乡村征属之用。
第六目　赠旗费	40	决定制赠 167 后方医院锦旗一首，需费如上数。
第二款　宣传费	450	
第一目　传单费	250	决定印发告荣誉军人及出征军人家属书，每种各 3000 份，估计约需如上数。
第二目　标语费	100	决定新制布标 2 幅，剪纸粘贴旧布标 3 幅及购纸缮写标语，约需如上数。
第三目　剧团津贴	100	决定由青年剧社、力行剧社至医院演剧慰劳，总共津贴器具搬运及茶水扎支各费约需如上数。
第三款　杂支费	200	
第一目　纸张笔墨费	70	办理大会通知记录制标帜等各项费用如上数。

续表

科目	实支数	备考
第二目　纸袋费	30	决定制纸袋500余个，用以装封慰劳金赠送荣誉军人预计约需如上数。
第三目　临时杂支费	100	如会场布置及运送慰劳品至医院及其他临时杂支，估计如上数。
第四款　预备费	200	
第一目　预备费	200	因此次规模较大，诚恐有估计未周之处，特列预备费以备万一。

（贵州省档案馆馆藏档案，档案号M5—283，无页码）

(225) 军委会政治部关于组织乡村工作队经费预算的申请*

(1941年1月8日)

案奉

军委会政治部亥世治晨一电开“查寒假即届，亟应发动学生从事兵役宣传，仰即遵照前颁中等以上学校学生假期兵役宣传实施纲领，切实推行并仰将实施经过详细具报”等因奉此，职部当即会同教育厅、省抗敌后援会组织贵阳学生寒假农村工作团，但以各中学学生现已放假，上项组织事实不能实现，为求兵役宣传仍能照原计划施行起见，特商得省抗敌后援会同意合组乡村工作队（征求留筑学生担任）分赴各县宣传，经费除由省抗敌后援会担任大部外，应由职部担任 500 元，职部以经费有限，对上项用费无专款可供开支，曾提出 1 月 14 日本部会报□议决，仍请省动员委员会拨支在案，但依军委会所颁学生假期兵役宣传实施纲领第十九条之规定，经费由省府统筹统支，且今兵役宣传事在必行而经费又无着落，故恳

钧座对上项用费 500 元，准在省动员会经费项下予以补助，可否，理合呈请

鉴核示遵，谨呈

司令　吴

（贵州省档案馆馆藏档案，档案号 M5—283，无页码）

（226）议决公路管理局因其八寨站房屋被毁要求发放救济费的申请*

（1941年1月14日）

据财政厅签呈，奉交建设厅签，据公路管理局呈，为该局八寨站站长李树芳呈报该站房屋，于1940年9月1日被敌机炸毁，缮呈损失公私物品清单，转请准予核销，并拟发给救济费75元一案。查所请发给救济费75元一节，尚不超过本省公务员、雇员、公役遭受空袭损害救济办法之规定，拟请准予照数由1940年度该局营业概算内营业外支出第三项第一目第二节其他支出项下列报。至损失公物部份，并拟准函达审计处查核见复后，再行办理。等情，应否准如所拟办理，请公决案。

议决　准如所拟办理。

（贵州省档案馆馆藏档案，档案号M1—563，第17页）

（227）议决防空司令部关于民众防空训练处3个月经费预算的申请*

（1941年1月22日）

据防空司令部呈，为该部前呈省会民众防空训练计划大纲实施细则暨训练经费预算，经奉令饬依照审核室签注另编呈核等因，兹谨另编竣事连同民众训练处支付预算随文赍呈祈核示一案，经交书记长办公处审核室核复“查核原送预算，尚无不合，所有民众防空训练处 1940 年 11 月、12 月及 1941 年元月份预算数各 1496 元，拟请准予核定”等情，可否准予核定，请公决案。

议决　准予核定。

（贵州省档案馆馆藏档案，档案号 M5—583，无页码）

（228）资源委员会汞业管理处四川分处财产间接损失报告表（节录）

（1941年2月4日）

填送日期：30 年 2 月 4 日

分类	数额
共计	621.00
迁移费	80.00
防空设备费	101.50
疏散费	
救济费	440.00
抚恤费	

报告者：兼处长　张莘夫

资源委员会汞业管理处呈资源委员会　呈字第〇六二〇号

事由：为前贵州矿务局呈报空袭损失两案，遵令更正造送国营事业财产直接损失汇报表及财产损失报告单，祈查核分别存转指令祇遵由。

［国民政府资源委员会档案，转录自中央党史研究室第一研究部、中国第二历史档案馆编：《国民政府档案中有关抗日战争时期人口伤亡和财产损失资料选编》（1），中共党史出版社 2014 年版，第 534—535 页］

（229）防空司令部关于增设人员及相关费用的申请*

（1941年3月8日）

贵州省政府财政厅签呈

事由

奉交防空司令部呈，转该部情报所呈，请设置预备情报所及增设人员，拟具编制概算表，乞示一案签乞

核示由

办法

查防空司令部呈，转该部情报所呈，为避免贻误情报起见，拟设置预备情报所，以资周密。又该所因事务纷繁，拟增设副所长及会计副官各一员，并拟将所增薪俸列入预备情报所经费内报领，计月需经费919元，开办费500元，自本年3月份起至12月份止，计10个月经费9190元，连同开办费，共计9690元，附具概算及编制表，祈示一案。经核所呈各节，事关防空设施，尚属实情，拟请准予照办，需款由第二预备金项下动支，理合检同原呈及附件签乞

钧核示遵！谨呈

主席　吴

附呈原呈及附件

财政厅厅长　周诒春

（贵州省档案馆馆藏档案，档案号M1—581，第23页）

（230）贵州省公路管理局工程预算书*

（1941年4月8日）

工程名称	修理厂修造组迁移机械工程					
施工地点	大脚坡机器间					
起案原委	原有和尚坡修理厂机器间以目标显著易致空袭，奉命迁移大脚坡新建机器间，以资疏散					根据图说
施工概况	购料自办					附件
工程种类	形状	单位	数量	单价（元）	复价（元）	备注
装置机架					2460	
槌木	20cm∮ ×6.0m	根	5	56	280	机器架用
槌木	20cm∮ ×4.0m	根	40	45	1800	机器架用
槌木	15cm∮ ×4.0m	根	10	38	380	机器架用
铁件		磅	45			向材料室领用不另计价
木工		工	40			利用厂内工人不另计价
锻工		工	12			利用厂内工人不另计价
小工		工	60			利用道班工人不另计价
装置地脚					2400	
杉木	15cm∮ ×4.5m	根	50	45	2250	打地脚桩用
铁件	螺丝及垫板	磅	120			向材料室领用不另计价
石灰		担	30	5	150	做地脚三合土用
木工		工	50			利用厂内工人不另计价
小工		工	40			利用道班工人不另计价
搬运机械						
小工		工	300			利用道班工人不另计价
设置炉灶					132	
泥工		工	16	3	48	造打铁炉四座
青砖		千块	1.2	70	84	平均每炉用青砖三百块
总计					4992	

（贵州省档案馆馆藏档案，档案号 M1—609，第 35 页）

（231）议决贵州各界湘北大捷慰劳团等关于慰劳等项费用的预算报告*

（1941年4月25日）

准贵州各界湘北大捷慰劳团函，以在湘北制送各有功部队锦旗及在长沙慰劳伤兵难民，出发前并未列入公费预算，致公费超出原预算 1407.94 元，作三部分摊，应请本会补助 469.31 元，附送支付单册收据，请补发归垫一案。除函复准予补发并饬知救济股照发外，特提会报告。

据防空司令部呈，为遵令补编购置乌江渡防空哨话机经费预算书并附送估价单，祈核示一案。经派本会干事钱子光会同该部派员采购，嗣据签复以市面缺乏话机材料，经多方觅致，购获旧坐机一部，议价 1500 元，并由该部情报所技士钱行之检验认为良好可用，所有原拟预算书列数 1800 元，应照实付价，减列为 1500 元，拟请准予核定等情，核尚可行，除指令准予核定款由防空基金项下动支，并令知防空基金保管委员会外，特提会报告。

据贵阳文化界扩大反侵略大会筹备会呈，为于 30 年 12 月 19 日举行扩大反侵略大会，所需费用请准予补助 200 元，附呈领据祈核示一案，应予照准，除由书记长办公处函救济股在本会提存之余款内照发，暨函复该会外，特提会报告。

据防空司令部呈，为请追加本市郊外各公共防空洞工程费，编具追加预算表祈鉴核拨发一案。经交书记长办公处签复："查该部开凿各石洞工程，因物价高涨及中途解约另行招商，承包增加单价或因实收石方超过预估石方数量，增加经费与各该原核定案相符，所有追加工程经费共 31424.87 元，拟请准予提会追认，款由防空基金项下动支"等情，可否准予追认，请公决案。

议决　照准。

（贵州省档案馆馆藏档案，档案号 M5—598，第 125—126 页）

（232）防空司令部关于防空警报信号一览表印刷费等费用的预算报告*

（1941年4月25日）

据防空司令部呈，为拟印刷防空警报信号一览表20000张，计需经费2340元，编具预算并检呈估价单祈核示一案。除指令准予核定并令饬防空基金保管委员会知照外，特提会报告。

据防空司令部呈，为呈送购置架设打鱼寨防空专线木杆预算书祈核示一案。查此案前据该部电请准予由部派员先行购置，再行补送预算等情到会，当经指令照准在案。兹据呈报，是项木杆业经购妥，每根19.5元，计35根，共需款682.5元，编具预算书祈核示前来，除指令准予备相并令饬防空基金保管委员会知照外，特提会报告。

据防空司令部呈，为据该部情报所及各电台官兵请发值夜人员夜点费一案，拟请将所有值夜官兵每名按夜发给夜点费0.4元，月约需款560元，在防空基金项下动支，按月列报祈核示等情，除指令照准自7月份起支并令饬防空基金保管委员会知照外，特提会报告。

据防空司令部呈，为改善南岳山防空石洞，拟建造洞内支撑洞门堵墙及便道，缮具检查报告表及材料工资概算，祈核示一案。除以所请建造南岳山洞内支撑洞门堵墙及便道工程经费6642.8元，准予先行核定，款由防空基金项下动支，其改善工程关系密件并准予招商，比较承造定期报请本会派员监视审定以符规定等语，指令并令知防空基金保管委员会外，特提会报告。

（贵州省档案馆馆藏档案，档案号M5—598，第49—50页）

（233）贵州省公路管理局关于修理厂迁移机器工程费用预算的报告*

（1941年4月30日）

贵州省政府建设厅签呈

事由

据公路管理局造呈，修理厂迁移机器工程预算书，请将所需经费4992元，由营业概算支出临时门修理设备费项下列支，等情，签祈，鉴核示遵由。

办法

案据贵州省公路管理局呈称：

案查本局和尚坡修理厂，于1940年8月20日被敌机轰炸后，本局为策划机器材料之安全，曾经呈准购买大脚坡田地，修建疏散材料库机器间及员工宿舍，俾资应用，在案，兹查上项工程，业经完竣，所有原安设于修理厂之各项机器，亟应迁置新建机器间内，以资疏散，此项迁移工程，除利用旧有铁件及厂内工人工作外，计需材料费4992元，拟在本局1941年度概算内支出临时门第一款第一项第二目第一节修理设备科目项下列支，是否可行，理合编具预算书随文呈祈　鉴核示遵。

等情，据此。查该局新建机器间，既经修理完竣，自应从速迁移，藉策安全，所需材料费4992元，拟请在1941年度营业概算内支出临时门修理设备费科目项下列支，尚属可行，拟予照准，是否有当，理合检同原呈预算书，签祈鉴核示遵，以便转饬遵办。谨签呈

主席　吴

计签呈原预算书二份。

建设厅厅长　叶纪元

（贵州省档案馆馆藏档案，档案号M1—609，第12—13页）

（234）省赈济会1941年度追加经费预算书*

（1941年5月7日）

贵州省政府财政厅签呈

事由

奉　交省赈济会函送该会1941年度追加经费预算书，请签照一案，签乞核示由。

办法

查省赈济会为奉赈济委员会电，饬将本省难民救济事宜并入该会及各县会统筹办理，事务增繁，现有人员不敷应付，又物价高涨，办公费亦感支绌，拟增设专任人员及增加办公费，以资支应，计自本年4月份起，全年度共应增加经费4041.75元，附具追加预算书，请查照办理等由一案。经核所请，增加各项经费尚属必需，拟请准予照数由本年度第一预备金项下先行动支，是否有当，理合签乞

钧核示遵！谨呈

主席　吴

附呈原函及附件

财政厅厅长　周诒春

（贵州省档案馆馆藏档案，档案号M1—609，第47页）

（235）赈济委员会关于追加1941年度9个月经费预算书表*

（1941年5月16日）

案查本会前奉

赈济委员会电，饬将本省难民救济事宜并由本会及各县会统筹办理一案，业将遵办情形于本月 5 日函请

贵府备查在案，惟关于增设专任人员应支薪俸，本会原有俸给，以 1941 年度概算核定，毫无余款开支，爰照各省赈济会组织规程第九条之规定，另拟预算送请

贵府予以追加，复查本会此次增设专任人员，计一级组员 1 人、二级组员 1 人、办事员 1 人、书记 1 人、公差 1 名，每月共应支俸给工资及生活补助费 384. 75 元，自本年 4 月 1 日起，截至年底止 9 个月合计应支 3462. 75 元，又本会原有办公费，因物价高涨，已感不敷，而人员增加，会务繁重，耗费势必较多，拟每月酌加办公费 60 元，9 个月合计 540 元，又公差 1 名夏、冬两季服装费共需 39 元，以上总计增加经费为 4041. 75 元，相应编具追加 1941 年度 9 个月经费预算书表，随文赍送，敬希查核照加，以利济政，至认公谊，此致

贵州省政府

附送本会 1941 年度 9 个月追加经费预算书表四份

□□□□□ 吴鼎昌

贵州省赈济会1941年度追加经费预算书

支出经常门常时部份

科目	全年度计算数	本年度原预算数	本年度追加数	比较		备考
				增	减	
第一款　贵州省赈济会追加经费	26320.75	22279	4041.75	4041.75		共计追加4041.75
第一项　俸给工资	19913.7	16924.8	2988.9	2988.9		1. 本会救济组增加一等组员1人，月支114元，二等组员1人，月支91.1元，办事员1人，月支60元，书记1人，月支36元，公役1名，月支31元，均照本会原有职员支领之数目请领，自4月1日起，支至12月底止计9个月，合计领支如上数。2. 办公费因人员增加，工作加繁，原有经费不敷，拟于各目内略加细数，如上列。3. 购置费，仅服装内加冬、夏季公役服装各1套，冬季25元，夏季14元，合计39元，因工役加1名，亦照原有数目请领。4. 临时生活费计一等组员1人月支2元，二等组员1人，月支10.65元，办事员1人，月支20元，书记1人，月支20元，均照原有职员支领之数请领，合计如上数。5. 以上各费均自1941年4月1日起至本年底止计九个月请领。　特注
第一项　俸薪	17810.7	15100.8	2709.9	2709.9		
第二目　工资	2103	1824	279	279		
第二项　办公费	3460	2920	540	540		
第一目　文具	1680	1500	180	180		
第二目　邮资	450	360	90	90		
第三目　消耗	610	520	90	90		
第四目　印刷	120	120				
第五目　什支	600	420	180	180		
第三项　购置费	474	435	39	39		
第一目　器具	180	180				
第二目　服装	234	195	39	39		
第三目　图书	60	60				
第四项　其他项	2473.05	1999.2	473.85	473.85		
第一目　生活补助费	2473.05	1999.2	473.85	473.85		

（贵州省档案馆馆藏档案，档案号M1—609，第47—52页）

(236) 议决防空司令部关于追加1941年度预算的报告*

(1941年5月16日)

据财政厅签呈，查前据防空司令部呈转该部无线电总台呈，为物价高涨，每月材料费，不敷甚钜，请准自1940年5月份起每月增加1000元，以资支付一案。当经钧府令准增加，计该年度8个月，共应增加8000元，即由该总台1939年度经费节余项下动支，并饬补编追加收支预算，呈侯核定本案。嗣据该部呈转上项预算，乞鉴核，当以来呈已逾1940年度补办法案期限，复经指令姑准作为1941年度法案办理，饬另编1941年度应追加收支预算，再行核定，去后，兹据另编前来。经厅审核，原书所列收支数目，各为8000元，尚无不合，拟请准予核定。等情；应否准予核定，请公决案。

议决　准予核定。

（贵州省档案馆馆藏档案，档案号M1—609，第12—13页）

(237) 议决公路管理局关于和尚坡修理厂搬迁工程费用预算*

(1941年5月16日)

贵州省政府委员会第743次会议

据财政厅签呈，奉交建设厅签转公路管理局呈，为该局和尚坡修理厂于上年8月被敌机轰炸后，为策划机器材料之安全，前经呈准购买大脚坡田地，以作修建疏散材料库机器间及员工宿舍，俾资应用在案，并查上项修建工程，业经完竣，所有原安设于修理厂之各项机器，亟应迁置新建机器间内，以资疏散，经估计，计共需装置搬运等费8992元，恳请准在该局1941年度营业概算内支出临时门修理设备费科目项下列支，附具工程预算书，乞核示一案。经核，尚无不合，拟请准予照办，等情，应否准予照办，请公诀案。

议决　照准。

(贵州省档案馆馆藏档案，档案号M1—609，第2—3页)

（238）贵州省安龙县三十年度遭受空袭伤亡人数报告表

（1941年6月）

1941 年 6 月　日

县长曹翼远　造

被炸月日	被炸地点	伤亡人数			备考
		死亡	重伤	轻伤	
6 月 3 日	安龙县城罗家院	20 人	2 人	1 人	

赈令　　　　　　　　　　　　　　赈救字第 64 号

令安龙县政府

三十年六月十二日呈为填报本县三十年度空袭伤亡人数报告表祈鉴核由。

呈件均悉。已抄附原表转呈赈济委员会鉴核备查□仰所知照附件存此令。

呈　　　　　　　　　　　　　　赈救字第 7 号

案据安龙县政府 1941 年 6 月 12 日呈称："查本年 6 月 3 日上午 9 时 20 分敌机 7 架云云备文呈请鉴核"等情。计呈贵州省安龙县 1941 年度遭受空袭伤亡人数报告表一份，据此，□□令外理会抄附原表备文呈请鉴核。谨呈

赈济委员会委员长　孔

计呈　贵州省安龙县 1941 年度遭受空袭伤亡人数报告表一份

贵州省安龙县三十年度遭受空袭伤亡人数报告表

灾民姓名	性别	年龄	职业	人口数		财产损失估计	受灾情形	
				大口	小口			
陈炽端	男	14	学生	1	2	10000 余元	本年 6 月 3 日被敌机爆炸，除炽端之母杜氏惨遭炸毙外，并将所有住屋瓦房间及家中用具什物震毁一空，同时并将所有田地房屋契据损失。此次被灾，惟该民最惨重。	
陈品端	男	25	教员	3	无	3000 余元		其品端受灾情形同前，幸无死伤。

续表

灾民姓名	性别	年龄	职业	人口数		财产损失估计	受灾情形	
				大口	小口			
勾兴昌	男	23	政警	4	1	数百元	是日被炸，兴昌之母詹氏暨其弟小和被炸死，家中用具什物尽被震坏。	
张国富	男	50	厨工	2	2	同上	是日，国富之妻江氏被炸毙，家具全被损毁。	
景梁氏	女	28	针黹	2	1	同上	是日梁氏之夫召礼被炸毙，梁氏亦受重伤，家具大半被毁。	该氏之夫景召礼系公务员，应另案办理。□按规定救恤该氏。
杜杨氏	女	50	苦力	2	1	百余元	是日杨氏之长次两子小罗小保同被炸死，杨氏亦受重伤，家中什物全毁。	
孙永安	男	45	政警	2	1	数百元	是日永安之妻胡氏及子八金同被炸毙，家具大半被毁。	
刘罗氏	女	60	针黹(zhi，已查字典!)	3	1	同上	是日罗氏及子定华、媳钟氏、孙女福贞全遭炸毙，家具全被损毁。	
朱李氏	女	32	苦力	1		数十元	是日该氏被炸重伤，家具全被损毁。	
黄少敏	男	42	商	3	1	同上	是日幸无死伤，惟住屋被震毁。	
刘亨佐	男	18	学生	2	1	同上	同上	

续表

灾民姓名	性别	年龄	职业	人口数		财产损失估计	受灾情形	
				大口	小口			
罗如玉	男	53	商	5	1	同上	同上	
罗少南	男	59	商	5	1	数百元	同上	
李开科	男	34	县府书记	4	2	同上	同上	
夏太周	男	43	商	5	3	同上	同上	
王学诗	男	36	公务	6	4	同上	同上	
陈先明	男	33	保警队长	6	6	同上	是日幸无死伤，惟家具房屋受损最重。	
万华清	男	43	商	4	4	数十元	同上	
刘家驹	男	34	县府书记	2	2	同上	同上	
王召国	男	20	商	2		同上	同上	
徐光辉	男	35	商	4	5	同上	同上	
李荣开	男	38	商	2	1	同上	同上	
熊芷林	男	48	商	2	1	同上	同上	
罗厚禄	男	33	商	3	4	数百元	同上	
贺志高	男	32	商	4	7	数十元	同上	
覃少甫	男	41	商	3	2	同上	同上	
袁少武	男	36	商	2	1	百余元	是日幸无死伤，惟家具什物全遭损失。	

贵州省安龙县六三被炸核发救恤金数目表

领款人姓名	被炸人数	核发救恤金数（元）	备考
陈炽端	炸死其母杜氏 1 人	6000	
勾兴昌	炸死其母詹氏弟小和共 2 人	12000	
张国富	炸死其妻江氏 1 人	6000	
景梁氏	被炸重伤	4000	本府管卷员
杜杨氏	炸死其小罗小保共 2 人	12000	
孙永安	炸死其妻胡氏及子八金共 2 人	12000	

续表

领款人姓名	被炸人数	核发救恤金数（元）	备考
刘罗氏之亲属	炸死刘罗氏及子定华、媳钟氏、孙女福贞共4人	24000	由区调查最近亲属具领
朱李氏	被炸重伤生活最苦	4000	据调查现已病故
合　计	12+1	80000	

贵州省安龙县补发六三被炸亡故学生姓名及恤金数目表

炸死学生姓名	原住地	核发救恤金数（元）	备考
陈明仲	普坪	6000	安中生
杨德楷	普坪	6000	安中生
黄永魁	乐居	6000	
韦廷璧	普坪	6000	安中生
陈中文	鸭子井	6000	安中生
黎明芳	册亨县	6000	安中生
合计6人		36000	
说明：凡领救恤金须由该原住地联保主任出具证明，并由死者最近亲属前来具领。			

（贵州省档案馆馆藏档案，档案号M24—720，第40—45页）

（239）议决防空司令部关于增加无线电第十八分台开办费的报告*

（1941年6月17日）

据财政厅签呈，奉交防空司令部呈，为该部无线电第十八分台于本年2月始行成立，所有前领该台开办费150元，拟请准予移作1941年度支出，并陈明该台设置昆明，因该地物价高涨，原领开办费，不敷应用，请予增发150元，以济开支一案，查所陈各节，尚属可行，拟请准予照办，所有应需增发之数，并请准予由该部及所属机关1940年度经费节余项下动支，仍于本案核定后补编追加收支预算，及分配表呈核。等情，应否照准，请公决案。

议决　照准。

（贵州省档案馆馆藏档案，档案号M1—625，第95—96页）

（240）资源委员会运务处财产间接损失报告表

（1941年6月30日）

填送日期：30 年 6 月 30 日

分类	数额
共计	国币 367983. 21 元 缅币 1500 盾
迁移费	
防空设备费	国币 328207. 75 元 缅币 1500 盾
疏散费	国币 37632. 96 元
救济费	国币 2142. 50 元
抚恤费	

附说明表一张

报告者

说明

①防空设备费：国币 328207. 75 元　　缅币 1500 盾

1. 本处东山防空洞　　$57657. 35
2. 本处防空室（存置案卷）　　$21133. 12
3. 消防设备　　$1070. 80
4. 员工训练所及护运大队防空洞　　$37951. 30
5. 贵阳修理厂防空洞　　$16536. 36
6. 贵阳区办事处防空洞　　$24274. 75
7. 贵阳油库第一洞　　$73918. 29
8. 贵阳油库第二洞　　$95158. 48
9. 柳州站防空设备　　$487. 40
10. 晓町仓库防空壕　　$缅币 1500 盾
11. 昆明库防空洞　　$20. 40

②疏散费：国币 37632. 96

1. 贵阳区车辆疏散线	$37632. 96

③救济费：国币 1592. 50

1. 29 年 8 月 7 日义乌站被炸	$1114. 50
2. 29 年 8 月 17 日溪口站被炸	$328. 00
3. 29 年 8 月 21 日河驰站被炸	$150. 00
4. 30 月［年］1 月 2 日曲江被炸	$550. 00
共计：国币 367983. 21	缅币 1500 盾

［国民政府资源委员会档案，转录自中央党史研究室第一研究部、中国第二历史档案馆编：《国民政府档案中有关抗日战争时期人口伤亡和财产损失资料选编》(1)，中共党史出版社 2014 年版，第 528 页］

（241）国营事业财产直接损失汇报表

（1941年7月）

（矿业部分）

事件：敌机轰炸

日期：二十九年九月十三日

地点：贵州省八寨县

填送日期：三十年七月　日

分类	价值
共计	290.80
房屋	
器具	213.40
矿坑	
现款	
矿产品	
机械及工具	
运输工具	
文具	54.00
杂项	23.40

附财产损失报告单三份

受损失者：前贵州矿务局

报告者：汞业管理处处长　张莼夫

财产损失报告单

事件：敌机轰炸

日期：二十九年九月十三日

地点：贵州省八寨县　　　　填送日期：三十年七月　日

损失项	单位	数量	价值
木文卷柜	个	1	18.00
木床	架	2	14.00

续表

损失项	单位	数量	价值
长木凳	条	2	2. 00
办公桌	张	1	8. 50
四方木凳	个	2	1. 60
大木盆	个	1	1. 20
水木盆	个	1	0. 60
木水桶	对	1	1. 50
小木提桶	个	1	0. 50
马灯	罩	1	3. 50
瓷笔杆灯	罩	3	4. 50
瓦油灯	罩	7	2. 10

受损失者：前贵州矿务局

报告者：汞业管理处处长　张莘夫

财产损失报告单

（承前页）一

损失项	单位	数量	价值
茶壶	个	1	3. 20
瓷茶杯	个	7	3. 35
瓷长茶杯	个	2	1. 60
玻璃杯	个	4	4. 80
热水瓶	个	2	19. 00
细瓷饭碗	个	8	12. 00
细瓷菜碗	个	6	12. 00
粗瓷饭碗	个	8	2. 00
大锅	口	1	14. 00
水缸	口	2	3. 00
瓷茶古	个	2	0. 30
瓷调羹	个	15	1. 20

（承前页）二

损失项	单位	数量	价值
瓦罐	个	2	1.60
瓦钵	个	2	1.00
瓦沙罐	个	2	0.80
瓦油罐	个	1	0.40
瓦盐罐	个	1	0.40
痰盂	个	4	1.00
瓦缸	口	4	口口口口
磁面盘	口	1	10.00
洋铁水壶	个	1	3.00
市秤	把	1	3.00
竹布门帘	幅	1	6.60
瓦油缸	口	1	1.20
水银锅	口	1	39.00
合计			213.40

财产损失报告单

事件：敌机轰炸

日期：二十九年九月十三日

地点：贵州省八寨县　　　　填送日期：三十年七月　日

损失项	单位	数量	价值
瓷笔筒	支	4	4.00
瓷水池	个	2	1.60
大砚池	个	2	3.60
小砚池	个	2	2.00
寒暑表	只	1	4.50
蓝墨水	瓶	3	6.60
红墨水	瓶	2	4.40
打印水	瓶	2	3.00
墨汁	瓶	2	0.96
米突尺	枝	1	0.50

续表

损失项	单位	数量	价值
西南地图	幅	1	0.96
贵州地图	幅	1	1.92
损失项	单位	数量	价值
电木墨盒	只	1	2.40
油墨	盒	1	6.75
金城印泥	盒	1	10.80
合计			54.00

受损失者：前贵州矿务局

报告者：汞业管理处处长　张莘夫

财产损失报告单

事件：敌机轰炸

日期：二十九年九月十三日

地点：贵州省八寨县　　　　填送日期：三十年七月　日

损失项	单位	数量	价值
菜油	公斤	18	19.80
委员长像	幅	1	1.20
总理遗像	幅	1	1.20
林主席像	幅	1	1.20
合计			23.40

受损失者：前贵州矿务局

报告者：汞业管理处处长　张莘夫

［国民政府资源委员会档案，转录自中央党史研究室第一研究部、中国第二历史档案馆编：《国民政府档案中有关抗日战争时期人口伤亡和财产损失资料选编》（1），中共党史出版社2014年版，第535—539页］

(242) 沿河县财产间接损失报告表*

(1941年7月4日)

呈明抗战后将财产间接损失报告表一案由

沿民字第150号

沿河县政府呈　　1941年7月4日发

案奉

钧府秘字第22号训令，饬将抗战后该县间接、公私损失情形遵照院颁调查表分别呈报一案等因，奉此遵查，属县并未遭遇敌机空袭，无直接损失。惟间接损失花纱布匹油类及食粮等向系由外输入，较未战以前价值高涨至数十倍者，如米一项，以前售价每斗约六七元，现售至七八十元，致人民生计异常窘迫，私人损失已于此项物价上无形消费。兹仅就其显著之花纱布匹食粮等必需物品估计列表，奉令前因除第26号表式邀免填送外，理合填具第3表备文呈送敬乞

鉴核备查除分呈

行政院外谨呈

贵州省政府主席　吴

附呈送沿河县抗战后间接损失报告表一份

县长　杨化育（印）

沿河县财产损失报告表

损失项目	单位	数量	价值	国币□（元）
花	每包□元	年约500包计重□□斤	值法币	500000
纱	每包60元	年约□□□□□□□□百斤	约共值洋	480000
布	每尺15元	年约3万尺共重4500斤	约共值洋	450000
杂货	每担3万元	年约需120担	约共值洋	3600000
米	每斗60元	年约70万石	约值洋	4200000
杂粮	每斗30元	年约需35万石	值洋	1050000
油	每箱160元	约需200箱	值洋	3200

（贵州省档案馆馆藏档案，档案号M1—2272，第206—208页）

(243) 议决防空司令部关于给驻芷江等处联络主任发放办公费的申请*

(1941年7月9日)

据财政厅签呈，奉交防空司令部呈，为据本部派驻芷江等处联络主任周鼎等先后呈报生活高涨，每月所需房租、灯油等费，无法开支，恳请按月发给办公费以资维持一案，核尚可行，拟请准予自本年7月份起，专任联络主任每人每月发给办公费15元，3人共计45元，联络员每人每月发给办公费10元，12人共计120元，两共月需165元，自本年7月份起，至12月份止共6个月，计共需990元，是项经费，并拟准予照数由本年度概算所列防空司令部及所属机关临时费项下支给。等情，应否照准，请公决案。

议决 照准。

(贵州省档案馆馆藏档案，档案号M1—513，第11页)

（244）议决防空司令部关于在兴仁设置情报分所费用的报告*

（1941年8月5日）

据财政厅签呈，奉交防空司令部代电，陈转该部情报所签报，本省西南地区重要，最近敌机均系由桂省窜袭，而西南各县城乡电话多因架设不良、管理不善又无专任监视队哨，情报传递，贻误堪虞，除另案呈请增设专任监视队哨外，拟于兴仁设置情报分所，以臻周密，附具人员编制经费表，及开办费预算表等件，乞核示一案。经核所请增设兴仁情报分所，尚属切要，惟所送编制经费表，内列官兵生活补助费一项，计每列6元，经由厅代为更正，其余所列人员及经费暨开办费数目，尚属实在，计每月经费应改列为540元，连同开办费500元，拟请准予核定。饬自1941年8月份起成立，所有应需经临各费计共3200元，即由1941年度裁撤青溪县政府经费余款内动支，并拟俟核定后，饬补编支出预算书及分配表呈核。等情，应否准如所拟办理。

议决　准如所拟办理。

（贵州省档案馆馆藏档案，档案号M1—644，第26—28页）

（245）粮食管理局关于设立大定转运站经费的申请*

（1941年10月7日）

据财政厅签呈，奉交粮食管理局签，为大定、纳雍两县采购省会食米共计3000大包，亟应专置机构前往承办，以收事功，现三合转运站，奉准结束，拟俟存米移交军粮局接收后，将该三合转运站原有人员移至大定，另设大定转运站，专办转运纳雍食米事宜，以资熟手，在三合转运站未结束以前，拟先派人员赴大定预为觅定仓房，筹备一切，谨造具、开办费及经费概算书，乞核示一案。查核所陈，尚属急要，惟所编经费概算书内列数目，计每月为2050元，较核定三合转运站经费数，每月增加1000元，据书内说明称，该大定转运站，须租赁房屋办公，月需租金150元，又上下搬运力费，近以物价工资较前增加，拟将每石搬运费增定为1.5元，经核并无不合，所有应需开办费300元，4个月经费计共8200元，以上共8500元。拟请准予核定，仍由该局1941年度事业费概算所列杂费项下开支，俟核定后，饬补编预算分配表，呈候核转，等情；应否准如所拟办理，请公决案。

（贵州省档案馆馆藏档案，档案号M1—665，第4—5页）

（246）议决八寨县政府关于被炸后所需殓埋费和救济费的请示*

（1941年10月14日）

据秘书处签呈，查前据八寨县政府呈，为该县于上年9月13日遭受敌机空袭，灾情惨重，造具员役损失表，及救济费预算表，恳请准予发给殓埋费及救济费一案。当经本府饬据第二区行政督察专员公署查复属实。交处办理，复由处送经民政、财政两厅签注，以本案既经饬查属实，自应照章予以救济，除县款部份另行核定外，所有应由省款开支之殓埋费及救济费共2510元，拟即由1941年度概算所列公务员退休及抚恤支出内公务员恤金项下支给。等语，查无不合，兹谨检呈原案乞鉴核。等情，应否准如民政、财政两厅签注办理，请公决案。

议决　照准。

（贵州省档案馆馆藏档案，档案号M1—667，第6页）

（247）议决教育厅关于拨补省会疏散区临时小学打鱼寨小学1941年度经费的申请*（节录）

（1941年10月21日）

据财政厅签呈，奉交教育厅签，据贵筑县政府呈，为接办省会疏散区临时小学打鱼寨小学，所有该小学每月应需经费，实无力全数负担，请予拨补，等情前来。经核该小学，每月应支经费共计为436元，本年度9至12月计共应支1744元，除由该县政府自筹之408元外，计尚不敷1336元，恳请准由本年度总概算所列临时小学经费项下拨给。当否，乞核示一案，查贵筑县政府原呈内称，该县政府每学期可自筹经费612元，而教厅原签，系以月份计算，致与县筹数目不符，似有未合，所有本案应需经费1744元，除该县自筹之612元外，实应由省库拨补1132元，拟请准予照原签所请由本年度总概算所列临时小学经费余款项下拨给。等情，应否准如所拟办理，请公决案。附教厅原签

议决

……

（贵州省档案馆馆藏档案，档案号M1—673，第3—4页）

（248）国民政府主计处编《抗战中人口与财产所受损失统计》（1942.1）（节录）

（1942年1月）

总表四　损失地域别

单位：国币元

地域别	人口伤亡数（人）	财产直接损失（元）	财产间接损失（元）
广西	2222	36478433.38	2114356.75
云南	237	2974554.14	833234.03
贵州	7	259062.96	409581.85
察哈尔	—	114664.10	—
绥远	—	86937.31	—

材料来源：根据主计处截至民国三十年十二月底收到行政院及国民政府文官处转送与各机关直接造送之材料编制。

总表五　人口伤亡

①原因别

地域别	共计					重伤					轻伤					死亡				
	小计	男	女	童	不明	小计	男	女	童	不明	小计	男	女	童	不明	小计	男	女	童	不明
广西	2222	1141	530	178	373	309	178	103	26	2	929	462	173	65	229	984	501	254	87	142
云南	237	115	81	41	—	68	38	33	7	—	75	39	27	9	—	94	38	31	25	—
贵州	7	7	—	—	—	2	2	—	—	—	3	3	—	—	—	2	2	—	—	—
宁夏	260	—	—	—	260	—	—	—	—	—	100	—	—	—	100	160	—	—	—	160
南京	7	6	1	—	—	3	3	—	—	—	2	2	—	—	—	2	1	1	—	—

材料来源：根据主计处截至民国三十年十二月底收到行政院及国民政府文官处转送与各机关直接造送之材料编制。

总表六　财产直接损失（续）

②损失主体与损失地域对照

单位：国币元

地域别	各项主体财产直接损失								
	共计	机关	学校	农业	矿业	工业	公用事业	商业	银行业
广西	36478433.36	768198.39	1676009.47	608982.95	—	306467.21	53008.69	2976827.80	—

续表

地域别	各项主体财产直接损失								
	共计	机关	学校	农业	矿业	工业	公用事业	商业	银行业
云南	2974554.14	4666.14	1344131.90	—	—	473647.34	971963.76	31000.00	—
贵州	259062.96	63543.93	12340.44	—	—	690.93	4550.66	—	—
察哈尔	114664.10	114664.10	—	—	—	—	—	—	—
绥远	86937.31	77215.90	—	—	—	—	—	—	—

材料来源：根据主计处截至民国三十年十二月底收到行政院及国民政府文官处转送与各机关直接造送之材料编制。

总表七　财产间接损失

单位：国币元

地域别	各项财产间接损失										
	共计	机关	学校	农业	矿业	工业	公用事业	商业	金融事业	银行业	铁路
贵州	409581.85	47901.63	95395.00	—	—	2398.50	828.72	—	—	—	—
新疆	18.00	—	—	—	—	—	—	—	—	—	—
南京	159384.32	95967.32	39189.47	—	—	24227.53	—	—	—	—	—

材料来源：根据主计处截至民国三十年十二月底收到行政院及国民政府文官处转送与各机关直接造送之材料编制。

附表一　财产直接损失详析（续）

①机关别

1 地方机关

单位：国币元

机关别	各项财产直接损失							
	共计	建筑物	器具	现款	图书	仪器	医药用品	其他
广西省政府及所属	404006.21	369636.00	21817.97	—	421.00	4020.92	281.15	7829.17
广西县政府及所属	326772.79	237414.00	56950.36	4972.00	17337.43	991.00	12.00	9096.00
贵州省政府及所属	30422.47	24740.40	5682.07	—	—	—	—	—
西京市政府及所属	4824.00	4824.00	—	—	—	—	—	—

材料来源：根据主计处截至民国三十年十二月底收到行政院及国民政府文官处转送与各机关直接造送之材料编制。

附表二　财产间接损失详析

①机关别

2 地方机关

单位：国币元

机关别	各项费用					
	共计	迁移费	防空设备费	疏散费	救济费	抚恤费
广西县政府及所属	162804.00	13912.87	54511.63	14272.55	75005.54	5093.41
贵州省政府及所属	31591.87	5272.50	14263.74	1770.00	10285.63	—
贵州县政府及所属	2000.00	—	2000.00	—	—	—
重庆市政府及所属	3475.00	—	3475.00	—	—	—

附表二　财产间接损失详析

④税收别

2 地方

丑、地域别

单位：国币元

地域别	各项税收							
	共计	田赋	营业税	屠宰费	契税	牙当税	牲畜税	房捐
广东	197613.86	37384.00	540.00	6709.00	—	—	—	—
广西	325273.42	125192.19	18918.00	8272.88	—	—	13857.00	—
贵州	23473.00	—	—	23473.00	—	—	—	—

[国民政府主计处档案，转录自中央党史研究室第一研究部、中国第二历史档案馆编：《国民政府档案中有关抗日战争时期人口伤亡和财产损失资料选编》(1)，中共党史出版社 2014 年版，第 263、265、268、272、275、290 页]

（249）防空司令部关于购置物品费用和1942年2月支出预算的报告*

（1942年4—7月）

防空司令部呈

查本部架设预备情报所及后山情报石洞等线路计需洋钉 48 斤（每斤单价 48 元）共 2304 元正，以需用甚急，业经请由

钧会钱干事子光会同前往监购，理合补编预算书呈请

鉴核，准予发款归垫，实为公便，谨呈

主任委员　吴

附预算书于后

科目	预算数	备考
第一款　本部事业费	2304	
第一项　材料费	2304	
第一目　材料费	2304	
第一节　购洋钉 48 斤	2304	购置洋钉 48 斤，每斤价 48 元，合计如上数

防空司令部呈

查本部无线电总分台需用 B 电瓶及真空管等材料，前经请准派员赴桂林采购，因一时未能运到，需用甚急，未能稍待，业经会同

钧会钱干事子光在本市采购，嗣以是项 B 电缺乏，改购五羊牌小电池 10 打代用，并购真空管 2 支及充电机用活塞圈等材料，共计价款洋 1807.6 元正，理合补编支付预算书备文呈请

鉴核，准予发款以资归垫，实为公便，谨呈

主任委员　吴

附预算书于后

科目	预算数	备考
第一款　防空司令部事业费	1807.6	
第一项　材料费	1807.6	
第一目　材料费	1807.6	

续表

科目	预算数	备考
第一节　购置五羊牌电池及真空管等经费	1807.6	五羊牌电池10打，每打90元，共900元，真空管2支，每支380元，合计760元，充电机用21/8活塞圈2根，每根24元，合计48元，焊锡油1盒，价40元，焊锡1磅38元，小电珠36支，每支价0.6元，共计21.6元，以上共计1807.6元

防空司令部呈

查本部1942年2月份动用防空经费除应专案报请

钧会核销者外，所有300元以下者共计支付3713.3元正，理合编造是项支付预算书，备文呈请

鉴核示遵，谨呈

主任委员　吴

附呈支付预算书一份、支出明细表一份

预算书

科目	预算数	备考
第一款　防空司令部300元以下防空经费	3713.3	
第一项　临时费	3713.3	
第一目　宣传费	641.2	细数见附表
第一节　宣传费	641.2	
第二目　修缮费	521	
第一节　修缮费	521	
第三目　消耗费	749	
第一节　消耗费	749	
第四目　什支费	1802.1	
第一节　什支费	1802.1	

明细表

科目	摘要	预算金额	备考
宣传费	警备司令部领2月份汽车疏散宣传费	80	
	续开郊外防空石洞招包中央日报广告费	360	
	续开郊外防空石洞招包贵州日报广告费	115	
	2月份防空壁报费	8	新闻纸、胶水、墨汁、颜料、灰面等费
修缮费	换补脚踏车内胎头子1个、补洞1个	30	
	修理三轮车电池工料费	180	
	修理三轮车油路及发动机	40	
	修理三轮车喇叭换线圈工料费	65	
	购16号胶布1圈费	16	修理三轮卡车用
	购沙布1张费	5	同上
	购起子1把费	14	同上
	购钳子1把费	25	同上
	购两用扳头2把费	24	同上
	购居用扳头1把费	14	同上
	购刹车来林一付费	50	同上
	购冷胶1听费	28	同上
	购三轮卡车内胎嘴子1个费	30	同上
消耗费	无线电元月份充电费	375	该项充电费因电厂在3月份将收据送部，故在2月份汇报
	团坡发报台2月份电费	74	
	总台2月份电费	36	
	购火药3斤费	24	
	总台2月份充电费	240	

什支费

科目	金额	备考
团坡发报台2月份房租	12	
河池联络站2月份房租	20	

续表

科目	金额	备考
万冈十二分台2月份房租	12	
百色十三公台2月份房租	30	经呈奉动字第0246号指令准予备查在案
警备部士兵2月份伙食补助费	24	
机枪队2月份办公及擦枪等费	14.1	
机枪中队士兵2月份伙食补助	250	
十八分台2月份补助费	310	
十三分台修理手摇机寄邮费	46	由广西百色邮寄手摇机零来筑修理寄邮费
2月份电话费	600	
购5加仑汽油空木桶1个费	20	
警察局电话班士兵2月份伙食补助	600	
杨柳湾2月份地租金	2	
警备部传达兵伙食补助费	36	
新生活领2月份煤炭补助费	400	
长途电话一单费	20	
合计	3713.3	

汇总表（抗敌后援会、防空协会1941、1942年度，模糊不清，略）

（贵州省档案馆馆藏档案，档案号M5—595，第133—140页）

（250）议决防空司令部关于1942年2月支出和增加驻昆明人员伙食补助费的预算报告*

（1942年4—7月）

据防空司令部呈，为呈送该部1942年2月份动用300元以下防空经费支付预算书祈核示一案，查原预算书列数3713.3元，尚无不合，可否准予核定，款由1942年防空基金项下动支，请公决案。

议决　准予核定，款由1942年度防空基金项下动支。

据防空司令部代电，为请自4月份起增加该部驻昆明无线电第十八分台及驻昆情报联络员伙食补助费（官佐增加为100元，士兵增加为60元，计十八分台官佐4员月增240元，士兵6名月增210元，驻昆联络员薪给100元）祈核示一案，查昆明物价高涨，该分台员兵原有薪津不敷伙食，尚属实情，可否照准，款由1942年度防空基金项下动支，请公决案。

议决　照准，款由1942年度防空基金项下动支。

（贵州省档案馆馆藏档案，档案号M5—595，无页码）

（251）议决防空司令部关于建筑情报办公室和购置充电器经费的申请*

（1942年4—7月）

据防空司令部呈，为呈送该部建筑后山石洞情报办公室估价单祈核示一案，查本案前据该部呈请，经指饬在6000元范围内另行估价并附具施工说明书呈核在案，兹据赍呈估价单，计需经费599元，经核尚无不合，惟现存防空基金仅7000余元，其他石洞工程及架设情报（下无）。

据防空司令部呈，为据该部无线电总台呈复请购置充电器2具一案祈核示等情，查该部每日送往电厂充电电瓶数量，经核准贵阳电厂查复约6只至12只之间，是该部购充电器1具，即可应付，所拟购置2具，共需经费4660元，限于基金支绌，无款可拨，拟准购1具，应需经费2330元，指由防空基金项下动支，先以该部领存之周转金垫付，俟防空基金续有收入，再行请领归垫，是否可行，请公决案。

议决　准购1具，款由防空基金项下动支。

（贵州省档案馆馆藏档案，档案号M5—595，第180—181页）

（252）防空司令部关于运输及购置物品等费用的预算*

（1942年4—7月）

……

防空司令部代电

贵州省政府主席吴钧鉴，密查前中央拨发本省架设防空专线补助费50万元，经呈准向昆明中央电工厂订购铜线28公吨，该项线料业已制就，关于该料运输事宜，前奉令由本部向公路局洽商办理，据称由昆运筑每公吨需汽油费2250元，计共需45016元，前以越南情势紧张，本省防空专线亟待架设，而中央所补助之50万元，除订购铜线动用378700余元及采购电话总机话机等外，已无剩余，为应付事机计，拟请迅准拨发该项运输汽油费45016元，俾交付公路局，即请运回，使本省防空专线得以早日架成，以利情报，为特电请示遵贵州省防空司令

余华沐防二有印

防空司令部呈

查购置单皮线60卷一案，本部以市价超越预算甚巨，经呈奉

钧会派员会同监购，再行编呈追加预算在案，兹查是项单皮线业经先后照数购足，计第一次所购30卷，每卷单价165元，第二次所购之30卷，每卷单价168元，两共总价6990元正，除前呈预算6288元，业经照数领获外，计不敷3702元，理合编具追加支付预算书一纸，备文呈请

鉴核示遵，谨呈

主任委员　吴

附预算书于后

科目	预算数	备考
第一款　本部临时费	3702	
第一项　购置费	3702	
第一目　购置费	3702	
第一节　购置单皮线60吨经费	3702	内30卷每卷168，余30卷每卷165，两共9990，除以前业经编呈预算（每卷以148）计6288外，计应追加3702如上数

核销计算汇总表

机关名称	时间	用途	费别	预算数	实领数	计算数	节余数	签请核销数	拟订处理办法	备考
贵州省防空协会	1941.7	经常费	经常	783	783	737.9	45.1	737	拟请准予核销	附发审核通知
	1941.8	同上	同上	783	783	736.62	46.38	736.62	同上	同上
	1941.9	同上	同上	同上	同上	747	36	747	同上	同上
	1941.7	员役生活补助费	同上	531.2	531.2	531.2		531.2	同上	同上
	1941.8	同上	同上	336.9	336.9	336.9		336.9	同上	同上
	1941.9	同上	同上	381	381	381		381	同上	同上
	1941年度	员役衣料代金	临时	123.66	123.66	123.66		123.66	经核尚无不合，拟请准予核销	
贵阳警备司令部城防营	1941年度	修缮驻地工料费	临时	250	250	250		250	同上	
贵州省会非常时期紧急救济委员会	1941年度	棺木购置费	临时	2250	2250	2204	46	2204	同上	
贵州全省各界抗敌后援会	1941年度	秘书余国钦调训旅费	临时	200	200	200		200	同上	
	1941年度	贵阳市万人签名祝捷运动经费	临时	298	298	298		298	同上	
	1941.7	七七征属慰问金	临时	1866	1866	1866		1866	同上	
	1941年度	购置油印机经费	临时	100	100	100		100	同上	

续表

机关名称	时间	用途	费别	预算数	实领数	计算数	节余数	签请核销数	拟订处理办法	备考
贵州全省防空司令部	1941年度	架设打鱼寨专线杆木费	临时	6825	6825	6825		6825	同上	
		办理疏散业务人员遣散费	临时	880	880	880		880	拟请准予核销	
		刊印警报信号一览经费	临时	234	234	234		234	经核尚无不合，拟请核予核销	
		购置受送话器经费	临时	450	450	450		450	同上	
		购置A电池经费	临时	1250	1250	1250		1250	同上	
		18分台修理手摇机经费	临时	500	500	500		500	同上	
		更改警报信号广告费	临时	1261.8	1261.8	1261.8		1261.8	同上	
		对敌空军陆战队防卫演习费	临时	824.6	824.6	824.6		824.6	同上	
		购置警报灯球旗经费	临时	1647	1647	1400	247	1400	同上	
		购置警报旗帜经费	临时	686	686	630	56	630	同上	

防空司令部呈

查本部新辟后山石洞及洞内建造情报室板房业俱分别竣事

报请

钧会派员验收在案，兹为迅速设备完全，俾得即时使用，拟请

迅准购就装置，该室内部应用器材，以便早日装置，理合造具装置应用器材表及预算书各一份连同估价单三纸一并呈请

鉴核示遵，谨呈

主任委员　吴

计附呈装置情报室内部应用器材预算书二份

预算书

科目	预算数	备考
第一款　本部临时费	16962.6	
第一项　设备费	16962.6	
第一目　设备费	16962.6	
第一节　装置石洞情报室电料器材经费	16962.6	器材电料及价格列入附表

贵州全省防空司令部贵阳防空情报所石洞情报室内部装置应用器材表

项别	单位	数量	单价	金额	用途说明	备考
18 号单皮线	卷	60	188	11280	装置电灯电话内线及引线用	
磁夹板	副	500	0.08	40	装置电灯电话内线用	
8 号 1 1/2 螺丝	罗	5	46	230	同上	
灯头开关	只	20	12	240	装置电灯用	
灯罩	只	10	2.8	28	同上	
灯泡	只	10	10	100	同上	220V5W
灯泡	只	10	22	220	同上	220V50W
花线	卷	1	190	190	装置电灯电话用	
胶布	卷	3	27	81	同上	
铃花线	卷	4	24	96	装置电话用	
夜明灯	盏	13	14	182	备星期日及紧急警报后用	
24 × 3 木杆	根	6	70	420	放外线用	
14 号铅线	卷	2	1500	3000	同上	
木扁担	根	20	15	300	同上	
洋灯	只	120	0.28	33.6	同上	
碍子	只	120	0.35	42	同上	
胶木插期	付	40	12	480	装置电话临时拆装用	
计　16962.6 元						

（贵州省档案馆馆藏档案，档案号 M5—595，第 185—192 页）

（253）议决防空司令部关于运输及购置物品等费用的预算*（节录）

（1942年4—7月）

……

据防空司令部呈，为请拨给运输防空专线料汽油费45016元祈核示一案，经交防空基金保管委员会签复遵查本会及防空协会现存之款仅47680.71元，而待付钧会核准饬拨之款共计33891元，该部所需运输铜线汽油费45016元，本属无款可拨，惟查架设防空专线系属□□□□□□□□□□□□□□□□□□□□□□□□□□□□□□□□，为求兼顾起见，经与贵州公路局商定，由该局先行垫解冬季防空车捐45016元，作为防空司令部付给该局运输铜线汽油价款，所拟是否有当，签祈鉴核示遵等情，可否准予照办，请公决案。

议决　准予照办。

据防空司令部呈，为呈送购置单皮线60卷追加预算书祈核示一案，经核尚无不合，所有追加预算书列数3702元，可否准予核定，款由防空基金项下动支，请公决案。

议决　准予核定，款由防空基金项下动支。

（贵州省档案馆馆藏档案，档案号M5—595，第175—176页）

(254) 防空司令部关于购置物品及邮寄费用的预算*

(1942年4—7月)

防空司令部呈

案查本部前以AB电池及其他材料用罄，拟派员赴桂林采购，业经呈奉

钧会动世第150、180、207号指令，核准发款112894元在案，除已编具62894元预算书奉准外，理合补具5万元之预算书，备文呈请

鉴核示遵，谨呈

主任委员　吴

附预算书一份（模糊不清，略）

防空司令部呈（购电池及运费等，不明，略）

防空司令部呈

案查第二区防空指挥部呈请购开时钟2只，业经本部据情呈奉

钧会本年5月4日动世字第0387号指令开：

"呈悉，仰即补具估价单呈送本会，再凭核办"

等因，奉此自应遵办，惟因数目微少，且市价时有变更，故未能取获估价单，仅询明双铃闹钟目前价格每只单价500元，共需价款1000元正，理合编具预算备文呈请

鉴核俯赐发款并祈派员会同选购，俾便转发使用，实为公便，谨呈

主任委员　吴

附预算书（略）

防空司令部呈

查本部寄发驻省外各无线电分台AB电池及其他材料等，计需装寄木箱200个，每个单价15元，共计3000元正，理合编具预算书备文呈请

鉴核俯赐发款并祈派员监制，俾便应用，谨呈

主任委员　吴

附预算书一份（略）

（贵州省档案馆馆藏档案，档案号M5—595，第213—218页）

（255）防空司令部1942年4月防空经费支出预算报告*（节录）

（1942年4—7月）

防空司令部呈

案查本部1942年4月份动用防空经费除应专案报请

钧会核销者外，所有300元以下者共计支付4447.71元正，理合编具是项支付预算书类备文呈请

鉴核示遵，谨呈

主任委员　吴

附支付预算书及支付明细表各一份

预算书（略）

明细表

科目	摘要	预算金额	备考
宣传费	警备部领4月份汽车疏散宣传费	80	
	本部第三科领4月份壁报经费	80	
通讯设备费	榕江县代购发3分台手电池4打费	360	每打90元，4打合计如上数
	綦江联络员李治平购话机用A二筒费	140	
	购洋钉5斤费	270	修各线路用，每斤价54元，合计如上数
旅运费	周克敏等3人视察石洞膳费	60	视察3天，每天各支膳费20元，合计如上数
	本部三科科员欧阳名世领视察4天膳费	24	视察本市公共场所、厨房、炉灶防火用费
	由西湖路运铅线，板车4辆2次全部力费	60	
修缮费	修理本部后山石洞梯工程费	64	工程4天，每天16元，合计如上数
	修理15分台马达工料费	250	
	购石灰530斤费	□□□	修理后山石洞石梯用

续表

科目	摘要	预算金额	备考
消耗费	总电台3月份充电费	151	
	团坡发报台3月份电力费	94	
	总台4月份充电费	170	
	团坡发报台4月份电力费	214	
什支费	三桥警报哨2、3、4月份房租金	60	因该房东来部具领过迟，故于4月份预算内月各需20元，合计如上数
	团坡发报台4月份房租金	12	
	云南富宁联络员2、3、4月份房租金	45	
	广西万冈12分台房租金	12	
	广西百色13分台房租金	30	
	广西河池联络站房租金	20	
	杨柳湾地租金	4	
	新生活澡塘燃煤补助费	400	
	机枪中队士兵4月份生活补助费	250	
	机枪中队4月份办公费	10	
	机枪中队4月份擦枪费	4	
	警备部传达兵补助费	36	
	警察局电话兵4月份补助费	12	
	购麻索10丈费	290	
	本部4月份郊外维持电话费	600	
	本部长途电话费	279	该项长途电话费，系路哨情报情形及电话桂林战区司令部代部运材料等费
	汇綦江及铜仁、沿河等县购电池汇水（原文如此）	22.6	
	本部第二科领购纸张及工料等费	266.81	系绘监视队哨情报网图用
合计	4447.71		

……

（贵州省档案馆馆藏档案，档案号M5—595，第241—246页）

（256）八寨县政府、县动员委员会关于被炸后所需救济费的请示*

（1942年4—7月）

据八寨县动员委员会呈报，救济本年9月该县被炸灾民情形，并祈从优救济一案。查本年7月，独山麻尾两次被炸（死32人，伤20人，焚毁房屋百余户，难民500余），曾由本会拨款2000元救济，本案死伤数目不详，无家可归者计79人，拟请援例拨1000元，在救济慰劳捐项下开支，由本会汇支该县政府统筹发给并将办理情形具报，是否可行，请公决案。

议决　通过。

附：　　　　　八寨县政府、八寨县动员委员会原呈

案查本县9月13日被敌机轰炸，经召集各机关组会救济，先将被炸伤亡人数及炸毁房屋、被灾赤贫人数分别详查明确，惟以地方瘠苦，无款可筹，乃分途劝募乐捐，共获283元，复召集各机关人员于9月15日当众按名发放，死者每人10元，重伤者每人5元，轻伤者每人3元，令饬被炸伤亡家属具领，用资恤慰，惟被炸赤贫居民79人无家可归，厥状甚惨，亦应设法救济，经提出县政会议议决将本县所存振谷内提出13担8斗2升，斗照市价变价共获276.5元，交由救济会协同第一区区长、联保主任等于9月23日按名发放，计每人3.5元等语记录在卷，当饬该贫民等如斯前往亲领，并会同县党部监放属实，报请核销，仍请另行从优救济一案，兹奉贵州省政府民秘字第1121号训令即开"非常时期紧急救济应迳呈本省动员委员会核办"等因，奉此理合将救济本县被灾人民情形备文呈祈鉴核准予注销，俯念此次灾情惨重，另行从优救济，是否有当，敬乞迅予示遵，谨呈

贵州省动员委员会主任委员　吴

（贵州省档案馆馆藏档案，档案号M5—595，第101页）

（257）省政府秘书处关于修筑小型防空壕工料费的申请[*]

（1942年12月2日）

据财政厅、会计处会签，为奉交秘书处签，以改筑本府院内小型防空壕，计共需工料费 5276. 5 元，拟由 1942 年度府厅处电报费未分配数内移用，当否，谨造具收支预算书，乞核示一案。核尚可行，拟请准予照办。等情，应否准予照办，请公决案。

（贵州省档案馆馆藏档案，档案号 M1—806，第 5 页）

（258）国民政府主计处编《抗战中人口与财产所受损失统计》（1943. 1）（节录）

（1943年1月）

总表四　损失地域别

单位：国币元

地域别	人口伤亡数（人）	财产直接损失（元）	财产间接损失（元）
广西	4995	54128481. 06	5839264. 45
云南	237	3816363. 48	917604. 08
贵州	7	264289. 63	409581. 85
察哈尔	—	114664. 10	—
绥远	—	86937. 31	—

材料来源：根据主计处截至民国三十一年十二月底收到行政院及国民政府文官处转送与各机关直接造送之材料编制。

总表五　人口伤亡

②地域别

地域别	共计					重伤					轻伤					死亡				
	小计	男	女	童	不明	小计	男	女	童	不明	小计	男	女	童	不明	小计	男	女	童	不明
广西	4995	2717	1262	478	538	922	550	276	77	199	1752	967	359	173	253	2321	1200	627	228	266
云南	237	115	81	41	—	68	38	23	7	—	75	39	27	9	—	94	38	31	25	—
贵州	7	7	—	—	—	2	2	—	—	—	3	3	—	—	—	2	2	—	—	—
宁夏	269	4	1	4	260	5	2	—	3	—	100	—	—	—	100	164	2	1	1	160
南京	7	6	1	—	—	3	3	—	—	—	2	2	—	—	—	2	1	1	—	—

材料来源：根据主计处截至民国三十一年十二月底收到行政院及国民政府文官处转送与各机关直接造送之材料编制。

总表六　财产直接损失

②损失主体和损失地域对照　　　　单位：国币元

地域别	财产直接损失							
	共计	机关	学校	农业	矿业	工业	公用事业	商业
广西	54128481. 01	2627399. 01	1949095. 47	1010136. 85	10131. 14	875202. 97	58672. 40	10944224. 80
云南	3816636. 48	4666. 14	1345433. 60	—	—	1314154. 98	97963. 76	31000. 00

续表

地域别	财产直接损失							
	共计	机关	学校	农业	矿业	工业	公用事业	商业
贵州	264289.63	63543.93	12340.44	—	5226.67	670.93	4530.66	—
察哈尔	114664.10	114664.10	—	—	—	—	—	—
绥远	86937.21	77215.90	—	—	—	—	—	—

材料来源：根据主计处截至民国三十一年十二月底收到行政院及国民政府文官处转送与各机关直接造送之材料编制。

总表七　财产间接损失

单位：国币元

地域别	各项财产间接损失								
	共计	机关	学校	农业	矿业	工业	公用事业	商业	金融事业(1)
广西	5839264.45	797483.26	186080.06	1095.41	80289.81	906275.97	1014534.41	250505.50	550.00
云南	917604.08	924.00	—	—	—	562341.11	211412.97	—	—
贵州	409581.85	47901.63	95395.00	—	—	2598.50	828.72	—	—
宁夏	3851282.00	—	—	—	—	—	—	—	—
新疆	18.00	—	—	—	—	—	—	—	—

材料来源：根据主计处截至民国三十一年十二月底收到行政院及国民政府文官处转送与各机关直接造送之材料编制。

附表一　财产直接损失详析

①机关别

2 地方机关

单位：国币元

机关别	各项财产直接损失							
	共计	建筑物	器具	现款	图书	仪器	医药用品	其他
广西省政府及所属	1931113.45	707433.35	644595.20	215835.00	24073.43	5339.86	981.15	332855.46
广西县政府及所属	658865.67	385334.80	177994.74	4972.00	17344.23	3024.00	5056.10	65139.00
贵州省政府及所属	30422.47	24740.40	5682.07	—	—	—	—	—
西京市政府及所属	4824.00	4824.00	—	—	—	—	—	—

材料来源：根据主计处截至民国三十一年十二月底收到行政院及国民政府文官处转送与各机关直接造送之材料编制。

附表二　财产间接损失详析

①机关别

2 地方机关

单位：国币元

机关别	各项费用					
	共计	迁移费	防空设备费	疏散费	救济费	抚恤费
广西省政府及所属	473852.95	120925.78	239093.80	66836.91	39810.46	7186.00
广西县政府及所属	274660.64	33641.97	72067.42	83472.30	79706.94	5772.01
贵州省政府及所属	31591.87	5272.50	14263.74	1770.00	10285.63	—
贵州县政府及所属	2000.00	—	2000.00	—	—	—
重庆市政府及所属	3475.00	—	3475.00	—	—	—

附表二　财产间接损失详析（续）

④税收别

3. 地方

丑、地域别

单位：国币元

地域别	各项税收							
	共计	田赋	营业税	屠宰费	契税	牙当税	牲畜税	房捐
广东	213770.93	37420.00	540.00	6709.00	1396.00	—	—	6448.00
广西	1213465.42	125192.19	145193.00	8272.88	—	—	13857.00	4767.00
贵州	23473.00	—	—	23473.00	—	—	—	—
宁夏	3851282.00		1647356.00		—	—		—

［国民政府主计处档案，转录自中央党史研究室第一研究部、中国第二历史档案馆编：《国民政府档案中有关抗日战争时期人口伤亡和财产损失资料选编》（1），中共党史出版社 2014 年版，第 312、314、316—317、321、325、339、346 页］

（259）紫云县财产间接损失及赈济费用支出表*

（1943年5月）

为呈送敌倭暴行参考资料
仰祈
鉴核汇办由
紫云县政府呈秘总字第五四号（民国 1943 年 5 月）附表 4 张
案于本年 4 月 18 日奉
钧府秘一字第五七号催案单，为令催填报警察机关现状调查表及搜集敌倭暴行参考资料呈府汇办各一案，除警察机关现状调查表已于 4 月 21 日以民总字第四九号文呈送在案，兹将敌倭暴行参考资料填具财产间接损失报告及赈济费支出报告表各二份，具文呈送仰祈
鉴核汇办
谨呈
贵州省政府主席吴

紫云县县长马德元（印）

财产间接损失报告表

填送日期 1943 年 5 月　日

分类	数额
共计	11132 元
迁移费	
防空设备费	10032 元
疏散费	
救济费	1100 元
抚恤费	

报告者　紫云县县长马德元（印）

紫云县1942年度赈济费支出报告表

表号及名称	用途	填表事项摘要	填报机关及其工作			汇报机关及其工作			填表时期	备考
			机关名称	准备工作	报告工作	机关名称	准备工作	汇报工作		
25赈济费支出	救济难民	湖南难民83名由安顺县境入境，经过县城至长顺县当发给食谷5市石值洋400元、菜金100元、医药费100元。又过境伤病官兵12名，医药旅膳费500元，共去洋1100元。	紫云县赈济委员会		曾发给过境难民医药食宿费600元，伤病官兵医药食宿费500元，共去洋1100元。	紫云县政府			三十二年一月五日	

紫云县政府1942年度财产间接损失报告表

表号及名称	用途	填表及事项摘要	填报机关及其工作			汇报机关及其工作			填报时期	备考
			机关名称	准备工作	报告工作	机关名称	准备工作	汇报工作		
25财产间接损失	因抗战，本机关对防空设备之费用	1. 防空监视队哨经费7272元； 2. 修筑防空洞经费1500元； 3. 警报用器1500元； 4. 防护团经费60元。 共支出洋10032元，系在地方款内开支	紫云县政府县长马德元	防护空袭		紫云县政府			1943年1月5日	

赈济费支出报告表

单位：国币元　　　　填送日期1943年5月　日

用途来源	共计	急振	工振	难民运配	难童教养	失业公务人员救济	战区学生救济	难民医疗	其他
共计	1100			500				100	500
国库支出									
省市支出									
县市支出									
国内人民及团体捐集				500				100	500

报告者　紫云县县长　马德元（印）

（贵州省档案馆馆藏档案，档案号M8—3810，无页码）

（260）贵阳师范学校校舍修理和贵阳幼稚园迁移校址及修建设备费用预算*

（1943年6月8日）

据教育厅、会计处会签，据省立贵阳师范学校呈送该校校舍修理费预算书，请予核发修理费 5000 元一案，查原呈预算书内列数目，尚无不合，是项修理费，拟请准予照数发给，即由 1943 年度概算所列省立各校馆修理费项下动支，当否，乞核示。等情，应否照准，请公决案。

据教育厅签呈，为省立贵阳幼稚园本年度迁移校址及修建设备等费 31000 元，恳请准由 1943 年度充实省立贵阳幼稚园设备费项下动支，乞核示一案。经会计处附注意见，以教厅原签所请，尚属可行，拟请准予照办。

（贵州省档案馆馆藏档案，档案号 M1—828，第 5 页）

（261）议决防空司令部关于为第六区防空指挥部及独山情报分所追加经费预算的申请*

（1943年7月6日）

据财政厅、会计处会签，奉交防空司令部呈，为编造设立第六区防空指挥部及独山情报分所，1943年6至12月份经费追加预算书表，乞核示一案。查原呈称，现因本省增设第六行政区于铜仁，黔桂铁路通车至独山，为使防空情报通讯迅确，亟应分别设立第六区防空指挥部及独山情报分所，以便联络等情，经核所请设立第六区防空指挥部尚属可行，拟准如拟办理，所需本年6至12月分经费8780.8元，尚无不合，拟请准予核定，即由1943年度战时特别预备金项下动支，并呈请　行政院核示办理。至独山情报分所，以本年预备金余数无多，尚须留待下半年支用，所请拟饬暂缓，当否，乞鉴核。等情，应否准如所拟办理？请公决案。

议决

（贵州省档案馆馆藏档案，档案号M1—858，第9—10页）

（262）贵州省救济战区难民临时办法

（1943年7月13日）

甲、收容

一、本省为收容湘桂两处难民起见，暂指定下列各县市设置难民服务站，由所在地行政督察专员兼任站长（非专员所在地由县市长兼任），并得设专任副站长1人，所需职员由各县市政府职员中调用。

1. 独山县；

2. 玉屏县；

3. 贵阳市。

其他各县遇必要时再行增设。

难民服务站组织由兼站长视当地情形决定呈报省政府备查。

二、各县市服务站应先觅定地址，准备床板或草□炊□用器及米粮等，以供难民到达时膳宿之用。其收容人数以各县收容实际力量为标准，难民居留服务站以10日为限，在限期内即应由各县市政府予以配置或就业指导。

三、难民无论在服务站居留期间或在配置运送途中，均由服务站发给食米：大口：每日20两、小口10两（米粮在省公粮内支拨）；菜金大口每日10元、小口5元。

前项所指小口系指未满6足岁以下者，大口系指已满6足岁以上者。

四、难民到达服务站后，应由县市政府先行检查是否患有传染病、挟带违禁物品及有无其他嫌疑，分别予以救济或处置，并详细调查其姓名、性别、年龄、籍贯、职业、志愿、技能、家庭状况等项分别造册登记，以为疏散配置标准，并于调查后发给难民证。

五、难民到达后，各服务站应将贵阳、独山、玉屏等县市生活高昂、住居困难情形及本省其他各县生活状况详为说明，并指导向生活费用较低之地区疏散。

六、各县市服务站收容难民人数应按旬呈报省政府备查。

乙、疏散配置

一、各县市收容之难民其疏散地区指定如下：

1. 独山收容难民配置于平塘、三都、荔波、榕江、罗甸、丹寨、长顺、平越、炉山、黄平、惠水等县；

2. 玉屏收容难民配置于岑巩、石阡、江口、铜仁、三穗、施秉、瓮安、余庆等县；

3. 贵阳市收容难民配置于修文、清镇、平坝、开阳、遵义、湄潭、绥阳等县。

二、凡指定配置难民之县份，一切救济事宜由县长负责办理。

三、各服务站所收容之难民配置于指定县份时，应由服务站先将人数造具名册于5日前通知指定县份及沿途各县政府并呈报省政府备查。

四、疏散难民之各县及疏散所至之县，均应各于境内分批派警护送，沿途乡镇保甲长对于难民食宿等项所需房舍用具应尽量予以协助。

五、难民在疏散时，以徒步行进为原则。

丙、救济

一、凡指定配置难民之县市政府得将境内之公共房屋（如庙宇、祠堂、会馆等）设法腾空以供难民到达时住宿，并得临时建造棚厂或指定空余民房与难民居住。

二、难民到达各县时应由县政府予以10日之给养救济并依其技能及志趣分别介绍工作或从事垦殖。

三、各县市收容配置之难民如有疾病，应即由县市卫生局院所负责医疗，如有死亡并由县市政府妥为埋葬。

四、凡指定收容及配置难民之县份，所需救济设备及给养费由各县市政府在救灾准备金及预备金项下先行支付，再呈报省政府，不足者得向慈善团体及社会各方面捐募，省政府比照捐募补助1/2。

附：

贵州各县市收容配置难民人数一览表

收容站名称	配置县份	预定配置难民人数（名）	备考
贵阳服务站	清镇	1000	
	平坝	1000	
	开阳	1000	
	修文	1000	
	遵义	1000	
	湄潭	1000	
	绥阳	1000	

续表

收容站名称	配置县份	预定配置难民人数（名）	备考
独山服务站	平塘	2000	
	三都	2000	
	荔波	2000	
	榕江	3000	
	罗甸	1000	
	丹寨	1000	
	长顺	1000	
	平越（今福泉市）	2000	
	炉山（今属凯里市）	1000	
	黄平	2000	
	惠水	1000	
玉屏服务站	岑巩	2000	
	石阡	2000	
	江口	1000	
	铜仁	2000	
	三穗	1000	
	施秉	2000	
	瓮安	2000	
	余庆	2000	
合计	26 个县市	39000	此系查档者统计

附：

迁黔中央机关及学校安置原则

一、凡因战争由湘桂两省迁黔之中央机关及学校以向粮食较多、机关较少之县份疏散安置为原则。

二、凡迁黔机关学校径与省政府接洽者，由省政府指定县份迁移；未经与省政府接洽，其由南路迁来者，由第二区行政督察专员兼保安司令公署指导其向附近县份疏散；其由东路迁来者，由第一区或第六区专员公署负责接洽指定县份疏散，并由专署呈省政府备查。

三、专员公署不便指定疏散县份时，得电请省政府核示。

四、关于指导安置迁黔机关学校事项，省方由省政府及贵阳市政府负责办理。南路由第二行政督察专员负责办理；东路由第一或第六区行政督察专员负责办理。

五、本省可能容纳机关学校之县份，由省政府令饬县政府酌为准备房舍，住宅不足者由迁入之机关学校自行建造，由县政府协助之。

（贵州省档案馆馆藏档案，档案号 M1—960，第 28—38 页）

（263）国民政府主计处编《抗战中人口与财产所受损失统计》（1943.7）（节录）

（1943年7月）

总表五　人口伤亡

②地域别

原因别	共计					重伤					轻伤					死亡				
	小计	男	女	童	不明	小计	男	女	童	不明	小计	男	女	童	不明	小计	男	女	童	不明
广西	4995	2717	1262	475	538	922	550	276	77	19	1752	967	359	173	253	2321	1200	627	228	266
云南	239	115	81	41	—	68	38	23	7	—	75	39	27	9	—	94	38	31	25	—
贵州	7	7	—	—	—	2	2	—	—	—	3	3	—	—	—	2	2	—	—	—
宁夏	269	4	1	4	260	5	2	—	3	—	100	—	—	—	100	164	2	1	1	160
南京	7	6	1	—	—	3	3	—	—	—	2	2	—	—	—	2	1	1	—	—

材料来源：根据主计处截至民国三十二年六月底收到行政院及国民政府文官处转送与各机关直接造送之材料汇编。

［国民政府主计处档案，转录自中央党史研究室第一研究部、中国第二历史档案馆编：《国民政府档案中有关抗日战争时期人口伤亡和财产损失资料选编》（1），中共党史出版社2014年版，第356页］

（264）议决疏建委员会关于其专任职雇员及公役遣散费的预算申请*

（1943年8月22日）

据财政厅签呈，奉交动员委员会函，为据疏建委员会呈，以本会奉令结束，恳请发给专任职雇员及公役遣散费，附具遣散费预算表，请查照办理一案。查原送预算表计列支遣散费790元，其分配标准，职雇员系每人发给50元，公役每名发给20元，核无不合，拟请准予照办。所需是项经费，即由疏建委员会本年度经常费节余项下动支。仍饬补编追加收支预算，以凭存转。等情，应否准如所拟办理，请公决案。

议决　准如所拟办理。

（贵州省档案馆馆藏档案，档案号M1—513，第36页）

(265) 省教育厅关于奉教育部令派遣人员前往童子军教导人员训练班第四期所需单程旅费及生活费的请示*

(1943年8月22日)

据财政厅签呈，奉交教育厅签，为奉教育部令饬调训童子军教练人员或保送合格人员，前往童子军教导人员训练班第四期受训等因，遵即指调省立贵阳中学等5校童军人员各1人，赴渝受训，计共需单程旅费及生活费1700元，附具预算书，乞核发一案。核无不合，是项费用拟请准予照数由本年度第二预备金项下动支。等情，应否照准，请公决案。

议决　照准。

（贵州省档案馆馆藏档案，档案号M1—513，第37页）

（266）全国司法人员战时私人财产损失调查总表（1943.9）（节录）

（1943年9月）

全国司法人员私人财产损失调查总表

（二十九年至三十一年度）

机关	受损人员职别	受损人员数	被难人口		直接损失				间接损失		其他
			男	女	房屋土地	款项	事业投资	器具什物	俸薪损失	迁建费	
贵州	小计	34	1		328000	81500	138000	65200	21300	27610	124500
贵州高等法院及所属各机关	院长	3				23000		6000	8000	10000	19000
	推事	1			20000	3000		2000	5000	5000	
	首席检察官	1			12000		60000				
	检察官	2			58000	10000	50000	17000		560	8000
	审判官	1			5000	20000		3000	1000	1000	
	书记官长	3			3000	8000		5000	3000	2750	6500
	主任书记官	1								2000	
	书记官	10	1		156000	25500	18000	27000	2000	2000	91000
	候补书记官	3			20000	6500	5000	3800	2000	3400	
	执达员	2			18000						
	录事	5			34000	3500	5000	1400	300	900	
	公丁	2			2000						

［国民政府主计处档案，转录自中央党史研究室第一研究部、中国第二历史档案馆编：《国民政府档案中有关抗日战争时期人口伤亡和财产损失资料选编》（3），中共党史出版社2014年版，第1075—1076页］

（267）经济部统计处编战时经济事业财产损失统计（初稿）（1943.10）（节录）

（1943年10月）

表二十　战时损失——主体别与地域别

民国二十九年　　单位：国币元

地域别	共计	矿业	工业	公用事业	商业
广西	1901152	—	701941	804875	336
云南	31000	—	—	—	31000
贵州	8467	—	3087	5380	—
南京	13962	—	13962	—	—
上海	4511	—	4511	—	—

注：本表包括直接、间接损失。

表二十二　战时损失——主体别与地域别

民国三十一年　　单位：国币元

地域别	共计	矿业	工业	公用事业	商业
广西	24760804	904210	21449390	2408204	—
云南	27126800	—	26283100	843700	—
贵州	52267	42247	—	—	—
西京	1006232000	—	1006232000	—	—
重庆	2092738	10389	2082349	—	—

注：本表包括直接、间接损失。

表二十九　财产直接损失——主体别与地域别

民国二十九年　　单位：国币元

地域别	各项主体财产直接损失				
	共计	矿业	工业	公用事业	商业
广西	674101.30	—	299683.73	25496.77	348920.80
云南	31000.00	—	—	—	31000.00
贵州	5241.59	—	690.93	4550.66	—
察哈尔	—	—	—	—	—
绥远	—	—	—	—	—

表三十一　财产直接损失——主体别与地域别

民国三十一年　　　　单位：国币元

地域别	各项主体财产直接损失				
	共计	矿业	工业	公用事业	商业
广西	11532663.70	101311.40	11374715.20	56637.10	—
云南	26283099.60	—	26283099.60	—	—
贵州	52266.70	52266.70	—	—	—
南京	1006232000.00	—	1006232000.00	—	—
重庆	1649787.80	10388.60	1639399.20	—	—

表四十　财产间接损失——主体别与地域别

民国二十九年　　　　单位：国币元

地域别	各项主体财产直接损失				
	共计	矿业	工业	公用事业	商业
福建	2091682.00	—	34500.00	44936.00	2012246.00
广西	1327145.17	—	402256.97	779377.70	145510.50
贵州	3227.22	—	2398.50	828.72	—
重庆	1552380.80	—	—	1552380.80	—
未详	6868565.69	617675.44	6250890.25	—	—

［国民政府主计处档案，转录自中央党史研究室第一研究部、中国第二历史档案馆编：《国民政府档案中有关抗日战争时期人口伤亡和财产损失资料选编》(2)，中共党史出版社 2014 年版，第 557、559、563、565、570 页］

（268）贵州省一县一机劝募委员会关于就织金县募足飞机2架价款一事提议传令嘉奖的报告*

（1943年12月14日）

据民政厅、本府设计考核委员会会签，为奉交贵州省一县一机劝募委员会函，以织金县一县一机劝募委员会主任委员王佐热心航建，已募足飞机 2 架价款，□□□□□□□□□□任委员王佐，于短期内单独募足飞机 2 架价款 40 万元，足见该县长兼主任委员热心航建，办事努力，拟请准予传令嘉奖，以昭激励，当否，乞核示。等情，应否照准，请公决案。

议决　照准。

（贵州省档案馆馆藏档案，档案号 M1—902，第 5—6 页）

（269）国民政府主计处编《抗战中人口与财产所受损失统计》（1944. 1）（节录）

（1944年1月）

总表四　损失地域别

单位：国币元

地域别	人口伤亡数（人）	财产直接损失（元）	财产间接损失（元）
广东	6805	542380395. 09	24914792. 83
广西	5256	72839981. 91	36546660. 18
云南	237	3933028. 18	917604. 08
贵州	7	264289. 63	409581. 83

材料来源：根据主计处截至民国三十二年十二月底收到行政院及国民政府文官处转送与各机关直接造送之材料编制。

总表五　人口伤亡

②地域别

地域别	共计					重伤					轻伤					死亡				
	小计	男	女	童	不明	小计	男	女	童	不明	小计	男	女	童	不明	小计	男	女	童	不明
广西	5256	2865	1341	512	538	997	600	296	82	19	1828	1016	379	180	253	2431	1249	666	250	266
云南	237	115	81	41	—	68	38	23	7	—	75	39	27	9	—	94	38	31	25	—
贵州	7	7	—	—	—	2	2	—	—	—	3	3	—	—	—	2	2	—	—	—
宁夏	269	4	1	4	260	5	2	—	3	—	100	—	—	—	100	164	2	1	1	160
南京	7	6	1	—	—	3	3	—	—	—	2	2	—	—	—	2	1	1	—	—

材料来源：根据主计处截至民国三十二年十二月底收到行政院及国民政府文官处转送与各机关直接造送之材料编制。

［国民政府主计处档案，转录自中央党史研究室第一研究部、中国第二历史档案馆编：《国民政府档案中有关抗日战争时期人口伤亡和财产损失资料选编》(1)，中共党史出版社2014年版，第369、371页］

（270）贵阳市历年优待征属统计表

（1944年）

时间	壮丁人数	征属户数	优待类别（单位：元）			
			待金额	特别慰劳	赠送食盐	合计
1938	716	385	37700			37700
1939	912	1095	131400			131400
1940	912	1765	211800			211800
1941	912	1624	196000	4200		200200
1942	912	1504	180480	10345	6480	197305
1943	912	1504	180480	24970	10350	215800
总计	2576	7887	937860	39575	16830	988205

（原注：1943 年资料统计系 10 月份截止）

（贵阳市档案馆馆藏档案，档案号 0091，无页码）

（271）贵阳市历年户口比较统计表

（1944年）

年份	户数	人口	比较增减	
			户数	人口
1932	15702	84676	—	—
1933	18142	89543	（+）2440	（+）4867
1934	19245	97847	（+）1103	（+）8304
1935	20194	107289	（+）949	（+）9442
1936	22149	120706	（+）1955	（+）13417
1937	24903	126392	（+）2754	（+）5686
1938	27154	139475	（+）2251	（+）13083
1939	26850	136858	（-）304	（-）2617
1940	28626	157528	（+）1770	（+）20670
1941	34229	185913	（+）5603	（+）28385
1942	41217	213270	（+）6988	（+）27357
1943	45575	249721	（+）4359	（+）36451

［转录自贵州社会科学编辑部、贵州省档案馆、贵州历史文献研究会、贵州省人口学会编：《贵州近代经济史资料选辑（上）》（第一卷），四川省社会科学院出版社1987年版，第20页］

（272）贵州省政府民政厅财产间接损失报告表

（1944年3月）

填送日期　1944 年 3 月

分类	数额（单位：国币元）
共计	250000
迁移费	250000
防空设备费	
疏散费	
救济费	
抚恤费	

备考：上项 250000 系 1943 年度本厅档案室搬运费。

（贵州省档案馆馆藏档案，档案号 M8—3809，第 111 页）

（273）省政府秘书处关于组设补给委员会所需纸张费的申请*

（1944年4月18日）

据财政厅会计处会签为奉交秘书处签，以本府遵奉　中央电令：组设补给委员会，办理军需军粮供应事宜，惟该会应需纸张费 50060 元，恳请予以拨发，俾资支应一案。查核所请，尚属需要，是项经费，拟请准予照数发给，即由 33 年度第一预备金项下动支，当否，乞核示。等情，应否照准，请公决案。

（贵州省档案馆馆藏档案，档案号 M1—936，第 4—5 页）

（274）防空司令部关于追加1943年度防空事业费预算的申请*

（1944年5月2日）

据财政厅、会计处会签，为奉交防空司令部代电，以遵令呈送另编1943年度防空事业费概算书，乞核示一案。查该部呈请追加1943年度防空事业费，前经迭令核减另编呈核在案。兹据原电内称，依照原订工作计划，遵照指示将重复部分，分别删去，并审度需要，均实核减，最低尚需3810271元，等语。经核原呈概算列数，除前 行政院核定增列于1943年度省概算内之20万元未予列入外，计尚应追加3810271元，尚属实在，拟请转呈 行政该指拨专款追加，当否，请鉴核。等情，应否准如所拟办理，请公决案。

（贵州省档案馆馆藏档案，档案号M1—844，第7—8页）

（275）贵州省保安处关于军民合作站及各分站设置之后办理原则的拟文*

（1944年5月23日）

贵州省保安处签呈（三十三年五月十五日）

事由：奉院令指示设置军民合作站办法核与部颁计划颇有出入谨拟具办理原则四项签请鉴核示遵由。

办法：查军政部鉴于远征军及入印部队之补充兵员过境较多，为使补充兵过境得有休养整理起见，特规定于交通扼要地区，设置军民合作站及各分站，并颁发军政部补充兵沪（独）昆线军民合作站设置计划，于 32 年 10 月 1 日以申东信役募代电，电达本府查照；当经本府会同本省军管区司令部转饬两线沿途各县遵照协同办理在案。惟部颁计划责由地方担负经费之处甚多，以致各县因协办此案，而拟呈之预算极为庞大，每县多至数百万元，实非民力所能胜任，且军政部复以 50727 号代电，嘱转饬各县，不得以无的款开支而推诿，本厅处等正会商间，兹复奉行政院卅三年二月七日义嘉字第 2553 号训令指示，设置军民合作站办法数项，其内容则以解除地方担负为主，除已成立之站外，并以不设置为原则，与部颁计划颇有出入，本省自应完全遵照院令办理，惟本省当交通要线，部队过境甚多，亦确有尽力协助之必要，似应折中办理。兹经本厅处等拟具办理原则四项如左：

一、各站人员，除站长外以调派各机关人员兼任为原则，其经常费开支，除部给每站 3000 元、每分站 1000 元之补助费外，其由地方担负之款依照院令规定，每月每站不得超过 1500 元；

二、各站营房，依部颁设置计划第九项第一款之规定，利用庙宇、祠堂、民房如万不得已而征集地方竹木人工搭建时，除部给费用外，其由地方担负之款，不得超过部给数额之 5 倍；

三、各站收容伤散官兵所需之设备费用依照院令规定，完全由中央军务费项下拨发，地方无庸担负；

四、柴煤油类莱蔬饲料等物品之购储，由各该县补给委员会统筹办理。

上拟办理原则四项，如属可行，拟即会同本省军管区司令部通饬有关各县遵照，并咨达军政部查照，至贵定、独山、晴隆、赫章等县，所呈预算及

请示各节，亦拟参照四项原则，分别指复，是否有当，理合检同本案全卷会同签请

鉴核示遵，谨呈

主席兼司令　吴

财政厅厅长　周诒春

（贵州省档案馆馆藏档案，档案号 M1—946，第 25—27 页）

(276) 无线电总台关于增设无线电第16、17分台所需经费预算的申请*

(1944年6月23日)

据财政厅会计处会签，为奉交建设厅签，以据无线电总台呈请在黎平、习水两设增设无线电第16、第17两分台，附具开办费及经常费预算书，乞核示一案。查原呈预算书内每分台需开办费157700元，经常费36550元，两分台共需开办经常费388504元，等情，经核所呈增设两分台，尚属需要。惟该两分台应设职员及工役，拟由无线电总台在该总台编制员役内拨用，以免影响生活补助及实物补助，至所需经常费应以其他分台全年度支10632元为标准比例计算该两分台拟自7月1日成立，并减除员役薪俸工饷，计每分台需经费996元，两分台共需1992元，连同每分台需开办费157700元，两分台共需开办费315400元，以上共需开办及经常费317392元，拟请准由33年度战时特别预备金项下动支，所拟当否，请鉴核。等情，应否准如所拟办理，请公决案。

议决　黎平、习水两分台准自33年

(贵州省档案馆馆藏档案，档案号M1—955，第12—13页)

（277）议决社会处因救济湘桂难民要求拨发救济费的申请*

（1944年7月14日）

据社会处签呈，查湘桂难民，现已陆续到达独山，所需救济设备及给养各费，前经电请中央赈济委员会汇拨500万元，尚未准复；各县电请拨发救济费，需求迫切，每件核签，不免延搁，为应付事机，拟请由本省战时特别预备金项下先行垫拨100万元，以便各县请发经费时，即可请示支拨，以期迅速，一俟中央救济经费拨到，再行归还，当否，乞核示。等情，应否照准，请公决案。

议决　先借垫50万元。

（贵州省档案馆馆藏档案，档案号M1—961，第8—9页）

（278）湘桂来黔难民医药救济计划

（1944年7月21日）

第一条　医疗防疫单位设置地点：择黔桂湘黔交通路线之较大站计贵阳、马场坪、都匀、独山、黄平、镇远、玉屏等七处设置之。凡属贵州省政府指定之湘桂难民疏散县份关于医药救济工作，遇必要时得由医疗防疫队前往协助。

第二条　医疗防疫单位设置办法：依照上列各地卫生院原有设备之优劣，及现有以及可能迁退难民人数之多寡为比例，急救防疫之兼顾与夫巡回住院之并施为原则，除上列各地原有供不应求之病床190张及本处直辖之医疗防疫队6队外，另行增设病床110张、医疗防疫队3队，兹按照卫生处处长就地视察情形拟列下表：

院名	负责区域	原有床位	补充办法	工作队医疗分配	备考
贵州省立疗养院	贵阳	50张	于该院附近增建容纳卅床病房1所及卅床之设备	其他巡回医疗防疫等工作由本处及卫生局组织3队担任之	
平越卫生分院	马场坪	10张	原有房屋加以修理并增设病床5张及其设备		
都匀卫生院	都匀	25张	增设容纳15病床病房1所及15床之设备	设流动医疗防疫队1队轮流在火车站及难民收容所担任工作	
独山卫生院	独山	40张	增建容纳卅病床之病房1所及卅床之设备	设流动医疗防疫队1队轮流在街市及难民收容所担任工作另调本处直辖防疫队1队在火车站一带工作	
黄平卫生院	黄平炉山间	15张	增建容纳15病床之病房1所及15床之设备	设医防队1队巡回黄平炉山间	

续表

院名	负责区域	原有床位	补充办法	工作队医疗分配	备考
镇远卫生院	镇远三穗施秉间	30 张	不另增设病床设备仍待充实	设医防队 1 队巡回三穗施秉间	
玉屏卫生院	玉屏	20 张	增建容纳 15 病床之病房 1 所及设备	调本处直辖之防疫队担任街市及收容所之医疗工作	
共计 7 院	原设 190 张	增设 110 张	原设 6 队 增设 3 队		

第三条　医疗防疫单位设置性质：上述之 7 院 9 队，除平常事务照办外，均须热诚兼办是项救济工作所有持证之难民就医，均以完全免费为原则，各院队均不得以任何名义收费，以符救济之旨。

第四条　医疗防疫单位医药护士补充办法：查本省医药护士，向感缺乏，遇此急需，分配尤为不易，然为避免发生疫疠，影响抗建起见，除拟调遣原有工作人员及延聘由湘桂撤退之是项人员，并请署方前派驻湘桂两省之医防队予以协助外，必要时拟征调在上述各地之开业医师开业特别护士，药房聘有 2 人以上之药剂师、药剂生等加入，被调人员不得借故不前或延迟到职，否则按照卫生人员动员实施办法第八条之规定惩办。

第五条　医疗防疫单位设置经费

甲、开办费定为 200 万元

1. 总预算表

科目		预算额（万元）	备考
开办费		200	
修建费		120	依照第二条设置办法计算约需建筑费万元，不足之万元由上列各地中行筹补
	房屋修建	113	
	木及□类修缮	7	
购置费		60	
	木类	15	
	布类	15	
	杂品	5	
	药械	25	购置卫生署核发外之药械

续表

科目		预算额（万元）	备考
旅运		20	
	旅费	10	
	运费	10	
	合计	200	

2. 各院队分配额（万元）

	贵阳	马场坪	都匀	独山	黄平	镇远	玉屏	临时防疫队三队	地方补助费
修建	20	3	20	30	20		20		独山、都匀、玉屏、黄平、贵阳
购置	10	2	10	10	10	5	5	15	
合计	30	5	30	40	30	5	25	15	

旅运20万元以上共计200万元，各地开办时人员之调遣本处视导及协助人员之旅费以及药械之运输等费

乙、经常费每月定为100万元

1. 总预算表（见下页）

科目		预算额（元）	备考
经常费		100万	
俸给费	总计	7000	
	俸薪	6600	医师9人，月各支850元，护士10人，月各支170元；助理员10人，月各支70元；事务中员9人，月各支150元；药剂生5人，月各支180元。
	工资	400	工友10人，月各支40元。
办公费	总计	141000	
	文具	14000	
	邮电	7000	
	消耗	20000	
	印刷	12000	
	旅运	60000	
	杂支	28000	

续表

科目		预算额（元）	备考
购置	总计	50000	
	杂品	50000	
特别费	总计	802000	
	药品	150000	购置署方核发外之药品以及疫苗血清等。
	贫病难民膳食补助费	360000	贫病难民估计各地收容180人，每人每月补助伙食费2000元，月需如上数。
	环境卫生费	100000	
	员役生活补助及食米补助费	192000	
合计		100万	

第六条　医药救济单位经费领用办法：查是项开办及经常两费系由本处统筹，上述之7院9队发后所有支出应取合法之单据，住院难民膳食补助应依照规定格式造册于每月终了后15日内，连同收支计算书类等案呈处，以凭汇转。

第七条　医药救济单位财物处置办法：上述之7院9队领获或自购之不属于消耗性之物品，均应编制字号登记，如有损坏，亦应证明原因，于每月终了后15日内造具财产增减表专案呈卫生处候核。

第八条　医药救济单位工作报告办法：上述之7院9队应将每日工作情形详细记载，于每月终了后15日内依照规定格式造表专案呈卫生处转呈省政府及卫生署备查。

第九条　医药防疫单位药品领报办法：上述之7院9队请领本处美红会捐赠药品或本处购备药品抑或各院队自备药品，均须于每月终了后15日内造具存销月报表，连同处方笺专案呈卫生处候核。

（贵州省档案馆馆藏档案，档案号M1—963，第58—65页）

（279）卫生署就扩充病床及设置流动医疗队经费问题的申请*

（1944年7月21日）

据财政厅、卫生处会签，为本府准卫生署金署长函：以此次湘北会战，自桂林、衡阳来渝医师报称，湘桂一带民众，因此次战事后移者颇多，黔桂沿路，已有霍乱、痢疾等症流行，拟择独山、都匀等处卫生院之较大者，扩充病床，并于其他小站设置流动医疗队，招集由湘桂后移之医务人员，分别施行医疗、防疫工作。经呈请　行政院自7月份按月拨给贵州省政府100万元，以充此项工作之用。现蒙准先拨发200万元，并由本署酌发药品以资协助，至此项经费领发需时，请由省政府先行垫发，仍核实选送概算一案。奉拟批本厅处会同迅办，等因，遵即参照目前实际情形，谨拟具《湘桂来黔难民医药救济计划》乞核示。等情，应否准如所拟办理，请公决案。

（贵州省档案馆馆藏档案，档案号M1—963，第9—10页）

（280）议决关于速勘休教院疏散院址及安置第七教养院所遇困难及所需经费的申请*

（1944年8月1日）

准军政部代电，为请转饬桂黔路线侧近各县速勘可住1000人以上院址共四处，以备疏散黔境各休教院驻用。等由，应如何办理，请公决案。

议决　电令第二区专员派员就荔波、平塘、麻江、三都、丹寨五县勘视院址，并电各该县政府遵照暨电复。

查前据第二区行政督察专员兼保安司令张策安电称，第七教养院计2000人，在独山候车往平越，请函川桂线区司令部拨车疏运，等情前来。经由府电复照办，并函请川桂线区司令部查照办理在案。兹据平越县县长罗增映电称，第七教养院业已到县，计五队约1500人，栅厂狭隘难容，学校房屋亦被占用，请将该院一四中队调往贵定，至修理栅厂购置床桌用具等费，约200余万元，应如何办理，乞鉴核示遵，等情，应如何办理，请公决案。

议决　一、电军政部拨款；二、电复就县城及附近设法安置，勿庸再行调动。

（贵州省档案馆馆藏档案，档案号M1—966，第11—12页）

（281）本府办理救济难民及安置迁黔中央机关学校案件报告第四号（8月4日至8月10日）

（1944年8月11日）

一、准赈济委员会代电以湘桂难民入黔救济费500万元已转呈行政院核拨案。

“办理情形”交社会处办理。

二、据江苏旅湘同乡通讯处代电，以江苏旅湘同乡因此次湘省会战，失业、失学而流亡至广西及贵州者日多，乞煦育爰照案。

“办理情形”存查。

三、电军政部何部长、军训部白部长，以都匀乏粮、运输困难，商请将（一）第三被服厂第三纺织厂移设黄平；（二）军需学校桂林分校移设湄潭、凤冈；（三）工兵学校移设荔波；（四）机械化学校移设三穗。并请分别示复。

四、据独山县政府呈为奉匀府电令以准军政部何部长电为桂林军械库迁独存储军品约5000吨，请饬妥为协助，凡可供作存储军品之公私房屋尽量拨交该库接管、应用等因。查本县前准王库长函商已尽量协助借用民房，并将上司征收处仓库借用乞鉴核案。

“办理情形”将该县呈报情形电告军政部何部长。

五、据民政厅签呈，为奉交黔桂铁路工程局电请饬令独山、都匀等县政府对于奉令疏散迁居该地人民应编入户籍，其无职业流寓旅馆、饭铺而非过往旅客者，亦应严为稽查，以杜奸宄一案拟订办法乞核示案。

“办理情形”准如签办理关于遣散包工工人重返原线潜伏部分交保安处议拟呈核。

六、准军政部代电，为第六休养院移设贵阳附近，请饬该市代觅可容2500人以上房屋应用案。

“办理情形”经提会议决，指定平塘县境为第六休养院院址，其余军政部荣编午灰代电所请勘觅之四院院址，即就荔波、麻江、三都、丹寨四县分别安置，一并电请军政部迅速拨款建筑房屋。

七、准川桂线区司令部代是复知第七教养院员兵已由本部电饬独山车站陆续移送案。

“办理情形”存查。

八、准陆军机械化学校午世电，以本校奉令仅将贵重物品先运镇远存放，至全校是否迁动，刻尚未定所有学校可暂缓借用案。

“办理情形”令行刘专员知照。

九、据平坝县政府呈，以本县上年蝗虫为灾，秋收歉薄，本年春耕复罹冰雹，值此青黄不接，民食顿成恐慌。对于湘桂来黔难民，恳请暂缓分配本县案。

“办理情形”经提会议决，准在秋收前缓配。

十、准福建省主席刘建绪永符秘编江电，以衡阳大刚报社长毛健吾率带员工机件两部迁筑出版，请指导协助案。

“办理情形”经提会议决，交贵阳市政府依照法定手续办理并电复。

（贵州省档案馆馆藏档案，档案号 M1—969，第 33—36 页）

(282) 议决会计处关于购置防空应急设备经费问题的申请*

(1944年8月18日)

据会计处签呈，查本处成立未久，尚无防空设备，现以战区接近，敌机时有窥扰黔境之虞。为使空袭减少无谓损失起见，拟每职员置包布一张，以作包裹承办公文之用，置备箩箱数对，俾有警报时用以装载公物文件，运入防空洞，并拟购置水缸，备作消防用具，经询商店估计，约需经费 13550 元，又为妥保重要文件，并经雇工搬移一部分卷柜卷宗存放郊外，计去工资 1100 元，总计共需经费 14650 元，以为数较巨，本处办公费有限，无力负担，拟请准予追加，款由本年度省岁出单位预算经常门临时部分第一款四项一目会计帐表印刷费项下移用，当否？乞核示等情，应否照准，请公决案。本案并无附件存查。

议决　照准。

（贵州省档案馆馆藏档案，档案号 M1—971，第 12—13 页）

（283）议决保安处关于增设各行政督察区联络人员所需费用预算的申请*

（1944年8月18日）

据财政厅会计处会签，为奉交保安处签，以抗战胜利愈近，敌人谋我益急，以故本省黔东事变之后，又有黔西、黔南事件之发生，均系奸伪策动，各地霄小乘机蠢动。近以湘北战事吃紧，本省毗连，为防范慎密计，情报业务亟宜加强，以适应当前需要，本处兹拟于各区行政督察专员兼保安司令公署各遣派中校联络参谋一员，俾与省枢机构适当配合联系，以期弭祸于机先，而收巩固治安之实效，此项人员，即由本处遴员签请委派，关于薪津各费，拟准照省级公务员同一待遇，惟查各区经费预算及人员编制，早经核定，无法加列，所有本年度自7月份起，增设是项人员薪俸，六个区共应需款7200元，拟恳准由省预算内拨款开支，至各项生活补助费、薪俸加成及实物补助，拟请由配发处统筹加列支给，迨下年度开始再并入各区编制，当否，谨造具追加经费预算书，乞核示一案。查原签所称自本年7月份起至12月份止增设各区联络参谋人员6人共需经费7200元一节，拟请准予核定，并拟由33年度省预算所列战时特别预备金项下动支，至各项生活补助以及薪俸、加成等，拟准自奉派到职之日起照案发给，所拟当否，请鉴核。等情，应否准如所拟办理，请公决案。

议决　准如所拟办理。

（贵州省档案馆馆藏档案，档案号M1—971，第21—22页）

（284）议决防空司令部关于增设6个无线电分台所需经费问题的申请*

（1944年9月12日）

据财政厅建设厅粮政局局处会签，为奉交防空司令部代电，以增设道真等县防空无线电分台6个，谨造具预算书及增设分台地点表等件，乞核示一案。查本案原电所请增设无线电分台6个，既奉批准，自应遵办，惟关于分台番号之编列省预算，原列有23个分台，现只成立21个，尚有第22、第23两个分台未经成立，经核原呈，增设分台地点表计列22—27等6个分台，而增设分台预算统计表，则列24—29等6个分台，显有不符，所有第28、第29两个分台番号应予裁除，兹22—27分台，拟准成立及增设，如蒙核准所需24—24等4个分台，自7月份起半年经常费21480元（每分台5370元）及22—27六个分台开办费138224元，暨官兵生活补助费（包括基本数及加成数）143280元，以上共计需302940元，现以33年度省级人员生活补助费因人数关系，历月超支甚多，无款可筹，上项经临各费拟准由省预算所列防空监视队哨经费100万元（查此项经费防空司令部拟不发给各县，将另签呈核）内移支，至实物补助另拟由33年度省级公粮项下匀支，34年度如武职机关仍照文职支给待遇，而省预算之生活补助费无法支给，又无其他财源可以挹注，所有本案增设人员应请饬由防空司令部在所属机关官兵人数总额内统筹调整编列支给，不另增发所拟当否，乞核示，等情，应否准如所拟办理，请公决案。

议决　本年度准如所拟办理，34年度中案办理。

（贵州省档案馆馆藏档案，档案号M1—978，第19—21页）

（285）省财政厅关于入黔难民救济计划及预算书等事项的报告*

（1944年9月15日）

查前据财政厅卫生处会拟《湘桂来黔难民医药救济计划》乞核示一案。当经提出本府委员会第1063次会议议决："原则通过；办法及预算，应予划分，仍交卫生处会商各有关机关整理呈核"在案。兹据财政厅会计处卫生处会签，以本案遵即会同将计划与预算，另行划分（预算部分列开办费200万元、经常费列月支100万元，半年需600万元）。并拟具《贵州省救济湘桂来黔难民医药工作计划》、《贵州省临时难民医疗防疫队组织规程》、《贵州省办理湘桂后移难民医疗防疫队救济经费预算书》、《贵州省临时难民医疗队预算书》、《贵州省办理湘桂后移难民医疗救济增加设备临时费预算书》乞鉴核，前来。应否准如所拟办理，请公决案。

（贵州省档案馆馆藏档案，档案号M1—979，第66—67页）

（286）本府办理救济难民及安置迁黔中央机关学校案件报告第九号（9月8日至9月21日）

（1944年9月19日）

一、准川桂线区司令部筑（卅三）运车字第2626号代电，为电知第七教养院员兵公物，已全部运毕，请查照案。

“办理情形”存查。

二、据地政局签呈，为奉交军政部第三被服厂电复占用都匀县属海腰村民田经过情形一案，拟具意见，乞核示案。

“办理情形”查军政部第三被服厂迁设都匀一案。前以该县缺粮，经由府电请军政部改设黄平，迄未准复，随据都匀县政府呈请拟将该县姬家院老飞机场公地，拨与该厂使用到府，经饬据建设厅会同地政局签拟意见，复经由府电催军政部将前电核复，再行核办。今该都匀县民杨筱舫等又呈诉该厂强占海腰村民田，建筑厂址，祈依法制止，以维生计，等情，前来当经电准该厂复称，占用民田，系奉部长批准，并声称将于9月8日兴工，届时如发生纠纷，应由地方负责等语。经再叙明前案电部制止，并电饬都匀县政府妥慎商同该厂在部电未到省前暂缓兴工。

三、准第五集团军杜总司令聿明慈中字第5393号代电，为电知本部全县办事处已迁移都匀，处长职务经派少将参谋李恩权担任，请备案一案。

“办理情形”存查。

四、据财政厅会计处卫生处会签，为奉交整理湘桂来黔难民医药救济计划一案，遵即会同将计划与预算另行划分，并拟具《贵州省救济湘桂来黔难民医药工作计划》、《贵州省临时难民医疗防疫队组织规程》、《贵州省办理湘桂后移难民医疗防疫救济经费预算书》、《贵州省临时难民医疗队预算书》、《贵州省办理湘桂后移难民医疗救济增加设备临时费预算书》乞鉴核案。

“办理情形”经提会议决：准如所拟办理。

五、准中国全国工业协会中南区分会朱世代电，为此次湘战演进，本会所属湘粤桂各地会员厂矿纷纷后迁，请于到达贵境时，惠赐协助，多予便利案。

“办理情形”经提会议决：交建设厅筹议。

六、据第二区行政督察专员兼保安司令公署呈，为据平塘县政府呈以奉电饬勘可容不得千人以上院址，以备疏黔各休教院应用案。查本县实无能容不得千人以上地址，请另向他县勘定等情，转乞核示案。

“办理情形”本府令饬第二区专署勘觅休教院院址，不只平塘一处。本件交民政厅存查。

七、据修文县政府呈，为奉令筹备收容配置湘桂来黔难民案，查本县鲜有空余房屋，至公共寺庙亦为各机关及演习场等占用兼以粮食缺乏，无法供应，请缓予分配案。

“办理情形”指复查所陈困难情形，各县均所难免，未便照准，仰仍妥为准备，并随时与贵阳市政府洽商办理为要。

八、准振济委员会第九救济区贵阳办事处朱主任亚杰申寒代电，为湘桂西迁难民，日渐增多，粮食车辆，形成严重，请转函西南物资进口督导委员会及西南公路运输局利用空军免费输送难胞转赴渝昆各地案。

“办理情形”分别函请照办并电复朱主任请其前往面洽详细办法。

九、据独山张专员、孔县长申寒电，桂林、柳州难民陆续抵独，急需疏散，都独火车事实上不易畅通，拟恳函商西南公路局转饬公商车辆调派所仍由都迁驻独山，以利疏散案。

“办理情形”转函西南公路运输局并电复。

十、准中央训练团陈教育长仪申删电，为桂兵工署四十三厂奉令迁集独山，请转电当地专署县府予以协助案。

“办理情形”电军政部何部长以独山设厂似不相宜，请考虑另迁他处并电复。

十一、准军委会警卫团楼团长秉国申阮代电以该团驻桂部队奉令先将多余军品搬运独山，请饬该县政府代觅房屋堆藏案。

“办理情形”电独山县政府妥为协助照料，并电复。

十二、准军政部何部长申真医秘电贵阳为补充部队集转枢纽，所有过境病兵应由军政医务机关及救护团体协同收疗，兹派本部战时军用卫生人员训练所主任卢致德负责督导贵阳一带各陆军医院，并饬贵府切取联系，协同处理请查照一案。经饬卫生处派中询商今后准备事宜，兹据报告，兹派本处朱秘书孝文迳访军医署驻滇办事处顾处长诚洽谈，承告彼与卢主任会商目前办法七项：（一）将120陆院现有伤病设法疏转于清镇103陆院及贵定106陆院；（二）请宋警备司令思一指拨图云关新兵营房2幢作为第120陆院分院；（三）集训营广大职工主任正请其自行筹组医院；（四）请红会及本处派出医护人员协助工作；

(五) 被服药品由军医署供给；(六) 战训所陆院必要时使用之；(七) 请省府指拨“北天主堂”(即郭家湾内现由集训营占用) 为院址，亦可设置一部分病床准备扩充第120陆院为1000人收容量，并请酌拨输送工具。理合缮呈洽谈记录，报请鉴核案。

“办理情形”案经提报府会讨论原记录 (一) (四) (五) (六) 四项无问题，第 (二) 项修改为“在新兵营医院未完工前，请宋警备司令思一指拨图云关新兵营房2幢作为第120陆院分院，先尽集训营病兵住院”。第 (三) 项删去。第 (七) 项修改为“请省府指拨九华宫为院址，可设置一部分病床准备扩充第120陆院为1000人收容量，并请转商红会酌拨疏送工具”。仍交卫生处洽办。

十三、准振济委员会许委员长世英申寒渝乙来电奉委员长蒋 (33) 申虞侍秦字第 (1235) 号代电，以湘战发生，撤退民众，异常拥挤，金城江、独山街头巷尾皆为难民，饬派员携款前往速发，并辅导滇黔绥靖事主任公署负责妥为处置。等因，兹派本会委员邱鸿钧即日前往，并呈院拨发救济费2000万元，电汇贵省政府交邱委员妥为配放安置外，特电请克速派员前往协同办理，并妥拟救济运配办法见复为荷。等由案。

“办理情形”交社会处会同绥副署办理。

十四、据财政厅签呈，奉交社会处签，为拟请增拨独山、贵阳、都匀三县市难民救济费共100万元一案。查属必需，拟请准予照发，即由院拨救济湘桂难民救济费500万元内拨发。乞核示案。

“办理情形”准予照发。

(贵州省档案馆馆藏档案，档案号M1—980，第23—32页)

（287）沈镇抗战损失调查表*（节录）

（1944年11月）

沈镇　1944 年 11 月　金城江至贵阳间（湘桂战事）

损失价值（购置时价 445868　损失时价 4798400）

填表时间　1946 年

［浙江省档案馆馆藏档案（伪两浙盐务管理局卷宗），档案号 L057—6—883，无页码］

（288）独山县临时难民救济委员会关于疏散难民方法的请示*

（1944年11月24日）

据独山临时难民救济委员会呈，查本会本月13日第6次常会讨论收容所老弱疾病产妇均难遵限疏散，其确有困难者，请酌予变通办理案。经决议：一、本会收容难民，仍应恪遵省颁办法以十日为限，遇有特殊情形，并应提前强制疏散；二、60岁以上老年难民，限于体力，不能疏散，应送县救济院收容，另由美国教会援华救济委员会贵州支会，独山难民服务站拨款补助给养；三、8岁至13岁难童，因无家长，不便疏散，或家长无力扶养者，送伯特利神学院教养；四、原提案"住所产妇，经医院检查证明，认为在20天内生产及生产后1月期间，拟由会照常供应给养，其产妇家属得在上列期间内住收容所内，并拟发给养"。按云（原档案如此）国家鼓励育婴原则，自宜优待难民产妇及其家属，惟案关变更省颁办法收容10日限期之规定，应呈候省政府核示办理，等语记录在卷，所有决议第四项收容难民产妇及其家属，确难遵限疏散，请酌予变通办理一节，是否可行，乞鉴核案。

（贵州省档案馆馆藏档案，档案号M1—988，第23—24页）

（289）议决关于成立贵州省难民配置所的请示*

（1944年11月24日）

查南丹、六寨、麻尾、独山一带沿途难民拥塞，为维持秩序保障治安起见，亟应加强疏散机构，以宏救济而策安全。兹拟成立贵州省难民配置所，第一站设独山，派民政厅谭厅长克敏前往主持；第二站设马场坪，派社会处周处长达时前往主持，并由联合视察室加派人员随同前往服务。对于入境难民，应会同宪警严格检查，立予疏配公路沿线附近县份，毋使逗留，以免流离失所，当否，请公决案。

议决：通过。

（贵州省档案馆馆藏档案，档案号M1—998，第14页）

（290）议决财政厅关于省级各机关职员疏散所需经费的申请*

（1944年12月12日）

据财政厅签呈，查此次省会省级各机关职员疏散眷属，需款支用，亟应设法筹拨，以资应付，兹拟将各该机关应领33年12月份及34年元二两月份经常费及生活补助费等款，预备拨用；此项预拨之款，经依照12月份应领数估计，3个月共需16289176元，所拟当否，理合缮具拨发省会各机关3个月经费及生活补助费数目表，乞核示。等情，应否照准，请公决案。（本案并无附件存查）

议决　照准。

据财政厅签呈，查此次各机关办理疏散事宜，所有应需经费，兹经本厅分别估计，计共需1425万元，陈明各项数目及用途，并附具各机关办理疏散事宜应需款项数目表，乞核示。等情，应否准如所拟办理，请公决案。（本案并无附件存查）

议决　准如所拟办理。

（贵州省档案馆馆藏档案，档案号M1—1005，第8—10页）

（291）社会处关于难民救济经费使用意向的报告*

（1944年12月12日）

据社会处签呈，为奉主席交下由谷部长拨来难民救济经费2000万元及本府拨垫500万元，兹谨将配发及应还数目分别如下：一、配发数：1. 合作管理处1000万元（办理小本贷款）；2. 贵阳5个难民招待所各100万元，共500万元；3. 惠水县政府100万元；4. 遵义县政府700万元；5. 贵筑县政府100万元（令设青岩站之用）。以上共计2400万元。二、归还数：1. 归还粮政局90万元（计系谭厅长借50万元，处长借40万元）。总计支付2490万元，尚余10万元，以作本处派员前往惠水、青岩等处办理难民救济之旅杂费，当否，乞核示。等情，除准予备查外，特提会报告。

（贵州省档案馆馆藏档案，档案号M1—1005，第11—12页）

（292）思南县组织常工队修筑遵松公路思南段实施办法*

（194□年□月□日）

甲、总则

乙、组织

丙、工程计划及工作分配方法

丁、民工之征调及管理

戊、经费及用具

己、医药抚恤

庚、各队经费及民工伙食

辛、奖惩

壬、附则

甲、总则

一、本县奉令为适应抗战需要发展后方交通，征集民工组织常工队修筑遵松公路思南段，为使施工率权统一进行顺利，特制定本办法。

乙、组织（职权及人事）

二、本县设立工程总队直接负责工程之进行，下分六大队（除第一区因联保过多以一至八联保编为一大队，九至十六联保编为一大队外，其余各区各编为一大队）、四十三中队（以联保为单位），总队长由县长兼任，大队长由各区区长兼任（第一区尚欠之大队长一员遴员负责），中队长由各联保主任兼任。

三、在工作期间，总队长各大队长须经常在路督工，如因公不能到路时得派员代行其职务，如有特殊情形必须区长亲到时以命令调集之。

四、各中队长负直接管理民工之责，应经常在段负责，如各联□□□□□□□□□□□□□□□□□□□□□□□□□□□□□□指挥统率民工，并负责各该中队民工伙食及关于生活上之一切杂务事项，该保职务着派资深甲长担任负责办理，非经呈准不得离职，民工方面应组织工友伙食审核会按日审核伙食支付账目，倘有克扣侵蚀得呈请总队部分别惩处之。

五、各大队设督工员1员，由工程协进处委派，负督率各该队民工之责。

六、全段工作为使减少错误虚耗财力，计除请思南段办事处对于勘线挖填等初步工作特加审定外，并请指派监工员若干经常到路监修。

七、工程总队部设于县政府，各大队部及各中队部设在担负工程之适中地点。

丙、工作〔程〕计划及工作分配方法

八、本县兴筑路段由思德交界之猛董盖起至县城敖家码头止。

九、本县为使监工员便于指导督工员便于监督起见，自猛董盖起逐周或逐月划出全县工作地段，各区民工集中力量于修筑每段完毕后，再划出其他一段，挨次递段修筑，唯在每一段工作段落中，各大队之次序，按各区人数之多寡、工程之难易分为六小段，由县长兼总队长会同思南段办事处统筹分配，饬令各大队分别担任，依照预定计划按期完成后又再挨次分段工作。

十、工作期限以6月15日开工，计算土方工程限于9月底初步完成，10月中全部整理完成之路面及桥涵填土工程，一律限于11月底全部完成之。

丁、民工之征调及管理

十一、征调民工以甲为单位，开工时（6月15日）每甲暂派1名，7月1日起每甲征派2名经常到路工作，必要时得用命令增调之，派来民工由能出力之壮丁中选派，绝对不准以老弱及年幼者充数，民工派定之后，须由中队长造具名册呈大队长汇呈总队部备查，换工期间由总队长以命令行之。

十二、各该联保就所辖甲数计算派工，即将应派之民工编为一中队，各该区就所辖各联保之民工编为一大队，各大队及各中队应自备宽2尺、长2尺5寸白布旗帜一面，分别填明思南县筑路民工第△大队或思南县筑路民工第△大队第△中队，并各备民工符号以资识别其爨器具及器具棚席以能供该中队民工寄宿之用，由各队长饬令准备带往，各民工大队、中队应于开工前将应准备一切先期筹备完竣，统限于6月14日率领到达猛董盖至东华溪一带集中听候指定工作。

十三、各队须具有勇于服务之精神、耐劳忍苦之毅力。

十四、各队须严守纪律、服从命令、随时接受监工员督工员之指导

十五、各队及督工员对于民工应切实负责施行严格管理。

十六、各队居住地方应由各队长负责于6月8日各率领少数民工及棚席等到达东华溪，向总队部人员接洽，择定地点并布署一切，住宿地方必须注意卫生保持清洁，对于附近森林不得任意砍伐。

十七、各队须遵照总队部所发作息时间表工作（时间表另发）。

十八、各队长及督工员于民工休息时或晚间应讲述民族英雄故事，教唱抗战歌曲，增加抗战情绪，减少工作疲劳，必要时得由县府令派学校到工作地点话剧表演，藉资振奋。

十九、各队民工如因疾病不能工作时，须递级报告大队长核准方得请假休息。

二十、各中队勤务人数规定煮饭2人，砍柴1名，采买1名，不得擅自任意多派，减低效率。

戊、经费及用具

二一、本县筑路经费之筹集，除特工经费呈请　省府补助外，其他必要开支概由工程协进处按照核定之土方工程经费预算支用。

二二、筑路工具除锄头、畚箕、担绳及被盖雨具等，应由民工自行携带外，其他如鹰嘴锄由工程协进处统筹赶制供给之。此项筑路工具，由各大队具条向工程协进处领用，将来如有遗失，应照价赔偿。

己、医药抚恤

二三、民工医药由工程协进处负责统筹配发，各大队存备领用，必要时得由县府令派卫生所医士到路工作。

二四、民工因患病死亡者，每名给烧埋费10元，因公殒命（如坠岩石压等）每名给烧埋抚恤费30元，但均须填具证明书（另制）、领据（另制）、逐级盖章证明，持向工程协进处财务组查核符合后始能发给。

庚、各队经费及民工伙食

二五、各大队中队经费每月规定如左：

大队长伙食津贴12元，办公费4元。

中队长伙食津贴12元，办公费2元。

二六、各队派来民工所需伙食规定每月每名食米1斗，盐菜金3元，工资6元。

二七、二五、二六两项经费，统由各联保会保长统筹向富户乐捐。除工资一项应由各保长按月付给到路民工作为家属生活费外。其余食米盐菜金等项，按人数计算收集至大队部，经费由各该区联保连同该中队部经费等，均由各该联保向各保照数分摊，直接收集，附带前往，以备食用。所有乐捐数目，及出捐人姓名须造具详细清丹（单）呈报本府以备查考。

（建设厅签注：本条出捐人姓名之下应改为“须造具详细清册二份呈报府查核榜示周知并转呈省政府备查”）

辛、奖惩

二八、总队部随时派员考核各队工作勤惰，清点民工人数及经费开支，有无浮滥舞弊情事。

二九、合于左列事实之一者得予以奖励：

甲、关于队长者

（一）各级队长及督工员工作努力、督率有方全段工程特臻完善者；

（二）各级队长及督工员尽力职守，计划周详并有特殊方法者；

（三）所辖工程如期推进，始终不懈并能如期完成全于预定之标准者；

乙、关于民工者

（一）工作期间从未迟到、早退或请假者；

（二）忠勇奋发能振起全队精神者；

（三）恪遵纪律成绩优异具有特长者；

三十、凡具有左列情事之一者，得分别情形轻重予以惩戒

甲、关于队长者

（一）各级队长及督工员工作懈怠、率领无方全段工程成绩过劣者；

（二）各级队长及督工员旷废职守、指导错误，有藉端舞弊者；

（三）所辖工程平时既不能如期推动，最后又未能完成且不合原定之工程标准者；

乙、关于民工者

（一）假托疾病无故旷职者；

（二）侮辱同辈互相争斗者；

（三）不服从命令或侮辱长官者；

三一、团体奖惩视个人奖惩之多寡并酌情决定之。

三二、奖励方法如下：

（一）对于团体

1. 令奖；2. 酌给奖状；3. 奖旗或实物；4. 奖金。

（二）对于个人

1. 给予奖状或实物；2. 记功；3. 升调；4. 奖金。

三三、惩戒方法如下：

（一）对于团体

1. 令惩；

2. 公告惩戒。

（二）对于个人

1. 申诫；2. 记过；3. 停职或撤职；4. 解府惩办。

三四、本县修筑公路作为各区考绩之一，除由县府在工作期间注意考绩外，并于全部工程完成后，由县府邀请工程人员及地方绅耆前往各段参观评定成绩优劣，再行施以奖惩。

（贵州省档案馆馆藏档案，档案号 M1—513，第 75—80 页）

（293）丹寨县政府1944年12月敌陷城时文卷损失补报清册

（1945年）

谨将民国33年12月敌寇陷城时□经管文卷散失□□□□

补报清册敬祈

鉴核注销

计开

甲、财政科

一、通缉卷一宗；一、新运会经费卷一宗；一、硝磺卷一宗；一、公报卷一宗；一、烟酒税卷一宗；一、经管合作社收付贷款卷一宗；前任移交卷一宗；一、本府支出计算卷一宗；一、县训所支出计算卷一宗；一、公产调查卷一宗；一、本府经费卷一宗

乙、教育科

一、计划会议卷一宗；一、招生毕业卷一宗

丙、粮政股

一、三十年度军粮征拨□□□□；一、三十年度军粮杂费卷一宗；一、三十年度军粮收支月报卷一宗；一、抗缴军粮卷一宗；三十年度军粮价款及运费卷一宗；一、粮食管理卷一宗；一、二十九年度采购军粮卷一宗；一、三十年度采购军粮卷二宗；一、盐务卷一宗；一、实物补助卷二宗；一、余粮登记卷一宗；一、灾情报告卷一宗；一、禁止酿酒卷一宗；一、出差官兵剩余粮食卷一宗；一、军粮仓库改设分库卷一宗；一、三十年学校领米卷一宗；一、三十一年学校领米卷一宗；一、田赋日报卷一宗；一、修仓费卷一宗；一、县属□□□□□□□；一、假移交卷一宗；一、推广冬耕卷一宗；一、盐米价格日报卷一宗；一、田赋收拨月报卷一宗；一、夫运总队旬报卷一宗；一、配发所卷一宗；一、财委会月报支出公粮卷一宗；一、粮情电报卷一宗；一、纳粮竞赛卷一宗；一、驿运站人事经费卷一宗；一、自卫总队食米卷一宗

丁、合作部分

一、登字卷一宗；一、营局字卷一宗；一、训字卷一宗；供销处卷一宗；讲习会卷一宗；一、实物补助卷一宗；一、各社书表卷一宗；一、合作事业月

报卷一宗；一、新旧交接卷一宗；一、各种法规卷一宗；一、工作报单卷一宗；一、登字卷一宗；一、指字卷一宗；一、合作事业月报卷一宗；训字卷一宗；一、工作会议卷一宗；一、贷字卷一宗；一、秘字卷一宗；一、会字卷一宗；一、实物补助卷一宗；一、收发送稿送印簿各一宗；一、四年计划卷一宗；一、现代农民一十五本。

中华民国34年　月　日丹寨县县长赵振中（印）造呈

（贵州省档案馆馆藏档案，档案号M8—3809，无页码）

（294）麻江县政府紧急疏散损失公物文卷清册（节录）

（1945年）

甲、秘书室部分

（子）公物类

新式茶几1把、竹刷把3只、黄色椅子2把、扫地把4只、木饭瓢2把、升降旗纯子1对、木饭甑4个

贵州省征兵暂行法规1、训委会户籍行政1、贵州省毕节县政府32年行政计划1、政府会计1、募寒衣1、闻海文1、开封屠奸记1、党旗和国旗1、抗战建国三字经1、张骞通西域1、修正陆军征募事务暂行规则1、本所两年来各项重要施业计划及纲要汇编1、各省行政督察专员及县政兼办军法事务暂行办法1、兵役三平原则1、卅年征补兵员实施办法1、兵役法规八种1、国民兵教育季刊2、新德善刊1、团刊1、财政公报1、增编兵役设训示集1、范筑先1、戚继光1、九一八前后1、民族之光1、梁镇球助军歼敌1、血战湘阴城1、八一三的故事1、东条吊倭皇1、总理伦敦蒙难记1、知难行易的大道理1、怎样做一个好的保甲长1、庆祝中美中英新约成立1、损输救国1、袁专员守土抗战1、史可法1、江家村挖战壕1、军政月刊3、国民政府公报23、贵州省高等法院公报1、教与学月刊7、教育法令汇编1、麻江县志6、贵州省民众自卫办法1、普通城镇步枪高射组与机关枪高射组训练办法1、军事训练基本动作意义与效用1、贵州全省县政会议卫生处报告1、民众意见审查案1、县司法制度1、乡镇造产1、国民教育1、黄平县试办示范县工作纲要1、龙里县社会概况1、战时歌谣1、凤冈县地图1、贵州征训3、麻江县行政工作报告书1、新贵州之建设4、论中国政治与中国文化之动向1、七月九日的故事1、陆军征募事务暂行法规5、国民兵身份证暂行条例59、兵役法及兵役法施行暂行条例修理草案2、教育通信1、贵州省教育厅公报2、印花税法施行条例案辑览3、兵役月刊3、滇黔1、新黔4、贵州单行法规汇编3

［贵州省档案馆馆藏档案，档案号M8—3809，第281—295页（缺第282—288页）］

（295）议决第二区行政督察专员兼保安司令公署关于劫后修缮办公房屋及购置办公器具所需经费预算的报告*

（1945年）

据财政厅会计处会签，为奉交第二区行政督察专员兼保安司令公署呈，以此次敌犯黔南，独山遭受空前损失，本署办公房屋及一切器具均被焚无遗。兹以觅定城郊黑神庙作办公地点，并签奉汤总司令核准借用军政部第六军需局在独所建仓库为职员宿舍，惟当敌劫之余，房屋已残破不堪，及招工补修。劫后独山，百物高涨，木料人工，尤感缺乏，最低需修缮费98万元，购置简单必需办公器具，计需款748000元。……应否准如所拟办理，请公决案。

决议　准予拨发修缮购置费100万元……

（贵州省档案馆馆藏档案，档案号M1—1022，第144—145页）

（296）丹寨县政府三十三年十二月二日敌寇陷城时县地方行政、干部训练所损失教材图书公物清册

（1945年）

图书公物□项逐一造册敬祈

鉴核

计开

甲、教材（专案移交部分）

乡保实务1本、地方自治及县各级组织纲要参考资料辑要1本、调查统计1本、社会工作要领1本、乡镇造产1本、机关管理1本、党务工作要领1本、图主任训词1本、领袖言论选集1本、保干部讲义1本

乙、图书

保干部讲义2本、训练通讯第20期至29期共9本、军人文库孙用德巧计破敌营4本、军人文库杀倭寇捉汉奸3本、军人文库穷寇现形记1本、英勇故事2本、军人文库模范国民1本、军人文库毛脉厚毁家杀敌1本、军人文库中国的特产1本、军人文库贤妻义女1本、军人文库铁人李洪金1本、秦良玉与梁红玉2本、军人文库怎样待俘虏1本、军人文库空军1本、军人文库地下战场参观记1本、军人文库士兵文库好兄弟1本、士兵文库新木兰从军1本、士兵文库长白忠魂2本、□□□□□□□、□□□□□□□□、□□□□□□□□

丙、训练教材部分

救济1本、地政概要1本、合作概要1本、教育概论1本、教育视导1本、建设行政概要1本、国民教育1本

中国之命运88、麻江县政府三十三年度行政计划实施进度表6、三十三年度贵州日报及中央日报（元至十二月份）、讲义28、参考书5

乙、民政科部分

子、地籍整理办事处公物类

校对监印章1颗、验证章1颗、总理遗像1幅、打印台1个、方砚3个、米达尺1支、土瓦灯1个、摇铃1个

丑、地籍整理办事处文卷类

城厢公有土地清册1份

丙、财政科部分

子、粮政股文卷类

拓前任第八号二十九年代金卷一宗、拓前任第九号军粮运输队卷一宗、拓前任第三一号中央拨补县（市）公粮卷一宗、拓前任第五七号建仓卷一宗

丁、教育科部分

子、文卷类

留前任学生自愿服役办法卷一宗

戊、建设科部分

子、公物类

雨量杯1个、温度表1个

己、军法室部分

子、公物类

没收叛党陈金荣陈本善汉阳步枪1枝枪身号码16676号、格毙匪徒黄必成缴获之废弹1颗坏眼镜1付、叛嫌韦有平缴土造单针枪1枝子弹10发、叛嫌陈景元、文海缴花梨步枪1枝枪身号码659号又鸟枪1枝、叛嫌王廷高缴土夹扳步枪1枝枪身号码1100号子弹35发

丑、文卷类

军法法令汇编上下册各1件

寅、赃物类

查封窃犯曾建生衣服1箱、盗犯杨德清皮包1个、吸烟嫌疑犯谢虞书、孙伯宗、吴鉴波、邓华轩等零星烟具各1套、王显臣等走私食盐49斤（老秤）

庚、会计室部分

子、公物类

钤记1颗、印泥1颗

（贵州省档案馆馆藏档案，档案号M8—3809，第327页）

（297）独山县国民兵团于敌陷独境前后被灾损失□□□□清册

（1945年1月□日造报）

（甲）公物

①屋舍18间

②家具

团旗1面、常备队旗1面、旗帜1面、步号2枝、后备队旗1面、木床4张、四方凳5张、办公桌13张、办公凳5张、讲台1张、公布牌1块、大木桶2只、总理像1幅、党国旗各1面、大盆2架、升降国旗1面、大铁锅2个、中铁锅1个、铁铲1把、锅盖1个、铁瓢1把、饭瓢10把、水瓢2把、竹筷130对、饭碗140个、菜盘18个（已坏8个）、水壶1个（已坏）、饭箕2个、痰盂2个、木桶3对、大小板凳181张、图板160块、办公桌4张（地籍处转借）、木凳5张、木桶1个、餐桌1张、公文箱2只、油印机1架、值日牌1块、值星带1根、铜铃1个、编练征募事务副宫收发章各一颗、大木床1张、大木盆1个、小木盆1个、水缸1个、饭甑1个

③械弹

师管区发汉造七九步枪1支（号码2311）、广造七九步枪5支、子弹5发

④糜滥被服装具

棉军服10套、白衬衣53件、灰军帽64顶、灰绑腿4对、绿绑腿50对、双人被3床、单人被59床、杂色单军服上装149件、杂色单军服下装142件、灰棉军衣裤80套（暂借军四分校）、大铁锅1口、二号铁锅1口、铁锅铲1把、菜刀1把（已坏）、木桶1个、火钳1把（已坏）、木盆1个、菜盘10个、土大碗4个、饭箕2个、竹米箩1个、竹提篮1个、土碗100个（已坏30个）、黑板1块

⑤其他

电话机1架、草料约80余万斤

（乙）文卷

①兵役册簿全部

②国民兵身份证

身份证（正副证）12770 份、身份证施行条例 203 本、国民兵出入境登记簿 25 本、国民兵领身份证登记册 2400 张

③卷宗

何任以前全部档卷、本任卷宗之一部

（贵州省档案馆馆藏档案，档案号 M8—3809，第 175—184 页）

（298）议决关于发动贵州全省大户办理献金献粮事宜的意见*

（1945年2月2日）

奉　委座子寝侍秘电：

为增加我军之实力，完成本年之反攻，尽速驱除敌寇，收复失地起见，饬迅即遵照行政院33年11月21日义三字第24436号训令，附抄发改善士兵待遇献金献粮办法，发动全省大户办理献粮谷（麦）75万市石、献金12.58亿元，限一于本年3月底办理完竣。等因；（原档案如此）查原案前以黔南战局吃紧，业经吴前主席电请行政院缓办在案。当兹未奉电复饬遵之际，是否即遵委座电示办理，抑候行政院电复再夺之处，请公决案。

议决：

（一）本案关系重大，俟本日省参议会开会商讨后，再提会讨论；

（二）应将原办法，分函参议会及省党部查照协民办理。

（贵州省档案馆馆藏档案，档案号M1—1018，第10—11页）

（299）建设厅关于气象所及所属各县测候所站电费的申请*

（1945年3月）

据财政厅、会计处全签，为奉交建设厅签，以据气象所呈，为逐日按时测报本省各区天气，以供航空部队之飞行参考。该所及所属各县测候所站，每所每日至少拍发电报两次，以每次需电费28元计，8所每日共需448元，全年共计163520元。是项电费，……请公决案。

（贵州省档案馆馆藏档案，档案号M1—1024，第16—17页）

（300）议决安龙县政府关于装殓盟军飞行员尸体等费用的请示*

（1945年4月）

据财政厅会计处签，为奉交防空司令部代电，以据安龙县政府请示招待盟友等费用，由何项开支，乞核示一案。查前据该部呈以黎平、威宁两县装殓亡故人员费用请示办法，当经签奉核准在1944年度由省统筹未分配营业税尾数内拨补在案。本案该安龙县政府所需买棺装殓航空员尸体及搬运损坏机件、灵柩暨招待盟友等费，共计11.5万元。性质与前案相同，似应予以同样补助。惟……应否照准，请公决案。

决案　照准。

（贵州省档案馆馆藏档案，档案号M1—1027，第11页）

（301）省救济战区难民临时委员会关于独山难民总登记站工作情形的报告*

（1945年4月）

据社会处处长兼贵州省救济战区难民临时委员会总干事周达时签称：查独山难民自设立总登记站后，截至3月15日止，共计登记5967人，遣送湘西及安置指定县份者共4972人，经分别发给旅费疏散，其余老弱残废，候车疏运至惠水、麻江、平越、瓮安4县救济院，留养收容之难童，雇车分批运省送交贵阳急救儿童分会收养。目前，独山难民之疏散安置已告一段落，惟以中央准发之救济经费5000万元，支付上述应需各款，已属不敷甚巨，继续办理，尚无的款，独山难民总登记站可否暂停登记，俟中央续发救济费后再行办理之处，乞核示。等情，应如何办理，请公决案。

（贵州省档案馆馆藏档案，档案号M1—1027，第126—127页）

（302）议决建设厅关于无线电分台迁移与购置物品费用预算的报告*

（1945年4月20日）

据财政厅会计处会签，为奉交建设厅签，经本府无线电总台所属第16、第17两分台迁移普安及罗甸两县，所有应需迁移及购置费计共136000元，拟请由34年度省预算所列战时特别预备金或新兴事业费项下动支，附具预算书表，乞核示一案。查原呈预算书表，内列数目，尚无不合，惟34年度省预算内各项预备金业经动支无余，新兴事业费亦所余无几，尚有其他用途甚多，本案所需经费，计16分台69000元、17分台67000元，共136000元拟由34年度省预算内县道勘测费项下分别移用，当否，请鉴核。等情，应否照准，请公决案。

决议　照准。

据财政厅建设厅会计处会签，以据本府无线电总台呈为所属独山第2分台返独山工作，计支用购置办公桌椅及床铺等家具费共25000元，恳请予以发给归垫一案。经核所请，尚属实情，是项购置费，拟请准予照数发给，即由34年度省预算内县道勘测费项下移用，当否，乞核示。等情，应否照准，请公决案。

决议　照准。

（贵州省档案馆馆藏档案，档案号M1—1029，第8—9页）

（303）贵州省政府核发遭受黔南战事影响各学校救济费分配表（岁出预算分配表）

（1945年5月11日）

中华民国34年5月1日起至34年12月31日止　　单位：万元

科目款相名称	预算数	各期分配数						备考
		期别	起迄日期	金额	期别	起迄日期	金额	
黔南战事影响各学校救济费	800			800				①本案原请核拨万元，嗣奉拨万元，相差过远，故不分配各县私立小学；②平塘、剑河、台江、黄平等县中学均未报有损失，故未列入救济；③筑市以外私立中学颇少，且已停办或他迁如龙里应钦中学停办、都匀私立诚正、中正等中学、独山私立中正中学均已他迁；④省立小学分配补助者因仅恃省款支持，各县县立私立小学有县款及校董事会支持，故不分配；⑤待分配数万元系俟受有黔南战事影响之中学请予救济时再行分配。
黔南战事影响各学校救济费	800			800				
1. 省立贵阳高中	50			50				
2. 省立贵阳中学	50			50				
3. 省立贵阳女中	15			15				
4. 省立贵阳师范	15			15				
5. 省立贵阳女师	15			15				
6. 省立贵阳高工	30			30				
7. 省立贵阳高农	30			30				
8. 省立贵阳高医	30			30				
9. 省立平越高中	10			10				
10. 省立都匀联中	70			70				
11. 省立清镇中学	10			10				
12. 省立三都职校	5			5				
13. 省立贵阳师范实校	5			5				
14. 省立贵阳女师实小	5			5				
15. 省立都匀联中实小	15			15				
16. 省立国教实验区及实验中心学校	20			20				
17. 省立幼稚园	10			10				
18. 省立独山民教馆	10			10				
19. 巡回施教车	10			10				

编制日期　中华民国34年5月11日　　机关长官（无）　　主办会计人员（无）

（贵州省档案馆馆藏档案，档案号M1—1039，第8页）

（304）议决地政局关于测量器材疏迁费预算的申请*

（1945年8月）

据财政厅会计处会签，查前据地政局呈，以寇扰黔南，本市紧急疏散。该局奉发疏散费20万元，不敷应用，拟请再拨发100万元以应急需一案。当经由府呈院核示：去后，旋奉指复以地政局测量器材疏迁费，即在奉拨活动金3000万元余额内，统筹核发，等因。惟查奉拨之活动金3000万元仅有少数余款，所有该局呈请拨发器材疏迁费100万元□□□□□□□□□□□□□□，当否，乞核示等情，应否照准，请公决案。

决议　照准。

（贵州省档案馆馆藏档案，档案号M1—1042，第30—31页）

（305）议决建设厅关于查勘修复花江河铁索桥所需旅费预算的申请*

（1945年8月）

据财政厅会计处会签，为奉交建设厅签，以该厅工程测量队帮工程司谌志贤奉派查勘修复花江河铁索桥，往返计需旅费37824元，恳请准由1945年度省预算所列县道勘测费项下动支，当否，乞核示一案。核尚可行，拟请准予照办。等情，应否准予照办，请公决案。

决议　通过。

（贵州省档案馆馆藏档案，档案号M1—1042，第9页）

（306）第三区行政督察专员兼保安司令公署及关岭县政府就修复花江河铁索桥所需经费预算及筹款方式的报告*

（1945年9月28日）

据财政厅建设厅会计处会签，查前据第三区行政督察专员兼保安司令公署及关岭县政府先后电：以关岭县属花江河铁索桥于本年3月16日，因大批羊群拥过，以致中断，乞派员查勘修复一案。当经派员前往查勘据报，计需修复经费250万元，除由府令饬关岭、贞丰两县政府自筹100万元外，其余之150万元□□□省补助，即在中央拨助本省修筑县乡道路网补助费项下动支，当否，乞核示。等情；应否照准，请公决案。

（贵州省档案馆馆藏档案，档案号M1—1050，第62—63页）

（307）议决建设厅关于本省善后建设费之使用去向的报告*

（1945年10月19日）

据财政厅会计处会签，为奉交建设厅签，以前奉　行政院核准拨发本省善后建设费5000万元，经拟具分配五项用途，呈准　院令备查各在案。兹以是项经费，业经奉拨到省，亟应照案分拨，以资应用：其中关于分配黔南各县城乡电话费1000万元，拟分配独山、荔波两县各300万元，都匀、三都两县各200万元，并拟由厅统筹购办电话器材，转发应用。又其中建设生产事业临时费1000万元，拟指充民生工厂周转金，以资生产，所拟当否，乞核示一案。经核所拟，尚属可行，所有该建设厅经管善后建设费部分之2000万元，拟请准予核定。等情，应否准予核定，请公决案。

决议　准予核定。

（贵州省档案馆馆藏档案，档案号M1—1053，第12—13页）

（308）丹寨县政府三十三年十二月敌寇陷城时任内经管府内应用器具文卷公报等项损失清册

（1945年11月）

鉴核注销

计开

甲、密码部分

理密电码 1 本、琮密电码 1 本

乙、府内应用器具部分

文件柜 1 个、办公桌 14 个、各县刊物资料卷一宗、卫生资料卷一宗、电信资料卷一宗

丙、公报部分

贵州省政府公报 97 本、国民政府公报 39 本、行政院公报 39 本、贵州政府工作报告 33 本、□□□卷一宗、□□□人员任用卷一宗、□□资料卷一宗、□□月刊资料卷一宗、工业资料卷一宗、搜集县外资料卷一宗、垦殖资料卷一宗、统计法令资料卷一宗、矿业资料卷一宗、训练资料卷一宗、警卫资料卷一宗、农业资料卷一宗、国民工役资料卷一宗、林业资料卷一宗、保甲资料卷一宗、救济资料卷一宗、独山县各种法规资料卷一宗、区保经费收支报告卷一宗、省府公报及工作报告卷一宗、三十一年度行计划卷一宗、省府临时公报卷一宗、粮政冬防会议卷一宗、政治组织资料卷一宗、教育资料卷一宗、人口资料卷一宗、禁政资料卷一宗、遵义县公报卷一宗、各县市工作报告资料卷一宗、牲畜资料卷一宗、合作事业资料卷一宗、调查资料卷一宗、社会事业资料卷一宗、党政军学小组会议卷一宗、工作检查卷一宗、行政计划卷一宗、□□□□□□□卷一宗、□□□□□态报告卷一宗、□□□□□宗、□□□□报告卷一宗、□□□会议卷一宗、调训地方行政干部训练卷一宗、调保警队官兵赴独山训练卷一宗、□□□□□□□□、县长出巡卷一宗、战时儿童教育会卷一宗、禁烟实施要点卷一宗、三十年度区保经费卷一宗、区保人员请给生活费卷一宗、奉令三合县情形地带划本县接管卷一宗、接收丹江移交民政部分卷一宗、□□□□□□□人员小组会议卷一宗、□□□□改组卷二宗、□□□□保警队士兵赴独山训练卷一宗、三民主义青年团卷二宗、取缔无业游民卷一宗、禁烟

普通文件卷一宗、禁烟委员□□□□□□、肃清私存烟土卷一宗、烟民登记卷一宗、禁种鸦片卷一宗、查获烟土给奖卷一宗、六三禁烟纪念卷一宗、禁烟禁毒实话规程卷一宗、禁烟委员会改组卷一宗、禁烟督察团卷一宗、□□□□外服役卷二宗、□□□□长送审卷一宗、□□九年度区队经费卷一宗、各区富户邀请求减少认购军米卷一宗、驻军食米卷一宗、公务员遭受空袭损害卷一宗、县组织卷二宗、公务员□□□□□、民有余粮□□卷一宗、二十九年整理保甲卷一宗、呈报各区保甲职员姓名卷一宗、社会事业卷一宗、动员委员会改组卷一宗、社会工作人员训练卷一宗、临时残废院组织卷一宗、土地登记卷一宗、伤兵之友社卷二宗、□□卷一宗、伤兵管理卷二宗、奉购军米卷一宗、修理民枪卷一宗、抗敌卷一宗、保甲公约卷一宗、慈善团体卷一宗、户籍卷一宗、拍发电报卷二宗、忠烈祠卷一宗、保护交通卷一宗、防护团卷一宗、调保警队赴榕训练卷一宗、国民月会卷二宗、民众组织总卷一宗、保安警察教育计划卷一宗、军民合作卷一宗、□□行政人员训练卷一宗、二、三区被火成灾报请赈济卷一宗、整理档案卷一宗、国民自卫总队卷一宗、防止奸细及违禁有关供敌物品卷一宗、军事卷二宗、气象物价卷一宗、卫生卷二宗、古物登记卷一宗、保警队卷一宗、新运会卷一宗、战区各种组织卷一宗、公文呈式卷一宗、剿匪卷一宗、赈济卷二宗、动员委员会卷二宗、壮丁检阅卷一宗、各区人民邀请减轻区保经费卷二宗、冬防卷二宗、军事报告卷一宗、各级机关组织条例卷一宗、县府失慎烧毁民枪卷一宗、治安卷一宗、县府工作报告卷一宗、农仓卷一宗、保甲法令卷一宗、保送军校学生卷一宗、地方团队卷一宗、表式卷二宗、口令卷二宗、旅栈营业卷一宗、民众团队组织卷一宗、绥靖卷二宗、二十七年编整保甲卷一宗、取缔反动刊物卷二宗、党务卷二宗、陆军通讯兵卷一宗、官司制卷二宗、人事卷二宗、平衡物价卷一宗、节约卷二宗、匪情报告卷一宗、报杂卷一宗、行政院公报卷一宗、通缉卷二宗、户口异动卷二宗、禁止赌博卷一宗、枪弹卷二宗、抚恤卷二宗、纪念卷二宗、委员巡视卷二宗、外交卷一宗、甲长训练卷一宗、李前任移交赈款赈谷卷一宗、方桌2张、堂桌1张、长板凳2根、火盆3架、小钟1架、椅子2把、独凳30个

丙、卷宗部分

委用各级人员卷一宗、县府被火灾卷一宗、会议卷一宗、联防卷二宗、通饬卷二宗、盗匪卷一宗、杂案卷二宗、陆空联络卷一宗

（贵州省档案馆馆藏档案，档案号M8—3809，无页码）

（309）财政部编抗战期间各省市地方财政损失估计表（1945. 11）（节录）

（1945年11月）

抗战期间各省市地方财政损失估计表　　三十四年十一月制

省市别	包括各项地方税收廿六年度岁入预收数	收入平均递进增加率（百分比）	平均每年应收数	损失时间	平均沦陷面积	全省全时间应收款	陷区应收数	自卅一年度起至卅四年度八月止田赋契税营业税等国税应剔除数				应赔偿数
								田赋	契税	营业税	合计	
广东	33833477元	57%	53118559元	7年	二分之一	371829913元	185914956元	15230718元	3399521元	20483842元	39114081元	146800875元
广西	29635127元	15%	34080396元	6年	三分之一	204482376元	68160792元	2939833元	7775106元	10398949元	21113890元	47046902元
贵州	7208888元	60%	11534221元	1年	十分之一	11534221元	1153422元	240609元	79272元	325565元	645446元	507976元
陕西	17021558元	19%	20255654元	7年	十分之一	141789578元	14178958元	870453元	213998元	668684元	1753135元	12425823元

说明：（1）本表系各省市廿六度岁入预算并加上岁入递增率，以为每年各省市平均收入基数，然后视其沦陷时间及地域之久暂、多寡，分别计算历年应赔偿数。

（2）廿六年度岁入预算包括各项地方收入，计有田赋、契税、营业税、房捐、船捐、车捐、其他捐税、地方财政收入、地方事业收入、地方行政收入、地方营业纯益，补助款收入、债款收入，其他收入等，但自卅一年度起，田赋、契税、营业税三项已划为国税，故本表列有“自卅一年度起至卅四年度八月止田赋、契税营业税等国税应剔除数”一栏，以便于损失中除去，并应另由国税部分核列赔偿。

（3）本表所估计之数字，系战前币值，至因物价指数增高而币值应增高部分，未予计算，应请贵处统一办理。

（4）东北各省因无资料依据，本表未予列入，应另案估评。

（5）本表估计方式，系依照本司与贵处会商决定之原则编制，是否允当，仍希卓夺为幸。

［国民政府财政部档案，转录自中央党史研究室第一研究部、中国第二历史档案馆编：《国民政府档案中有关抗日战争时期人口伤亡和财产损失资料选编》（2），中共党史出版社2014年版，第707、708页］

（310）决议贵阳市实验救济院习艺所关于拨发口粮及增加必需设备费用的请示*

（1945年12月7日）

据财政厅田赋粮食管理处会计处会签，为奉交社会处，贵阳市政府会签，以贵阳市实验救济院习艺所，增收失业难胞□百名，恳请拨发口粮及增加必需设备费用200万元，以利进行一案。查原签所陈救济失业难胞，事属必要，所需口粮拟即由省级公粮项下逐月拨发；至应需设备费200万元，拟将34年度中央分配各种国税内尚未分配5%部分余额1497615元，□数拨给应用，其不敷之502335元，拟饬贵阳市政府在第一预备金内动支补充，所拟当否，乞核示。等情，应否准如所拟办理，请公决案。

决议　准如所拟办理。

（贵州省档案馆馆藏档案，档案号M1—1060，第6—7页）

(311) 贵州省战时贡献 (1) * (节录)

(1946年)

……(录入时有删节)本省虽地瘠人稀,但在战时对于国家之兵、工、钱、粮四大要政,仍因全省人民之忠国守法,各级行政人员之任劳任怨,方能达到意想之功绩;贡献虽小,但以贵州之穷困论,亦已尽其所能矣。现分述如下:

一、出征壮丁。……1938 年 3 月 1 日成立贵州省军管区司令部,办理全省征训壮丁工作。在战时本省实征壮丁共 640550 名,1937 年 47149 名,1938 年 64939 名;嗣后各年逐有增加,1940 年 97449 名为最高额,以 1943 年 59819 名为最低额。平均历年出征壮丁占全省壮丁 4%,即每 100 壮丁人口抽丁 4 名。

各县历年所征壮丁,若以绝对数论,以人口最多之遵义县为最高,每年平均出征在 4500 名以上;次为大定,平均每年为 2500 名以上;施秉所出之壮丁最少,平均每年仅 330 名左右;贵阳市人口众多,而每年平均仅为 1000 余名。

二、各项征工。本省在战时因军事及经济关系,对于公路、铁路、飞机场等工程,均征调民工修筑。自 1937 年至 1945 年,先后共征调工人 696167 名,总计工数 25512240。其中道路工程共征工 360300 人,共计 17386900 工;飞机场工程共征工 235857 人,共计 8125340 工。道路工程所征之工多在 1938、1939 年,飞机场工程则多在 1945 年。本省人口总数约计 1000 余万人,除老弱不能工作外,平均每百人中应有 33 人被征调工作。

三、征募公债。……总计历年公债实收数为 578070504 元,仅及配募数 1418090465 元 42%,平均全省每人负担 58 元。

各县市历年债款配募数,以贵阳市 366875000 元不最多,实收数为 10398100 元,仅及配募数 20%;……

四、征募粮食。……规定田赋征实税率为每元折缴稻谷 2 市斗;在边远县份,因运输不便,规定就应征稻谷回征法币,每市斗折价 6 元。

……

献粮乃属人民捐献,1945 年共献稻谷 29859 市石。已捐献之县份,以开阳 4968 市石为最多。

在此 1941 至 1945 年 5 年中,本省征集粮食总计稻谷 12421209 市石,平均每人约为 1.2 市石。

……

(贵阳市档案馆馆藏档案,档案号 0089,无页码)

（312）贵州省战时贡献（2）*

（1946年）

抗战初期，本省因偏处后方，幸未蒙受任何有形之损失；除兵、工、钱、粮之征纳有异于平时外，其他因抗战而起之间接损失，尚未发生若何严重影响。迨1939年2月4日，敌机突然袭炸贵阳，人民目睹伤亡破坏之惨状，始憬然现代战争之损害，已不因地域遥捷而有轩轾，因是抗战损失始为人所重视。中央亦于是年订颁表式29种，通令各省市作抗战损失之调查，本省经转令各机关各县政府遵照查报。惟当时表格之项目纷繁，查报程序亦时有变更，本室遂就各表要点，拟订《查报摘要及应办事项一览》，将应报之机关、查报之时期及查报要点等详加诠释，由府通令遵照。然数年间所获资料仍多残缺，1944年行政院抗战损失调查委员会成立，拟订抗战损失调查办法及查报须知，划一各种损失之查报办法，至是工作进行得有一致之标准。是年冬，敌陷黔南，先后窜扰三都、荔波、丹寨、独山等县，虽时仅9日，然人口物资损失之綦重，实无可估计，惜当时政府人民均在迁乱中，后来虽经追查统计，但难期其周全耳。

总计查报结果，全省遭受人口伤亡者，有贵阳等14县市，总共伤亡人口28452（因抗战而作伤亡之本省士兵未计入），占全省人口0.265%。其中伤亡于敌机之轰炸者，占15%强，伤亡于敌人直接之杀害者，占85%弱。伤亡比例，又以死亡者为多，约占90%弱。

全省受财产直接损失者有贵阳等14县市，间接损失者有贵阳等37县市。财产直接间接之损失折合为1945年度价格，共计2077亿余元，以1945年秋季全省人口10602405分摊，平均每人损失约19590元。其中直接损失约占87%强，计1810亿余元，每人损失约10713元；间接损失约占13%弱，计260亿余元，每人损失约2472元。上述折合价格，第1945年度之平均物价指数，除以损失年度之平均物价指数，以其商乘损失时之物价而得；因是1937年度之损失价应乘以1747，1938年度应乘以1646，1939年度应乘以892，1940年度应乘以406，1941年度应乘以168，1942年度应乘以49，1943年度应乘以17，1944年度应乘以4。若干县份对于无形之间接损失，如可能生产额之减少，或可获纯利额之减少等，每以其影响不显而忽略不报，或迳报无损失；此中数字，当不在少，均无法估计；又若干县份，因对于战前生产数额或可获纯利额并无可靠之统计，以致计算战时之减少数额每多不实，本室亦给作客观之校正；故关于财产间接损失之部分，挂漏失实之虞，势所难免。虽然，以黔省之硗瘠，仍达2000余亿元以上之巨额，揆诸全国损失之惨重，诚不胜懔惜也。

又关于战后难民之疏送与救济，亦因抗战而起之业务，无论政府之消费或人民之劳徒，均包含若干损耗在内，故亦纳入抗战损失之中。战事结束，善后救济总署在贵阳设有难民疏送站，截止1946年底止，该站所疏送之难民，就疏送终点而言，当以长沙12909人、车401辆为最多，因该地为由黔转赴江浙华北各地之枢纽，返乡难民非此莫由；以梧州44人、车1辆为最少，盖两广密迩黔疆，所费有限，战事既平，难民多已自行遄返。如就难民年龄加以比较，则以21岁至30岁之3741人为最多，81岁以上之3人为最少，61至80岁之232人以及2岁以下之576人居次少数，此因少壮者迁徙之可能性较大，老□自不克负荷有以使然。难民籍贯，则以江苏3003人为最多，陕西2人为最少。津贴实放数如就用途言，则车费津贴多于伙食津贴，就到达终点言，则津贴赴长沙者最多，赴梧州者最少，适与疏送终点之人数相符。全省难民疏送之经费预算额以独（山）都（匀）区之1841712865元为最高，以毕节区之20065565元为最低，似因前者为转赴内地之孔道，后者偏处后方，故难民集结之疏密不同所致。待疏送之难民，亦以独都区为多，毕节区最少。本省救济过境难民情形，就人数言，以1944年110530人为最多，是年有敌陷黔南之变；1938年68人最少，是年抗战发生不久。就金额言，仍以1944年149557447元为最多，1937年370元最少。惟难民疏送业务尚未结束，上述数字，殊非事实之全貌也。

（贵阳市档案馆馆藏档案，档案号0089，无页码）

（313）战时救济过境难民

（1946年）

时间	给养救济者		疏散运送者		介绍工作者（人）	共计	
	人数	金额（元）	人数	金额（元）		人数	金额（元）
1937	43	215	31	155		74	370
1938	36	216	32	192		68	408
1939	78	4112	26	208		104	4320
1940	384	1152	2216	6648	400	3000	7800
1941	463	1389	115	345	749	1327	1734
1942	1084	75776	23			1107	75835
1943	623	15780				623	15780
1944	27683	84347842	81061	65209605	1786	110530	149557447
1945	5723	305000	244	1810000		5970	2115000

（贵阳市档案馆馆藏档案，档案号0089，无页码）

（314）战后贵州省难民疏送经费预算

（1946年）

单位：元

地点	共计	车票	放空	伙食津贴
总计	2888445214	2329594230	322481484	236369500
湄潭区	100802011	79550130	11978381	9273500
桐梓区	281629802	214150365	30968437	36511000
遵义区	116327441	93248760	10298681	12780000
息烽区	22377185	19092975	1068210	2216000
毕节区	20065565	15616645	2449920	1999000
安清区	50485645	43814265	2338380	4333000
贵惠区	26176440	21542730	721710	3912000
龙平区	114360243	97304625	6600618	10455000
黄镇区	159658975	126465500	20891475	12302000
独都区	1841712865	1482733615	228995250	129984000
铜仁区	69951785	62108585	2092200	5751000
玉穗区	84897257	73966035	4078222	6853000

（贵阳市档案馆馆藏档案，档案号0089，无页码）

(315) 抗战时期贵州省征工修建机场人数及工数表*

(1946年)

工程名称	工程起讫时间	征工人数	工数
扩修贵阳机场	1939 年 1 月—月底完成	1667	33340
兴筑黄平机场	1941 年 1 月—1945 年 3 月	40000	120000
兴筑思南机场	1941 年 2 月—1942 年 6 月	52700	3162000
兴筑遵义机场	1941 年 7 月—1942 年 12 月	87000	3480000
兴筑独山机场	1945 年 1 月—1945 年 2 月	20000	600000
兴筑安顺机场	1945 年 1 月—1945 年 2 月	10000	200000
扩修清镇机场	1945 年 1 月—1945 年 2 月	20000	400000
三穗小型机场	1945 年 5 月—1945 年 6 月	2500	70000
天柱小型机场	1945 年 5 月—1945 年 6 月	2000	60000

(贵阳市档案馆馆藏档案，档案号 0089，无页码)

（316）战后贵州省待疏送难民数

（1946年）

总计42008人（湄潭区1195人；桐梓区3250人；遵义区1495人；息烽区332人；毕节区232人；安清区758人；贵惠区387人；龙平区1995人；黄镇区3042人；独都区25700人；铜仁区1585人；玉穗区2037人）。

（贵阳市档案馆馆藏档案，档案号0089，无页码）

(317) 战时日机轰炸贵州人员伤亡表

(1946年)

地点	空袭伤亡		日军直接伤害		共计	
	伤害	死亡	伤害	死亡	伤害	死亡
贵阳	1554	597			1554	597
龙里	6	2			6	2
清镇	5	2			5	2
独山	27	40		19800	27	19840
都匀				2000		2000
荔波				2000		2000
丹寨	18	63	55	38	73	101
三都	7	6	173	113	180	119
安龙	23	16			23	16
镇宁	1	2			1	2
晴隆	1442	749			1442	749
桐梓	2	1			2	1
正安	4	2			4	2
沿河	4	2			4	2
总计	2881	1482	228	23915	3321	25433

(贵阳市档案馆馆藏档案，档案号0089，无页码)

（318）议决保安司令部关于本省防空机构裁减人员所需遣散费用预算的报告*

（1946年1月18日）

据财政厅会计处会签，为奉交保安司令部函，以奉军委会、行政院颁发调整本省防空机构计划。关于裁减人员遣散费财源，拟就中央拨发本省各县防空监视队哨、防空指挥部、情报分所及防空事业费经临各费等节余项下，分别情形，按每员每月薪津发给2个月或3个月（实物不发），附具防空机构遣散人员请领遣散费总表及分配预算表等件，请查照一案。经核原送遣散费总表，内列数目，为9595150元，尚无不合，复查附表所列未成立各队哨节余数目，已足敷遣散费之用，所有本案应需遣散费，拟请准予由各队哨经费节余项下移用，当否，乞核示。等情；应否照准，请公决案。

决议　照准。

（贵州省档案馆馆藏档案，档案号M1—1066，第5—6页）

(319) 决议关于贵州省善后建设费用途的请示*

(1946年2月15日)

据财政厅教育厅建设厅会计处会签，查上年奉　行政院核准拨发本省善后建设费5000万元，除各厅处先后呈准拨用外，尚结存1480万元，兹经会商，内中1000万元，拟仍照原核定案，以黔南各县农村复兴补助费科目支用，其余480万元，以黔南各县教育文化机关修复费科目支用，当否，乞核示。等情；应否照准，请公决案。

决议　照准。

(贵州省档案馆馆藏档案，档案号M1—1070，无页码)

（320）决议关于省立贵阳师范学校迁回原址所需迁移费用的申请*

（1946年2月22日）

据财政厅建设厅会计处会签，查省立贵阳师范学校抗战期间，为避免空袭起见，经迁移清镇卫上开办，兹以抗战结束，省立各级学校急待恢复原状，业经通饬遵照在案。该校即应迁回原址复课，拟请在本省34年度省预算临时门所列学生副食费原编分配预算待分配数项下拨给迁移费50万元，并转呈　行政院备案。当否，乞核示。等情；应否照准，请公决案。

决议　照准。

（贵州省档案馆馆藏档案，档案号M1—1071，第21页）

（321）战后贵阳市难民疏送（津贴发放）

（1946年4—12月）

单位：元

疏送终点	共计	伙食津贴	车费津贴
总计	516450242	45248000	471202242
长沙	470120600	41400000	428720600
衡阳	16230912	1540000	14690912
柳州	4082580	328500	3754080
梧州	2481925	197500	2284425
贵县	10150605	888000	9262605
广州	13383620	894000	12489620

（贵阳市档案馆馆藏档案，档案号0089，无页码）

（322）战后贵阳市难民疏送（终点）（表略）*

（1946年4—12月）

总计14940人、470车辆（长沙12909人、401车辆；衡阳486人、16车辆；柳州148人、5车辆；梧州44人、1车辆；贵县422人、15车辆；广州170人、7车辆；缅甸442人、15车辆；马来亚等地319人、10车辆）。

（善后救济总署贵阳难民疏散站报）

（贵阳市档案馆馆藏档案，档案号0089，无页码）

（323）战后贵阳市难民疏送（籍贯）

（1946年4—12月）

总计14940人（国内14179人、华侨761人）。

江苏3003人（华侨3人）；安徽2956人（华侨2人）；湖南2040人（华侨2人）；湖北2005人（华侨27人）；浙江1042（华侨12人）；广东1268人（华侨592人）；河南632人；江西551人（华侨1人）；河北394人；山东350人（华侨1人）；福建352人（华侨119人）；广西121人（华侨2人）；山西15人；吉林12人；察哈尔5人；安东5人；黑龙江4人；陕西2人；辽宁183人。

（贵阳市档案馆馆藏档案，档案号0089，无页码）

（324）独山县复兴镇公所证明书及汤修德财产损失报告单*

（1946年5月）

兹证明本镇第一保八甲公民汤德修在民国卅三年12月2日敌军第13师84联队进攻黔省独山沦陷时所有房屋家具书籍等悉付之一炬损失情形是实不虚特此证明

独山县复兴镇镇长　周兆奎（印）

中华民国三十五年五月

财产损失报告单

填送日期　三十五年五月□日

<table>
<tr><th rowspan="2">损失
年月日</th><th rowspan="2">事件</th><th rowspan="2">地点</th><th rowspan="2">损失
项目</th><th rowspan="2">购置
年月</th><th rowspan="2">单位</th><th rowspan="2">数量</th><th colspan="2">价值（国币元）</th><th rowspan="2">证件</th></tr>
<tr><th>购置时
价值</th><th>损失时
价值</th></tr>
<tr><td rowspan="5">1944年
12月
5日</td><td rowspan="5">日军
进攻</td><td rowspan="5">贵州
独山</td><td>房屋</td><td>1943年6月</td><td>间</td><td>3</td><td>5000</td><td>30万</td><td></td></tr>
<tr><td>用具</td><td></td><td></td><td></td><td>1500</td><td>10万</td><td></td></tr>
<tr><td>衣服</td><td></td><td>件</td><td>20余</td><td>3000</td><td>10万</td><td></td></tr>
<tr><td>书籍</td><td></td><td>册</td><td>100余</td><td>500余</td><td>5万</td><td></td></tr>
<tr><td>货物</td><td>1944年7月</td><td></td><td></td><td>20万</td><td>25万</td><td></td></tr>
</table>

中央调查统计局

受损失者　汤德修

填报者　汤德修

服务处所与现任职务　独山县党部干事

（台北“国史馆”馆藏档案，档案号305—210，无页码）

（325）独山县周继光财产损失报告单*

（1946年5月14日）

查33年12月，敌人第□□□□□四联队攻陷黔南，进驻独山。本乡（保、甲）居民周继光衣饰、现款、房屋、米谷、牛、马、猪各什物悉被日寇烧掳，损失在千万元以上。经查属实，特给此证明

右给周继光收执

独山县下佐乡长　鄢大和（印）

保长　周继殷（印）

甲长　周辛甲（印）

中华民国卅五年五月

财产损失报告单

填送日期　35年5月14日

损失年月日	事件	地点	损失项目	购置年月	单位	数量	价值（国币元）		证件
							购置时价值	损失时价值	
1944年12月4日	敌攻	黔□	现款					20万	
			房屋	1939年□月		4栋	500万	800万	
			白米			10老石	10万	50万	
			谷子			40老石	40万	200万	
1944年12月6日	敌溃		马			1	5万	8万	
			牛			1	5万	8万	
			猪			2	5万	8万	

中央调查统计局　受损失者　周继光

填报者

服务处所与现任职务　独山县党部书记长兼黔南区主任

（台北“国史馆”馆藏档案，档案号305—210，无页码）

（326）独山县何庆华财产损失报告单*

（1946年5月14日）

填送日期　35年5月14日

损失年月日	事件	地点	损失项目	购置年月	单位	数量	价值（国币元）		证件
							购置时价值	损失时价值	
1944年12月2日	敌人攻陷城池，放火烧毁	独山和平路南	房屋	1938年7月	间	9间	800	2000000	无
			什物		件	107件	500	1200000	
			衣饰		件	53件	300	800000	
			米谷	1944年11月	石	5石	100000	100000	
共计								4100000	

中央调查统计局　　　　受损失者　何庆华

填报者　何庆华

服务处所与现任职务　独山县党部科长

（台北“国史馆”馆藏档案，档案号305—208，无页码）

（327）独山县复兴镇第九保证明书及熊作华财产损失报告单*

（1946年5月15日）

兹证明本镇本保三甲公民熊作华于民国33年12月2日日军第13师团84联队攻陷独山时全家被毁所有房屋衣饰货物家具米谷等项确值440余万元其中不虚特此证明

保长　袁吉臣（印）

中华民国三十五年五月廿一日

财产损失报告单

填送日期　三十五年五月十五日

<table>
<tr><th rowspan="2">损失年月日</th><th rowspan="2">事件</th><th rowspan="2">地点</th><th rowspan="2">损失项目</th><th rowspan="2">购置年月</th><th rowspan="2">单位</th><th rowspan="2">数量</th><th colspan="2">价值（国币元）</th><th rowspan="2">证件</th></tr>
<tr><th>购置时价值</th><th>损失时价值</th></tr>
<tr><td rowspan="6">1944年12月2日</td><td rowspan="4">日军陷城</td><td rowspan="5">独山东坡街</td><td>瓦屋</td><td></td><td>栋</td><td>3</td><td>60万</td><td>300万</td><td rowspan="7">此栏模糊不明</td></tr>
<tr><td>白米</td><td>1944年6月</td><td>石</td><td>3</td><td>9万</td><td>9万</td></tr>
<tr><td>牛皮</td><td>1944年5月</td><td>斤</td><td>800</td><td>24万</td><td>32万</td></tr>
<tr><td>衣饰</td><td>陆续</td><td>件</td><td>40余</td><td>1万余</td><td>80余万</td></tr>
<tr><td>焚毁</td><td>家具</td><td></td><td>件</td><td>30余</td><td>20余万</td><td>90万</td></tr>
<tr><td>被劫</td><td>新民乡</td><td>现钞</td><td></td><td>元</td><td>8万</td><td></td><td>8万</td></tr>
<tr><td>共计</td><td></td><td></td><td></td><td></td><td></td><td></td><td>114万</td><td>429万余</td></tr>
</table>

中央调查统计局　　受损失者　熊作华

填报者　　熊作华

服务处所与现任职务　本局贵州室黔南区专任书记

续表

损失年月日	事件	地点	损失项目	购置年月	单位	数量	价值（国币元）		证件
							购置时价值	损失时价值	
1944年12月2日	日军进攻	独山县羊凤乡猫寨村	房屋	1930年8月		2间	350	60万	独山县羊凤乡公所证明书一件
			大米	1944年8月		3000斤	30万	60万	
			肥猪	1943年10月		14头	40万	210万	
			包谷酒	1944年9月		600斤	24万	48万	
			大木	1941年5月		2盒	8万	40万	
合计							1020350	4180000	

（台北“国史馆”馆藏档案，档案号305—210，无页码）

（328）独山县羊凤乡公所证明书及陆世枢财产损失报告单*

（1946年5月15日）

查本乡猫寨陆世枢于 33 年 12 月日军进攻县城时散住该村，所有财产悉被掳掠焚烧殆尽该陆世枢损失计约 400 余万元特此证明

右给陆世枢收执

中华民国卅四年元月十日

乡长　□□钦（印）

财产损失报告单

填送日期三十五年五月十五日

中央调查统计局　　受损失者　陆世枢

填报者

服务处所与现任职务　县府社会科长

（台北“国史馆”馆藏档案，档案号 305—210，无页码）

（329）独山县尧梭乡公所证明书及杨干兴财产损失报告单*

（1946年5月20日）

兹证明本乡第一保八甲公民杨干兴在33年12月2日敌军第13师84联队攻陷独城时全家损失衣服什物米谷等项确值80万元其中不虚至证明者

乡长　黄彦卿（印）

中华民国三十五年五月

财产损失报告单

填送日期　三十五年五月二十日

损失年月日	事件	地点	损失项目	购置年月	单位	数量	价值（国币元）		证件
							购置时价值	损失时价值	
1944年12月2日	日军进攻	独山县尧梭乡	衣服什物	陆续购置记不清楚	件	58件	20余万	70万	
			米谷	1944年8月	石	5老石	10万	10万	

中央调查统计局　　受损失者　杨干兴

填报者　杨干兴

服务处所与现任职务　独山县党部组训科长

（台北“国史馆”馆藏档案，档案号305—210，无页码）

（330）独山县复兴镇第九保证明书及李承宗财产损失报告单*

（1946年5月23日）

兹证明本镇本保一甲公民李承宗在民国33年12月2日敌军第13师84联队攻陷独城时全家损失木具房屋衣服现金等项确值320万元其中不虚须至证明者

保长　袁吉臣（印）

中华民国三十五年五月廿二日

财产损失报告单

填送日期　三十五年五月二十三日

损失年月日	事件	地点	损失项目	购置年月	单位	数量	价值（国币元）		证件
							购置时价值	损失时价值	
1944年12月2日	日军陷城	城内	房屋		间	2	600	80万	
			家具					90万	
			衣饰	陆续	件	30余	5万	100万	
			木料	1944年6、7月	件	200余	30万	50万	
共计								320万	

中央调查统计局　　受损失者　李承宗

填报者

服务处所与现任职务　县党部干事

（台北“国史馆”馆藏档案，档案号305—210，无页码）

（331）独山县复兴镇公所证明书及戴子才财产损失报告单[*]

（1946年5月23日）

事由

兹证明本镇第九保第七甲公民戴子才于民国 33 年 12 月 2 日敌军第 13 师团 84 联队攻陷独山时全家被毁所有房屋中西药品白银耳谷米衣物木器茶叶等□□现时市价 819 万元其中不虚特此证明

镇长　周兆奎（印）

财产损失报告单

填送日期　35 年 5 月　日

损失年月日	事件	地点	损失项目	购置年月	单位	数量	价值（国币元）		证件
							购置时价值	损失时价值	
1944 年 12 月 2 日	日军焚□	独山县复兴镇	房屋		间	2 大间	50 万	120 万	镇公所证明书一件
			中西药品	1944	件	110	80 万	350 万	
			白银耳	1943	斤	20	20 万	80 万	
12 月 5 日		中奎乡第二保	谷米	1944	市石	20	21 万	49 万	
12 月 2 日		复兴镇	衣物	1944	件	45	25 万	50 万	
			木器		件	73	35 万	150 万	
			茶叶	1944	斤	50	15 万	20 万	

中央调查统计局　　受损失者　戴子才

填报者

服务处所与现任职务　独山县党部常务监察委员

（台北“国史馆”馆藏档案，档案号 305—210，无页码）

（332）独山县复兴镇第九保证明书及彭国祥财产损失报告单*

（1946年5月25日）

兹证明本镇本保二甲公民彭国祥在民国33年12月2日敌军第13师84联队攻陷独城时全家损失木具房屋衣服等项确值250万元其中不虚须至证明者

保长　袁吉臣（印）

中华民国三十五年五月廿一日

财产损失报告单

填送日期　三十五年五月二十五日

损失年月日	事件	地点	损失项目	购置年月	单位	数量	价值（国币元）		证件
							购置时价值	损失时价值	
1944年12月2日	轰炸	独山东坡街	木具	1944年5月	件	50	40万	100万	
			房屋		栋	2	6钱银手□（?）	100万	
			衣服		件	20	20万	50万	
共计								250万	

中央调查统计局

受损失者　彭国祥

填报者　彭国祥

服务处所与现任职务

（台北“国史馆”馆藏档案，档案号305—210，无页码）

（333）独山县复兴镇公所证明书及蒙景宣财产损失报告单*

（1946年5月26日）

事由

兹证明本镇第二保第二甲公民蒙景宣于民国三十三年十二月二日敌军第13师团84联队攻陷独山全家被毁所有房屋衣物中西药品木器米谷共计6735万元其中不虚特此证明

镇长　周兆奎（印）

财产损失报告单

填送日期　三十五年五月二十六日

损失年月日	事件	地点	损失项目	购置年月	单位	数量	价值（国币元）		证件
							购置时价值	损失时价值	
1944年12月2日	日军烧抢	复兴镇	房屋	1943年	硐	18	495万	1485万	
			衣物		箱	47	470万	1410万	
			中西药		件	300	900万	2700万	
			木器		件	150	150万	300万	
			米谷	1944年	斤	6万	420万	840万	

中央调查统计局　　受损失者　蒙景宣

填报者

服务处所与现任职务　独山县执行委员会委员

（台北“国史馆”馆藏档案，档案号305—210，无页码）

（334）行政院秘书处关于赔偿调查委员会报送军民人力以及公私财产损失总数的签呈及附件（1946.8）（节录）

（1946年8月）

抗战八年各省会战、重要战斗、小战斗次数

省别	会战次数	重要战斗次数	小战斗次数	备考
江苏	2	86	1684	
云南		10	583	
福建		6	291	
贵州		6	356	
绥远		9	266	
察哈尔		5	97	

后方各省实际报告本会空袭人民伤亡表

地域别	共计	重伤	轻伤	死亡
陕西	1766	381	359	1053
云南	349	119	126	104
贵州	7926	1559	960	5403
宁夏	639	129	102	408
甘肃	1426	605		821

抗战八年全国分省人民伤亡估计总表

地域别	共计	重伤	轻伤	死亡	备考
云南	76617	8706	20104	47807	
福建	43124	4900	11316	26908	
贵州	46270	5258	12141	28871	
绥远	54498	6193	14300	34005	
察哈尔	28894	3283	7581	18030	

［国民政府行政院档案，转录自中央党史研究室第一研究部、中国第二历史档案馆编：《国民政府档案中有关抗日战争时期人口伤亡和财产损失资料选编》（1），中共党史出版社2014年版，第379、380页］

（335）决议省立科学馆就馆舍修理要求拨发修建费的申请*

（1946年9月27日）

据财政厅教育厅会计处会签，查前据省立科学馆呈报该馆馆舍，被盟军征用，损坏甚多，急待修理，经招工估计，共需修建费4625000元，乞核发。等情，当经签奉批示，准由省预算内列教育复员费，前经教育厅统筹分配各教育文化机关支用案内，分配该馆之复员费120万元项下动支。如有不敷，再由教育厅就复员费分配余额内酌量拨补支用在案。经查教育厅主管之教育救济复员费5000万元，除经先后呈准分配各公私立馆校及各国立大学黔籍学生等复员费，共49835000元外，所余未分配数仅165000元，实已无款可资拨发，本案所请，拟就未分配之165000元，连同已分配该馆之复员费120万元，两共1365000元，一并发给，饬由该馆撙节支用，所拟当否，乞核示。等情，应否准如所拟办理，请公决案。

决议　准如所拟办理。

（贵州省档案馆馆藏档案，档案号M1—1099，第5—6页）

（336）教育部统计处编《全国各级学校及教育机关战时财产数量与价值损失》（1946.12）（节录）

（1946年12月）

各省市县公私立各级学校及教育机关损失

一、依年度计

省市别	共计		二十六年	二十七年	二十八年	二十九年	三十年	三十一年	三十二年	三十三年	三十四年
	历年损失合计	折合三十四年八月之价值									
广西	2647147	1157503448	—	12312	944107	1199787	122222	368719	—	—	—
云南	2403690870	97126704180	—	—	—	66680000	481579870	13241000	1842190000	—	—
贵州	284356002	34153005266	—	—	350356	106555243	16370160	350000	1963903	158413140	353200
察哈尔	2523027572	2523027572	—	—	—	—	—	—	—	—	2523027572
绥远	1977553	4093534710	1977553	—	—	—	—	—	—	—	—

各省市县公私立各级学校及教育机关损失

二、依学校类别计

省市别	共计		中等学校	小学	社会教育机关	教育机关（教育厅局学术机关等）
	历年损失合计	折合三十四年八月之价值				
广西	2647147	1157503448	1328464	1015226	154946	148511
云南	2403690870	97126704180	150481870	1842190000	411019000	—
贵州	284356002	34153005266	73543407	113426699	76082750	21303146
察哈尔	2523027572	2523027572	1592432793	438269747	492325032	—
绥远	1977553	4093534710	1394885	357882	162776	62010

各省市县公私立各级中等学校及教育机关损失

二、依损失项目计

1. 总计

省市别	共计		直接损失	间接损失
	历年损失合计	折合三十四年八月之价值		
广西	2647147	1157503448	2436046	211101

续表

省市别	共计		直接损失	间接损失
	历年损失合计	折合三十四年八月之价值		
云南	2403690870	97126704180	2403690870	—
贵州	284356002	34153005266	255050699	29305303
察哈尔	2523027572	2523027572	2523027572	—
绥远	1977543	4093534710	1977543	—

各省市县公私立各级学校及教育机关损失

三、依损失项目计

2. 中等学校直接损失

省市别	共计	建筑物	图书	仪器	器具	医药用品	现款	其他
广西	1228474	844106	210232	6688	80506	55190	2414	29338
云南	150481870	99715000	384400	21223400	27142000	2017000	—	70
贵州	71947650	53180000	2765191	1254500	12033799	160000	—	2554160
察哈尔	1592432793	100332605	295810894	637186096	403542634	47379144	52329104	55852316
绥远	1394885	466500	156507	314700	194478	11900	32700	218100

各省市县公私立各级学校及教育机关损失

三、依损失项目计

3. 中等学校间接损失

省市别	共计	迁移费	防空设备费	疏散费	救济费	抚恤费	其他
广西	99990	60775	7410	28740	3065	—	—
云南	—	—	—	—	—	—	—
贵州	1595757	532058	152467	428062	483170	—	—
察哈尔	—	—	—	—	—	—	—
绥远	—	—	—	—	—	—	—

各省市县公私立各级学校及教育机关损失

三、依损失项目计

4. 小学直接损失

省市别	共计	建筑物	图书	仪器	器具	医药用品	现款	其他
广西	915320	660093	41007	10116	93887	—	—	110217
云南	1842190000	1683830000	158360000	—	—	—	—	—
贵州	113210199	103775560	723803	649531	7298005	200000	—	563300
察哈尔	438269747	177357518	63866406	25909654	105892082	—	1846321	63397766
绥远	357882	102000	55800	43200	52982	4500	22000	77400

各省市县公私立各级学校及教育机关损失

三、依损失项目计

5. 小学间接损失

省市别	共计	迁移费	防空设备费	疏散费	救济费	抚恤费	其他
广西	99906	22364	7856	68541	774	371	—
云南	—	—	—	—	—	—	—
贵州	216500	11800	—	204700	—	—	—
察哈尔	—	—	—	—	—	—	—
绥远	—	—	—	—	—	—	—

各省市县公私立各级学校及教育机关损失

三、依损失项目计

6. 社会教育机关直接损失

省市别	共计	建筑物	图书	仪器	器具	医药用品	现款	其他
广西	144313	86411	16598	3202	15636	—	—	22466
云南	411019000	359469000	—	49000000	2550000	—	—	—
贵州	69892850	22330000	7118400	20700000	17749750	—	—	1994700
察哈尔	492325032	—	44044243	172106885	31439299	—	13569978	221164627
绥远	162776	50080	63686	3600	26120	4000	5000	10290
南京	—	—	—	—	—	—	—	—
上海	—	—	—	—	—	—	—	—
天津	—	—	—	—	—	—	—	—

各省市县公私立各级学校及教育机关损失

三、依损失项目计

7. 社会教育机关间接损失

省市别	共计	迁移费	防空设备费	疏散费	救济费	抚恤费	其他
广西	10633	9725	408	500	—	—	—
云南	—	—	—	—	—	—	—
贵州	6189900	1551400	2200000	1278500	910000	250000	—
察哈尔	—	—	—	—	—	—	—
绥远	—	—	—	—	—	—	—
南京	—	—	—	—	—	—	—
上海	—	—	—	—	—	—	—
天津	—	—	—	—	—	—	—

各省市县公私立各级学校及教育机关损失

三、依损失项目计

9. 教育机关间接损失

省市别	共计	迁移费	防空设备费	疏散费	救济费	抚恤费	其他
广西	572	—	150	400	—	22	—
云南	—	—	—	—	—	—	—
贵州	21303146	2467595	13259623	1980000	3437928	158000	—
察哈尔	—	—	—	—	—	—	—
绥远	—	—	—	—	—	—	—
南京	—	—	—	—	—	—	—
上海	—	—	—	—	—	—	—
天津	—	—	—	—	—	—	—

[国民政府教育部档案，转录自中央党史研究室第一研究部、中国第二历史档案馆编：《国民政府档案中有关抗日战争时期人口伤亡和财产损失资料选编》（2），中共党史出版社 2014 年版，第 865、867、868、870、871、873、874、876、877、880 页]

（337）国立编译馆为报送所属战时私人财产损失致教育部呈文稿，附财产损失报告单（1947.6）（节录）

（1947年6月）

财产损失报告单

填送日期　36 年 7 月　日

损失年月日	事件	地点	损失项目	购置年月	单位	数量	价值（国币元）		证件
							购置时价值	损失时价值	
民国卅一年五月廿八日	沦陷	浙江金华	衣服	廿六年至卅一年	四箱	卅件	二千三百元	三千元	
民国卅三年五月廿五日	炸毁	湖南衡阳	衣服	卅一年至卅三年	六箱	五十件	二万	五万	
民国卅三年十二月一日	敌迫近放弃	贵阳	衣服手表	卅三年	三箱两只	衣服廿五件手表两只	三万	四万	

直辖机关学校团体或事业　　受损失者　沈源泉

国立编译馆　　填报者　沈源泉

姓名　服务处所与所任职务　　与受损者之间的关系　　通信地址

证明人(一) 仰诗伯　国立编译馆　　友　　天山路 127 号

（二）章高炜　国立编译馆　　友　　天山路 127 号

财产损失报告单

填送日期　35 年 1 月 19 日

损失年月日	事件	地点	损失项目	购置年月	单位	数量	价值（国币元）		证件
							购置时价值	损失时价值	
二十七年四月一日	沦陷被拆毁	安徽巢县	房屋	祖产	幢	二（二十余间）		约 8000	契约证件等于卅三年九月间湘桂事件中途遇敌全部损失
二十七年四月一日	沦陷损失	安徽巢县	衣箱等件	陆续添购		数十件		约 2000	
二十七年四月一日	沦陷损失	安徽巢县	农具什物耕牛	陆续添购		全部损失		约 3000	
二十七年四月一日	沦陷损失	安徽巢县	书籍及古书		册	数百册		约 7000	
三十三年九月	湘桂沦陷	黔桂途中	衣包皮箱	陆续添购		十余件约		陆拾余万元	

直辖机关学校团体或事业　　受损失者　张竞生（崇义）

国立编译馆　　填报者

证明人　姓名　服务处所与所任职务　与受损者之间的关系　通信地址　盖章

张安平　张竞生　国立编译馆书记　　本馆

桂丞勋

财产损失报告单

填送日期　35 年 1 月 19 日

损失年月日	事件	地点	损失项目	购置年月	单位	数量	价值（国币元）		证件
							购置时价值	损失时价值	
二十六年十一月底	城陷	江苏无锡	衣物书籍	二十年八月至二十六年八月	橱	五	$2000	$2000	
二十六年十二月初	失陷后被劫	武进戚墅区李家桥	钱钞		元			现洋 150 元 钞票 200 元	
二十六年十一月二十二日	火车被炸	吕城过七里	铺盖皮箱	二十六年十一月	个箱	一 三		100 元 500 元	
二十八年二月四日	轰炸	贵阳	家具什物	二十七年三月				600 元	

直辖机关学校团体或事业　　受损失者

国立编译馆　　填报者

证明人　姓名　服务处所与所任职务　与受损者之间的关系　通信地址　盖章

潘仁　李伯棠　副编审　本人　北培国立编译馆

金焕斗

财产损失报告单

填送日期　35 年元月 25 日

损失年月日	事件	地点	损失项目	购置年月	单位	数量	价值（国币元）		证件
							购置时价值	损失时价值	
二十三年九月十六日	日军进攻	桂林	棉被	三十一年十二月	床	贰	1000	15000	军需署委令贰件

续表

损失年月日	事件	地点	损失项目	购置年月	单位	数量	价值（国币元）		证件
							购置时价值	损失时价值	
三十三年九月十六日	日军进攻		毛毯	三十一年五月	床	壹	2500	20000	第六军需局被服厂日令五件
三十三年九月十六日	日军进攻		被单	同上	床	贰	1000	17000	贵州省立第五中学毕业证书壹件
三十三年十一月	日军进攻	金城江	大皮箱	同上	只	贰	18000	55600	
三十三年十一月	日军进攻	金城江	黄呢大衣	三十二年十月	件	壹	4000	18000	贵州省师资讲习班毕业证壹件
三十三年十一月	日军进攻	金城江	毛呢中山装	三十二年十二月	套	贰	11000	35000	校长委任状三件教员聘书四件

直辖机关学校团体或事业　　受损失者　杜荣九

国立编译馆　　填报者

证明人　姓名　服务处所与所任职务　与受损者之间的关系

通信地址　盖章

倪伯端　杜荣九　国立编译馆书记　北涪国立编译馆

张竞生

［国立编译馆档案，转录自中央党史研究室第一研究部、中国第二历史档案馆编：《国民政府档案中有关抗日战争时期人口伤亡和财产损失资料选编》（2），中共党史出版社2014年版，第889、890、896、910、911、919页］

（338）监察院为填送该院及所属战时财产损失报告表致行政院赔偿委员会函稿，附财产损失汇报表、报告单（1947.9）（节录）

（1947年9月）

财产间接损失报告表

监察院云南贵州监察区监察使署　　　　填送日期：卅六年　月　日

分　类	数　　额
共计	397590.00
修建费	25000.00
修缮费	372590.00

报告者：监察院院长于〇〇

说明：1. 三十二年修建费贰万五千元。

2. 三十三年修缮费叁拾柒万贰仟伍佰玖拾元。

财产间接损失报告表

监察院战区第一巡察团　　　　填送日期：卅六年　月　日

分　类	数　　额
共计	82500
应变迁移费	82500

报告者：监察院院长于〇〇

说明：三十三年度黔南战事紧张应变疏散费用。

［国民政府监察院档案，转录自中央党史研究室第一研究部、中国第二历史档案馆编：《国民政府档案中有关抗日战争时期人口伤亡和财产损失资料选编》（3），中共党史出版社2014年版，第1119、1120页］

(339) 贵州省战时财产损失总值（主体别）*

单位：元

受损主体别	折合 1945 年价值	损失时价值		
		直接	间接	共计
机关	172627539819	28687112596	6793312859	35480425455
学校	421476911	162697239	107096	162804335
农业	6089954736	1522488684		1522488684
公路	34932240	86040		86040
公营工业	1340204246	1085801941	254402305	1340204246
人民损失	27213457640	30802100		30802100
总计	207727565592	31488988600	7047822260	38536810860

（贵阳市档案馆馆藏档案，档案号 0089，无页码）

(340) 贵州省战时财产损失总值(地域别)*

单位:元

地域别	折合 1945 年价值	损失时价值		
		直接	间接	共计
贵阳市	30794505999	1279567107	6492883881	7772450988
平越	66810712	16702678		16702678
龙里	12859378	2345	13349	15694
息烽	95520838		235273	235273
开阳	108000000		27000000	27000000
清镇	63339000	637000		637000
瓮安	200024758		298098	298098
麻江	93200	23300		23300
安顺	368542986	800	218426	219226
镇远	48170000		12010000	12010000
岑巩	35265680		8816420	8816420
天柱	115768200		28942300	28942300
锦屏	1244422000		12338500	12338500
三穗	65218389	16000000	1188223	17188223
独山	36140728616	1095682154		1095682154
榕江	2754339000		134358000	134358000
黎平	33903000		33903000	33903000
都匀	74827317201	18706000000	72265	18706072265
荔波	936657156	234164289		234164289
丹寨	551807440	134386860	3565000	137951860
三都	40033279868	10002459967	5845000	10008304967
从江	56278480		14069620	14069620
兴仁	888646		5277	5277
盘县	10611800000		25800000	25800000

续表

地域别	折合1945年价值	损失时价值		
		直接	间接	共计
镇宁	60977640	362100		362100
紫云	1317332		71843	71843
贞丰	20131089		3684333	3684333
晴隆	12177712	3000000	44428	3044428
毕节	1752504		7584	7584
黔西	14616260		859780	859780
织金	772747860		193186965	193186965
威宁	822358		48374	48374
水城	821096		66188	66188
金沙	19950458		771274	771274
赤水	101518440		122940	122940
绥阳	69700		4100	4100
凤冈	351829736		425944	425944
道真	9487630		948763	948763
思南	1916545692		43957470	43957470
沿河	605053680		1490280	1490280
石阡	2327412		525844	525844
印江	45390		2670	2670
德江	939504		40848	40848
总计	207727565592	31488938600	7047822260	38536810860

（贵阳市档案馆馆藏档案，档案号0089，无页码）

（341）财政部暨所属各机关抗战损失报告表（1948.2）（节录）

（1948年2月）

附表1B　银行业省营财产直接损失报告表

单位：元

银行别	总计	房屋	器具	现金	生金银	保管品	抵押品	有价证券	运输工具	放款损失	其他
陕西省银行	525885	235330	16609				81759				192187
福建省银行	2789208	909142	460960	15717		200000			100000		1103389
贵州省银行	366496		147245								219251
绥远省银行	7295413	19500	21763	1377667	72068	52900	783516	12245	4500		4951254
宁夏银行	9740	5800	2290								1650

附表2B　银行业省营银行财产间接损失报告表

单位：元

银行别	总计	可能生产额减少	可获纯利额减少	拆迁费	防空费	救济费	抚恤费	疏散费	其他
陕西省银行	21337084	216000	10110000	4869825	17345	6714	200	6117000	
福建省银行	11908756	300000	2947864	1930376	2154345	1358084	218087		
贵州省银行	6641641			6387002	254639				
宁夏省银行	232000						232000		
绥远省银行	19685035		19636116	47241	1678				

附表 2C　银行业县营财产间接损失报告表

单位：元

银行别	总计	可能生产额减少	可获纯利额减少	拆迁费	防空费	救济费	抚恤费	疏散费	其他
遵义县银行	90000				40000	50000			
巴县县银行	315160			147586	134784	32790			
合计	405160			147586	1747784	82790			

附表 5　抗战期间各省市地方财政损失估计表

单位：元

省市别	（包括地方收入）二十六年度收入预算数	收入平均递进增加率	平均每年应收数	损失时间	沦陷面积	全省全时间应收数	陷区应收数	自卅一年度起至卅四年度八月止田赋契税管业税等国税部分应剔除之数				
								田赋	契税	管业税	合计	应赔偿数
广东	33033477	57%	53118559	七年	1/2	371829931	85914956	15230710	3399521	20483842	39114081	146800875
广西	29035127	15%	34080396	六年	1/3	204482376	68160792	2939835	7775106	10398949	21113890	47046902
贵州	7208888	60%	11534221	一年	1/10	11534221	11534221	240609	79272	325565	645446	507976
陕西	17021558	19%	20255654	七年	1/10	141789578	141789578	870453	213998	668684	1733135	12425823

［国民政府财政部档案，转录自中央党史研究室第一研究部、中国第二历史档案馆编：《国民政府档案中有关抗日战争时期人口伤亡和财产损失资料选编》(2)，中共党史出版社 2014 年版，第 738、747、752—753 页］

(二)文献资料

(1) 日机轰炸贵阳见闻

杨玉芳

卢沟桥事件爆发后，日本帝国主义采取的战略步骤是：在前方用闪电式战术，对后方则用狂轰滥炸，长江以南较大城市无一幸免。贵阳远离前方，是川、滇、黔三省交通枢纽，也没逃过日本鬼子魔爪。当时国民党政府在贵阳市区设立防空司令部，形式上作了防空准备，搞过防空演习，以报警器音响告知市民，分空袭警报（即监视敌机在我领空飞行动向，推测敌机可能要到某处，立刻告知市民准备隐蔽）；紧急警报（即敌机将临上空，通知市民快速隐蔽，规定不准随便走动）；解除警报（即敌机已远离监视范围）。同时在市内最高处——东山顶上悬挂红色灯笼，预报来犯敌机架数，一个小红灯笼表示为一架，一个大红灯笼表示为五架。

一九三九年，即民国二十八年二月四日（农历腊月十六日），中午时刻，我市发出空袭警报，东山顶上就挂出了三个大灯笼，三个小灯笼。大家还以为是防空演习（因为规定演习三天，这天是防空演习的第二天），市民大多数就未外出隐蔽，依然忙着办年货，准备菜肴，尤其是商家显得特别闹热（这天为多年习惯“倒牙”的日子，即在这一年中最后一次“牙祭”，是店家为调整来年生意和人事安排准备的宴会）。接着又拉响了紧急警报，贵阳上空传来了轰隆……轰隆……的机声，先后两排共十八架敌机从东向西缓缓低飞，先是机枪扫射，紧接而来的是几声炸雷般的巨响，震耳欲聋。顷刻间，全城熊熊烈火，浓烟滚滚，一时惨叫声、呼救声嚷成一片。

这天中午，本来是天气晴和，浓烟把阳光遮挡了，真是阴森可怕，男女老幼无不愤恨咒骂。这时，有个信奉道教的王道士家（住现在公园路），六口人，在发出空袭警报时已逃出家门，后来，全家人为了返回家去拿做道场念经用锣鼓等响器，刚把东西拿到手中，正要出大门的时候，大火已封了门，全家六口便烧死在里面，一个个都烧成了树兜焦炭模样。附近有十多家，来不及躲逃隐蔽，亦全部丧亡。

跑出城外躲避敌机的群众，因为警报尚未解除，政府规定一律不准回家。日机投弹后，当时我和父亲，还有侄儿三个人和许多人一起都被驱赶到贵阳市警察三分局（今公园北路，贵州日报社老宿舍）等候解除警报。我们在局里坐着，看见许多被炸伤的群众陆陆续续地用担架抬进大院里来，血淋淋的，折臂断腿的，头破血流的，喊爹叫娘地呻吟着。一会儿，警察局院坝里全是伤员，约有三、四十人，状极可怕，令人痛心，日本帝国主义惨无人道的罪行，使人切齿。

解除警报后，我们回到家里（过去是煤巴市，现在的公园北路清平巷），听到石坎底下被敌机炸毁的地方，有人在喊叫呼救，我随人们齐赶到呼喊声处，见人群把一个胖胖的妇女（约莫三十岁）从火海里抢救出来，安放于院落里。那女人时而发出痛苦的呻吟，惨怛呼叫，时而昏迷过去……她的肚皮被火烧熟、膨胀，越来越大。顷刻之间，肚皮就爆裂了，被烧坏的内脏迸出体外，惨不忍睹。

这时遍街遍地尽是被炸房屋的残砖碎瓦，成了废墟一片，烧焦气味刺鼻难闻，人畜血肉比比皆是。当天傍晚，我母亲要我同她到南京街（现在中华北路，挨近喷冰池）想去找点什么吃，只见大街小巷，冷冷清清，许多店家门口停放着尸体，用白布覆盖着，受难者的亲属正点燃香烛，焚烧纸钱。有的哭爹喊娘，有的哭儿叫女，用血泪控诉日本帝国主义的滔天罪行。

母亲牵着我，边走边淌泪水，心中既害怕，又愤恨，又难过。这时我们不再想吃什么了，这时什么也没有卖的了。

炸后的第二天，隔壁邻居、原川戏演员张宝林和他的爱人张七嫂给我们讲了许多悲惨的场面。我们又去现场观看，果真是这样的。飞山街伍新发家夫妻俩被飞来的弹片打死后，他们的肉块炸飞到楼梁上高高挂着。后来，伍新发的儿子到楼上去找寻东西吃，才发现他父母的骨肉。在海沿坎（现在河东路贯城河一带），有一家卖米粉的，当他家听到敌机在上空盘旋的时候，他躲在米粉缸边，亦被飞来的弹片断送了生命。第二天，尸体停放在板板上。

还有国民党省党部（现在富水中路评剧团）附近一家公馆里，阔太太和达官富商正在打麻将，敌机轰炸时，有两人的脑袋飞掉了，有个胸口被打穿，有个臂被劈断，四个人全死了。桌上的麻将牌被鲜血染红了。

大十字警察岗亭处，炸死了三个人，其中一个警察手中仍然紧握指挥棍。民教馆（现在的人民剧场）内，许多人正在组织防护队，一颗炸弹投中会场，当时死伤二百余人。

当天，贵阳市区一片大火，火焰冲天。被炸的中心是大十字，蔓延附近街巷，受灾区东至护国路口，西至先知巷（今中山西路胭脂巷），南至贯珠桥，北至光明路（今省府路）口之原中央银行贵州分行。当时有四十多条街巷被摧毁，其未烧毁的，也是断壁危楼，歪斜倾倒。大街小巷到处是坑坑洼洼瓦砾堆，炸成废墟深洞。烧毁房屋一千三百多间，死伤一千二百多人，市民的损失是无法估计的。这是我市有史以来的一次大破坏、大损失。

当天，有的人家关闭店铺、家门，忙于出城躲避敌机，回来时已被盗劫一空。成为国民党宪兵、警察、特务和保安团官兵任意掳掠、大发横财的好机会，坏人也拦路趁火打劫，受害群众，敢怒而不敢言，只有忍气吞声，令人愤懑。

贵阳“二·四”轰炸，是我市人民前所未有的惨重灾难，是日本侵略者不可饶恕的滔天罪行。也由于国民党政府对防空不重视，也不大力宣传防空知识；他们对市民防空动员工作是走过场；他们对消防工作全无准备，再加上未遭受过轰炸的贵阳，一般人的思想麻痹，不及时疏散隐蔽，故不到一小时的扫射、轰炸，无人救火，人民生命财产损失巨大，繁华的市中心成了瓦砾场，娱乐场所成了家破人亡无家可归的难民营，宽广的坝子成了停尸的地方。轰炸后的贵阳，社会秩序极端紊乱，物价暴涨，钞票贬值。国民党省、市政府不是积极解决，而是放任自流，奸商高抬物价，大发横财，一般居民度日如年。受灾的人家更不用说了。

［转录自政协贵阳市南明区文史资料委员会编：《南明文史资料选辑》第四辑（内刊），1986 年版，第 150—153 页］

(2) 保 卫 西 南! 巩 固 贵 州!

欧阳毕倩

一、目前抗战形势的新转移

广州沦陷武汉撤退，使中国支持了一年零五个月的抗战，走上了一个新的严重阶段，这正如最高统帅蒋委员长对国民参政会的训词中所说："继今已往，抗战前途，既转入新的阶段，愈入于艰难险阻。"在这严重的新阶段，由于敌人的阴谋是依靠其强有力的军事力量，采取包围迂回的外线战略，不顾冒险，深入我国内部、以扩大战局，消灭我军主力，来解决我国持久抗战的军事政治局面，完成其速战速决的吞并中国的美梦。

针对着敌人的这一侵略计划，十七个月的长期抗战，全国军队在最高统帅领导之下，不仅在台儿庄、德安及保卫武汉的五个月外围战，取得了很大的胜利，歼灭了敌人五十万的精锐兵力，建立起将来我国各战区反攻战略的基础；这种军事上的胜利，同时亦促进敌国经济危机的急转直下。

据外国报载：日本帝国主义与中国战争期间，日本之原料大为缺乏，在长期作战之下，日重工业之出产，亦不敷军事工业之用，始则为钢荒，继则为铁荒，遂使造船工业危机更甚。一九三八年船排水量总数只增九十七万五千吨，较一九三七年则减百分之二十；纺织工业出产品已骤形锐减，仅棉纱一项，在一九三八年四个月期间，与一九三七年同期间相较，其出口额数已与一九三四年至一九三五年间之额数相等；丝织品在一九三八年四个月间减百分之二十六。(一) 羊毛纱减至百分之二十九。(二) 因缺乏原料遂使纺织工厂倒闭之数目甚为惊人，于影响纺织业甚巨。即在上月间必需品之工厂倒闭亦甚多，工人失业者有二十五万之巨。物价飞涨愈形严重，今年因货品供不应求，物价已增至二倍以上。中日战争使日本之农业亦有极大之损失，今年春间务农者减少播种工作，发生一极可怖之困难。今年采制之茧，为五年来最少之数。中国长期抗战使日本对外贸易亦受严重之打击，在一九三八年前半年日出口货，与一九三七年同期间相较已减百分之十九点六，同时进口货减至百分之三十三点九，今年六个月期间日对外贸易已失其平衡，损失约一九六亿日元。国际间之抵制日货运动，亦愈来愈扩大，与时而俱增。

现代战争的基础是建筑在经济上，是全国整个人力与物力的决战，敌国的这种经济危机在长期的急转下，是能逐渐削弱其侵略的军事力量。反观我国虽抗战已踏入严重的阶段上，但现在拥有的西南、西北各省的丰富的物力，广大的人力，足够支持我国长期抗战的基础。所以，纵然敌人已取得我国各大都市，占有了大部份铁路交通线。我们更能以扩大战局，发动全民抗战，全面抗战，取得持久抗战的最后胜利！

再从目前的战局上观察、我们虽失了最后的两个都市——广州与汉口，但在华南方面，我军已采起积极反攻。东路博罗，南路佛山，西路三水及其附近各据点，已相继经我克服；华中方面，已攻克长台矣，并已完全收复了平汉线的要隘武胜关；华北方面，鲁北我军已克服临邑，河北克服曲阳。扫荡冀晋之敌军，也已遭惨败，这些具体的我国抗战胜利的事实，是敌人所不能掩饰的。而且我国军队在不断的抵抗之下，虽稍有牺牲、但军气是愈战愈强的。

自然，我们并不以为敌人取得了武汉、广州后、而缩小其侵略的局面，会满足侵略的欲望，但也不应以为敌人占据了各个最大都市的据点而感到抗战前途悲观失望，应从各个战场上的整个局势去了解持久战的意义。同时我们也进一步地指出今后敌人更要扩大其战局，深入冒险，一面沿粤汉、平汉以西深入，足以控制粤、桂、川、陕，再赴全力以攻我西安、兰州，这是敌人扩大侵略的新计划。

在敌人新的侵略计划将要来临之前，领导全国抗战的最高统帅蒋委员长已在告全国同胞书中，揭橥了我国抗战的一贯方针：“一曰持久战，二曰全面抗战，三曰争取主动。”这是我国今后抗战的最高方针，我们要拥护领袖这一伟大的指示去迎接对日抗战胜利时期的到来。

二、贵州在持久抗战阶段上的重要地位

广州沦陷武昌撤退后的抗战形势的新转移，我们已经指出了是敌人愈益扩大不顾冒险的深入我国内都，发动全面的侵略战争。而我国抗战，已不在沿江沿海的狭窄地带，而是逐渐转移到广大的内部农村，不仅西部诸省，尤其是扼西北国际交通枢纽的兰州、是敌人扬言第四期进攻的目标。就是西南部诸省、由于敌人攻下广州，沿粤汉、平汉进攻湖南、威胁广西，也将卷入战区的可能了。

贵州是西南部诸省的中心地，随着抗战形势的新转移，也一天天的接近战区了。最近省党部委员杨治全先生在《抗战中贵州所负之使命与吾人应有之努

力》一文中大声疾呼的说："贵州已形成将来决战时重心之一地位。"（见《贵州晨报》十一月二十七日本埠新闻版）我极同意杨先生这种深刻眼光的认识、为什么贵州会成为将来决战的一个重心地位及现在抗战的西南部后方根据地呢？

第一，从经济上观察，自敌人向着沿江沿海及铁道线的路线进攻，我国几个最大的都市都先后被敌人的魔手掠夺去，这些都市皆是我国经济及工商业发达的地带，为保存民族工业的命脉，及建立经济流通的中心，工厂和银行的不断往内地迁移，商业亦逐渐集中，因而，贵州遂成为工商业及经济的抗战后方根据地。

第二，从交通上观察，随着战局的扩大，我国的铁道主干线，由于敌人先后打通了津浦路，截断了陇海、粤汉及平汉几路，封锁了长江交通，自西南公路网完成后，贵州不仅是西南国际交通路线的枢纽，而且是联接西南各省的交通中心地。

第三，从战局上观察，自第三期抗战后，战局已益愈全面化，逐渐扩大了我国抗战的战区面积，贵州离战区也愈近。杨先生的话也向我们说明了这一点："就抗战形势与贵州而言，战局由上海而南京、而徐州，以至于武汉、广州之失守，整个战局已无形被截为两段，一为北战场、包括山西、陕西、甘肃及河南之一部；一为南战场，包括湘、鄂、赣、粤、桂诸省。这两个战场重心，一个在陕西，一个就在贵州。"（见十一月二十二日《贵州晨报》）。这一段话，简单地说明了贵州已经是全面抗战阶段下的将来南战场的决战中心。

贵州，这一个偏僻的山国，在持久抗战的今天形势下，不仅是工商业、交通及经济的抗战后方根据地，而且是扼有将来决战时的南战场中心地了。

三、加强巩固贵州完成抗战根据地的建设

贵州在持久抗战的地位上如是重要，抗战最后胜利的基础也寄托于后方根据地，无疑义的，在抗战建国的使命下，集中全省物力、人力、智力，以图加强巩固贵州，努力建设抗战后方的根据地，这是一件最伟大的工作。

怎样来巩固和建设贵州呢？分几点来说明：

第一，实施全民众总动员运动：领导全省抗敌民运的最高团体——省抗敌后援会，自卢沟桥事变后，不仅积极地提高了本省后方民众对抗战有深刻的认识及抗敌热情的高涨，而且发动了广大的募捐、慰劳、救护运动，领导全省民众响应政府抗战建国的号召，输送了大批的贵州青年到战地实际负担前方的工作。从这些具体的事实表现，已经使贵州担负起实现抗战建国的伟大使命。

但在巩固抗战根据地的意义下，我极同意于杨先生的话，杨先生说："本党是领导全国抗战建国的党，贵州应为积极参加抗战建国的贵州，至于如何去动员民众，日前本省党政联席会议时，已由本会提出贵州民众总动员的一致行动下，集中力量，非如此做，不足以言完成使命。纵然当中有所阻碍，本党同志亦必须彻底以赴，我们盼望不久的将来，根据这个方案产生一个全贵州整个的动员计划，紧跟着就付诸实施。"

杨先生的这一段话，告诉了我们，要使得贵州的每一个民众，不分妇女老幼，都能把他的一点一滴的力量，贡献到抗日战线上，那就要全省民众总动员起来，扩大抗敌的宣传运动到城市的广大群众队伍中，到偏僻的乡村角落里唤起民众的对抗战建国的热烈情绪，然后才能把全省千万的民众的力量，毫不遗漏的集中在抗战建国的伟大工作上来使用。能达到这个希望，那就是本省党政当局将要提议实施的全省民众总动员的新计划了。

第二，实施全省生产总动员运动：生产动员是持久抗战的一个基本要求，抗战胜利的基础不仅取决于无穷的人力，而且取决于丰富的物力，要把丰富的物力，使用在长期抗战的需要下、支持到抗战取得最后胜利，所以抗战中的经济建设运动，在抗战后方根据地更其迫切需要。

贵州在抗战前是一个经济落后的区域，自抗战后，已跃变而为经济集中交通发达的西南诸省的一个中心都市了。她在持久抗战阶段上，地位的重要，已在前节简单说明，尤其是她已成为今天抗战后方的根据地，将来南战场的决战中心。针对着全省总动员的运动，提出全省生产总动员的运动，号召本省民众的注意，自然这个全省生产总动员运动，包括的部门是很复杂，大概的说有：工业动员、农业动员、矿业动员、运输动员等。这些在临全大会宣布的抗战建国纲领及大会宣言也都明文规定着。

抗战十七个月后的贵州建设，是比得上过去几年的建设，这种飞速度的建设成绩，固然是由于全国经济中心受抗战的影响而转移到内地来，但政府当局的积极努力，从事于各方的建设，也才有这种繁荣，逐步奠下了持久抗战的经济基础。

但随着抗战形势的转移，建设后方根据地是一件最伟大最迫切的工作了。针对着全省总动员的运动，我们希望政府当局有如像全省民众动员的这种计划，同样拟议出一个全省生产总动员的实施计划，把动员民众与动员生产联系起来，巩固抗战根据地的贵州。

四、结　论

要保卫西南，只有巩固贵州，理由之所在已在前文详加解剖。怎样去巩固呢？政治方面，是全省民众的总动员；经济方面，是全省生产的总动员。这两大点，不过是在巩固和建设贵州的伟大工程上，最迫切的工作。致于其他的问题，如肃清汉奸、土匪的问题，征兵征役的问题、全省治安的问题，扩大民众乡村社会教育的问题，实施抗战建国教育的问题，……这些，有的是政府当局积极进行中，有的是在计划中，我们再肯切的说一句，只有这些问题，经过有计划的实行后，才是完成了抗战根据地的巩固和建设的工作。

保卫西南，巩固贵州，在抗战形势转移到严重的新阶段上，是西南各省民众的当前任务，更其是本省千万民众的紧急任务。我们团结一致在政府当局的领导下，努力吧！奋斗吧！

[转录自贵州省档案馆编：《贵州档案史料》（内刊）1987 年第二期，第 60—63 页]

（3）日机“二·四”轰炸贵阳见闻

张幼文

值此抗日战争胜利五十周年之际，回忆抗战期间敌机轰炸贵阳的滔天罪行，至今仍气愤万分。现将目睹1939年2月4日敌机轰炸贵阳的惨状，就记忆所及，简述如下。

抗战期间，贵阳是个不设防城市，尽管有个防空司令部，也只是搞点防空通讯而已，根本没有什么防空设施。一九三九年二月一日至三日，防空司令部搞了一次防空演习，进行防空宣传，使人民群众懂点防空知识，加强防空意识。不料二月四日，即农历腊月十六日，这天贵阳天气晴朗，碧空万里，市民正准备办年货，兴高采烈，迎接春节的到来，殊知祸从天降，四日上午十一点钟左右，防空司令部发了空袭警报，东山顶上挂出的灯笼，逐渐增加到五个大的，两个小的（一个大的表示五架敌机，一个小的表示一架敌机）预示有二十七架敌机飞向贵阳。约半小时后，发出了紧急警报，这时东山上的灯笼全部放倒，有敌机十八架分为三队，由东面水口寺上空飞入市区。发出空袭警报时很多人误认为又是“防空演习”，没有什么关系，没有躲避，思想极端麻痹，听了紧急警报，一时惊惶失措，才陆续往城外疏散。敌机进入市空后，先用机枪向地面扫射，然后从约一千五百米的高空俯冲下来，疯狂投下百余枚烧夷弹和炸弹，一时间轰轰轰的炸弹声和爆炸声，响成一片，震耳欲聋，烟尘四起、房屋着火。十一点四十分左右，敌机仓皇逃窜，将近下午一时，才发布解除警报，疏散到城外的市民，纷纷扶老携幼，步履蹒跚地进入市区，眼见南至大兴寺（今百花电影院），北到省府路（今省交通银行），东连小十字（今贵阳电影院）西抵花牌坊（今省教委）已是一片瓦砾场，满目凄凉。疏散回家的男女老幼，看到上述街道炸死的尸体，横七竖八，多缺残不全，或身首异处，或尸体抛落街边沟里，或烧成焦黑，难以辨面目；被炸伤的人，有的躺在临时担架或门板上，抬到医院抢救，大多肢体残缺，血肉模糊，奄奄一息，种种惨状，令人不忍目睹。

当日下午五时左右，贵阳已成一片火海，大十字一带是经济中心地段，仅数小时就毁灭殆尽。几千人家房屋财产全部损失。这次遭受敌机狂轰滥炸，损失动产不动产约值法币贰仟肆佰壹拾万元，炸死、伤的人数约计贰仟余人。其中据笔者记忆所及略举数处：

市中心大十字岗亭被炸一弹，亭之四角被震歪倒，值班民警炸死亭内；

在中华中路的民众教育馆（今人民剧场），省防空当局正召集全城各防护团负责人讲话，约五十余人全部被炸死。

在小十字口的国民党省党部内大院，正中一弹。其坑深有七八米，直径约为十米，为重型炸弹，弹片上刻有明治某年月日造字样。

小十字附近，有个餐馆叫“廉洁大食堂”，有一家正在此处办喜事，中弹起火，新郎新娘及前来吃喜酒的亲朋全被炸死。

在这次轰炸中，各界群众被炸、伤者不计其数，其中有名有姓者，有全家被炸死的王梦熊（贵阳市政府科长）；尹述贤（原国民党省委）除本人外，全家被炸死；大南门二府巷（今大公巷）文应璧家祖母、母亲和乳母均被当场炸死，小弟被炸重伤，本人幸免于难；福德街（今富水南路）李保春药铺一家八口全被炸死；中学教师吴实夫全家七人亦被炸死；煤巴市（今公园路口）王道士全家五六口全被炸死；大南门口中医师张致安家躲在自挖的防空洞内，被炸弹将洞壁震塌，泥土封了洞门，全家闭死洞内，张致安本人因出诊在外，幸免于难；太平桥万佳义家被炸成灰烬，附近院落炸死三十余人。另外还有女师附小孟子懿老师被炸重伤不愈结果自杀；一中老师王起华炸断左腿被锯断。金井街卢涛（前黔军总司令）、小十字张协陆（前财政厅长）、和绍孔（前黔军清乡司令）、三板桥（今汉相路）陈廷棻、大十字丁宜中（前贵州省政府秘书长）省府路中医袁家玑等家，房屋被炸毁，财产被烧光；住六洞桥的王金番家双老，都年近八十，亦被炸死屋内；三浪坡（今中山东路）马怀冲家，除本人外，全家躲在防空洞内，全被炸死。

晋禄寺（今民生路）正新街、金井街（今富水中路）铁局巷、福德街、飞山街、双槐树（今护国路）六洞桥等居民区，成为火海，高楼大厦，烧成一片焦土。贵阳城内的房屋，绝大多数是木瓦房或砖木结构，最易燃烧，而警察局消防队，仅有救火车三部，加之又无自来水供应，杯水车薪，无济于事。火势蔓延，无法控制，眼巴巴地望着自己的家产烧个一干二净，一片瓦砾，满目凄凉。

在这次浩劫中，一些烧死的尸体若能辨认者由其家属自行领回安葬，大多数被烧焦不成人形，只剩几根枯骨的都一律到资善堂和华洋义赈会（今慈善巷）大院停放，用义赈会平日备作“施棺”用的棺材装殓，但以死者太多，棺木不够供应，最后唯有用草席、麻片将尸体裹住挖坑掩埋。

由于炸伤的人多，而贵阳全城又只有一家省立医院（即今博爱路市一医）

作抢救治疗，但以该院设备有限，病床不多，药械不齐，同一时间抬去伤患者太多，病房爆满，走道加床，有的躺在大院里，有的甚至睡在停尸的太平间内，人们的痛苦声、惨叫声、呼救声、不绝于耳，惨绝人寰，全民愤恨。

“二·四”贵阳被炸后，国民党政府责成“贵州省动员委员会”拨出专款并设立灾民救济处，设置专人，办理急赈，由救济总站在城郊赶修简易平民住宅千余间，发给一些无家可归者暂时居住，又在二戈寨修建平房五百所，以作市民疏散之用，同时强令市民及学校师生疏散郊外，以防万一。

“二·四”轰炸浩劫，贵阳人民生命财产遭受极为严重损失，日本帝国主义者的侵略暴行，令人恨之入骨，痛心疾首，这是日寇欠下贵州人民的巨大血债，血债一定要用血来还，善良的炎黄子孙永远不会忘记这一历史仇恨，中国人民绝不会忘记日本强盗在中国犯下的滔天罪行，也绝不允许日本帝国主义复活。

［转录自政协贵阳市南明区文史资料委员会编：《南明文史资料选辑》（内刊）第十三辑，1995 年 7 月版，第 176—179 页］

（4）为纪念防空节敬告全省同胞书

吴鼎昌

亲爱的同胞们：

今天我们首次纪念防空节，首先应该对抗战以来空袭中殉职将士及死难同胞，致无上的敬意与哀悼！

按我国防空事业创始于民国二十三年，创办未久，即遭“七七”之变，三载以来，敌机肆虐，遍及全国，损失之大，至于不可胜数。这种重大损害，实由于一般国民对于防空缺乏深切的认识，以致防空实施，未臻完善。中央为唤起民众建设防空之热情，促进防空设施之完备，特定每年的今天为防空节，是因为二十三年十一月二十一日我们首都南京举行第一次防空大演习。自此以后防空建设始渐开展，全国各地，亦次第开始，故定今日为防空节，实含有追远思源加强防空建设之义。

此次抗战，为我民族存亡与国家兴衰之重要关头，全民均应再接再厉，以最大的努力与牺牲，来支持长期抗战，不但要以人力物力源源不断地供给前方，同时还要积极地建设后方。敌势现已深陷泥淖，不得不使尽最后的暴力，来向我们进攻，以威胁我政府，动摇我人心，扰乱我社会秩序，很快地结束战事，向他屈服。因此，在长期抗战过程中，积极方面，我们应该加倍努力，增强抗战力量；消极方面，我们要设法减少无谓之牺牲，以保全抗战实力。就后者说，防空建设，尤望要加紧推进，以保存后方之抗战力量。

本省防空建设事业，年来经不断的努力经营，已有相当的进展。除关于积极防空方面，系属国防问题，中央已有整个统筹外，对于消极防空的设施，如疏散、避难、防毒、救护、情报及防空工事建筑等诸般设施，都已具体的事实表现出来，而今后希望大家来共同努力，使本省防空建设事业，日益进展。

目前防空上最要紧的事情，莫过于疏散。避免空袭之无谓损失的真正办法，亦惟有疏散，实行迁移者，凡无在城内居住必要之市民务必听从劝告赶快疏散，若存二种侥幸苟安心理，以为敌机未必又来，能在城里苟安一天，就多住一天，这实在是一件极危险的事。一念之差，是成千古之恨，希望大家辨明利害，权衡轻重，懔于“二四”惨痛的教训，立即纠正苟安心理的错误。

在胜利日愈接近的今天，我们来纪念防空节，大家只有认清自己的责任和义务，倍加努力，积极发挥人民与政府密切合作的精神，建设防空永久的事业，争取抗战最后胜利，要这样才不负今天的这个盛大的纪念。

民国二十九年十一月十五日

［转录自贵州省档案馆编：《贵州档案史料》（内刊）1987 年第二期，第 66—67 页］

(5) 记日机“二·四”轰炸贵阳的罪行

王起华

抗日战争开始不久的1939年2月4日，是我们贵阳人民永远不能忘记的日子。它是日本侵略者对贵阳人民犯下残酷轰炸罪行的一天。笔者是当日惨遭家破人亡的一户。贵阳当时的浩劫情景，历历在目，记忆犹新。至今我还是拄着拐杖年已古稀的残废人。现将这段史实概述于下。

1939年2月4日，恰好是农历腊月十六日（星期六）。贵阳重视传统习惯过新年的全市人民，都纷纷在准备过年的东西。这天正值工商界的“倒牙”日子，他们的主人老板为酬劳店员们一年来的辛勤劳动，杀鸡烹肉忙碌着。当天的天气好，晴空少云。哪知上午十一点半钟，突然空袭警报声响了！此时在东山顶峰处（即现在的东山电视塔处）挂出了三个大的和三个小的红色灯笼。人们看见后，知道是表示有十八架日本敌机来空袭。顿时全市的人民，有的惊惶，有的镇静观望，有的无所谓。所以有匆匆离开家门向靠近的城门出走，到城外去躲避；全市商店即时合上铺板关了门，有的也离开商店，但也有守着家门的。个别人家有自建的防空壕、防空洞，他们纷纷进入壕洞。由于在前几天，一月三十日，贵州省防空司令部曾通告说：“自二月一日起举行防空宣传三日，并于二月三日举行省会第三次防空演习。”当时贵阳的《贵州革命日报》、《贵州晨报》也曾在报头下登载公告。但却没有引起全市的重视。我记得很清楚，在二月三日这天的防空演习，白天曾放空袭、紧急、解除等警报。晚上也作夜间防空演习。在晚上八点过钟的时候，我曾同家里姐弟们到东门外空旷地方去观看演习。当时从东面放出“孔明灯”（这是用纸糊的灯笼，它利用燃烛发生的热空气流的原理，使灯笼向上腾升），先后放出五六个。当“孔明灯”上升到天空时，就看见天空有光亮炮弹不停地划过空际，紧接着才是高射炮的声音。这是以“孔明灯”作敌机目标，但却没有看见有被击中的。由于当时贵州防空司令部进行防空宣传和防空演习，没有大张旗鼓，又没有充分宣传揭露日本敌机的狂轰滥炸，残酷破坏城市和杀害老百姓的行径。没有做到家喻户晓。同时贵阳市民众，还没有遭受过轰炸的经验，因此没有警惕性。这是一个原因。另外一个原因是防空宣传三天，二月三日举行第三次防空演习。所以在老百姓的心目中“三天”、“三次”、“三日”等，存在了一些混乱的印象。我记得报纸上的公告还说："如遇敌机来袭，就不另发警报。"这天，真的敌机来袭，就产生对发出的警报有各种不同认识，多数的人们仍以为是"防空演习"，没有警惕性，也没有疏散，各人在家仍如平常。后来敌机投掷了炸弹，才惊惶失措，有乱跑的，有伏在地上的，有钻桌子的，有钻床下的……各种各样的情况。至于被炸弹杀害死亡和房屋被炸毁倒塌下来压死的人，就有各种惨状。这是炸后贵阳居民普遍相互述说的情景。另外传说省政府各机关的长官、职员等，因当时尚未下班，机关也有简单的防空洞。他们也和老百姓一样没有警惕性，多数留在机关里，所幸机关百分之九十以上没有被炸弹命中，未遭劫难。

当天发出空袭警报约十多分钟后，紧急警报响了，路上开始断绝交通，街市上只有少数的警察和警察局组成的民众消防队员执勤。这时在东方的云层里，透出隆隆的飞机吼叫声，愈来愈近。一刹那间在东山垭口以东的上空云层中，窜出排成三架一队，组成品字形九架日机，接着又有同样的另一批九架，两批共十八架。第一批日机，由东山顶空直向老东门方向朝西进入市空。经老东门、小十字、大十字偏西北向飞山街下去。第二批由东方偏北飞入市空，经华家阁楼、正新街、民教馆，偏向南经大十字、中华南路、大南门、次南门逸去。这两批日机，当由云层中窜出后，它既没有改变队形，也没有俯冲，也不低飞。当飞近东方城垣顶空时，竟集中向城里以小十字、正新街、大十字为中心的周围目标，滥肆投掷重磅炸弹和烧夷弹多枚。并夹杂机关枪扫射。当时贵阳几处高地安置防空高射炮，虽也向敌机开炮，但却未击中。敌机竟悠然而去。在不到十多秒钟的时间里，在炸弹轰、轰、轰……声中，无数的房屋被炸倒了！尘土瓦砾，破碎木块，弥漫空中，有几处地方，浓烟直冲云霄。房屋起火了！虽红日当空，仍然看见耀目的火舌。由于贵阳房屋多半是木结构或砖木结构，所以燃烧迅速漫延，不久，贵阳大十字、小十字、正新街、金井街，铁局巷、桂花巷、竹筒井、后新街、六座碑，民教馆以南，贯珠桥以北，中山西路永年中药号以东，禹门路以西，竟成一片火海。精华繁荣市区商店，以及各种密集的公共场所建筑，竟毁之一炬！许多老人、妇幼、青年学生、各界劳动人士，他们或惨死于日寇炸弹之下，或被烧死于火窟之中，有的幸而未死者，则遍体鳞伤，断腿残肢，血染满地。一片凄惨呼救声，哭叫呻吟声极为悲惨地从坍倒瓦砾缝隙中透出来。这种惨绝人寰的情景，难以笔述。

日本飞机是以大十字为中心作轰炸目标的。东起二浪坡，西至中山西路永年药号，南至大兴寺、贯珠桥，北至光明路以南，包括大小街道巷子四十二条被集中投掷炸弹破坏烧毁，造成两个大小椭圆形，面积二十五万平方米的贵阳精华繁荣市区，化为灰烬，夷为废墟。受灾的情况是：

国家机关有国民党省党部、省警察局，民众教育馆，有历史悠久的私立复旦女子小学，有商务、中华、世界、北新等各书局，有《革命日报》社、《贵州日报》社、《中央日报》社营业处、《中央通讯》社等新闻机关和它们编辑印刷厂房，有金筑、明星、群新、京、川戏院、电影院等，有各种各类商店大小千多家。如恒兴益、全泰永、陈兴隆、永丰泰、吴怡记、裕顺正、徐春和等百货绸缎商店，有刘源春五金店和澡堂，有光艺、阿麻、曾氏兄弟等照相馆，有吉盛昌、朱铭泰瓷器店，有张蔚滋、张鹤磷笔墨庄、第一社等，有同济堂、德昌祥、生生大药房等药店，有亨得利、西门子等钟表店，有中央银行贵州分行，有凤祥、天宝成、宋华丰、宝成银楼等金店，有姜茂盛、莫裕顺、广聚源、庆丰隆等鞋店，有集中在大道观（今百货大楼东头）十几家制帽店，有绿鹤村、廉洁食堂、四时春、皇宫餐室等大小十多家餐馆，……在这块繁荣闹市精华集中的地方，估计烧毁房屋商店至少一千四五百家，大小街巷四十多条。据市商会的调查统计，动产和不动产就损失约值二千四百一十万银元。以当时黄金每两时价约五十元计，就相当损失黄金四十八万二千两，这是如何惨重的损失。

日机轰炸残杀和大火焚烧死伤概况：当日本飞机侵入贵阳繁华人烟稠密的市空，密集滥掷重磅炸弹一百余枚，其破坏杀伤力非常剧烈。［见附图（二）“贵阳市二月四日被炸地点略图”］其直接中弹死伤和被炸房屋坍毁或压死压伤，或葬身于火窟的人数实难以计算。受灾比较显著严重的有：

（1）在省立贵阳民众教育馆场地上，有各街市组织的一部分防护团员五十余人，正在场地中讲台上集中布置任务，不幸一枚炸弹竟中台上，全部人员殉难。

（2）中山东路廉洁食堂，中一枚燃烧弹，顿时起火，被烈火封堵无出路，店主王文山全家炸死。

（3）在民生路白泥坡巷申，住有贵阳老教师兼名中医师吴实夫，全家七人，全部被炸死。

（4）在护国路的林家巷，中一枚炸弹，炸死十多人，其中有原贵阳平民学校校长刘国障被炸死，其幼子一左眼被伤致瞎。

（5）在白沙巷顶，中一枚炸弹，炸毁房屋二十余间，炸死老人小孩六人，重伤十余人。其中有邮电局职员卢继之的妻及小学刚毕业的两个男孩和他的伯妈姑母五人，另外笔者的兄弟教师王起明，都是当时被炸身亡的。卢家两个小孩被炸身首异处相距丈余。王起明和卢家姑母是被弹片打中心脏，瞬间死去。

其余重伤卢家老少七人，卢继之本人亦受伤，母卢健秋被炸掉两个手指，脸被炸伤变形。笔者当时是与老母姐弟和弟媳等人避于两张覆置若干床棉被的方桌下，炸弹在面前声如巨雷，震撼欲晕。笔者当时即感到左腿胫骨受重击，旋即麻木，我两手帮助抬腿，下面小腿和足掌，却已软吊下去了。我知腿已断了！旋即自己包扎，用附近破木片固定下腿，待人救援。此时身旁的弟弟，面如白纸，气绝身亡。老母靠后，满脸鲜血，姐姐脚被炸伤，幸未伤骨。独弟媳刘茂梅虽未受伤，但她眼看刚结婚不满两个月丈夫王起明猝然惨死，其心情之惨痛，不言可知。后来附近邻居未受伤的人，他们看见一个女子从倒塌木架断垣墙壁处爬到另一处未被炸的高房的屋脊上，纵身跳楼自杀，原来她就是刚被炸死的王起明的妻子。虽被邻居抢救复生，但背脊骨已受重伤，以致成了终身的残废。日本侵略者的兽行，害得我家破人亡，终身残废！国难家仇，永世难忘。

（6）另外还有金井街一带的孟慰苍、卢焘、谢凡生等多家四合院房屋，先被炸毁，后被大火，其中孟慰苍的妹孟广运，她是贵阳女师附小的校长，先已进入防空洞，后来去救护学校的公物文件，竟被炸断手臂腿脚，不多时间死去！

（7）住大南门内的教师兼名中医师张治安一家，除张本人和大女承书，因事外出未回家，其余家中老幼九口，皆被中弹墙垣倒塌压死在自己建置的防空洞中。

（8）在六洞桥，中一枚炸弹，有几家被炸，伤亡人数约有四十来人。工商界王金番约八十岁老父老母，亦惨遭炸死。

（9）煤巴市、下山街房屋被炸坍塌二十多家，死伤五六十人。其中有王道士家六口，全部被炸死。有名的伍兴发的开水面店也遭炸，全家六口，伍兴发和其怀孕行将临产的妻子以及两个大儿子，当时被炸惨死。伍家不满十岁的两个女孩，外出幸免于难，但却被弹片打伤。由于父母及两兄长均死去，她俩后来流落街头。

上述死伤仅是目睹耳闻的一部份。现将当时贵阳省会警察局上报的“被炸损失统计”录下，可以看出日本侵略者罪恶滔天的一部分。

空袭损失统计：（摘录）

时间：二十八年二月四日

轰炸机十八架。

着弹地点：大十字、中华南路、中山路、禹门路、金井街、光明路、盐行街、双槐树、河西路、飞山街，金沙坡、老东门城外、次南门城外、大南门城外等。

着弹种类及数目：烧夷弹及爆炸弹百余枚。

损失财产：炸毁或烧毁房屋一千三百二十六栋。其他如《中央通讯》社办事处、《中央日报》营批处、《贵州晨报》、省立民众教育馆及中华、北新、世界各大书局。

人口：死五百二十一人，伤一千五百二十六人。

当日贵州省动员委成立“灾民救济处”，警察局和一些机关筹款三万元救济灾民。次日设立五个灾民收容所，登记达五千人之多。后来中央也拨了三十万元，地方上捐得十多万元，作救灾和疏散建临时草房之用。杯水车薪，聊胜于无。我回忆遭死亡者给每名遗属安埋费十五元。其他灾民每人每天发二角五分钱伙食费，由灾民自己领钱自行处理（先一二日是在灾民收容所共同开伙）。关于受伤者的救治，虽免费治疗，重伤者，住院暂免交费用，但当时省会仅有省立医院一所，床位极少，绝大多数受伤者经敷药包扎处理后各自散去。当年贵阳医学院虽经草创成立，该学院师生临时自动组织小组和省立医院配合到灾区现场参加抢救，但缺乏急救器材药品，未能发挥他们救死扶伤的力量。

值得叙述的是南京中央医院，它是一所在国内负有盛名的医院。1938 年春迁来贵阳。暂在南门外现在贵阳市第二人民医院所在地开业。医药科室比较健全，有病床二百张。该院在贵阳遭轰炸后，曾为贵阳受炸伤同胞做了不少抢救医治工作。抬到该院求治受伤人员，络绎不绝。他们动员很多医护人员，对受伤者及时检查诊断处理，轻伤敷药包扎后送走，重伤者及时作出诊断留住医院。床位没有了，就在大病房空地上铺垫草荐，尽量收容。笔者就是叫家里人抬到该院的重伤者。当医生诊断是“左腿胫骨复杂折骨”时，即包扎叫抬入病房等候进行手术。我记得抬入病房后，就放在地上草荐上，大概不久，就将我抬进手术室进行抢救。当时是该院院长沈克非作的手术。因我失血过多，流血不止。若不及时手术处理，则将没有希望了。沈院长采“取膝盖、脱膝关节手术”手术迅速，很成功。后来他多次介绍来病房参观的中外医生作为迅速处理的病例。我在医院住近半年，印象深刻。对该院的医疗制度的严格要求，上下一致，十分钦佩。

“二·四”轰炸后新闻界的宣传情况：贵阳遭受“二·四”轰炸后，中央社贵阳分社曾于当日下午八点三十分发出专电。报道初步了解被炸情况，但政府当局怕敌人知道，不予报纸登载。贵阳因报社被炸毁未出报，不能及时报道，尚属情有可原。而各省市报纸竟未见报道这方面的消息。独中国共产党领导下在重庆出版的《新华日报》在显著版面突出报道这个消息。揭露了日本侵略者对贵阳狂轰滥炸，残酷屠杀人民的滔天罪行。该报的主副标题是：“莫忘此仇!!!

（横排大字，副题是通三栏直排）敌机疯狂肆虐贵阳、万县浩劫；弹落火起文物精华惨付一炬；数万难民餐风露宿哭声震天。”该报还即派遣特派员闵廉于二月六日晨由重庆乘汽车赶来贵阳专访灾情。由于当时车途困难，闵廉于二月八日晚始抵贵阳。次日凌晨，他即到灾区实地视察，细致了解。并到警察局访问，整日采访，连夜撰写《大轰炸后的贵阳》专稿，寄回报社。《新华日报》用专栏刊载。该文记叙贵阳被日寇滥炸实况，十分翔实生动，实属记载当时的重要文献。文中有，“……不管敌人的杀人放火，贵阳人还是在经营他们的贵阳！……在墙垣的下半段，还遗留着：‘打倒日本帝国主义！’‘杀尽汉奸！’的标语。这象征着敌寇的飞机大炮的毫无用处。因为它丝毫也不能动摇我们抗战的政治觉悟。……打青年会门前走过，只见挤满人群，挤进一看，才知道在拍卖为救济被灾同胞而捐募得来的衣物，……去缝制大量的寒衣给他们。好几个救亡的团体，已准备公演筹款来救济他们。团结和互助的情绪，在寇机暴行的逼迫下，更逼得它们热烈和紧张起来！……走近东门的城郊，沿公路边堆满着棺材，向每个棺材里望进去，在盖不密缝的薄板中，很少能看见一个完全的人的样子，一个黑色焦枯的圆圆的肉团，向棺材暴露着，说明他们是被炸外加被烧的。一个掩埋队打着红十字旗在掘土，这里要安眠着在伟大的民族革命战斗中被牺牲的一群！……入晚，一切恢复了常态，虽然马路的灯光稀少，但是在黑暗中蠕动的行人和车辆却是不少。……因为白天减少了营业时间，晚上的市面就更形热闹起来。……贵阳人决不会因敌寇的烧杀而丝毫动摇，他们依然享有着他们的贵阳。”

在纪念中国抗日战争和世界反法西斯战争胜利四十周年之际，回忆当时日本侵略中国，造成中国人民生命财产不可估计的损失，贵阳“二·四”日机轰炸的惨痛历史，只是日本侵略者千万条罪行之一。

在1982年日本文部省审定教科书，篡改日本侵华历史为“进入”中国，这是为日本军国主义侵略中国所犯下的血腥罪行开脱罪责。1985年日本首相参拜靖国神社，为日本侵略中国的战犯招魂，这些举动都是企图复活日本军国主义的表露，中国人民坚决不能容忍的！我们要把这惨痛历史牢记不忘，教育后代，要和被日本军国主义者在战祸中给予灾难的日本人民共同携手，合作友好来防止战争的重演。

［转录自政协贵阳市南明区文史资料委员会编：《南明文史资料选辑》（内刊）第四辑，1986年版，第140—149页］

(6) 掀起了反轰炸的高潮——黔垣反轰炸大会特点

张汝芳

蒋委员长为表示我们抗战的决心和指明敌人妄想以轰炸的手段来屈服我们的言论中，曾经公开的这样告诉我们："……敌机的暴行能够毁灭我们的房屋砖瓦，决不能动摇我们抗战的精神。国民政府的房舍被敌机炸毁，我们仍在国民政府的瓦砾中举行会议，我们正要用鲜血和烈火来锻炼我们民族的智能，滋长我们国家民族的新生力量……" 真的。我们不怕滥炸，我们更要以我们强烈的抵抗来答复敌人的妄想。

十月十五日的这一天，全世界为正义人道奋斗的人类，掀起了反轰炸的高潮，用行动来反对残暴者惨无人道的滥炸罪行。

贵阳的反轰炸大会，在反侵略贵州支会、抗敌后援会、青年服务社、国民外交协会、中央社、中央日报、贵州日报、青年会等团体积极筹备下于同日——十月十五日召集各界大会响应，高举我们贵州的这一支铁拳，代表贵州七百万同胞的怒吼和愤恨。

虽然是细雨纷飞，却阻止不了赴会的人群，尽管秋深意冷，却压抑不住人们兴奋狂热的情绪，在省立民众教育馆的广场上，拥挤着赴会的人群，有学生、有武装同志、有公务员及民众团体、也有各机关首长及各界名流参加，共九十五单位，到会代表千多人，情绪非常紧张兴奋。

会场是民众教育馆的大礼堂上，因为面积比较小，所以礼堂内仅容纳的是先到者，后到的却涌挤在场内的空角和场外四周，把维持秩序的宪警都忙透了，这充分表示着他们反对这种暴行的兴奋。

会场的主席台上，首先吸引每一个到会的人注意的是横挂在台幕当中一幅蓝底白字的布幔，上面书着"反对轰炸不设防城市"的几个大字。主席团的座位中央坐着一位和蔼可亲的国际友人海维德（Hayand）牧师。大会制发的四种小型传单——"反轰炸的重要意义"、"正告国际人士"、"反轰炸与响应捐献滑翔机"、"反轰炸与防空"在每个到会的手里展望着。接着就是一阵耳语的哄声，大概是在与同座的友人记忆他们空袭中的愤恨和刺激……军乐队举起了号角，抓住了大家注意，大会快开始了。

贵州反侵略支会常务理事周达时先生，离开了主席团的座位恭立在总理遗像前，会场空气顿时严肃了起来，停止了一切嘈杂的声浪，大会开始了。

主席报告开会大意，周先生用着他尖锐的声音和兴奋的表情高喊出："我们要反对日本军阀，我们要反对日本军阀滥炸不设防城市及非战斗员的罪行。破坏世界和平，摧残人类进步的罪魁祸首是日本军阀，我们要反对，我们要誓死坚决地反对！只是国际间对敌人的这种暴行还没有做到以实际的行动去制止敌人的侵略，为同情人类进化者所遗憾！我们不是自夸，中国为着反对敌人的这种暴行，不惜化全国为焦土的已抵抗了敌人到第四个年头。并且我们更决心的如果敌寇侵略的光焰一日不扑灭，我们的奋斗抵抗便一日不停止；我们的领土主权一日不恢复，我们的抵抗也一日不结束，我们下了最大的决心，首先是以行动为抵抗侵略者的先导……"最后他并指出大会召开地三个主要的意义，"第一是表示中国的抗战，就是保卫世界和平，中国的和平与世界和平是不可以分割的；第二是我们要以国际的外交去策动国际的实际的反侵略反轰炸的行动；第三是唤起全国同胞一致奋起出力、出钱以建设强大空军。今天就以滑翔机劝募作一个开始……"周先生余怒未息的离开了主席台。

主席报告完毕之后，接着就是自由演说。中华基督教会牧师海维德在鼓掌不绝中，兴奋的从台下走到台上，用着那纯熟的中国话吐露出他那诚挚的同情，他严正的表示他代表全世界的基督教徒反对这种无人道的罪行。他说"现在欧亚两洲都有着破坏世界秩序的敌人在杀人放火，他们用滥炸的手段来危害公理正义，丧尽了人类的道德理性。贵国陪都天天在被日本军阀狂炸着，伦敦、柏林也天天不断地在互相轰炸报复，我们站在人类的道义上定要提出严重抗议来反对的。贵国在轰炸中，不惟没有讲和的念头、反而抗战的决心一天一天的加强，而且贵国对付敌人并不拟采报复的手段，因为贵国对日本的空军俘虏还予以优待，蒋委员长夫妇还为敌人祈祷，这表示是世界各个国家非常敬佩的，这才是伟大幕失（原文如此）民族的模范。今天本人谨以至诚祈祷上帝视贵国抗战前途的光荣！"这一篇兴奋的话，博得了全会场热烈的鼓掌和崇敬，视线随着他的身体送他走到台下。

继海维德牧师之后的是本省防空副司令黄国祯先生的演说，黄先生是贵州党人的先进，颇有讲演技术，凡是听过他第一次讲演的人，第二次无不欢迎的，他肥胖的个子，精神抖擞的离开本位了，大众聆取前言犹有依恋，继起的是一阵热情欢迎黄先生登台，他走到台上恭向总理遗像深深的一鞠躬之后，转身面向着大家，用着他一种深刻的表情挂在他兴奋的面上，锐利的眼光横扫到全会场的每一个角落，开始了他的说话："……我们此次抗战，是站在反侵略的最前线，以全民族的生命财产保卫全世界的正义人道，希望各国不要再隔岸观火，任敌人的残暴弥漫不可以遏止，应该共同奋起以实际的有效行动制止敌人的暴行……最后呼吁民众与政府切实合作，出力出钱建设强大空军，扩大防空建设，以抵抗敌人的侵略……"他从容老练地结束了他的说话。

贵阳国立医学院教授王成椿先生他像压抑不住自己的热情冲动似的，也兴奋地走上台去，他以目击武汉空战与衡阳击落敌机记为大会助兴，他活画敌机在中国空军驱逐下的狼狈之可怜犹如会场大众目睹……

讲演终止后，大会并通过一个致反侵略大会的电文，吁请重庆反侵略大会中国分会：建议国际反侵略总会策动英美各国分会及世界友邦一致奋起，同以有效之行动以制止敌人的暴行。历二时许，大会在热烈兴奋的情绪中圆满结束，千万人的声音交汇一声巨吼，高呼着反抗的口号而散会。

——《抗敌》第七十一期（民国二十九年十一月一日）

[转录自贵州省档案馆编：《贵州档案史料》（内刊）1987 年第二期，第 67—69 页]

（7）独山沦于日寇惨遭空前浩劫之经过

此次日寇深入华南，桂柳不守，迫近黔疆，我独山为黔南门户，被敌蹂躏，遭受空前浩劫，惨不忍言，损失之巨，难以数计。特将沦陷始末略记于后，敬祈各界人士一垂察焉。

三十三年十一月二十八日

是日下午，忽传兼都独警备司令韩汉英召集军四分校官生眷属训话，于本夜内赶急疏散完毕，凡属两广在独商民及军四分校官佐员生闻讯莫不惊惶，先行散走，致引起全城居民纷纷逃奔，秩序渐形紊乱。

二十九日

是日，居民继续奔逃。夜半二时，某军由前方退到六寨、麻尾一带，不肖散兵掳劫人民财物，并任意鸣枪示威，不守军纪，弹压部队又不能制止，麻尾附近弹药仓库亦同时破坏，以致电话中断，由独驰往麻尾汽车途中遥闻炮声即开回独，于是谣言四起，谓敌人便衣队迫近上、下司。当时，城中军事及中央与地方各机关紧急疏散，凡重要器材搬运不及者多任意破坏，人民仓皇逃命。本夜，二区行政督察专员兼保安司令张策安及专署职员向基长方面出走。夜半，参议会长张秉国领获枪弹赴崇仁乡组自卫团队，彻夜马路行人不断，车声马声啼哭声不绝于耳。孔县长以城中居民纷向乡间逃避，深恐受散兵土匪乘机劫掠，乃派自卫团副司令罗士彬于夜半驰赴中奎乡，布置自卫团队维持治安。

三十日

是日拂晓，敌人未到，先闻炮声四起，忽断忽续，飞机场、军械库、各种军用器材，被服厂，粮食等亦同时烧毁破坏，致城中秩序大乱。退军纷至，途为之塞、人民无路可逃，退军遂乱入民室，搜取物资，而警备部队声言奉命焚毁房屋。是夜，全城大火，惟两广会馆独存，警备部队已不知去向。县长孔福民因无法维持，政令不能行使，只得移驻县属距城六公里之中奎乡，控制乡区，并派保警大队附（副）张卓磷、补给站长周兆奎，在城维持秩序，补给军食。竟日城中大火，未烧之屋，复被散兵、流、氓、难民乘机纵火，大肆抢劫，以致数百年前人惨淡之经营，一旦化为乌有，空前浩劫终是演成。

十二月一日

由晨至暮，终日大火，僻街小巷，亦复纵火燃烧，退军、汉奸，地痞、流氓乘机四出抢劫，远近复时闻枪声、大炮声、爆炸声。盖上司我二十九军曾一度反攻稍挫敌锋，斯时城中居民已逃一空。下午孔县长入城巡视。

二日

城中火势依然熊熊。敌军于是（日）中午迫近城郊。我二十九军某营长阵亡于火焰山脚，我大队副张卓磷、站长周兆奎始撤离县城，敌由城南白虎坡一带搜索前进，探知城中无守军，于下午始敢入城，入城后于城中大写“无血占领”四字于墙壁。查敌人此次到独不上二千余，分驻里诸寨约二百余人，城中约五六百人，火车站约三四百人，卫生院百余人。其尖兵当向公路前进，追逐我军，我军节节后退，仅有地方少数团队袭击敌人，我军民有逃走不及者，多被敌人杀毙，计由城至深河，仅数公里之遥，尸横遍野，约千余人之多。又因深河桥身炸毁，大半致四方井至深河一带汽车塞途不能通行，汽车数百辆悉被烧毁，枪弹乱弃于地，损失之大可以概见。

三日

是日，城中之敌掳掠残余物资，四出奸淫杀戮乡中。由打羊窜扰马道、羊地一带之敌，逢洞即攻，遇财即洗，当与我自卫团队发生激战，我七坡乡乡长之兄岑启龙中弹阵亡。

四日

是日下午五时许，驻里诸寨敌军四出搜索，该寨侧有一洞，名“洞口”，上有居民屋十数间，为敌所据。又有敌数人曾掳获妇女数人意欲入洞中行奸，讵料洞中存有我方未运完大量炸药，敌人以洞中黑暗，遂携火入内，不料炸药遇火登即爆炸，洞为之崩，石飞数里，声震十数里，计炸死敌军一百余人，居民难民亦死伤数十人，敌人惊慌失措，是夜开始分途撤退。

五日

敌军分途续退，城中查无一人，只因我方陆空联络不周，情况不明，盟机到达市空又复大肆投弹轰炸，致未烧尽之屋又遭炸毁。

六日

敌军全部退出，临退之时又将所住居屋焚烧，以致全城房屋百不一存，约计损失民房共一万六千余栋，全城瓦砾，四望荒凉戾睹残垣，伤心惨目，附城及乡镇敌骑所至，庐舍竟成丘墟，乡间壮丁、妇女未及走避者多被拉去。

七日

是日我抗敌自卫团队早已探知敌军退走，预备跟追，因闻难民散兵等入城抢取公私残余物资，遂先率队来城维持秩序，又因盟机时来轰炸，即将国旗升空以示县城克复，始将全城残余之二百余间房屋得以保存。

八日

孔县长及罗副司令率抗敌自卫队保安队驰抵城中，将各处余火扑息，当遇汉奸二人尚在纵火，登即捉获枪毙，是夜我第一兵团先头部队开始到达独山。

综按此次独山造成如此浩劫，公私损失难以数计，元气丧尽，百年难复，惟此焦土损失果如兵尽弹绝，警备人员顾及国家，体念人民，事前早为准备、临事不先逃避，所属官兵加以管制，不致抢掳人民，散兵、浪民派兵弹压，则吾人神圣之抗战任何牺牲在所不惜，惟事前敌人尚距二百余里（十一月二十八日《力报》载敌人尚在南丹），而二十九日首先即为警备部队及第四分校纷纷迁逃，以致秩序大乱。敌人直至十二月二日见无防守，始行入城。古人云：“闻风远遁”，独山之沦陷实有如此情况也。迨劫后余生，复遭平边部队及游击部队在乡、在城持枪估取公私物资、食粮等件，孑遗灾黎无可告诉，今幸秩序日渐恢复，痛定思痛，夫复何言，功罪之责，自有层峰处理，而独山惨遭空前浩劫之经过不得不据实录呈也。

独山县　商会　参议会　工会

教育会　兵役协会　文献委员会　农会

民国三十四年一月八日

［转录自贵州省档案馆编：《贵州档案史料》（内刊）1987 年第二期，第 88—90 页］

（8）贵阳“二·四”日机轰炸侧记

喻元春

1939 年，日本帝国主义大举犯我国，所到之处，烧杀掳掠无所不用其极，连地处祖国边疆的不设防城市贵阳也不放过。为了防御敌人的空袭，当时的政府实施防空演习，使广大人民能够在其有紧急情况时有所防范。

1939 年 2 月 3、4 两日连续两天均进行防空演习。那个时候每当空袭警报的汽笛声响起，我们全家都要跑到城外找个隐蔽的地方躲起来。远则走到红边门外的山洞内；近则到南明河畔的后头坡（即今翠微巷附近），俟解除警报后才又回家。

2 月 4 日，亦即旧历腊月十六——商场上最后一个“牙祭日”，是日天气晴朗，上午十时左右，忽听空袭警报的汽笛声响起，由于两天来的演习，心里上已有些麻痹，认为大概还是演习吧？可是，很快地响起了急促的紧急警报的汽笛声，这时想走已来不及了。

我家住大南门口，屋后靠南门城墙边有一块菜园，园内几株大树临时也可以避避。可是那天当我和我的几个娘娘、我弟弟刚走到屋后院子准备到园子里躲避时，只听见远处传来几声闷雷般的响声，震得后屋的窗玻璃也抖动起来了，于是大家赶紧返回卧室，将床上的被褥顶在头上，坐在床沿边，只好听天由命了。

一会儿，又一声巨响，接着是一阵非常浓重的陈土味刺鼻而来，这时只听见在我家缝衣服的邱师大声叫喊：老祖太遭了！我们掀开顶在头上的被窝，只见满屋尘土飞扬，床边的床头柜上，床前的写字台上，以及整间屋子的地上堆积着砖土、房子的中柱齐楼枕处折断，被倒下来的砖土埋着而斜撑着楼板，房间与堂屋之间的板壁已被冲开，我的祖母就被埋在这堆砖土之中，只有头部露在外面。于是，全家人不顾一切地齐动手把祖母从砖土堆中救出，抬到屋后一间小屋里。在这次空袭中也受轻伤的亦曾祖母也送到这间小屋里休息。

解除警报后，才知是我家隔壁的郭家遭了一枚炸弹，所以把我家与之相邻的砖墙炸垮了。这次空袭郭家共死伤三个人。

街对门的张家因屋后的大公馆（即今第三招待所）门前遭一枚炸弹而将他家的防空洞震垮，造成躲在防空洞内的祖孙三代共十一人全部遇难的悲惨事件。

后来他家孙辈遇难的七人合葬在太慈桥附近名曰“七子坟”。这件发生在我的老师家的惨遇，至今想起来，仍令人无限的难过。

第二天，我们全家就搬到五眼桥乡下一个姓张的人家暂住，接着就将原来屋后的仓房撤了改建在五眼桥自家的地里修成一栋草房，全家都搬到了那里。

这次轰炸，整个大十字被夷为平地，正新街、后新街被火烧殆尽。听人说轰炸后的大十字地上血肉模糊，有的电线杆上还挂着受难者的断腿；在清理正新街火场时，发现有的人是被活活烧死的。在大十字的恒兴益绸缎铺的地下室里躲避的七个店员几天后才被救出，可是一抬出来却立即死去，真是惨不忍睹。

“二·四”以后，贵阳还遭过几次空袭。万恶的日本帝国主义分子，中国人民是永远忘不了他们的滔天罪行的。

[转录自政协贵阳市南明区文史资料委员会编：《南明文史资料选辑》（内刊）第十三辑，1995 年版，第 180—182 页]

（9）贵阳“二·四”轰炸惨案纪实

何静梧

抗日战争时期，日本侵略者曾于1938年至1942年间，十几次派遣飞机到贵阳上空，或侦察、或骚扰、或散发传单、或投弹轰炸，其中尤以1939年2月4日的轰炸最为残酷，罪行令人发指。“二·四”轰炸惨案，是日本帝国主义者侵华战争中一次暴行，是日本侵略者欠贵阳人民的一笔血债，是贵阳现代史上的浩劫。将“二·四”轰炸惨案的详情公诸于众，记载于史，借以教育贵阳人民及其子孙永志不忘，是贵阳地方史志工作者不可推卸的责任。

一、1939年初的贵阳概貌

“二·四”轰炸惨案已经过去了56年。欲知道惨案详情，首先必须对轰炸前的贵阳情况有所了解。

1939年初的贵阳，与抗日战争前相比，是一个人口猛增，文化教育、工商贸易有较大发展，商品经济日趋活跃的城市。1937年“七·七”事变后不久，先是北平、天津失陷，接着是11月日本侵略军占领上海，12月南京又陷于敌手；1938年10月，华南门户广州、长江重镇武汉又相继被日军占领。不到两年，中国大好河山东北、华北、华中、华南广大土地上，青天白日旗已变为日本的太阳旗。敌军步步进逼的结果是，沦陷区的机关、工厂、学校、商号陆续迁来贵阳，湘黔公路上逃难者扶老携幼，贵阳城内操外省口音者越来越多。到1938年，抗战前冷冷清清、风气闭塞的贵阳热闹起来，城内人口增至139475人。同年，贵阳有高等学校3所、中等学校16所，其中，私立大夏大学1937年冬从上海迁来，国立贵阳医学院是1938年3月贵州省自已成立的，私立湘雅医学院是1938年10月从湖南长沙搬来贵阳上课的。1939年，贵州全省较大工厂有43家，其中19家集中于贵阳，贵阳这时已有几家工厂备有机器设备，贵阳的工业包括了印刷、机器修理、皮革、肥皂、火柴、玻璃、电池、酿酒等行业①。随着外来人员增多，与此关系密切的商业开始勃兴，旅馆业、茶楼酒肆

① 引自《贵州全省民国28年（1939年）各工业工厂一览表》，载《贵州财经济资料汇编》，第60页，该书为贵州省人民政府财政经济委员会编印，1950年版。

业、百货业等发展迅速，如著名的远东大饭店即于1938年1月创办，世界饭店于1938年7月创办，中国国货公司于1938年12月创办①。特别是1938年国民政府从南京迁往四川重庆后，全国政治经济中心西移，贵阳成为陪都重庆通往抗战后方各地的转运处，是中国的抗战后方重镇，在这极其特殊的环境和背景下，贵阳各方都有了长足的进步。

那时的贵阳，大十字是全城最繁华的地区，光明路（今省府路）逐渐成为贵州省的金融中心。贵阳城内分为老城和新城两部分，老城在南，新城在北，中间以铜像台为两城的分界，商业区主要集中在铜像台（今喷水池）以南的老城区。整个贵阳最繁华要算大十字周围，店铺林立，大型商店里播送着留声机音乐。大十字是中华路（北）、南华路（南）、三山路（东）、中山路（西）四条路的交汇处。中华路、南华路（今中华南路）店铺都为绸缎、洋广杂货、京果海味、瓷器、笔墨、金银、颜料诸业，间或有皮革、药材商店，皮革店无今日人们所见之皮衣，只有皮箱、皮靴、皮鞋、皮带、皮枪套、皮马鞍出售；中山路的店铺多京广杂货、酒酱、绸缎等业，金筑戏院、省会警察局亦在这条街上；三山路的店铺多鞋帽、石印、刊刻等业，贵州晨报社、革命日报社、中央日报社都设在这条街上，著名的大道观就在街侧。这四条路当时是贵阳最阔气的，其实不过才宽四丈余，两旁商店铺是二三层的西式建筑，底层多有过廊，顾客和行人可以躲雨遮太阳。商品经济发展，金融机构也接踵出现。抗战前，贵阳只有中央、中国农民两家银行的分行，1938年至1939年初，上海商业储蓄银行、金城银行、中国银行、交通银行、湖南省银行等先后在贵阳设立分行、支行、办事处，光明路银行汇聚，存取款、汇兑等各项金融业务开始兴旺，贵州各县金融界人士到省城也多往光明路跑。

当时正值吴鼎昌主黔，贵阳基本上是一座不设防的城市。大敌当前，中华民族到了最危险的时候，后方重镇不设防岂非笑话？但当时按照政府的统一部署确实是如此。1938年7月24日，贵阳各界甚至还按照当局安排在民众教育馆举行反轰炸不设防大会。你日本鬼子轰炸，我反对轰炸，但是我爱和平，决不设防，这是一种阿Q式的“精神胜利法”。事实证明，这无异向豺狼乞求和平，可笑又可悲。当时省防空司令部司令由保安处长傅仲芳兼任，防空武器仅有两架高射炮设在东山山顶；省会警察局只有新式救火机3部，由于那时贵阳没有自来水设备，因此救火能力非常有限。1939年2月初，贵阳正在举行第三次防

① 请参阅民国33年（1944年）贵阳市政府编印出版的《贵阳市工商业调查录》。

空演习，贵州全省防空司令部在报上刊登紧急通告，该通告说："特定于2月3日举行贵阳市第三次防空联合总演习，并自2月1日起举行防空宣传三天，以期唤醒市民注意。惟于演习时间如真遇敌机来袭，本部不再通知或另外警报，务希各界于一闻警报迅速向外面疏散，以免危险。"① 政府当局对防空演习并不太认真，仅是做做样子，市民则在旁看热闹。而所谓"防空宣传"，也只是在报上编辑《防空特刊》，登载《防空常识问答》而已，对许多目不识丁的民众简直是"白搭"。

二、"二·四"轰炸经过

1939年2月4日（农历戊寅年12月16日）上午10时30分，在贵阳的全省防空司令部接到桂林情报所电话，称广西大溶口发现敌机18架向西北飞行。10时55分，又接榕江县电话，敌机18架已过榕江向贵阳方向飞行。11时，全省防空司令部发出空袭警报。11时10分，据贵定县转来八寨（县名，今属丹寨县之一部分）电话，敌机已过八寨，防空司令部即发出紧急情报，东山山顶挂起了3个大红灯笼、3个小红笼（全省防空司令部规定：大灯笼1个代表敌机5架，小灯笼1个代表敌机1架），表明来袭贵阳的敌机一共有18架。

12时，敌机18架分成两批，由贵阳东而侵入市区上空，每批分成3组，每组以3架排成品字形。敌机一过东山垭口，即飞向城区南部，十分明显，敌机的轰炸目标，是南以南明河、北以铜像台为界线，以大十字为中心。敌机轮番俯冲投弹约十分钟后，即向贵阳东南方向的贵定、都匀、荔波飞去。12时55分解除警报。

当警报响时，贵阳广大居民还以为是防空演习，与自己无关，所以大多思想麻痹，仍然待在家里没有出来；等听到爆炸声，意识到真是敌机轰炸时，才惊慌失措地逃避，但为时已晚。日机轰炸所投之弹，有炸弹和烧夷弹两种，烧夷弹即燃烧弹，当时贵阳的民房是木结构和砖木结构居多，着火易燃。在敌机狂轰滥炸下，正新街、金井街（即今富水中路）、中华路、贯珠桥巷等10多处立即起火，火光冲天，爆炸声隆隆。随着火势漫延扩大，楼倾墙摧，高楼巨厦轰然倒塌。在金井街、正新街及一些巷道处，街口过窄，出口被火势封住，居民无法全部逃出，许多人被活活烧死。敌机离去后，军队、警察、防护团员组成戒线，将灾区围住，居民准出不准进。因为救火机太少，水源又成问题，实

---

① 引自民国28年2月2日《革命日报》所载《贵州省防空司令部紧急通告》。

际上用水来灭火起不了多大作用；救火主要靠拆除房屋，切断火路。到下午3时，火势基本扑灭，只有少数地方仍在冒烟。但这时以大十字为中心，南至贯珠桥，北抵光明路，东到护国路口，西临花牌坊（即今公园路与中山西路交汇处），只见到处都是断垣残壁，砖瓦狼藉，昔日繁华，已成灰烬①。

三、罄竹难书的日寇暴行

“二·四”轰炸惨案发生后，中央通讯社曾派记者连续数日对贵阳受灾情况进行实地调查，贵阳的《革命日报》、《中央日报》（贵阳版）以及重庆的《新华日报》等均发表过报道，现在还保存着部分当年出版的报纸。1939年2月5日《中央日报》（贵阳版）头版头条通栏标题为：“省会昨日惨遭狂炸，大十字一带成为一片瓦砾，民众伤亡数百，惨不忍睹，难胞数千无家可归，政府正在救济。”关于记述惨案的文章也不少，其中比较重要约有李大光《贵阳“二·四”空袭亲历记》②、许庄叔《二月四日贵阳哀文》③ 以及聂尊吾的纪事诗④。省市档案馆还留有部分“二·四”惨案的材料。综合各种书面资料，以及还健在的受害者的回忆，我们对日寇的暴行有了较为全面认识。

1. 被炸地点及投弹数

序号	被炸地点	投弹数（枚）	
		炸弹	烧夷弹
1	蔡家房		1
2	光明路		1
3	中央银行分行左侧		1
4	石家祠堂		1
5	求精服装店		1
6	民教馆附近	3	
7	四海酒家附近	1	
8	中华路		4
9	金井街		3
10	正新街		3

① 见民国28年2月5日《中央日报》（贵阳版）所载沧浪、梦石、裕生《灾区勘察记》。

② 见《贵阳文史资料选辑》第六辑，1982年版。

③ 见民国32年2月8日《贵州日报》。

④ 见民国29年12月1日《贵州文献汇刊》第四期。

续表

序号	被炸地点	投弹数（枚）	
		炸弹	烧夷弹
11	禹门路		2
12	禹门路外街	1	
13	珠泗巷	1	
14	贵山街	1	
15	六座碑	1	
16	王家巷	1	
17	通商路	7	
18	飞山街	11	
19	金沙坡	3	
20	崔家坡	1	
21	河西路	2	
22	中街	2	
23	中山路	10	
24	河东路	5	
25	南华路（中华南路）	10	3
26	贯珠桥	6	2
27	复兴路	5	
28	博爱路	6	
29	汇灵桥	1	
30	福德街	4	1
31	双槐树	5	
32	林家巷	3	
33	会文路	3	
34	东门王家烈公馆附近	1	
35	马怀中公馆内	3	
36	沿城路	1	
37	二菜场	1	
38	蟾宫桥侧	1	
39	高中门口	2	

根据以上统计，日机共计投弹129枚，被炸地点达39处，被炸最严重者为南华路（中华南路，投弹13枚）、飞山街（投弹11枚）、中山路（投弹10枚）、贯珠桥（投弹8枚）、民教馆附近（投弹7枚）、通商路（投弹7枚）等地。

2. 炸毁、烧毁房屋

序号	街巷名称	炸毁、毁房屋数（栋）
1	中华北路	19
2	中华路	88
3	光明路	24
4	铁局巷	16
5	正新街	87
6	金井街	173
7	贵山街	112
8	三山路	99
9	禹门路	39
10	珠泗巷	42
11	六座碑	72
12	中山路	121
13	崔家坡	2
14	河东路	50
15	中街	48
16	河西路	9
17	飞山街	13
18	公园路	2
19	悦来巷	1
20	打铁街	15
21	清平巷	2
22	金沙坡	4
23	通商路	54
24	蔡家房	6
25	大公馆	1
26	林家巷	4
27	双槐树	1

续表

序号	街巷名称	炸毁、毁房屋数（栋）
28	白沙井	10
29	皂角井	1
30	复兴路	7
31	博爱路	5
32	福建路	2
33	盐行路	11
34	阳明路	6
35	会文路	3
36	贯珠桥	6
37	南华路（中华南路）	58
38	三板桥	12
39	福德街	46
40	沿城路	9
41	民族路	4
42	余家坝	2①

以上共计被毁房屋 1286 栋，这些数字是当时中央通讯社记者反复调查、多方核实后所得。将上述两个表相对照，不难看出，有些街巷并没有被炸弹或烧夷弹炸中，为什么会有被毁房屋呢？这是因为：为了切断火路，有些房屋不得不拆毁；有些街巷前面的房屋被炸，也殃及后面的房屋，而后面的房屋却属于另一条街巷。除上述中央通讯社记者调查所得数据外，灾民救济处还有一个数据，据省档案馆所藏民国 28 年（1939 年）2 月 17 日灾民救济处正处长余华沐、副处长陈世贤的报告称，被毁房屋为 1326 栋②，这和中央通讯社记者调查稍有出入。被毁房屋最严重的街巷是金井街（被毁 173 栋）、中山路（被毁 121 栋）、贵山街（被毁 112 栋）、三山路（被毁 99 栋）、中华路（被毁 88 栋）、正新街（被毁 87 栋）、六座碑（被毁 72 栋）、南华路（中华南路，被毁 58 栋）等处。

3. 死伤人数、灾民人数及财产损失情况

“二·四”轰炸使贵阳许多人家破人亡，如三山路马怀中家，除本人外，

① 根据国民 28 年 2 月 16 日《革命日报》所载《敌机暴行两个统计》编制而成。

② 引自省档案馆藏件全宗号 1，案卷号 640。

躲在私人防空洞内的家属全被炸死；煤巴市王道士家全家五、六口人无一幸免；三山路廉洁食堂被炸中起火，是日有人在这里举行结婚典礼，新郎新娘及来宾几乎多被炸死或烧死。有的人被炸伤致残，如教师王起华右腿被炸伤后只好锯断，他拖着拐棍至今已度过 56 个春秋，每忆及此声泪俱下，义愤填膺。父母痛失子女、妻子痛失丈夫、儿女痛失爹娘者多有。轰炸结束后，贵阳的中央医院、省立医院、若瑟医院等都住进了大批伤员。据灾民救济处正处长余华沐、副处长陈世贤 2 月 17 日报告，此次惨案死伤人数为 1223 人，其中死亡（包括炸死、烧伤、压死等）521 人，伤 702 人（受伤后死者为 33 人）①。2 月 16 日，省会各界举行了“二·四”殉职殉难同胞追悼大会，对死者表示哀悼，控诉了日寇的残暴行径②。

惨案发生后，贵阳不少人因家被毁成了灾民，贵阳南门外和北门外拥塞着许多难胞。有的蓬头垢面，流落街头；有的身背箱笼，携儿带女搬往郊外。按规定灾民到灾民救济处登记后。每日每人可以领取伙食费 2 角 5 分。据灾民救济处报告，2 月 16 日止，登记灾民为 8998 人；到 20 日止，领款灾民为 8539 人③。这就是说，死伤人数加灾民人数合计为 10221 人，几乎接近贵阳城内人口的十分之一。为了救济灾民，省会的公务人员规定了捐薪救灾办法，按着月薪的多少规定了捐薪的最低数目。小学生自动节省早点钱表达自己的心意，有的人家将粮食打成粑粑分送灾民，安顺、盘县等地纷纷送来捐款和救灾物资。到 20 日止，灾民救济处收到各种捐款 53537 元。在民族灾难面前，贵州广大人民群众表现了团结互助的友爱精神。

此次轰炸受害最严重的是居民的房屋、商号和部分文化教育机构，而政府机关，如省政府、民政厅、财政厅、建设厅、教育厅、绥靖副主任公署、贵阳县政府、贵阳地方法院等，基本上没有受到什么损失。受损失较大的商号有：恒兴益百货店、隆昌源百货店、永丰泰百货店、广和昌百货店、广聚源皮鞋店、朱铭泰瓷器店、张鹤麟笔墨庄、中央银行贵州分行、凤祥银楼、同济堂中药店、德昌祥参茸店、刘源春五金店、莫裕顺皮箱店、亨得利钟表店、阿嘛照相馆、求精洗染店、璇宫理发室等。受损失较大的文化、教育机构有：中央通讯社办事处、中央日报营业部、贵州晨报社、省民众教育馆；商务、中华、世界、北新各书局；大道观、南天主堂；复旦女校；金筑戏院、群新电影院。贵州晨报

---

① 引自省档案馆藏件全宗号 1，案卷号 640。

② 见民国 28 年 2 月 16 日《革命日报》第三版报道。

③ 见省档案馆藏件《灾民救济处二十二日报告》，全宗号 1，案卷号 640。

社损失惨重，从此只好停刊。博爱路的南天主堂，虽然屋顶高悬法国旗，但仍被掷中一弹，该堂的袁神父年已63岁，也被破瓦打得头破血流①，可见日寇对国际公法是任意践踏破坏的。

据当时贵阳工商界调查，此次惨案损失动产不动产的值2410万元②；据灾民救济处报告，此次惨案估计损失约2500万元③。两者统计基本上是相近的。但是许多东西是无法确切估计损失的，因此实际损失的数目还要大得多。这次惨案使贵阳大十字精华之区损失殆尽，以后数年都难以恢复元气。至于次惨案给贵阳人民生命和心灵上造成的创伤，则是任何金钱物质都无法衡量的。

[转录自政协贵阳市南明区文史资料委员会编：《南明文史资料选辑》（内刊）第十三辑，1995年版，第183—194页]

① 见民国28年2月5日《中央日报》（贵阳版）所载沧浪、梦石、浴生《灾区勘察记》。

② 见蔡森久：《“二·四”轰炸给贵阳人民造成的损失和灾难》，该文载《贵阳文史资料选辑》1982年第六辑。

③ 引自省档案馆藏件全宗号1，案卷号640。

(10)“二·四”轰炸亲历记

李崇惠

1939年我读贵阳女中，二月份正是学校放寒假，我妹妹杨德华（同母异父）和我一班，她患严重痔疮，我们利用寒假来贵阳治疗。2月4日早晨我和她来到邓文波诊所进行痔疮切除手术。邓文波是贵阳人，日本医科大学毕业，妻子岩赖是日本人，夫妇二人在省立医院附近（省立医院即今市一医）开一诊所，邓文波专治奇难病症，岩赖专诊妇科。2月4日早晨九点我们来到邓文波诊所进行痔疮切除手术，由于痔疮是珊瑚形切除极端困难，早晨十一点廿分手术尚未完毕，突然拉起空袭警报，大家作慌了，邓文波：快走！手术工具尚未收拾完毕，痔疮手术也没做完，紧急警报吼起来了，连续不断地惨叫着，城门关了跑不出去怎么办！我们作慌了，我妹妹寸步难行，怎么办！我背着她急向博爱路方向南堂（天主堂）急跑，在路上遇着左秀珍，我们跑到南堂，不好了，南堂大门是锁着的。正是无路可走的时候，有两个女修道赶回南堂，用钥匙开了大门，我背着妹妹和左秀珍还有两个女修道急忙跑进教堂，刚好伏在神父办告解那个地方。一阵轰隆……轰隆……的吼声在头上旋转，我们伏在地上被振动了很高，日本飞机投了炸弹，我们吓得魂飞胆散，妹妹哭了，她被震在另一个方向，坐也不行，站也不行，真是无可奈何！解除警报后，我们三个走出南堂，只见南堂大门上，满门都是血淋淋的，还有些肉浆浆附在上面，附有一支炸坏的不全的腿，马路正中炸了一个大凹凹，有好几米深。我们被这惨状吓呆了！一出南堂向都市路方向走，只见火光冲天，烟雾沉沉，街上人心惶惶，寻儿找女喊妈叫娘的不计其数。这种惨状促使我们赶快找车回家，已经下午四点钟无法找到车子，那时火势逐渐消失，有少数地方仍在冒烟。我和左秀珍壮着胆子去金井街和正新街，只见这两条街很多房屋被烧得烟雾沉沉，东倒西歪，有些被炸倒塌，有些居民被活活烧死，有些居民被炸死，烧死炸死的倒在火烟中、血泊中和乱砖乱瓦乱木混在一起。正新街和金井街，街上很窄，电线上挂着被炸死者的肉筋筋、乱衣服、乱头发，还有不全的脚和腿，不全的手指上还戴金戒指，电线上还挂着被炸死者的金膀圈，这种血肉横飞的惨状真叫人目不忍睹，2月5日清晨我们花了拾块大洋雇一部黄包车，我和左秀珍步行，跟着妹妹的黄包车回到清镇，一路上我们感慨万分，左秀珍说：“二·四”真是一个难以忘怀的日子，如果我们赶迟一步，今天也回不了家啊！

这次惨案事后调查全贵阳市被炸毁房屋约1300栋，死伤人数1350人，损失的动产和不动产约值法币2870万元，惨案使很多人家破人亡，流离失所，被炸伤成残的不计其数。

学校迁移

“二·四”轰炸后贵州省政府决定将贵阳的五所省立中学迁郊区，贵阳女中迁花溪，贵阳女师迁青岩（两所纯粹女子中学），高中（即一中）迁修文，贵中迁乌当，贵师迁卫城，当时我是女中高三毕业班学生，女中迁花溪石头村，原来女中校址在贵阳忠烈街时，高中初中一共十八个班，1100多人，迁花溪石头村后，大约只有500人，减少一大半。“二·四”轰炸后校长是朱址安，在开学典礼那天，校长作了十分动人的讲话，他说：学校为了避免日本人的残酷轰炸迁来乡村，这里比不上贵阳，泥滑路难，没有教室，也没有课桌，行走十分困难，我们教书的先生和读书的学生为了抵抗日本人的侵略，先生要把学生教好，学生更要认真读书，我们都是炎黄子孙，要为祖国争光，要为死难同胞报仇，要打倒日本帝国主义！

学校迁石头村后，因为没有教室没有课桌，先生讲课只有一块黑板靠山靠树，学生听课是用两块砖一条长板子，是在膝头上写字记笔记，一到雨天寸步难行，先生和学生必须在脚上套上一双水草鞋。石头村全村都是水族，家家户户养牛养马，女中的学生是租用住户的牛圈马圈楼上住宿，自己付房租，训育主任何志贤每天晚自习时必须每家每户去查看，督促学生的晚自习。花溪山青水秀，风景优美，每天清晨麟山和平桥全是女中学生早读的地方。1939年贵阳市所属中学全部实行军训，高中配备军事教官，增加军训课程，初中配备童军教官，增加童军课程，学生全部武装。抗战胜利后，1946年女中迁回原址忠烈街。

（转录自贵州省文史研究馆编：《贵州文史丛刊》1995年第五期，第89—90页）

（11）日机轰炸我城镇亲历记

蒋相浦

抗日战争时期，日寇不仅对我国许多大城市进行狂轰滥炸，而且对不设防的小城市也任意肆虐。我经历过日机的多次轰炸，目睹其残暴罪行。其中使我印象最深的有三次，至今记忆犹新。现将目击情况记述如下。

1940 年，我在安龙县教书并领导一个话剧社，同一些知识青年从事话剧活动，进行抗日宣传。这年 6 月 3 日上午，我们正在排练节目（记得当时排练歌剧《黄花曲》，又叫《送郎打日本》）。约 11 时许，忽闻空袭警报，我便立即疏散到城外，我隐蔽在城北招堤附近。当天敌机 6 架，沿南盘江而上，其轰炸目标是永宁与晴隆之间的公路铁桥，敌人企图炸毁此桥，截断贵州通往云南的重要交通线。敌机曾在铁桥上空投弹数枚，但未得逞。敌机返航途中，约 10 时左右，有 2 架敌机突然飞临安龙城上空盘旋，当时我以为安龙是不设防的小城市，或者敌机只是过路而已。谁知一刹那间，见一架敌机俯冲而下，随即投下重磅炸弹，“轰隆”一声，震撼全城！我举目远眺，见城内县政府附近黑烟滚滚，火光冲天。敌机飞走，警报解除后，我进城见到弹中县府右侧罗家院一带，炸死无辜平民 20 人，炸毁民房 20 余间，受难者血肉横飞，我看见有一条断腿挂在树上，惨不忍睹！

1941 年 3 月间，我住在贵阳世杰花园的一个亲戚家，大约是下旬的一天（日子已记不准），天气晴朗，上午 9 时，忽闻空袭警报，我立即疏散到黔灵山脚隐蔽，途中我买了几个烧饼准备充饥，刚到黔灵山脚；紧急警报拉响，随即见敌机 3 架飞临贵阳上空，此时我隐蔽在一棵大树下，忽听轰隆的炸弹响声震得树枝沙沙作响，一些被震起来的泥沙溅在头上，周围的几个人也十分慌乱，当时我以为是中弹了，后来定定神，觉得并未炸中，才松了一口气。事后得知，当天敌机轰炸黔灵山背面和马王庙一带，西南运输处的汽车场被炸，炸毁汽车 40 多辆，炸毁厂房多间，死伤多人。

1941 年 7 月，我赴重庆投考大学，住在重庆南岸海棠溪海棠河街一个旅店。那段时间，重庆几乎天天遭受敌机轰炸和骚扰。当时对敌机的轰炸没有恐惧，只有憎恨，心想：中国有四亿五千万人口，敌人总炸不光，炸不光，我们就要抗战到底！所以我每次进入防空洞后，总要借一些光线看书，照样复习功课。7 月 12 日，我忽然得了疟疾（隔天一个“摆子”）。14 日正是疟疾发作，我躺在旅店里，刚吃了药，空袭警报拉响，店里的人纷纷疏散出去，店老板见我没有走，忙来催我疏散，我当时头如千斤重，身上发冷发热，实在挺不起来。老板一再催促，我只好告诉他说：“我走不动，就在旅店，炸死无怨。”当天敌机只骚扰沙平坝一带，不久解除警报，我安然无恙。第二天（15 日），疟疾没有发作，觉得清爽一些，天气特别好，我决定去弹子石我的堂兄处走走，借以“躲摆子”。我刚到朝天门上了渡船，空袭警报忽鸣，渡船急速过江，我到弹子石找到堂兄，同他一起进入防空洞，当天敌机 6 架正是轰炸南岸海棠溪。解除警报后，我在弹子石吃了晚饭即赶回旅店，时近傍晚，刚到江边，只见海棠街已成一片火海！到南岸后，始见海棠河街遭敌机多枚烧夷弹，几乎整条街毁于一旦，伤亡惨重！我住的旅店早被炸成废墟，我放在旅店内的行李和钱包已付之一炬。当时我想，如果头一天敌机轰炸海棠河街，我正躺在旅店，我的生命早已完蛋。我算是遭敌机狂轰滥炸中的幸存者，身上只穿 1 件衬衣和 1 条短裤，身边只有十几块钱。此时我已孑然一身，不得已只好又转回贵阳投考大学。

（转录自贵州省文史研究馆编：《贵州文史丛刊》1995 年第五期，第 93—94 页）

（12）日机轰炸我三城市目击记

蒋相浦

一九三七年“七·七”事变后，日本侵略军大举进攻我国神圣领土，不仅对我国许多大中城市进行狂轰滥炸，而且对不设防的小城市也任意肆虐。我经历过日机多次轰炸，目睹其残暴罪行。其中印象最深的有三次，至今记忆犹新。现将目击情况记述如下。

一

一九四〇年，我在安龙县教书并领导一个话剧社，同一批安龙知识青年一起从事话剧活动，进行抗日宣传。这年六月三日早晨，我们正准备排练节目，忽闻空袭警报（当时县政府在钟鼓楼和城北猪儿庙均设有警报器），我们立即疏散，进行隐蔽。我隐蔽在城北招堤附近。当天敌机六架，溯南盘江而上，轰炸目标是永宁与晴隆之间的公路铁桥，敌人企图炸毁此桥，截断贵州通往云南的重要交通运输线。当时由于护桥部队防守较严，敌机投弹数枚，未能得逞。在返航途中，约十时许，有“红膏药”标志的敌机突然飞临安龙城上空，盘旋侦察。当时我伏在田埂边，先以为安龙系不设防城市，敌机或许只是过路而已，谁知一刹那间，见一架敌机俯冲而下，随即投下重磅炸弹，“轰隆”一声，震撼全城！我举目远眺，见城内县政府附近黑烟滚滚，火光冲天。敌机肆虐后，向东北方向逸去。警报解除后，我进城看见弹中县政府右侧罗家院，炸死无辜平民二十人，毁民房二十余间。受难者血肉横飞，有一条断腿挂在树上，真是惨不忍睹！

二

一九四一年七月，我赴重庆投考大学，住重庆南岸海棠河街一个旅店。那段时间，重庆几乎天天遭受敌机的轰炸和骚扰，每天清早，浓雾未散，即闻四面八方的空袭警报声，时间长了，市民视此为“家常便饭”，从容而有秩序地避往防空洞（重庆防空洞到处都有）。警报解除后，市场又恢复正常，人们照样生活和工作。我每次进入防空洞后仍抓紧看书，复习功课。那时我只有一个念头：炸到头上，死了就算，炸不死，我照样读书救国。当时对敌机的轰炸没有恐惧，只有憎恨！心想：中国有四亿五千万人口，敌人总炸不光，炸不光，我们就要抗战到底！七日十二日，我忽然得了疟疾（隔天一个“摆子”）。十四日正是疟疾发作，我躺在旅店里，忽闻空袭警报声，旅店的人纷纷疏散出去，店老板见我没有下楼，急忙到房间来叫我疏散，我当时头如千斤重，身上发冷发热，实在挺不起来。老板一再催促，我只好告诉他：“我走不动，就在旅店里，炸死无悔”。当天敌机只骚扰城区。不久警报解除，我安然无恙。第二天（十五日）疟疾没有发作，觉得清爽一些，天气特别好，我决定去弹子石一个堂兄处走走，借以“躲摆子”。我刚到朝天门上了渡船，空袭警报忽鸣，渡船疾速过江，我到弹子石找到堂兄，并同他一起进入防空洞。当天敌机六架五轰炸两岸海棠溪。警报解除后，我迅速赶回旅店，时近傍晚，刚到江边，隔岸只见海棠河街已成一片火海：到南岸后，始知海棠河街遭敌多枚烧夷弹，几乎整条街毁于一旦，伤亡惨重！我住的旅店早已成为废墟，我放在旅店内的行李和钱包也付之一炬。我身上只穿一件衬衣和一条短裤，身边只有几块零用钱。那时我想：如果头天敌机轰炸海棠河街，我正躺在旅店，我的生命早已完蛋。我算是遭敌机狂轰滥炸中的幸存者。后来我在堂兄处借得点路费回贵阳考上大学，完成了学业。

三

一九四三年夏，我与大夏大学（已内迁贵阳）的几位同学一道参加在湖南衡山县南岳镇举办的青年夏令营（参加者系贵州、湖南、广西、广东、江西五省的大学生代表）。八月四日，晴空万里。约九时许，空袭警报忽鸣，军训教官立即下令疏散隐蔽。我和三位同学隐蔽在南岳镇的田野树林里。不一时，见日寇轰炸机一架飞临南岳上空，我们以为南岳镇必遭难。紧接着有三架飞机尾追而至，我们抬头一看，认出是我国的飞机。只见这三架雄鹰忽然散开，对日机形成包围之势，敌机仓皇欲逃，却被三架雄鹰咬住不放，敌机俯冲，我机亦俯冲；敌机仰冲，我机亦仰冲。银翅翻滚，与太阳光相交织，闪耀夺目，令人眼花缭乱。这是我有生以来第一次亲眼看见的空战。这时听见一阵机枪声从我机中破空喷出，直射敌机，霎时间，只见敌机尾部冒出黑烟，滴溜溜往下坠落，我三架雄鹰凯旋向北离去。这架敌机一直坠落在距离我们约八百公尺远的一家农民的院落房屋上，由于敌机燃烧，房屋着火，农民们立即往救，该房已烧毁大半。警报解除后，我和三位同学走近一看，敌机残骸尚存，一个日本空军驾驶员甩死在田坝里。有一个同学气愤地指着死者说：“这是侵略者应得的惩罚，中国人是不可侮的!”事后得知，当天敌机三架轰炸衡山县，被我机截击，以致如此。

我们这一代人是自从一九三一年“九·一八”事变到一九四五年八月抗战胜利这十五年间，经历日寇侵略中国的历史见证人。日本侵略者践踏我国大片领土，残杀我数以千万计的同胞，其罪行罄竹难书，然而近年来日本文部省审定的所谓高中历史教科书，妄图把侵略中国这一铁的历史事实抹掉，这是枉费心机的。不仅我国人民坚决反对，同时受难的东亚国家和世界人民也不会容忍!

[转录自政协贵阳市南明区文史资料委员会编：《南明文史资料选辑》(内刊) 第四辑，1986 年版，第 22—26 页]

(13) “九·一三”见闻

洪经炳口述　满益州整理

民国29（即1940）年，我是当时国民党县政府防护团的小队长。那时，因为有八寨县和三都县合办的“三、八”矿场，日本飞机经常来骚扰。因此县城还是有一些防空设备的，具体的就是现鼓楼顶的地方设有防空哨所，哨长是朱永灵。

在1940年9月13日以前，我和当时防护团的两个队员受团长的密令，跟踪八寨中学的彭湘生，彭是湖南人（当时怀疑他是共产党）。在这年的9月13日那天，我记得很清楚，早上近10点钟光景，防空哨所突然敲响了空袭警报。过了不久，又敲了解除警报。解除警报刚停不久，又马上敲响了紧急警报。紧急警报没有敲几下，几架飞机已经飞来了。

那时，防护团的纪律还是比较严明的，空袭警报一来，我们都要戴上袖套上街维护秩序。严禁街上行人走动。不过当时我们的任务就是跟踪彭湘生。飞机临头时，彭就带着他的妻子曾昭妮朝场坝街方向跑，在那里有一家姓杨的屋后面有条小路通往鼓楼顶。当时他们已经跑到那里，我们也追到城墙上。到那里以后，彭或许是没有吃中午饭实在太饿，或许是他认为飞机临头还是像往常一样，有惊无险的缘故，他就叫妻子到苏定和家买点心吃。他的妻子刚走到杨家门口，一架飞机俯冲下来，炸弹就落在杨家那里，当场就把她炸死在那里。这时，彭湘生立刻跑下去，我们也跟着跑去看。曾昭妮已经被炸得面目全非，身上的鲜血已经变黑了，肠子也露出来了，除了她身上穿的旗袍还认得外，其他都看不清楚了。谁会想到，几分钟前还是个活生生的人，现在却变成了这样。彭一到那里就伏在妻子身上放声大哭，嘴里还连连说道：“爱妻哪，是我害了你，是我害了你哪!”旁观的我们不禁也凄然泪下。此种惨象，是我一生中前所未见的。

这次轰炸，给县城造成了惨重的损失，在人民心中，日本侵略者又欠下了中国人民的一笔血债。此后，人们谈“机”色变，很多有钱人家都疏散到乡下去。当时有一首民谣，其中的两句就反映出了人们当时的心情。

天不怕，地不怕，
只怕飞机来轰炸。
……

[转录自政协丹寨县文史资料研究委员会编：《丹寨文史资料》（内刊）第二辑，1989年版，第85—86页]

（14）三千里流亡记

谭　锋

人进中年，忆前迹旧恨，辄感乐少哀多。近日读姚散生，何嘉诸兄难中所著之《人流三千里》，当时流亡之惨痛，又复潮涌胸头。

民国33年（公元1944年）6月，日本侵略烟火，自洞庭湖起新墙河，汨罗江而向西南延伸之际，长沙、衡阳相继沦于敌手，吾人遂开始远道流亡。老弱妇孺，物资，机关公务人员……于政府疏散令下，仓皇后撤，有计划，无计划，有准备，无准备，有目的，无目的者，一如潮水狂流，汇成汹涌怒涛，一泻千里。而装甲车，与八九骑所负之重炮，以及国军武装队伍，呼喝人流之中，夺路而走，如排山倒海，风卷残云。自挂、柳而金城江而河池、南丹……以迄贵泪，绵长数千里，径无喘息之地，其中不知发生多少抢劫、勒索、敲诈、贪污、贿赂……自相残杀之惨酷，诚非千言万语所能道尽。

予自衡阳突围，西窜挂柳以迄金城江，曾有逃亡之一书，一一记载，嗣后则不复执笔。盖自金城江后所历，皆血泪俱并之境。饿啖草根，夕寝旷野，尽日两餐，或仅一粥，六寨而后敌骑益逼，自朝达暮，一片炮声，铁弹所堕，地愤而飞，肉碎血溅，当者靡幸其时，马死车倾，交通梗塞。余扶老携幼，自挽牛车，以负随身被褥，如蚁载石，力竭身摇，甫抵上司又遇匪，家人冲散，幼女生方六月，为二弟所货，走离母怀，三日夜未得哺乳。予妻奔走啼号于人马蹂踏之夜，已不复自知其惨。奔走独山时，天乃大雪，于烽火中拾得一婴，行将气绝，初疑为吾幼女，火光之下方知辨误，妻犹强之，爱不忍释。终因火势益烈，不可久留，是夜鬼哭神号，风传前桥炸毁，深河一带，悬岩绝壁，滞车万辆，虽焚毁其半，仍无隙可前，且败军蜂涌，老弱惊避。呜呼？吾父母与弱弟妹，瞥归皆失所踪。余惊惶凄痛中，懵懵不知何以竟出断桥要害，与走失之二弟以及舅弟等相遇。妻见幼女犹负弟背，喜若再生。女虽六月，凄号投母，似解人世生离死别之惨。吾与二弟言及父母弟妹走失之事，相对而泣，时已弥天烽火矣。

越都匀，登苗岭，时方冬乙　百嶂飞霜，餐风宿露，被薄衣单，辄未明而觉，强起狂走，翼得稍暖，弥不可支。及抵下司，似隔人世。而黔南深寨，居民十之九而无粮，造逢村姑，并皆老丑，头缚裤，仅见两目，所食蕨草，辅之以粟，水虽澄碧，而瘴雾冥然。依山木屋，矮若鸡栖，篙结为床，虫蚤麇集。流入至此，同近乎丐矣。

迨敌寇退河池，余寻亲独山。劫后余城，惨如地狱。竟于瓦砾中寻获吾母及弟妹，方自山洞中出，皆一息奄奄，被劫一空。七人所剩，仅一被身。关山风雪不幸先父及三弟，不及我至，而离此惨酷人世矣。三弟科头赤足而葬于独山四方井侧，先父则为掩埋队强埋于车站之阳，虽有被面裹尸，俟余抵独掘地换棺，而裹尸布早已为人所盗去，人天浩劫，一至如此，抱恨岂仅终天。迨负父母而迁，复不幸吾妻幼女亦相继亡于麻江道上。呜呼！家亡国破之痛，此身已不复填之矣。

附：长沙谭锋“桂黔梦痕”诗十五首

1. 桂黔千里阵云屯，人海狂流扶路奔。天地悠悠各流涕，黯然悲角送斜曛。（桂黔道上流人为海，惨状已无往史。）

2. 万马千军竟撤还，连城烧尽不容安，怆惶夜半倾家走，百里回头火未残。（夜出南丹。）

3. 西风迴谢朔风寒，半载凶程百不堪。行过粤西千嶂岭，飞岩绝壁又黔南。（过麻尾，不觉流亡半载矣。）

4. 儒生于今亦丈夫，打包气物挽牛车，明朝要赶千山路，飞下山巅不用扶。（自挽牛车运随身被褥及载病弟幼妹，不觉其劳。）

5. 万山积雪与天齐，向晚悲听冻鸟啼。我与万人同露宿，天涯相就盖征衣。

6. 得意飙车突乱群，万金买度万山云，悬岩不勒与天坠，一片呜呼不忽闻。（汽车司机居奇满载乘客，得意飞驰，亟于突出乱围，十九于悬岩际失事，粉身碎骨。）

7. 寒鸟声断夜凄凄，寻女天涯路更迷，泪洒云山心似鹿，难从野哭辨儿啼。（次女生方六月，为二弟所负，中途走散，吾妻彻夜奔走呼号，沿途遇有小儿啼哭，必往觅之。）

8. 卷地烟尘万马屯，最怜白发祖携孙，颠连黑石关前路，百死相逢似鬼门。（黑石关前寻岳母及三龄长女。）

9. 山号月哭夜惶惶，悲角严城大乱亡，生死迥无家可问，仰天天亦黑茫茫。（独山危城之夜，父母弟妹均陷于贼围。）

10. 别寻生路觅鱼机，横渡惊湍一叶危，欲挽狂潮怜既倒，转移逆势愧舟师。(都匀火起，绕渡急流漏艇，几频于危)。

11. 面结康衢三尺埃，方从刀下唤魂回，风号雪虐凌毛骨，窄径犹防饿虎来。(频遇土匪，辄生戒心)。

12. 十八人同赋乱离，魂飞汤火命为鸡，穷荒回首家何在，相伴惟怜弟、女、妻。(此时十八人只剩二弟夫妇及吾妻女伴身侧，余皆不明生死。)

13. 寒天急景怜穷鸟，兵火危途断远魂。载道遗黎三百万，回头风雪几人存。(时黔南道人饥寒所死者百难存一，惨绝人世。)

14. 乍惊痛定泪犹滋，拾起惊魂命一丝，最是夜阑人静后，一天烽火忆当时。(黔南虽复稍定，每于深夜，惊恐犹不能去怀。)

15. 六寨行

瘴岭十月飞霜雪，流人半死马蹄蹩，回头来者复如潮，前途攒隙不可突，转眼栈道化沙场，天罗地网无疏漏。忽问飞将张冀来，载道遗徐喜有救。谁知六寨误河池，敌我不分皆芟夷。呜呼！平地一声雷，一草一木不容遗。但见村前、村后、村左、村右，不是血，便是肉，非断头，即缺足，流人十九遭屠戮，幼者啼号老者哭。呜呼！国人不知守国土，茫茫丧乱走何处，是归路！

[转录自独山县政协文史资料研究委员会编：《独山文史资料选辑》(内刊) 第三、四辑合刊，1985 年版，第 22—26 页]

(15) 黔桂难民图

拜亚士

从宜山以下，包括贵阳挤满了难民，难民群像潮水一样，沿着铁路和公路逃亡。金城江、独山，凡是铁路和公路相接的三个交通站，在这三站之间的各小村镇，也充塞着难民（铁路线比公路线更为拥塞），这些难民们都亟待救济。

在金城江，难民约有二十万，目前最迫切的问题是房屋和卫生工作。难民数目庞大，常超过非官方救济的各急赈团体的力量之外。难民98%住宿在没有遮盖的旷地上（近四个星期来且日夜不停地下雨）。火车站上的月台和已停留了几个礼拜不开驶的火车，都成为难民的住所。另有无数的难民只得屈缩在没有墙壁的竹棚下，在每一间茅屋里住上几家的人，全都睡在只铺一层草的地上（整天躺着不能到哪里去，也不能做什么），男人、女人、孩子都挤在一起，没有半点空隙。金城江这个简陋的市镇是建立在一泥泞的土地上的。街道上茅屋的四周，黑色的泥浆到处都是。铁路上的月台密密的睡满了人，火车顶上都坐满了，货车里面可能容足的地方就有人站着。有钱人还可以买得一些食物，米约四千元一斗（42磅）一个鸡蛋25元，一盘炒蛋（四个）200元。许多逃难者只得在拍卖自己的衣物。没有厕所也没有任何卫生设备。

不断地下雨，粮食缺乏和无处居住，引起了在卫生和医药方面一些可怕的情形。几乎80%的难民都受着疟疾、痢疾或是两种病同时的折磨。消化器官或大肠一受了阻碍，营养不良，种种疾病、贫血、感冒、肺炎就袭击而来了。溃疡、皮肤病、疥癣和沙眼则更为普遍。虎列拉（霍乱）流行非常猖獗（从染病到死亡只要24小时），不久以前每天死亡30人，这种流行症现已渐灭，很明显的是因为气候已经寒冷起来，但还有很多伤寒症发生。

这些地方交通工具方面，不管是铁路或公路都非常缺乏和缓慢，我们在那里的时候，一个星期没有看见开出一列火车。据说：难民们要搭火车得付3000元，才能买到一张火车票。原来的票价（以金城江到独山）是220元，但他们按价目只卖出极少的数目。开到独山的火车，要几个星期才走得到，因为缺少煤，随时随地都可能停下来。当然，火车交通滞慢，但总比靠汽车运输载得多些。

不带行李要想在汽车上找一个位置，得出一万五千元，只有很少数的能够付得出这样的数目，也只有很少数的人为行李而付出这样的款子。没有人愿意把自己的行李完全弃掉的，无论是怎样小的一包，很多人想法卖去行李。沿着公路到贵阳，可以看到沿着公路步行的人，他们推着手车，或者背着他们剩下来的、仅有的衣物。

独山和都匀的情形和金城江一样。

现在这两处已有人满之患了，大部分的难民还没有疏散到各处，卫生和医药情形也同样恶劣。找不到居住的地方，病人的比例相当高，粮食缺少而贵。独山是满布着茅屋的地方，一切都在泥泞的土地上，茅屋是不大能抵御风雨的。火车站已改为收容无家可归的难民的露天救济所了。

这儿的物价和金城江不相上下，火车的交通也是一样缓慢，每天按规定的300元一张的票价，只售出20张给难民。据难民们告诉：假如没有票乘汽车，那末要罚缴2000元，有一人出了三万元在货车上找了一个位置到贵阳。有些人想停留下来，在这带地方做些小规模的生意。有车子的老板，和本地有粮食和有房屋可以出让的人，在这种情形之下发了一笔洋财。

在金城江到目前为止，以钱财援助难民的，只有三位天主教的神父和萨尔拉医生，他们是在广西省的国际救济委员会的帮助下工作。他们从国际救济委员会和中国红十字会领得一百万元和一些药品，他们在车站成立了一个救济站，萨尔拉医生和两位神父在那里分发药品，诊治那些生病和受伤的人。车站上也请了一位医生，加上两位自愿者协助他们工作。两位神父常去慰问住在茅屋里的难民，并分发钞票和药品给他们。中国红十字会也在车站上成立了一个救济站。

他们的药品来源很少，到两个救济站求医的病人，排成长长的行列，到晚工作人员需要休息了，他们很多人还没有轮到诊治。

中国红十字会医药队工作人员的生活情形也相当艰苦，他们的薪水因为各种原因已经几个月没有发了，他们的食物不够，他们的宿地也太差。在金城江的时候，有一位女护士，患着很重的伤寒症，另一个女护士也患着脚气病。独山和都匀的贵州会设立的难民救济会，在更困难的情形下仍继续工作。难民人数增加了，士兵也增加了，米粮的供应更缺乏来源。在我们到达时，难民可获得十来天米粮的供给，现在只能领钱了（每天40元），很多难民不断地请求入难民所，但因地方不够，难民所只能容纳四百到五百人，于是很多人被拒绝了。那些得到特别许可的人，只得住在低矮的讲坛上，旁边没有半点空隙。

美国长老会医院和中国红十字会医疗队，共同在难民所设立一个救济站，重庆公共卫生服务处也在里面成立一个防疫队，去治疗患虎列拉的人。

都匀的情形大致相同，只是人数少些，难民的医药需要和金钱接济也少些。到现在为止，能够逃到都匀的难民，经济上比滞留在金城江和停在独山的难民好些。交通同样的也很困难，而且只有有钱的人才能有办法。

［原载《新华日报》1944 年 12 月 7 日第二版，转录自黔南州政协文史资料委员会编：《日军入侵贵州——黔南事变》（《黔南文史资料选辑》内刊，第七辑），1989 年版，第 234—237 页］

（16）抗战中的贵阳“难胞招待所”

黄　炜

1944年冬，日本侵略军打进了广西，直抵贵州的南大门——独山，史称“黔南事变”。这时黔桂两省受难同胞涌向贵阳方向疏散，据当时统计，难胞进入贵阳的60000多人，贵阳那时人口不过30万人，突然增加了这么多难胞。物资供应异常困难，各方面都非常紧张，国民党政府立即成立“难胞招待所”以救济逃来贵阳的数万难胞，救济难胞的总体规划是由行政院社会部主持，部长谷正纲亲自到黔桂边境及贵阳地区进行督导。

贵阳没有很多的房舍来容纳几万难胞，社会部和地方政府、党团商议，在贵阳设立近30个难胞招待所，由政府、党团机构各自承办，这样分散救济难胞的措施，很合符当时的情况。如那时省训团就承办了一个难胞招待所，由省训团教育长尚传道任所长。我当时参加由三青团支团部承办的“贵阳第五难胞招待所”工作，由支团部书记郑代恩任所长。郑约我去主要是负责宣传方面的工作，那时有一个青年服务队，我带领了10个队员便进入招待所工作，地点设在大夏大学内（即现省黔剧团及省教育学院院址），这是贵阳容量较大的一所难胞招待所。所内设有总务、登记、物资管理等职能部门，郑代恩办事很认真，每天都要到所内去处理重大事件。现将我参加难胞招待所的亲见、亲身经历分述于后。

当时大夏大学已迁往赤水，全部校舍都是空的，正好作为难胞住宿之处。首先在所内设立了6个大厨房，及堆放物资的库房。其次便是派人到乡下去收购稻草作铺地铺之用，当然没有床的设备。最后才是照明、治安等。几天后诸事齐备，但没有办法解决难胞取暖问题，因人多拥挤，又是地铺，如若生火，容易引起火灾，难胞们冷了，也只得挤在室内的稻草地铺上互相取暖。

由于当年的气候特冷，难胞在路途上饥寒交迫，还未到贵阳，有的就死去了。我亲眼看见一些难胞从板车上抬下死尸，抱着死尸放声大哭，惨不忍睹，难胞招待所备有薄板棺木，将死去的难胞草草安葬。这是日本侵略者欠下的一笔血债。

到达贵阳的难胞百分之九十都是面黄肌瘦，衣不蔽体，有身体虚弱的，入所后虽经治疗，但仍很快就死亡，更可怜的是有的难胞遭敌机轰炸，身负重伤，残手断脚，造成终身残废，有些还精神失常，难胞们哭诉日本侵略者的滔天罪行，这是中国人民永远不能忘记也永远不能容忍的。

难胞招待所，首要是保证食宿，虽然物资困难，但仍供给吃饱，难胞一到，就先吃煮热的稀饭，随到随开，每天两餐干饭，有的难胞几天没有得一碗饭吃，在这里他们端着碗，边吃边流泪。由于日本帝国主义的侵略，使他们家破人亡，流离失所，他们对日本侵略者无比愤恨，当我们宣传队唱起《流亡三部曲》时，他们泣不成声，自发的高呼："打倒日本帝国主义!""血债要用血来还!"等口号。

政府对难胞中无人抚养的老人或残废者2200多名及孤儿700名，均交省、市政府设院收容，贵阳各界也向难胞捐募寒衣现金225万元，这也说明全国同胞的手足之情是永远难忘的。

（转录自贵州省文史研究馆编：《贵州文史丛刊》1995年第五期，第82、94页）

(17) 贵阳飞雪　难胞仍在流离

(中央社贵阳一日电) 黔边难民组成了一个长达几十公里的行列，向贵阳行进，现已到达都匀，约一周后可到目的地。

(二日电) 筑市日来转寒，昨日入夜更甚，俨如严冬，今晨零时二十分飘飘下雪，直到黎明才止。

(贵阳通讯) 贵阳三桥一带，这几天时常看到一些背了包裹作长途行走的人，据说他们等车已等了一个月，越来越困难，仅不如徒步到重庆来得方便。又在几十年看不到红纸条子的贵阳街头，近来忽然又在街头墙上发现红纸条了。上面写着，本宅主人疏散在即，愿以低价出租或召顶。凡是这次从湘桂疏散到筑来渝的人，对于黔桂路的路况，莫不有个深刻的印象。有人把金城江称作(惊人江)，黔桂路称作 (见鬼路)。

[原载《新华日报》1944 年 12 月 3 日，转录自黔南州政协文史资料委员会编：《日军入侵贵州——黔南事变》(《黔南文史资料选辑》内刊，第七辑)，1989 年版，第 266 页]

(18) 忆抗战中逃难到独山

李如超口述　刘文禾整理

我是安徽人，抗战期间，日寇侵入我的家乡，那时我已30多岁，不愿当亡国奴，就带着母亲和妻子儿女一家五口向大后方逃难。一路上历尽千辛万苦，好不容易才进入贵州。此时，敌军步步逼进，1944年11月29日上午，我们从广西南丹的六寨进入贵州独山的麻尾，难民很多，有安徽的、江苏的、上海的、浙江的、湖南的、也有广东和广西的，一路上人挤人，难于行走。那时，麻尾和六寨一样，被美机炸死的人很多，也很惨，路上到处有死人，既有军人，也有老百姓，老的、少的、男的、女的都有。

我们从麻尾沿着公路往上走，到下司天已晚，一家五口没有粮食吃，老百姓都已跑光，街上无人卖吃的，我就到路边像是财主的人家装得一口袋包谷颗，架起小锅炒来充饥。此时，天已黑尽，就随同许多人在路边露宿，虽然有很多人仍在继续往上走，但是我的母亲和两个孩子实在太累，我们只得停下来休息。第二天（30日）天一亮，我们就吃饭起程，走了一段路，我小女儿实在走不动了，我就用装着东西的小轮车推她一起走，走了一二十里，停下休息，等着走在后面的母亲跟上。到下午四点多钟，在下司到上司间的一个桥边，我们停下来找水和柴煮饭，人涌过来很多，一问，他们说是日本兵在后面来了，你还在这里煮饭？我立即把水倒掉，带着家人，推着小轮车就走。这时，有一队国军约四五十人，从后面上来，跑得比我们还快。

到上司时，天还没黑，难民很多，挤在场坝，我们就停下来休息。天黑后，有人把我从梦中叫醒，说："日本鬼子在后边马上就到！大家都走了，你们还在睡？"我一听，大吃一惊，便急忙叫醒家人，拉着车子就跑。快到黑石关时，前面已经堵住，我们也听到枪声，有人说是日本兵不准通过。大家实在没法，就在公路边蹲着，听到国民党军队从上边打来两三炮掉在黑石关下边，一直等到天亮，就看到日本军队上来，把我们难民统统赶回上司。他们组成很复杂，有日本人、朝鲜人，也有东北人，穿的也是五花八门，既有穿黄军装的，也有穿老百姓的大皮袄、长袍、短褂的。走在前头的是朝鲜人。后面的才是日本人。

30日的早上，我们难民回到上司，敌军就来翻来覆去的搜查，凡是关金卷（钞票）、大洋、黄金、他们都抢去，凡是能吃的他们都要走，好的衣服也被他们从我们身上脱去，甚至火柴、蜡烛一根也不留给我们，就连我在下司炒来的包谷籽连同袋子也被他们拿走。我们若有迟疑，就被打得皮青脸肿。12 月 1 号那天，在上司实在无法待下去，就到附近的村子去。我家去的那个村子，那里先到的全是安徽老乡，一见面，大家非常亲热，既有说不完的家常话，也有讲不尽的痛苦，欲笑无声，欲哭无泪，真正是老乡见老乡，两眼泪汪汪，只能是相互同情，相互体贴罢了。这个村子的老百姓也已跑光，房子无人看管，有家房里还装有稻谷，他们便把我引去要来糯米，这下子吃的就不愁了，可把我们乐极了，但好景不长，却来了一批又一批的鬼子，他们一到就搜要我们的东西，把男的抓去当挑夫。第二天（2 号）又来了一大队敌军，凶神恶煞地把我们全部赶走，逼得我们无法，只得往更远的地方走去，在距离拉旺还有 3 里的一个村子住下，由于没有粮食吃，我就匀出一床棉被，向当地老百姓换来 8 升大米，只敢煮稀饭吃，好节约粮食。后来米快吃完了，加上我大儿炳伟出水痘，同时也听到敌军已经撤退，感到这样下去不是办法，大家就凑钱请人带路上独山。当我们沿山路走到甲捞河时，天已黑尽，没法再走，我们就停下找地方住。此时，此地到处一片漆黑，房子都已烧毁，我家就在公路旁的一个断墙脚下露宿，反正有了一个栖身之地，什么也看不见，实在太困，一倒下就呼呼睡着了。第二天早一醒来，我的天呀！周围都是死人，连道班房也烧死几口子，奇形怪状，叫人好不伤心。后来，我们就告别带路人，顺着公路往独山走去，一路上死伤不少，穿灰军装的国民党兵死的很多，全是敌人用刺刀戳死，肠子露在肚皮外面，一直走到南通桥，路两旁随时都能见到死人，老的、少的、男的、女的；饿死的、戳死的、枪打死的、无奇不有，令人心痛，反正我们见过的死人已太多，太惨，脑子都已麻木，就连老人、孩子都已经不怕，但是在兵荒马乱逃难之中，连自己的生命也朝不保夕，当时只有一个信念，就是逃过日本鬼子的魔爪，就算是胜利。

到独山以后，到处一片瓦砾，幸好在现在的煤建公司附近，还有一家姓赵的房子没烧，不见房主，我们就住下，把这家房屋挤得满满的。我无事可作，便沿街乱转，见有人在火堂里扒盐酸菜，我问扒这东西做哪样，他们说既可以吃，又可以卖钱，为了生活，我也同去火堆里扒盐酸菜，反正无人看管，除吃外还可卖 50 元法币一斤。从此我家就在独山长住下来，做点小本生意为生，一直到解放后参加县供销社工作，日子越过越甜。现在有些日本人还不承认日本帝国主义侵略中国，我家的不幸遭遇就是事实，难道侵占我们的家园，屠杀我同胞，烧毁我房子，抢劫我财物，这还不是侵略事实是什么？他们想抵赖是赖不掉的，只能是搬起石头打自己的脚。

(李如超同志系县供销社退休干部，已病故)

[转录自独山县政协文史资料研究委员会编：《独山文史资料选辑》(内刊) 第十四辑，2002 年版，第 190—193 页]

（19）日寇害我家破人亡

刘映文口述　刘文禾整理

我是都匀市工商银行的退休职员，原籍湖南。抗战后期，日寇入侵衡阳，我们不甘当亡国奴，才从衡阳逃难到贵州定居。

当时，我家有老幼十余人，父亲是个经营布匹的商人，家有汽车五部，生意比较红火，全家生活可算得上富裕。但是，那场历史上的侵略战争却使我好端端的家庭家破人亡，一贫如洗，其原因得从当时的事情经过讲起，尽管那时我才七岁，毕竟是我亲身经历，令人难忘。

1944 年夏，垂死挣扎的日本军国主义企图打通中国大陆交通线以摆脱在太平洋上节节失利的困境，在入侵长沙后，接着大举进攻衡阳，父亲凭着当年在重庆经商的朋友来信相告，带着全家老幼和工人计三十来人，携汽车和钱财，丢弃家业，随同大批湖南的难胞，经广西逃向贵阳、重庆。到桂林时，难民拥挤，交通堵塞，敌军从后追来，我父亲万般无奈，只得将苦心经营的五部汽车弃之于途，放火烧坏，以免落入敌军之手，后来敌军逼近，秩序更乱，我们三十来人被冲得五零四散，有四人在路上被敌军强行抓去当挑夫，至今杳无音讯，下落不明，唯有我年迈苍苍的老祖母，三十来岁的父母亲，二十五岁的姑姑和年仅七岁的我走在一起，我们便向柳城走去，随后局势越来越紧，我们又继续后撤，尽管我们越走所带的钱物越来越少，同许多的难胞一起，经过千辛万苦，途经金城江、南丹，终于于 11 月底到了黔桂边界的六寨。此时已值初冬，寒气逼人，而我们同许多难友一样，已经是一贫如洗了，脚上穿的鞋子已破烂不堪，只得从路边拾些布、废纸包着脚走，父亲更是辛苦，虽体弱多病，一路上却要继续挑着逃难中必不可少的锅碗和随身仅有的衣服，以及一床薄棉被；姑姑虽然年轻未婚，但也要背着小脚不能行走并在途中常遭风沙吹袭和伤心流泪哭瞎了双眼、几次想寻死的老祖母，妈妈紧紧地牵着我的手走，由于路上难民实在太挤，人们比散电影时还要拥挤，不分昼夜地挤着走，很容易被冲散，我边走边打瞌睡，不知走到哪里，也分不清东南西北，一家人只顾逃命，到独山时我的双手腕已被死死地牵脱了臼，我们随时还要饱受汉奸造谣，敌军追赶，土匪抢劫之苦，过六寨后年轻妇女都拿锅烟把脸抹黑，生怕被鬼子抓着侮辱，可想，当时我们难民们逃难时处境是何等的艰难。

记得我们难民大队走到六寨时，忽然叮叮咚咚的枪炮声大作，大家认为日军已到，急往公路两旁拼命四散，不知冲散了多少人家，到处哭声不断，呼儿唤女，寻找亲人，我家五人幸好还跑在一起，在一个土坡后的大石下隐藏起来，见一个土槽两旁的茅草往两边分成一条茅草小路，可想不知有多少人已经过那里，后来不见动静，有人就下山了解，说是中国军人自己焚烧弹药库撤退，于是我们难民大队又扶老携幼下山，不分昼夜的沿黔桂公路急忙的向贵州方向前进。不知走了多长时间，也不知踩过多少死人，只记得走到下司和上司之间，有一个水坝，这次果然是敌人追兵已到，公路上拥挤不堪的难友为着活命，再次拼命地朝路两旁的山后奔逃，已经不愿继续拖累家人的老祖母听到水声，从姑姑背上用劲一歪，跌入坝之水中，我们一家呼救，无人捞救，只得含着伤心的眼泪往路边一个寨子奔去，在村外一个无人看守的空屋住下，过了两三天，敌军从独山退来，有队鬼子来到寨上住下，我们又往山后躲藏，天黑后才摸回村外的那间独屋，煮饭充饥，第二早就见敌军四处掳掠难民，专搜身要金条，强奸妇女，有的还杀牛牵马，无恶不作。我家一早就被四拨敌军来搜刮四次，当有几个敌军来逼我姑姑解开衣服搜身时，我母亲趁敌人不备，从我的破棉衣内急忙掏出全家最后的命根——五颗金戒子，丢入火中，敌人见没有搜到什么贵重之物，有个说话带东北口音的鬼子兵硬要把我带走，我父亲苦苦哀求，鬼子哪肯放手，我父亲无奈，只得把一个事先藏好的金壳怀表要来给他，鬼子兵才把我留下。待敌人从寨子走后，我们难民才敢离开寨子，沿公路朝独山方向走，虽然逃脱了虎口，但又多次遭到土匪抢劫，一路上见到难民带不走而抛弃的许多东西，有的一箱箱的绣花被面，无人带走，还看见有的难民小孩子被丢在路旁，有的已死，有的还活着，面前摆着几碗剩饭，边哭边用手抓饭吃，过路的人忙自顾逃命，令人惨不忍睹，我们好不容易才到了独山。

一进独山，到处是断垣残壁，瓦砾遍地，除我们难民外，很不容易见到一个当地的老百姓，行人稀少，一片战争破坏痕迹，还有人从一个破仓库里抬无人看守的缝纫机往城外走，大概是发国难财的人吧。我家就在火车站旁的一个被破坏了的厂房后面搭个草棚住下，为了生活，我们就到街上烧了房子的火堂中扒开瓦砾找盐酸菜来吃，后来又用未被敌军搜去的五颗金戒子换回五斗大米，煮饭卖给难民，随后父亲又去赶平塘做点小生意，养家糊口，待半年有点积蓄后，我们就上重庆然后折回贵阳定居下来，我也上了学校。解放后，多亏共产党人民政府的好领导，我首批考进省银行干部学校，继后参加银行工作，生活越过越美好。

前事不忘，后事之师。我们今天的幸福日子来之不易，一定要记住五十六年前日本侵略中国的血的教训，把我们的国家建设得更加富强。

[转录自独山县政协文史资料研究委员会编：《独山文史资料选辑》(内刊) 第十四辑，2002 年版，第 186—189 页]

（20）黔南事变亲历二三事

黎启富口述　刘文禾整理

1944年，我在都匀东山脚下的38师中学读书，“黔南事变”发生时，才从都匀逃回独山塘脚老家。短短几天，经历了人间不堪忍受的苦难。53年前日寇侵入独山的暴行，历历在目，永世不忘。现将本人所亲身经历过的几件事陈述于后。

逃难路上

事变前夕，都匀同独山一样，比较繁荣，尽管不断涌入难胞，但学校上课依然如故。我们到都匀师范和38师中学就读的独山籍学生，大多食宿于东山附近一户姓汪的居民家中。我因伙食费用尽，便向学校请假回家要钱。到家暂住数日，待家父赶场卖掉一条水牛得钱后，11月29日我才从家启程返校。我的家乡远离县城，此时一切都很平静，但一到独山，情况就大不一样，全城已在疏散，这就使我进退两难，因为还有行李在都匀，又不知学校是否停课？思前想后，便决定冒着危险返回都匀。30日天未亮，我怀着不安心情随同逃难的人流沿黔桂公路向都匀前进。这一天，气候寒冷，有的难胞骑自行车，更多的难胞肩挑背扛、扶老携幼、呼儿唤女、一步一趋地行进，个个面黄肌瘦，衣着单薄，疲惫不堪，所带的衣物丢了不少，行速缓慢，行人拥挤，病了躺在路旁痛苦呻吟的不少，此情此景，令人心酸。昔日顾客满坐的路边饭店，现已关门闭户，我走到匀独关过去一点饿得走不动了，便厚着脸皮，向路边煮吃的难胞买饭，这户难胞见我是个十多岁的学生，很同情我的困难，便将吃剩的一点饭菜倒给我吃，我给钱他不要，谢了他家之后继续上路，当晚赶到都匀。此时，都匀秩序很乱，房东家除老人外，年轻的已逃往乡下。房东老人告诉我，学校已经停课，我的铺盖已有同学帮抬回独山，我便告别房东找旅社住下，饭后一觉睡到天亮。

12月1日一大早，我就到38师中学去，果不其然，学校已停课疏散，幸好还留有一个职员在办肄业证书，我领了肄业证书后，觉得在兵荒马乱中不宜在都匀久留，就到大桥头找车坐回独山老家。碰巧有辆商人的空汽车前往独山，我便向司机请求带我回独，这位司机心地善良，见我是个穷学生，又无行李，同意免费把我载走。此时此刻，我像对昨天给我饭吃的那家难胞一样，心中有说不出的高兴和感激，同是逃难的，竟有这么多好心人！这一天，车往独山开，迎面而来的难胞越往下越少，汽车尚能通过。半路上碰见 3 辆开往都匀的坦克，好心的司机又载了两个师范同学，一个是徐有余，另一个是黄启绪。下午，汽车开过尚未炸毁的深河桥，越过往日驻有美军的深河街，到坡前垭口，车就停下来了，司机说前面堵车，叫我们 3 人下车步行，他也急把车调头返回都匀。我们下车一看，只见独山一带烟雾沉沉，从深河半坡到四方井方向，停了一长串汽车，走近细看，车头都朝都匀，有军车、私车；客车、货车；汽油车、木炭车，一辆挤着一辆，总有好几百辆，司机不知去向，车子已被毁坏，尚有难胞滞留，有的睡在车脚、路旁，有的割轮胎来烤火，病的病，哭的哭，嚷的嚷，令人可怜。地上抛弃的东西不少，我们捡了两本地图和一些书法作品带走。心想，这些东西当时虽不值钱，但对我们学生来说，今后定会有用得着的时候。我们 3 人绕过堵塞的汽车和人堆前进。路上虽然遇见一些从独山过来的难胞，但已少得多了。当晚我们就到石牛坡徐有余的姑妈家住。当时的石牛坡，寨上一片凄凉，除有少数老人坚守家门外，其余的都已找地方躲藏，局势显得很紧张。

北站一瞥

独山北站距石牛坡近，12 月 2 日晨，听说有人到车站去“发洋财”，我们 3 人好奇，趁主人家早饭未熟，在家无事，便去看个究竟。走进站台一看，车站已无人管，管理人员不知去向，难民也不见，只有客车厢还有人上下，见一些身份不明的人，有的在撬玻璃窗，有的在割座垫，令人心酸和气愤。昔日常到北站来的驻铜鼓井军校的军人也不见，我们感到此乃是危险之地，不敢久留，急从原路返回石牛坡住地。

独山大火

12 月 2 日，局势越来越紧张，独山方向，炮声隆隆。吃过早饭，徐有余留在石牛坡随同他姑妈找地方躲，我便同黄启绪回基长。当时我俩不敢从大路朝独山城走，就从土坝沿山脚小路经过拉拢沟口往凉亭方向走。途中遇见一些城里人急冲冲往山里逃走，也遇见极少数人扛扁担说是进城抬东西。到古塘附近，便听到城里传出噼里啪啦的响声，据判断，不像枪炮之声，而是烧房子的爆炸声，登高一望，便见城北到城南是一片火海，火焰冲天，烟雾腾腾，令人恐惧，我俩只得加紧赶路。

路过小河寨子时，见往日第五军械库在路边搭蓬堆放的几大堆枪弹已不在，但遍地撒满被烧毁的弹壳，一直撒到小河桥下，寨上的房子有的似乎已遭破坏。过大河后，天已快黑，碰到从甲堡方向走过来的一队国民党军队，大约有一二百人，背着枪支和背包，急匆匆地横过大路，既不对我们加以干涉，也不互相说话，似乎有人带路，直朝着一个山冲冲走去。此时路上早已不见行人，笼罩着战争气氛。当晚，我俩便投宿于大坡袁家。

落入虎口

12 月 3 日天一亮，我和黄启绪付了房东饭钱后，挑着挎包，又急忙上路。这天天气晴朗，正好行路，加之离家越来越近，心里感到高兴，我俩行速加快，走到新马道学校时，突然有几架美国战斗机从甲堡那边飞来，朝着马路和路边树林、村寨哒哒哒的扫射。我俩一阵恐慌，急往路旁篱笆下躲避，待飞机飞远不见踪影后，才敢继续前进。

跨过三洞桥，走到花牌坊，忽然有几个军人端着枪，从塘董方向叽哩哇啦的向我俩奔来，我俩急往田坎下一躲，但已来不及了，这几个军人到我俩面前，我定眼一看，其着装不同中国军队，脑子里一想，定是日本鬼子！立刻出了一身冷汗，当时我和黄启绪都穿着在学校搞军训时穿的黄衣服，我就用英语说，我们是学生。这几个凶神恶煞的日本兵不知听不听懂，一上来就狠狠打了我俩几耳光，接着搜我俩身上，把我们所带的钱和我心爱的怀表统统掳去，还把我俩挎包里所装的东西全部丢在地上，不准我们捡要，拿枪押着我们穿过田坝，往阳地寨子走去。到阳地后，只见一些老人在守家，鬼子不准我俩动，便去老百姓家掳东西，抓鸡捉鸭，到 10 点多钟，又把我俩押回，到水碾边碰见两个年轻妇女，几个鬼子狂叫一阵后，就把风衣盖在她俩头上逼着走，尽管她们又喊又哭，终于没有逃脱魔爪。我们 4 人被鬼子押着去塘扛，这里已经住有一些鬼子，在一家长五间瓦房里，鬼子住中间屋，把那两个年轻妇女单独关在一间，把我和黄启绪关在另一间，这一间挤满了很多难民，男女都有，地上铺有稻草，可能是头天被抓来关的。

虎口逃生

敌人把我们关定后，便在中屋吃饭，此时又有美国飞机飞来扫射，日军不敢出屋，我们被关之屋又无日军看守。我想这正是逃离虎口的极好机会，便在被关的屋里仔细观察，发现屋子的小窗不很高，就和黄启绪悄悄商量逃走，我俩用窗板垫高，跳窗而逃，越过屋后一片小树林，逃离寨子，待敌发现时，我们已走远。这样就逃离了虎口，各自回到老家与家人团聚。

(黎启富系县人民医院退休医师)

[转录自独山县政协文史资料研究委员会编：《独山文史资料选辑》(内刊) 第十三辑，1998 年版，第 155—159 页]

（21）黔南事变历见录

高岳文

1943 年冬，笔者由贵阳滇黔绥靖副主任公署，调任川桂公路线区司令部总务科上校科长，线区司令由后勤部江南汽车部队整训处中将处长斯立兼任。司令部内设少将副司令傅启群一员，上校运输科长彭蔚如、中校参谋室主任纪尧，以及下属官兵 61 人，共辖川桂滇黔四省区各主要公路、车站、司令办公处 13 个。甲级站为上校司令，下属官兵 20 余人；乙级站为中校司令，下属官兵 10 余人。

按当时全国军事运输业务，除空运归空军负责外，凡铁（火车）运、航运（水路）、陆运（公路）等的指挥调度，均归后方勤务部直接管辖。

抗日战争后期，铁运航运区域，多已沦陷。全靠各条公路线区的汽车运力，担负着各个战场的主要军运任务。举凡西北、西南、华中、前线的供应补给，如兵员、马匹、械弹、粮秣、被服、装备等物资的补充及前线军队不必要的物资与伤病人员的后撤等任务，皆唯各公路线区的运输是赖。责任艰巨，业务繁忙。这是各公路线区及各级车站司令办公处的任务。

一、独山境内的主要军政机关

1944 年春夏间，川桂公路独山车站上校司令王少聪（军校六期），因事撤职，笔者奉派前往接任斯职。到职后，一面整顿内部，一面与当地各军政交通机关往返联系，开展工作。

当时独山行署督察专员为张策安，县长为孔福民。驻军有军政部特务团团长张涛率领的一个团，还有中央陆军军官学校第四分校中将主任韩汉英属下全校教职员生数千人和贵州省保安司令部所属某大队等，都与我有业务上的联系。另外还有西南公路运输局公商车辆调度所独山调度室（主任吴保容）及后方勤务部；军政部属驻独山的军械、弹药、物资、油料等各种库站二十多个；军事委员会水陆交通运输统一检查站（站长赖冠球）等单位。

此时，黔桂铁路尚能通车到独山，故黔桂铁路线区亦派有独山铁路车站上校司令曾孟珩办理铁路军运业务，与我在业务上相互接转。在一般情况下，由重庆、昆明、贵阳运到独山的军品，即转由铁路运往湘、桂、粤等省前线，在紧急情况下，仍由我处在独山加油付费后，直接运往金城江或柳州。

凡自前方由铁路后撤运到独山的伤病员及物资，则全由我处派汽车转运重庆或昆明。

二、逃难人流涌向独山

笔者到独山之初，由于长沙最后一次与日军会战失败，所有原由苏浙皖赣各省逃集湖南的难民以及湖南省人民，谁也不愿做亡国奴，能逃走的都纷纷向贵州逃避。逃难人流，涌向黔南重镇，致使独山人口由数万骤增至数十万之多。商业上形成假性繁荣，店铺林立，各街满布难民地摊，车马云集，大声喧哗，行人拥挤，交通阻塞。为维护独山的治安与交通秩序，当局成立了独山警备司令部，派四分校主任韩汉英兼司令官：派郭卓先（军校九期）为少将副司令，由郭全盘负责。郭约同独山车站司令办公处共同核发一项布告，规定一些维护治安与交通秩序的具体措施，由两单位分别派人在一些交通孔道，监督指挥行人和车辆共同遵守，不准四处乱停车辆。如此数日后，颇见成效。

未久，独山警备司令部改为都独警备司令部。独山仍由韩、郭负责；都匀由原炮兵学校中将教育长史文桂兼任司令。揆撅原因，是让史、韩二人预为策谋，如何布置兵力，如何防卫日军，以维护都独两地安全。因两校均拥有一定数量的兵力。

三、衡阳失守后的难民潮

方先觉军长率三个师的兵力，在衡阳阻击日军，坚守衡阳 47 天，在此期间，又使全国忧虑稍舒，逃难人民，情绪稍稳，因而逃难速度减缓，甚至有的想不再前进。因而独山便有难民新建的铺店，或集资合股经营的企业等等。

谁知惊魂未定，噩耗又传，方先觉发出《来生再见》的通电后，衡阳落入日军之手。这时独山一带，逃难人潮更迅猛地涌进；我车站司令办公处，追补与后撤的军运任务，也随形势变化而更加紧张起来。

四、都独难民输送情况

约在 1944 年秋冬之间，重庆方面派社会部部长谷正纲来到独山，解决难民问题。谷在独山专员公署召集当地党政军各方面负责人员，开会讨论。谷呼吁各方面要齐心协力，出谋献计，共同做好难民的登记、救济、收容、安置、疏散、运输等一系列的工作。经谷指示，我车站司令办公处及西南公路局独山调度室、水陆交通运输统一检查站等单位，负责难民的疏散和运输事宜。凡向贵阳开出的汽车，无论载重载轻，都必须义务搭老弱妇幼难民四至六人，并自即日起开始执行。

我处按这指示，即向每一驾驶人员硬性规定搭载六人，一直到我处撤退时，自备的两辆汽车，均各搭载难民十余人。略计前后运送难民人数，当以万计。但杯水车薪，只聊胜于无耳！尚有千千万万难民仍是挑担背负，扶老携幼，摩肩接踵，不分昼夜地跋涉北行。我虽万分同情，亦只徒呼负负而已。

五、衡阳失守后的军运

衡阳失守后，重庆方面由北部战场调陈牧农率93军两个师，星夜驰援广西。全军兵员、马匹、武器装备等战列部队，命川桂公路线区司令部在一个星期内，由重庆用汽车运达广西。此时全线各车站司令办公处日以继夜地完成这一紧迫任务。调度车辆、加油付费等业务工作，整整地忙碌了十来个昼夜，直到该军全部抵达柳州，才算缓了一口气，尚有部分后勤辎重和医院等部队，仍由独山铁路转运至桂。

六、设黔南防守司令部

陈牧农军离黔不久，紧接着汤恩伯奉命到独山视寨。汤在四分校召集独山各军政机关负责人开会，一方面了解各方面情况；另一方面指示黔南防守事宜。各负责人就各自情况向汤作了汇报，也有提出问题请示的。汤简短答复后即任命韩汉英为黔南防守司令。凡黔南境内的军政机关、部队、军事学校等，统受防守司令部的节制。各单位有问题，可向韩请示处理。汤当时只带随员数人，会后即离开独山。

七、全州失守后的独山

陈牧农军到达广西后，隶属第四战区司令长官张发奎指挥，张派陈固守广西门户全州。这时日军以优势兵力猛攻全州，战斗非常激烈，伤亡惨重。陈牧农向张发奎求援，张在电话上答以无援可派，不能守时即撤退。陈遂放弃全州往见张发奎，张即以临阵退却罪，将陈枪决，该军官兵闻讯后，纷纷散逃瓦解。有逃到独山的官兵，将消息传来，使独山各机关及停滞独山的难民，知道全州已失守，更加惶恐失措。又闻敌军所至，烧杀、奸淫、掳掠、拉夫，无所不为，震憾难民们的脆弱心弦，于是又加速纷纷地向北流动。

此时独山县城内外、路边、檐下，只要是能够避风雨的角落，都住满男女老少的难民群。车站内外，更是挤得密密麻麻，有等待便车的，有过路暂歇的，行李杂物，随地堆放，使我处官兵出入办公室也插足不下，挤让不开。情势的紧迫，人心的慌乱，可想而知。

八、工作的繁忙状况

我车站司令办公处的任务，已如前述。也就是说，战况越急则我处的责任越重，时间也更紧张。故每派出一辆汽车，从报到、加油、付费、装货、报开、行李、到站、卸货等全部过程，都规定有严格的时间签证限制，倘有贻误，均可追查责任。故独山的中、中、交、农四银行，均分别为我处专付租车费用，以免只拥挤向一银行，贻误军运。每天每行的付费，都在百辆车次以上。

重庆后方勤务部运输处和贵阳川桂公路线区司令部运输科，每天均有规定时间，向我处搜集汇报近况（重庆两次，贵阳一次），或拟紧急运务指示的长途台专线话机联系。独山城郊各机关、各库站以及铁路车站司令办公处，均各有专线话机与我处业务联系，故我办公室内电话应接不暇。

另有苏、浙、赣、皖、湘、鄂、粤、桂各省撤到独山的党政军机关部队等单位，每天都有成群结队的人，到我办公处联系，请托运输。有排队多日尚未得到接洽而生气的；有委婉恳求而坐守不离；有持前线首要人物信托或以往上司同事函件来接洽派车的；有持中央各院、部、署、司半命令半请托派车的；亦有个人亲朋故旧私函托请的等等。在此紧迫的情况下，我虽对各方面来洽请托运人员的心情是十分理解和同情，但无奈粥少僧多，无法全面照顾。加之所负的军政、后勤两部军事运输的沉重负荷，尚难完成，那有车辆来满足各方面的需求？故每天花不少时间来对人解释，请求谅解。费尽唇舌。真是使人难以承受。

九、得罪不少人

又有一天，独山铁路宾馆又摇来电话，询问笔者在否？说是虞洽卿先生即刻前来拜访。果然虞洽卿率同女明星胡蝶女士及其丈夫潘有声。前呼后拥地乘小轿车来到我处会晤。虞已是七八十岁老人，很客气地与我握手寒暄，并取出中央某大员介绍函请派两辆车，潘有声夫妇请另派一车运其家属和行李。我又费了若干唇舌，结果只给他们两家共派一辆车，运费自理。他们表面感谢，实际是很不高兴。

类似上述情况，不知凡几。这些人都是由铁路运输到独山后，没有车子再送到贵阳或重庆，不得不放下架子来俯求于我。他们运不走的一些细软和行李，可能在独山损失一些。但比起逃难平民来又幸运得多了。

十、物资终难清运

军政部、后勤部存于独山各仓库的械弹物资和盟军支援空运到独山的油料、新式武器，如火箭炮、掷弹筒等军需品，转运不计其数。又有由铁路运来前线和各省撤到独山的各类军品物资，在火车站各处及月台上堆积如山，都待汽车转运渝、筑或昆明。军政部派有一中将主任涂××到独山坐镇督运，我车站司令办公处每天必须按其计划派车装运。我处业务上的紧张繁忙，决非局外人所想象，全处官兵，虽日夜废寝忘食地工作，也很难完成计划。办公室内外，人们涌进涌出，谈话声、吵嚷声、电话铃声，一片喧哗。大家只有闹中取静，沉着应付，不敢稍有差错。而笔者更需全面复核审查，在每一进出文件、单证、急需军品、装运等方面核查无误后，乃敢签发。如此紧张工作长达半年之久，幸尚免于贻误，然物资如山，随运随积，终难清运。

十一、人们闻爆炸声而更加慌张

1944年农历10月12日谣言突起，谓日军骑兵已到独山机场，全城顿时人声鼎沸，骚乱暴起。逃难人群汹涌奔出，所携行李物资，抛掷满街。如缝纫机头、汽车轮胎、机件器材、棉纱、布匹、白糖等公私物品遍地皆是。老幼男女，各自奔逃保命，皆从各类弃物上，践踏而过，无人俯首取拾。

13日晨，闻各处传来爆破之声，询之系飞机场与各军品仓库，正奉命爆破。逃难人群闻声更加惊慌逃窜。昨夜所称“机场”乃是“渔场”之讹。渔场尚距县城数十里，由此可见当时黔南防守司令部斥候耳目之闭塞，贻误不浅。

十二、收退还租车运费

独山公路车站司令办公处，昨日所派出的公商车辆，因仓库已奉命爆炸，未能装上军品但经库方签字证明而未退还租车运费者，各该车已满载难民。于是我派出两组人员在公路要口，打旗停车，凡有上述车辆，一律到办公处退还租车运费，每车租车费约二万余元（约合二市两黄金），按规定应直接退还银行，因独山所有银行皆于昨晚撤退，故退交我处。由于我处今日已停止派车任务，故全处官兵都来完成此项收退费任务。整整一天时间，共收回退费数百万元，装满两口大箱。至于所供各车油料，以后再结。各车退费后，即见其自行揽载客货，于是又输送了许多难民。

十三、撤退状况

我处车辆到四方井加油站加油后，该站亦即撤退。我车从人流中缓驶向前。虽较徒步难民为速，但仍需穿过这漫长的人流。过四方井上坡不远，车已不能前进，见前面车辆已形成两路或三路停于公路上。许多柴油车辆还不能停火，浓烟与噪声四起，震耳欲聋。我即下车步行前往观察阻塞原因，并告诉沿路各车驾驶员，不得超车抢道。我继续爬上半山，乃见有几辆抛锚汽车，阻塞公路，逃难人群虽可绕车前进。但后面汽车则无法越过，若不解决通道阻车，则后面千百辆汽车将被敌人俘虏。我便决心组织各车人力，大家动手，将阻道汽车推向路旁，有的竟推下山去。这样疏通公路，挽救后来的大批车辆。

我到山顶正观察后面车辆行进情况并等待我处车辆到来时，见一美军吉普车驶来，询问得知车上美军军官叫伊文斯，系负责爆破独山机场和一批美军物资仓库以及独山以北沿途公路桥梁的负责人。深河大桥是目前急需爆破目标之一。我立即对他提出要求，希望尽最大的时限，维持深河桥的通行，以挽救后面千百辆的汽车和物资以及千百万难民的生命。伊文斯立即表示同意，后闻深河桥确系于日军进入独山城时才爆破的。

我在四方井、深河桥一带完成上述事务后，便立即回车，继续北撤。沿途难民仍潮涌如前。

由于人车拥挤，车行迟缓。至 14 日下午六、七点钟，仅行三、四十公里，驾驶员已疲惫不堪，在一间路旁房门前停车。房主已逃走，室内有数名难民蹲卧其中，我们就在此宿营进餐。

夜幕降临，公路上逃难人流，略见疏减。难民中有就路边憩息的，有在两侧田间坐卧的，各地满布星星般的篝火，也有手电光的摇曳移晃，带米者寻水觅柴，备饮进食。

时际初冬季节，阴冷袭人，听多处传出婴儿啼号声。乃系无物可饮而饥寒交迫的哀鸣，听之无不恻怜！农历 10 月 15 日晨起，汽车继续北进，下午抵达都匀。

十四、都筑公路沿途种种

都匀市面亦慌乱一团，居民已是十室九空。军政当局各自为政，各奔前程，没有任何统一的对策和有序的部署、指挥。都独警备副司令史文桂之流，亦不知去向矣。

此时尚遇有由贵阳派赴独山的汽车数辆，我令其重载者折回，空车即令自揽客货回筑，并为其签证。缺乏回程油料的，我代向都匀车站借用，回筑再结算。都匀站因正欲撤退，亦乐于借出油料，减轻其负担。

都筑公路上的难民，仍前涌如潮。16 日下午，车过贵定，市面尚未大乱，逃难人流渐觉疏缓。我们车行较快，当晚即抵达贵阳。

十五、贵阳见闻

贵阳当局闻独山陷落，见难民涌来，表面上保持镇静，实际上非常恐慌！市内人民莫不焦虑，大家正忧愁向哪里逃避。

笔者于 17 日晨到线区司令部向司令斯立作了全面汇报，并立即派会计将在独山所收的租车退款数百万元，交付贵阳交通银行，凭派车单据结算，交还国库，以清责任。

线区司令部亦动员官佐，疏散家眷到桐梓，并令新设置的桐梓车站司令纪尧，负责在桐梓租赁宿舍，安置眷属。我原贵阳的父母妻子等人，亦随之疏散到彼，我处官兵即在筑待命。

四川、云南两省得知独山沦陷的消息，大为震撼，谣传有迁徙陪都之说。

笔者因原在贵阳滇黔绥靖副主任公署任职的渊源，于 18 日前往绥署谒见中将参谋长王天鸣，想了解一些前线战局情况以及贵阳如何部署抵抗。王对我说：“整个形势比较吃紧，目前贵州境内兵力不足，各保安团队也分散在各县，一时不能集结。汤恩伯总司令所属部队，多数尚在途中，现在只好一面疏散群众，一面在贵阳外围各要隘地区，重点配备一些兵力，并向中央请援。”

十六、回到独山情况

1944 年农历 10 月 20 日，闻独山日军已撤退。22 日我奉命率部回驻独山，继续担负军运指挥业务。24 日晨全处官兵，乘车经龙里、贵定，沿途见少数难民扶杖柱棍，蹒跚西行。从贵定开始直到独山，沿公路线见到停放各种汽车残骸以及烧余的灰烬。经派人沿途计数，共达 1200 余辆之多。公路两侧及田野间，尸骸横陈，见倒毙的男女老幼尸首约有二三十具，有的用芦席掩盖，有的用匡笼装盛。有手抓米粒将入口而倒毙的状况；有衣服褴褛、骨瘦如柴的；有赤身裸体，没有遮盖的，种种惨状，目不忍睹。

难民自逃难以来，从春到冬，气候从热到寒，初时衣物行李尚多，后因负荷无力而沿途弃掷或变卖糊口。进入黔境后已是地冻天寒，沿途又少饮食供应，因而饥寒交迫，冻饿而死。前者倒毙而后者又剥其衣裤御风寒，不久又倒，故尸百多裸露。

自马场坪以下，公路桥梁，都已爆破。日军退后，各地人民奉命架设便桥，我们车子乃从便桥驶过。经深河桥至四方井山上，看到前日推倒下山的数辆阻道汽车，亦被焚毁。下午六时左右，车抵独山，看见原车站办公处旧址、原专员公署、场坝街道以及火车站一带，都成一片废墟。残垣断壁，参差之于瓦砾之间。火车站月台上原堆积如山的物资，全都化为灰烬，只余烧残变形的钢架。进入城内，所见如是，昔日繁华，而今俱渺，行人寥寥，鸡犬不闻。

[转录自黔南州政协文史资料委员会编：《日军入侵贵州——黔南事变》（《黔南文史资料选辑》第七辑，内刊），1989 年版，第 211—222 页]

（22）黔南的烽火（节录）

黄宇人

一、“金城汤池”的泡影

1944年冬，广西的战局逆转后，中央急调原驻防河南的汤恩伯军团来援。汤恩伯到贵阳时，各机关团体联合举行茶会欢迎。吴鼎昌致欢迎词说，“汤将军防守金城江，金城江在河池，正是金城汤池，一定能够击退敌人。”但以后的事实，却是节节败退，有一支日军很快便进抵贵州边境。陆军总司令何应钦又奉派来贵阳坐镇。张治中、张道藩、刘健群也随来。张治中在贵阳各界欢迎会中，宣布蒋介石指派道藩、健群和正在黔桂边办理救济战区难民工作的谷正纲和我四人，来贵州负责发动民众协调军民关系。虽然当时中央迄无明令，我们亦未奉到正式通知；但以形势紧急，我们即白天分头工作，晚上去黔灵山总司令部与何、汤两人会晤，聆听汤的军事报告，并商讨次日应做的工作。每晚汤恩伯都指着地图说，“敌人已进抵此地，估计几天可到贵阳了。贵阳城外的桥梁，亦均放置炸药，准备必要时予以炸毁”。吴鼎昌所说的金城汤池，已成泡影。最后一晚，汤恩伯说：“独山已经沦陷，敌人三天便可到贵阳，各机关尚留在贵阳的人员，须于明后日完全疏散。”后来，我们四人转到张治中所住的房间，他说：“我看，我们明天就可以回重庆；因为敌人要到贵阳，我们留此也不能做什么。”我说：“报名从军的青年正在集中，我曾宣布带他们去蔡江，自不能临危先走。再说，如果贵阳沦陷，重庆恐也难保，我们实已无处可逃，我决定不走，敌人来了就上山打游击。”张、谷、刘三人没有表示意见，张治中说：“那么，我们再等一天看看。”

此时，三青团贵州支团的职员也奉韩文焕之命，各自疏散，但因我想家属尚留贵阳，他们仍多未走。他们向我说，曾在街上看见陆军总司令部的卡车6辆为何急于搬家，我留在贵阳完全是公务，为何不请何司令派车一辆把我的家眷送离贵阳，以免我有后顾之忧。我说，“我不愿意麻烦他人，反正贵阳四面皆山，敌人如果来到，我们翻一个山，便很安全，更用不着求人”。当时，我已将已经集中的从军青年编为若干小队，每队由军事教官二人率领，并向何应钦得军服一千套，准备分别由小路去蔡江。已有身孕的妻和四个儿女，则约定由女团部的同志二人送到遵义，再由我的表侄申良久接往金沙暂住。

第二天上午，我走经贵州省党部资源委员会交通处门前，遇见该处处长莫衡，他问我的家属已否撤离。我答："因无交通工具，尚未。"他很惊异的说："怎么，黄先生的家眷也找不着交通工具?"我只好苦笑一下。他略加思索，便说道："本处尚有最后一辆卡车明天上午七时开往遵义，不过是载运东西的，没有座位。如果黄太太不嫌辛苦，请明晨按时来此上车。"我说："真是谢谢你，这个时候，有车可坐，便算很好了，还有什么辛苦可言。"我和莫衡平素并无往来，只在公共场合见面多次。那几天，妻也曾找过与她常有来往的几个太太，她们都是属于所谓有车阶级（公车），见面以后，她们不待抛开口，便唉声叹气地说："汽车偏于此时发生故障，不知能否修好，真急人。"其意显然是恐怕妻想搭她们的车，故作此态。我虽然安慰妻不必着急，但心中也很不安逸。因此，莫衡自动提出此事，可说雪中送炭，令人感激。次晨，我按时送妻儿和几件简单行李到莫衡约定的地点。他已先在。那辆无顶的卡车，下层堆满了东西，上面放几块木板。木板之上，又堆满了东西，妻儿都坐其上，当时称为四层楼。为恐卡车行走时发生震动，上面坐的人可能被抛跌下来，他们的身体都用绳索牢牢地捆在车上，幸而当天便平安到达遵义。

妻儿走后的当天下午四时许，吴鼎昌接到独山县长来电话说，"敌人在独山停留两天，已于前天退去，县城被烧毁"。大家才觉得松了一口气。可知前晚汤恩伯计算敌人三天就可到贵阳时，敌人已从独山后退了。想必是他的军队与敌人距离很远，不知敌踪之故。数日后，吴鼎昌作一首60感怀律诗，起首两句是："无病无忧60年，每于意外得安全。"他向我说，"敌人在独山停留两天，这回贵阳有惊无险，真是大出我的意料之外。"但以后，则有人宣称，是我军将敌人击退的。

二、救助难胞

贵阳转危为安后，谷正纲就其在黔桂边所见的情形，认为三日后必将有好几千难民涌来贵阳。此地的旅馆、客栈绝不能容纳这么多的人，应设法收容，我们商量结果，决定商请各机关就他们的办公处所设立临时难民收容所，各指派所属职工若干人义务办理一切事务，即日将他们的礼堂和办公的桌椅移开，购买足够的稻草铺在地上，以借难民住宿。稻草和饭食所需经费，由社会部发给。继又觉得难民收容所的名称不妥，改为难胞招待所。当天傍晚，我们打电话邀请省政府各厅处，省市党部和支团部等机关派员来会商，民政厅和市政府没有人来，另有几个机关，则推说职员已全部疏散，无人办理。幸而支团部省训练团、贵阳市党部和省财政厅等单位，愿意承担。我们设立临时难胞招待所五个和临时医院一间。支团部的办公处虽然不算大，职员亦很少。但因有学生团员协助，亦收容500余人，毫无困难。以后，谷正纲检讨成绩，认为支团部和省干训团所办的招待所最好，贵阳市党部所办的临时医院，亦很不错。民国50年间，我在香港得识珠海书院训导处长邓东航，他说，他当时也是难民之一，曾在贵阳的招待所住了3天，吃得很好，尤其是工作人员的服务精神令人敬佩。不但常为老弱和妇幼盛饭盛菜，有时难胞把地方弄污秽了，他们立即代为清除，毫无怨言。

谷正纲回重庆后，在中央党部纪念周报告经过，他仅提张道藩、刘健群两人之名而未提我。他报告完毕后，蒋介石接着讲话，把我的名字加入。我当时以为谷是出于无意，后来经过许多事件，我才知道我的观察错误。因为此时陈立夫已经很不喜欢我，他可能担心在这种场合提到我，将引起陈立夫的不快，故将我略去，亦可见其小心谨慎，颇得做官之道。

三、独山道上的惨况

贵阳的难胞招待所办好后，谷首先回重庆。张道藩、刘健群和我又去独山，沿途都见难胞步履蹒跚的涌来。此时已入严冬，天寒地冻，有的难胞以稻草捆双足；有的以破毡当作披肩。因独山大火后，空气中充满了烟尘，他们沿途奔波，无处也无暇洗浴，每一个人的脸上和颈上都有黑灰，似乎是刚从煤矿出来的工人，有的妇女背上背着一个小孩，腹中还有一个，手上又牵着一个，面色惨淡，显出欲哭无泪，路旁的破烂草棚，多有人冻死在内或是死人和活人躺在一起，因活人也是半死，可能不知其旁人已死，或虽然知道，也无他处可去。种种惨状，实非亲历其境者所能想象。

我们一行先在贵定县城住一夜，此时适凌汉周先生任县参议会议长。他坚决反对敌人未来，即先弃城而去，各机关的人不便先逃，照常办公。贵州支团书记季天行奉命疏散回籍，亦协助办理过境难胞的工作。谷正纲由桂边回贵阳时，路经此地，大为赞赏。第二天去马场坪，谷经过此地时，曾交一笔巨款与省府社会处长周达时，令其办理难民救济。但谷离开周即弃职而去。谷闻讯，大骂他临阵脱逃，应予枪毙。他一回重庆，便将周撤职，以季天行继任。

我们在马场坪停留半天，即去都匀。此城已被毁一半，敌进入独山时，居民闻风而逃，难胞涌至，旅馆、饭店均关门无人，难胞饥寒交迫，便破门而入，找食物生火取暖。第一批离开，第二批难胞又来，原有的燃料烧完，便用桌椅、门窗来做燃料。时值北风怒号，易起火灾，无人抢救，四处延烧，独山和都匀被烧毁，其原因也即此。

到都匀时，尚有难胞数百人住私人住宅，屋主回家，无屋可住，有屋住也不愿难胞久占。原有不少有钱人，没有交通工具又无食宿，置身于难民之中，此时局势已趋缓和，便有人想在都匀暂住一个时期，再定去向，有的见有适当房屋，不问租值，抢先租下。一时房屋供不应求，有的乘机提高租金。我们先将屋主自用的房屋交回，难胞则移入一间学校，免费供应食宿。

到都匀的第二天晚上，有两个约五六十岁的绅士来见，自称代表老百姓说话，他们说，“难民霸占老百姓的房子损失和破坏不堪，应即交回。”细问之下，就是他两人的几幢空屋。我们劝他说：“不到一个月这些难民就会离开，我们担保今后再没有烧毁桌椅门窗的事发生。”张道藩说：“今天我们贵州人的祖先，绝大多数都是从外省来的，当年来时，也可能是逃难，就像今天的难胞一样，假如那时的贵州的人不帮助他们，一定会冻死、饿死的，也不会有我们了。请你们两位还是宽容这些难胞多住几天吧。”他们未为所动。张道藩便说：“你们两位自称代表说话，明天我去县党部召集民众大会，如无人请你们，冒充代表是犯法的。至于你们现在要收的房屋，可由政府明令征用，已住的难胞要住下去，将来有难胞来也要住进去。”当时《大公报》记者在场，目睹此情，曾作专文报道。

我们在都匀停留三天，再去独山。过深河桥时，沿途所见，更是惨绝人寰。深河是都独之间一条小河，河面很窄，河身很深，故名深河。汤恩伯军放弃独山时，便将桥梁炸毁，但并未全毁，我们坐的是道藩轿车，仍可通过。但当时涌在独山深河之间难民，听说桥被炸毁，大起恐慌，乱作一团。许多父母子女一瞬间被冲散。有车的人，达官显宦，富商巨户，也不得不弃车而逃。公路两旁停满了大小汽车，一辆接一辆，如两条瘫痪的长龙。老弱与父母离散的儿童，躲入空车内暂避风寒，结果冻死车内，几乎每辆车都有尸体。还在一辆名贵小汽车内看见三个小孩尸体蜷在一起，细看之下，此车还是黔桂铁路侯局长的坐车，因为有名片和信留在车内。

我们到独山后，才知道敌人侵入时，居民多躲入附近山洞。勇敢的人，晚间出来袭击敌人。遇少数敌人，出其不意，予以袭击，夺取枪弹。打死之敌，埋尸荒郊，敌人搜寻，一无所获。他们说，“打鬼子比打溃军还容易。”据了解，敌人在独山只停留两天，敌人退出前一晚，城郊的一个山洞突然爆炸，山边几户人家全被掩埋，入洞的一个小分队敌人，全部粉身碎骨。我们去看时，附近田中，满布飞来的乱石，还有断腿残肢杂在其中。

四、汤恩伯军抢山洞

我们由独山回贵阳途中，刚走约半小时，经一个山坳，听见四山有号角之声。此起彼伏，夹着枪声。高地上有几个持枪的乡民，大叫着。我们停车询问。他说："下面小村背后有股匪抢山洞，他们去救援。贵州洞多，每当兵灾匪患，大富之家远避，中等人家，把粮食牲畜避入山洞。有的洞面积很大，有小河和阳光。存粮食，备武器，以作久守之计。贵州治安良好，竟有股匪光天化日之下抢劫山洞。有些可疑，乃问道："是什么样的匪？"他说："全是穿黄色军服。"我说："那是我们的军队，不是匪"。他说，"不是匪，为啥抢山洞？"道藩说："一定有误会，千万把事情弄清，不要闹大。"我们关照他们，我们奉命搞好军民关系，一定和平解决，不要乱放枪。

我们三人商量片刻，刘健群认为这一带军队是孙元良的。他与孙熟识，即转独山县城找孙。我们则前往小村，全寨四、五十家，已逃一空，有军队几十人据守。村后山腰，约有军队一个排，正围攻高处山洞，洞内还击，流弹飞过头上。我们找到连长，表明身份，并告有人找孙军长，请他下令停止攻击。他说："洞里是匪，藏有许多军械和军用品，全是在仓库抢去的。"原因敌人迫近独山，汤军不战先退，仓库看守人员闻风而逃，公路不远几个仓库，军服枪弹抛在地上。附近居民看见仓库被弃，乘机取其可用者搬入洞中，以常情言，政府弃之他们取用无可厚非，敌人退去，如要清还，应会同政府办理。汤军不对敌作战却去围攻居民的山洞，为别有所图，我们几经交涉，连长同意下令停止攻击。

洞内乡民不知外情，仍向外放枪，四山亦有枪声，省保安处有一上校军官随同我们，冒险走出门外，大声呼喊说，"我们是中央派来的人，现在军队已经停止攻击，请你们派人共同商量解决的办法"。经他反复呼喊后，山上和山洞的枪声先后停止，却有一乡民带十余人来到村边，道藩和他们见面。连长为了保护我两人安全，要派几个人去。我说："请不必，以免引起他们的误会。"我俩走近乡民代表时，他们手中持有新的手提机关枪，一望而知是从仓库拿来的。

他们似乎有戒意。我们间为首的一个中年人说：我们一定能帮助你们解决此事，包你们不受任何损失。他才将带来的人留在村边，独自到村中和连长相会。连长指责乡民不应拿公家的枪弹和军用物品。乡民代表说："敌人没有来，你们便先逃，仓库里的东西既不运走，又不掩藏，公家不要了，我们老百姓拿少许来保卫自己之用，有何不可？难道应留给敌人吗？”此时，刘健群和孙元良派来的一个参谋来到，传达孙的命令，连长没有再和乡民争辩，即下令撤退围攻山洞的军队。乡民代表称谢而去。我向参谋说，请你回去报告孙军长，清还军械和军用物品的事，最好由汤总司令定明办法，会同地方政府和乡镇长办理，方可顺利进行。若由军队直接清理，仍将引起误会，请孙军长多多考虑。他表示同意我们的意见，一定把今天经过的详细情况报告孙元良。

就当时局势而言，假如我们不在那里，汤军纵能攻入山洞，也无法走出四面层层包围的小村，必是全军覆没，然后再派大军来清剿，激起民变。

[转录自政协贵阳市文史资料研究委员会编：《贵阳文史资料选辑》（内刊）第十二辑，1984 年版，第 164—173 页]

（23）忆黔南事变

邓善渠

噩耗传来满城惊、黑夜四郊逃难人

1944年11月30日，闻日军已到广西南丹，讯息传来满城百姓仓皇失措，逃往四乡避难。时值严冬气节，北风飞雪之时，又兼黑夜风号，满城大火之际，余妻等四人，欲逃往甲排避难，要通过公路，正值军队辙退，车辆拥塞于途，不能通过，只得从车隙间穿过，数小时才到达甲排，时已天明。外来难民不择道路，遍山遍野呼老唤幼之声不绝，撤退之军如潮涌，犹恐落后被俘，大家争先恐后，以致造成大混乱。

千余倭寇何来速、十万蒋军气却穹

12月2日凌晨，日军占领独山，在墙壁上大写“无血占领”等标语。蒋军数万已于前三日走光。日军说：“我们追击机都赶不上蒋军之速。”可见军无斗志，仓皇撤退不抵抗的狼狈形象。

大山塘险放弃守，一枪不放悄回城

广西丹池公路中大山塘，是黔桂边区险要关口，日军占领衡阳后，形势紧张。黔桂边区司令韩汉英，奉上级令饬驻独山四分校的学兵和驻都匀炮校，龙里辎校，广西南丹通讯队等编组两团，到池丹间的大山塘险地构筑工事防守。后又接军训部令撤回，强调学兵是国家培养造就下一代接班人，不能轻易牺牲，因此不放一枪一炮悄悄放弃大山塘险地不守迅速撤回独山，这叫不到最后关头，不轻言牺牲？花三月余筑的工事，一旦放弃，以致造成黔南事变的大浩劫。

捏报黑石关大捷、扭转西南大局势？

黑石关距县城40余里，距上司10余里，地势险要。闻日军已过龙江（怀远），黔桂边区司令急派临时检查哨于黑石关，检查来往行人。当时由广西撤退下来部队不受检查，互相冲突；又兼大批难民蜂拥而来，说日军已到后面，争先恐后。哨所为了维持秩序，放枪示威，引起了互相之间混乱，打死打伤难民军队，百数十人，为此蒋军借此机会上报说："黑石关之战，扭转西南大局。"殊不知是自己混战，难民遭殃，那里是同日军战斗，纯系妄报邀功。

妄报独城大会战，焦而不战毁山城

12月2日凌晨，日机在火车站上空，散发传单，叫老百姓到石家坟附近欢迎皇军。少数没有气节的无耻之徒，冒充绅耆，手执白旗前去欢迎，反被日军先遣队打了执白旗的几耳光，并剥去欢迎人的毛线衣，还追要白糖纸烟，关金等物，拉去抬抢来的白糖纸烟等物到日军临时司令部（南楼）。这是对没有气节的无耻之徒的一点惩罚。日军后续部队继续驻扎火车站，卫生院、猫寨等处。国民党贵州日报还登载"独山城内大巷战"，殊不知日军未到前三日蒋军已走光，城内已成一片焦土，那里有什么巷战，纯系捏报军情，骗取上级邀功，当国家处在生死存亡之日，不思报国，还假报军情，真是禽兽不如。

里周洞内一声震，炸死难民满地坪

12月3日下午，驻里周寨日军30余人，奉命撤退时焚烧洞口外房屋，并点火到洞口搜索，遗失火种，不知洞内存放由桂林运来的兵工厂弹药、汽油等易燃物百余吨，引起爆炸。一时烟雾漫天，声震数十里外，飞沙走石，尸骨遍地，惨不忍睹。炸死震死未及走的难民，百数十人，当场炸死日军11名（据此次日本回访团说的）。里周寨七、八十家夷为平地，因此日军感到恐慌。同时接到柳州敌军令迅速撤退。原计划到达独山时，待命一星期，谁知改变计划，主要是为了太平洋军事失利，日军准备由太平洋撤军经越南海防，南宁，到柳州一带集中。为此急电侵略军占领独山等地的日军赶紧撤退。后又发觉蒋军云集反攻，恐遭不测，心更恐慌。据3月19日日本回访团九人中曾有管原源六、山野边荣二人参加日军占领独山，他们说的，恰逢其时，洞口爆炸，日军占领独山，出进二日就撤退，据他说连夜撤退，非常恐慌，连走不动的日军也无法照顾了，不单纯是为了洞口爆炸而撤退。

［转录自独山县政协文史资料研究委员会编：《独山文史资料选辑》（内刊）第三、四辑合刊（抗日战争胜利四十周年纪念特刊），1985年版，第16—19页］

（24）悲惨日记——“黔南事变”的亲历

周锦江

1944·11·20　农历十月初五　星期一　晴

挟着《国文》和《代数》两本书就去上学。还不到七点钟，街上已经很热闹，一个挨一个的地摊大声在叫卖。他们喊着各地不同的腔调，说的话我有大半听不惯。摆地摊的都是沦陷区逃来的难胞。学校的大北门已经上锁了。只有侧面传达室的小门虚掩着，我推门进去，守门的老黄伯说：“你还来做什么？学校已经停课了！”

11·23　农历初八　星期四　阴

吃过中饭，到抗日阵亡将士暨死难同胞纪念塔广场去逛地摊，那里卖的多是古董和旧书画。昨天，七叔在那里买得于右任写的一幅草书中堂和一副对联，刚逛几个地摊，就高兴地买得一个镌有《总理遗嘱》的大铜墨盒和一本线装字帖《宋拓张猛龙碑》。回到家被父亲训斥，他说：“祖母马上就要先到尧蒙二姑家去躲了，一家人也都准备疏散逃命了，你还去买这些来当行李么？”黄昏时，看见七叔在后园里埋东西，我也用油布包好铜墨盒埋在一棵花红树下。

11·28　农历十三　星期二　阴

今天街上特别乱。住在我家院子里的中央军校黄教官说，南丹已经沦陷，鬼子就要打来了。黄太太和她家勤务兵正在往外搬东西，准备撤走了。我母亲神色惊惶地说：“快收拾东西吧，明早就和大姨妈家一起去翁奇杨姑爹家躲。”

11·29　农历十四　星期三　阴冷

天蒙蒙亮，全城像热锅上的蚂蚁。外面传说，日本鬼子已经打到麻尾了。母亲急忙带着我和弟弟离家逃走。只一担行李，用四块银元请一个乡下人帮挑着走，我们一行 4 人出大东门经黄埔路口向贵阳方向奔逃。

这时，一路上人山人海，拖儿带女，肩挑背驮各式包裹，拼命向前挤着走。

公路上有各式各样的车：中间走的是用木炭作动力开的汽车，和车后拉着大炮的军车，军车上坐满了人；木炭车上更是堆满行李，行李上又坐满了人。人在高高的车顶上，摇摇晃晃。汽车的两旁走的是牛拉车和人力车，这些车上捆着箱箱笼笼，衣被杂物。老人和孩子坐在行李上面。车和车互相争路，缓缓爬行。公路两侧是干田，田踩成路，全是惊惶奔走的人群。在一些田埂脚角坐着或躺着一家家老老少少，他们大概是多天来日日夜夜没命逃亡又饥又寒已经走不动了的人们。在四方井那里的公路边丢有一辆缺轮子的人力车，车上用布条套着一个六岁上下的女孩，已经哭哑了，她的亲人已不知去向。人们都只顾逃命，谁也不去管她。当我们爬到深河坡头，回头看城里，有几处冒着浓浓的黑烟，烟柱直冲到半空中。从距城不远的飞机场方向，不时传来轰隆轰隆的爆炸声。

我们继续赶路。下坡到深河桥头，见几辆汽车翻落在十几丈深的河里，车冒着烟，摔死的尸首横七竖八躺在干涸的河床上。公路上的汽车哼着爬坡，爬不快的被后面的车顶翻了……我们到黄家桥时已是下午 3 点多钟。20 来里路，走 8 个多小时。小弟说饿了，走不动了。母亲因为背东西太重，爬坡费力，还落后得很远。我和弟俩坐在路旁歇累。这时才发现帮挑行李的人不见了。我心慌极了，哭着喊着去找，找上找下，找不见他的踪影，知道这家伙昧良心挑我们的东西逃走了。等母亲来到。三人哭着上路，走到圆圆的月亮出在云雾中时才到了翁奇杨姑爹家。

11·30　农历十五　冻雨

杨姑爹家楼上，睡满了人，除我们和姨妈两家的人外，还有城里逃来的亲戚。天刚亮，我走到楼门外的栏杆边，看到距离 30 里外的县城的上空，被暗红色的雾蒙蒙的烟云笼罩着。吃中饭的时候，又有城里的亲戚逃来，说街上到处放火，全城都在燃烧；城外响着零星的枪声；飞机场的美军还继续引爆堆放的炸弹；城里的人已经逃光了。母亲边听边流泪，我们也跟着啜泣，不知父亲可逃出去了没有。晚上，远望县城的上空，更是一派通红。不时还隐隐听到飞机飞过顶上的声音。

12·1　农历十六　星期五　冻雨

杨二表哥神色慌张，扛着两匹白布回来。他喘着粗气说：“日本鬼已进独山城了，是火车站的人说的。”他又说：“大坪车站那里有人在卖白布，一块钱一匹。”母亲说，我们的行李被人挑跑了，没有衣服换洗，去买两匹吧。她带着我经过兔场街到大坪去买布。我先背一匹往回走；路上结冰，走几步就跌倒，爬起来又走，走又跌，跌又走。走到狗场下去的小路上，听到一声枪响，接着看见一队国军从对面的小路走过去。我转过山嘴，看见一个身穿蓝布衣服的农民倒在田里，血正在流，冒着白气，手脚还在抽搐着。

母亲和我背布回到杨家，杨姑爹对我们说："这里离公路太近，快和我们一起躲到沟山寨去吧！"母亲就带着我和弟逃进沟山。这时，进沟山寨的路口已被砍下来的大小杂树拦住了，还有寨上的青年持着步枪把守着。我们因为有寨上的熟人带领，被允许进去。到半沟寨一个人家，也是姓杨的亲戚。我们在铺满稻草的屋子里歇下来。不久又来了好些翁奇寨上的青年人，肩上扛着火烧过的中正式步枪。他们说，大坪车站一列装有10万支新枪的火车被国军自己破坏了，用汽油烧。烧过后军队撤走了，那些枪任随人去抢要。

山高寒冷，又累又饿，我蜷在稻草堆里睡着了。

12·2　农历十七　星期六　小雨　冷

用碎包谷掺红薯丁做的饭，没有菜佐餐，可我们吃得很香。

下午3点钟，头顶上空飞过三组品字形的飞机，共9架，往独山县城的方向飞去。听大人们说，这是美国飞机，是去轰炸日本鬼子的。我心里很高兴。

黄昏时分，有人从山外面来，他说日本军已打到深河坡头了。

12·3　农历十八　星期日　阴冷

清早，老人们商量要逃到顶沟寨去。那里山更高、林更密、路十分难走，会要安全些。到吃中午饭的时候，还不见有走的动静。我问母亲，她说，暂时不去顶沟了，寨子上的人去打听来说，鬼子只来到深河坡，没有再上来。

12·4　农历十九　星期一　阴冷

下午3点钟，有9架飞机从北向南飞去。

12·6　农历二十一　星期三　晴

日本人已从独山县城撤退的消息传到沟山，人们脸上多天的愁云散开了，像今天的天空一样，是个晴朗的天。我们当天就搬回翁奇大寨杨家。

12·7　农历二十二　星期四　晴转阴

吃晚餐的时候，一群农民回寨子来。有一个农民难过地说，今天我们去

“壅瓜堆（埋死尸），光从老木树到兔场，就壅了56个。”他还说，上寨幺公家捡回一个活着的小男孩。

12·8　农历二十三　星期五　阴

上午10时，动身回城。

从兔场到黄桥的公路两旁，还有些零星的没有掩埋的尸首。

母亲背一个大包袱，我15岁瘦弱的身躯，也驮着一个不轻的包袱。边走包袱边往下坠，整整坠坠，走得很慢，大概下午3点多钟，才到深河坡。这里有成群的乌鸦在头顶上空飞来飞去，呀……呀……叫噪不停，路两侧有许多黑血斑斑的尸体。下坡到了桥边，桥已有半边被炸去。从深河街半坡向南的公路上，停着头接尾，尾接头的汽车，不知多少架，看不到尽头。每辆车的车头，都没有盖板，风吹来车头部的扇叶还在缓缓地转动着；车下的轮胎都被割去大半，只有紧贴地面的一小段还被压着。桥头有10多具尸体，他们的衣裤全被烧光，裸露的身体烧得焦黄，烧扭的脸上只见黑洞洞的眼腔和白色的牙齿。路上满是纸灰和未烧化的书籍，旁边烧坏的汽车车门上，清晰可见“商务印书馆”的字样。我们跨过死尸，走“之”字路前进。不远，路边一堵土墙上。用红土写有“大东亚圣战”几个字。下完深河坡就进入独山的大坝子了。在空旷的田野上，到处分布着用三颗石头砌成的灶群。在这些灶群的附近，总死有不少的难胞。其中多是须发斑白的老头和幼小的孩子。

走进城，心更凉了，眼前是一片焦土。一个星期前繁华的街市已荡然无存，到处都是颓墙断壁。半倒塌的砖墙里夹着的柱子，还冒着残烟。我家住在城中心，走到那里，却找不到家了。废墟连着废墟，都是同样的一片片瓦砾场。站在城中心，没有什么遮挡，可以看见东、南、西、北四座石头建筑的城门洞和毁坏的城墙，天渐渐黑了，在乱瓦堆里，丧家的饿狗夹着尾巴窜来窜去地觅食。不远的石阶上，坐着一位老妇人在哭泣……不知过了多久，母亲终于发现我家的一条巷子。从巷子进去，真使我们兴奋，在万劫之中，我家后进的房屋竟孑然独存！进了家，一片漆黑，看不见父亲，一家人又哭了一夜。

12·9　农历二十四　星期六　阴冷

喜从天降，父亲回来了。他是从尧蒙村二姑母家回来的。他又黑又瘦，脸上还满是伤痕。他引我们家人去烧毁了的皇仓那里撮焦糊的稻谷，母亲簸去谷壳，就煮来充饥，又糊又苦，但比挨饿好得多啦。吃饭时，父亲告诉我们，这些天他一直躲在厨房的小楼上。12 月 4 日的那天，天快黑的时候，有几个日本兵突然冲进家来，叽叽呱呱，凶神恶煞，说什么根本听不懂，鬼子就毒打了他，他倒在地上，眼睛发黑，脑子嗡嗡地响。鬼子到处乱翻，在一个旧木箱底翻得一柄把上携有“校长蒋中正赠”的佩刀。这刀是我五叔周汝和在台儿庄受重伤后回家休养时留下的，五叔是黄埔军校的学生。日本鬼用这把刀比着我父亲的颈子，把他抓走。鬼子逼他挑东西，连夜向南撤走。到凉亭那里，天完全黑尽了，他趁鬼子不提防，就丢下担子逃跑了，顺着羊滩的小路跑到尧蒙。第三天下午他才回来，就在他回家前几个小时——12 月 6 日上午 11 时（墙上的钟停的时刻），美国飞机来轰炸。炸弹落在房后的水井边，连大条石做的井槛都炸飞了。墙壁上满是飞机扫射的弹痕，父亲的床上扫下一碗炸弹壳的碎片。幸好这时他还在回家的路上，父亲又说，昨天他挂念祖母又到尧蒙去。今天才回来。

12·12　农历二十七　星期二　阴

都独警备司令部的兵在街上巡逻，还有佩戴“嵩山”胸章的穿反衣服的中央军也在街上巡逻。听说还成立什么清乡队。一些难胞在临时搭的棚子前用旧搪瓷面盆煮牛皮卖。饥饿的人们就来买那煮后胀得厚厚的牛皮充饥。

在小十字的一堵断墙上贴着一张《中央日报》，有几个人在那里看，我也走近去看，头版头条赫然在目的新闻标题：“黔南大捷——陪都各界举行祝捷大会”。我只看标题，心里有说不出的酸甜苦辣，真令人啼笑皆非，回到家想起连日来见到的惨状：那么多死难的同胞和破碎的家园，九死一生的亲人……情不自禁地伏在桌上痛哭起来。

［转录自独山县政协文史资料研究委员会编：《独山文史资料选辑》（内刊）第十三辑，1998 年版，第 139—146 页］

（25）《避寇日记》摘要

万仿苏

原记是在1944年黔南事变中所记，当时不拘一格，随事都写，今仅摘其可以反映事变中情况者于下，其他不录。

1944年11月23日：日来消息日恶，闻敌已到河池。午间雇得赴麻江下司船一只，即收拾各物，明日装船，妻、子、女等先赴下司暂避。

24日：午间，昨雇之船主金大明及其子来代运各物，往返五次始毕。

途遇许伯远兄，知其所包之船亦已装运完毕，可能先行。母亲下午二时乘滑竿到。同来者有玉梅甥及七五侄。甥因押运书物，明日可到。母谈独山情况颇详。

25日：上午，母亲仍就原夫赴麻江韩兄处。妻、子、女等上船赴下司。余送母至车心堡始返。一路难民络绎不绝。至老人街，闻警报，久不解除。至场坝码头，船已不见，知妻等已行。

下午二时，梅甥及书物等到，补付力钱12500元。

顿时警报又鸣，出城暂避，一时始返。

26日：午间，遇电局李聘之君，言连日敌机侦察荔波、三合一带，殊可虑。

日来我军经都匀赴前线者不少，马亦车运，匀人于惊惧中，似稍安。烟业公会于军车到时，以纸烟抛入车中慰劳。

日来又闻大军经麻江赴八寨者不少。

27日：晨入校，正上高一课时，闻空袭警报，即至斗阁（今气象站）李德怀君处暂避，甫坐，紧急又鸣，遂至一山脚隐避很久，紧急终不解除，至李朗之君处用餐，机声又作，约半小时，紧急警报解除。

28日：午间杨济光君为雇小船二只，代运独山书物赴毛滩。仅起运二箱，警报鸣，即停运。

29日：汤福祥自贵阳来，云："经沙包堡时，两美军言，敌人骑兵窜到荔波"。我疑汤未必懂英语，因此疑信参半。顿时许必昌君自独山来，言独山飞机场停工，汤言确矣。

30日：王宝书表兄来云：城内外纷纷搬运，极为混乱，问余有所闻否？余以昨闻汤言告之。即外出，见纷扰惊惶殊甚。余意妻等已赴下司，余孑然一身，万不得已时再走不迟，亦不惧怕。惟居当闹市，又无退路，若有突变，危险殊甚，遂至伯远处与之同榻。

夜半伯远同居之军属叩门曰，闻敌人已到墨冲，确否不可知，已派人赴长官处探问。余与伯远起，片刻，复来云，乃谣言耳。

本日午间县长周世万来谈，余请求为我书物想办法。彼允于民工到城搬运公物时，以六名助我。喜甚。时尧家之许新源君亦在坐，乃以前五中学生，请彼代为运至其家暂存，当蒙应允，甚觉事颇顺遂得意。

12 月 1 日：晨外出遇电报局李聘之君，据云敌人尚在独山黑石关一带。昨夜从电机上闻独山有爆炸声，大概是我方爆炸物资。

至周质民君处，知其夫人乘车不果，现决步行，惟行李不能随带矣。

遇县长周世万，云：顷遇张发奎长官，谓匀、独力量单薄，怕不能守，桥梁将炸毁，劝余等速行。至伯远处，告以所闻，决即起行赴麻江。稍间，沈季辉、周绍明两君及其夥友四人，挑子三挑亦来，并购了灯笼牛烛，以备夜行。

出城时，人山人海，纷纷北行。此时细雨纷纷，北风刺面，尤不可支，更增感慨。季辉购糍粑数斤，众人分食，怕途中难以购食也。

行至马坡，车辆拥塞，费时颇久，始行穿过。行至沙包堡，拥挤不堪。至杨柳街遇质民夫妇、沈淑良夫妇及沈定慈、杨文藻两女生，立谈数语，黯然作别。他们今夜宿此。

行至协昌，彼此饥肠辘辘，路又泞滑。觅处投宿，各家人满，无立足处，露立者到处都是，时已七时半。燃烛复行。行数里，路侧一独家村尚有冷饭半瓢，众人分食各得半碗，甘不可言，主人索价 300 元，付之即行。绍明曰：此人太老实了，即敲我们千元，宁不付吗？

复行，距高枧不远之一独家村，入一钱姓宅，宅有多人，此时已不能再行，于是相继挤入，围火而坐。主人是一老媪，大不满意，又无如何人们，呶呶不已，大家充耳不闻，漠然置之。

柴烟满室不可忍，开窗通气，冽风吹来尤不堪，复闭。已九时，就地互相枕藉，地气寒彻骨，于是坐以待明。屋瓦沙沙，知雨雪珠也。

2 日：晨季辉付老媪 300 元，彼喜甚，似悔昨夜之呶呶。行 12 里至老鸦冲，由支路赴麻江，行人少了。再行十五里至麻江城。入县署见母、嫂等，知韩兄尚在黄平监修飞机场，已派人去接，今明日可到。此时麻江城内亦极恐慌，县府亦纷乱不堪。

3 日：晨母亲梅甥赴下司。韩兄旋踵来到，各处均来请示，纷纷不已，余欲一言而不可得。夜深，兄始谓我曰："汝明日赴下司照料母亲。我非万不得已，不能离城。"

县府旋接八寨电话，谓敌人已入八寨城。麻城有美空军指挥，即电某处空军前往轰炸。

4日：赴下司，同行者有吴厚安、毛秉权等多人。不数里闻爆炸声，颇震，仅二三响即不复闻，继闻沙沙之声不绝。然声极微，极远，非细听则莫能辨。行约四十里至龙昌堡，声仍不绝。

此时有一车自身后驶来，即停，车上五兵持枪下，指我曰："你是县长之弟，亟须返城"。势甚汹汹，即拉我登车，见车上有县府之蒋科长，知为彼指点也，不然兵何知我为县长之弟，我亦无言，事已至此，惟有听之。车行不远，又遇下司保警队附郑某，兵亦拉之登车，抵城已黄昏。至一连部，先搜查我身，拿去身上之14000元，又夺去我手杖，大呼加绑，但也未绑。继押见连长，余上前欲与言，兵谓冒昧，自后踢我一脚，虽不大痛，然侮辱太甚，愤极，亦无可如何。连长曰："敌未到，尔兄即离城，我们供应无着，尔应为之负责。"余曰："我任教都匀，都匀紧张，我昨日才到此，县长虽与我是弟兄，各事其事，我何能负责。且我是教书，不懂作县长之事，我能何为？"连长无言，命兵押至师部。时细雨纷纷，黑不见路，至师部见副官某，彼言与连长同，我亦应之如前。彼问韩兄何在？我答曰："我离城时，彼仍在县府内，此后不知。"彼曰："不实言将用刑。"我曰："知而不言，听任处罚。"副官命押出。见其与押者细语，不知何言。余意今夜殆毕命于此，心遂一横，只有听之。但愿一弹毕命，少痛苦耳。

继又押余至另一连部，连长命加绑，然始绑即解，而蒋、傅之绑不解，却不知其故。押入一黑室，坐约半小时，副官主任派人来命押余去。到时即为蒋傅解绑，又在余背上拂了两下，似有抱歉之意。曰："念你非县府之人，又昨日才到，不要你负责，你们可去，但要你兄速返。"余曰："可。"继请以一兵导我出贵军警戒线，又请命连长还我搜去之钱，均获许可。

至前连部，连长以10元纳我怀中，曰："还你的钱。"我亦不复言，遂与导行之兵复出城，经五处警戒，兵始返。我与蒋、傅复向下司行。途中拾得一棒，用以助力，若遇野兽，也可一拼，此时大约九时了。至次日天明始到下司。

我在该师部见各室以大瓦缽装炼好之猪油，插入粗如菜刀把之灯芯一束燃之，全家通亮，余疑是富家仓皇奔逃遗下，后始知此处乃合作社。

（注）韩兄之离城，由于县府中闻爆炸声。府中人员当即惶恐出奔，仅余兄嫂二人。此时城内已逃避一空，呼应不灵，而军人却在此时需索种种供应，

且蛮横无理，实在无法应付，不得不离避。

麻江所以如此混乱，实由于通讯兵学校首先逃跑所引起，校教育长童元亮，实不能辞其责。而驻军尚能坚持不走，还是难能可贵的。

5日：到船上看母亲，述昨经过，即在船上休息。

午间融侄言韩兄到镇公所。余往晤，见人群围兄而语，多口纷纭，哄哄一室，兄亦无法答复，我欲一言，亦不可得。久之兄向我挥手曰："速去设法安顿，此时一切不必言。"余返船中，焦念不知所处。

此时下司亦惊惶殊甚，由都匀来此之家属均坐船上待发。居民亦纷纷搬运下乡。念到此处是通船水道，都匀若失，一水之便，此处亦不安全，拟放舟凯里暂住。毛秉权君凯里人，彼在凯里有相当社会地位。我在四川李小炎师部任秘书，彼任营长，是熟友，昨日又同行，因在龙昌堡我被拉，始分手，今往凯里，望其相助，想不见拒，于是命金大明放驶。金谓余曰："下司、凯里上下流耳，下司若失，凯里又何能安？不如到老虎庙停，上岸赴大中，此处僻背，较为安全。"余觉其言极当，且知大中有学生，可望相助，遂从之。

此时船上有母、妻、子、女、甥女及我共十人，加以堆放各物，挤塞不堪。

船行中，因水浅触石，水涌入，母等大俱。幸金父子努力靠岸修理，约一小时始复行，到老虎庙，天已黑尽。上岸求宿，因系苗族，语言不通，遂返船与子筑麟，携一被，上岸宿——岩下。船中母尚可睡，余均坐到天明。岸上风大，寒甚，加以水汩汩声亦不易入眠。

船泊此，仅此一只，若有匪人，无从呼救，又深悔今日之行孟浪，母、妻之危惧尤甚。

6日：天明即由金大明引路，前往大中，雇夫搬运什物。筑儿同行。行里许，金曰："由此顺路前往，即到大中"。余曰："我往雇夫及滑竿，你回船要我甥女扶吾母沿此路行，能雇得滑竿相接，固佳，若不可得，缓步亦可到"。金遂返。

殊沿途行来，歧路不少，无人可问，又无指路碑，仅择路之较宽大者而行。数里，有一人自凯里来，问之，乃知此是白午乡，大中不由此路，此去，要多走些路。此去白午，尚有四五里。

至白午。知乡长为罗中伟，以前五中学生，不在，遇副乡长，谓去大中十里可到。

忽遇省中学生黄开祺，坚邀至其家稍憩。其父伯鸿殷殷相款，其兄白阶亦出，亦系五中学生，并拟为我引路到大中，并留饭。半月惊惶颠连，饮食不甘。此处如桃源平静，酒肉相款。我与筑儿亦饿，也就谢谢狼餐。廖寅初、王家修、黄亮久诸君均麻江中学教师，亦到，同赴大中，遂欣喜结伴，黄昏即到大中。移时女与金大明之子并挑行李到。询祖母为何未到？曰："祖母与梅姐先来，何未到呢？"余惊曰："坏矣！"即请乡长罗毓疆君代为觅人分道寻找，看迷路于何处。罗亦五中学生。又电罗中伟请代寻，并谓"如到即宿你处，明日余来接"。旋接黄柏鸿君电话，谓母及两甥均到，并谓韩兄已返麻江，至此心乃大安。移时妻亦到，什物等将于明日续运。

稍时学生徐锡冕约至其家晚餐，其父孟和、叔仲安均相待甚殷，其弟兄尚有锡庆、锡玮、锡周、锡瑞、锡彪等均以前学生，于是欢甚。余以前曾与友人谈曰："教书无出头日，惟流落时到处有熟人，可以馔食。"今成谶语了。此次逃难没有往天这些学生，是不堪设想的。

夜接韩兄电话，嘱余至城相助。

7 日：什物运完，租得屋一间。

8 日：连日奔驰不安，今日乃与家人团坐而食。

9 日：应韩兄命，赴麻江，夜宿下司，晤伯远、季辉、厚安诸君。知独山、都匀大火，拟到兄处后，即到都匀一视。

10、11、12 日：到麻江后，知敌人已退。兄及周质屏君曰："独山、都匀既大火，往视何益？途中难民仍多，加以溃军，殊危险。"余仍存万一幸存之想，稍一料理，仍可勉敷难中用费，不然现在即不能继续下去。

都匀人邓仲华君在麻江县府工作，闻余往，亦同行。

13 日：晨，韩兄命保警兵何国良伴余及仲华同往都匀，经老鸦冲，时见散兵出没，心颇疑惧，经高枧、协昌、杨柳街、沙包堡、车心堡等地，民房十九被焚，居民寂不一见。所见路毙不下数十，此仅当大路而言，两旁小道则不知了。桥梁均经破坏，正搭修便桥，沿途破坏之车辆颇多，未烧尽之物四处抛散。沙包堡、杨柳街爆炸之大小弹壳，长者尺余，抛散遍地，铺散颇广，人们踏走其上。过平堡见一家门前坝男女尸纵横其上，不忍视，急步而过。

行经一日，难民仍络绎不绝，纷纷北行，惟不及上次来时拥挤。难民等均狼狈憔悴。我欲寻一态度比较安详者一问都匀现时情况而不可得。南行除我三人外，杳无一人。至沙包堡始遇许登峰君，知小西街未焚，则我屋幸免。

至老人街，见横尸数具，闻为抢劫犯，被枪决者。到家，见门内外男女难民拥挤，杂以军人。入内，书籍抛散遍地，和一切污物蹂杂，人们则行走、坐卧其上，几无插足之处。更以书堆烧来取暖，又有死孩一具，不忍视。

余向众人曰："我是此屋之主，今返家，请迁别处，我将整理入居。"众均默然，我也无法再言。

遍视楼上下各处，独山运来之书物，均将箱打开。尤可伤心是母亲之“装老衣”全完了。原存之米谷颗粒无存，大小菜坛以及厨房盆钵之类，大小便充满其中，各处粪便淋漓，秽不堪言。

至县府晤周世万县长，请其迁难民于难民收容所，以便入居。当时省社会处长周达时亦在，均蒙允办。

14日至15日：14日难民均走。15日雇人扫除，整理残书入箱，而军人又来，楼上下均满，燃火熊熊，团团围坐。余恐引起火灾，又恐其任意取我物乱烧，与何国良不敢眠，监视到天明。粪便淋漓，又依然了。

16日至23日：日来租房者不少。我房租给钱英者，彼乃柳州五金商，然无一货，货在柳紧急时，或埋或弃了。我仍留原住者，以待妻等归来。但房空则军人来住，特请肖奶来住以杜之。肖于22日入居。

18日接融侄信，乃上月报告妻等到下司，信迟收已将一月，今始到，可笑。

此次都匀场坝全毁，惟都匀中学及附近数家犹存，然亦残破不堪。环城路、大西街、关厢街全烧。

城内人家，十九居住难民，难民污烂不堪，青年妇女尤甚，非如是不足以保贞，可伤也。

难民多就地设摊，抛售衣物，一是得钱可维持生活，二是减轻负担以便行走，甚至成箱成篓抛之以行。地摊沿街都是，几不能行。

本地乡人来城售糯米粑者特多，因其耐饿，食时方便，携带亦便，逃难中之宝物也。

邮局停已半月，日来恢复，可以阅报了。

24日：赴麻江，途中难民已少，普通行人已多，惟老鸦冲一带寂无人行。少数军人，任意鸣枪。

夜间韩兄言谷洞、大冲难民遭惨杀者颇多，详情未悉。

26日：省民政厅长谭时钦自独山来，谈独山大火经过，知我家北街之屋未焚。

1945年1月4日：准备返都匀，只携被一床、衣两件，若复不幸，只得舍之。彭作书君自下司来，约明日同行。

7日：与伯远、季辉、亮久、伯伦到麻江，终日细雨寒风，虫蚁坡冰凌颇厚，茅草比大竹还粗。

在韩兄处得阅曾弟信，知家中损失约值300万元。

8日：与许、沈、黄三君复行。途遇王家修君自都匀来，为余带有信数件，即于行李中取出付余。时有巡逻军经此，见我等翻检行李，疑为匪人，持枪向我等作圈围之势，间余等何干？详予解释始罢。险哉！

信乃汤福祥，曾弟及筑麟来者，筑信乃初到下司之报告，已将两月矣，可笑。

五时到平堡陈翁处，翁乃伯远之戚，留宿。余与伯远均足痛遂留宿共榻，沈、黄两君复行。

夜，陈翁谈难民两事，殊惨。

（一）难民某一家，约十余人，似封建社会中之礼教人家。母老且病，不能行，家人轮换背之。到此，母已危，家人们亦因连日奔走，饥饿，亦多病了，已是气穷力竭，不能背了。某天到此，谣言说敌人已近。于是家人等将母放于路侧，以被覆之，团团围拜，大哭而去。

（二）一难民背一孩，病饿已不堪，愿以孩送人，此间某君愿要，某君抱孩正行，难民又大呼不愿，某即还之。某行，又唤之返，仍请其抱孩去，如是者再，最终还是给了某君，难民则哭不成声矣。

19日：叶仲达君自贵阳到，交来周质民君信，言省中与都师可能合并为联合中学，托我为就近料理省中事务，午间即至学校一视，见学校仍有死尸数具，不知至今何以尚未掩埋。

午间出街遇杨公季春。彼见我而大笑曰：“你与姜治平丢了大笑话。”我问丢了什么笑话？他说：“姜治平家住有军队，存有不少物资，内中布匹不少。军队将撤走，向姜索十万元，即归姜有，不然将其焚烧，不以资敌，若烧，恐将波及姜屋。姜大惊，倾其所有，仅足五万元，军人收了，结果屋物两焚。你呢，你在麻江，军队捉你当县长，你不干，还花了两万元的运动才了事，对吗？”所以有人说：“姜治平出五万元烧家，你出两万元运动不当县长，是两个大笑话。”我也笑了，将经过告之而别。

26日：一星期来都匀劫案，不下十起，本日距城十里诸始、排田又被劫。大中徐锡璋运来烟丝数挑，军人谓其“来历不明”扣去，无异于抢。

所谓匪者，即蒋军第九军之五十四师。

（原编者注：万仿苏，都匀文化名人，教育家。）

（转录自贵州省都匀市史志编纂委员会编：《都匀市志》下册，贵州人民出版社1999年版，第1350—1356页）

（26）“黔南事变”中的惨剧（节录）

刘耕之

……

1944 年初夏，我在湖南耒阳任教。日寇第三次破长沙，下衡阳，我坐最后一班火车，冒着风雨饥饿，三天三晚挤到桂林，又从桂林被赶到金城江，再逃独山。独山大火，日寇迫近，抛失一切行李，跟着千万逃难的人流，从小路步行十四天到贵阳。这时已是隆冬腊月，沿途所见所闻，真是血海深仇，人间地狱。现在，让我抹干眼泪，遏住怒火，一件件追叙出来。

抱子牵妻痛哭抛老父

独山火车站起火，是“中央军”听见敌人迫近，不战而退，放火抢劫老百姓的。因此火焰很快地蔓延，顿时喊杀连天，秩序大乱，人山人海涌在马路上，汽车、板车更停死在各处，不能移动半步。人流中有一青年，店伙模样，肩上挑了一担被包、锅、篮、碗、筷，一手抱着两三岁的孩子，一手扶着白发苍苍的老父，腰上系根麻索，麻索另一端拖在一个孕妇手里，那孕妇已近产期，捧着大肚子，面色如纸。忽然一声喊起：“日本兵来啦！”立刻人潮汹涌，那老人扶的拐杖一松，立即跟着倒下，又立刻被千万只脚踏得无影无踪！青年只喊了一声：“天呀！”看都不能多看一眼，便被人潮推向前涌。可是那青年张开大嘴，鼓起眼睛，拼命从人流中挤出马路，把妻子拖到田里，坐下来抱头痛哭。有人喊他快逃，敌人来了，他也不听。我挤到十多丈外的高坡上，回头望他，他还在大哭大喊，至今，这青年悲痛的惨状，还时常在我眼前。

草堆产子古庙弃亲生

第三天天黑，逃到一处荒山下的小村中，村人都逃空了。我饿极，手脚发软，爬到一间房里，倒在地下就起不来。忽地闻到一种盐辣椒的香味，口水一阵阵涌上来，我顺手在床下一摸，摸着一个小坛子。我挣扎坐起来，捧起坛子一摇，里面还有些水。我又渴又饥，不管三七二十一，捧着坛子就喝，一连喝了十几口，才发现房的另一角有人在哼，并且有气无力地说：“给我喝一口吧，是水是茶呀？我干死了！”我黑摸着把坛子送过去。借着窗口微弱的星光，我看清楚是一个产妇，缩在稻草里，身边一个血肉模糊的婴儿，正熟睡得像一只没生毛的雏雀。我说："是辣椒水呀，你刚生产怕喝不得吧。""管它喝得喝不得，迟早是个死！"那产妇捧着坛，贪婪地往嘴里倒。倒急了澎溢出来，洒在婴儿柔嫩的肉上，立刻刺痛他放声蹄哭。母亲骂道："早不出世，迟不出世，于今大家都活不成！哭吧，哭吧，早些哭死算了！"我问她的丈夫，她说："早上敌人一来冲散了。"

第二天清早，那产妇爬着起来，脱下自己的外衣，用稻草把婴儿裹好，抱在怀里，一步一步挨到大路上。她看见一群一群的人将近走光，她着急无法上路，便颤动着双手把婴儿抛在土地庙里，不管他在啼哭，头也不回，跟上大队难民走了。

抢金不遂日寇杀婴儿

有天夜晚，风雪交加，大伙难民逃到上司一个乡村，都疲劳极了，各觅栖身的茅屋。我倒在一只牛栏角上熟睡了。忽然一阵火光和叫喊把我惊醒，睁开眼，我的血液立刻冰冻了！在火把的亮光中，只见三个全副武装的敌人，刺刀晃晃地正在抢劫一个妇人。两个敌人持枪交叉拦住门口。我心里想："这回死定了！碰见活阎王了！"敌人从那女人裤带上搜出一些金戒指和金条，又从她抱着的孩子尿布里抄出一些首饰，便把母子俩剥得精光，仔细反复再搜。实在搜不出什么了，便转移目标，另外拖出一个抱着孩子的胖夫人来，又同样逼着脱衣解带，可是这妇人身上只搜出一小扎钞票。日兵大不满意，叽咕乱骂，随着又搜查孩子，孩子吓得手脚乱打，惊叫哭哑。最后尿布、衣、裤、鞋、袜都剥光，孩子变心肉蛋，还是没有东西。这可把日本强盗气恼了，一刺刀从孩子的心脏穿过去！这一刺刀，把母亲的心也刺穿了！不管刺刀，不管孩子，她猛扑上去。这样一来，连母亲也穿插在刺刀上，母子的鲜血，一起直冒。

这时原来气都不敢出的难民，一起惊叫怒吼了！全房子的哭喊惊叫声，震破了寒冬黑夜的山谷。大概是人类最悲惨、愤怒、恐怖的叫号，是有绝大震撼力的，连凶神恶煞的鬼子兵，似乎也有些吃惊了，马上走了出去。鬼子走后，全屋几十个难民才慢慢镇静下来。有几个青年男子，自动把死者抬到屋侧胡乱掩埋。随后，连夜冒着雨雪，爬高山，弯小路，逃出敌人的包围。

过险水"中央军"抢桥

因为"中央军"拿枪拦在马路上不准走，难民只得走小路。小路都是高山、险水。有一天，过一条小河，河面虽只十多丈，但河流湍急，使人头昏眼花。河两岸本有木桥，已被拆毁，只剩离三四尺远一根一根的碗来粗细的木桩。年轻力壮的人，半跳半跑地渡过，踩空了木桩跌下去，还可从水里跳起来又跑。可是小脚女人、老人、孩子，就只能坐在河边哭。但敌人说不定随时追上，死的恐怖逼着他们不得不往木桩上跳，跳不过，就在水上爬，和急流斗争。我跌了三跤，跳到对岸，已经气力用尽，心跳头昏，坐下来不能再动。眼看着我后面一群老弱、孩子的可怜队伍，在急流中此起彼落的过渡。

忽地有大群武装队伍赶上，他们一面喊："不要怕，我们是'中央军'"，一面猛虎入羊群的抢着木桩，一跳一推，一推一跳，把几百个老人、妇孺都抛入河中，"中央军"却唱着歌嘻嘻哈哈地跑去了。满河里的哭声震天，尤其是孩子们的尖叫："妈呀！奶奶呀！姐姐呀！……"这惨叫，至今还时常引起我的眼泪。

……

这五幕日寇由湘北侵入黔南的暴行，仅是我逃难中百分之一二的追忆，已足见我国同胞所遭受的悲惨命运了。我的表弟叶桂荣一家五口，从衡阳逃到贵阳，只剩他孤身一个，他的兄弟害霍乱死在金城江（金城江夏天因难民拥挤，霍乱流行，平均每天要死百十人，全市日夜哭声相应。我亲见一个最壮美活泼的九岁男孩，吐泻三个钟头便干瘪而死，其母亲当即疯狂，跳河自杀）。三岁的孩子患痢疾死火车上，还没有断气，便被旅客从母亲怀抱中夺过去，抛出车厢，表嫂怀孕，被"中央军"伤兵挤车打伤，胎死腹中。表嫂产后，得不治之症，死于筑市伪中央医院。

……

［原载《新黔日报》1951年2月26日，转录自贵州省档案馆编：《贵州档案》2006年第五期（总第一百三十四期），第41—42页］

（27）日寇入侵独山时，我的遭遇

马光中

一、进退两难，走投无路

大约在1944年11月底或12月初（因逃难中难记月日），我带着岳母、妻子及四个小孩（两男两女），随同大批难民千辛万苦到达了贵州独山县属的上司。过了上司，人更拥挤慌乱，交通亦被阻塞。公路上缺乏汽油开不走的汽车，难民抛弃的鸡公车，及衣物家俱等，几乎将公路阻断。我家一行七人：岳母五十多岁，且系缠过的小脚，我妻虽二十余岁，但她前面抱一个后面背一个两岁多的双生女孩。我挑了一担必用的衣物饮具，因逃难中沿途煮饭不可少。岳母牵了一个四岁多的次男孩，还有一个七岁的大男孩跟着我们走。那时四岁的次男孩，一直啼哭吵着要抱着走，我们因实在无法照顾，为了逃命，只得忍痛将他弃在路边，继续随大量人流拥挤奔逃，因后面一直听到日寇的枪声逼近。这样不断地艰难地冲过了上司数里，不料前面“独山的”中国守军，却强行阻断了交通。先是持枪对着我们要我们后退，继则向我们的头顶放枪，以示绝对不准通过。但我们身后又隐约地听得到日寇进攻的枪声，这真是进退两难。当时在该段公路上大约有百余难民在这样进退难谷的情况下，只得在公路两旁，傍着起伏的丘陵，席地而坐，等待命运的安排。那时天空中又飘着蒙蒙细雨，我们一家人头顶着棉絮，身依着丘陵，拖着疲劳的身躯，与麻木的头脑，就此过夜。

昏昏蒙蒙，不觉已经微明，我忽见所依靠的丘陵上面从南向北走着一个军人，头戴钢盔，身穿草黄军服，腿裹着绑腿，脚穿大黄反皮鞋，肩扛着步枪，其刺刀较中国兵的稍长。我一发现，便小声地惊叫道：“呀！日本兵来了！”同时赶紧用棉絮将我全身遮盖起来，依靠丘陵脚边躺睡下来。岳母及我妻便以身体靠着遮盖我的棉絮，以作掩护（因我那时任国民党工兵学校的军医，上身虽于紧急时在山凹中拾了一件蓝布便衣——难民带不动丢弃的——穿着，但是下装及内衣均系军服，且身上还带着工兵学校的证章及《军人手册》）。这样我们在公路边待了整整一天，我将工校的证章及《军人手册》均塞弃于所睡处的身下草窝中。聆听着公路上的人马走过来，开箱搜物声（因我带有一口小皮箱，内装必要的衣服及小型的医疗器具——如听诊器、体温表、注射器、额带反光镜……等）及前后左右的棒打惨叫声，岳母及我妻背靠我的棉被，不断呜咽地哭着："小啊！小啊……"（被丢弃的我的次男的小名）。间或小声地对我说："不要动啊！这前前后后的中国军人，都被日本兵活活地打死了"。因而我躺在棉絮内，不敢稍动。记得我小便胀急了，只得摸了身边一个铁顶锅（我们逃难时煮饭吃的）将小便解在那里面，当时想着，只要渡过了这一难关，等到出来后如需再煮饭吃，可用水彻底洗洗就行了！就这样睡了三四个小时的光景，急然有一日军（不知是军官还是军曹，因腰上挂有一把长指挥刀）大约是发现了遮盖我的棉絮，觉得可疑，于是走到盖着我的棉絮边忽然将我的棉絮揭开，我妻在一旁吓得发抖，嘴里便不时地哀求着说："先生——那时中国的难民都这样称呼日本兵——我们是医生，不是当兵的，刚才你们的先生还在我们这里拿了一些医疗器械去呢！"边说边将被打开的皮箱内剩下的医疗器械给他看。该日军不知懂与不懂，但他看了一眼医疗器械，可能已经会意，便用手搜查我的上衣（兰便衣）的口袋——因我当时没有站起来，仅坐了起来，下半身还是用棉絮盖着——没有发现什么。便偏着头想了几秒钟又将那棉絮放了下来将我盖着走开了。我经过了这一险关，胆子乃又大了一些，便对我妻说：你快到公路上捡一条便衣裤（那时难民因逃难至此均极度疲劳，将无力携带的衣物丢在路上成堆）以便我穿了好出来。我妻只得硬着头皮跑到附近公路上捡了一条便裤给我穿了，于是我外面的衣服上下装都是便衣了，我就大胆地从棉絮内钻了出来。那时大约已是下午四五点钟的光景，我出来后，只见大队的日军还在向着独山方向前进。我考虑我们再往独山去是不行了（那时还不知道日寇一直要追到哪里为止），便领了妻儿及岳母回头向上司方向转进。

二、脱险归来，受尽侮辱

大约走了五六里路，又将到达上司的街口，天色已近黄昏（因冬天短加之老人小孩行动极慢），离街约一两里路时便见上司街上烧着一堆堆的大火，并有三五个兵在街上走动。我们便不敢进街。只得由街的左侧进入田间——那时田间谷已割完，水亦放干，只剩下约四五寸长的干谷杆。大约离街二里许（因我们不敢离公路太远，一则我一家老小行动不便，二则人地生疏，三则怕行动时碰到日寇及土匪）的田间，捡了一张大芦席（过境难民丢弃的），一头搭在田埂上，一头放在田中间。一家人便藏身其中。到了晚上，便有零散的日寇来到我们藏身之处进行搜劫。先是搜查我的上衣口袋内物品，自来水笔等都拿去，后来将我的裤带都解了去，最后一个日寇，见我身上无物可搜得，仍将我押至上司街上，走到一堆火旁（系拆民房的木料所烧）站住，火堆旁有一对大箩筐，内装稻谷，估计约百余斤。押我去的日寇要我担起那箩谷走，我站着未动。并说：“我担不起”。该日寇听了，就向我的左侧面打了一个耳光，我再说：“担不起”。该日寇又向我的右侧面部打一耳光，我仍站着不动。该日寇火起，便在我面部两侧左右开弓地打了六七个耳光，见我仍未动步；大约是想到我真是挑不起罢！便走进一步，搜查我的上下衣服的口袋，没有搜到什么，便又剥去我的外衣，发现我内面穿的是军服（系在工兵学校所制的灰帽布军服），便对我狞笑起来。另一蹲在火堆旁的日寇见我是中国军人，便迅即站起来将我向火堆推去。我被推着，上身向前一俯，右腿便本能地跨过了火堆。该日寇见我未被推下，迅即在火堆内捡了一根燃着的火棒，向我的头部打来。我又本能地将头一偏，射过了那一棒，身体因重心不稳，便撞撞跌跌，顺势也向前跑了几步，已离火堆有二三米远。该两日寇也未来追（因顺势本能动作，可能该两日寇还未反应过来），我又趁势跑了几步，已离该两日寇丈余远了。幸那两日寇均系徒手，又在夜间离开了丈余远便不好追赶，况他们均在火光之下夜间初看丈余远外，更觉阴森模糊，因而未追，也是原因之一罢？我在跑了几步，便发现街的左侧民房之间有一窄小巷道，便迅即转弯逃入该巷中大约跑了二三十步又到了场外的田野，于是我又找到我妻儿等栖身之处。

见到我妻后简略地告诉了她我被抓去的经过，她也告诉我说：“从你被日寇抓走后，他们又来抓我们。”我问她：“他们对你侮辱没有？”我妻答非所问哀伤地对我说：“好冷啊！”当时我也未体会其意，因在那种恐怖的环境，又系初冬的天气，她这样答非所问，也未引起我的惊奇与深思（那时的头脑比较麻木）。事后想起，可能已被兽兵所侮辱，因为只有脱了衣服，才能感觉“好冷”嘛。妻子在丈夫面前，也只有以这种方式表达以免伤害丈夫的自尊心，其内心亦殊痛苦。这样我们在该芦席遮身处又过了一夜。

三、二次被抓妻离子难

第三日附近有一难民中年妇女，对我妻说：“我们遮盖的芦席都不够，一则难以避风雨，二则易被日寇发现，可请你的先生与我同到附近去再捡一两张芦席来遮避。”我妻听了，尚在犹豫，该妇女又说：“不怕的，我与你先生一道去，保证不要紧。”我妻听了她的话，又觉得是很再需要一张芦席，便同意我与她同去。我们走到离我们藏身之处约里把路远，即捡得一张大篾席（那时过境难民遗弃很多）两人用手扶着，顶在头上，各顶芦席的一头。她走前，我走后，向回走了约半里，只离我们栖身处约百余米远了，忽见远处走来两名日寇（在那已割完禾苗的田野间二三里外，即可清楚看到）我们因为害怕，先是放慢脚步，即等到日寇快到身边，该妇人头顶芦席的一头，站着不动，以希望该日兵走过，我则顺势在她背后蹲了下来，芦席便自然垂下，遮在我的身后。不料该两日寇却早已看见了我，吼着要我出来，我只得钻了出来，该两日寇一个持着上了刺刀的长枪向我的背后斜刺比试着，一个手持刺刀向我的后头部比试威胁着，我只得顺从地跟他们走去。我妻在远处见到这种情况，跪在地上号啕大哭，喊着求饶，也无济于事。该两日寇将我押至一小村庄（离我等栖身处约四五里）已至夜间。该村内已被日寇抓来了老、中、青的中国百姓约二三十人。日寇在该村庄内以木棍或树枝穿了一排“汗锅”（即军用饭盒），下面烧着柴火，煮熟了饭，日寇每人吃一饭盒的饭，将我们抓来的中国难民，每人给了一饭盒盖（大约有一两多点）的饭充饥。

第四日晨，日兵押着我们替他们抬送伤兵。我所抬的一副担架是用了四个人，除了我外尚有一个二十余岁的文弱人（也是原工兵学校的司书），一个十余岁的小孩。我们每人抬了担架的一只脚。当我们抬着担架回返（因向广西南丹方向运送）经过我原与妻儿被栖身之处时，只见该处已丢弃着我的一个两岁多的双生女儿之一，已经死去，我妻及岳母并另两个小孩，已不知何往。彼时我真是欲哭无泪，心如刀绞。一则当时我已被押抬担架，无法脱身；二则想着，先前与我妻尚未分开时，已经想到可能被迫离开，并曾嘱咐她说：“万一我们今后被迫离开，你们可沿着公路回返，一直回到家乡武汉见面。”因之我也只得前进，边抬担保，边作沿途找寻妻儿的打算。这样我们的一副担架（老弱四人每人抬一只担架脚），抬着一个日本伤兵，日夜奔走。走约二三十里疲惫不堪时，日寇就喊休息。休息一两小时，日寇便又喊“开路”——开始行路之意。每餐日寇自吃一盒饭，却只有给我们苦力——日寇对我们的称呼——一饭盒盖的光饭，有时在饭上撒一些盐粒，作为下饭之用。一两天后，我们又饿又累。有一天夜间（由独山到南丹因离前线较近系日夜行走），鬼子喊“开路”。大家疲倦至极都不愿动。日本鬼子便吼着要我们快起来，并用枪威胁着说：“再不起来，便统统地死了死了的！”我们因疲倦至极，想着破罐子破摔，便回答说：“死了死了的算了！”日寇听了，怒不可遏，便真的拉开枪栓压上子弹，对着我们。我们见此情形，为了活命，便只得不顾劳累，又都爬了起来，坚持担送。

四、虎口余生，脱命返家

这样走走歇歇，大约走了四五天（过南丹后夜间休息较长）到了广西河池县。大约该处有一个日寇的野战医院罢？日寇命我们将伤兵放下，并让我们在房屋的附近活动，亦未对我们加以严密监视。我就借机走得离屋稍远，忽见前面有一石壁巷道，便钻了进去。该巷道有一点弯曲，我跑不多远，便听见后面鸣了一枪，也许是日寇发觉追赶放的一枪。但因该巷道曲折，日寇既看不着，子弹也打不着。我便加紧走了几步；已穿出那石壁夹道。走不多远便到了金城江河边，这样才算逃出日寇的魔掌。

在金城江岸半坡中（该处江岸较高），我发现一个大洞，约三四十平方米空间，我与另一难民在该洞内躲了二十余天，昼伏夜出，夜间出来借着星光，在逃光了的群众所种的土地中，挖些红薯、花生等充饥。在洞中的后期隐约地听得到战场的炮声，但好像战争呈胶着状态，双方均无进退似的。希望中国兵一下能攻过来的心理看来也不能实现（那时消息亦完全闭塞，日寇到了独山不久即行撤退的情况，亦不明确）约二十余天后，忽见大批难民（约百余人）各自从山洞、石灰、砖瓦的窑洞，及断瓦残垣中，冒了出来，自动地集合在一起。原来是日寇即将撤退，而当地土匪，见着外地的难民进行奸杀抢掠，我亦迫不得已只得跟着大批难民集合起来，尽量装成老弱病残（已防日寇拉夫）尾随日寇部队之后，向柳州方向逃走。以后历尽艰辛，于日寇投降后，始返武汉家乡，就不叙述了。

（马光中系正安县退休医师）

［转录自独山县政协文史资料研究委员会编：《独山文史资料选辑》（内刊）第三、四辑合刊（抗日战争胜利四十周年纪念特刊），1985 年版，第 27—36 页］

（28）日军入侵黔南始末记

徐惠文

一、日军入侵黔南的企图和国民党军部署情况

1944年九十月间，侵华日军为了打通湘、桂到越南的交通线，把侵华战场和东南亚战场连成一片，因此用重兵攻陷衡阳后，即向广西进犯。当时广西除桂军外，还有第四战区司令长官张发奎指挥的第三十七军、七十九军和一八八师。但这些部队均属蒋介石嫡系，张发奎是指挥不动的。同时部队纪律不好，七十九军沿途抢劫百姓，开到桂林后即被改编，并将其军长陈牧农枪决。七十九军开到宜山后，也不敢前进。11月上旬，桂林、柳州先后沦陷，张发奎只有带他的一个军和一个师向南丹方向撤退。这时广西军为了保全实力也不战而往桂西百色方向撤退。另外第九战区副司令长官兼第二十七集团军总司令杨森率领的第二十军、二十六军驻广西思恩、宜北一带，为了保存实力，也向贵州境内撤退。除此之外，都是些地方部队，不堪作战。

贵州方面，在衡阳陷落前，防务也很空虚，衡阳陷落后，敌人侵入广西，蒋介石才仓皇调兵应战。当时贵阳只有石觉一军驻守，桂林、柳州失守后，贵州更形恐慌。蒋介石遂急调张雪中、杨干才、孙元良等军入黔，并指派汤恩伯为前敌总指挥。原计划在南丹一带布置的掩护阵地，恐不可守，又调张雪中到马场坪（今福泉县治），构筑第二道掩护阵地。当时集中在贵州境内已有15个师，加上由前线退回来的张发奎、杨森等部，总共9个军，不下20万人。不过各军士气不振，指挥也不统一。张发奎是当时的战区司令长官，论军权是最高的，但他是光杆，指挥不动军队；汤恩伯是新派的前敌总指挥，是有权威的人物；贵州省主席吴鼎昌兼任滇黔绥靖公署主任，为一方之主；他们是一国三公，互相对立，意见颇不统一。因此日军侵入柳州后，即另派一支部队，沿黔桂路追击张、杨部队乘虚而入，以图侥幸一逞。敌人侵入贵州后，蒋介石才严令各军不得撤退，必须向敌人进击。日军孤军深入，侵占黔南四县兵力，不足5000人，为了避免损失，不敢久留，因此进独山县城两天，便奉命紧急连夜撤退（据本年3月19日回访独山的日本人，即当年日军侵入独山的陆军上等兵和一等兵山野边荣、管原源六回忆说，他们当时奉令到独山是驻一星期待命，因发

觉我方已集结数万兵力，恐遭消灭，所以驻了两天，便奉令撤退）。

二、日军入侵黔南情况

1944年11月19日，敌军陷柳州后，即派一支部队（不到万人，相当一个师团。据最近回访独山的日本人山野边荣说，日军番号是6804部队），沿黔桂路向河池（金城江）方向窜扰，11月中旬侵入河池。当其发觉布防南丹一线的国民党第十四战区司令官张发奎率领的前线部队第三十七军和一八八师不战而退入贵州，同时第九战区副司令长官杨森率领的第二十军，第二十六军亦由思恩退守荔波，于是日军兵分两路向贵州境内进犯，现分述如下：

左路日军由104联队长海福三千雄大佐率领（据最近回访独山的日本人山野边荣语）沿黔桂路于11月29日侵占南丹，一路上都没有遇到抵抗，因此即长驱直入。11月30日窜抵麻尾，又沿公路经下司、上司向独山县城进犯。到上司之敌除分一个小队由打羊、甲堡经小路窜至上道，再经大河、小河入侵独山外。其大队近千人则绕道黑石关，走小路，经拉旺、凤汝、羊凤，再沿独平路到白虎坡火车站，两股日军于12月2日上、下午先后侵入独山县城。

日军侵入黔南后，虽然没有遇到正规部队的抵抗，但日夜奔走，疲劳不堪，每到一处，由于粮少天寒，抢吃抢穿，食后即鼾睡如死，因此经常遭受农民袭击，死伤也大。如打羊桥头村农民岑起龙便曾亲手打死伤日军3人，其中1人还埋在打羊拱挂坡头上。上道乡农民也曾打死日军1人，大马1匹。日军到板鸭时，正遇农民迎新，新娘被日军抢走轮奸，引起群众愤怒，当场用棍棒打死日军1人，打伤数人。日军所经村寨，被掳被烧，农民死者无数，幸存者男人多被拉夫服役，妇女则被奸污，财物尽遭抢光。有一位工兵学校的军医马光中，逃难中被日军抓去抬伤兵，其妻子、老母还有三个孩子至今均无下落，从本人所写的回忆录中，可看出当时日军的残暴，令人发指。

日军陷独山时，全城大火未灭，房屋已大部焚烧。其司令部驻扎在南楼（当时是县中，现在改为第二小学）。部队则分驻城外猫寨、火车站、卫生院、里周寨、白泥院等地，总计日军不到千人（据此次回访的日本人山野边荣说，日军中并没有伪军）。当天，日军四处搜抢物资、妇女，所到之处，掳掠奸污，无所不为，反抗者即遭枪杀。有一□姓女子被轮奸后含辱上吊自杀。12月3日，日军在城郊附近村寨见鸡捉鸡，见猪杀猪，用不着的东西，放火烧光。附近村寨，尽烧成片片焦土。年老有病或逃走不及的老人多被烧死。

敌军因探知我方部队已集结于马场坪一带，于是奉令紧急撤退。加上当天下午撤退时，驻里周寨敌军一小队点火搜索岩脚洞口内物资，他们不知道洞内藏的全是我方迁来的兵工厂的弹药汽油等易爆物，点火入内后，当即引起洞内大爆炸，声震数十公里，一时烟雾腾空，飞沙走石，十分惊人。当场炸死日军11人，马1匹，附近难民也死伤不少，洞口上里周寨七十八间民房，也全被炸毁。因此更使日军感到恐慌，于是连夜撤退，狼狈不堪（据最近回访独山的日本人山野边荣说，他们撤退时，连走不动的日军，也无法照顾了）。

右路日军（番号不详）约三四千人由广西思恩（今环江）追杨森部于11月27日侵入贵州省荔波县属的黎明关。同日另一股日军则由广西宜北侵入荔波县属的佳荣乡。11月28日窜至九□乡时，即遭到农民武装截击，与日军激战于十里长坡。当晚敌连夜攻石板寨，也遭到农民顽强抵抗。黎明时，敌用平射炮烧夷弹轰炸，炸毁石板寨半个村。农民退居山后，当时水迭农民抗击日军，全村也被毁。一路上日军经过姑檀、板南、板黎、龙场坡水昂等寨都曾遭到农民的抵抗。敌又烧毁了亩改全村及板南半个村。29日，敌窜进三洞乡，攻三洞乡之板黎洞，破洞口后，农民惊慌由亮洞奔向黑洞，因经一处悬岸窄路，崖下有深潭，急奔时落崖溺水死者30余人。敌虽不敢再进黑洞，但已将亮洞所存的货物、牲畜一抢而光。30日敌由三洞侵入三都县城。三都县长冯永升把军四分校存在县里的三个仓库的全部军用物资用煤油烧毁，并沿烧附近民房。冯率保警队30余人逃到乡下躲避，并抢劫逃在山里的农民的货物甚多。三都街上湖南会馆及十字街等一带民房，被敌用煤油烧去500多家，其余未烧房屋亦被拆去烧火。强奸掳掠，无恶不作。有陶罗氏者，被日军轮奸身死。城中财物牲畜，一概掳尽，八百多户居民无家可归。同日杨森部不敢到三都，遂率第二十军军长杨汉城，副军长夏桐等退抵荔波县城。12月1日荔波境之敌窜扰洞塘，有向荔波县城进犯意图。杨森得悉，又赶快由县城逃走周覃。荔波县长陈企崇拐带公款随行，12月2日敌分一支由董罕出朝阳乡，另一支则由接交出时来乡，采包围永康乡杨森部夹攻县城。杨森离城后，第二十六军军长丁治盘等即率部退抵荔波县城。同日窜三都之敌进犯丹寨。到丹寨后又分为两股：左股到姬家河，拟渡河犯都匀；右股窜向瓮城河拟渡取麻江，路上拉农民抬枪弹行李，走不动的，立即击毙。如城内周家锡，年老体弱，即被打死在交黎街上，另一个居民彭继龙一去不返。同日美机轰炸三都县大河街上。当时由独山逃来的3000多难民，到三都烂土乡，被土匪抢光。到大河乡时突来美机5架投弹5枚轰炸，幸而4枚落在河中，1枚炸毁大河街上房屋3间，伤农民1人，复用机枪扫射，把大河街上房屋打成无数孔洞，幸未伤人。

12月3日上午，国民党二十六军又由荔波县城撤退，烧去县城房屋100余家。下午日军日竹部市川第五中队等侵入县城，据估计不下2000人。12月4日，敌退驻永康乡，又烧去荔波县城200余家。12月5日敌全部又由丹寨退抵三都县城。6日分两路，一路由三都县属都江区经坝街出九阡，一路按去时路线经三都县属的水龙区到荔波县属的三洞乡出九阡。两路会合后，同出佳荣乡窜回广西。所路过村寨任意烧杀掳抢奸污，无恶不作。沿途居民痛恨入骨，截其去路，杀死不少敌人，也夺获一些枪械。6日敌出三都县城到牛场乡时，当地农民江月波等击毙敌10余人，缴获轻机枪一支，步枪十余支，大马1匹。江月波也不幸中弹牺牲。相反敌经三洞水更村扬柳关出九阡时，国民党二十六军军长丁治盘等也由周覃乡起身到三洞乡的杂哄村脚，距敌数华里，却不敢前进，俟敌去后，才经过三洞往坝街。又6日敌另一股由三都返至都江区上江街时，抢去粮食8000余斤，猪100头，鸡鸭2000多只，货物无数，并烧去住房80多间。7日敌进至排僚村猫滩河，与杨森部队二十六军遭遇，战数小时，杨部死伤10余人，退走榕江县属的兴华乡。敌遂进驻坝街。8日敌走九阡，敌去后美机轰炸上江街，投弹80多枚（30多枚未炸）炸毁房屋70余间，炸死黄杨氏、滕陈氏、王怀之、韦文安、欧老大、王维俊等15人。烧去粮食3万多斤。7、8两日，九阡乡农民又截杀日军，予以沉重打击。敌又烧板南、岜凯两个全村，并射击毒气弹坎岜凯寨，农民潘华臣抗拒中毒牺牲。事后调查九阡乡两次杀敌，共计活捉日军5人，其中有一排级军官焦滕重好，都被愤怒的农民杀掉，又夺得南部式机枪一挺，小钢炮一门，三八式步枪117支和我国北方高大骡马3匹，马1匹，日本山地马（矮小）13匹，防毒面具79套，太阳旗军用地图，缅刀等多件。我方农民共牺牲13人，伤7人，被炸房屋258家。这些以生命换来的胜利品，后来尽被荔波县长刘琦缴去立功。

三、各省难民流亡的惨景

日军西侵湘、桂后，各省流入难民在百万以上，除公路拥挤，以至不能通行外，两旁坡头小路，莫不络绎不绝，真是人山人海人潮。路上并经常发生谣言，说是日军已近某地某处，于是随时发生混乱，互相蹂踏，一家骨肉多被冲散。每到城镇，即沿街互相呼儿唤女，喊爹叫娘，无论昼夜都能听到这种凄惨声音。

衡阳沦陷后，湖南人纷纷向广西逃难，广西吃紧，湖南人加上广西人又向贵州迁移。独山等地沦陷，又加入贵州难民向贵阳涌进。因此黔桂公路上五、六百里间，人如潮滚，昼夜不息。又值隆冬阴雨，有时下雪结冰，严寒裂肤，道路冰冻，三步两跌，路窄难行。力大者穿插排搏，尚苦举步不速，一般老弱妇孺，更不能单独行路。摩肩擦背，随人进止。有日行五、六里者，有日行二、三十里者，哭声震天，怒骂不已。沿途乡村城市，居民皆已逃空，肚饥无食，口渴无水，饥饿倒毙者，随处皆有。尤以小孩妇女死得更多。溃兵、坏人不时乘机抢劫，枪声起处，人皆以为日军追来，弃物逃命。衣物行李遍布路间。一家骨肉，分离四散，早晨还是老幼团聚，晚上就变成单身只影者，时有所闻。长沙人谭锋，曾以其亲身经历写了一篇《三千里流亡记》叙述他一家人逃离贵州后，家破人亡的惨状，读后令人心酸。

最可叹者是在事变紧张时，各处电讯不通，或者传达错误，盲听谣言造成敌我不分自相残杀。如贵阳听到日军在柳州的广播："我军（日军）进入贵州，向贵阳推进，将直捣重庆"。于是美国空军即不分敌我在麻尾、六寨一带滥炸。敌军还在河池，美空军不明其象，几次误炸六寨，沿途难民死伤极多。独山日军撤退后，美空军仍继续轰炸，日军3日由独山撤退时，贵阳6日仍在继续疏散，贵州大学就在6日仍车运疏散学生。都匀、独山紧张万分，而黄平仍在开运动会、演剧，对当时情况毫无所知。都匀11月30日忽然传说日军已到了墨冲（距城20公里），于是全城大乱，国民党炮校就在这次混乱中抢先逃跑。

事变后所谓的中央大员张道藩、刘健群以及当时贵州省府民政厅长谭时钦，国民党省委周达时等人为首的组成了"中央慰问团"，到黔南受灾各县旅行了一番，看了一些火场。在县府开了一下会，这就表示了他们对人民的"关怀"，这就算是"慰问"。黔南事变就是这样结束的。

[转录自独山县政协文史资料研究委员会编：《独山文史资料选辑》（内刊）第三、四辑合刊（抗日战争胜利四十周年纪念特刊），1985年版，第3—12页]

（29）黔南事变中我的所见

孟忠奎口述　刘文禾整理

鬼子进村

1944年秋，日军南犯，湘桂吃紧，因战争急需，独山扩修飞机场，当时我仅十五六岁，被中奎乡征为民工，参加修建。是年11月28日，南丹失守，独山紧急疏散，29日独山专员溜走，我从机场被骗去为专署抬东西，见势不妙，便半路跑回家中。时隔两天，独山满城大火。12月2日下午5时，忽见一队日军从独山向者棉寨走来，我急从田坝寨住所往后山跑，寻找地方躲避。经者棉寨摸至祥家后院时，有七个敌军已进至他家门口，我就从他家后院的竹壕溜上山去哈溶洞。到洞时，洞里已经住了很多逃难的老百姓，我家的人也逃在那里。4日早饭后，敌人来破哈溶洞，开枪打伤守洞的黄老十的手，群众从洞开枪还击，把敌人打退。晚上敌人烧者棉寨后，就仓皇撤走了。

掩埋难胞

黔南事变时，麻万公路上死的难胞很多，公路两旁、田坎脚到处都倒有冻死、饿死和打死的人（我在坡上就亲眼看到一个难民被敌人开枪打死）。死的难胞中，年轻、年老、年小的都有。因为当时天冷，尸体还没腐烂。我们从洞里回家后的十多天，政府才组织掩埋。任务县分到乡、乡分到保、保分到甲，甲里凑钱请人到保，统一组织掩埋。我就是当时参加掩埋队中的一员，我们保是按乡里分的地段掩埋，从播纳恼到五里步，沿公路两旁一公里的尸体，都归我们掩埋，当时埋得很简单，没有棺材，只是打篾箍套抬，两人抬一个尸体，哪里有坑或低凹的地方，就抬到那里，撮泥巴盖了事。那年豺狗很多，有的被野兽吃，有的埋了还被豺狗刨出来吃，难胞死得太惨，令人痛心。

汽车被毁阻路

黔南事变中，麻万公路上，到处是被烧毁的汽车，从五里步起就停有车子，但不太多，只是塘埂寨到深河街南半坡的老安井，一路上停满了车，有的东倒西歪，有的推下了坡，有的烧得不成样子，大部分轮胎已被人割去做草鞋。这一带死了不少难胞，东西全被人拿走，枪弹也被火烧。塘埂寨原住有汽车兵团。当时车子被毁的原因听说是日本人打来，连汽车也急于北逃，那时多是木炭车，最先的从拉钵上深河街坡头到老安井公路时，有几辆木炭车上不去，坏在老安井，阻住公路，后面的车子无法上来，一停就是一大串，越停越多，敌人从后面打来，车主和车上的难民弃车逃跑，有的怕车子落入敌手，放火焚毁，有的是坏人烧的，总有好几百辆，把路阻塞。

（孟忠奎同志是县畜牧局离休干部）

［转录自独山县政协文史资料研究委员会编：《独山文史资料选辑》（内刊）第十三辑，第150—151页］

（30）黔南事变逃难回忆

李银祥

1944年11月28日深夜，宁静的独山街上突然响起杂乱奔跑的脚步声，我和母亲从梦中惊醒，不安地静候着将要发生的什么意外，立刻就听到急促的敲门声，有人喊道："李姑妈你们还在睡！日本人打来了，快起来走了啰！"原来是母族的一位远房侄儿当民工来修独山飞机场，此刻被遣散回家，正是他们在回家的路上奔跑，为关心我们的安危而停步报讯。先父三年前患胃穿孔病医治无效已仙逝，母亲含辛茹苦孀守我兄妹三人，在战争年月里饱受岁月煎熬，忽闻惊耗坐立不安，我一旁看着她茫然的神情，心里也有无可名状的痛苦，走吗！到哪儿去？不走，鬼子来了烧杀掳掠，全家人生命朝夕不保。最后，母亲决定先到平塘姨母家再讲。当即打点衣物，拂晓又将带不走又赖以维生的工具等沉于后院枯井中，用土掩盖，初步就绪。然而这可爱的家和满屋成堆的家什，人去楼空，且将毁于一旦，怎能忍心抛弃，母亲凝视这一切，心快要碎了，挨至午后，母亲叫我点燃所有的香烛，全家人向列祖列宗叩别，移步关好大门，老幼四人涌入逃难的人流中缓缓向平塘的路上走去。

我虽年长但身体单薄，肩上一副重担又牵着五岁的妹妹，行至马坟边已力不从心，恳求母亲允许丢掉部分衣物，母亲背着三岁的幼弟加上一个沉重的包袱，也被压得透不过气来。一路难胞川流不息，弃物沿途皆是，扶老携幼，低头躬背，无人言语，爬坡上坎，步履艰难，好不容易走到高益寨。妈吩咐进寨休息，至一黄姓新房，其家人未走而室已空，憩余，母与黄商，就近共同避祸，不允。片刻，母唤我照应弟妹，独返城中，时至傍晚未归，弟妹哭闹着要妈妈，我则担心妈的安全，遂齐至屋前小岗上眺望，城门之外路断人稀，耳闻麻尾方向枪炮声紧，我哪能丢开弟妹去寻娘亲呢！望眼欲穿，三兄妹哭成了泪人，等到黄昏后，妈才闪现在老远的路上，临近，我们一齐紧抱妈的双膝，她肩着一袋米，气喘吁吁，一同回到黄宅，已人去房空，可知主人闻枪炮声后悄然遁迹，我摸黑找来房东遗下的破锅胡乱做了晚餐。其夜正值古历十四，月朗星稀，出门瞭望，左侧对岸茅屋尚有余火，收拾行囊沿方位走去，到寨前竹林边，发现黑压压一片可能是从前线撤下来的部队，急悄然折回，从屋侧沿坡脚田坎来到屋边，仄身探入，见一老妪独坐桩兜火旁，母与谈，允留相伴，找来稻草围火而眠。

次日黎明即起，因弟妹年幼，日行不过30华里，傍晚宿于摆坎路边水碾房。白发女主人殷勤支起炊具，还撬出火坑内烧熟的红苕给弟妹充饥，白日途中仅吃昨夜剩下的几口冷饭，困饿交加，对面几间空房里，全是外来难胞以石垒灶，在劳累惊慌中煮着苦涩的晚餐，夜来卧薪围火而眠。

一觉醒来，已是日上三竿，复前行。午后抵平塘县城，进入姨母家，满屋狼藉，急准备下乡避难，母于次晨带幼弟同去四寨母舅处找寻安身之所。我和妹留下随姨母行，既有依托，心情稍安，晚饭之余随表兄上街一走，仍见难民纷纷往农村疏散，政府部门销声匿迹，街面行人稀少，市井萧条，凄凉与恐怖笼罩着整个城镇，只有少数所谓的“自卫队”集结出没于对岸望山柳林间。

次日（即11月30日），姨母家准备好下乡的生活必需品载上小船，已经起航后，忽见大批穿黄衣的部队涌入河坝，有两名跑步趋前追赶我船，并向撑船人鸣枪威胁靠岸，意图截夺我物资，幸亏岸上早有提防，上前阻止，始得顺利到达安全地网寨。

因为地方通讯失控。家音隔绝，每天站立坡头朝南观望，只闻炮声隆隆震人心碎，约十余日方知鬼子退却消息，地方始复平静，母亦来平舟将小妹接去。为一睹家乡劫后状况，我邀表弟结伴回家，环城巡视，全城房屋几乎变成一片焦土，残垣倾壁比比皆是，废墟上座座窝棚均是劫后余生回家临时搭盖的，若不仔细辨认，自己的家也难寻觅，战前盛极一时的独山城，转眼化为乌有，处处触目惊心，一派凄凉景象，阵阵悲思勾起我对日本鬼子的满腔仇恨，谁让我失学？谁烧毁我可爱的家园使我流离失所？更是谁在我祖国土地上肆虐横行、奸淫掳掠、杀人纵火！前事不忘后事之师，无情的事实说明了一条真理：“贫穷受欺，落后挨打”。我们不能忘记过去。要努力把独山的事情办好，把国家建设得繁荣富强，使我们的国家永远不再受外敌的欺凌。

[转录自独山县政协文史资料研究委员会编：《独山文史资料选辑》（内刊）第十三辑，1998年版，第147—149页]

（31）回忆日军入侵独山的情况

肖绍泉

1944 年（民国 33 年），我任区队长职。属驻独山中央陆军军官学校第四分校直属通讯一队。是年 9 月初，闻日军由湘向桂侵犯，黄沙河告急。驻独山军校与驻都匀炮兵学校联合组成黔桂边区防守司令部。司令由军四分校主任韩汉英担任，副司令由炮校主任史文桂担任。两校学生和学员约万余人，按兵团组织率赴广西南丹修筑工事以防日军侵犯。司令部驻南丹城。通讯一队改为通讯连，我改任排长担任司令部和驻打锡村的一个师的有线通讯联络。

在南丹修筑工事将近两个月，即溃不成军仓皇撤退。这一撤退，是由于当时的中央军训部，认为军官学校的学生与学员是将来军队中的干部，不能轻易损失。撤退回独山的军四分校的人员有跟韩汉英向北往湄潭逃跑，有的率家属逃向独山的四乡。我由于有父、母、妻、子及家庭之累，就先将家人送往乡下，再回县城安排家务。从当时来讲，我是离开县城最晚的。当飞机进行轰炸的当天，我尚在家中收拾应藏之物，次日街上已无人行走。同日深夜忽见过街楼一带火花冲天，我带了通讯兵李德宏才离开了县城。

日军未到，火光冲天，就是先搞焦土无疑。

我在乡里住了近半月，未见任何动静，即进县城，确是焦土一片，幸存下来的房屋寥寥无几。

后来据闻，日军进入独山，人数仅是一个连队（约中国的一个团），驻留独山境内两天就退入广西。进犯与逃走，如入无人之境，并未发生任何战斗。当时进入独山的一个日军，今年来访独山时，他本人的叙述也证明了当时进入与撤走的实况。

作为当时的中国军人，特别是领导人，情报工作差到何等地步呢！军人应以保国土，保人民生命财产为天职。以当时的所谓防守司令部率众近万人，加上驻打锡村的一个正规师，对于截堵和消灭日军的一个联队又有何难？当时的军训部下令把这一万余学生学员撤走，不把保国土保人民放在首要，而只是保全这一点实力的目的与用心何在？这就不难看出当时蒋介石为保全实力，不顾人民死活的罪恶行为。

1985 年 4 月 24 日写于独山

[转录自独山县政协文史资料研究委员会编：《独山文史资料选辑》(内刊) 第三、四辑合刊 (抗日战争胜利四十周年纪念特刊)，1985 年版，第 20—21 页]

（32）独山沦陷前后日寇暴行录

徐惠文

1937年到1945年，日本帝国主义者对中国的野蛮侵略整整八年，所到之处，烧、杀、奸、抢，无所不为。他们蹂躏中国人民的罪行，罄竹难书。现特将日军侵入独山的种种暴行，根据文字记载及当时目睹者的控诉和实地调查的材料，辑录如下，以供编志者的采择。

抗日战争时朔，独山虽处后方，但日军飞机还是常来侵扰。1940年7月13日，独山县属麻尾镇，适逢赶场，日机侵入上空投弹，并用机枪扫射密集人群。顿时浓烟滚滚，火光冲天。计当场炸死和被机枪扫射打死平民32人，伤11人，全场大乱，物资损失不计其数，并炸毁民房数十间，烧毁汽车10余辆。死伤者躺满街头，断壁上和树枝上挂着无数块血淋淋的人肉，肝肠，惨不忍睹，同年7月29日，日军飞机多架轰炸独山县城东北角，炸死平民1人，伤2人。有一弹坑后扩充成为大塘一口，至今存在。

1944年11月30日，国民党守军已全部撤走，全城大火。12月1日大火仍未熄灭。日军1000多人由广西经麻尾、下司、上司，绕道拉旺、羊凤于2日上午侵入独山县城西郊白虎坡一带，搜索前进。另一股敌军则由上司分道经打羊、甲堡插乡路走上道、大河、小河侵入独山南郊，知我城中已无守军，两路敌军方于下午二十、三十分先后侵入县城。沿途在风汝、上道遭我人民抵抗，打死敌军多人。但附近村寨遂遭敌军扫射后焚毁。

日军入城后，部队多驻扎在城外，日军司令部则驻在县中（即现在城关二小）。当日除派数十日军沿公路向北搜索前进外，其他日军即出到附近村寨寻找妇女，抢劫粮食。逢男人便杀，见财物便抢，躲不及的村民、难民妇女尽被抓走。仅由城北到深河，沿途死尸触目皆是。孤儿、老弱，哭声震野，惨不忍闻，又因深河桥已被炸毁大半，无法通车，因而近千辆的汽车拥塞沿途公路，多被烧毁。所载物资，尽成灰烬。附近村寨同样遭到抢劫。据目击者说，仅城西猫寨被抢去粮食不下万斤。日军见鸡捉鸡，见猪杀猪，不要的东西放火烧光。稍有反抗，即遭杀害。逃走不及的妇女，单是被关在猫寨的就有数十人之多。这些城外的村寨，当敌军撤走后即放火烧光，年老有病或逃走不及的老人，多被烧死。

12 月 3 日，日军又在城内里周寨四处放火，准备撤退，下午五时许，即见各处日军集合于筑柳路（现百货公司一带）。驻扎里周寨及白泥院日军到洞口后即放大火烧毁洞口房屋。当时有十余名日军点火把进入洞内搜寻食物，不想原藏有二十四兵工厂数千箱弹药的石洞着火，突然爆炸，声震数十里外，里周寨及附近房屋全被震毁，近百名来不及逃走的村民、难民全被炸死。撤退到洞口日军也炸死 10 余人及军马数匹。一时火光冲天，烟雾弥漫全城。

日军撤退时，不管老弱，男人一概被拉去当挑夫，走不动的即遭枪杀，有一黄姓老人，原系文弱书生，被拉去当挑夫，走到上司因走不动了即遭杀害，据目睹者说，被拉去当挑夫的不下百人，几无一生回者。

日军逃走后，余火未断，全城数千房屋百不剩一，举目四望，一遍瓦砾，空前浩劫，世代难忘。

以上便是日军侵入独山前后的暴行简述。据事后调查，仅独山县城附近，被日军枪杀炸死，不下千余人，加上麻尾到独。沿途铁路，公路附近及道路两旁村民难民死者近万人。积尸累累，惨不忍睹，沿途村寨房屋被烧毁不下万间，财物损失更无法统计。

[转录自独山县政协文史资料研究委员会编：《独山文史资料选辑》（内刊）第三、四辑合刊（抗日战争胜利四十周年纪念特刊），1985 年版，第 13—16 页]

（33）独山沦陷目击日寇暴行

罗瑾怀

1944 年 12 月 1 日，日本军国主义者，于侵入独山的前夕，传说国民党军由前线溃退下来到达麻尾，因后勤弹药军火仓库将赶运后撤不及的枪炮弹药，进行烧毁，声震山岳，而独山城未明情况，认为日寇已陷麻尾，一时全城风声鹤唳，人民大部分自行搬运东西，往四乡疏散。但当时独山专区 10 个县民工，25000 多人还正在紧张地抢修独山飞机场。我身任全县民副总队长，并未得到民工疏散之命。军委会的第四工程处也仍在夜以继日地开山放炮。孰料至深夜有的民工队见到此紧张情况，竟自行逃之夭夭。

2 日拂晓，我还叫各大队出工，说有的队逃光了，我正在生气，到处去查点。及回到总队部时，就出其不意，被日寇侦探和一个山东口音的便衣，竟持手枪将我捉住了。不准我吭声和自由行动，紧紧跟住我。到中午两人带我到现在的黎家寨水库寨子和 74 军及 54 军的后方库房去搜食物及找寻未及逃跑的妇女，敌人目睹我军撤退时到处烧毁的枪炮弹药，然后又带我到上猫寨陆世枢家晋见其队长日上井五郎。稍事讯问，美机即飞临上空扫射，大家都就地防空。旋美机离去，敌官兵即开饭。所抓获的民间妇女，均被关在一个房间里，不放看守，给各自弄吃的。入夜各抓住的妇女各自行奸淫，惨不忍睹，何曾有丝毫人性。就这样，这一夜算是过去了，找不到逃跑的机会。

3 日凌晨，山东口音的日军，同我提菜到水井边去洗，十时许美机又来两架进行盲目地轰炸扫射，到了下午后，大约五点多钟，忽听城里有大爆炸的巨响声，弄得厨房的桌凳跳起来好高，玻璃窗的玻璃也震坏了，敌人惶恐之至。为要明了情况，于是又有敌官兵 6 人，带我到城里来看。甫到火车站，就听说是里周寨洞口大爆炸，全城仍是一片火海，满目瓦砾，临洞口现场一看，只见洞内外死亡枕藉。有难民和本地的一些妇女和日官兵数十具尸体摆着，血肉横飞。判断可能是日军到洞口的炸药库来集体奸污妇女，不慎导致汽油炸药着火而引起大爆炸。目睹这一大洞，全部震开，一二吨的大巨石，震飞达百公尺以外，威力之大，可以想见。

看罢，日军即匆匆带我返回驻在猫寨陆屋的中队部。对我和那些被抓来的妇女也不再看守了，让大家自行弄一些吃的东西。日上井五郎又来问问我，“你们支那军搞那啥玩意儿。”我说：“不知道。”问答未完，美机又来临了，盘旋扫射几轮，就投掷炸弹了，当场死伤日兵两人。看样子日军似有准备撤退的模样。到黄昏敌人果然捡到战斗行装要撤走，飞机又三次来进行夜袭轰炸。此刻我急如星火，想到如不设法脱逃，就要作运输工具了。最后借去厕所的机会，我才冒险连夜逃离虎口。这就是我当年被日寇生俘的亲身经历的回忆。

时光荏苒，四十年的往事又过去了，万想不到虎口逃生的幸存者，今天还生活在人间。

[转录自独山县政协文史资料研究委员会编：《独山文史资料选辑》(内刊) 第三、四辑合刊 (抗日战争胜利四十周年纪念特刊)，1985 年版，第 37—39 页]

（34）记独山洞口爆炸事件

赫明福　搜集整理

独山城东，有一小坡，沿坡而上，居四五十户人家，因寨离旧时州府恰恰一里之隔，故名里州寨（人们常写为李周寨）。寨下坡脚有一洞，曰洞口。《独山县志》有载："洞口一……口甚狭，曲折入深黑莫知所抵，好事者秉烛穷其奥，见骸骨累累，疑名苗人丛葬处，畏而退，嗣后遂无人地问。"

1931 年某月邓安贤（今唯一尚存者，八十一岁），韦应哉、官海云、韦子云等八人，曾携带灯笼、蜡烛、干粮等，探其洞深。头天早晨进洞，第二天下午太阳落坡时方回，虽历两天一夜，然未穷其洞，沿途撒石灰糠秕，作回时之记。恐有怪物，先投石问路，发生巨大鸣响声，居住在龙场街上的人们听见了，认为是地下龙叫了，惊恐万状，后经进洞者说明，方释疑。据进洞者言，洞口高一丈余，宽约三丈，可同时进出三辆汽车。进洞后，高不可见，宽阔平坦，后下斜，复平坦，豁然开朗，宛若大礼堂，能容独山全城人还嫌松。继变狭约丈余宽的洞向前伸展。据现代地质学的观点来看是一个巨大的石灰岩溶洞无疑，是独山典型的喀斯特地形的又一证明。

1944 年，国民党四十三兵工厂，用汽车数辆，先后一月时间，将酒精、汽油和数百箱弹药运来洞口存放。从下层堆至上层洞口。洞口修一钎子门，上大锁，洞里的物品洞外清楚可见。洞脚修五间草屋兵房，派军日夜看守。日军逼近独山时，国民党军火烧独山，闻风而逃，洞口前面的五间草屋，成了大量无处躲逃的难民的栖身之处；日军侵占独山后，洞口附近成了日军胡作非为，奸淫难民妇女的场所，12 月 3 日下午三时左右日军准备撤退，纵火烧房，并派了一个小队点火进洞，搜抢物资（主要是食物）因而引起洞内汽油烧弹药爆炸，这就是闻名的洞口爆炸事件。一声巨响，山崩地裂。一颗一吨多重的石头飞到相距一公里外的古塘；正对洞口方向，相距四百多米的吊井边的房子，全被烟尘所附，像黑油漆涂过一般；洞口地上尘埃覆盖，人行其上，犹踏雪地；相距约十五公里的拉坝晒、田应高家的板壁被震落；距城二十五华里的摆九，挂在墙上的镜子，桌上的瓶子均被震落地下摔坏；里州寨逃到牛洞的群众，刚到其山（二十多华里）就听到巨响，并感到震动；洞口旁的一块落函田（即烂田），因受震荡，较原凸出，多年无人敢种；较近处的人，站不稳，无法行走；据上诸状，此次爆炸实不亚于一次不小的地震。

驻扎里州寨的日军部分被炸，只在赵四公家见一尸体，其余日军当夜撤退；里州寨四五十家房屋全部被毁；李三公、孟大婆（已无法查其名）因年老在家，未寻着尸体；距离洞口二十多丈远的地方尚死尸横陈；洞口附近，死亡难民，不计其数；男女老幼，鸡鸭犬马，无一幸免，各形各状，惨不忍睹，真乃灾难中的又一大浩劫！

爆炸后，国民党军用飞机，接连几天，到此低空盘旋，有时还侧冀而飞。据状是来观察炸后情景的。

解放后，随着建设事业的发展，洞口成了采石场，采运出块石数万方，成一深堑。不时掘出弹壳箱箱，白骨累累，勾起人们对那场灾难的回忆。

1983 年 4 月 14 日

[转录自独山县政协文史资料研究委员会编：《独山文史资料选辑》（内刊）第三、四辑合刊（抗日战争胜利四十周年纪念特刊），1985 年版，第 39—42 页]

（35）敌入侵朱石寨站　盛龙华击毙日顽

王沛泉口述　刘文禾整理

朱石寨站是地属尧棒乡的一个火车站，距乡政府驻地的三棒街仅有4公里，是从广西沿黔桂铁路上独山的必经之地。

1944年12月1日深夜，远处炮声隆隆，近地大雪纷飞，一股猖狂的侵独日军约百余人、战马四五匹，从麻尾沿铁路而上，一路上烧杀掳抢，气焰十分嚣张，在入侵我尧棒地区前，先窜入与其相邻的抹送寨子开枪威吓群众，大肆掳掠群众财物，烧毁民房10余栋；而后窜入我尧棒地区已无人看守的朱石寨车站，疯狂地向站区射击、投掷手榴弹，然后进入站房和工区。破门而入，捣毁设备，窃取职工大量财物，纵火焚毁站房和工区职工宿舍数十间；接着沿铁路窜入麻道，复大肆开枪，抢劫群众财物，掳杀猪牛，无恶不作，群众恨之入骨。

就在日寇大队人马离开朱石寨车站往麻道时，三棒街对门坡一向胆大的青年农民盛龙华独自一人，扛着一支“木克心”半自动步枪（我们本地人叫“格早笼”）从陇里向朱石寨车站走来，到站区已是一片火海，无心逗留，就往回走，至扳道房时，见一军人蹲在火堆旁，边烤火，边狼吞虎咽地撕东西吃，便警惕起来，立即绕过扳道房，找地方隐蔽，端枪对着此人吼：“干什么的？缴枪投降！”这个军人听到这突然其来的吼声，十分恐惧，窜出扳道房向吼声方向盲目地连开两枪，盛龙华由于隐蔽得好并做好了准备，便借着火光举枪瞄准，抠动扒机，连续5发子弹，将其击倒在地不见动弹，还以为他在耍诡计装死，于是再填上两枪子弹，此人久久不动，盛龙华就敏捷地跳出隐蔽地，持枪一步一步地向其逼近，走到跟前一看，果然已中弹毙命，再仔细一看，这是一个穿戴日本军服的士兵。此时盛龙华感到亲手击毙来犯之敌有说不完痛快，速将此敌之“三八”式马盖子步枪和50余发子弹缴获，又从其身上搜出两张日本美女的裸体照片、1个小佛像和这个鬼子兵准备寄往台湾的家信，判断此日军可能是当时日本侵占下的台湾人。随后拿着战利品，兴高采烈地回家。从此，盛龙华孤身毙日顽的事迹，就在家乡群众中言传至今。

（王沛泉系尧棒乡退休干部，已病故）

［转录自独山县政协文史资料研究委员会编：《独山文史资料选辑》（内刊）第十四辑，2002年版，第197—198页］

（36）参加独山自卫团点滴回忆

蒙锡丰口述　刘文禾整理

“黔南事变”前，国民党当局对独山的防卫，既无计划，更无措施，乃至大敌当前，一筹莫展，竟不顾百姓死活，纷纷弃城逃命。独山自卫团就是在这样的情况下匆匆组建，负责维护社会治安。

1944年11月下旬，日军侵陷河池，进攻南丹，独山吃紧，贵州省政府于26日才批准成立独山自卫团。受命组建自卫团的独山县长孔福民，亲自兼任自卫团司令，罗士彬任副司令，兼任第一支队长，分管上司以上半县；莫凤楼任副司令，兼第二支队长，分管上司以下半县。第一支队分为三个队：第一队队长周享文，由县城青年30余人组成；第二队队长蒙锡丰，由紫泉镇自卫班扩充组成，有30余人；第三队队长李凤德，由中奎乡自卫班扩充组成，亦有30余人。每队配备机枪一挺，每人发步枪一支，未发统一服装。

自卫团匆匆成立后，既无严密的组织，又无切实的防卫计划和措施，连给养都成问题。日军28日侵占南丹后，继续北犯，是夜独山紧急疏散。29日夜，独山专署专员张策安率专署职员和保安大队官兵取道基长，逃往榕江。30日晨，军四分校主任兼黔南防守司令韩汉英也带着军校官生，向湄潭逃去。这时百姓多已下乡逃避，城郊军用仓库也在陆续爆炸。形势十分危急，下午我们奉令开出县城，向中奎乡的拉坝洒集结，住中奎乡乡长陆德明家，县长孔福民也于当日率保警队到拉坝洒。此时。城中警备部队开始纵火。12月1日，城中居民已逃一空，终日大火，已闻远处炮声，下午孔福民入城巡视后，回到拉坝洒，由自卫团一队扩送过公路，带着县府人员去都匀沙寨躲避。2日下午，日军侵入县城，当晚我们到坡上去观察，只见独山火光冲天，城外有些小坡头不时发出照明弹，我们几个队长非常气愤，便向罗士彬副司令请战，他说：“我们这点人枪，抵不过敌人，不能去。”我们只好作罢。后来一队的自卫队员捉得一个汉奸，拿来审问，那汉奸说：□□战线拉得太长，后面联络不上，过几天可能要撤退。随后把那汉奸枪毙。4日下午晚饭后，我们在拉坝洒听到城那边传来一声巨响，尤如天崩地裂，感到形势更紧，第二天早上，我们三个队，近百人，在罗士彬副司令的带领下，撤向山高林密的定台乡的达头。后来听说日军已从城里撤退。8日我们三个队在罗副司令的带领下返回县城，当天孔县长也从沙寨带着保警队官兵回到独山。

回城一看，到处是断壁残垣，一片废墟，昔日繁荣的县城，已荡然无存，真令人伤心流泪，我们就同先回到城里的群众把余火扑灭，然后分头找房子住，县长和县政府职员、保警队官兵住县政府烧剩的房子，我们二队30余人住北门陈家，一、三队也都各找住处。第二天，孔县长叫我去了解从深河到县城一带死人情况，以便组织掩埋，我就带几个兵一同前往查看。从城里来看，烧死一些人，火车站死的最多，多为被日军打死的军人和饿死的难民；一出城，黄埔路一带难民临时搭的草棚被烧死的难民多，再往前走，公路两旁到处有死人，有处把倒成一堆，军人中多数是被打死的，身上有血迹，难民多为饿死和病死。从四方井到深河半坡，一路上是烧坏的汽车，总有几百辆，子弹和衣物撒满地，路边有各种各样的死人，多为难胞，记得在四方井路边，有个婴孩是刚生下带不走而死的；到四方井爬坡的车子底下躺着一个老太，她见我们路过就说，我还没有死，你们救救我！当时我们也有困难，无法救她。深河街死的难民也多，有一户家中就死了十多个。过深河街就不见死的了，我们就回来向孔福民报告，他问我难民和军人死了多少，我回答死得多，数不清就把所见的情况向他一五一十的作了汇报。过几天，孔福民叫我下乡去买粮，因为当时全城已焦，军民无粮，我便向他要了手令，带了四个班长，到我的老家上道去买粮食，留下的人随后受罗士彬之命，同其他两队下乡去搞清乡，等我经过一个多月买回一万多斤大米回城后，自卫团已经解散，我仍继续留在县府当督练员。

以上回忆，因年久错漏难免，请知情同志补充和纠正。

（蒙锡丰系北集街居民，现年89岁）

［转录自独山县政协文史资料研究委员会编：《独山文史资料选辑》（内刊）第十三辑，1998年版，第160—162页］

（37）纳落寨旁毙敌魔

陆运鸿口述　刘文禾整理

1944年11月30日，日寇侵入麻尾，有队敌军驻扎在黔桂公路边上的麻往寨，有3个敌人顺河而下，来到我们的纳落寨上抢粮。当时全寨的男女老幼都到寨后的拉布仰洞躲避。此3个敌军气焰嚣张，激起民愤，大家在洞里商量杀敌，奈手中无枪，只有青年农民何仕贤有支马炮（火药枪），他便从洞中走出，埋伏于拉抹表田角，待敌走近，利用有利地形机智勇敢地用马炮先后打死两个敌军，剩下的那个鬼子慌忙沿原路逃回麻往。何仕贤把缴获敌人的两支步枪拿回山洞，受到大家赞扬。敌为报复。第二早从麻往调来三、四十个敌军。把两个敌尸抬走，还围攻纳落洞，不仅强奸两个妇女，还把群众的大米、腊肉和菜油全部掳走，抓得8个青壮年抬去麻往，一直抬到独山，直到敌军退回广西，被抓去当挑夫的人才陆续回来。敌人来报复的那天早上，还飞来了架敌机扫射纳落，把我们的房子打得七洞八眼，至今我还保留有一颗敌机扫射的弹头，以作日军侵略的罪证，永久留念，教育后人。

（陆运鸿原任下司区委副书记，退休干部）

［转录自独山县政协文史资料研究委员会编：《独山文史资料选辑》（内刊）第十三辑，1998年版，第163页］

（38）日军在都匀明英乡的罪行

莫让言

明英乡是日本侵略军入侵黔南时所到的最后一个乡，到此即返转逃命了。明英乡所在地叫茅草坪，属龙坪联保，是过去都匀走丹寨去三都的必经之道，距都匀 35 公里。茅草坪往东约一公里是鸡贾河，有渡口摆渡，这里地势险要，河面宽约 50 米，水深不见底，对面是一片开阔的沙滩很难隐蔽，靠茅草坪这边是 30 多米高的悬崖，仅一条小路下至河边，据说以前路边有很多柏树遮着，岩上也有很多大松树，是个易守难攻的地方。渡口的东边约一公里是雷打岩，再往东两公里是半边街，是都匀、丹寨、三都三县的交界处。

1944 年 12 月 2 日深夜。几百名日本侵略军自丹寨侵入都匀明英乡的半边街、雷打岩、鸡贾河和茅草坪四个寨子。12 月 3 日中午撤退。日军从入侵明英乡到撤退。前后不到十来个小时。在短短的时间里，明英乡遭受日军蹂躏深重的是雷打岩、鸡贾河和茅草坪的 40 多户人家。

鸡贾河渡口的老船工徐仲芳（现 71 岁，仍在渡口撑船）说："那是民国 33 年 10 月 17 日的晚上十点多钟，日本鬼子来了，逼我撑船，开始我不知是日本鬼子，因为他们不说话。撑到第二船我发觉他们的帽子两边像绵羊耳朵耷下来，才认定是鬼子。我趁黑悄悄跑脱了。过河的日军有 200 多号人，第二天早上十点钟左右又撤到这里，他们是把两只船并起来自己渡河的。日军太可恶了，做了不少坏事。"笔者调查：窜扰雷打岩寨子的日军，吃去老百姓的猪 4 头，拿村民黄奶家的床、凳子十天桌、小桌、椅子、茶几烧火取暖和煮饭，抢去黄奶家一条黑牯牛驮运东西，吃去黄奶家许多粮食。

入侵鸡贾河的日军，吃光寨子的猪和鸡，烧光每户人家的家具和木板 100 多丈，捡去 13 床被子垫在泥坑上给马走过，轮奸妇女 4 人（其中一妇女因被轮奸得病死去），屙屎放老百姓的罐子里，强拉两人作挑夫后逃脱，抢去难民的衣服、被子、布匹和金戒指，吃去老百姓的许多粮食。

窜到茅草坪的日军，闯进那家，就抓房主的鸡剥皮烧吃，就撮房主的米煮饭，就拿房主的家具当柴火烧。闯进邱应明家的日军，烧去邱应明新婚家具大椅子 3 把、小椅子 4 把、方凳两根和亮柜的抽屉。日寇在茅草坪奸污了 4 个妇女。

当时的国民党政府，在日军入侵前没有组织群众有计划有目的地撤离城市，导致群众盲目疏散而受害。当时，都匀城里有人听说日寇由独山进攻都匀，认为明英乡安全而去避难。殊不知日军的另一路兵已由三都、丹寨向明英乡进发，

当避难者到达鸡贾河和茅草坪寨时，日军已到，避难者的财物被抢劫，女人被奸污。

日军入侵的暴行，激起老百姓的反抗。茅草坪街上的相登赢等人。乘日军未放哨熟睡之机，扛去日军步枪 8 支，后怕日军报复，在乡长威逼下，又乘日军睡觉未醒时，把枪送回原处了。有名的廖独脚，拄着拐棍，乘日军防守不严之机，解开拴马的缰绳，骑上马背，把日军的马藏起来。

当年这些反抗日军的勇敢行为，至今传为美谈。

[转录自黔南州政协文史资料委员会编：《日军入侵贵州——黔南事变》(《黔南文史资料选辑》内刊，第四辑)，1985 年版，第 42—43 页]

（39）永恒的记忆——三都县交梨、岩寨被侵华日军践踏史实

孔素珍（女，75岁）2005年4月8日口述

欧德昌（75岁）笔录，王厚虎、李仁俊整理

1944年11月27日，日军由广西进入贵州南部。在三都县城大肆烧杀抢掠后，日军于12月初向丹寨、都匀方向侵犯，至大登高（为丹寨县地名）、茅草坪一带（为都匀市地名）受阻后，又折回三都，途中在三都县交梨、岩寨、新寨、大寨一带滞留骚扰。

日军火烧三都县城时，父母亲先把14岁的我和弟弟老黑藏到摆牙坡（地名）的韦叔叔家里住下，待到日军走后我们回到家里时，我家、舅公家、姑妈家和交梨街上一些人家被日军践踏的情况，我亲眼目睹，至今记忆犹新。

一、交梨街被日军践踏的几家情况

赵世昌家：当时他和莫玉君刚刚结婚，一套崭新的家具和家中的柜子、书桌、床、大小桌椅、凳子来不及搬走，全部被日军拆烧得缺腿少脚、东倒西歪。有柴有炭日军不烧，却故意拆烧毁坏家具，真是令人痛恨！

我家和外公包纯白家：外公本来住在三都县城的，日军临到三都时，外公廉价卖掉了一块大田，得到20块大洋捆在腰间作逃生费用。刚跑到交梨我家，正要端碗吃饭，日军也到了交梨。日军一进门，先搜我父亲身上，没有搜到什么，接着又搜外公。趁日军不注意时，父母立即朝后门不远处躲藏。外公卖田的20块大洋被抢走了，日军还要拉外公去抬武器弹药，因外公年老力衰，走不动，日军打了他一巴掌，又一脚将他踢倒在地。家里未吃的那锅饭菜，被日军五抢六夺拿起碗边吃边走。日军前队刚走，父母立即从躲藏处跑出来，抱起椅子上的二弟（4岁，其时正在出麻疹），拉起外公、外婆一齐朝后门的坡上逃走。还没爬到半坡，日军的大队人马就到了交梨。家里还喂有28只鸡，准备卖了过年的，结果全部被日军宰杀吃光，头脚、鸡毛、肠杂摔满房前屋后。家里的酸坛被日军拉满屎尿，家具桌凳都被日军拆烧，没有一件是好的。

舅舅包书文家：舅舅家喂有一群鸡、鸭、鹅，因来不及收藏，全部被日军杀吃，也是头脚皮毛撒满一地。圈里的母猪被日军活剐，割肉烧烤吃光，母猪

只剩下骨架，肚里尚有肠子和9个已经死了的猪患。交梨其他住户受到侵害的情形也大致相同。

二、岩寨岩洞被烧的情况

日军火烧三都县城时，附近交梨、岩寨、新寨、大寨的群众把粮食、棉花、布匹及细软等，连人带物都往岩寨的岩洞（据说该洞长达30里）躲藏。日军来到这些村寨，发现人物空空，什么也没有。后来日军在岩寨找到了一个姓白的老太婆，她不会说汉话，老态龙钟，耳朵又聋。日军和汉奸追问她群众和粮食的下落时，她只会摇头，形同哑巴。日军以为她有诈，于是欲擒故纵，佯装离开岩寨而去，暗地里却派人监视她。天黑时，老太婆悄悄移开洞门石板进洞，把情况告诉洞里的人，被日军监视发现了。但是日军又不敢进洞，无法把群众逼出来，日军找来大量柴草，把洞门塞满，惨无人道的放火烧洞。可是由于洞很深很长，还是没见人出来。日军又找来几架风簸（人力风车，三都农村扬谷子用的一种大型农具），对准洞口鼓风，把大火烟吹进洞内，洞内所藏的东西燃烧起来。幸好此洞很长，又有后洞通往排月（地名），大家都从后洞逃出去，一个残疾老人和一个盲人姑娘未能及时逃出，被烧死在洞中。洞内的近10万斤粮食和不计其数的物品全部被烧光，浓烟滚滚，大火一直烧了几天。日军撤走后，群众回来时洞中大火尚未熄灭，悲愤的人们不禁望洞而哭。

虽然时间已经过去了61年之久，但是估计岩寨岩洞被烧的痕迹应该尚存，若查探，既可获得日军侵华罪行的证据，也可作为爱国主义传统教育和旅游参观的开发项目。作为日军侵犯贵州的罪证，不知此洞是否有人记载过，在此一提，希望引起关注。

（原件存三都水族自治县史志办公室）

（40）难忘的伤疤——日军进犯三都时家破人亡的亲身经历

欧得昌2005年4月8日口述，王厚虎、李仁俊整理

日本首相小泉纯一郎自上任以来，一方面表示重视中日关系，一方面却不顾伤害中国和亚洲各国人民的感情，多次参拜“靖国神社”；日本政府一再修改日本教科书，企图窜改日本军国主义的罪恶历史，这不能不引起全世界人民尤其是中国与亚洲人民的关注和警惕。

我今年75岁，在60多年前的那场战争中，有过家破人亡的惨痛经历。因为那场战争，我失去了美丽快乐的家园，失去了亲爱的哥哥，失去了幸福的青少年时代。60年来，我已经把这段伤痛的记忆深藏在心里，从不向家人和后代讲述，因为我不想再播下仇恨的种子。值此世界反法西斯战争胜利60周年之际，我决定用自己的亲身经历，唤醒全人类共同起来制止并消灭战争，促进世界和平。

一

1944年（民国三十三年），13岁的我正在都江小学读五年级，忽然，日军已到广西的消息传到贵州，学校只好停课，那时，年少的我已经被战争的阴云罩住了心灵。当时，有钱人家都在请人往乡下搬运东西，国民党政府的官员们则携带家小，坐看滑竿或骑着马，往外地或省城逃走，一时间，人心惶惶不可终日。这时，因“买枪通匪”（实际上是被反动区长敲诈勒索）而被关在县城监狱里的父亲才从牢里脱逃回家，父亲到家没几天，日本骑兵就到了上江街（都江又名上江）。我们一家六口只好卷起被盖，带着小锅鼎罐和简单的生活用具，随着人群四处逃奔。我们一家沿着排长河，向里基振雷（今已建为民族村）的深山老林躲藏。当晚在山林里找到了一个岩洞暂时栖身，吃罢晚饭，用一张油布遮住洞口，一家人挤在岩洞里过夜。第二天，父母亲带领我们弟兄三人砍来藤竹，利用洞外的树枝搭起蓬子和床。晚上我们弟兄三人就在树上睡觉，父母和一岁半的小妹（欧德珍）睡在洞内。就这样，有家不能归的我们一家过起了野人似的生活。由于山里野兽多，又担心抢劫，后来我们家转逃到里基寨，向一位姓韦的老人讨了一间空牛棚栖身。

二

日军来到都江的当晚，便如狼似虎般的冲入百姓家里，见禽畜就杀，然后将老百姓的房槽、木材、家具堆成篝火烧烤，吃饱后把枪支架在篝火旁，东倒西歪地和衣而睡，更多的日军士兵继续到街上去肆虐。一些来不及逃走而藏在家中或红薯洞里的妇女，均被日军搜出轮奸，其中一个少女当场被轮奸至死。日军还放火烧了下街的邓乾贵家，为阻止群众救火，开枪朝火区扫射，由于无人救火，当晚整个下街近 80 间房屋被烧为灰烬。日军在都江没有遭到任何抵抗，只有一个人称艾三奶的老太婆，因为舍不得离开家园，当晚躲在房背后山上的竹林里躲藏。等到日军睡熟后，胆大心细的她溜下山来，偷得了日军的一支步枪（内有子弹）。

三

12 月 28 日早上，我们弟兄三人与里基寨上的孩子，在收获后的稻田草堆里捉迷藏。这时母亲听说日军已经向坝街方向撤走，因思家心切，便叫我和哥哥（欧德音）跟父亲回都江家里去看个究竟。我们哥俩和父亲到家时，只见大门的锁已被砸烂，家里的桌椅板凳被拆烧得不成样子，家里到处是日军剐下的猪皮、鸡毛和啃过的骨头。圈里的母猪不见了，只有带屎的肠子和 10 只死了的小猪。家里的酸坛被打破，酸早已泼光。惟有灶角的臭酸坛没破，我揭开坛盖，里面满是日军拉的屎尿。我和哥哥把装满屎尿的臭酸坛和死小猪拿到杨家厕所橙子树下丢掉，回来和父亲继续清扫家里，以便将来回家居住。就在我们把被日军糟蹋得乌烟瘴气的家中收拾完毕，正要返回里基准备搬家时，更不幸的事情发生了。

天上突然传来飞机嗡嗡的声音。我们立即冲出家门，朝杨柱寰家巷子跑去。父亲在前，大哥随后，我跟在大哥后面，父亲的前面是杨家女佣杨老意。跑到水沟边时，王维俊也跟在了我的后面，一行五人刚跑到厕所橙子树脚，飞机已经飞到头顶，此时大家正好傍着高坎站成一排。飞机的轰鸣声越来越大，我抬头一看，四架飞机正在飞过我们的头顶，只见好多密密麻麻的、黑麻雀似的东西（后来才知道是炸弹）从飞机肚子下飘出，铺天盖地的朝我们头上飞来。刹时间，只听得地动山摇，一片天昏地暗，我们被笼罩在滚滚的浓烟之中。随着一声巨响，我觉得自己的肩膀上仿佛被什么东西狠狠的撞了一下，然后那东西又滚落到了我左脚的坎子边。我几次努力睁开眼，但浓烟滚滚，什么也看不见。

我用双手往前摸去，可是没有摸到大哥。待到浓烟稍散，突然觉得眼前一片红亮，我睁眼一看，地上、路上、房子上一派火海，杨家厕所和那棵高大的橙子树已被炸飞得无影无踪，面前是几个巨大的弹坑。这时我才看清，刚才从我左肩上掉下坎去的是王维俊，他四仰八叉倒在血泊之中。大哥德音也扑倒在地，我伸手去摇他，他却没有一点反应。我又去找父亲，只见他和杨家女佣杨老意被淹没在厚厚的泥沙和房草中。我扒开房草，他们两个才从泥沙和草堆中爬出来。幸好父亲没受什么大伤，只是被炸弹炸晕了。我和父亲手拉手，想拼命冲出火海，可是鹅卵石铺就的街道很烫，到处是燃烧着的房草和竹木的残枝碎叶。为了活命，我们把衣服捋到头上冲了出来。当我们跑到三岔路口（滕家园子），即将脱离火区时，我才想到哥哥的尸体可能会被烧焦，于是我和父亲摘下橙子树枝叶，将路上的火扑灭，又回去找到了大哥的尸体。我们从泥沙和草堆中将大哥拉出来，父亲拿着大哥的双手走在前面，我提着双脚走在后面。直到这时我才看清，哥哥的头部是吊着的，他的头顶、下颚、颈子被炸飞了，后颈只剩下两寸见方的一块皮子，真是惨不忍睹！我边哭边和父亲把哥哥搬出火区，来到三岔路口，我们把哥哥的尸身放到水沟里，用芭蕉叶和树叶盖好，想再回头来搬王维俊时，因四处火势更大，有气无力的我们只好放弃。在回里基的路上，想起平时我和哥哥的手足之情，想到年仅十七岁的哥哥死得这么悲惨，我不由得一路伤心啼哭。爬到里基半坡时，遇到滕老碾和滕老妥，见到我们父子俩满身尘土和血污，老碾关切的俯身问我说：“老二，你的右脚全是血，受伤了吧?”这时我才止住哭声，低头看自己右脚上的红血垢，才知道自己也受伤了。一时间，悲愤和恐怖在我的心中交织，加上疲劳过度，我顿时晕倒在地。不知是谁把我背回了里基，模糊中我隐约听到了母亲哭喊着哥哥和我的名字。我醒来时，首先看到的是母亲悲伤失神的眼睛。我喊了一声“妈妈——”，又晕了过去。不知过了多久，我感觉自己的腿热乎的，终于苏醒过来。这时里基寨上的好多人都来到我们家探望，牛棚前挤满了人。父亲用热水给我清洗受伤的右腿（裤子对膝盖处被炸穿了一大一小两个洞，膝盖右下侧肌肉已经被弹片炸穿，所幸没有伤及骨头）。待到洗净后，我的右腿已开始肿大（中的是毒气弹），母亲剪下她的长发，把我右脚膝盖上方的部位扎紧，以防毒气上侵。

第二天，我的右脚肿得像木柱子一般，不能走路了。父亲和村里的两个人去都江掩埋哥哥的尸体。中午时分，传来了飞机的轰鸣声。人们以为敌机要来轰炸里基，纷纷往山上跑去，我也拼命拖着伤腿，跑到山上的一处坟堆里躲藏。原来是日军对都江进行第二次轰炸，我朝都江方向望去，看到飞机在都江街上空盘旋，最后沿着排长河谷飞走了。在飞机上升时，我清楚的看到飞机里坐着三个人。

这次日军侵犯都江，居民死伤近20人，被炸死的有王怀芝、滕陈氏、韦文安、黄杨氏、王维俊和我大哥欧德音等，其中大哥欧德音和王维俊一前一后被炸死在我的身边。北门一带损失最为惨重，共炸毁烧毁房屋80来间，北门古城墙也被炸塌。在这次轰炸中，我的右腿也留下了两个终身难忘的伤疤。

第二年，即抗战胜利的1945年，我从都江小学毕业，并考取了省立三都造纸职业中学，后因家贫而休学回家。1946年，家里搬到县城居住，我读上了有公费补助的省立三都造纸职业中学，直到1949年12月三都解放。此后因闹土匪，未能完成学业。1950年4月我辍学参加了县里的师资训练班，培训结束后，成为一名小学教师。

（原件存三都水族自治县史志办公室）

（41）三都人民抗击日军的斗争

三都水族自治县史志办公室

1944 年 11 月 27 日，日本侵略军由荔波县佳荣乡进攻九阡，29 日侵入三洞，30 日下午侵占三都县城。12 月 5 日从丹寨撤退，三都县城再次遭受蹂躏。6 日日军从三都县城分两路继续撤退，一路经水龙、三洞出九阡，一路沿都柳江而下至上江、坝街，8 日全部退离县境。日本侵略军在三都县境前后骚扰 12 天，遭受侵略军蹂躏的乡村，计有一个镇 94 个村庄，屠杀无辜群众 80 余人，烧毁房屋 1200 余间，掳走和烧毁粮食 200000 公斤，宰杀耕牛、肥猪、鸡鸭等家畜家禽无数，人民生命财产损失惨重。

日寇在三都犯下的罪行，激起了各族人民的仇恨，纷纷自发组织起来，村自为战，人自为战，用土枪、土炮、梭标、马刀与敌人拼杀，有的埋伏在山上向敌人射击，有的在夜间摸进敌营取走枪支、弹药、马匹和其他军用物资。据不完全统计：县内共有群众抗日斗争交战 20 余次，消灭日本侵略军 130 余人，获小炮一门，机枪两挺，三八步枪 180 余支，骡马 17 匹以及其他军用品多件。其中规模较大的有石板寨战斗，营上战斗，杨柳关战斗和低育战斗。

石板寨战斗　1944 年 11 月 28 日傍晚，日本侵略军翻越十里长坡进攻九阡乡石板寨。寨中水族农民潘秀辉、潘老发等 50 余人自发组织起来，以寨墙作屏障，紧闭四门，阻击敌人。敌军因黑夜摸不清情况，不敢贸然攻寨，只用机枪盲目扫射。石板寨的群众凭借石砌围墙工事，打得十分英勇顽强，并组织精干的突击队摸出村外偷袭敌人，次日黎明，日军用大炮燃烧弹轰击寨子，群众抵敌不住，往后山撤退。敌军冲进寨子，大肆抢掠粮食和牲畜，放火烧烤数屋 60 间，禾仓 80 个。石板寨仅剩房屋 14 栋、禾仓 20 个。敌人的残暴罪行，更加激发群众的抗敌斗志，同仇敌忾，人自为战，在石板寨周围即十里一带展开游击活功，袭击零星掉队敌人。石板寨的群众共打死日本侵略军 8 名、骡马 4 匹，缴获战马两匹及部分弹药物资，并在师戛地方解除 8 个伪军的武装，他们放下武器后，被放回广西。石板寨战斗，有 4 名群众为抗日斗争献出自己的宝贵生命。

营业战斗　1944 年 11 月 29 日，日本侵略军从九砰、三洞入侵三都县城。途经尧麓乡的旷家店、申乐、营上、姑罗、新寨、白家寨、姑挂、岔河口。牛场一带时，实行烧、杀、抢“三光”政策。据不完全统计：共烧民房 28 户，84

间，抢走耕牛 100 多头，宰杀肥猪多头，损失食粮 50000 多公斤，家禽不计其数，拉去六人为夫。敌人的残暴激起这一带群众抗敌自卫的决心，自发组织 15 人为骨干的抗日自卫队，推举江月波为队长，从民间收集步枪 15 支，马炮 3 门，马刀 6 把作为自卫式器，12 月 6 日晨，抗日自卫队埋伏于尧麓乡营上坡，一股 60 余人的侵略军，从县城出发向水龙、九汗撤退，途经营上时，自卫队向敌人尾队发起追击，敌人措手不及，一边还击一边疾步前进，自卫队一直追击到十里远的水龙坡脚，激战两个多小时，打死敌人十多个，缴获轻机枪 1 挺，步枪 11 支，子弹 1 箱，战马 1 匹。正当自卫队得胜回到灯笼寨时，突然小股日军接踵而至，向他们开火，躲避不及，队长江月波、队员王兴申中弹牺牲，其余队员撤出战斗往上沟隐蔽。敌人不敢分散搜索，匆忙向水龙方向撤退。

杨柳关伏击战　杨柳关是新阳通往三洞场坝的必经隘口，新阳一带的板厘、采丛、兰领、板龙、板干、板合等村寨的群众，痛恨日本侵略军前锋部队途经这一带时犯下烧杀奸淫的罪行，部分青年自动组织起来，携带火枪、土炮到杨柳关伏击日寇小股后续部队。12 月 1 日，当敌军向三洞出发爬上杨柳关坡时，埋伏的群众向他们开枪射击。当场打死 6 人。第二天，又一股日军爬到杨柳关半坡，仍被群众阻击，敌人退回田坝，架起小炮和机枪，向杨柳关两侧的山上狂轰猛射，群众弹药缺乏，撤出战斗，此次击毙敌人 3 名。前后两次伏击，共毙敌人 9 名，缴获步枪 7 支，子弹 200 发。

低育伏击战　1944 年 12 月 3 日，日军的前锋部队途经三洞乡水更寨时，掳抢群众财物，开枪打死水族妇女潘牙敖，激起群众的愤恨，当晚就有部分群众摸进敌军驻地进行偷袭，青年潘让杀死敌军一人，夺“武运长久”军旗一面，步枪一支，战马一匹。12 月 1 日和 2 日，水更寨的群众埋伏在三洞、中和交界的低育、姑碰等山坡上，用鸟枪、土炮和缴获敌人的步枪袭击小股敌人，虽然敌军武器好，但不熟悉地形，遭到伏击也很慌乱，一边还击一边往中和方向窜逃。在低育地方击毙敌军 5 名，在姑碰地方击毙敌军 8 名，追到中和乡境八猫地方又击毙敌军 1 人。这次伏击战，共打死敌军 14 名，缴获步枪 12 支，子弹 390 发。水族青年潘鉴、潘海术也在战斗中光荣牺牲。

三都各族人民英勇抗击日本侵略军，在“黔南事变”中显示了崇高的献身精神，给贵州抗日斗争史留下了光辉的一页。

[转录自黔南州政协文史资料委员会编：《日军入侵贵州——黔南事变》（《黔南文史资料选辑》内刊，第七辑），1989 年版，第 112—114 页]

（42）日军侵略丹寨的回忆

彭正隆

1944年12月2日，日本军从三都方向进入丹寨城。当时，国民党的部队早已走光了，日本侵略军没有打几枪就占领了丹寨城。在日军未到时，县政府就撤走了，由保警队护送到乡下去了，只派保警队廖富华（分队副）率领一班士兵，前往五里铺、羊甲一带放哨，待发现日军来时，速返报情。可是，日军一到，保警队就被缴了械。

12月2日上午12时左右，大队日军从三都至丹寨公路进到丹寨南门五里桥，然后分兵前进，从南门和东门进入县城。日军进城后，视无抵击，到处放肆，在街头巷尾四处抓鸡宰猪，拆老百姓板壁门窗家具等作柴做饭。当时，我母亲年老在家看屋，日军冲进屋内，抄家捣柜，无所不作，把我家猪圈门冲开，将我家肥猪用刺刀刺死，剥去皮，割去猪腿。我母亲上前阻拦，日兵不理，用枪赶走，不许再看。他们四处推翻打烂我家家具，当即打烂我家鱼酸面罐两个，毁我家门窗板壁家具当柴火烧饭，还抓来五六个人关在我屋里，给他们作抬伕。吃饭后，有些日兵十分疲劳，倒床靠壁就睡着了，有些围着火边烧、烤肉吃，所抓来的抬伕趁他们睡觉之机逃走。当夜12时左右，日军兵分两路继续前进，一路往都匀方向，走鸡贾河，不知得了什么情况，立即返回；一路出北门往麻江方向，走至金竹坪前未到三百挑大田处，又立即返回县城，接着往三都方向撤走。走时，四处放火。城内大火、烟雾冲天，一片红通通火光。

4日上午11时左右，飞机由北边方向飞来，直往三都方向。不到分把钟，就听到轰炸声和机枪扫射声。下午2时左右，才听说日军部队撤走到空坡一带时，被美国飞机追击轰炸，不知日军死伤多少。

12月5日，国民党军队身穿反衣才到丹寨，往三都前进追赶日军。半月后《贵州日报》登出国军在丹寨城五里关与日军交战，这不符合事实，日军先撤，国军后到，根本未接触，怎么说“交战”？说明国军假报战功，政府腐败无能，混淆视听，愚弄天下。

在日军来到丹寨城时，男女青年就逃走了，只留下了些老弱病残者看屋。日军到时，抓走一些老弱者逼他们当抬伕。在北门街就抓走黎协中、彭玉生、廖世清、廖永清（点痣医生，四川人），场坝有陈明永、周伯寿等人。在我家关押的五六人，是我母亲在家亲眼所见，他们深夜逃走，其中有一个叫周伯寿的，生死未归，一直杳无音信。

在日军进城后，他们忙于抓鸡，把枪放在一旁，被邓光友夺走。二台坡廖代良（脚有残疾）跟廖世庸看屋，房后拴有日军战马一匹，被廖代良骑走。目睹日军为害我县悲惨情景，尤其十字街烧毁民房约有二百间，烧死牲畜不知其数。这些都是日军侵犯丹寨的铁证。

[转录自政协丹寨县文史资料研究委员会编：《丹寨文史资料》（内刊）第二辑，1989 年版，第 87—88 页]

（43）不能忘却那段屈辱与希望并存的历史
——记日本侵略者在丹寨的暴行与丹寨人民的抗日活动

蒙荣安

今天是中国抗日战争胜利60周年。发生在上个世纪三四十年代的中国抗日战争是中华民族历史上的雪洗百年耻辱，开始中华民族伟大复兴事业的民族解放战争。

在那段历史时期中，地处西南大后方的丹寨人民也难幸免日军飞机的狂轰滥炸和地面入侵日军的烧杀、掠夺、凌辱；也激起了丹寨人民不畏强暴，自发地反抗和打击日本侵略者嚣张气焰的爱国主义精神，那是一段屈辱与希望并存的历史。

日本侵略者在丹寨的暴行

抗日战争进入战略相持阶段后，日本侵略军企图以残酷无情的轰炸，尤其是对西南大后方的狂轰滥炸，毁灭中国人民抗日意志，达到其无法用地面作战解决的中国坚持抗战问题。1940年9月13日，远离抗战前线西南大后方的八寨县城（1941年4月改为丹寨县），也未能幸免日军轰炸的厄运。上午10时左右，日军9架飞机飞临县城上空绕一圈，然后向房屋密集的民国政府机关一带和场坝的商贸区货摊棚两处轰炸和扫射，共投掷5枚炸弹，炸毁房屋20多间，炸坏房屋难以计数，民国政府礼堂和居民王一帮、聂礼富、苏育杰、宋光华等的房屋全部被炸粉碎。虽然防空哨在日军飞机即将飞临县城上空时已发出警报，但为时已晚，人们已来不及疏散隐蔽，因而被炸死伤的百姓共49人，当场炸死14人，受重伤后不久身亡1人，其中妇女3人，儿童6人。在木行老板杨茂林家做木工活的3个木匠一齐被炸死，有的死在马凳上，有的死在车架上，死者手中还拿着工具；谭美斋妻子被炸死时，襁褓中的孩子还在怀中啼哭，其惨状令人目不忍睹。

1944年11月，侵华日军企图把中国战场与东南亚战场连成一片，对重庆国民党政府施加政治和军事压力，策应处于在中国和盟国打击下的缅北日军，在先后攻陷广西全州、桂林、柳州后，沿黔桂边境北上入侵贵州独山、荔波、三都、丹寨，史称“黔南事变”。

12月2日，日军第3师团第6联队近千人自三都入侵丹寨境，到离县城6公里的五里铺时，在该地设岗放哨的县保警大队一个班误认为是国民军队，当发现是日军时，来不及鸣枪报警即逃离。下午日军进逼县城南门，守城的县保警大队一个班放了几枪后逃走，日军顺城墙脚由东门入城占领县城。日军进占县城后，即四处分散，横行肆掠，有的撬仓抢粮，有的杀猪宰鸡，有的捕捉百姓当伕役，有的拆民房板壁，砸烂木器家俱烧火取暖，弄得满城鸡飞狗跳，猪叫声、人哭声连成一片。

3日凌晨，日军兵分两路朝都匀、麻江方向进犯，由于日军主力在独山境围歼国民党军队第二十九军九十一师的企图失败，加之都匀、马场坪一带有国民党军队第二十军预备第十一师驻守，进犯都匀的日军只到都匀境鸡贾河、茅草坪一带就撤回；朝麻江方向进犯的日军也只到县境兴仁乡城望的马田亦撤回。分别驻扎在城内场坝、十字街一带和城外黄土寨、老猴寨、羊东寨一带。所驻之地百姓再次遭到日军的浩劫，日军翻箱倒柜抢粮、宰杀家畜家禽，甚至将老百姓的酸坛当马桶，拉屎拉尿，4日拂晓，城内的日军放火烧毁城内繁华商贸区十字街过街楼，城外的日军放火烧老猴寨后即往三都方向撤退。当日军退到城南金钟山至展良、良山两寨对面两夹坡地段时，遭到3架美式飞机两次轰炸和俯冲扫射。美机飞离后，日军又闯入金钟乡第一保的铁坨寨、排高寨、望城堡等村寨洗劫，抢粮、杀猪、宰鸡充饥，并将遭美机炸死的日军尸体焚烧掩埋，在抓伕役时用柴块将杨叔吾活活劈死，于当日退出县境。

据民国县政府的统计资料显示：日军此次犯境共枪杀民众38人，打伤55人；烧毁民房78户235间；掠夺粮食、家畜、家禽及杂物等折合法币233.11万元。其中龙泉镇损失动产108.43万元，不动产18.89万元，共127.32万元；金钟乡损失动产97.86万元，不动产7.93万元，共105.79万元。

（原件存丹寨县史志办公室）

（44）日机轰炸八寨城

陈老太（84岁）唱

莫忠祥、冉策生整理记录

青天渺渺不见云，日机来炸八寨城，
炸了八寨炸三合，炸去八寨城一角。
炸坏很多大房子，房子倒塌像崩坡。
家禽家畜被炸死，千年古树连根拔。
几多人民无家往，几多百姓无法活。
日本鬼子欠的债，八寨人民永记着；
飞机飞来叫哀哀，九月十三炸北街。
场坝中间丢三颗，男女老幼跑不开，
一些公公炸死去，一些死了年青奶。
妻儿子女也没见，得了这回也教乖；
飞机来了赶快躲，免得二回再受灾。
大官小员喊买炮，贪官借机发大财。
飞机飞来高入云，空中排成品字形。
降低飞来成一字，疯狂轰炸八寨城。
炸弹落地震天响，死了几多好人民。
炸去几多好房子，炸得场坝血淋淋。
百姓天天跑警报，一日两餐无法寻。
齐心消灭倭鬼子，天下才能得太平。

［转录自政协丹寨县文史资料研究委员会编：《丹寨文史资料》（内刊）第二辑，1989年版，第92页］

（45）荔波县抗日战争时期人员伤亡和财产损失调查情况的汇报

荔波县史志办公室

一、县境内抗日战争时期基本情况

1944 年秋，日军大举进攻长沙、衡阳，继而侵陷桂林、柳州。之后，侵华日军第六方面军第 11 军（代号为“旭”）在刚升任为支那派遣军总司令官冈村宁次的指挥下，根据日军大本营“一号作战大纲”的命令，决定突破省境线，向贵州方面攻击前进。第 11 军将所拟方案向日军大本营作了报告，经日军大本营研究后，同意第 11 军的行动，并由大本营参谋本部第 2 课拟定了向贵阳方面作战的五个方案以指导第 11 军的作战行动，这五个方案中，第一、二方案的军事目的就是要打通西南交通线，一举攻战贵阳，并摧毁贵阳附近的各种军事设施，进而威逼国民党陪都重庆。

1944 年 11 月 25 日至 12 月 10 日半月时间里，日军在继续实施打通大陆交通线战役的同时，还调动两个师团兵力进攻贵州。其战略企图是三路日军会师都匀，伺机占领贵阳，威胁陪都重庆，动摇瓦解中国军民抗战斗志，达到以军事压力迫使国民党当局撤退战时首都重庆和早日投降的梦想。

11 月下旬，日军分三路向黔境进攻，其中一路由广西南丹入侵独山。有两路入侵荔波县境：一路是第 3 师团的第 6 联队由广西宜北县（今并归环江县）攻入荔波县佳荣镇。另一路是第六方面军第 11 军第 3 师团的第 34 联队 3000 多人，由广西思恩县（今广西环江县）的川山、社村，于 11 月 25 日经下洞坪进攻荔波县边关——黎明关，黎明关中国守军第 97 军 199 师 587 团周国仲团长率官兵 1800 余人奋力阻击，打响了贵州抗日的第一枪。

入侵黎明关的日军在黎明关前与我守军 587 团激战三天两夜，日军死伤 200 余人，仍未破关。27 日下午，日军一面加紧攻关，一面由广西思恩县龙里乡乡长韦锦堂带路，从小路迂回包围黎明关，守军腹背受敌，只得且战且退到洞塘，联合第九战区副司令兼 27 集团军司令杨森的 20 军、26 军各一部在谭家坳、刘家坳至蒙家坳一带，凭山坳险要再次抗击日军。激战两天两夜，日军伤亡三百余人，未能突破守军防线，仍采用迂回战术，包抄守军后路，守军且战且退到水扛（今永康乡）穿洞布防。

12 月 1 日晨，日军第 3 师团司令官山本三男中将率司令部入黎明关进驻板寨，一面令工兵第 3 联队、步兵第 68 联队修补山路，一面令第 34 联队加紧进攻永康穿洞。直到 12 月 3 日，日军在我守军和永康水族群众的沉重打击下，在穿洞前丢下几百具死尸，才占领这个通往荔波县城的唯一通道，侵占荔波县城。

从黎明关到荔波县城的路程才 45 公里，这一路日军从 11 月 25 日开始进攻黎明，到 12 月 3 日攻占荔波县城，历时 9 天，沿途除受守军阻击外，还遭到荔波水族、布依族等少数民族群众武装的抗击，死伤不少，致使日军的进攻滞缓，打破了三路日军会师都匀、攻占贵阳的计划。

另一路日军第 3 师团的第 6 联队于 11 月 28 日由广西宜北县（今并归环江县）之驯乐进攻入荔波县的佳荣至九阡，沿途也遭到当地水族人民和联合自卫队的节节抗击，日寇被自卫队截杀、围歼。共杀死日军百余人，夺获日军步枪百余支、机枪三挺、骡马数十匹，缴获太阳旗、防毒面具等军用品多件。

12 月 3 日，入侵黔境的日军接到第 11 军反转的命令称："本军决定停止追击，准备尔后的转进，第 3 师团应于 12 月 10 日前向宜山、黎明关、思恩一带集结兵力，准备尔后向宜山以北地区转进"。侵占荔波县城的日军于 12 月 4 日凌晨放火焚烧县城后退出县城，向永康集结，由步兵 68 联队负责收容。日军在荔波境内到处烧杀、抢掠、奸淫的暴行，激怒了愤怒的群众，因此，日军在撤退途中，虽然已没有中国正规军队的阻击，但遭到当地少数民族群众武装和抗日自卫队的袭扰，陷入了人民战争的汪洋，直到 12 月 12 日才退出黎明关，全部撤出荔波县境。日军防卫厅在编著的《广西会战》一书中不得不承认："当地居民游击队也更加活跃……不时受到两侧高地的阻击，为了处理尸体，各队官兵是经过无法形容的困难才退下来的。"

荔波是贵州抗战的主战场之一，1944 年 11 月 25 日至 12 月 12 日在与两路入侵日军交战的半月时间里，荔波军民英勇杀敌，卫国保家，给日军以沉重的打击，打死打伤日军 800 多人。由于荔波军民的节节抗击，延缓了日军进攻速度，打破了日军企图三路会师都匀的计划。而日军的烧杀掳掠，疯狂入侵也给荔波人民造成了巨大的人员和财产损失。

二、日军入侵荔波的时间

日军入侵荔波乡镇时间：1944 年 11 月 25 日入境，1944 年 12 月 10 日出境，进犯了玉屏镇、洞塘乡、茂兰乡、永康乡、捞村乡、董界乡、朝阳乡、时来乡、义蒲、周覃乡、任劳、从善（今九阡乡、三洞乡等）。

三、抗战时期我方人物和敌方将领

我方人物：郑希侠、黄槐荫、陈惠香、韦汉超、谭耀机、杨家骝、全正熹、蒙老修、江月波、潘老发、潘文高、何应钦、谷正纲、杨森、汤恩伯、张发奎、张治中、吴鼎昌、陈企崇、周继武、石觉、丁治磐、陈素农、周国仲24人。

敌方（日军）将领：冈村宁次大将、横山勇中将、中山贞武少将、山本三男中将、松山良政大佐、井上金土大佐6人。

四、财产人员损失情况

从11月25日起到12月12日止，在日军入侵荔波短短的半个多月时间里，使荔波人民被敌蹂躏，遭受到空前的浩劫，惨不忍言，损失之巨，难以数计。据不完全统计，全县（包括九阡、周覃、三洞）有13个乡镇，7000多户房屋（含公房庙宇）被烧、被炸、被毁。其中烧毁的：板寨村54户，洞塘街上、洞阿24户，县城3000多户，朝阳八烂寨32户，佳荣乡老场、威岩寨60多户，九阡乡2000多户、三洞乡2000多户。损失稻谷3000多万斤（大米600多万斤），当年种植小麦油菜7万余亩，其中5万多亩被践踏颗粒无收。耕牛损失7000多头，马300多匹，生猪15000多头，狗、羊、鸡、鸭、鹅等家禽家畜数万只。被烧毁家中财物、家具价值六七百万元，全县2万多人衣食无着，无家可归，长期寄宿山上岩洞中。抗击日军战死的农民有30多个。

日军到处烧杀抢劫奸淫，在短短的半个多月里，全县被日军无辜残害、杀伤的平民百姓达5000多人，他们有的是被活活打死，有的被强迫拉去做苦役后打死，有的在山洞被毒气毒死。如板王组的姚志魁，刚走出躲避的岩洞，被日本兵发现，一声枪响，便倒在血泊中；板寨村的姚伯周在山上躲了几天后，因没米吃，想回家拿点粮食充饥，正走在悬岩上，突然被日本兵射中，跌下悬岩摔死，一身血肉模糊，惨不忍睹。日军在樟江边上休息时，见一青年在河中划船，便将他当成练枪的活靶来射击，以杀人取乐，使其身中数弹而亡；在荔波县城内，许多难民被日本兵抓去绑在西门街的木柱上，用刺刀活活捅死，五脏裸露，肠子撒漏遍地。城区李云图等老人被拉去做挑夫，因挑不动，被日军活活打死在望城坡。在此期间，无数家庭妻离子散，家破人亡，冻死、饿死、病死或被残害杀死的不计其数。在板寨的洞阿、永康的德门、时来的拉岜、白岩村等地，日军除了开塘捉鱼、宰杀猪牛外，还枪杀居民多人，妇女被强奸后就地杀害，日军的暴行真是惨绝人寰。

参考文献：

1. 黔南州政协文史资料。

2. 日本防卫厅防卫研究所战史室著的《广西会战》，天津市政协编译委员会译。

二〇〇八年三月二十七日

（原件存荔波县史志办公室）

（46）疯狂了，贵阳！

苏　子

“号外!”“号外!”

窗外的空气又浮动了！什么消息值得这样大惊小怪的？柳州收复了，没听见“号外”，人类的魔王死了，纳粹败亡了，没提起人们的劲。胜利离的愈近，愈听不到“号外”的声音了，是胜利不足为奇？还是发了国难财的不管胜利不胜利，而吃了抗战苦的，光为了米而愁苦顾不得人呢？人心已经麻痹了，有的中了黄金毒，有的饥饿得慌了！怎么今天突然又浮动着“号外”的声音，而且这样的轰动？

我想：这也许是新闻记者们“馋的嘴里长出鸟来了”，所以又卖弄关节，造出惑人的消息，想打一次丰盛的牙祭吧！我倚在窗口的栏杆上这样想，没有工夫去估量什么动人的消息，是真的或是假的。

“老兄！待在这里做什么？不赶快到街上凑凑热闹，打出意好回家呀!”老张突然闯进房来，没头没末地像是埋怨。

“怎么了！值得这样大惊小怪!”我慢条斯理的回答他。

“怎么？号外你没有看么？这种划时代的大事，该回老家了，日本完完的啦！看，这不是?”他边说，一只手中从中山装里掏出一张十六开的《号外》。

我并没有注视是寻个报馆发出来的，只是睁眼看到几行大标题，特号字、一号字、二号字，各据了一个重要的地位：

胜利曙光普照东亚

美军在日本土及我××登陆

苏军直扼暴日咽喉

敌军被俘达×××人

我国民众……

我疑惑是做梦，用右手捏一下左手，有点酸，不是梦呀！

“咦！真的么?”我自己在半信半疑中从牙缝里迸出几个字来。

“这还会假！都是×××的消息，街上热闹极了，铜像台、大十字人挤人，挤不动，各炮仗店的存货都差不多出清了，难道你没有听见，像大年五更似的……”

“听是听见了，我以为他们又是在请龙王，或是太阳被天狗吃了呢？”

“别再松动了吧！得了这个消息，谁不挺高兴的，只有你这家伙，走吧！大街去凑凑热闹……”老张说着话，带着七分法西斯味道硬拉我走，我连换鞋子的工夫都来不及，便不知所以然的被拉出来了，和某处的拉壮丁有点相像。

威西门外的环城路上，一字长蛇阵排了一列汽车，汽车下面是堆的东西，沙发、弹簧床、皮箱……上面都堆满了人，男的、女人、老太婆被挤得直喊救命，小孩子在哭着怪叫：“挤死人了！”“挤死人了！”每辆车上都像七月的小枣树，累累的挂满了小枣。车上还拥挤着满地的人，有的向车上爬，有的爬不上车就被车上的人排挤下来，摔个仰面朝天，也有的爬上去了，被一个类似军人的卡叽男人扯了下来：

“你妈的，你凭什么也爬车，哪个叫你上的，不睁开狗眼，也不看看是什么人的车……”

更有些柔懦的人，坐在车下的地面上张望着车上的人，表现出无限的羡慕。

“这批家伙也算是捷足先登了，他们的消息怎么这样灵通啊！”我问老张。他说：

“这都是特殊阶级，早在候着胜利抢先走一步，有钱，有人，有势，坐飞机都不成问题，何况汽车？”

“胜利了自然都可以回去，又何必如此积极呢？”我说。

“你这呆瓜，辣椒、黄瓜初上市都有人抢先，何况回家。‘先入关者王之’，‘先下手为强’，他们就是要占一个‘先’字，不信逃难时他们也是占着先字的，那时占先的好处，你纵不晓得，可是占后的苦头，大概你尝足了吧！你更哪里晓得这胜利的回家占了先的好处更大呢？争先恐后，这就是中国人的逃难与回家哲学，你呆瓜！”想不到今天才受了教训，老张言之有理，我自然唯唯诺诺了！

进了威西门，转过黔灵路，入了中华路，街道上铺满了纸屑，有些纸屑堆中还冒着烟火，仍然有人在楼窗上挤出头来，毕毕剥剥的燃放炮仗。

有一家不知卖什么的铺子，柜台前三个人在争吵：

“他妈的，算做的什么生意，有货不卖……”

“不要出口伤人，就还剩这两盘炮仗，我们自己留着放的，不能卖，还来强买的吗？”这时我才明白，原来是爆竹店，因为爆竹卖完了，货架上净净光光的，因此猜不出是什么店铺。

铜像台和大十字，是顶热闹的位置，男的、女的、老的、少的，盟友和咱们的同胞，摩肩擦踵……“准备怎样走了吗?”到处可以听到这样的问话，尤其是卡尔登、百乐门一些盟友们常来常往的地方，门前真是“车如流水马如龙”，有些盟友喝得面红耳热，一手拿着酒瓶，一手揽着女招待，从餐厅里东倒西歪的走出来，哈哈的长啸、狂跳，谁在使他们这样兴奋呢?胜利给他们带来了休假的时间，自然值得他们欢欣鼓舞。

大十字四面辉煌耀眼的金店，一家家门口都挤满了人，比买平价米的拥挤更来得凶，一个大块头红光满面的从人肉塞满的金字门内挤了出来，迎面迎来一位摩登少女瞟着希望的眼光在问：

“卖了多少呀!”那大块儿喘了几口粗气，从裤袋里掏出小花手帕，猛猛地揩了一下脸上的汗珠，才气喘喘地说：

“真他妈的，五十万没有货卖，我只买了一两多点……”

“自然喽，都要回家了，谁带那么多的钞票干么?有钱谁不是买金器，又漂亮又好带……”另外一位年纪轻轻的西装客插嘴说。接着转来一位穿灰布中山装的中年人，像似公务员，向那位西装年轻人说：

“先生，你想买金器么?挤进去好不容易，现在我还有一只三钱重的戒指，打算换了钱作路费回家，你家要时咱们就外汇了吧！照金店的价钱五十万，三五一十五，十五万元……”他们话还没有说完，那个刚才从金店里走出来的大块头急忙地插嘴说：“给我!”那个中年人从手上脱下一只戒指，递了过来，大块头用手掂了一下说：“有发票吗?怕不足三钱!”

“发票是掉了，三钱，一点不会少，你先生要就是十五万，不要算了，我真没有地方去给找发票。”

“算了，就给他十五万啰！东西难买只好将就一点，吃点亏也都是咱们的中国人呀!”那位摩登太太倒像很着急地催着大块头，大块头一如奉旨的把戒指交给她，从屁股后面的裤袋里掏出钞票，十张一叠的五十元美金一共十五叠，递给卖主，卖主一张一张的作细的数着，还没有数完，又传来一阵咒骂：

“×他娘，挤进去还是五十万，没轮到就一气涨了十五万，六十五万喽!”那位公务员模样的售主，听到这一消息，也不再继续数钱了，把钞票拢在一起，伸出手指向那位大块头说：

“先生，钱请你收回去吧！东西请你还我，我不卖了。”

“怎么钱?钱货两交了，你想变卦，‘君子一言，驷马难追’，你不懂吗?况且东西又不晚买的，买的人已经拿了东西走了，我不过等于一个介绍人，这时叫我哪里还给你东西?”那位售主转脸望望那位拿了金戒指的太太，不知什么时候已经走开了，他只好叹一口气，揣起钞票无言的走开。

南明桥上堆满了人，头伸出木栏老远的注视着清清的流水，河里有两个大汉拖上来一位穿着油绸维也纳式的衬衫、黄卡叽布短裤的大胖子到岸上来，一位年轻的漂亮女人拉着一个三四岁的孩子，泪眼婆娑的边哭边诉：

“死就死得了吗？慢慢的想办法呀！俗话说‘有货不愁贫’就是东西抛了，还要为俺们两个想想呀！你真死了叫我怎么过呀……”

大胖子幸而喝的水还不太多，躺在河滩上挺着大肚子，翻一翻白眼皮，又闭上了，一句话也没有说，只长长地叹了一口气。我真是有点不明白，这大胖子看形象绝不是为饥寒所迫，而且太太是这样年轻漂亮，有什么过不去而自寻短见呢？打听别人，才知道原来如此。

事情是这样的：这是一位国难财的暴发户，以囤积发家，粮食、布匹收囤的很多，现款都变成了实物，就没有料到胜利的突然来临，胜利了，人人要回家，囤积的大批笨货，高价时还不肯抛出，现在低价也不易出手了。一声“号外”，把这位硕肥的狗熊激成了神经病，一时高兴便投水自杀，光着来还光着回去，岂不快哉！这消息一传十、十传百，等到同情的观众都知道底细时，这位垂死的狗熊，又收获的一批诅咒，一片白眼。

等我们倦游归来的途中，街上已经摆满了家具，床、桌、椅、缸缸盆盆，旧衣服更是普遍，有些插着稻草，表示出卖的意思；有的却在书“此 X 廉价出售”等字样。旧货尽管到处摆满，然而问价的却寥寥无人，只有扛着扁担的乡下人，间或拣几件便宜衣服谈谈生意，可是你只要问价还价，包管生意做得成。

“这件棉袍几多钱？”一个乡下佬问。

“等着回家，便宜卖，给两千元吧！早几天买二尺布的价钱！”临时老板和颜悦色地说。

“这个时候都要这么多钱，旧衣多得很！”买主表示还不够便宜。

“你给多少呢？”老板偏起头追着问。

“要得太贵，不好还价钱。”轻飘的回声。

“那你总要还个价钱呀！总不能要我再找你钱，你还一块钱也是个价呀，我也不嫌少，咱们生意不成仁义在。”老板和颜悦色迫着他不能不还一个价钱就走。

“我只出两百元。”买主伸出两个指头，也许是自料不能成交，边说边要走开。

“来，来，卖给你。”老板算捉住了机会，死也不肯放松一步，接着说：

"给钱就卖，总比丢了强得多!"于是交易成功，临时老板喜得合不上两片猪肝色的嘴唇。

另一个乡下人在一片摆满旧家具的摊子前巡逻，像似想在垃圾箱中寻找一些废物。老板望了他一眼，说：

"把这张床便宜卖给你吧！老乡。"

"谁要这东西，当柴烧还要费功夫去劈。"

各百货店、布匹店更是门可罗雀，除金店以外，也还有些是堆满了人。假如你要探清底细，那不是箱笼店，就是麻绳、竹篓店了。

有些商店门上大都贴着红纸，像新年的对联，有的写得很简单，仅"结业收账"或"吉屋招租"等字样，也有的写得麻烦一些，如"本店主人急于返籍，所有本号生财吉屋廉价出让，合意者请进接洽，并略备茶点招待。"

另有一篇在抗战八年中没有看见过的文章，贴在一家公馆式的门前，一张大红纸上，标题是：

"征请房客启示"，下面是一笔不苟的颜真卿体、茶盅口大的字写着：

"本房主人因事他去，此间房屋征请房客住守，备有电灯、电话、自来水，概不收费并可月贴薪炭，条件即请住房代为妥理本房生财，有意者请入内接洽。"

"本房主人启"

"谁能想到呢，天地会翻转啊!"老张像有点发牢骚，接着他要我趁早去交涉汽车票。我因为还没有决定什么时候走，不太赞同他着急的办法：

"决定走的日期再买票也不迟呀！发神经!"

"我才发神经呢?"他说："怕俺俩有一个在发神经吧?还作着太平梦呢?我们决定了走算得数吗。得汽车公司替我们决定走的日期呢?我们决定走，买不到票也是无用哪！我是说咱们先去看看情势，找找朋友，看看什么时候有车，再作走的打算。"这话似乎有点道理，我只好被动地随他去，哪知离开汽车站还有半条街（半里远近），已经行不得，满街上挤得水泄不通，有些来了六个钟头了，还没有挤到车站。我们自知也没有法子通过，站在街旁权作看看热闹，大概有吃了一支纸烟的工夫，忽然看见小王从人缝中挤了出来，用手抹一下额上的汗珠，用力甩了一甩。我过去问：

"干什么热得给水淋的样?"

"还不是想汽车的办法"。他颓废的回答。

"票好买吗?"我问。

“好买，才好买呢，三个月以后的票都卖光了。还有那么多的人，挤不上去，要走，只有想法子搭黄鱼车，不然，只好跑着来的还跑着回去。”

“逃难，舍得两条腿抢命就罢了，胜利了还要咱们两腿跑回去，真太不人道。”老张感慨地说。

“答答答特……”小王一句话还没有说完，一阵号声传来，传说是枪毙人的，一大群犯人同时枪决，有贪污、汉奸、奸商，一连串的几百个……

“该起来吃饭了，吃饭的号吹过了，还不醒来！”同事杨君站在我的床边，用手摇晃着我。

[原载《黔灵》月刊创刊号（1945年7月31日出版），转录自贵州省档案馆编：《贵州档案》2006年第五期（总第一百三十四期），第50—52页]

（47）劫后黔东南，都匀迭遭火灾损失甚重

各县秩序渐复，庐舍多虚

三合独山遭敌蹂躏最惨

都匀25日下午10时电话：记者今日抵都匀，此地2日至5日连续发生4次火灾，最繁盛之场坝及城内大西街付之一炬。调查结果损失约35亿元。县长周世万正计划复兴办法，政府与人民合力建设。黔南慰劳团拨款三百万元急赈灾民。另据谭克敏谈，视察黔东南各县地方，秩序渐恢复，惟人民疏散未回，庐舍多空，故注意安抚，使其返乡安居乐业。三合遭敌蹂躏，被焚房屋六七百间，全城精华尽毁。独山受害尤烈，城内外房屋无完整者，难民有四五千人，正施救中。

［原载《大公报》1944年12月26日，转录自黔南州政协文史资料委员会编：《日军入侵贵州——黔南事变》（《黔南文史资料选辑》内刊，第七辑），1989年版，第279页］

（48）劫后贵州（节录）

公　诚

劫后黔南各县，元气大伤，正在从事恢复工作。所有损失，—方面报告中央抗战损失调查委员会；一方面将向联合国善后救济总署请求救济。上月派民政厅长谭克敏，社会处长周达时，会同省党部、青年团支团部人员前往都匀、独山、丹寨、三都、荔波等县视导复员工作，安抚灾民。最近且更将各县人事行政刷新，但在日前，仍以人口疏散，保持战时状态为原则。

大批国军源源开入贵州境，劳军工作早已展开，现有 16 县市各发劳军周转金一百万元，独山、都匀、贵阳等地数目倍增，同时各地在发动募捐。据吴主席宣讲："劳军办法是分物质与精神两方面的，属于物质的是供给过境将士的热茶与食宿，代为解决买卖纠纷，并予以借贷方便；属于精神的是文字宣传，向民间广播，赠将士铺旗，或以行列送行。"

民意一般

陪都各界赴黔桂前线将士慰劳团抵贵阳后，梁团长寒操曾邀请省城各界领袖座谈，策动并扩大劳军运动。在这里反映出了今日贵州的民意。

敌寇侵占黔南的种种暴行，特别增强了贵州民众敌忾同仇的心理。他们痛定思痛，今后决定尽量出钱出力以保乡卫国，他们敬爱国军，他们在慰劳过境国军时深深认识到了军风纪，一致认为国家的正规军是最可爱的，但是由前方退下来的散兵游勇则成为目前贵州的严重问题，在贵阳附近散兵游勇危害尤甚，他们抢吃行凶，抢夺民物而转售市场以牟利，社会秩序被其破坏，各县商贾裹足不前，于是物价暴涨不已，而市面物资日形奇缺，在座谈会中，无论党团民意机关的领袖，都一致对此发出了沉重的呼声。

当时吴主席也在座，他认为解决此一问题的有效办法，是要高级军事机关授权地方政府使各县市长均有捆绑散兵游勇之权，然后风声所缓，直至使其匿迹。

贵州的劳军运动正在开展中，散兵游勇的问题，各中央军政当局能以妥善解决，则不但劳军会有特别热烈的现象，一切军民合作的关系均将随之加强。

难民物价

难民在贵州有数十万人，社会部谷部长在贵阳收容了三万余人，与军政当局商订了安置疏散的办法，至而由贵阳疏散到各县，根本救济尚一时难于获得彻底的解决，难民仍然是今日贵州的一个问题!

随难民俱来的是物价猛增不已，目前贵阳物价的高昂，可谓骇人听闻，简单的举个例：米每石 24000 元，猪油每斤 500 元，猪肉每斤 300 元，牛肉每斤 160 元，鸡蛋卖 30 元一个，木炭 80 元一斤。且有人调查，花生米几乎一元一颗。

物价高涨的原因，第一自然是散兵游勇作祟，乡间与城市的物资供应失常；第二由于部分商人在黔南战事紧张时，曾经一度减价，“牺牲了血本”，企图在战局稳定后的今日转手买卖；第三我们也不能不指出商场中还有一些奸商在囤奇操纵。

难民在徘徊，物价在飞涨，难民愈多，物价越涨，如此难民苦难的程度更深严重。以后的贵州，灾区待复原，全省待安定，由安定发挥出支持反攻军事的力量来。散兵游勇，难民之物价则是摆在当前的严重问题。

1 月 4 日寄自马场坪

徐惠文 1986 年 7 月 3 日综合整理

［原载《大公报》1945 年 1 月 4 日，转录自黔南州政协文史资料委员会编:《日军入侵贵州——黔南事变》（《黔南文史资料选辑》内刊，第七辑），1989 年版，第 279 页］

（49）抗战时期贵州部队主要战绩简介

志　新

1937—1945 年 8 年抗日战争中，贵州籍部队 102 师、103 师、121 师、140 师、82 师、85 师、新编第 8 师、新编 11 师、新编 28 师、预备第 2 师和第 55 师共 11 个师参加抗战，数十万贵州健儿，以崇高的爱国主义精神，奋勇杀敌，作出了巨大的牺牲，为中国人民抗日战争伟业立下了不朽的功勋。现将其中 102 师、85 师、新编第 8 师、140 师、82 师和 121 师的主要战绩简介于后，以志不忘。

一、102 师

1937 年 8 月下旬开赴上海，参加淞沪会战苏州河、大场、罗店等战役；1938 年 5 月参加台儿庄战役和徐州会战，在距徐州以西 84 公里的砀山，与日寇激战五六天，歼敌 1000 余人，敌 16 师团李德大佐被击毙，我军损失 3000 余人，团长陈蕴瑜等各级军官 140 人壮烈牺牲；同年 7 月参加武汉保卫战，配合友军作战，歼敌 4000 余人，取得"万家岭大捷"；9 月参加第一次长沙会战，奉命追击从长沙前线后撤的日军，毙敌甚众；1941 年 9 月，日军 12 万人第二次进攻长沙，102 师担任新墙河的防守任务，日军派飞机轮番轰炸，并发射毒气弹，我军坚守阵地，与敌激战 21 昼夜，伤亡极大，全师官兵 9700 人几乎全部牺牲，经整补后，又投入第三、第四次长沙会战，直至抗战胜利。

二、第 85 师

1937 年 7 月抗日战争爆发后，85 师开赴河北门头沟，在抓舌山与日军激战，打退敌军进攻；同年 9 月，日军板垣师团 5 万人进攻忻口，企图直取太原，该师配合友军防守忻口，日军飞机炸，大炮轰，战车冲，并施放毒气，该师与敌军激战 20 多天，歼敌 2 万多人，阵地始终固守，我方兵力损失过半；1938 年至 1940 年，在晋东南闻喜、垣曲、沁水、阳城、晋城一带，与日军作拉锯战，拦截敌军南进；1941 年春，日军发起洛阳战役，该师在龙门、磁涧镇和大郎庙连打 3 次阻击战，全师兵力损失 2/3，缩编为 3 个营，开赴陕西沔县整训，结束了在冀、豫、晋前线苦战 7 年的历程。

三、新编第 8 师

1938 年初，日军由冀南犯，为防止敌人攻占郑州，新 8 师奉令守卫黄河铁桥南岸桥头堡及铁桥上下一线河防，2 月 19 日新乡失守，为拦截日军南下，该师奉令炸毁黄河铁桥，守卫西起汜水、东至花园口黄河防务。5 月中旬，敌 14 师团一部攻取郑州，形势危急，该师奉令在花园口决堤，放水阻敌南进，赢得了武汉保卫战的备战时间；该师完成决堤任务后，开赴陕西韩城。守卫禹门一带黄河河防。12 月 23 日至 30 日，敌兵四五千人进攻东龙门山及禹门口前沿阵地，该师英勇战斗，打退敌人数十次冲锋，敌伤亡惨重，进犯西北和扫荡晋西地区的企图遭到失败。1939 年 2 月至 1940 年 7 月，先后参加浮山、沁水、紫沙腰等战役；1940 年 8 月配合八路军百团大战，主攻高平关之敌，打得守敌东进西窜，伤亡惨重，牵制了敌人对正太线之敌的增援。1942 年驻防陕西地段；1944 年 9 月随 93 军参加广西全州战役。

四、140 师

全师官兵约 6000 人。1938 年 2 月，开赴陕西潼关及河南闵乡、灵宝一带驻守黄河南岸，并派一个团到晋南运城、永济等地驻守，阻击日军南犯；同年 4 月参加台儿庄战役，在禹王山、王母山等地与日军激战，伤亡官兵 2000 余人，在湖南平江整编后，先后参加武汉保卫战和长沙第一、二、三次会战；1944 年参加衡阳南昌战役后，因伤亡损失过大，被撤销 140 师番号，人员分别编入 60 师和 99 师。

五、第 82 师

1938 年冬参加武汉保卫战，在阳新、大冶战役中屡立战功；1939 年秋参加第一次长沙战役，尾追日寇第 33 师团，在岳阳至浏阳的途中，将敌人截为八段，各个击破，使敌遭到惨败；1943 年该师编入第 8 军远征军序列，参加滇西反击战，在云南怒江附近与日军进行滇缅公路争夺战，采纳了王伯勋师长“近迫作业”和“对壕作业”的建议，用爆破法攻下敌人的“松山防线”，歼敌 3000 多人，粉碎了敌人企图长期控制滇缅公路的妄想。

六、121 师

1937 年“八·一三”淞沪战争爆发，121 师于 9 月初开赴上海参战；年底开赴湖北广济、黄梅，参加鄂东会战，1939 年同第 5 师、185 师合编为 94 军，担任江防任务，在孝感、应城、钟祥前线，与日军对峙月余，始终保住阵地；该师在襄河战斗中与新四军配合作战；1940 年 5 月参加随枣会战；1941 年至 1944 在鄂西坚持抗战、卓有战绩。

[转录自政协贵阳市南明区文史资料委员会编：《南明文史资料选辑》(内刊) 第十四辑，1996 年版，第 243—245 页]

（50）关于抗战时期贵州籍部队战绩的补充

志 新

在1937年至1945年中国人民伟大的抗日战争中，贵州参加抗战的部队有国民党的82师、85师、102师、103师、121师、140师、新编第8师、新编28师、预备第2师、55师、新编11师、独立34旅（后编入82师）及贵州陆军补充师，出省参战时共计约有10万余人，其后在作战中伤亡很大，不断补充兵员，全省仅从1938年至1942年的5年间，就征兵45万人，因而贵州部队参加抗战的人数累计在55万人以上。贵州健儿转战各省，英勇抗击武装到牙齿、极其凶恶残暴的日本侵略军，为保卫国家民族作出了巨大的牺牲，虽然伤亡人数未见确切统计，但从一些部队作战概况中可知牺牲之惨重。如102师组成时实有9500余人，经过上海、无锡和南京抗战，损失约6000人，剩下3000余人，后增补到7000人，其后经过徐州、武汉、南昌和长沙等战役，全师仅存官兵不满千人，累计牺牲达12000人。贵州抗战英烈崇高的爱国主义精神、舍身报国的浩然正气及丰功伟绩，万古长存，永垂不朽！关于102师、85师、新编第8师、82师及121师的主要战绩，已在1996年出版的《南明文史资料》第十四辑中登载，值此抗战胜利五十六周年之际，为缅怀抗战先烈，现根据有关资料，将103师、新编28师、预备第2师、55师、独立34旅、陆军补充师及新编11师的抗战业绩加以整理，并作简单的介绍。

（一）103师

103师是原黔军国民革命军二十五军第一师改编而成的。“八·一三”事变后，奉调参加淞沪战役，与121师协同守卫江阴要塞，历时两月，打退了敌人10多次进攻，始终固守了要塞。6名校尉级军官壮烈牺牲！上海总退却后，转战无锡、镇江、南京等地，伤亡惨重，到湖北黄陂集中时，全师只剩600余人，经补充后，约有官兵6000人。

1938年7月，日军进攻武汉，103师奉命在广济地区东南的笔架山、铁佛寺一线阻击日寇。敌军在其炮火与飞机的掩护下，多次向我进攻，均被击退，但我部队伤亡很重，奉命撤退。

广济战斗后，日寇以主力转向田家镇，在田家镇东南的松山口二八五三高地占领阵地，103 师奉命反攻，先以迫击炮轰击敌人阵地，步兵在重机枪火力掩护下，由下向上强攻，日寇以猛烈的火力向我射击，我军遭受重大伤亡，但官兵士气很高，英勇冲杀，前仆后继，战斗从拂晓打到下午，终于攻克了松山口二八五三高地，全歼该地日寇，阵地上到处是日寇的尸体和我军牺牲的烈士遗体，其中还有我方战士与日寇拼搏扭打死在一起的尸体数十具。

这次战斗，全师官兵伤亡很大，仅送往后方的伤员就有 1000 多人。奉命将尚能参加战斗的官兵编为一个团，继续参加武汉保卫战，守备逻阳附近的龙口、花山江防阵地。

武汉外围战中，由于我军顽强坚守阵地，日寇进攻未能得逞，竟违反国际公法，投放细菌弹，致使我军大部患了严重的疟疾，战斗力大为减弱，坚持到 1938 年 9 月底，田家镇终于失守。

1939 年，该师奉调参加鄂西战役。1942 年编入中国远征军，开到云南，驻文山县古木地区。同年 4 月，日军在攻占缅甸腊戍后，窜入滇西，陷龙陵、腾冲，5 月占领松山，截断了我西南唯一的国际交通线——滇缅公路。

1944 年夏，我远征军为打通滇缅公路，以十一、二十集团军反攻龙陵、腾冲，新 28 师进攻松山，因伤亡过大，由 82 师接替主攻松山。

松山包括大垭口、滚龙坡、长岭岗等山，是控制滇缅公路的最高点，地势险要，山高林密，坡陡路狭，易守难攻。日军占据松山的兵力约 3000 余人，配备有山炮、战车，并储备大量粮食、弹药。敌军在松山顶峰、滚龙坡、大哑口、长岭岗构筑 4 个独立作战的坚固据点，每个据点修筑主堡、侧射堡及若干个小堡，配备有迫击炮、轻重机枪、掷弹筒等，编成浓密的火网，接近和破坏堡垒极为困难。日军曾发狂言："中国军队不牺牲 1 万人，休想攻下松山"。1944 年 7 月，103 师受命主攻滚龙坡及大垭口。从 7 月 13 日起，连续 3 次进攻滚龙坡，用重炮击毁敌炮和战车，用火焰喷射器摧毁敌堡，冲进敌壕用刺刀与敌人拼杀，经过 20 多天的激战，歼灭大批敌人，终于在 8 月 2 日攻克滚龙坡，接着于 8 月 10 日攻克大垭口。与此同时，82 师进攻松山主峰，历时月余未能攻下。86 军将领采纳 82 师师长王伯勋的建议，采用爆破战术。由 82 师二四六团和工兵营，在松山顶峰敌堡垒下 30 米处，挖掘两条地道，装进 7 吨半黄色炸药，起爆后将整个松山顶炸翻，炸成两个直径三四十米、深十五米的漏斗孔，敌守军全部覆灭，我军四面围攻而上，占据了松山顶峰。其后 103 师连续攻克黄土坡、黄家水井等敌占阵地，取得了松山战役的全面胜利，打通了滇缅公路。松山战役，敌五十六旅团 3000 多人全部被歼，我军阵亡军官 59 人、士兵 1450 人。

1945 年抗战胜利后，103 师编为 103 旅，1948 年恢复师建制，1949 年 10 月在广东三水起义。

（二）新编 28 师

新编 28 师原在四川组成。入黔后征补了三千贵州子弟，基本上成了贵州部队。师长刘伯龙，贵州龙里人。1941 年底，该师编入中国远征军，开赴缅甸腊戍保卫了滇缅公路的畅通。

1942 年初，日军向曼德勒挺进，新 28 师 84 团在守卫沙干铁桥和庙项车站的战斗中，面对铺天盖地猛扑而来的敌人，沉着应战，待敌人进入我阵地火网内，开枪射击，毙敌一百余人，残敌狼狈逃窜。与此同时，戴安澜部 200 师，在同古与敌人苦战 12 天，大获全胜，歼敌 5000 余人。日军在同古、曼德勒、腊戍铁路线上，被中国远征军层层阻击不得进展，转而进攻腊戍，新 28 师 82 团与敌血战竟日，伤亡过半，向畹町转移，敌以坦克开路向我猛追，一排排长罗万铭率领全排杀奔敌人坦克，负责断后的警卫连士兵身怀手榴弹，自行引爆，与敌坦克同归于尽，全排壮烈牺牲。

腊戍失守后，我军后方补给线和归路被截断，我军一部分向缅甸东北山地转移，进入野人山区，觅路回国；一部分转移印度兰姆加，成立中国驻印军，后参加第二次远征作战。新 28 师 84 团开到野人山南麓，渡过瑞丽江，进入南坎林区。境内大树参天，阴森不见天日，毒蛇大鳞、野兽猛禽到处出没，蚂蝗蚊虻成群，人被咬即生毒疮致死！部队早已断粮，沿路挖掘野菜、芭蕉根、煮皮带吃，终日食不果腹，官兵日有死亡。部队走了几天，终于走到怒江渡口，过江回到保山师部。但 83 团困在野人山区两个多月才脱险。该团进山时有 1600 余人，死于病毒瘴疠者 800 余人，仅存 700 余人。

1942 年 4 月，日寇攻占腊戍后，窜入滇西，攻占龙陵、腾冲和松山，截断了滇缅公路。1944 年夏，我远征军发动滇西反击战。新 28 师协同友军在龙陵、腾冲等地，与敌恶战十余日，稳住了阵地，后奉命进攻松山，攻克了腊猛街及阴登山，因伤亡过大，由 82 师接替。经过滇西反击战，全师伤亡极大。

（三）预备第 2 师

1937 年“七 · 七”事变后，贵州省保安部队调几个团成立了“预备第 2 师”，参加抗战。历任师长有冯剑飞、陈明仁等。团长有王伯勋、刘鹤鸣、张学圣等。

1937 年秋，该师开赴江西九江，参加“南浔会战”，日军几个师团从陆上、水上、空中向我军进攻，该师在九江沙河一带，与日军激战了十几昼夜，后转到庐山附近的陈洪山圈、雅雀山和板桥一带，与日激战数日后奉命撤退。

1941 年 12 月，太平洋战争爆发。1942 年 2 月 10 日，日军在缅甸登陆，英国政府要求中国派兵入缅阻击日军，接着中国远征军成立，预备第 2 师奉调云南参加远征军；归二十集团军指挥。同年 4 月，日军攻占腊戍，陷我龙陵、腾冲，占领松山，截断了滇缅公路。1944 年夏，中国远征军发起滇西反击战，二十集团军的预备第 2 师、53 军及 54 军担负收复腾冲的任务，与日寇恶战两个多月，终于在 8 月间夺回了腾冲；9 月 71 军及 200 师攻克龙陵；1945 年 1 月 20 集团军攻占畹町，2 月 1 日在畹町举行了滇缅公路通车典礼。

滇西战役，从 1944 年 5 月 11 日起至 1945 年 1 月 27 日止，历时 8 个月 16 天，我军伤亡官兵 48598 人，其中有贵州籍部队 103 师、82 师、新 28 师及预备第 2 师四支部队参加作战，付出了巨大的牺牲，立下了赫赫战功。

（四）独立 34 旅

1921 年，贵州松桃县人罗启疆，约集亲友、士卒百余人，往投川军，被任为连长。1926 年，罗部参加黔军第 10 军，出师北伐。1930 年 8 月，罗部改编为陆军独立 34 旅。

“八·一三”淞沪战役爆发后，该旅奉调上海抗日，驻守浏河口阵地，防止敌人登陆。日寇兵舰大炮、飞机连续向我阵地轰炸扫射，坦克掩护步兵向我猛攻，该旅在阵地前挖掘 3 米宽、2 米深的外壕，将敌 10 多辆坦克打翻在湖滨里，坚守阵地一个多月。大场、罗店之役，敌 10 多艘橡皮船载海军陆战队 200 多人来攻，我军以迫击炮、机枪，将敌船击翻在江里，敌死伤百人，未能登岸。陆上的敌人也曾两三次冲入我阵地，均被击退。不久敌军由金山卫登陆，上海整个阵地后撤，该旅撤到常熟，奉令驰援福山镇，敌兵舰大炮、飞机向我阵地轰炸扫射，敌海军陆战队分乘 10 多艘橡皮船企图强行登陆，被我击沉近 10 艘，毙敌 40 余人，其余溃逃。该旅在福山坚守约一周，打退敌人多次进攻。后退到无锡，奉命夺回敌占领的纺纱厂阵地，经过苦战，占领了纺纱厂。无锡全线退却时，该旅奉命掩护友军撤退，敌 10 辆坦克沿路向我军冲击，在危急关头，701 团 11 连上尉连长牟思光舍身报国，携带 20 多颗手榴弹，将 4 辆坦克炸翻，自己壮烈牺牲，友军得以顺利撤退。

经过连续多次作战，全旅牺牲官兵大半，奉命缩编为一个团，编入九十师。

其余部分官兵，由罗启疆率领回松桃、铜仁等地招募士兵，组成预备13师，有12000人，1938年夏，改番号为82师，继续参加抗战。

（五）55师

1935年，国民党中央军堵截中央红军入黔后，把原在贵州东南路的几个旅编成一个师，命名为补充师，全部都是贵州子弟。师长柳善。

“八·三”淞沪战争爆发后，奉调江西、湖南，改为55师。1938年参加九江战役，在雅雀山一带与日寇作战；后参加武汉保卫战，在华容一带阻击日寇。1939年秋第一次长沙会战开始，日寇由湖北通城进袭长沙，该师配合140师抗击日寇，继又配合140师四一九团攻击通城东28里大沙坪之敌，苦战半个多月，以劣势装备攻击优势装备的日寇，牺牲十分惨重。1940年参加鄂西战役，在湖北沙窝一带作战。1944年参加湘西战役，在湖南常德等地打击日寇，立了不少战功。

（六）贵州陆军补充师

1937年“七·七”事变后，抗日战争全面展开，国民党军政部派员在贵州全省招募自愿兵补充抗日部队。当时，贵阳、遵义、安顺、铜仁、镇远、毕节、兴仁等地爱国青年，踊跃报名参军，至1937年10月止，共招募11000多人，组成贵州补充师，编为2个旅、4个团和1个师直属部队。

1937年11月，补充师第四团团长李叔樂奉命率全团官兵两千余人，开赴江西宜春，补充李宗仁、白崇禧的93师。台儿庄大战前夕，93师北上抗日，贵州志愿兵沿途没有一个掉队和逃亡的。该师先在河南开封、考城两县阻击日军，后调往徐州，进驻台儿庄左翼，在运河两岸布防。1938年3月下旬，台儿庄大战开始，我31军予日军濑谷旅团迎头痛击，我52军、85军等部包围夹击，日军冲出庄外溃逃，93师及贵州志愿兵，奉命攻打退守红瓦屯、三里屯等地日军，奋战3昼夜，仅在红瓦屯几个村就歼敌800余人。93师官兵牺牲二三百人，其中贵州志愿兵近百人。

日在台儿庄大败后，增调40多万人包围徐州，企图歼灭我在徐州地区的全部野战军，93师及贵州志愿兵奉命撤离徐州，参加武汉保卫战。全师移驻武昌纸坊修筑防御工事，不久，奉命守卫鄂城、葛店、华容一带阵地。1938年1月中旬，沿长江南岸西侵，向我阵地猛攻，敌机轮番轰炸扫射，坦克掩护步兵进攻。我军在黑夜挖断公路，堆置障碍物，阻挡敌军坦克，与敌血战数日，打退敌人10多次进攻，全师包括贵州志愿军伤亡过半，奉命于10月26日黄昏撤退，当夜武汉三镇沦陷。撤出武汉后，全师奉命开到四川奉节驻扎整编，担任守卫三峡大门的任务。

（七）新编11师

新编11师是原第十军周自群旅，百分之八十的官兵是贵州健儿。1927年北伐战争中徐州战役失败后，第十军军长王天培被蒋介石杀害，周自群率部开到江西，为朱培德收留，编为新编11师，抗日战争时期，先在福建东部与日军作战数次，后归汤恩伯节制，随汤恩伯转战中原各地，立了不少战功。

［转录自政协贵阳市南明区文史资料委员会编：《南明文史资料选辑》（内刊）第十九辑，2001年版，第198—207页］

（三）证人证言

（1）贵阳市市民王起华的证言及照片

王起华，男，现年 81 岁，贵阳市人，现住贵阳市文化路 77 号 2 单元 2 号。

我一家 5 口人，母亲（王任氏）、姐姐（王媜）、弟弟（王起明）、弟媳（刘茂梅）和我，1939 年居住在贵阳市白沙巷 11 号前院落。

1939 年 2 月 4 日上午十一时约三十分，日本国军用飞机 18 架，由东方空际进入贵阳市空，肆意狂轰滥炸，投掷炸弹和燃烧弹百余枚，我家住地被 1 枚炸弹击中，顿时房屋倒毁，人员伤亡，弟弟当场被炸死，母亲、姐姐、弟媳被炸伤，我被炸伤致残。

王起华

1993 年 3 月 20 日

证明书

公元 1939 年 2 月 4 日，贵阳被日本飞机十八架狂轰滥炸后，我得知同事教员王起华一家住白沙巷惨遭被炸，家破人亡情况。次日我即到中央医院看望，见到王起华被炸断左腿截肢残废，伤情严重，并听王家守护人告知，王起华的兄弟王起明（教员）被炸弹片炸坏心脏猝死，他的母亲、姐姐媜（教员）和弟媳刘茂梅（教员）都受伤，这是我亲眼目睹的事实，特此证明

证明人：傅作相（盖章）　　男性　　79 岁　　汉族

贵阳二十一中退休教师

现在住地：贵阳市新华路 233 号附 3 号　邮编：550002

公元 1993 年 2 月 18 日

证　明

公元一九三九年二月四日，日本国侵华军用飞机十八架狂轰滥炸贵阳不设防平民住宅区。当时我是幼稚园（园址贵阳茴香坡）助理教师，我园教师媜一家五口人，住贵阳白沙巷十一号被惨遭轰炸，我园同事闻讯后当即会同王家亲戚前往白沙巷看望救援。除将受重伤炸断左腿的王起华抬送中央医院救治外，将受伤的媜和她母亲、弟媳受伤三人接到幼稚园居住。另外被炸猝死的王起明尸体由王家亲戚处理掩埋。

这是我当时亲眼所见的惨状。特此证明。

证明人：汤韵文（盖章）　女　现年74岁　汉族　幼儿园退休教师

现在住址：贵阳三民东路24号七栋二单元六号

邮政编码：550001

公元一九九三年三月十六日

（转录自政协贵阳市南明区文史资料委员会藏：《向日本国政府索赔民间受赔偿书》，1999年版，第21—23页）

（2）贵阳市市民何佳龄的证言及照片

何佳龄，女，现年75岁，贵阳市人，现住贵阳市合群路241号。

1939年2月4日，日本飞机轰炸贵阳城，我当时正在家做事，突然，听见飞机声音，接着1颗炸弹落在我家房上，我当时即被震昏过去，不省人事。当我苏醒过来时，发现双腿已被炸弹炸断，鲜血直流，不能行动，疼痛万分，家人也已四散逃命，无法救我。后来还是当时的抢救队将我抬至设在英国教堂内的抢救站抢救，虽然止住了血，但双腿却永远失去。

何佳龄　1994年10月10日

残疾证封面

残疾证内容

<table>
<tr><td>姓名　何佳龄　性别　女</td><td rowspan="5">相

片</td><td></td><td rowspan="11">注意事项
1. 此证应妥善保存，不得遗失。
2. 此证只限于本人使用，不得转借他人。
3. 认真履行《中华人民共和国残疾人保障法》。
4. 如有遗失必须登报声明作废，经申请批准后，才能补发。</td></tr>
<tr><td>籍贯　浙　江　　民族　汉</td><td></td></tr>
<tr><td>出生日期1920. 10　文化程度　初小</td><td></td></tr>
<tr><td>政治面貌　残疾状况　肢　残</td><td></td></tr>
<tr><td>致残原因　日本飞机炸伤</td><td></td></tr>
<tr><td colspan="3">工作单位　　　　　　　　职务</td></tr>
<tr><td colspan="3">自谋何职　　　　　　　　有何特长</td></tr>
<tr><td colspan="3">家庭住址　合群路243号</td></tr>
<tr><td colspan="3">监护人姓名　郭道发　与本人关系　　母　子</td></tr>
<tr><td colspan="3">监护人住址　云岩区委宿舍</td></tr>
<tr><td colspan="3">发证时间　　　　　　　编号</td></tr>
</table>

（转录自政协贵阳市南明区文史资料委员会藏：《向日本国政府索赔民间受赔偿书》，1999年版，第23—24页）

（3）贵阳市市民杨丽容的证言

杨丽容，女，现年70岁，贵阳市人，现住贵阳市合群路170号。

1939年2月4日上午11点多钟，日本侵华飞机18架轰炸了不设防城市贵阳，我当时不满14岁，就读于市内省立女子中学二年级，时值寒假，我当时在家中吃午饭，飞机在我家四周丢下5颗炸弹，当时我家中有我、舅父、外祖母（当时66岁）及工人。我家左前面、左面各中一弹，房子左面被炸垮，房屋震垮。我们躲在桌子下面，我被震昏过去（后双耳失聪），外祖母月余后死亡。

杨丽容

1994年5月25日

证　　明

我与刘秉祯是叔伯姐妹，杨丽容是刘秉祯之女，一九三九年二月四日，日本飞机轰炸贵阳之前，我在贵阳三山路（现中山东路）刘秉祯及其夫杨文益开办的益文旅社打工，当时我侄女杨丽容才十三、四岁。一九三九年二月四日中午十一点多钟日本飞机轰炸贵阳，在其旅社周围丢了五颗炸弹，益文旅社被炸毁。我侄女杨丽容当场双耳被炸聋致残。我伯母刘路氏（刘秉祯之母，杨丽容之外婆）被惊吓后致死，我是当时在场的见证人之一。

特此证明。

证明人：　刘素珍（手印）　现年82岁，　女性

现住址：　贵州省贵阳市市府路111号附2号

一九九四年五月二十五日

证　　明

1939年2月4日，日本飞机轰炸贵阳，杨丽容及父母开设的益文旅社被炸光烧光，杨丽容耳朵从此炸聋，她外婆当场震昏，一月后就去世，因我们是亲戚，所以知道很清楚，炸后也去看过。

特此证明

证明人：　况琴珍　现年67岁

住贵阳新添大道227号

况琴华　现年63岁

住贵阳黄金路115号

1994年5月26日

证　　明

1939年2月4日，日本飞机轰炸贵阳，将我叔伯姐刘秉祯、姐夫杨文益在贵阳三山路（现中山东路）开设的益文旅社炸光，侄女杨丽容耳朵被震聋，伯妈刘路氏被惊吓致死。我们是亲戚，一切都知道清楚。特此证明。

证明人：刘德□（手印）女　现年87岁

住址：　贵州省贵阳市小宅吉路69号

1994年5月26日

（转录自政协贵阳市南明区文史资料委员会藏：《向日本国政府索赔民间受赔偿书》，1999年版，第49—55页）

（4）贵阳市市民孟昭慈的证言

孟昭慈，男，现年67岁，贵阳市人，现住贵阳市九中宿舍。

1939年2月4日，我家住在贵阳市金井街孟家巷，即现今小十字附近。日本国飞机轰炸贵阳时，炸弹落入我家庭园内，占地400平方米16间四合院1座全部被毁，家财荡然无存。姑妈孟广运、弟弟孟昭祥、养女李复兴被炸死，母亲刘琼华被炸成重伤。

孟昭慈

1993年2月1日

证　　明

现证明孟昭慈家原住贵州省贵阳市原金井街（现富水中路）孟家巷内，一九三九年二月四日因日本飞机轰炸贵阳，金井街全街被炸毁，孟昭慈家房屋也中弹全部烧毁，其弟孟昭祥、姑姑孟广运、养女复新等三人被炸死，其母刘琼华亦受重伤，其余弟妹均不同程度受伤，家中财产全部被烧毁，情况属实。

证明人：何荣书　　省建总公司退休高级工程师

妻　张静珠　　　　省建设银行退休经济师

女　　　　　　　　贵州省化工学校教师

一九九三年二月二日

何荣书签名　住址：贵阳市中华北路323号一单元

证人证词

一九三九年二月四日贵阳受到侵华日机十八架狂轰滥炸，这是贵阳人铭刻于心的历史事实。孟昭慈等六人一家被炸，损失惨重，炸弹落在他家院内，四合院一座全部成为废墟，全家死三人，重伤一人，其他六人不同程度都受到伤害，这是他们家从此穷困的根源，也是他们家所有亲戚朋友和邻居都知道的事实，我们非常愿意作出此证。

证明人：　韩能炽　职业　主管药师　家庭住址环城北路111号

1993年2月14日

（转录自政协贵阳市南明区文史资料委员会藏：《向日本国政府索赔民间受赔偿书》，1999年版，第45—47页）

（5）贵阳市市民赵继昌的证言

赵继昌，男，现年69岁，河南省固始县人，现住贵阳市第九中学。

1938年春，日本入侵家乡（河南省固县），我同三弟运昌在堂兄赵福田带领下逃难到贵阳，投奔数年前即来贵阳安家的父亲赵正一。1939年2月4日上午，18架日本飞机从东方侵入贵阳市，对大十字、小十字一片市民居住区、商业区狂轰滥炸。我家当时6口人，父亲赵正一右眼被炸伤，致永久失明，堂兄赵福田被炸塌的房屋压伤胸部，吐血不止，虽多方医治后还是死去，我家房屋财产均付之一炬。河南的家破了，贵阳的家又破了。

赵继昌

1993年2月

证人证词

一九三九年赵继昌家住在贵阳市原金井街靠近小十字，二月四日遭日本国飞机轰炸，全家被毁，其父赵正一右眼被炸伤后，永久失明，其堂兄赵福田被炸塌房屋压伤，经常吐血，一年后（四零年初）死去，其继母带着三儿赵运昌（现在北京地矿部工作）逃难到修文县投靠我家，赵继昌留在贵阳照顾受伤的父亲和堂兄，其继母怀孕待分娩，因我家住房狭小，另托人在新寨乡农民朱运成借一草房分娩生女孩（赵秀黔现在贵阳市新华印刷厂工作）。赵继昌家破人亡，受尽苦难，均由日本国飞机对平民狂轰乱炸所造成。

证人：刘鸣歧　现年74岁　贵州西南公路局安运司退休

现住贵阳市合群路281号（盖章）

1993年2月9日

证人证词

一九三九年二月四日，日本国飞机对贵阳市狂轰乱炸大十字、小十字金井街等地区全部炸毁，居住在贵阳金井街的平民赵继昌家被炸成平地，房屋、财产、衣物、家俱、字画、摆设等均付之一炬。其父赵正一眼睛被炸弹片炸瞎一只，其堂兄赵福田被炸塌房屋的大梁压伤胸部，大吐血，虽医治拖一年后（一九四〇年初）死去。赵继昌家既要生活，又要医治被炸伤的亲人，靠亲友同乡借贷度日，苦不堪言。

此证

证人：　赵全玺　现年 69 岁　退休

现住中曹司监理所宿舍（手印）

一九九三年二月七日

证人证词

赵继昌家原住在贵阳金井街，1939 的 2 月 4 日，日本国 18 架飞机对不设防的贵阳市进行狂轰乱炸，赵继昌家亦被炸成平地。不仅房屋财产付之一炬，其父赵正一眼睛被炸瞎一只，其兄赵福田被柱头压伤吐血，经医治无效一年后（40 年初）死去。赵继昌家破人亡，苦不堪言，轰炸贵阳，是日本国军国主义侵略我国罪证暴行之一。

此证

证人：　任志（手印）　现年 80 岁（已退休）

现住中华中路 140 号

1993 年 3 月 5 日

证人证词

赵继昌原住在贵阳市金井街，靠近小十字，1939 年 2 月 4 日被日本国飞机炸毁全家，除房屋等全部财产均葬于火海外，他父亲赵正一右眼被炸瞎，他堂兄赵福田胸部被炸塌房屋压伤吐血不止，经多方医治，一年后死去。赵继昌家破人亡受尽苦难，皆是日本国飞机狂轰乱炸无辜平民所造成，日本国政府应负全部赔偿责任。

此证

证人：　方龙（手印）　现年 75 岁　已退休

现住贵阳市倒岩路电力物资公司宿舍

1993 年 2 月 11 日

（转录自政协贵阳市南明区文史资料委员会藏：《向日本国政府索赔民间受赔偿书》，1999 年版，第 73—76 页）

（6）独山县熊庆兴证言

我叫熊庆兴，出生于1917年10月25日，今年92岁，贵州省独山县人，现为退休教师，抗日期间住下司乡，现住教师新村。身份证号码（略）。

那是1944年的春天，那年秋收后冬天很冷，当时我在粮库当保管员，是县政府田赋处收储股的股长，看到街上的难民一天比一天多，有的中国兵三、五几人为一组抢群众的粮食。我看到后叫他们拿部队的有关证件到我们粮库领粮，后仓库的粮及部分衣服，有的被人抢、有的被人偷。

日本人来后，我同当地的群众到了附近的寨子，看到附近寨子上的一些人想上街发点难民财，都被日军开枪打死。当天我在山上看到三个日本兵抢走了寨子的一匹马，200多斤粮食，并有一个人被日本人打死，听枪声是“叮咚”的三八步枪的枪声。

日军过后的几天，下司两边路上死人多，有的难民身上没穿衣服。看到难民的死，我悲痛万分。

口述人：熊庆兴（手印）　记录人：独山县史志办　陆江龙

2008年8月7日独山县城

整理者：中共贵州省委党史研究室　萧强

（原件存中共贵州省委党史研究室）

（7）独山县李白于证言

我叫李白于，生于1927年8月26日，身份证号码（略），现住独山县城关镇中华街一段1号附14号。

当时，我家住在飞机场边上。日军到独山后，奸淫抢杀。我的同学李某（姓名不便提）遭到日兵强奸，很痛苦，一直不说话，后来十多年间，她都一直痛苦地生活着。

我看见铁路上的难民有很多，排成六、七行向贵阳方向去，有的有鞋穿，有的用布包裹着脚。没有吃的，没有穿的，非常可怜。

当时在（独山县）麻万镇四方井山上看到县城爆炸，烟雾满天。也听说深河桥被炸断了，整个独山县城被烧，只有城边剩一点。后来进城看见全城一片废墟，只有现在公安局后的一栋房子幸存。

在麻万四方井坎上有十几个男女被杀死在棚子（难民临时搭建的草棚）里，身上有血和枪伤，有的女人衣服被脱光。

我非常恨日军的所为。

里周寨的小山被炸，死了不少人。被炸开的石头，有的有房子那么大，都滚到平坦的地方。看到地上有许多血，有的死人被收掩埋了。

口述人：李白于（手印）　　记录人：独山县史志办　陆江龙

2008年8月7日于独山县木材公司宿舍区

摄像：杜黔　　整理者：中共贵州省委党史研究室　李朝贵

（原件存中共贵州省委党史研究室）

（8）独山县袁朝阳证言

我叫袁朝阳（手印），今年90岁（虚岁）了，生于1920年12月12日，身份证号码（略），现住在独山县城关镇和平街六段358号。

当时我是独山县难民救济委员会委员，同时也是县总工会负责人、县参议员，但未加入国民党。日军撤退后，我还创办了劳工子弟学校。

救济委员会负责对难民进行救济、掩埋工作，备有简易棺材，义务掩埋。同时苦力工会也成立了掩埋队，有工资。死者总数有几百人，都埋在荒山附近。

日军来时，未遇抵抗，虽有军队，但无用。常有飞机经过，轰炸麻尾、今县印刷厂等地，弹坑今天都变成了一个塘。有一邮局职工被炸成脑震荡，他家房子也被炸毁；另一姓杨者，为了躲避炸弹，也被炸成残废。

麻尾被炸是在一个赶场天，修车厂被炸毁，房子被火烧毁。

日军还没来时，我先跑到羊凤乡，靠近平塘县马奶（地名）。又从上司到拉旺、翁根，因为亲人都在这里。一路上，我看见路两边都是死尸，隔一、二米就有一个。当时，日军遇见穿中山服的人就杀，穿百姓衣服的就不杀；每当碰到寨子中有人抵抗，就将全寨烧毁。

我家里有三个人（内亲）剩下一个老太太未跑，后不知所终。我大哥袁朝行在日军来时，为劝大嫂一起走，被从云堆坡、拉旺来的日军抓走作为挑夫，由于挑不动一百多斤的东西，被日军用枪砸，第二天到营墙时乘小便之机逃走，跑到麻碗寨坝浪洞中，我问他原委，告之于我后口吐鲜血而死。后大嫂改嫁。另一个亲戚也不知所终。

另一个邻居张国华（小名张老哥）家人甚多，日军来时，一部分人走了，一部分人未走，全被打死。

在大东门有一林姓老太婆（40多岁），日军来时也没有走，被侮自缢。

日军在独山放火烧房子，在平塘看见独山都是满天红光。后来回到独山县城，已然不知家在哪里？哪一家都认不出来了。

这些都是我亲自看见的，都是事实。县城龙家大院、周家大院虽没被烧，但也所剩无几。

口述人：袁朝阳　摄像：吕进

记录人：中共贵州省委党史研究室　李朝贵

2008 年 8 月 7 日于独山县城

整理者：中共贵州省委党史研究室　李朝贵

（原件存中共贵州省委党史研究室）

(9) 都匀市蒙世花证言

我叫蒙世花（手印），属马的，今年90岁（虚岁）了，是三都县周覃人，身份证号码（略），现住在贵州省都匀市文峰路2号附5号。

记得那是猴年（民国33年，即1944年），我家割小麦收工回家，我在塘里洗桶。这时有个便改（水话）的人喊："关门喽！"有一个（应为队）嘎（兵）来打石板寨，不知是哪里的，前头不见尾，也听不懂说话。另有人带话来说：开门喽，这会呢嘎人多，我们不经打，把寨老喊来。寨老说："潘茂，头回你就带人来抓人，这会又带来，不开门。"潘老茂就说："你们不开门，就不经打"。寨老就开了三枪，吹起集号，全寨人都来了，左右集的人都来了，在寨子大门议论，和潘老茂打口架。（这时寨里的人被逼去打劫的人多了，是被迫的。）当晚打仗的人不多，大家用马炮，又把三角（架锅于火上之用）砍断和着火药打，全部打完。这时有一个叫潘老华的人叫我与其他八个女青年用木板、石头打，打死日本人。日本人很生气，甩手榴弹打过来，潘北又把手榴弹扔回去。

日本人把枪拱在一起，我们就想怎么搞枪。我与另外三个人悄悄拿了几支枪，回来后就关大门。高兴是高兴，但不会打鬼子的枪。有几个年青人就试，一试就出祸，把我们的人打伤了，也把鬼子惊醒了。

（黎明时）鬼子打了几炮，旁边寨子就烧起来了。人死不多，我记得某某死在我脚边，大约死了5个，2个重伤、7个轻伤。整个寨子60多户烧得只剩3户。

口述人：蒙世花　摄像：李朝贵

记录人：黔南州史志办　梁宗黔、杨丽琴

2008年8月7日于都匀市

整理者：中共贵州省委党史研究室　李朝贵

（原件存中共贵州省委党史研究室）

（10）独山县周锦江证言

我叫周锦江（手印），今年才 80 岁，身份证号码（略），家住贵州省独山县城关镇和平街周家院 4 号。

那件事，时间久，不知从何说起。

1944 年 11 月事变时，我十五六岁，正好记些事。那时日军快到时，难民很多，人口膨胀，从几千人增加到十万人。天天像赶场，走都走不通，难民带不走的行李都拿来摆摊叫卖，南腔北调，湖南、广西、江浙等地都有。

我所见确实是大劫，主要是难民死亡太多了，挤死、踩死、饿死的都不少，没有吃的、没有药品，连水都困难。日军来时，难民从北门出去往贵阳逃。

那时，大家十分慌乱。路中间是木炭车，人都坐在行李上；两边是人力车、牛车；再两边是人行，每边 5 公尺左右都是人，都快到田中间去了。还有军车，拖着大炮。

到四方井时，有一六七岁小女孩无人照顾，哭得声嘶力竭，十分痛苦，也没有人管，不知后来如何？

过四方井后，车太多了，首尾相接。至深河桥时，车更多，难民也让不开，压死了不少人。人言“桥断了”，许多车都被推到深河桥下，都是因为堵车的原因，也不问车上有人否？太可怕了！

这些都是我亲眼所见。

口述人：周锦江　摄像：萧强

记录、整理：中共贵州省委党史研究室李朝贵，2008 年 8 月 7 日于独山县

（原件存中共贵州省委党史研究室）

（11）三都县潘玉昌证言

我叫潘玉昌（手印），今年85岁，身份证号码（略），住在三都县九阡镇石板寨。

那时是民国33年（1944年）11月底，那时我十四五岁。日军从佳荣十里坡来到石板寨时，我们不晓得是什么部队（那时我还小），（我们）扔石头、打枪，日军都不怕。我家老人（父亲，叫潘成）用火药枪打日本人时，被日军打死。日军被打死好多人，日军死后，就拖到村旁烧掉。日军抢掳粮食、猪、牛等烤来吃。

寨中死了三、四个人（有一个伤重死亡），全寨房子被烧，共约60多幢、120多户，今仍存旧迹。

凌晨，日军大部队来到，我们全村人撤离，村寨被日军焚烧。

口述人：潘玉昌（手印）　　　　水话翻译：三都史志办　潘毅娟

2008年8月8日于三都石板寨　　　摄像：杜黔

记录人：中共贵州省委党史研究室　李朝贵

整理者：中共贵州省委党史研究室　李朝贵

（原件存中共贵州省委党史研究室）

（12）三都县潘芝明证言

我叫潘芝明（手印），今年87岁了，身份证号码（略），住在三都县九阡镇石板寨。

那天晚上天麻麻黑时，几千人带着马、驮着枪，一长串，田中都站满了人，当时粮食都已经收了。我在寨口问，答道：我们是路过的。

寨内人先开枪打死日军，随后日军也开枪，寨内的五个碉堡集中用鸟枪打日军。寨内向日军扔石头时，日军以为是炸弹，全体后退。全寨的人分为15个组，每组5人。日军轮流用机枪扫射，枪弹炸起的泥溅满了我们一身。有一日本军官正率众悼念死亡士兵时被打死，后被烧成灰，但没有带走。缴获了防毒面具、头盔等，还打死日军一头骡子。

天要亮时，战斗结束，日军用机关枪进攻碉堡，伤了3人（潘老赵、潘秀成、潘小），潘比、潘成、潘偏、某某等4人先后死亡。不久，日军就走了。

日军走前，用大炮轰击寨子，放火烧寨。

口述人：潘芝明（手印）　　水话翻译：三都县史志办　潘毅娟

2008年8月8日三都县石板寨　　摄像：吕进

记录人：中共贵州省委党史研究室　李朝贵

整理者：中共贵州省委党史研究室　李朝贵

（原件存中共贵州省委党史研究室）

（13）三都县潘老阡证言

我叫潘老阡，今年 83 岁了，现在耳朵聋了，听不见你们讲话，我只能说给你们听。

天麻麻黑时，寨子上看见一大队日本人过来，到了寨口，到处都是人。他们想进寨，守卫不让而开枪，全寨人全神贯注地用刺刀、石头守住寨子，全寨共有 15 个碉堡，每个碉堡中有 2 个人。全寨人又组成 4 个队（每队 10 人）在寨内进行巡守，老幼都全部集中在村子中。日军不断退后，4 个队将日军包围。

打到天亮时，日军仍未进寨，就用机枪向寨内扫射，寨墙是全是枪眼。

天亮时，我们看见日军太多，就叫妇女、孩子全部逃向后山。日军从东向西放火烧寨。

我还看见日军把死亡的 10 多个日军士兵集中在一起烧。

我们死亡 3 人，伤 1 人（后来也死了）。

口述人：潘老阡（手印）　　　　水话翻译：三都县史志办　潘毅娟

2008 年 8 月 8 日三都石板寨　　摄像：萧强

记录人：中共贵州省委党史研究室　李朝贵

整理者：中共贵州省委党史研究室　李朝贵

（原件存中共贵州省委党史研究室）

（14）三都县潘秀德证物证言

我叫潘秀德（手印），我父亲潘荫堂在日军走后不几天捡得日军佩剑一把，其他东西都不在了。

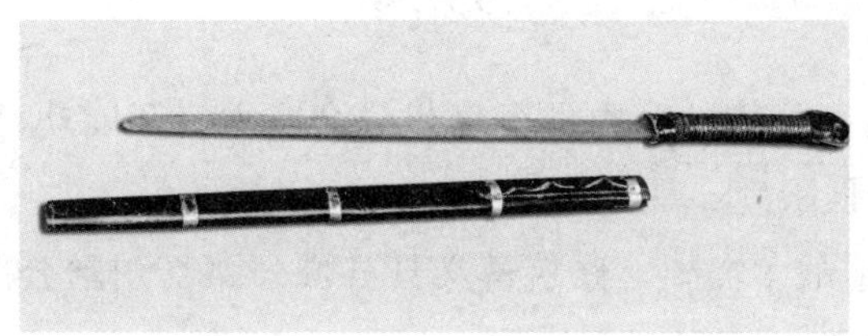

摄像：李朝贵

记录人：中共贵州省委党史研究室　李朝贵

2008 年 8 月 8 日三都石板寨

（原件存中共贵州省委党史研究室）

三、大事记

1937年

9月1日 救国公债劝募委员会贵州分会成立，开展劝募工作，以全省募足350万元①为最低限度。

11月 为适应战争需要，修筑遵义县县城公路（川黔公路必经地段），次年9月竣工，共投资11万元。

11月底 平舟县（今属平塘）机关学校共扣缴救国公债募款342.42元。

12月 贵州省政府决定在贵州省保安处、财政厅、建设厅和教育厅修建防空壕工程，共支出16598.1元。

是年 为支援抗战，贵州省公务员摊募救国公债50万元。

是年 剑河县抗日捐献委员会成立，共捐大洋900元。

是年 贵州路政局长马明亮捐资1000大洋，以助宣传抗日之用。

1938年

1月31日 北平故宫博物院文物精品80箱由湖南运抵贵阳，先后保存在毛公馆、贵阳南郊观音洞。

2月9日 省政府应省协济委员会要求在城郊修建平民住宅区，拨经费10000元。

2月25日 遵义县民工在搬运军械库迫击炮弹时，不慎炮弹落地爆炸，致16人死亡、15人受伤。

3月21日 正在改造中的盘江桥断塌，40名工人坠落江中，致死亡13人、27人受伤（其中重伤17人）。

3月 浙江省立图书馆文渊阁《四库全书》运至贵阳，在贵阳北郊地母洞保存达六年之久。

3月 平舟县共筹得寒衣款400元，上交省抗敌后援会。

---

① 本书大事记中的“元”，除另标明币种者外，均指当年法币（亦称为国币）币值。特此说明。

3月 动工修建川滇公路赤（水）杉（威宁县杉木箐）段，共征调民工68820人，每人每日发糙米24两（1.5斤）、菜金0.1元。

5月10日 为适应战争需要，从1937年8月16日动工修建的晴隆县盘江新钢索悬桥（吊桥）竣工通车，计投资7.72万元。

5月 贵州全省防空司令部制定《贵州省防空监视计划》，全省共设置防空监视队13个，独立防空监视哨17个、防空监视哨66个。到1941年时全省共设60个防空监视队、339个防空监视哨。

5月 贵州省财政厅拨给贵州省防空司令部建筑民间防空壕专项经费25000元。

6月 水城县为修建川滇公路威宁至毕节段之钻天坡段公路，至1940年6月，共征用民工35501名，死亡107名。

7月 入湘滇军第五十八军30000人过晴隆，共征食米65石（每石价28元）、柴禾1600挑、马料（包谷）10石、马草500挑，征用力夫800名。

7月 大片国土沦陷，面对难民潮，国民政府颁布难民疏散办法：长江以北各地难民在陕南一带收容，以汉中为集散地点；长江以南各地难民在贵州各县收容，以贵阳为集散地点；其留武汉者并应迅分两路疏散；沿途各县对于经过难民之食宿、茶水、安全等项，应切实供给与保护。

9月25日 侵华日军飞机9架轰炸贵阳、清镇两地，共投弹102枚。其中清镇94枚，民众死亡2人、伤5人，毁坏民房120幢（间），炸毁平远哨飞机场伪装飞机2架、伤2架，炸毁炸药库和军用物资仓库各1座；在贵阳投弹8枚，民众伤2人、死2人，毁坏民房100余幢（间）。

10月 国民政府行政院训令，要求“党政机关工作人员，亟应率先输将，以示倡导”，决定通过全国党政各机关人员以实发薪额若干成，捐助政府为购置前方将士寒衣之用，以1个月为限。其捐助标准为：30元以下者捐1元；30元至50元者捐2元；50元至100元者捐5%；100元至200元者捐10%；200元至300元者捐15%；300元至400元者捐20%；400元至500元者捐25%；500元以上者捐30%。从1938年9月26日至1939年7月8日，全省劝募寒衣价款原定额为20万元，实际募集计有贵阳103798.85元，各县共107944.67元，共计211743.52元，较原定额增加11743.52元。

11月、12月 陆续来黔难民约3000人，均按规定，对难民发放基本生活费，以1个月为限，每天每人发放给养0.1元（平坝县为0.15元），产妇及婴儿另予0.20元；收容所死亡难民，给予5元埋葬费；另发放棉衣棉裤。

12 月　贵州省救济难民事务处拟订《各县救济难民事务分处建筑难民住宅办法》要求：指定收容或疏散难民的县份，如果原有房屋不敷容纳时，必须专为难民修建草房若干栋（定名为难民住宅），每栋 3 大间（每间宽 1 丈、深 2 丈），隔为 6 小间；每栋须居住有眷属之难民 3 户或单身难民 40 名以上。为此，贵阳市先后在岩脚寨、舒家寨、二戈寨、青山坡、狮子山、罗汉营、打鱼寨、花果园、石板坡、市西路、金钟路等地建经济平民住宅 200 余栋，供疏散难民居住。

12 月　和平村（第二次世界大战期间国民政府军政部设立的教育、改造日本战俘的第二俘虏收容所）从湖南省常德市迁贵州省镇远县。先后收容近 600 名日本俘虏，其中有反战革命同盟成员 150 人左右。1944 年 8 月迁重庆巴县。

是年　武汉沦陷后，大量难民从武汉等地逃难来到贵州。驻遵义的贵州盐务处响应贵州省政府号召，在遵义县忠庄乡桃溪寺开办贵州省战时儿童第三保育院，收养逃难儿童 200 余名，另配备管理工作人员和教师 20 余人。抗战胜利后解散。

1939 年

1 月　为适应战争需要，修建乌江大桥，1941 年 10 月竣工，工程总造价为 2581667.93 元。

2 月 4 日　日军飞机 18 架轰炸贵阳市中华路、大十字、中山路、富水路、正新街、省府路、华光巷、贯珠桥、次南门、老东门等繁华商业地段，投弹时间长达 3 分钟，共投弹 129 枚（其中爆炸弹 90 枚、燃烧弹 39 枚），大火燃烧了 5 个多小时，炸、烧毁 42 条街道、1326 栋房屋，死亡 597 人（5 日挖出尸体 488 具），伤 1526 人，当天送医院抢救的重伤员达 735 人（入院后死亡 33 人），无家可归者达 20000 人，财产损失达 3880 万元（何年币值不详，其中直接财产损失 2500 万元），是为“二四”轰炸。事后，省建设厅制定《二四灾区整理计划》。在恢复道路时拓宽了中华路、中山路，增设火巷，并拓宽环城马路，新开城门，以利疏散，并先后在岩脚寨、舒家寨、二戈寨、青山坡、狮子山、罗汉营、打渔寨、花果园、石板坡、市西路、金钟路等处建成难民住宅 200 余栋。

2 月　日军飞机轰炸贵阳后，4 日晚设立“贵州省灾民救济处”，分别在文明舞台、志道学校、豫章小学、两湖会馆和文武庙，设立 5 个收容所，为灾民提供临时食宿地点，每人每天发给伙食费 0.25 元，万国红十字会捐助重伤住院者每人每天 0.30 元。贵州省政府还成立“贵州省会非常时期紧急救济委员会”，并制定《救济办法》，发给灾民证，灾民不分男女老幼，每人发给一次性生活费13元，以救济被日机轰炸的无辜平民。

2月 “二四”轰炸后，为加强夜间防空及市民疏散，计划增加电气路灯650盏（实际增加285盏），在未安装电气路灯的街道，设有油灯路灯516盏。

2月 “二四”轰炸后，为加强消防力量和设施，贵阳市成立消防队，有长警70名，兵夫10名。在贯城河狮子桥附近修建蓄水池1座（长14.5米、宽7米、深2米），设沉淀池4个（深1.4米），并有泄水沟1条，取水道路1条。同时在大街上设太平缸、沙袋。

4月6日 贵州省政府为复兴“二四”灾区筹集建筑房屋基金，成立“复兴贵阳市灾区建筑放款委员会”，向贵阳银行界借款60万元，对受灾户发放贷款。

5月24日 开赴前线的滇军第六十军一八二师10000余人经过晴隆，晴隆县政府共征食米30000斤、马料20000斤、柴禾20000斤及草10000斤，征用民夫27名。

5月 根据战争需要，动工修建贵州省思南县塘头飞机场，贵州省石阡县、岑巩县、印江县、思南县共投入民工9万人次，共用工142.8万个、耗资10000元，于1940年8月建成长1420米、宽400米的机场跑道。

7月29日 日本飞机7架轰炸独山县麻尾老街，适逢赶集，导致死亡250人，75人受伤。

7月 贵州省征收防空捐30万元。

7月 捐募处拨“二四”工厂男工部经费8万元、女工部2万元，共计10万元。

7月 为适应战争需要，开始修建丹寨陆（家桥）三（合）公路，1940年3月竣工，工程概算2888万元（交通部补助10万元）。1942年3月，省拨款58万元进行维修。

8月 贵州省会非常时期紧急救济委员会提前制备棺材500副以备用。

8月 开始修建遵义龙坪机场（位于遵义县龙坪镇九里坝），1942年竣工，用工1000多万个，共死亡民工449人。

9月 为适应战争需要，开始修建黔桂铁路，1943年通车至独山，1944年3月通车至都匀，全长163公里。

11月12日 苏联空军援华抗日志愿人员、少尉金角洛夫在执行任务后迷航油尽，在贵州省沿河县降落时遇难。

12月1日　紫云县妇女工作委员会为出征军人家属慰劳募捐活动，共筹集捐款60000余元，分送军属，户均4000元。

12月　在贵州省黄平县旧州开始修建飞机场，共动用民工4万余人，耗资5.8亿元（旧法币）。同时，修建了黄（平）旧（州）公路26.6公里，其道路勘测费18231.75元，公路概算为720万元。1944年，美国盟军和中美混合队的飞机可在此降落、加油、补充弹药和维修。1945年3月15日，机场竣工，建成正副跑道各长1900米、滑行道5400米，能升降B—24、B—25型轰炸机。这个机场是抗日战争时期西南片区的军用中心机场之一。

12月　自本年3月10日起至年终，贵阳中国银行经收荷属东印度及南太平洋一带华侨为支援抗战，陆续汇交贵阳华中万国红十字会款项，计法币275.68万元、港币4.06万元、英金1611镑、荷币34000盾。

是年　贵州省救济难民委员会发天柱县救济金6000元，发青溪县（今属镇远县）救济金4000元；发三穗县救济金2000元。

是年　云南蒙自遭日机轰炸，贵州省赈济5000元。

是年　贵州省救济难民委员会发放救济金10000元救济入黔难民。

是年　平坝县干溪模范农场增加难民垦殖预算6300元。

是年　赤水县共慰劳军属82户，每户发优待金50—80元，共发放4700元，另发家属抚恤金每年8市石。

是年　在贵阳三桥建立“国民革命军第八十六军抗日阵亡将士纪念塔”，以纪念参加淞沪抗战、南京保卫战和武汉会战牺牲的贵州籍官兵（黔军一〇三师）。

是年　国民政府交通部拨款10万元、贵州省政府拨款5.59万元共计15.59万元修建（麻江县境之）隆（昌）至三（都）公路。

是年　中央交通部设川黔湘水陆运输处（江口县）闵孝转运站，负责中转军用物资。1941年至1943年共转运物资2.1万吨，每日往返在沅江——乌江——嘉陵江航线上的木船在百艘以上。

是年　国民政府在贵州省独山县南寨脚岭修建西南汽车修理厂和在普上拉戈修建兵工厂。1940年至1944年这两个工厂先后被日本飞机投弹炸毁。

1940年

3月　国民政府雪克莱飞机1架坠落在正安县三合场合口沙滩（今属道真县），后飞机残骸于5月4日由当地50名民夫运送离境。

4 月 30 日　日军 8 架飞机轰炸龙里县西门西关坡、老场坝、石头寨等地，炸毁房屋 11 幢 9 间，共计伤亡 7 人（死亡 2 人，重伤 2 人，轻伤 3 人）。

4 月　贵州全省小学生响应重庆市江北、巴县两地小学生共同发起的“中国儿童号飞机捐款运动”，全省共捐款 11700 多元，购买滑翔机 1 架，并命名为“贵州儿童号”。

5 月 1 日　中午 12 时许，日军飞机 8 架侵入贵阳附近上空，在警察第五分局处投弹 18 余枚，炸毁草房 7 间，炸死 20 人（男 11 人，女 9 人，内男童 2 名、女童 2 名），27 人受伤（男 5 名，女 11 名，内 1 女童。余 11 名不详）。后省赈济委员会发救济费 2 万元。

5 月 4 日　日机 18 架轰炸盘江桥，投弹 7 次，其中爆炸弹 165 枚、燃烧弹 2 枚，毁房屋 1 幢。

5 月 29 日　日机 36 架飞经务川县分水乡天山坝上空，投下重磅炸弹 1 枚。

5 月　日机炸后坪县（今属沿河县），投弹 2 枚。

5 月　日机 27 架在桐梓县夜郎坝投弹 2 枚，炸死 1 人、伤 2 人，财产损失约 500 元。

6 月 6 日　日机数架在习水县城上空，投下燃烧弹 1 枚。

6 月 24 日　日机 27 架在正安县投下炸弹 3 枚。

6 月　日机在正安县投弹 3 枚，震坏民房 6 间。

6 月　贵州省防空司令部下属之防空协会征收会费 16 万元作为防空基金。

6 月　按军事委员会颁发各省防空协会组织条例规定，各县成立支会。贵州省分为甲乙丙丁四等征收会费，甲等 10 县［遵义、桐梓、镇远、铜仁、都匀、独山、安顺、盘县、毕节、定番（今惠水县）］各 3000 元；乙等 15 县［龙里、贵定、麻江、平越（今福泉市）、黄平、清镇、平坝、大定（今大方县）、黔西、威宁、安龙、兴义、罗甸、榕江、荔波］各 2000 元；丙等 14 县［炉山（今凯里）、施秉、三穗、青溪（今属镇远县）、玉屏、镇宁、关岭、普安、安南（今晴隆县）、修文、息烽、册亨、广顺、长寨（广顺、长寨今合为长顺县）］各 1500 元；丁等暂不征。以上共计 81000 元。

7 月 1 日、17 日　日机两次共 13 架次轰炸独山麻尾等地，适逢赶集，死伤 150 人，毁坏房屋 100 间。

7 月 9 日　日机 9 架空袭贵阳，投弹 10 余枚。

7 月 12 日　中午 12 时 20 分左右，日机 9 架轰炸贵阳，在舒家寨疏散区投弹 10 枚，导致 11 人死亡、16 人受伤。

7 月 13 日 日机轰炸独山县麻尾老街、南寨，投弹 42 枚，导致 33 人死亡，受伤者无数，无家可归者达 550 人，毁坏房屋 275 间，毁坏汽车 14 辆。

7 月 28 日 上午 10 时许，日机 8 架空袭贵阳东南郊，投弹 10 余枚。

7 月 29 日 上午 9 时 54 分，日机 9 架分两批投弹轰炸贵阳郊区花溪。

同日 日机数架飞入正安县马禁台（今道真县玉溪镇境）上空，投弹 1 枚，毁民房 6 间。

7 月 省防毒救护大队添置担架床 50 副。

7 月 贵州省会贵阳市各界"七七"抗战建国三周年纪念大会，民众捐款 5000 元。

8 月 9 日 日机 80 余架侵入贵州东北部。

8 月 12 日 下午，日机 9 架飞到贵州省八寨城（今丹寨县）上空，对城中居民投掷炸弹并用机枪扫射，致城中居民死伤 35 人。

8 月 20 日 上午 10 时，日机 9 架飞抵贵阳上空，在郊外投弹后飞离。

8 月 21 日 日机 8 架二炸龙里县城，投重磅炸弹 1 枚，炸毁东门城墙一角，1 人受伤。

8 月 22 日 日机 6 架两次轰炸独山县麻尾老街，投弹 5 枚，毁坏房屋 15 间，小汽车 1 辆。

8 月 日机轰炸贵州省公路管理局和尚坡修理厂。

9 月 4 日 日机 100 架飞抵贵阳上空巡回飞窜，并在一些地方散发传单。

9 月 7 日 为预防日机空袭，便于疏散。贵州省动员委员会决定拓宽贵阳市马路，共计 53 条街巷。

9 月 10 日 日机轰炸三都县三合港，港区建筑物大部分焚毁。

9 月 13 日 日机 9 架轰炸丹寨县，投弹 5 枚，县政府中弹 2 枚，毁坏房屋 12 栋，伤亡共 64 人（受伤 49 人，14 人当场死亡，伤重死亡 1 人。其中妇女 3 人，儿童 6 人）。

9 月 15 日 上午 7 时 5 分，日机飞到贵阳上空侦察；11 时，日机 8 架投弹数枚轰炸贵阳北面地方后飞离。

9 月 30 日 日机经三合上空轰炸八寨（今丹寨县），折返三合后炸毁炼锑厂，毁房屋 5 间，死、伤各 1 人。又炸毁胡氏寿宁园一角。

9 月 贵州省动员委员会拟定《贵州省募集二十九年度寒衣价款办法》，规定：省县各机关公务员、各级学校教育会员支薪不满 50 元者扣 0.5 元；51 元至 100 元者扣 2%；101 元至 150 元者扣 3%；151 元至 200 元者扣 4%；201 元至

250元者扣5%；251元至300元者扣6%；301元至400元者扣10%；401元以上者扣15%。

12月 贵州省救济慰劳捐募处捐款5000元救济桂南难胞。

是年 剑河县颁行军人抚恤标准：上将（阵亡800元、一等伤残800元、二等伤残700元、三等伤残600元）；二等兵（阵亡40元、一等伤残40元、二等伤残35元、三等伤残30元）。

是年 三都县募捐伤兵药品费与新兵被服款800元。

1941年

（是年，日军为增援滇缅战场，彻底切断中国大陆后方运输线，加紧了对贵州省镇宁县与晴隆县之间的盘江桥及周围军事设施的轰炸。）

2月 贵州省大塘县（今属平塘）开展对抗日出征家属进行慰问活动，县城共募集捐款140余元（大洋），每户征属送盐1斤、红糖2块及年粑等物，并发荣誉牌匾1块。

2月 贵州省救济慰劳捐募处捐款3000元赈济河南省灾民。

3—9月 贵州省出钱劳军筹备委员会共计实收省县募捐33.44万元。

4月 贵州省救济慰劳捐募处为广西昆仑关阵亡将士纪念塔捐款1000元。

5月 拨款5000元给战时青年服务队，作为整修贵阳南门外南岳庙庙房（作为住地）经费。

6月1日 日军轰炸机9架，轰炸盘江桥，共投弹27枚，死伤各1人，伤马1匹。

6月2日 日机9架轰炸盘江桥，投弹9枚，震裂桥基墙。

6月3日 日机9架轰炸盘江桥，投弹8枚，未中目标。

（6月1—3日日军飞机3次轰炸盘江桥，均遭守桥高射炮还击，日机无功而返。）

6月3日 日机7架轰炸安龙县，投50磅炸弹1枚于县政府东侧罗家院，毁坏房屋27间，导致20人死亡（男14名、女6名，内有4童）、3人受伤（女）。

6月3日、8日 日军飞机两次轰炸黄果树大桥（落虹桥），投弹2枚，未中目标。

6月8日 日机9架轰炸盘江桥，投下300—500磅高爆炸弹9枚，4枚击中盘江桥，导致桥基及桥身全被炸毁。

6月9日　晴隆县长张有年向民工征集圆木500根，以抢修被日机炸毁的盘江桥。

6月30日　日机15架次向北盘江上的临时渡口和临时抢修搭建的浮桥进行轰炸，计投弹35枚。

在不到两年的时间内，日机共69架次轰炸盘江桥，计投炸弹255枚，导致桥毁损失为1217.7万元，民房建筑及物资损失300万元，间接损失44428元。

7月7日　由独山县各界捐资修建的“抗日阵亡将士暨死难同胞纪念塔”建成，共耗资4797.4元。

7月13日　日机1架飞到习水县缠溪乡，投弹1枚，后飞机坠入观音阁河中。

9月18日　修文县发动“九一八”抗日献机活动，行政人员训练所的147名学员共捐款1997元。

是年　赤水县抗敌后援会共劝募寒衣1000套、军鞋1000双，送往前线。

是年　中国航空建设协会贵州省分会平舟县征求大队共发展会员1200名，其中特别会员10名、普通会员210名、农工学生会员980名，共捐款910.5元。

是年　贵州省共购军粮876678市石。

是年　仍有一定数量的难民来黔，一年中运送过境难民发给遣送费者计58人，代为接洽免费乘车者共27人，介绍到机关当公务员者11人，到商号当店员者7人，雇佣17人。

是年　麻江县政府发唐泽忠一次性抚恤金80元。次年发马效宿一次性抚恤金80元。1941年麻江县政府抚恤救济支出为3800元、抚恤费支出为2300元、社会救济支出为1500元，共7600元；1942年为8200元；1943年为49700元。

是年　黎平县政府发放54户军烈属优待金共404元。

从1928年到是年，贵州全省建成公路2821.8公里，先后动用民工46.5万人，耗国库及省库款1372万元。

1942年

1月　贵州企业股份有限公司认购战时公债30万元。

3月　拨款5000元赈济河南省灾民。

4月9日　盘江桥修复完工，费用为15万元。1943年7月10日，盘江上的新钢索悬桥修建完毕，建造费用为359万元。

4 月 20 日 因香港、九龙、缅甸等侨胞陆续来黔，贵州省赈济会组织“贵州省紧急救侨委员会”，办理侨胞救济事宜：1. 登记后，每人免费住宿指定旅馆 15 天；2. 一次性领取膳食救济费：大口（6 岁以上）每人 30 元、小口 20 元（8 月 15 日后分别增为 50、30 元）；3. 其他如免费治疗、运送回籍、介绍职业、特别救济（指死亡埋葬费、施棺等）等措施。截至 10 月底止，共登记侨胞 3.06 万人，其中请领膳食救济费 1.87 万人，免费治疗 882 人，登记住宿 1.49 万人，运送回籍 8397 人。共支付 130 万元。

4 月 在贵阳市南明区新华路、环城南路、市南路和青云南路的交叉处建成“国民革命军第一〇二师抗日阵亡将士纪念塔”，以纪念在参加第二次长沙会战等战役中英勇牺牲的贵州健儿，激励子孙后代不忘日本侵略者屠杀中国人民的罪行，贵州著名的辛亥革命老人周素园为之题写了碑铭。

7 月至年底 龙里县征用民工 15000 人，自带干粮、工具，政府投资 21.5 亿元，修筑龙里羊（场）洗（马）公路，以利物资运输。

10 月 中、日两架战斗机在贵州省万山漾头和湖南省麻阳县境上空交战，日机伤逃，中国飞机油料耗尽，飞行员郁功成驾机降落在漾头司河滩，被护送到铜仁。

12 月 共耗资 30000 元、投工 7020 名民工修建的安（顺）紫（云）公路紫云段完工。

是年 贵州省难民救济会独山县难民救济分会共救济 3013 人，发大米 1084 斗。

是年 毕节、大定（今大方）、织金、威宁四县抚恤金支出分别为 1000 元、2000 元、2860 元、600 元。

1943 年

2 月 6 日 空军飞行中队长王兴义驾驶的国民政府飞机在赤水县同民乡仙人坳坠落，飞行员当场牺牲。

4 月 28 日 在晴隆县沙子岭、东关脚各修建军政部军粮局第十一仓库 1 座，总投资 126665 元。

4 月 赤水县共劝募捐款 960 元，送省捐助购买滑翔机。

5 月 贵州省成立航空协会大队，规定会员交费标准为：普通会员 10 元，名誉会员 100 元，永久会员 100 元以上，一次交足。在中国航空协会发起的“一县一机运动”中，贵州省平舟县共捐款 20 万元。

9月10日 日本飞机轰炸玉屏县，投弹1枚。

10月7日 日本飞机轰炸沿河县，投弹2枚。

12月 共耗资46万元、投入劳工7929名修建的紫（云）望（谟）公路紫云段完工。

是年 榕江县设抚恤问事处，办理60位抗日阵亡将士遗属的抚恤工作。其抚恤金发放标准是：阵亡者最高一次性抚恤3000元，年抚恤金800元；最低一次性抚恤80元，年抚恤金40元；一等伤最高年抚恤金800元，最低40元。是年，榕江县政府共发放抗日军属优待金180户，4640元。

是年 省防空司令部追加防空事业费380万元。

是年 在开展的"一县一机"运动中，剑河县与台江县各捐款1万元。同时剑河县还为中国红十字会捐款5000元。

是年 贵州省军粮运输管理处在麻江县下司设立军粮运输站，负责麻江军粮集运和外运。本年麻江县奉令征购抗战军粮1.5万石（每石150斤），上交40万公斤。全县共组织了8个运输队（每队40人）共320人，历时2个月完成了任务［《民夫运输军粮暂行办法》规定：以身体强健能负担80市斤、日行30公里的壮丁为征用对象，每人每日发口粮24两（老秤）、杂费2元作为生活费，回程亦发，一直到运完为止］。

是年 由于日军入侵湖南，大量难胞涌入贵州。都匀设立救济总站，收容难民1.4万余人，过境难胞6.5万余人，共支出食米7.6万多公斤，菜金约244.4万元，发放难胞过境旅费293.7万元。

1944年

6月24日 湖南省华容县被日军占领，有难民96人沿贵州省务川县、道真县前往川南方向。在黔境期间，伙食均由当地政府负担。

6月 日机在务川县分水乡新场和马家湾各投弹1枚。

9月19日 贵州企业股份有限公司捐助战时儿童保育会贵州分会6万元。

10月29日 美军运输机1架迫降于大定县（今大方县）乐兴乡，飞行员由县政府派人护送到县城。

10月 麻江县政府征派民工4500名赴黄平修旧州飞机场，在工程中民工死亡50人，伤、病数百人。

10月 桂林、柳州沦陷后，黔桂铁路运输中断，战事向贵州发展。贵州省急调630辆汽车运送支前兵员、军火，回程则运难民。

10 月 丹寨县征民工428名修公路。县政府规定：因公死亡者，发埋葬费500元，抚恤金500元；因公残废，重者500元，轻者200元，均由县政府发给。

11 月 12 日 平塘县征民工3000名修独山机场。

11 月 21 日 平塘向独山运大米8549石，捐990万元、军鞋3000余双；救济难民，政府发两天口粮、菜金［大口（6岁以上）每人每天米20两，金10元，小口每人每天米10两，金5元］，救济款每人340元至550元。

11 月 丹寨县政府为救济难民，给难民每人每次发放大米2公斤，菜金3.6元。共计救济623人，发放大米1246公斤，菜金33760元。

11 月底至 12 月初 侵华日军第13师团、第3师团约六七千人，分三路入侵贵州省南部荔波、三都、丹寨、独山、都匀等5县38个乡镇，烧杀掳掠，无恶不作，此即为"黔南事变"。共计伤亡28093人，所造成的财物损失共计30236713270元（折1937年价69231169.48元）。

11 月 29 日 荔波县有13个乡（镇）的7000多户房屋（含公房庙宇）被日军烧、炸、毁，损失稻谷3500万斤（大米650万斤），当年种植的小麦、油菜7万余亩其中的5.5万亩被毁，全县25000人无家可归。

11 月 29 日 日军炮击三都县石板寨，毁坏房屋60栋，禾仓80余间；次日，日军占三都县城，烧毁房屋300余间。

12 月 2 日 日军放火烧毁独山县和平路南街，毁房屋9间。12月4日，日军攻独山下司，毁房屋3栋。当时停在麻尾、独山车房的462型蒸汽车近20台，独山北站3辆客车（内一辆为交通部长侯家源的高级专用公务车，有16节车厢），深河站的30吨棚车（内装缝纫机和纺纱），深河至大坪的2辆30吨棚车（内装锑毫），军用物资（机枪、步枪、手枪、子弹、炮弹等）都付之一炬。财产损失400亿元以上，受灾人口15.15万人，直接受灾者19880人。事变后，独山县警察局与复兴镇组织了30多人组成的掩埋队，从1945年1月至3月，共埋829具尸体。

12 月 3 日 日军进攻都匀县明英乡之茅草坪、鸡贾河、雷打岩、半边街、牛角塘等村寨，共有40户人家被烧毁，妇女被强奸。

12 月 3 日 因日军入侵，都匀县百子桥（黔桂公路主干桥）被炸毁两孔。入夜，国民党溃军为阻止日军进攻，纵火焚烧羊场街等地，烧毁房屋3000余间。

12 月 3 日 日军在丹寨县烧毁房屋78户235间，损失公私财物1亿元以上。

12月5日 交通部在贵阳召开紧急疏散会议，确定征调汽车1000辆，撤运军事物资到黔北。7日和8日又调车877辆，抢运物资。

12月6日 日军烧毁上江民房80余间；被毁房屋450余间，烧毁粮食35000斤。全县共有94个村遭日军蹂躏，烧毁房屋1200余间，占全县1/3，掠烧粮食20万公斤，牛、鸡、猪等无数。

12月9日至月底 涌入瓮安县境难民约有15000人。事变中全县共损失粮食30万斤，牛350头，马100多匹，猪1000多头，鸡鸭15000多只，油脂油类5万多斤。

12月17日 3架美国飞机夜经赤水县境上空时，其中1架坠毁在县境马临乡拴牛岩，机毁人亡，后飞机残骸送重庆。

12月27日夜 美机1架坠毁在平塘县西凉乡境内，飞行员迈克跳伞获救，后由县平塘县政府派人护送至独山空军联络站。

12月 美军飞机误认为独山、榕江县城内的难民乃是日军，投弹轰炸，共计9人死亡。

冬 黔南事变发生后，遵义县商会动员各行业公会捐款购买大批物品，与各校师生来薰门（今湘山宾馆附近）至狮子桥一带慰问开赴抗日前线的过境官兵。至1945年9月9日，县商会共募集捐款400余万元，购买物品如下：肥猪17头、猪肉50斤、牛肉150斤、豆腐乳101瓶、大饼3072.5公斤、馒头13003个、烧饼5003个、豆豉518包、豆瓣酱18瓶、盐皮蛋4002枚、盐茶蛋2003枚、水盐菜10包、盐大头菜3包、豆油306瓶、香烟494条、火柴8包、草鞋26037双、毛巾54打、白药3打、痧氧丸20盒、国室丹2打、二天油2打、如意油2打、万金油626打、米花糖11845包、芝麻糖4001根、鞭炮713团。

是年 某月23日夜 一架由美籍驾驶员驾驶的美机坠落在望谟县石万乡卡必。26日县政府派员护送该驾驶员至贞丰县。

是年 国民政府飞机1架坠毁在正安县端恭乡（今桴木焉乡）黄木马，两名飞行员当场死亡。

是年 美军运输机1架在贵州省关岭县良田乡（今属镇宁自治县）上空坠毁，飞行员跳伞获救后被送到县政府、贵阳。

是年 财政部中央造币厂桂林分厂迁筑，其机件100吨及卷宗、账册、员工眷属等由沿途各地保护。

是年 第七教养院五队1600人迁到平越、贵定。

是年　下半年，雷山设治局对出征军人发放安家费，每人2500元。

是年（黔南事变前）　湘桂入黔难民达10万人，成立“贵州省难民配置所”，第一站设于独山县，第二站设于贵州省平越县马场坪，由西南公路局提供车辆20部，免费运送难民及物资。仅7月18日至10月12日在独山登记难民就达5220人。对入境难民进行疏散，老弱妇孺分送麻江、平越、瓮安、惠水4县各150人，计600人，每人发设备给养费200元；余分送各收容县区。

是年（黔南事变后）　自11月20日至12月底止，逃难到贵阳的难民约40万人。据贵州省政府制定的《贵州救济战区难民临时办法》规定，各地设“难民服务站”，收容难民（以10日为限）。难民无论在服务站居住或配置运送途中，均由服务站发给食米，大口（年满6周岁以上）每天20两、菜金10元；小口10两、菜金5元。贵阳市区共设难民服务站7个，其中以设在豫章中学的第二服务站最大，日进出4000余人。

黔南事变时期　涌入都匀难民总数达30多万，先后设难胞收容站1所、难胞收容所4所，共计收容难胞8454人，诊治难胞1336名，发放救济费3411335元；被毁坏房屋5845间，损失粮食8770石、牲畜748头，20000余人无家可归，车500余辆被毁。战后都匀县政府统计：伤亡人数2000多人，财产直、间接损失186.61亿（折1937年价4272.6960503万元）。

黔南事变期间　麻江县城被烧房屋20间，损失粮食47万公斤，毁桥1座，汽车1辆。

黔南事变期间　途经平越县马场坪的各省难民不下二三十万；省政府在贵阳成立难胞接待总站，分别在独山（民政厅长谭克敏主持）、马场坪（社会处长周达时主持）设分站，在马场坪设难民食宿站一所（省府发经费法币60万元），容量500名，在黄丝乡设接待站一所，配置民夫200名；事变前后，滞留难民共569人。损失民工食盐379斤，食米11.67石，余服装、武器无法计算。

黔南事变期间　贵定县成立“贵定县应变委员会”，下设4个组：难民服务组由凌光非、胡炽昌领导。同时设招待站、临时诊疗站、难民收容站；日军进攻以来，贵定县救济院收容难民172人，每天每人发放米5合（1斤半）、菜金1.2万元，抢救病人298人，施棺材49口。从12月1日以来，难民入贵定者十来天不下10万余人。

黔南事变期间　龙里县设“龙里县难民接待站”，由邓庆国负责，在县城设难民收容所2所，在谷脚设难胞招待站；难民到12月底才渐渐稀疏下来。1944年12月，龙里当年共发放救济费1323550元，棉背心106件，救济难民

13456人次；1945年又救济11760人次，遣返难胞83户；1945年，省府发龙里县难民救济费1523550元，发放冬季救济金20000元；事后统计，龙里县沿公路居民财产间接损失为：疏散费5000万元，生产减少270万元。

黔南事变期间 黔桂铁路（包括广西段）被日军破坏，计损毁铁路线长1141公里、车站112座、煤台28座、大桥28座、小桥465座、机车217辆、客车634辆、货车2671辆、特种车40辆、电报机69具、电话机1297部、电线长度1185公里、机厂6处、车房14处、仓库23处、办公房400处、员工宿舍210处。

12月至1945年1月 晴隆县政府承担了对湘桂战区难胞的救济任务。在两个月中，县民政科共登记难民83人（其中大口58人，小口25人），共发放特别救济费2.49万元（每人300元）。

是年 平舟县抗战将士慰劳委员会发动民众捐款，发给平舟地区200户抗战家属每户优待费13元。

是年 遵义县政府以积谷利息800市石补助赤贫征属，每户以4人为限，能自给者以1人为限，人均补助谷物2市石。次年又给每户征属发放年补助金1000元。

是年 水城县各界人民展开慰劳抗日将士活动，全县共捐现金10万元，另捐鞋、袜物品，价值58万元。

是年至1945年 桐梓县成立"桐梓县战时服务总站"，慰劳过境军队，共慰劳军士29617人（其中知识青年860人），慰劳费达157.92万元。同期设立难民寄宿舍4所，救济难胞2923人、荣军199人，接待难胞寄宿4058人次，发放救济金84.48万元。

1945年

元旦 桐梓县政府购食盐664斤发给城区332户军烈属，每户2斤。

1月4日 晴隆县中营乡公所举办庆祝1945年元旦及黔南大捷游艺大会，乡绅许再新、秦振麟义卖梨膏糖所获收入7000元如数捐给前线抗日将士。

1月 遵义县城区设立难民救济站和难民收容所，在此后的4个月中，共救济难民11036人。

1月 中国急救战区儿童联合会贵州分会在贵阳成立育幼院等组织（后统称为贵阳育幼院），分别在大西门、六广门、阳明路等处设站收容孤儿。自1月5日至9日，共收容孤儿1141人。

2月 晴隆县成立救济院救济过境难民，省财政厅补助1500元作开办经费。到10月底，共救济湘籍难胞费用为1870元。

2月22日 贵州省救济战区难民临时委员会在独山重设独山难民登记总站，至3月15日共登记5967人，接待难民6856人，遣返4972人。到1945年底，滞留独山的难民共有1766人；1946年滞独难民超过1万人。1947年1月，难民仍有3000余人，直到年底才完全离开县境。

7月14日 独山县党政团及各界发起组织赴桂北慰问抗战将士慰劳团，募集2000万元及草鞋、毛巾等物品。

7月16日 晴隆县政府发起为抗战“献金献粮”活动，共募集捐款8000元。

7月 美国飞机1架在麻江县境上空失事，坠毁于拔茅乡淑里，飞行员获救后送回县城。

11月14日 由于黔南事变后灾情严重，独山县甲地乡六保保长等捐款60万元作救济资金。

是年下半年 行政院拨发贵州省善后建设费5000万元。

是年 安龙县社会及救济支出为240480元。

是年 美军飞机1架于贵州省郎岱县（今六枝）境窝坠田，飞行员跳伞幸存。

是年 遵义县城区设难民救济站、难民收容所。4个月中，共救济难民11036人。

是年 贵州省各县共设立救济院75个，其下含救济所224个，共救济收养32000人。

是年 南京故宫博物院在抗战期间存放在贵阳、安顺等地的重要历史文物，由贵州经重庆转运南京。

是年 贵州省摊1944年度同盟胜利公债2亿元。

抗战期间 榕江县财政对抗日出生军属实行免费治疗。

抗战期间 龙里县共征募军粮35700市石，其间投入的防空经费共2009元；从1941年至1945年，共计在龙里县征、借粮食114309市石。到1945年为止，龙里县共献粮1311市石，献金474万元。

抗战期间 铜仁地区因日机轰炸死伤民众18人，被毁房屋13间，毁坏小汽车54辆。

抗战期间 凤冈县财产损失计351829736元。

抗战期间　赤水县防空设备费支出共计为100940元。

抗战期间　清镇县捐款共计1208.8万元。

抗战期间　因日军空袭和黔南事变等，贵州全省累计伤3055人、死亡25397人，损失财产总值2077亿元（1945年价值）。

抗战期间　贵州省台江县阵亡军人17名，县发放抚恤金情况如下：罗熠斌上校团长，一次性抚恤金56元，年抚恤金48元；欧德汉、欧光宗中士各一次性抚恤金14元，年抚恤金27元；姬文祥亡后遗下幼子，县政府补助5元（大洋）。

抗战期间　遵义县城区（含南北镇、今遵义市红花岗区、汇川区部分）抗日阵亡将士近60人。其中1944年抚恤中士3人，晋升为上士后，发给每人一次性抚恤金150元；中尉译电员1人，晋升上尉后，发给一次性抚恤金320元；一等佐军需1人，晋升为三等军需正后，发给一次性抚恤金800元，余不详。阵亡将士及病故军人遗属按《陆军抚恤暂行条例》对待，阵亡者高于病故者。阵亡将士，其军衔晋升一级（个别例外）抚恤，限20年。1944年，遵义县城56名阵亡将士、2名病故军人，双倍发给遗属年抚恤金。阵亡将士中，一等兵晋升二等兵4人，二等兵晋升上等兵10人，上等兵晋升下士5人，下士晋升中士2人，中士晋升上士2人，上士晋升准尉2人，准尉晋升少尉4人，少尉晋升中尉5人，中尉晋升上尉10人，上尉晋升少校5人，少校晋升中校2人，中校晋升上校2人，上校晋升少将1人，一等军需1人，一等佐军需晋升三等军需正1人；病故中尉1人、中校1人。当年抚恤金发放情况如下：二等兵100元、上等兵150元、下士180元、中士210元、上士240元、准尉360元、少尉480元、中尉720元、上尉960元、少校1080元、中校1200元、上校1500元、少将1800元、一等军需300元、三等军需正1080元、病故中尉300元、病故中校900元，余不详。

是年　剑河县抗日捐献委员会发起劳军鞋袜运动，到1946年共募获鞋2271双、袜子6888双，折现金1.29亿元。

是年　从1943年至是年，剑河县共救济18919人次，支出行政费10400元、事业费66950元，合计77350元。

是年　黎平县共募集军用布鞋10万双；全县共募集救济基金15万元、财政拨款20万元及征属专款29.6万元，全部投入到救济院事务中。

是年　抗战胜利后，赤水县对出征军属发放胜利金和抚慰金。抚慰金标准是：士兵阵亡3500元，公殒者2200元，积劳病故者1750元。特恤金标准是：

士兵阵亡40000元，公殒者26000元，病故20000元。

1946年

11月22日 中国善后总署贵阳难民疏送站决定平越县马场坪为贵州全省东南路起运站，平越（今福泉）、麻江、瓮安等县难民共1010人，定于12月16日集中在马场坪遣送。

1947年

是年 中国急救战区儿童联合委员会贵州分会所属贵阳育婴院及桐梓育幼院2466名难童1946年下半年度膳食费（每名月支8000元），1947年度为5980.8万元。

贵州省抗战损失调研课题组

（执笔：李朝贵）

后　记

由中央党史研究室牵头和部署，从2005年开始，全国党史部门和一些相关部门（单位）深入开展国家社科基金特别委托项目《抗日战争时期中国人口伤亡和财产损失》课题调研工作。贵州省的抗战损失课题调研，是贵州省委党史研究室主持开展的。课题组在中央党史研究室的指导、帮助下，在贵州省委的领导、支持和相关部门、单位的大力配合下，历时十年，调查走访了20多个县（市）及省直档案馆、图书馆、史志部门等单位，查阅了3000余卷档案、1000多卷图书报刊，收集了120幅照片，并对有关资料进行认真核实编纂，最终形成了课题调研成果《贵州省抗日战争时期人口伤亡和财产损失》一书。

本书填补了贵州省在该领域研究的空白。关于抗日战争时期贵州省人口伤亡和财产损失情况，抗日战争胜利后的国民政府曾经进行过一些统计，但随即不了了之，新中国成立后也没有专门进行过此项工作。而贵州省专家验收组对本课题调研成果（即本书书稿）的评审认定是：贵州省委党史研究室首次对抗日战争时期贵州省人口伤亡和财产损失作了系统、全面的调查研究，吸收了此前该领域零星的研究成果，对以前未进行的统计数据进行了分析和重新归类统计，这是目前贵州省抗日战争时期人口伤亡和财产损失的调查研究报告或著述中最细致、完备和真实的。

本书以翔实的调研材料、确凿的历史数据和珍贵的图片资料，充分反映了日本侵略者在贵州犯下的滔天罪行，贵州各族人民遭受的深重灾难。同时，拓展了关于抗日战争时期的贵州的历史研究视域，突出了贵州在抗日战争中的历史地位和自身特点，为进一步研究贵州抗战历史提供了基础材料，从而为抗日战争时期贵州省人口伤亡和财产损失课题研究提供了有力证据，具有较高的学术价值和史料价值。本书的出版，对贵州地方党史和地方志的研究可望起到指导和借鉴作用，也会对干部群众特别是青少年进行爱国主义教育起到积极作用。

耿晓红对本书编纂进行了筹划，徐静对全书进行修改和审核，王天恩、冯霞也参加了筹划工作。参加本书资料收集、整理及编纂工作的有：杜黔、吕进、李朝贵、李林、钱晓云、萧强、王姣姣、刘毓麟等。

本书编纂过程中，我们得到了全省党史部门、档案部门和党史党建研究专家王传福、范同寿、史继忠、熊宗仁、何长凤的大力支持，在此深表谢意。

尽管我们做了最大努力，但由于主、客观条件的限制，本书中仍难免存在疏漏不足之处，望读者予以批评指正。

本书编者

2013 年 10 月

总 后 记

历时多年的《抗日战争时期中国人口伤亡和财产损失调研丛书》终于问世了。参加这套丛书编纂工作的，主要是承担《抗日战争时期中国人口伤亡和财产损失》课题调研任务的各省、自治区、直辖市及其下属市、县的领导同志和课题组成员，以及部分著名专家。他们以高度的责任心和使命感，竭尽全力，攻坚克难，终于完成了各自承担的任务，并按统一要求，形成了调研成果的A系列书稿。同时，有关省、自治区、直辖市还从实际情况出发，编纂了主要反映市、县调研成果的B系列书稿。由于各地情况不尽相同及其他原因，呈现在读者面前的丛书，将分批陆续完成和出版。

为了保证质量，我们对本丛书中由各省、自治区、直辖市完成的A系列书稿（即省级调研成果）实行了四级验收制，即：所有的省级调研成果，先由有关省（自治区、直辖市）课题领导小组及其聘请的省级专家验收组分别审读通过、写出书面意见；然后提交到中共中央党史研究室课题组。中共中央党史研究室课题组审读后，再聘请国内知名专家审读书稿，提出书面意见。对每次审读提出的意见，各省、自治区、直辖市课题组都认真研究落实，对书稿进行反复修改，或是说明相关情况，直到符合要求。由一批专家完成的A系列书稿（即带全局性的专门课题调研成果），也通过类似的办法验收。主要反映市、县调研成果的B系列书稿，则由有关省、自治区、直辖市党史研究室组织验收。各种调研成果验收修改的过程，同时也是调研的深化过程、提高过程。经过反复修改补充的成果，在质量上都有明显提高。

中共中央党史研究室课题组在中共中央党史研究室室委会和分管室副主任的具体领导下开展工作。中共中央党史研究室几任主要领导同志即曲青山和孙英、李景田、欧阳淞主任，非常关心和重视本课题调研工作的开展。分管这项工作的室副主任李忠杰同志始终严格把握政治方向，精心部署和安排，明确提出创建“精品工程、基础工程、警世工程、传世工程”的要求，给工作指明方向，还及时领导解决调研过程中遇到的种种困难和问题。各地同志和有关专家同中共中央党史研究室课题组保持密切联系，对中共中央党史研究室课题组的工作给予了积极配合和支持。

中共中央党史研究室课题组由李忠杰、霍海丹、李蓉、姚金果、李颖、王志刚、王树林、杨凯等同志组成。先后担任中共中央党史研究室第一研究部领导职务的黄修荣、刘益涛、蒋建农同志参与了课题调研和审改的部分工作。中共中央党史研究室科研管理部、办公厅的部分同志也参与了有关工作。特别是在北京市和山东省召开的两次全国性会议，中共中央党史研究室科研管理部、办公厅的有关同志自始至终参与了繁忙的会务工作，付出了大量心血和辛勤劳动。

在李忠杰同志直接领导下，中共中央党史研究室课题组承担了组织指导与协调推进各地课题调研和联系有关专家完成全局性专题调研的繁重任务。在人手十分有限的条件下，课题组同志们近10年如一日，以对民族负责、对历史负责的自觉精神，克服困难，埋头苦干，为圆满完成任务做了大量工作。计先后编发213期达60多万字的《工作简报》，同各省、自治区、直辖市的同志和有关专家进行了数以千次、万次的电话联系及当面沟通，先后到10多个省、自治区、直辖市实地调查、参加会议，了解情况，当面指导，协助各地完成调研工作，或邀请有关地方的同志到北京进行座谈；还组织22个省、自治区、直辖市课题组编纂《抗日战争时期全国重大惨案》，同中央档案馆联合编辑《抗日战争时期解放区人口伤亡和财产损失档案选编》，同中国第二历史档案馆、中国人民解放军档案馆联合编辑其馆藏的相关档案资料，撰写有关专题报告，等等。将近10年来，课题组成员虽有变动，但工作始终如一，没有延误和懈怠。

需要说明的是，《抗日战争时期中国人口伤亡和财产损失》课题，有时也简称为抗战损失课题或抗损课题。虽然有学者认为“抗战损失”或“抗损”通常只能反映抗日战争中财产方面的损失，人口伤亡不能称作损失，但考虑到当年国民政府习惯采用“抗战损失汇报”或“抗战中人口与财产所受损失统计”等表述，所以本课题参照前例，以“抗战损失”或“抗损”作为课题简称。

2014年初，根据中央领导同志的指示精神和中共中央党史研究室室委会关于做好出版和对外宣传全国抗战损失课题调研成果准备工作的要求，我们组织部分省、自治区、直辖市的分管领导和课题组成员对已经印出样本的A系列书稿再次进行复审和互审，并邀请部分承担了抗战损失专题调研任务的专家参加审稿工作。这次集中复审和互审的主要任务是：审核已经印出样本的A系列书稿，对相关数据、史实严格把关，保证课题调研结论的真实性，保证书稿没有重大差错。中共中央党史研究室主要领导同志和分管领导同志也提出要求：把工作做得再深入、再扎实一些，统一规范，责任到人，把问题消灭在书稿正式出版之前。

在复审和互审过程中，地方同志和邀请的专家以多种形式及时沟通，围绕审稿发现的问题研究讨论，和中共中央党史研究室分管领导进行交流，对一些重要的共性问题达成一致。经过复审和互审，对有关的A系列书稿做出进一步修改。在此基础上，中共中央党史研究室课题组同志又对拟第一批出版的每一部A系列书稿进行多环节的审读、检查、修改、校对，严格审核把关，尽可能如实、客观地反映调研情况和成果。

中共中央党史研究室的其他同志及一些外聘同志、从地方党史部门借调的同志，如徐玉凤、谢忠厚、杨延力、郭明泉、戴思厚、王俊云、梁亿新、宋河星、毛立红、王莹莹、茅永怀、庾新顺、李蕙芬同志等，满腔热情地参加了本课题调研的部分工作。不论是调研选题的讨论、同有关各方的联络，还是资料的整理、归类、建档等，他们都付出了辛勤的劳动。

这里，还要特别感谢国家社会科学基金规划办公室、国家新闻出版广电总局有关领导和同志对本课题调研工作的支持和帮助，感谢有关部门对丛书出版经费的支持和保证。中共党史出版社的领导汪晓军以及陈海平、姚建萍等同志，也为这套丛书的出版花费了很多心血。

我们相信，本丛书A系列和B系列各卷的陆续公开出版，必将大大有助于抗战损失课题调研成果的推广利用，有利于固化历史，更好地发挥以史为鉴、资政育人的作用。但是，我们也深知，本课题调研迄今所取得的成果，还只是阶段性的、部分的、不完全的成果。在已经取得的来之不易的成果的基础上，今后，这一课题的调研工作还要深入不懈地继续进行下去。

中共中央党史研究室课题组

2014年4月30日